Windows Vista Professionnel

Copyright

© 2007 Micro Application
20-22, rue des Petits-Hôtels
75010 Paris

1ère Édition - Janvier 2007

Auteur

Sylvain CAICOYA et Jean-Georges SAURY

ISBN : 978-2-7429-6751-3

Photo en couverture : © GettyImages™

MICRO APPLICATION
20-22, rue des Petits-Hôtels
75010 PARIS
Tél. : 01 53 34 20 20 - Fax : 01 53 34 20 00
http://www.microapp.com

Support technique
disponible sur
www.microapp.com

Retrouvez des informations sur cet ouvrage !

Rendez-vous sur le site Internet de Micro Application **www.microapp.com**. Dans le module de recherche, sur la page d'accueil du site, entrez la référence à 4 chiffres indiquée sur le présent livre. Vous accédez directement à sa fiche produit.

Avant-propos

Destinée aussi bien aux apprentis qu'aux utilisateurs chevronnés, la collection *Référence Micro Application* aborde l'ensemble du sujet traité. Privilégiant toujours l'aspect pratique, elle vous permet de progresser pas à pas depuis la découverte d'un logiciel, d'un langage ou d'une technologie, jusqu'à sa maîtrise avancée. Complète, elle délivre de nombreux exemples pratiques, des trucs et astuces et des conseils de professionnels pour tirer le meilleur parti de votre apprentissage.

Toujours à la pointe de l'actualité informatique, ces ouvrages vous permettront d'acquérir une parfaite maîtrise des derniers logiciels et technologies utilisés sur le marché, pour des résultats à la mesure de vos attentes.

Conventions typographiques

Afin de faciliter la compréhension des techniques décrites, nous avons adopté les conventions typographiques suivantes :

- **gras** : menu, commande, boîte de dialogue, bouton, onglet.
- *italique* : zone de texte, liste déroulante, case à cocher, bouton radio.
- Police bâton : instruction, listing, adresse Internet, texte à saisir.
- ✂ : indique un retour à la ligne volontaire dû aux contraintes de la mise en page.

Au cours de votre lecture, vous rencontrerez les encadrés suivants :

A FAIRE	Vous indique une procédure ou une technique conforme.
A NE PAS FAIRE	Vous met en garde contre une erreur fréquemment commise ou une mauvaise procédure.
ASTUCE	Propose des trucs pratiques.
ATTENTION	Met l'accent sur un point important qu'il ne faut négliger à aucun prix.
CD-ROM	Mentionne un fichier exemple ou un programme disponible sur le cd d'accompagnement de l'ouvrage.
DÉFINITION	Donne en quelques lignes la définition d'un terme technique ou d'une abréviation.
INTERNET	Renvoi à un site où vous trouverez des infos complémentaires ou des outils à télécharger.
REMARQUE	Il s'agit d'informations supplémentaires relatives au sujet traité.

Contenu en un clin d'œil

Sommaire

CHAPITRE

1

Introduction à Windows Vista

CHAPITRE

1

Introduction à Windows Vista

L'utilisation d'un ordinateur à la maison ou en entreprise évolue de plus en plus. Plus de 10 millions de français sont connectés à Internet en haut débit, nous nous servons de notre ordinateur pour surfer sur Internet, jouer, travailler, communiquer, etc. C'est pour cela que chaque nouvelle version de Windows doit toujours apporter son lot d'améliorations concernant la productivité de l'utilisateur. Encore une fois, il faut garder à l'esprit que Windows Vista est fait pour être utilisé pendant plusieurs années, logiquement jusqu'en 2017 (fin de la période de support) et donc prêt à gérer par exemple les évolutions de puissance de nos ordinateurs, mais aussi les évolutions de nos comportements. Pour cela, un grand nombre d'améliorations et de modifications ont été apportés, la finalité étant de simplifier encore et encore les taches les plus courantes pour laisser le champ libre à l'émergence de nouveaux besoins, mais aussi de nouveaux scénarios d'utilisations pour les usagers, pour les entreprises et pour les administrateurs.

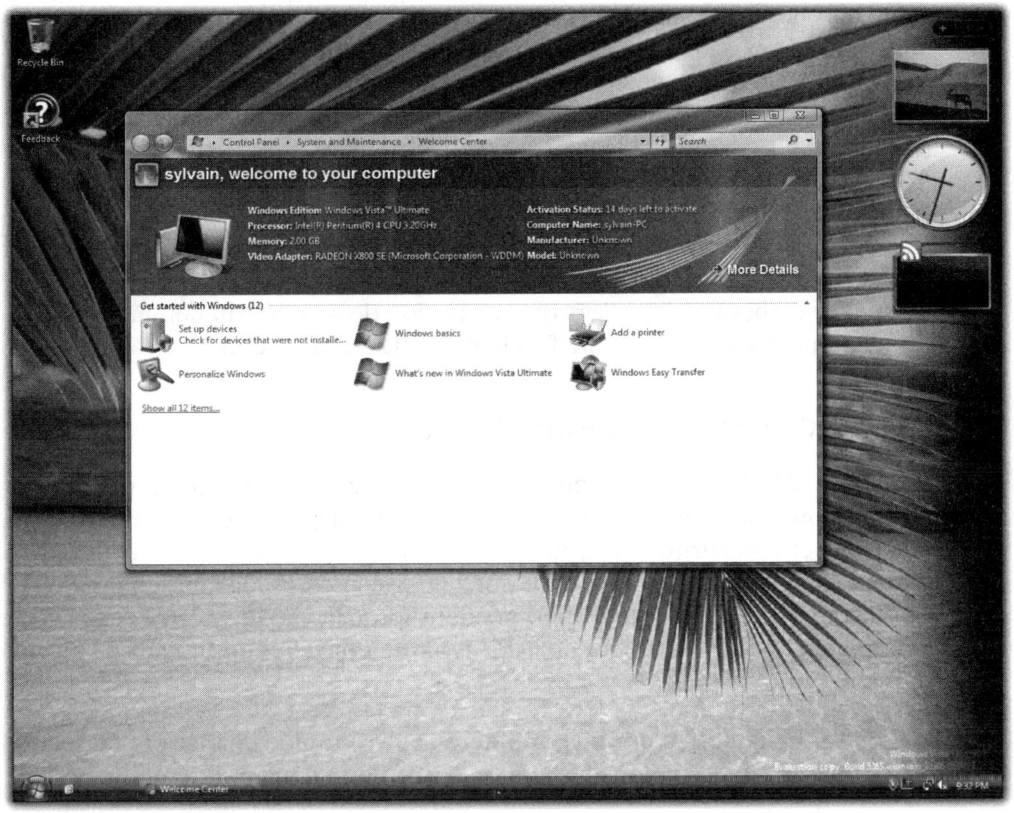

Figure 1-1 : *Windows Vista pour les utilisateurs, les entreprises et les administrateurs*

1.1 Les concepts

La force et la valeur ajoutée de Windows Vista résident dans sa capacité à transformer les nouvelles technologies en services simples et innovants pour les utilisateurs. Du coup, pour mettre en exergue la direction stratégique de développement prise avec Windows Vista, Microsoft communique, avec toute sa puissance marketing, sur trois grands aspects synthétisés par trois mots que vous avez déjà dû lire ou entendre : *Confident*, *Clear*, *Connected*.

En fait, qu'est ce que cela veut dire ?

Confident

Cela signifie simplement que l'informatique aujourd'hui évolue dans un environnement où les postes de travail sont de plus en plus connectés : au réseau de l'entreprise ou des clients et à Internet. Par conséquent, nous parlons de plus en plus de notions de sécurisation et de confidentialité de l'information, mais également de confidentialité autour de la vie privée : en quelque sorte, la protection du patrimoine informationnel. Ce qui amène l'utilisateur à avoir besoin plus que jamais d'un poste de travail fiable et sécurisé. Fiable, parce que le poste de travail connecté sur le réseau ou Internet est capable de se mettre à jour beaucoup plus facilement pour l'utilisateur. Sécurisé car il est important aujourd'hui de pouvoir avoir confiance de bout en bout lors de l'utilisation de son PC, du démarrage jusqu'à la protection de ses données une fois le poste de travail éteint.

D'un point de vue technique…

Windows Vista a été conçu tout d'abord pour permettre de donner à l'utilisateur plus de confiance, mais également un meilleur contrôle avec, comme volonté, d'améliorer la sécurité et de réduire les coûts opérationnels. L'objectif est d'être en permanence en sécurité, de savoir que l'on exécute des logiciels en qui l'on peut avoir confiance et, pour terminer, pendant toute la vie du système, que l'on reste en permanence sécurisé. Ce qui oblige à avoir de nouvelles approches au niveau des mises à jour.

Si l'on souhaitait effectuer une première analyse rapide en matière de sécurité, nous pourrions observer que nous sommes confrontés à deux problèmes majeurs :

- Le premier est qu'aujourd'hui il est facile de constater que le nombre d'ordinateurs de bureau ou de portables est en constante augmentation. Au-delà de ce constat, les experts en sécurité nous prédisent que le nombre de nouvelles failles dans les systèmes d'exploitation va continuer d'augmenter pour l'ensemble des systèmes d'exploitation et des plates-formes matérielles.

- Le second est que le nombre de menaces et de risques est en constante augmentation par un certain nombre de personnes qui sont passées d'un contexte d'ego et de défi à un contexte de professionnalisation des menaces où il devient nécessaire de gagner de l'argent. Pour répondre à cela, la plupart des entreprises investissent entre 1 % et 5 % de leur budget dans la sécurité informatique.

Face à ces problématiques, Windows Vista arrive avec un certain nombre de réponses que l'on peut classer en quatre parties : une sécurité présente de bout en bout, une exécution plus sécurisée, une communication plus sécurisée, une volonté de demeurer plus sécurisé.

Une sécurité présente de bout en bout

Windows Vista offre la possibilité de chiffrer la partition entière du disque dur au niveau du secteur de boot. L'authentification de l'OS par TPM 1.2 permet l'accès à la clé de chiffrement.

TPM (*Trusted Platform Module*) en version 1.2 est un composant matériel qui, associé à une API d'utilisation appelée TSS (*TPM Software Stack*), offre des fonctionnalités de sécurité avancées pour l'ordinateur et le système d'exploitation. TPM et TSS sont développés et enrichis par le TGC (Trusted Computing Group) dont AMD, HP, IBM, Infineon, Intel, Microsoft et Sun sont les promoteurs. Vous trouverez plus d'informations sur **www.trustedcomputinggroup.org**.

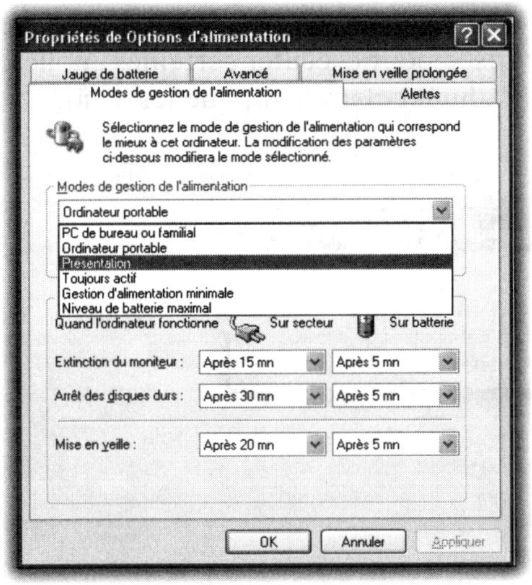

Figure 1-2 : *Console de management du composant TPM*

La clé de chiffrement est scellée pour le *loader* autorisé et seul le "bon" OS peut en déverrouiller l'accès. Le démarrage est donc sécurisé. Tout cela permet la protection des fichiers système et de travail.

Cette méthode d'encryptage a été conçue spécifiquement pour protéger le patrimoine informationnel résidant sur les postes utilisateurs (80 % des informations de l'utilisateur). Il a pour vocation d'empêcher qu'une personne mal intentionnée démarre depuis un autre OS ou exécute un outil de *hacking* pour casser les protections système et fichier de Windows Vista. Bien sûr, vous l'aurez compris, il faudra que votre PC soit équipé d'une puce TPM 1.2 et, si ce n'est pas le cas, vous devrez stocker la clé de chiffrement, sur une clé USB par exemple.

La fonction d'intégrité du code préserve les fichiers de Windows Vista. *Code Integrity* protège les fichiers du système d'exploitation lorsque celui-ci est en cours d'exécution grâce à la signature de tous les exécutables et les DLL du système d'exploitation. Il vérifie la validité des signatures lors du chargement en mémoire. Le but ici est de s'assurer qu'un logiciel malveillant ne remplace pas un fichier du système d'exploitation afin de compromettre une partie du système d'exploitation. Pour résumer, il y a vérification du code de façon à contrôler que le code qu'on exécute est bien celui que l'on pense exécuter.

Une exécution plus sécurisée

Nous ne pouvions pas démarrer cette section sans parler d'UAC (*User Account Protection*). L'objectif de l'UAC est de corriger le système pour qu'il fonctionne correctement lorsqu'on est un utilisateur standard ; faire en sorte que tous les utilisateurs, y compris ceux qui sont membres du groupe des administrateurs, exécutent leurs applications en tant qu'utilisateur avec le "moindre privilège". Globalement, fournir une méthode sécurisée pour exécuter certaines applications dans un contexte de privilèges élevés et indiquer clairement que les actions ont alors un impact sur la machine tout entière.

Figure 1-3 : *UAC, Use Account Control*

Il est également intéressant de noter qu'un certain nombre de vérifications administratives inappropriées ont été corrigées ou tout simplement supprimées. Terminé les cauchemars pour les utilisateurs nomades, par exemple l'horloge système !

Quand on parle d'exécution plus sécurisée, on parle également de nouvelle gestion des mises à jour. Ici, les améliorations apportées tournent autour de deux axes :

- Le premier est de faire en sorte que les administrateurs passent de moins en moins de temps à corriger les machines. Pour cela, les correctifs sont de plus petite taille, avec la possibilité de faire du *delta-patch*, c'est-à-dire que seules les parties manquantes du correctif sont installées sur le poste de travail. Côté outil, l'agent d'inventaire permettra de faire un inventaire complet de la machine et dira quel est son niveau de sécurité. Enfin, l'administrateur gagnera du temps sur le déploiement des postes de travail avec la possibilité d'inclure les correctifs dans les images système (images WIM).
- Le second axe, quant à lui, est plus destiné aux utilisateurs. Le nombre de redémarrages sera divisé par deux grâce à la possibilité de mettre à jour uniquement un service ou une application.

L'arrivée de Windows Vista apporte naturellement une nouvelle version d'Internet Explorer. Après les critiques essuyées par Internet Explorer 6, sa longue durée de vie et la concurrence de plus en plus pressante, Microsoft se devait de réagir, et c'est ce qui a été fait. Internet Explorer 7 intégré à Windows Vista ne déroge pas à la règle de défense en profondeur. Il s'appuie sur UAC et MIC pour protéger les données et les paramètres de l'utilisateur. Il tourne en mode de lecture seule dans la zone Internet, à l'exception du répertoire *Temporary Internet Files*. L'objectif est de se protéger contre deux fléaux : l'ingénierie sociale et les exploits.

Enfin, pour ne plus être des cibles attractives pour les logiciels malveillants, les services s'exécuteront sans interaction avec l'utilisateur. Ils ne communiqueront plus entre eux. D'un point de vue conceptuel, ils seront segmentés, ce qui permettra, en cas de compromission d'un service, que les autres ne le soient pas aussi. Le nombre de services tournant en autorité LocalSystem sera réduit. Les services et les pilotes fonctionnent en mode Utilisateurs et non plus en LocalSystem, ce qui signifie qu'ils n'ont plus tous les droits sur le système. Microsoft a appliqué le principe de moindre privilège au travers de deux actions :

- La première, appelée *Refactoring*, consiste à passer de LocalSystem à un compte moins privilégié.
- La seconde, appelée *Profiling* ou plus simplement "services restreints", qui consiste à pouvoir appliquer des permissions explicites par service sur des ressources de type registre ou fichiers.

Figure 1-4 :
Durcissement des services

Une communication plus sécurisée

En ce qui concerne l'amélioration de la sécurité des communications, notons l'arrivée de NAP (*Network Access Protection*) qui permet de vérifier l'état de santé d'un poste (*hotfix*, antivirus, etc.) avant qu'il ne se connecte au réseau. Nous n'aborderons pas trop ce point car, pour que NAP fonctionne, il faut que les contrôleurs de domaine soient en Active Directory version Longhorn Server. Le principe donc consiste à apporter une surcouche de santé au réseau. Cette surcouche valide la politique de santé de votre machine (nombre de patchs, version du moteur de l'antivirus, etc.). Si l'ordinateur n'est pas conforme, il est mis à jour, sinon vous ne pouvez pas accéder pas au réseau de l'entreprise. Une autre amélioration concernant la sécurité des communications provient de la nouvelle refonte du pare-feu Windows. Bien sûr, IPv4 et IPv6 y sont gérés, mais également une nouvelle MMC et un assistant beaucoup plus intuitif font leur apparition. Le changement le plus important concerne les contrôles qui peuvent être maintenant appliqués sur les flux sortants et entrants. À noter également que le pare-feu et IP/Sec fonctionnent parfaitement ensemble.

Figure 1-5 :
Nouvelle interface graphique du pare-feu de Windows Vista

Une sécurisation à long terme

Sur ce point, Microsoft a renforcé Windows Vista au travers de deux outils : Windows Defender et MSRT.

- Windows Defender (anciennement connu sous le nom Microsoft AntiSpyware) est une fonction intégrée de détection, de nettoyage et de blocage en temps réel des spywares (dont l'intégration avec Internet Explorer pour fournir une analyse antispyware avant le téléchargement). Pour cela, il utilise neuf agents de surveillance qui scannent le système de façon rapide et intelligente.

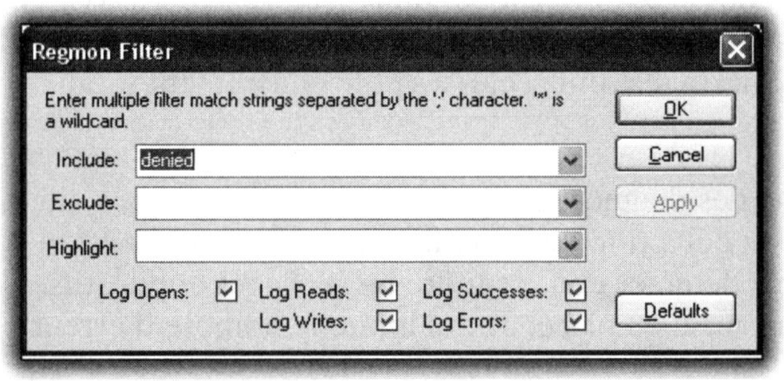

Figure 1-6 : *Page d'accueil de Windows Defender*

- MSRT (*Microsoft Malicious Software Removal Tool*), quant à lui, permet de supprimer virus, bots et chevaux de Troie (il les supprime, mais ne les détecte pas en temps réel, ce n'est pas un antivirus), et son contenu est mis à jour sur une base mensuelle. Ces outils sont actuellement disponibles en téléchargement sur les sites de Microsoft.

La gestion des périphériques reste encore compliquée aujourd'hui sur Windows XP. La raison est assez simple : cela reste totalement binaire ; en quelques mots, soit vous avez le droit de tout faire, soit vous n'avez le droit de rien faire. De nos jours, si l'on regarde un plus concrètement le besoin des entreprises, il pourrait se résumer par l'expression du besoin d'un administrateur qui dirait : "J'ai besoin dans un premier temps de définir l'ensemble des périphériques qui sont autorisés dans mon entreprise et, dans un second temps, de gérer de manière plus flexible qui peut installer des périphériques, même si la personne reste un simple utilisateur." Mission accomplie avec l'arrivée de Drive Store puisque la gestion des pilotes se fera en deux étapes : d'abord l'ajout, qui est réalisé par l'administrateur qui insère les pilotes dans le Driver Store, ensuite l'installation, qui peut être réalisée par n'importe quel utilisateur. De plus, les administrateurs pourront signer les pilotes et définir des politiques de confiance en fonction des pilotes validés.

Pour conclure le sujet sur la sécurité (il ne s'agit en réalité que d'un survol), voyons les cartes à puce. Et puisque nous parlons beaucoup de scénarios, l'amélioration de l'infrastructure de clé publique (PKI) va permettre la mise en œuvre de scénarios d'applications de PKI de bout en bout (par exemple Wi-Fi sécurisé, VPN, IPsec, EFS, ouverture de session par carte à puce, SSL/TLS, S/MIME et signatures numériques) d'étendre la gestion du cycle de vie des lettres de créance et la montée en charge des services de révocation pour toutes les applications.

Une meilleure confiance et un meilleur contrôle avec plus de sécurité

Windows Vista offre une protection par défaut, les privilèges utilisateurs y sont réduits, la protection des accès Internet et du réseau renforcés. Windows Defender est présent contre les spywares. L'application des patchs se fait à chaud : on parle de *Hot Patching*. Les démarrages sont sécurisés et le chiffrement total des disques est enfin possible.

Pour plus de fiabilité, des diagnostics automatiques sont intégrés, un mode d'autoréparation et de détection des défaillances matérielles fait son apparition, ainsi que la capacité à détecter et à résoudre les blocages applicatifs. Une nouvelle gestion des pilotes est mise en place, ce qui limite le nombre d'erreurs.

Du côté des performances, le réveil depuis le mode Standby se fait en moins de 3 secondes, c'est-à-dire deux fois plus rapidement que sous Windows XP. Pour l'optimisation, l'ordonnancement du CPU, la priorité des entrées/sorties disques et pour la gestion de la mémoire, vous découvrirez la technologie SuperFetch. Côté temps de réponse, il est possible de différencier les problématiques critiques des problématiques prioritaires, tout cela donnant un comportement d'utilisation plus agréable.

Clear

Certaines personnes peuvent penser que Windows Vista ne se résume qu'à une pâle copie de l'interface graphique de Mac OS X (qui est superbe cela dit !) ou qui traduisent *clear* par "espace libre", laissant le champ libre à la concurrence ! Non, ce n'est pas le sens qui est donné à ce mot dans le cadre de Windows Vista. Cette partie fait plus référence à l'utilisateur et comporte une notion de productivité. Rappelons que les utilisateurs possèdent environ 80 % de leurs données sur les postes de travail. L'introduction de nouvelles technologies telles que SuperFetch, les métadonnées ou l'interface graphique permettent d'aller beaucoup plus loin sur la réponse aux besoins de l'utilisateur pour tout ce qui touche la recherche et la gestion de l'information sur son poste. L'objectif souhaité est le suivant : "sous Vista, quand je pense, je trouve", augmentant donc la productivité de l'utilisateur.

D'un point de vue technique…

Plutôt que de parler à chaque fois de productivité, parlons d'efficacité : être efficace dans son travail, au quotidien, donner les pleins pouvoirs à l'information ; en quelques mots, essayer de donner les pleins pouvoirs à l'utilisateur sans qu'il puisse pour autant détruire le système.

L'objectif ici est d'essayer de rendre l'information un peu plus intuitive, de pouvoir la partager de manière beaucoup plus facile qu'aujourd'hui, y compris dans un contexte où l'on n'a pas d'infrastructure pour cela.

Et si l'on tire un premier constat de l'utilisation de Windows XP, nous pouvons constater que, malgré les progrès, l'utilisation des différentes tâches au quotidien reste encore trop compliquée à réaliser pour un trop grand nombre d'utilisateurs. Prenons un simple exemple : la recherche et la gestion des données. Avec une capacité de disque dur de plus en plus croissante, il n'est pas rare d'avoir sur sa machine des disques de plus de 100 Go, et nous pouvons dire que nous sommes tous confrontés à une surcharge informationnelle. Le triste constat pour l'entreprise face à cela, c'est qu'elles dépensent jusqu'à 15 000 euros par an et par employé à chercher ou à retrouver des données. Faites le calcul, nous sommes bel et bien retombés sur la notion de productivité. Microsoft réagit à cela en améliorant trois points majeurs : la recherche, l'organisation et le partage.

Ainsi, au niveau du Poste de travail, il sera possible d'effectuer des recherches dans tous les types de documents (documents, courriels, Web, etc.). Côté entreprise, il est possible d'intégrer les recherches avec des serveurs collaboratifs SharePoint ou des dossiers redirigés, dans les zones de partage serveur. Et pour terminer, la mise en cache de tout le contenu déjà vu est automatique.

Côté organisation, pour faciliter le mode de recherche, arrive la notion de listes et d'autolistes, la notion de filtres et de piles qui sont de nouvelles exploitations des capacités de recherche de l'explorateur. Elles vont permettre, de manière très simple, d'établir des filtres sur le contenu, pas simplement sur les critères actuels, mais sur des critères de recherche en plein texte sur l'ensemble des données. Autre élément qui va être utilisé également dans le shell de Vista : la recherche de mots-clés et, d'une façon plus générale, les métadonnées, c'est-à-dire la recherche des données sur les données. L'arrivée de WinFS, plus tard, permettra de compléter cette architecture.

Côté partage, Windows Vista permet le support d'un certain nombre de protocoles Peer-to-Peer. Non, il ne s'agit ni d'Emule ni de KaZaa… mais plutôt d'avoir la possibilité de partager des informations sans disposer d'une infrastructure de serveurs de noms, DHCP, etc. Prenez l'exemple d'une réunion avec des clients ou des partenaires, bref des personnes de sociétés différentes. Grâce à l'utilisation de ces protocoles et du Wi-Fi, il vous sera possible d'initialiser un espace de travail et de communiquer en échangeant des informations. L'objectif ici est de pouvoir disposer d'un réseau minute sans l'intervention de personnes humaines qualifiées.

Figure 1-7 : *Organisation d'une réunion en Peer-to-Peer en Wi-Fi sans infrastructure spécifique*

Côté interface graphique et expérience de l'utilisateur, un grand nombre de changements aura lieu. L'arrivée de cartes graphiques ultra-puissantes et la gestion de ces cartes dans Vista permettront d'utiliser à fond le moteur graphique de la nouvelle interface, appelée Aero Glass. Cette interface se déclinera en plusieurs versions de façon à pouvoir répondre aux cartes graphiques ne disposant pas du ticket d'entrée pour profiter à plein des performances. L'arrivée du 3D sur le Bureau, la notion de transparence, les animations et Windows Sidebar rendront l'utilisation du PC plus agréable.

Figure 1-8 : *Présentation de la Sidebar avec l'ajout de gadget : dans cette capture, le gadget correspond à des news diverses, il est facile d'imaginer que les entreprises pourront développer leurs propres gadgets avec des informations beaucoup plus pertinentes*

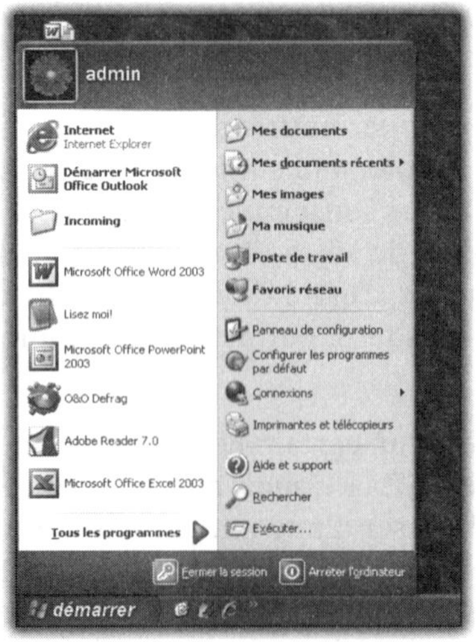

Plus d'efficacité dans son quotidien

Résumons les points essentiels :

- Les recherches en plein texte peuvent donc être lancées sur le Poste de travail dans tous les types de documents (documents, courriels, Web, etc.). Pour l'entreprise, il sera possible d'intégrer les recherches avec des serveurs collaboratifs SharePoint ou des dossiers redirigés, des zones de partage serveur et, pour terminer, la mise en cache automatique de tout le contenu déjà vu.
- L'organisation du travail est améliorée avec les listes et autolistes, le regroupement et le classement des fichiers indépendamment de leur localisation, la structure automatisée en fonction des métadonnées et l'utilisation de filtres pour réduire la sélection des fichiers.
- Pour finir, le partage de fichiers sera plus simple, que ce soit dans un groupe de travail, un domaine, ou sur Internet. La mise en place de réseau Peer-to-Peer permettra de se connecter et de partager directement des informations entre deux ou plusieurs postes de travail.

Connected

Pour finir, le troisième aspect fait référence aux machines connectées et interconnectées en permanence dans un environnement changeant : il s'agit là de mobilité à l'extérieur, mais également au sein de l'entreprise. Il est de plus en plus nécessaire que la machine reconnaisse son environnement et soit capable de se synchroniser, qu'il s'agisse de PDA, de périphériques ou d'informations, même de pages web ou pourquoi pas d'applications avant de partir en déplacement.

Figure 1-9 : *Présentation du Mobile Center*

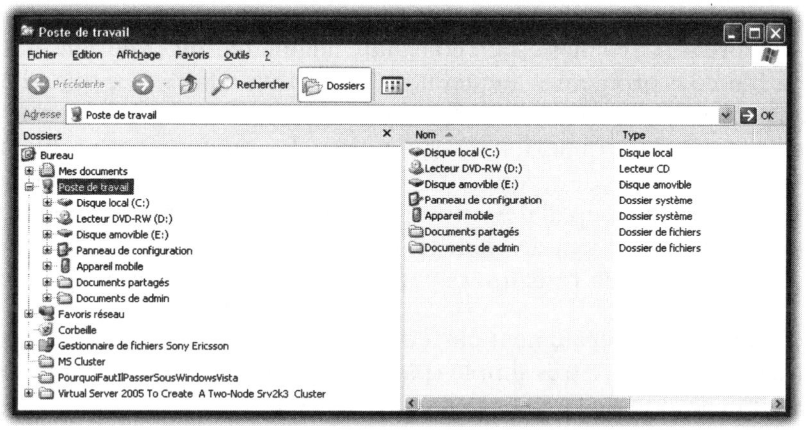

Derrière ces trois grandes catégories se cachent l'étendue et les bénéfices de Windows Vista, mais aussi ces capacités à faire face à tout nouveau type de scénario. Prenons un peu de recul, analysons les grandes étapes de l'évolution du Poste de travail afin de mieux comprendre vers quoi va tendre Windows Vista.

D'un point de vue technique...

L'objectif est d'être connectés, et en permanence, d'être potentiellement capable d'être connectés à des applications, à des personnes, à des périphériques, dans un contexte totalement mobile.

Il faut ici, d'une part, éviter les problématiques de synchronisation, être capable d'isoler les contextes de sécurité et, d'autre part, être capable de prendre en charge de nouveaux types d'applications habituées elles-mêmes à reconnaître des environnements connectés, déconnectés ou mixtes.

Le premier constat que l'on peut faire sur cette partie est la prolifération des ordinateurs portables et des périphériques mobiles de tout genre.

L'arrivée du nouveau Sync Manager apporte son lot de nouveautés en matière de synchronisation. Pour pouvoir partager les données, Windows Vista sera capable d'effectuer des recherches d'ordinateur à ordinateur, mais également des synchronisations d'ordinateur à ordinateur. L'arrivée du format *.xps* permettra de finaliser et de normaliser un certain nombre de documents. L'objectif de ce format sera de disposer d'une chaîne de bout en bout qui puisse lire le document de sa production jusqu'à l'impression sans passer par un nombre de formats intermédiaires qui pourraient être sources de perte de données (WMF pour le format de spool, PCL ou autres pour les imprimantes, etc.) ; en quelque sorte, un équivalent d'Acrobat Reader.

Puisque le nombre de portables est en constante augmentation, il devient nécessaire de s'adapter. L'un des problèmes auquel nous avons tous à faire face quand on travaille dans un environnement mobile, c'est le contexte de sécurité qui change en fonction de l'endroit et la connexion réseau utilisée. En réponse à ce problème, Windows Vista est capable de reconnaître dynamiquement dans quel contexte réseau il se trouve et, du coup, il devient capable de paramétrer son contexte en fonction de son environnement de sécurité. En somme, on va pouvoir parler de profils réseau. La gestion du réseau sera paramétrée au sein du Mobility Center.

Le travail collaboratif fait également parti des sujets avec la possibilité de monter un réseau de travail de manière très simple (partie *clear*). De gros efforts ont également été réalisés sur la gestion de l'alimentation des portables.

En résumé, sur la partie connectivité, gardez à l'esprit que l'ensemble des scénarios de Windows Vista a été conçu autour de la mobilité et de la connectivité.

Une plate-forme pour une vie connectée

Pour conclure, l'ensemble des scénarios qui ont pu être mis en place sur Windows Vista favorise la mobilité. Pour cela, nous allons retrouver la technologie *Grab-n-Go* qui permet la transition d'états (station d'accueil), le réveil immédiat avec *instant-on*, *multimonitor*, fiabilité. Le nomadisme réseau permet de se connecter à des réseaux filaires ou sans fil, de *hotspot* à *hotspot*.

La localisation, partie importante et attendue de tous : il s'agira au travers de sa connexion de pouvoir ajuster automatiquement les paramètres clés par exemple, l'entreprise, un hôtel ou encore chez un client.

Pour ce qui est d'être connecté, l'accès universel, cela touche aussi bien la partie cliente que serveur, puisqu'il s'agira d'applications métiers et de postes de travail disponibles depuis Internet en toute sécurité, en quelques mots la possibilité d'encapsuler du protocole RDP dans HTTP.

Vous retrouverez une mise en réseau simplifiée par l'identification, la connexion et l'utilisation tout en restant sécurisée.

Le nomadisme PC favorisera la distribution de manière transparente de vos paramètres et données utilisateurs vers toute machine du réseau d'entreprise.

Et, pour finir, vous découvrirez les nouveaux aspects de synchronisation avec l'intégration de Sync Manager pour une synchronisation unifiée des données et des périphériques, l'arrivée également du Plug and Play v2 et de Web Services for Devices pour reconnaître et énumérer les périphériques auxquels vous vous connectez.

1.2 Les fondamentaux de Windows Vista

Windows Vista ne doit pas être considéré simplement comme une multitude d'outils et de fonctionnalités mises bout à bout. Son développement, ses phases de test, son aspect, les fonctionnalités, les réponses aux besoins des utilisateurs, tout le ressenti à l'utilisation du produit, sont le fruit d'une orientation prise par Microsoft.

Il est important, pour avoir une vision globale du produit et pour bien en appréhender tous les tenants et les aboutissants, de comprendre l'orientation opérée par Microsoft. Cette orientation est dictée par des notions fondamentales, décidées par Microsoft et appliquées à la plupart de leurs produits qui sont : l'initiative pour l'informatique de confiance, le cycle de développement sécurisé et le triptyque d'utilisation.

Le développement de ces notions fondamentales permet de comprendre un contexte global autour d'un produit.

1.3 L'initiative pour l'informatique de confiance

La presse spécialisée en a beaucoup parlé et ironisé sur le sujet. Connu sous le nom anglais de *Trustworthy Computing* et traduit par initiative pour "informatique de confiance", tout a commencé il y a quatre ans, par un courriel de Bill Gates à tous les salariés de Microsoft, leur demandant de s'engager à travailler à l'avènement de cette informatique de confiance : l'informatique complètement sécurisée. Ce n'était qu'un courriel, mais il a réorienté l'entreprise.

Ce message engageait Microsoft à rendre ses produits plus sûrs, malgré la croissance continue du nombre et de la sophistication des attaques. Il engageait Microsoft à créer des produits qui protègent la vie privée et qui donnent à l'utilisateur le contrôle sur les données le concernant. Il engageait Microsoft à fiabiliser ses produits, tout en étant conscient de la place qu'ils occupent dans des infrastructures critiques au niveau mondial (sécurité publique, sûreté nationale, vie économique). Enfin, ce message engageait Microsoft à faire preuve d'intégrité dans ses actions commerciales, en veillant à rester ouvert et transparent vis-à-vis de ses clients.

Quatre ans plus tard, l'informatique de confiance a dépassé le stade de l'initiative pour devenir la doctrine de Microsoft : elle guide toutes les actions, tous les développements de logiciels. Depuis, Microsoft a réalisé des progrès dans la fourniture d'environnements informatiques plus sûrs, mieux sécurisés, plus fiables et respectant mieux la vie privée des utilisateurs.

Mais quatre ans ne suffisent pas pour aboutir à une informatique de confiance et, pour Microsoft, il reste encore beaucoup à faire. Cependant, citons quelques réalisations dans l'esprit de la doctrine de l'informatique de confiance.

- La première à citer et la plus notable est le Service Pack 2 de Windows XP que l'on peut considérer comme une mise à jour de Windows XP consacrée presque intégralement à la sécurité et que vous avez forcément installé.
- Citons également le filtre antiphishing qui avertit l'utilisateur lorsqu'un site web est potentiellement suspect. Ce filtre est disponible sous forme de complément à la barre d'outils MSN, et il est en cours d'intégration sur Hotmail (*Windows Live Mail*) et dans Internet Explorer 7. Pour configurer le

filtre antiphishing sous Internet Explorer 7, ouvrez le menu **Options Internet**, cliquez sur l'onglet **Avancé**. Dans les paramètres listés, descendez jusqu'aux options d'activation du filtre antiphishing.

Figure 1-10 : *Activation du filtre antiphishing sous Internet Explorer 7*

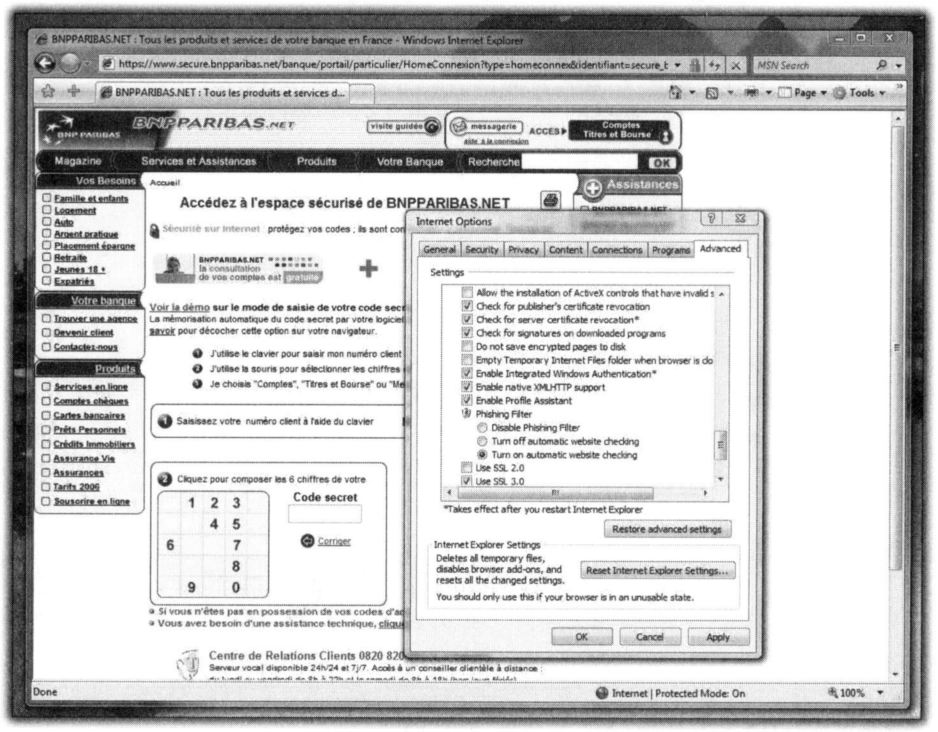

INTERNET

Téléchargez la barre d'outils MSN avec filtre antiphishing

Pour télécharger la barre d'outils MSN avec filtre antiphishing rendez-vous à l'adresse **http://go.msn.fr/sas/toolbar/msn/**.

- Windows Defender : ce logiciel, intégré à Windows Vista et disponible en téléchargement pour Windows XP. Actuellement en version bêta, il améliore la sécurité de navigation sur Internet en aidant l'utilisateur à se protéger contre les logiciels espions. Ce produit a déjà supprimé des dizaines de millions de logiciels espions chez plus de 25 millions d'utilisateurs. Lancez-le, puis cliquez sur **Scan** pour examiner votre ordinateur.

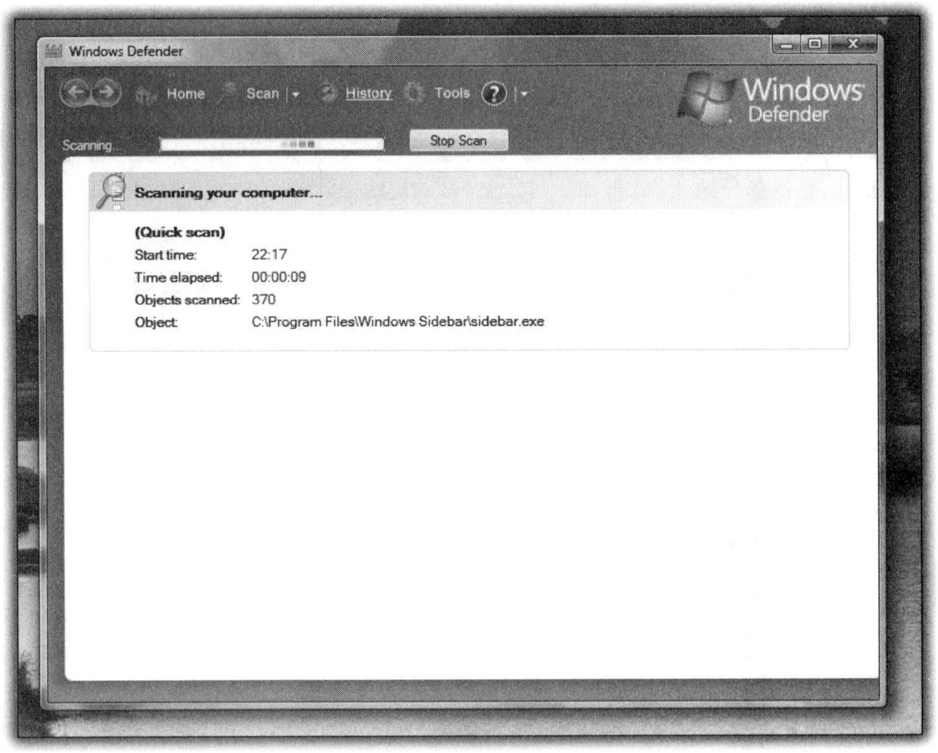

Figure 1-11 : *Exécution de Windows Defender*

INTERNET

Téléchargez Windows Defender

Pour télécharger Windows Defender rendez-vous à l'adresse **www.microsoft.com/athome/security/spyware/software/default.mspx**.

- Windows Malicious Software Removal Tool (MSRT) : Exécuté environ 2 milliards de fois depuis sa sortie, l'outil MSRT recherche les familles de logiciels nuisibles les plus répandues et les supprime. Ce n'est pas un antivirus en tant que tel car il n'y a pas d'analyse en temps réel, mais il permet d'être sûr que sa machine n'est pas infectée par les virus les plus connus. MSRT est disponible d'office sous Windows Vista. Pour l'exécuter, ouvrez une Invite de commande en tant qu'administrateur et tapez mrt, puis laissez-vous guider. Vous pourrez voir la liste des familles de logiciels nuisibles les plus répandues. Lancez ensuite un scan qui supprimera les éventuels virus présents.

1

Figure 1-12 :
Liste des virus connus sous MSRT

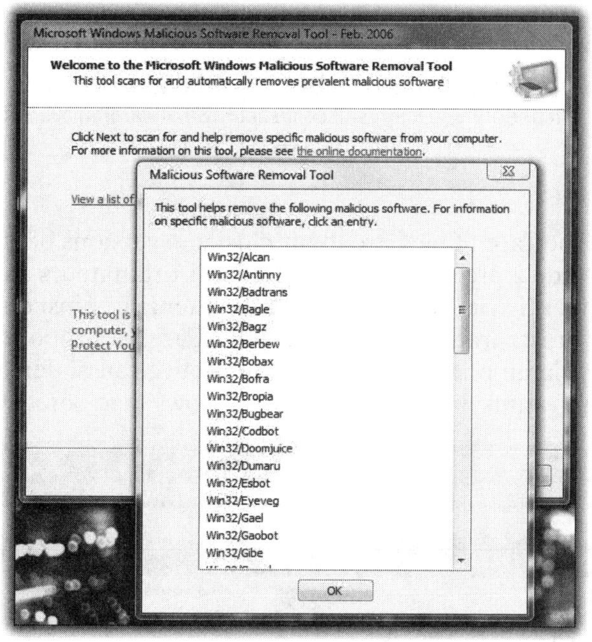

Figure 1-13 :
Scan MSRT

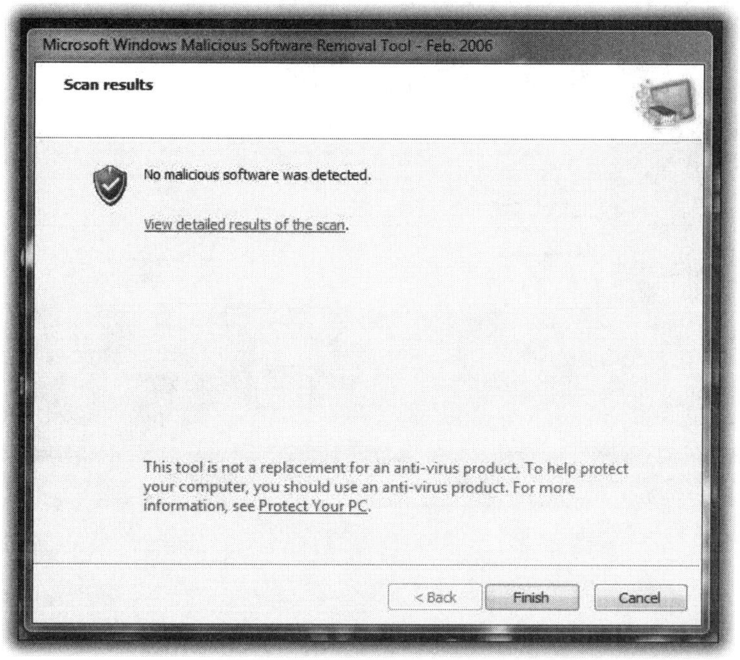

> INTERNET
>
> **Téléchargez Windows Malicious Software Removal Tool (MSRT)**
>
> Pour télécharger Windows Malicious Software Removal Tool (MSRT) rendez-vous à l'adresse **www.microsoft.com/security/malwareremove/default.mspx.**

- Windows Live OneCare : OneCare, dont plusieurs versions bêta sont prévues pour la France, aide à protéger et à maintenir les ordinateurs en intégrant des fonctionnalités d'antivirus, de pare-feu, de maintenance ainsi que de sauvegarde et de restauration de données. OneCare est proposé en service continu, payant, via un portail web, mais vous pouvez aussi demander des bilans ponctuels gratuits en visitant le site Windows Live Safety Center.

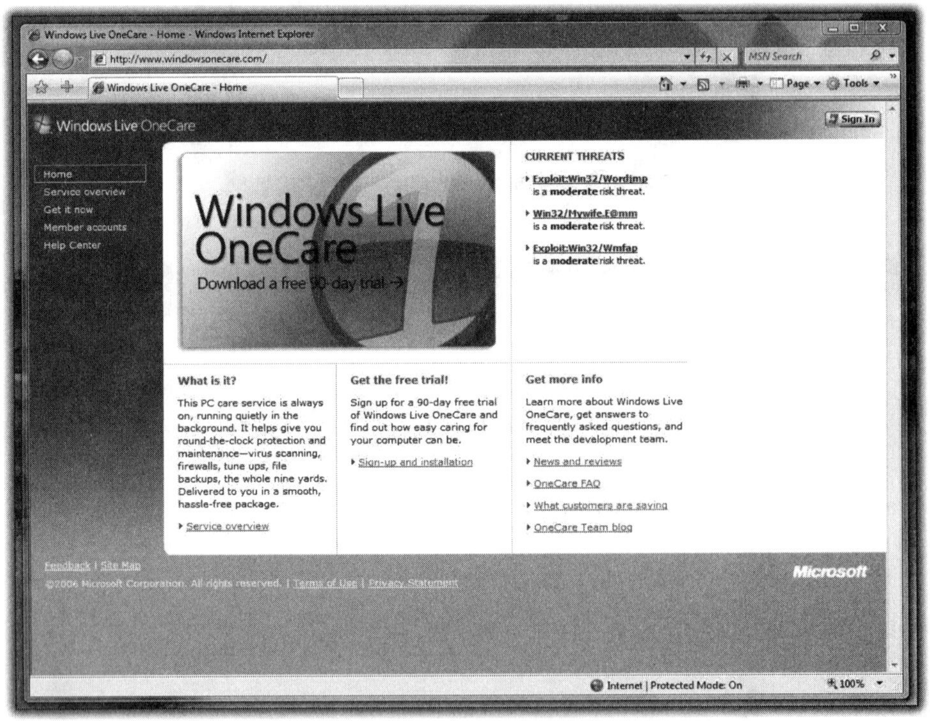

Figure 1-14 : *Le portail Windows Live OneCare*

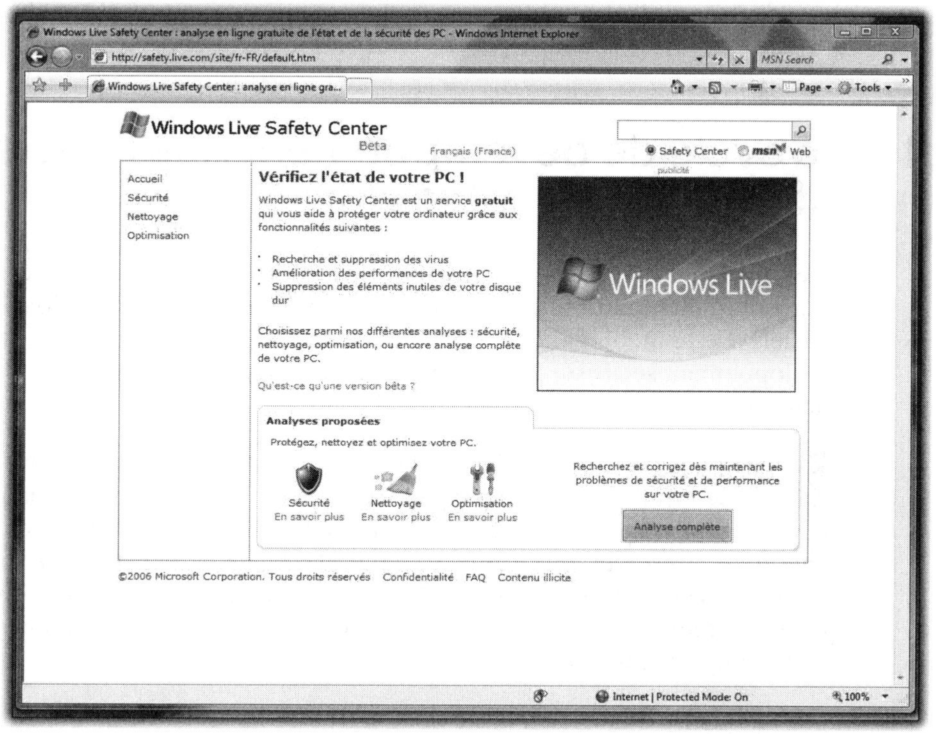

Figure 1-15 : *Le portail Windows Live Safety Center*

INTERNET

Accès aux portails Windows Live OneCare et Windows Live Safety Center

Si vous souhaitez essayer ces portails web très utiles, pour Windows Live OneCare, rendez-vous à l'adresse **www.windowsonecare.com** et, pour Windows Live Safety Center, rendez-vous à l'adresse **http://safety.live.com/site/fr-FR/default.htm**.

Évidemment, le développement de Windows Vista s'appuie sur la doctrine de l'informatique de confiance. Preuve en est la multitude de fonctions de sécurité qui sont incluses dans le système d'exploitation et expliquées dans cet ouvrage.

En outre, la nouvelle version d'Office, Office 2007, elle aussi, comportera un grand nombre d'améliorations en termes de sécurité, de confidentialité et de fiabilité. Elles contribueront à la protection contre les courriers indésirables et le phishing, à une meilleure gestion des droits d'accès sur les documents, et amélioreront la récupération après un incident. Une nouvelle fonctionnalité nommée Trust Center assurera une protection contre les macros dangereuses et les codes potentiellement dangereux. Un nouvel outil, Document Inspector, permettra de rechercher dans les documents, avant leur publication, toutes les informations personnelles ou masquées que l'utilisateur ne souhaite pas dévoiler au public.

1.4 Le cycle de développement des logiciels informatiques fiables

Une conséquence directe de l'initiative de l'informatique de confiance est que Microsoft a dû modifier la façon de développer les systèmes d'exploitation et les logiciels. Cette modification a donné naissance à une nouvelle approche du développement sécurisé, appelé "cycle de développement des logiciels informatiques fiables" ou SDL (*Security Development Lifecycle*).

Il est indispensable que tous les éditeurs de logiciels traitent les menaces contre la sécurité. La sécurité est un impératif majeur pour les éditeurs, sous la pression du marché, du fait de la nécessité de protéger les infrastructures critiques, mais aussi d'induire et préserver une confiance générale dans l'informatique. L'un des grands défis que doivent relever tous les éditeurs est la création de logiciels plus sécurisés qui nécessitent moins de mises à jour par des correctifs et une gestion de la sécurité moins contraignante.

Pour l'industrie du logiciel, la clé pour satisfaire la demande actuelle d'amélioration de la sécurité consiste à implémenter des processus itératifs, des recettes qui fournissent en toute fiabilité une sécurité dont les améliorations sont mesurables. Ainsi, les éditeurs de logiciels doivent s'orienter vers des processus de développement plus rigoureux, qui tiennent davantage compte de la sécurité. Ce type de processus a pour but de réduire le nombre de failles de sécurité encore existantes dans la conception, le codage et la documentation, de les détecter et de les supprimer le plus tôt possible dans le cycle de développement. La nécessité d'un tel processus est plus grande pour les logiciels d'entreprise et grand public susceptibles d'être utilisés pour traiter les données reçues d'Internet, pour contrôler les systèmes stratégiques risquant d'être attaqués ou pour traiter les informations d'identification personnelle.

Présentation

L'expérience en matière de sécurité des logiciels a conduit à un ensemble de principes de haut niveau pour la création de logiciels plus sécurisés. Microsoft a désigné ces principes par SD3+C :

- *Secure by Design* (sécurisé par conception) ;

- *Secure by Default* (sécurisé par défaut) ;
- *Secure in Deployment* (sécurisé dans le déploiement) ;
- *Communications*.

Définissons brièvement ces principes…

- Sécurisé par conception : l'architecture, la conception et l'implémentation des logiciels doivent protéger ces derniers et les informations qu'ils traitent, et résister aux attaques.
- Sécurisé par défaut : dans la réalité, un logiciel ne peut prétendre à une sécurité parfaite, c'est pourquoi les développeurs doivent prendre pour hypothèse que des failles de sécurité seront présentes. Pour réduire les dégâts possibles lorsque des pirates s'attaquent à ces failles résiduelles, l'état par défaut des logiciels doit insister sur la sécurité. Par exemple, un logiciel doit s'exécuter avec le privilège le moins élevé, et les services et fonctions qui ne sont pas strictement nécessaires doivent être désactivés par défaut ou être accessibles uniquement à une petite partie des utilisateurs.
- Sécurisé dans le déploiement : les outils et une aide doivent accompagner les logiciels pour aider les utilisateurs finaux et/ou les administrateurs à les utiliser de façon sécurisée. En outre, les mises à jour doivent être simples à déployer.
- Communications : les développeurs de logiciels doivent être préparés à la découverte des failles des produits et doivent communiquer de façon transparente et responsable avec les utilisateurs finaux et/ou les administrateurs pour les aider à prendre des mesures de protection (telles que la mise en œuvre de correctifs ou le déploiement de solutions).

Si chaque élément de SD3+C impose un certain nombre d'exigences sur le processus de développement, les deux premiers éléments, sécurisé par conception et sécurisé par défaut sont ceux qui contribuent le plus à la sécurité. La règle "sécurisé par conception" impose des processus destinés à éviter l'introduction de failles en premier lieu, tandis que la règle "sécurisé par défaut" implique que l'exposition par défaut du logiciel, sa surface d'attaque, soit réduite.

Le processus

Il est important de noter qu'un programme de formation est essentiel dans le succès du cycle de développement sécurisé. Les développeurs n'ont généralement pas la formation nécessaire pour se joindre aux effectifs qui sont prêts et en mesure de concevoir, développer ou tester des logiciels sécurisés. Même ceux qui ont suivi un cursus consacré à la sécurité sont davantage susceptibles d'avoir rencontré des algorithmes de cryptographie ou des modèles de contrôle d'accès que des saturations de tampon ou des failles. En général, les concepteurs, ingénieurs et testeurs de logiciels de l'industrie n'ont pas les compétences nécessaires en matière de sécurité.

Dans ces circonstances, une organisation cherchant à développer des logiciels sécurisés doit veiller à ce que ses ingénieurs soient correctement formés. Sachez que même chez Microsoft, tout le personnel impliqué dans le développement de logiciels doit suivre une formation annuelle d'actualisation des connaissances en matière de sécurité. Le développement de Windows Vista a profité de la mise à niveau de toutes ces compétences.

Plongeons-nous dans le secret des différentes phases de développement d'un système d'exploitation. En faisant cela, vous comprendrez mieux pourquoi ces fonctionnalités, notamment celles qui sont axées sur la sécurité, sont dorénavant présentes dans Windows Vista.

La phase de détermination des besoins

La nécessité de considérer la sécurité dès l'origine est un principe fondamental du développement de systèmes sécurisés. Au cours de la phase de détermination des besoins, l'équipe des produits en charge du développement établit le contact avec l'équipe centrale de sécurité pour demander l'affectation d'un conseiller en sécurité qui sert de point de contact, de ressource et de guide pendant la planification. Le conseiller en sécurité assiste l'équipe des produits en révisant les plans, en faisant des recommandations et en veillant à ce que l'équipe de sécurité planifie les ressources appropriées pour tenir le calendrier de l'équipe produit. Le conseiller en sécurité conseille l'équipe des produits sur les étapes relatives à la sécurité et sur les critères de sortie qui seront nécessaires selon la taille du projet, sa complexité et les risques encourus. Il reste le point de contact entre l'équipe des produits et l'équipe de sécurité depuis le démarrage du projet jusqu'à la conclusion de la révision finale de sécurité et à la diffusion du logiciel. Le conseiller en sécurité sert également de contact entre l'équipe de sécurité et la direction de l'équipe des produits, et indique à la direction de l'équipe si l'aspect sécurité du projet est en bonne voie afin d'éviter toute surprise liée à la sécurité survenant tardivement dans le processus.

La phase de détermination des besoins offre l'occasion à l'équipe des produits d'envisager de quelle manière la sécurité sera intégrée au processus de développement, d'identifier les principaux objectifs de sécurité et d'optimiser la sécurité des logiciels tout en réduisant les perturbations dans les plannings et les prévisions. Dans le cadre de ce processus, l'équipe doit considérer comment les fonctions de sécurité et les mesures de garantie de son logiciel vont s'intégrer aux autres logiciels susceptibles d'être utilisés conjointement (l'interfaçage avec d'autres logiciels est un aspect essentiel pour répondre aux besoins des utilisateurs d'intégrer des produits spécifiques dans des systèmes sécurisés). La perspective globale de l'équipe des produits, concernant les objectifs, les problèmes et les plannings de sécurité, doit se traduire par des documents de planification produits au cours de la phase de détermination des besoins. Si les plans sont susceptibles d'évoluer avec l'avancement du projet, la rédaction précoce de ces plans permet de s'assurer qu'aucun besoin n'a été oublié ni n'émerge à la dernière minute.

La phase de conception

La phase de conception identifie les besoins et la structure globale du logiciel à développer. Du point de vue de la sécurité, les principaux éléments de la phase de conception sont les suivants…

- Définir l'architecture de sécurité et les instructions de conception : définition de la structure globale du logiciel dans une perspective de sécurité et identification des composants dont le fonctionnement correct est essentiel à la sécurité ; identification des techniques de conception telles que la structuration, l'utilisation d'un langage, l'application du privilège minimal et la réduction de la surface d'attaque, qui s'appliquent au logiciel dans son ensemble.
- Documenter les éléments de la surface d'attaque du logiciel : sachant qu'un logiciel ne peut prétendre à une sécurité parfaite, il est important que seules les fonctions qui seront utilisées par la grande majorité des utilisateurs soient exposées à tous les utilisateurs par défaut et que celles-ci soient installées avec le niveau de privilège le moins élevé possible. La mesure des éléments de la surface d'attaque permet à l'équipe des produits de disposer en permanence d'une évaluation de la sécurité par défaut et de détecter des cas dans lesquels le logiciel est plus vulnérable aux attaques. Si, dans certaines situations, une surface d'attaque accrue peut se justifier par des fonctions améliorées et une meilleure utilisation du produit, il est important de détecter chacune de ces instances et de s'interroger sur leur pertinence au cours de la conception et de l'implémentation afin de livrer le logiciel dans une configuration par défaut aussi sécurisée que possible.
- Procéder à la modélisation des menaces : l'équipe de développement des produits procède à la modélisation des menaces composant par composant. En utilisant une méthodologie structurée, l'équipe en charge du composant identifie les actifs que le logiciel doit gérer et les interfaces par lesquelles ces actifs sont accessibles. Le processus de modélisation des menaces identifie celles qui peuvent nuire à chaque actif et la probabilité de nuisance (une estimation du risque). L'équipe en charge du composant identifie ensuite les dispositions qui atténuent le risque.

La phase d'implémentation

Au cours de la phase d'implémentation, les développeurs codent, testent et intègrent le logiciel. Les mesures prises pour supprimer les failles de sécurité ou éviter leur insertion au cours de cette phase sont largement mises à profit.

Les résultats de la modélisation des menaces donnent des orientations particulièrement importantes au cours de la phase d'implémentation. Les développeurs veillent particulièrement à ce que le code qui atténue les menaces de priorité élevée soit correctement écrit et les testeurs veillent à s'assurer que ces menaces sont effectivement bloquées ou atténuées.

Les éléments du cycle de développement sécurisé qui s'appliquent à la phase d'implémentation sont les suivants…

- Application des normes de codage et de test : les normes de codage aident les développeurs à éviter d'introduire des défauts pouvant se traduire par des failles de sécurité.
- Application d'outils de test de la sécurité y compris des outils aléatoires : ces outils aléatoires fournissent des entrées structurées mais invalides aux interfaces de programmation d'applications (API) et aux interfaces réseau afin de maximiser la probabilité de détecter des erreurs pouvant se traduire par des failles du logiciel.
- Application d'outils d'analyse de code statique : les outils peuvent détecter certains types de défauts qui se traduisent par des failles, tels que les saturations de tampon. Microsoft a investi massivement dans le développement de ces outils (lPREfix et PREfast sont les deux outils utilisés depuis le plus longtemps) et poursuit leur amélioration à mesure que l'on découvre de nouveaux défauts de codage et failles de logiciels.
- Réalisation de révisions du code : les révisions du code complètent les outils automatisés et les tests en dirigeant les efforts des développeurs formés vers la révision du code source, ainsi que la détection et la suppression des failles de sécurité potentielles. Elles constituent une étape essentielle du processus de suppression des failles de sécurité des logiciels au cours du processus de développement.

La phase de vérification

La phase de vérification est l'étape à laquelle le logiciel est fonctionnellement terminé et passe en bêta test auprès des utilisateurs. Au cours de cette phase, lorsque le logiciel est en bêta-test, l'équipe des produits mène une "campagne de sécurité" qui inclut des révisions du code vis-à-vis de la sécurité, qui vont au-delà de ceux réalisés au cours de la phase d'implémentation ainsi que des tests de sécurité ciblés.

Microsoft a introduit les campagnes de sécurité au cours de la phase de vérification de Windows Server 2003 et de plusieurs autres versions de logiciels début 2002. Cette introduction se fondait sur deux raisons :

- Le cycle de vie du logiciel des versions en question avait atteint la phase de vérification et cette phase constituait une étape appropriée pour mener les révisions de code ciblées et les tests requis.
- Le fait de réaliser la campagne de sécurité au cours de la phase de vérification garantissait que la révision du code et le test ciblaient la version finie du logiciel, et permettait de réviser le code développé au cours de la phase d'implémentation.

La première de ces raisons tire ses racines d'un événement purement fortuit : la décision de lancer une campagne de sécurité a été prise initialement au cours de la phase de vérification. Mais Microsoft en a conclu que le fait de mener une campagne de sécurité au cours de la phase de vérification est en fait une méthode pertinente, à la fois pour vérifier que le logiciel final respecte les besoins et pour permettre la révision plus en profondeur du code hérité de versions précédentes.

Il est important de noter que les révisions et le test du code faisant partie de la surface d'attaque du logiciel sont essentiels dans plusieurs phases du cycle de développement. Par exemple, ces révisions et des tests sont nécessaires dans la phase d'implémentation pour permettre la correction précoce de tout problème ainsi que l'identification et la correction de leur source. Ils sont également essentiels dans la phase de vérification, lorsque le produit est proche de son achèvement.

La phase de diffusion

Au cours de la phase de diffusion, le logiciel doit être soumis à une révision finale de sécurité. La révision finale de sécurité a pour objectif de répondre à une question : Du point de vue de la sécurité, ce logiciel est-il prêt à être livré à des clients ?

La révision finale de sécurité est menée de deux à six mois avant l'achèvement du logiciel, selon son étendue. L'état du logiciel doit être stable avant d'entreprendre la révision finale de sécurité, quelques changements non relatifs à la sécurité pouvant intervenir avant sa diffusion.

La révision finale de sécurité ne se limite pas à un exercice de type réussite ou échec, pas plus que l'objectif de la révision finale de sécurité n'est de détecter toutes les failles de sécurité qui resteraient dans le logiciel ; c'est sans conteste infaisable. La révision finale de sécurité donne plutôt à l'équipe des produits une image globale de l'état de la sécurité du logiciel et de la probabilité selon laquelle il pourra résister aux attaques lorsqu'il aura été diffusé auprès des utilisateurs. Si la révision finale de sécurité détecte un modèle de failles restantes, la réponse correcte ne consiste pas simplement à corriger les failles détectées, mais à reprendre les phases précédentes et de prendre d'autres mesures ciblées pour en corriger les causes (par exemple en améliorant la formation ou les outils).

La phase de support et de dépannage

Malgré l'application du cycle de développement sécurisé au cours du développement, les pratiques de développement avancées ne permettent pas encore de livrer des logiciels complètement exempts de failles, et l'on peut raisonnablement penser que cette situation est appelée à perdurer. Même si le processus de développement pouvait éliminer toutes les failles d'un logiciel tel qu'il est lors de la diffusion, de nouvelles attaques verraient le jour et ce logiciel qui avait été sécurisé deviendrait vulnérable. Aussi les développeurs doivent se préparer à répondre à des nouvelles failles dans les logiciels livrés aux clients.

Une partie du processus de réponse suppose de se préparer à évaluer des rapports de faille et à diffuser des conseils de sécurité et des mises à jour lorsque cela s'avère nécessaire. L'autre composante du processus de réponse consiste à pratiquer une analyse post mortem des failles signalées et à prendre les éventuelles mesures nécessaires. Les mesures destinées à répondre à une faille vont de la diffusion d'une mise à jour en réponse à une erreur isolée à la mise à jour d'outils d'analyse de code et à la réalisation de révisions de code des principaux sous-systèmes. L'objectif lors de la phase de réponse est d'apprendre des erreurs et d'utiliser les informations des rapports sur les failles pour détecter et éliminer les failles ultérieures avant qu'elles ne soient découvertes et ne mettent en péril les utilisateurs. Le processus de réponse aide également les développeurs à adapter les processus afin d'éviter des erreurs semblables à l'avenir.

Le retour d'expérience

L'expérience de Microsoft indique que le cycle de développement des logiciels informatiques fiables est efficace pour réduire l'incidence des failles de sécurité. L'implémentation préalable du cycle de développement des logiciels informatiques fiables, par exemple dans Windows Server 2003, s'est traduite par des améliorations significatives de la sécurité et les versions ultérieures, intégrant les améliorations apportées au cycle de développement des logiciels informatiques fiables, mettent en évidence de nouvelles améliorations en matière de sécurité des logiciels et systèmes d'exploitation.

L'implémentation incrémentielle des éléments qui composent le cycle de développement des logiciels informatiques fiables a entraîné des améliorations progressives, ce qui semble être le signe d'un processus efficace. Ce processus n'est pas parfait, il continue d'évoluer et il est peu probable qu'il atteigne la perfection ou cesse d'évoluer dans un avenir prévisible.

D'ailleurs, à noter l'intégration de *Privacy Process for Product Development* (traitement de la confidentialité dans le développement des produits) dans le cycle de développement des logiciels informatiques fiables qui centralise les pratiques exigées ou recommandées pour développer des produits répondant aux critères de confidentialité et de sécurité. Cette intégration est effective depuis le 1er janvier 2006 et, donc, Windows Vista en a profité.

Le développement et l'implémentation du cycle de développement des logiciels informatiques fiables représentent un investissement majeur pour Microsoft et un changement essentiel dans la manière dont les logiciels sont conçus, développés et testés. Compte tenu de l'importance croissance qu'occupent les logiciels dans notre société, il est indispensable pour Microsoft et l'industrie dans son ensemble de continuer à améliorer leur sécurité.

1.5 Les défis de Windows Vista en entreprise

Améliorer la productivité

Les employés gèrent une surcharge informationnelle croissante, non structurée et doivent être plus productifs en équipe ou en déplacement. De ce fait, il ne reste pas évident de transformer des investissements en gain de productivité significatif.

Voici un récapitulatif des évolutions des composants standard de l'administration depuis Windows 2000 Professionnel :

Tableau 1-1 : Évolution des fonctions d'administration

Composants	Windows 2000 Professionnel	Windows XP Professionnel	Windows Vista
Stratégies de groupe	Partielles	Élaborées	Natif et total
Console de stratégies de groupe	Aucune	Composant additionnel	Natif et total
Planificateur de taches et Journaux d'événements	Partiel	Élaborés	Natif et total

Tableau 1-1 : Évolution des fonctions d'administration			
Composants	**Windows 2000 Professionnel**	**Windows XP Professionnel**	**Windows Vista**
Microsoft Management Console 3.0	Aucune	Composant additionnel	Natif et total
Windows Ressource Protection	Aucun	Aucun	Natif et total
Clichés instantanés	Aucun	Aucun	Natif et total
Windows Remote Management	Aucun	Aucun	Natif et total
Assistance à distance (support du NAT)	Aucun	Aucun	Natif et total
Diagnostics intégrés	Aucun	Partiel	Natif et total

Réduire les coûts de l'informatique

L'augmentation du coût de l'informatique est en hausse. Cela n'est pas forcément à cause de l'augmentation du matériel ou des logiciels qui sont, eux, en baisse, mais tout simplement parce que le patrimoine informatique, le parc, est devenu tellement lourd à gérer au sein des entreprises, que celles-ci dépensent de 70 % à 80 % des budgets à maintenir l'existant. Résultat, il n'y a plus suffisamment d'argent pour investir dans de nouvelles applications qui, finalement, apporteraient de la valeur à l'entreprise. Il y a aussi le coût de possession (TCO) qui ne baisse pas à la vitesse qu'on pourrait le souhaiter pour des raisons liées au déploiement, à l'administration et à la sécurisation des postes de travail.

Ce tableau récapitule l'évolution du déploiement pour les stations Windows 2000, Windows XP et Windows Vista :

Tableau 1-2 : Fonctionnalités de déploiement			
Déploiement par image	**Faiblement**	**Partiellement**	**Total**
Windows Imaging Format (WIM)	Aucun	Composant additionnel	Total
ImageX	Faiblement	Partiellement	Total
User State Migration Toolkit	Aucun	Total	Total

Tableau 1-2 : Fonctionnalités de déploiement			
Déploiement par image	**Faiblement**	**Partiellement**	**Total**
Windows Ressource Protection	Aucun	Aucun	Total
Comptes utilisateur protégés	Aucun	Aucun	Total
WS management	Aucun	Aucun	Total
Assistance à distance (support du NAT)	Aucun	Aucun	Total
Diagnostics intégrés	Aucun	Partiellement	Total

Augmenter la sécurité

Avec des systèmes de plus en plus ouverts, de plus en plus connectés et interconnectés, il reste évident que les menaces et les risques sont et seront encore plus présents. Windows Vista va réduire au maximum les surfaces d'attaque à l'aide de moyen comme User Account Control ou encore Internet en mode protégé, mais aussi le pare-feu intégré. L'un des problèmes majeurs de la sécurité pour les stations de travail est l'application des correctifs, cela reste fastidieux et pas souvent respectée et pour cause, les redémarrages intempestifs liés à l'application des correctifs découragent les utilisateurs mais aussi les administrateurs qui gèrent bien souvent des machines en production.

Voici un tableau récapitulatif des composants standard de sécurité pour Windows 2000 Professionnel, Windows XP Professionnel et Windows Vista :

Tableau 1-3 : Évolution des composants standard de sécurité			
Centre de Sécurité		**Total**	**Total**
Pare-feu intégré		Total	Total
Pare-feu bidirectionnel avec gestion intégrée d'IPSec			Total
Windows Defender (antispywares) Malicious Software Removal Tool	Composant additionnel	Composant additionnel	Total

Tableau 1-3 : Évolution des composants standard de sécurité			
Centre de Sécurité		**Total**	**Total**
Internet Explorer 7.0 (antiphishing, mode protégé…)		Composant additionnel	Total
Support des derniers standards de sécurité Wi-Fi (WPA2, WPA, i802.1x…)		Composant additionnel	Total
Client Network Access Protection, support d'IPv6		Composant additionnel	Total
Chiffrement intégral du disque dur, utilisation de TPM 1.2			Total
User Account Control (utilisation limitée des privilèges administrateur)			Total

1.6 Les évolutions de l'utilisation en entreprise

Avant d'aborder les différentes évolutions de l'utilisateur en entreprise, voyez ce tableau récapitulatif :

Tableau 1-4 : Évolutions pour l'utilisateur en entreprise			
	Windows 2000 Professionnel	**Windows XP Professionnel**	**Windows Vista**
Gestion de multiples configurations mobiles (détection, profils)	Aucune	Composant additionnel	Total
Internet Explorer 7.0 (onglets et flux RSS, impressions)	Aucune	Aucune	Total
Nouveaux outils pour Tablet PC	Aucune	Aucune	Total
Multi-logon	Aucune	Aucune	Total

Tableau 1-4 : Évolutions pour l'utilisateur en entreprise			
	Windows 2000 Professionnel	**Windows XP Professionnel**	**Windows Vista**
Outil de collaboration (partage PC à PC)	Aucune	Composant additionnel	Total
Outil de recherche	Aucune	Composant additionnel	Total
Gestion de l'alimentation et des fuseaux horaires par l'utilisateur	Aucune	Composant additionnel	Total

Assurer le bon fonctionnement des postes

De manière très triviale, cela consiste à faire en sorte que l'utilisateur ait un poste de travail opérationnel et, quelles que soient les opérations réalisées, qu'il ne puisse pas endommager l'intégrité du poste de travail.

L'objectif principal pour assurer le bon fonctionnement du poste consiste à limiter et maîtriser les actions que l'utilisateur peut êtres amenés à effectuer sur son poste qu'il soit utilisateur standard ou administrateur. Pour cela, deux éléments sont disponibles sous Windows Vista. Le premier a déjà été abordé.

Simplifier et améliorer la gestion des postes

Cela consiste à utiliser les nouvelles fonctions de Windows Vista, celles-ci disposent vont désormais vous permettre de diagnostiquer un certain nombre de problèmes et que lorsqu'ils ne seront pas résolus automatiquement les problèmes, ils tenteront de proposer des solutions intelligentes et adapter aux besoins de l'utilisateur. Toutes ces actions pourront être planifiées et interagir avec les systèmes lui-même ou encore l'utilisateur.

Cette simplification intègre plusieurs nouveautés, comme la MMC (*Microsoft Management Console*) qui passe en version 3.0. Elle concerne aussi l'évolution des stratégies de groupes, puisque celles-ci sont au cœur de l'administration sous Active Directory, et donc la GPMC (*Group Policy Management Console*), de même que Windows Installer 4.0 ou alors une grande amélioration de la gestion des correctifs. La gestion des imprimantes a également été améliorée ainsi que les solutions autour des sauvegardes. Une nouvelle version shell fait son apparition tout comme les Web

Services et WMI s'enrichit. Comme il est facile de le constater, l'administration est grandement enrichie et la simplicité devient l'un des maîtres mots de Windows Vista.

Figure 1-16 : *Présentation de la Microsoft Management Console 3.0*

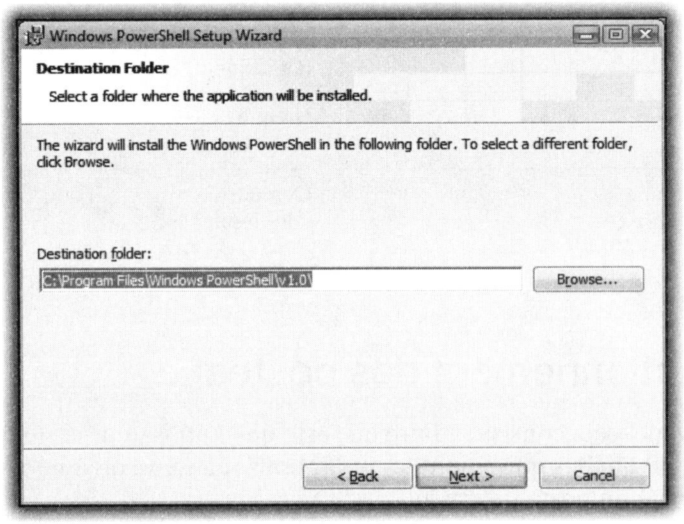

Diagnostiquer et résoudre les incidents

Cela consiste à utiliser les nouvelles fonctions de Windows Vista. Celles-ci vont désormais vous permettre de diagnostiquer un certain nombre de problèmes. Lorsqu'ils ne seront pas résolus automatiquement, ils tenteront de proposer des solutions intelligentes et adaptées aux besoins de l'utilisateur. Toutes ces actions pourront être planifiées et interagir avec le système lui-même ou encore l'utilisateur.

Améliorer la fiabilité et les performances

L'arrivée d'indicateurs spécifiques permet de pouvoir mesurer la fiabilité, ce qui va permettre aux administrateurs de pouvoir observer l'état de santé du poste de l'utilisateur et d'optimiser les performances.

Bien sûr, l'objectif de ces quatre briques est de pouvoir faire baisser les coûts d'exploitation au travers de stations efficacement administrées. Prenons comme exemple l'administration du poste utilisateur actuel qui est Windows XP professionnel : le fait de passer d'un poste administré à un poste efficacement administré permet de diminuer les coûts de 4 % à 14 %, mais également les coûts de support qui représentent en moyenne 10 % des budgets d'exploitation d'une entreprise.

CHAPITRE

2

Quelle version ? Quelle configuration

CHAPITRE

2 Quelle version ? Quelle configuration

Au lancement de Windows XP, en 2001, il n'y avait que deux versions du produit : Windows XP Home Edition et Windows XP Professional Edition. Et, événement suffisamment singulier pour être remarqué, trois nouvelles versions sont apparues pendant le cycle de vie du produit.

Nous avons connu l'arrivée de Windows XP Media Center Edition qui a coïncidé avec l'arrivée des PC Media Center. Destinée à améliorer les expériences de divertissement, la version Windows XP Media Center Edition intègre une interface dédiée, pouvant être contrôlée par télécommande, qui permet d'accéder et de gérer simplement la connexion à la télévision, la radio, les images, les vidéos, les DVD.

Nous avons connu également l'arrivée de Windows XP Tablet PC Edition qui a coïncidé avec l'arrivée des Tablet PC. Cette version s'adapte et tire parti des spécificités matérielles du Tablet PC en introduisant la gestion de l'encre numérique qui permet de rédiger du texte ou des mails avec un stylet, comme si vous écriviez sur une feuille de papier avec votre propre écriture et qui est capable de reconnaître et de formater les mots que vous avez écrits de votre main.

Enfin, nous avons connu récemment l'arrivée de Windows XP Professional x64 Edition qui coïncide avec l'arrivée des PC avec architecture 64 bits qui vont devenir de plus en plus incontournables. Cette version apporte entre autres la gestion des processeurs et applications 64 bits, la gestion de la mémoire étendue à 128 Go de RAM et 16 To (téraoctets) de mémoire virtuelle, l'émulation des applications 32 bits avec WOW64 (*Windows on Windows 64*).

Comme vous pouvez le constater, ces trois nouvelles versions coïncident, par la force des choses, avec des plateformes matérielles bien spécifiques. Et donc, dans l'esprit des gens, une assimilation toute simple s'est effectuée : "La version de Windows XP qu'il me faut est relative au PC que j'utilise. Pour le PC de la maison, j'utilise Home Edition, pour la station de travail du bureau, c'est Professional Edition, pour le PC Media Center, c'est Media Center Edition, pour le Tablet PC c'est Tablet PC Edition, etc. "

Avec l'arrivée de Windows Vista, Microsoft a voulu en profiter et casser cette assimilation qui dit que telle version est relative à tel PC, et plutôt dire, toujours pour améliorer la productivité de l'utilisateur, que la version de Vista qu'il vous faut est celle qui répond le mieux à votre besoin (en faisant presque abstraction de la plateforme matérielle).

REMARQUE

Les autres versions de Windows XP

Pour être plus précis, signalons tout de même l'existence d'autres versions de Windows XP : Windows XP Starter Edition, réservée aux pays en voie de

REMARQUE

développement et donc introuvable dans notre beau pays, Windows XP Home Edition N et Windows XP Professional Edition N qui sont les versions sans Windows Media Player intégré, résultants des procès intentés par l'Union européenne.

2.1 Les vagues de l'innovation

Si vous regardez d'un peu plus près ce qu'il s'est passé ces dernières années dans le monde de l'informatique et plus particulièrement celui du poste utilisateur chez Microsoft, vous remarquerez alors une progression par cycle évoluant selon trois principes : innovation, adoption et standardisation. Et si nous faisons un retour en arrière sur les différents succès de l'innovation, il est très facile de constater que les succès, les technologies qui sont devenues des standards, ont toujours été soutenus par la mise en avant de scénarios d'utilisation. Mais pour mieux appréhender les défis de Vista, essayons de mettre en perspective les différentes vagues de l'innovation en faisans un résumé rapide des technologies, des innovations et scénarios d'utilisations qui ont permis l'adoption de Windows au fil des années.

Les années 1970

Mettre les événements en perspective, cela veut dire, essayer de se servir du passé pour éclairer le futur. Avant que Windows Vista vienne à son tour bouleverser nos habitudes, souvenez-vous…

En 1971 Intel met au point son tout premier microprocesseur, baptisé 4004. Le processeur fonctionnait avec des registres de 4 bits (contre 64 bits actuellement), ce qui limitait la mémoire du PC à moins d'un mégaoctet (quand on compare les 4 Go d'aujourd'hui !). Composé de 2300 transistors, le système fonctionnait à une vitesse de 108 kHz.

En 1974 : reprenant les bases du 4004, Intel lance le 8080. Le processeur dispose de registres 8 bits et monte à 2 MHz en fréquence.

Figure 2-1 : *Le processeur 8080 en céramique d'Intel*

1975 : c'est la date de création de ce qui allait devenir Microsoft, l'éditeur du système d'exploitation le plus utilisé au monde. Microsoft propose le MS-DOS, système d'exploitation qui sera capable de fonctionner avec les processeurs x86.

En 1978, à force d'évolution, Intel donne naissance au 8086, le processeur à la base de l'appellation x86. Ce processeur 16 bits s'appuie alors sur 29 000 transistors, le 8086 gère désormais jusqu'à 1 Mo de mémoire vive. Il atteint une fréquence pouvant aller jusqu'à 10 MHz. Mais c'est surtout son jeu d'instructions qui fera sa renommée.

Figure 2-2 : *Première génération de processeur x86 : le processeur 8086 fonctionne à 5 MHz*

Les années 1980

Le début des années 1980 est marqué essentiellement par l'arrivée de l'architecture PC avec l'usage du DOS et des processeurs X86. La naissance du PC a permis l'utilisation des premières feuilles de calcul et traitement de texte. L'utilisation de l'ordinateur est alors purement technique.

Durant cette phase où l'utilisation du PC est essentiellement destinée aux feuilles de calcul et au traitement de texte, Intel n'a cessé de faire évoluer ces processeurs, tant en fréquence qu'en capacité à traiter et à gérer de la mémoire. De ce fait, en 1982, c'est la sortie du 80286 d'Intel. Cette génération de puces porte le nombre de transistors à 134 000 transistors pour une fréquence allant de 8 à 25 MHz. Les ordinateurs peuvent désormais s'équiper de 16 Mo de mémoire vive.

Figure 2-3 : *Le processeur 80286 d'Intel, ne possède pas encore de mémoire cache de premier niveau*

En 1985, le 80386 d'Intel élargit la taille des registres à 32 bits. Ce système ne sera remplacé définitivement qu'en 2003 avec l'arrivée des Athlon 64 d'AMD. La mémoire adressable monte ainsi à 4 Go. Le nombre de transistors s'élève désormais à 275 000 transistors.

Figure 2-4 : *Le premier processeur d'Intel : le 386*

En 1985, L'évolution apportée par Intel sur les processeurs permet à Microsoft de profiter des processeurs 80286 et 80386 pour proposer Windows 1.0. Cela permet enfin de quitter le mode de commande MS-DOS. On découvre une interface en noir et blanc, l'environnement graphique fait son apparition et, comble de surprise, une barre des tâches est déjà présente.

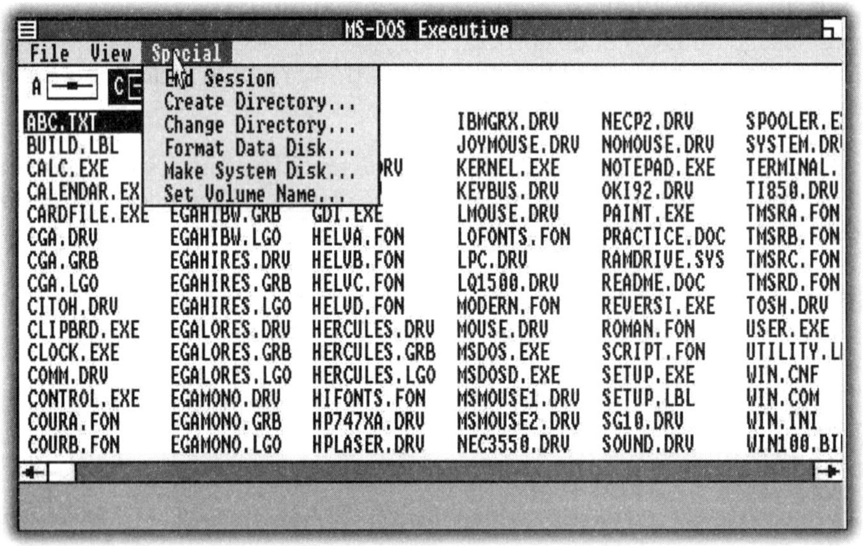

Figure 2-5 : *Windows 1.0 est le point de départ de l'environnement graphique de Microsoft*

Arrive ensuite la version 1.01 de Windows. Elle offre un affichage en couleur et pour la première fois on parle de pilotes.

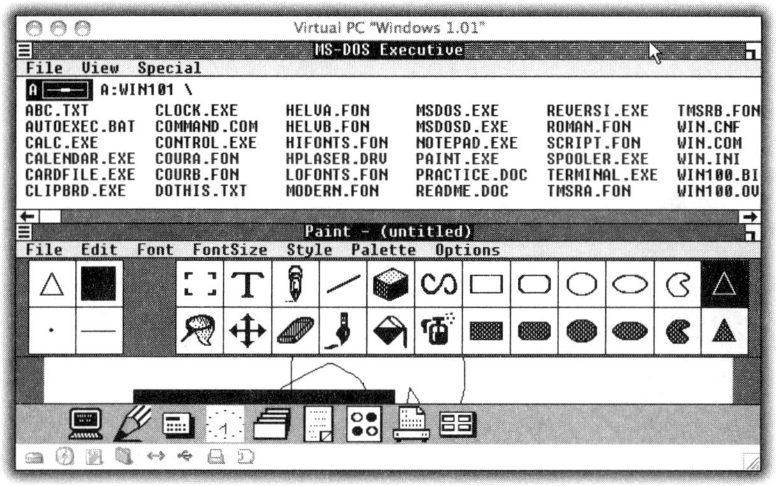

Figure 2-6 : *Windows 1.1*

En 1987 arrive Windows 2.0. Il n'apportera pas vraiment de révolution. Il assouplit l'usage de fenêtres qui peuvent à présent se chevaucher à l'écran, mais, comme les versions 1.0 et 1.01, il ne fera pas le succès de l'éditeur auprès du grand public. Cependant, l'utilisation des traitements de texte et des feuilles de calcul à permis à Windows de devenir partie intégrante de la vie des entreprises.

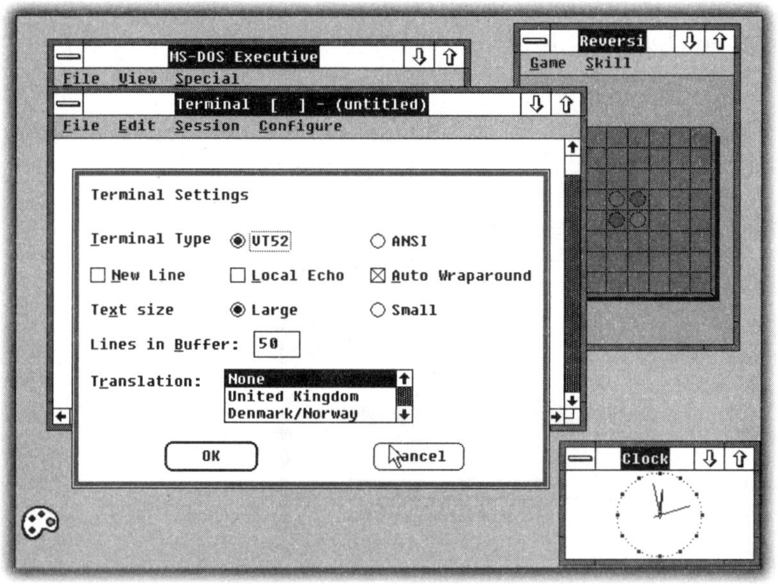

Figure 2-7 : *Windows 2.0*

1989 : apparition du processeur 80486, dernier processeur à recevoir l'appellation 80xxx de la gamme Intel. Il atteint des fréquences de 100 MHz, comporte 1,2 million de transistors et un coprocesseur arithmétique qui existe encore aujourd'hui dans les puces x86.

Figure 2-8 : *Le processeur 486 SX d'Intel intègre un coprocesseur arithmétique*

Les années 1990

Elles sont marquées par l'apparition de l'environnement graphique et l'utilisation de la souris mais aussi la mise en place des premiers réseaux locaux (LAN). Cette nouvelle façon d'interagir avec la machine a permis l'apparition de nouveaux usages. Tout cela a conduit à transformer ce qui au départ n'était que de la technologie en un environnement adopté par le plus grand nombre créant de facto de nouvelles applications.

En 1990, avec Windows 3.0, Microsoft s'appuie sur la génération de processeurs 286 et 386. On trouve la première mouture de l'explorateur actuel.

Figure 2-9 : *Windows 3.0 : cette version de Windows marque un vrai tournant pour Microsoft, elle est adoptée par tous*

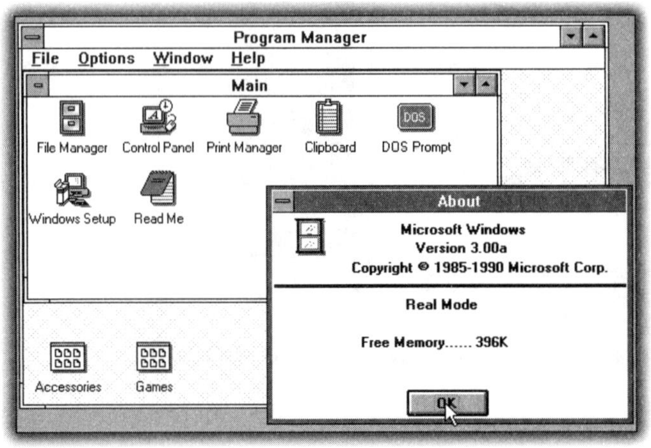

Plus la peine de plonger sous DOS pour connaître le contenu de son disque dur. Windows 3.0 gère 16 couleurs et comme un bonheur n'arrive jamais seul, le Solitaire fait son apparition. Depuis, ce jeu n'a jamais disparu des versions de Windows puisqu'on le retrouve encore dans Windows Vista.

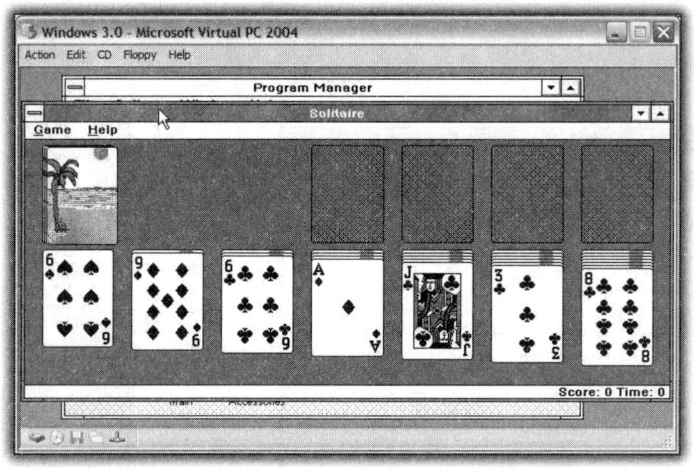

Figure 2-10 : *Première apparition du Solitaire*

En 1992, Windows 3.1 fait son apparition. En moins d'un an, deux versions de Windows apparaissent : la classique et la Workgroups. On note le premier support des cartes son, donnant ainsi de nouvelles perspectives dans l'utilisation d'application. Pour la version Workgroups, on peut gérer un accès réseau ainsi que le partage de dossiers et d'imprimantes. Ces nouvelles fonctions permettent de revoir la façon de travailler en entreprise. Les données partagées marquent le premier pas de ce qui deviendra le travail collaboratif. Autre nouvelle fonction : la gestion des polices TrueType. L'arrivée des deux versions de Windows 3.1 marque la fin d'une version standard au profit d'une version domestique et une version entreprise de Windows.

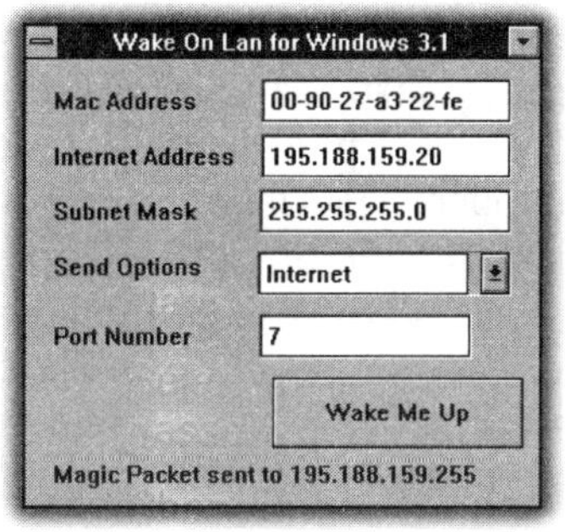

Figure 2-11 : *Avec l'arrivée de Windows 3.11, le travail en réseau se développe et la partie Workgroups est de plus en plus utilisée*

1993 : Windows NT 3.1 est et restera longtemps la version professionnelle de Windows. Et dans cette évolution de la version pro de Windows, on parle de TCP/IP pour la première fois.

Figure 2-12 : *Windows NT 3.1*

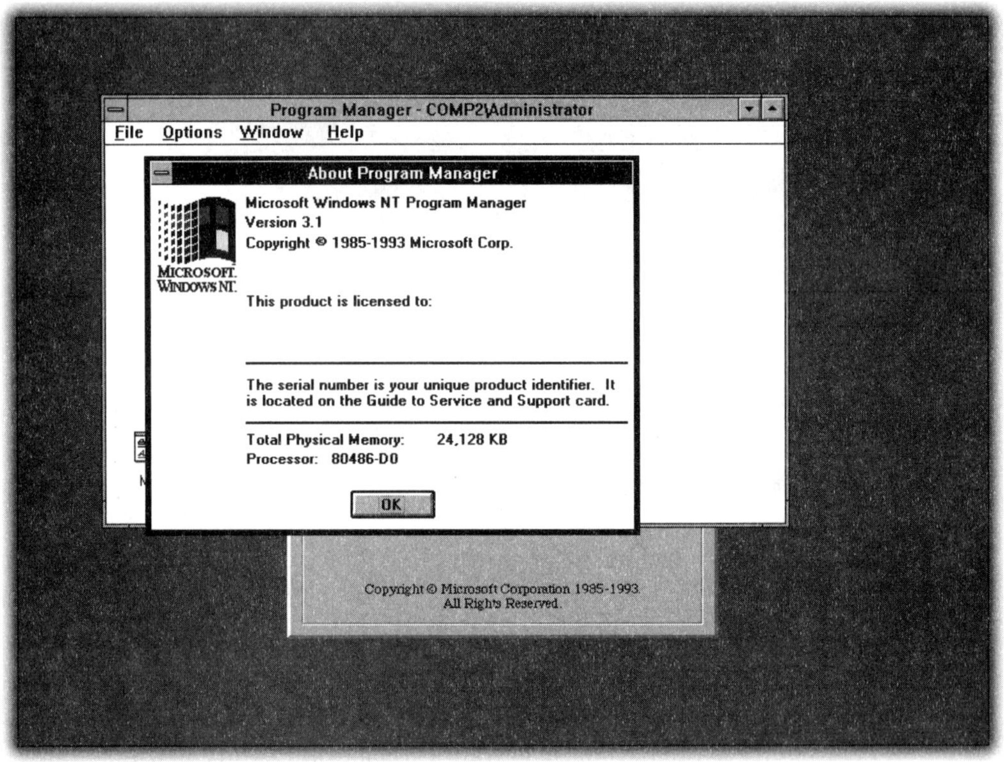

Côté processeur, en 1991, AMD propose son premier produit reprenant l'architecture x86, baptisé Am386. En 1993, sortie du Pentium ; c'est la nouvelle famille de processeurs x86 d'Intel. Elle permet de rompre avec l'architecture conventionnelle des 80xxx. Les fréquences débutent à 60 MHz pour finir à 200 MHz, la version MMX du Pentium ira jusqu'à 233 MHz et apportera un jeu d'instruction multimédia qui permettra d'ouvrir d'autres horizons aux applications multimédias. On compte alors 3,1 millions de transistors sur une puce. Mais la grande nouveauté vient du bus de données élargi à 64 bits pour l'accès à la mémoire et à la capacité du processeur à pouvoir traiter deux instructions par cycle d'horloge. Le Pentium est aussi le premier à mettre en œuvre deux niveaux de mémoire cache afin d'accélérer le traitement des instructions au niveau du processeur.

Figure 2-13 : *L'Intel Pentium représente la première génération de processeurs à embarquer du cache de second niveau*

Le milieu des années 1990 marque l'arrivée massive d'Internet. Fondamentalement, on peut considérer que deux éléments majeurs ont fait le succès d'Internet : la navigation et le client de messagerie. À l'automne 1995, c'est la sortie de Chicago, plus connu sous le nom de Windows 95. Windows 95 a apporté de grandes améliorations à l'interface utilisateur et a mis fin à la compétition entre les systèmes d'exploitation pour ordinateurs de bureau. Sa facilité d'utilisation et ses commandes intuitives ont permis en grande partie l'émergence d'une informatique grand public. D'un point de vue technique, Windows 95 est un descendant direct de MS-DOS et des précédentes versions de Windows jusque-là vendues séparément. Windows 95 fonctionnait grâce à MS-DOS 6.22. (MS-DOS 7.0 pour les versions plus tardives) qui était inclus, mais qui restait généralement invisible pour l'utilisateur. Windows 95 était le premier produit Microsoft à être lié à une version spécifique du DOS. C'est la première version à ne plus être compatible avec les anciens processeurs 16 bits. En effet, Windows 95 requiert au minimum un processeur Intel 386 pouvant fonctionner en mode protégé. Des avancées significatives ont été faites : Cette version incluait le support des noms longs pour les fichiers (auparavant limités à 8 caractères, Windows 95 permettait l'usage de 256 au maximum) ainsi qu'un multitâche préemptif pour les applications 32 bits. La première version de Windows 95 adoptait le système de fichiers FAT16, qui était celui des dernières versions de MS-DOS. À partir de Windows 95 OSR2, l'utilisateur a le choix entre les systèmes de fichiers FAT16 et FAT32.

L'introduction de l'accès aux fichiers en mode 32 bits, inauguré dans Windows 3.11, signifiait que le mode 16 bits de MS-DOS n'était plus utilisé pour gérer les fichiers lorsque Windows était en fonctionnement, et l'introduction plus ancienne de l'accès disque en mode 32 bits rendait le BIOS inutile pour accéder aux disques. Ceci a réduit MS-DOS au rôle d'un simple lanceur pour le mode protégé utilisé par le noyau Windows. DOS pouvait encore être utilisé pour lancer d'anciens pilotes afin de préserver la compatibilité, mais Microsoft le déconseillait fortement arguant qu'ils pourraient compromettre la stabilité du système. Le panneau de configuration permettait à l'utilisateur de voir quels composants MS-DOS étaient encore utilisés par le système : on pouvait atteindre une performance optimale en les désactivant tous. Le noyau Windows utilisait encore une interface dans le style MS-DOS pour son mode sans échec mais ce mode spécifique n'était utilisé que par l'utilisateur souhaitant régler des problèmes. Il ne chargeait en effet que les pilotes natifs afin de réduire le risque de conflits.

L'accès aux fichiers en mode 32 bits est donc rendu nécessaire par l'usage des noms longs (jusqu'à 255 caractères) introduit par Windows 95 grâce à l'usage du système de fichier VFAT (une variante du FAT16). Cette avancée était disponible à la fois pour les programmes Windows et les programmes MS-DOS lancés sous Windows. Ces derniers devaient cependant s'adapter sensiblement car accéder aux fichiers à noms longs requérait un chemin plus long et des procédures différentes. Les autres systèmes d'exploitations compatibles avec DOS devaient eux aussi être adaptés pour pouvoir voir ces noms. Utiliser d'anciennes versions du DOS pour manipuler ces fichiers faisait perdre aux fichiers leurs noms longs. Microsoft avait d'ailleurs prévu ceci : lors d'une mise à jour automatique de Windows 3.1 vers Windows 95, l'installation reconnaissait les utilitaires qui pouvant détruire les noms de fichiers longs et les rendait inopérants. Grâce au service pack, on rajoute la gestion de l'USB ou de la FAT32. La barre des tâches revient de nouveau sur le bureau. Internet apparaît et l'on parle même de bureau interactif.

Il est facile de dire que Windows 95 a révolutionné l'utilisation des PC pour tout ce qui est Windows.

Figure 2-14 : *Windows 95 marque un nouveau tournant dans l'histoire de Microsoft avec son interface totalement revisitée*

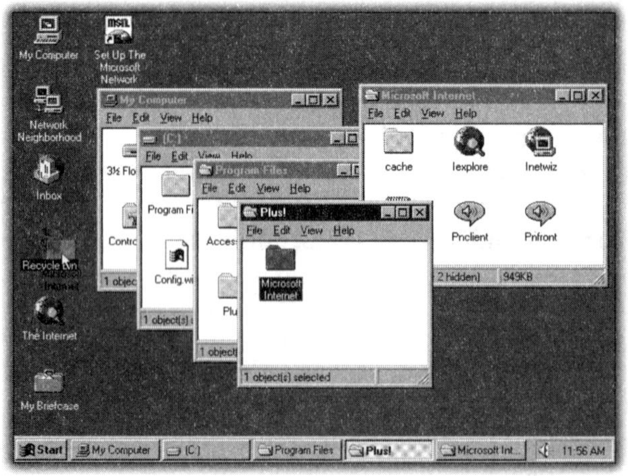

1996 : Windows NT 4.0. Version professionnelle bâtie sur une partie de Windows 95, entre autres pour l'interface, cette version de système d'exploitation existe en version serveur ou station de travail. Microsoft travaille surtout sur la gestion réseau. Au fil du temps, six services packs viendront stabiliser l'ensemble et ajouter des fonctions. Windows NT 4 aura beaucoup contribué au développement des réseaux locaux et des WAN pour les entreprises de toutes tailles. Côté processeur, AMD sort le processeur K5, un concurrent du Pentium qui en fait ne lui aura jamais porté préjudice. Intel reste toujours le maître sur le marché du processeur grand public.

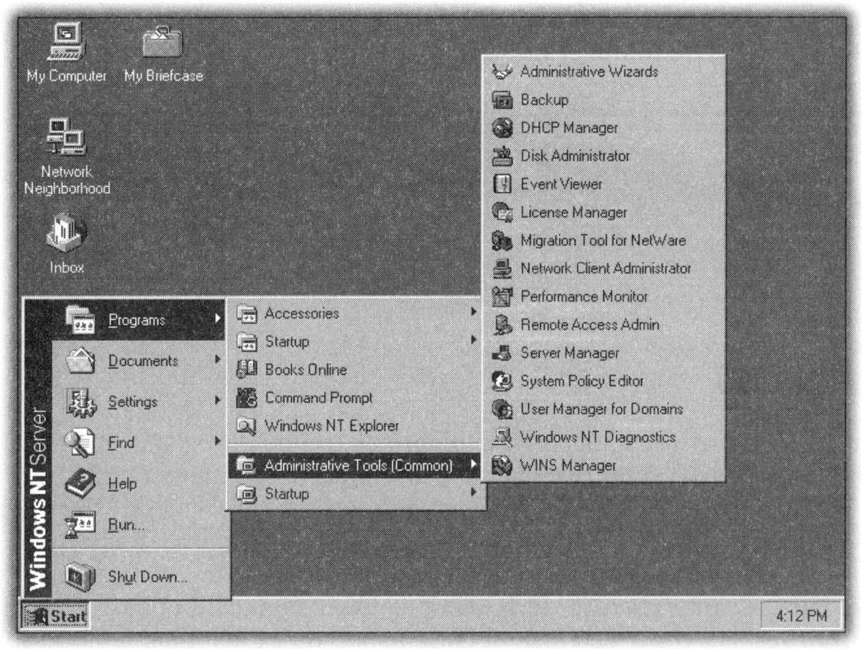

Figure 2-15 : *La version professionnelle Windows NT 4 bénéficie de l'habillage de Windows 95*

1998 : pour le marché des processeurs, c'est le lancement du processeur Pentium II pour Intel et le lancement du processeur K6 pour AMD. Ce processeur amorcera une entrée en course pour AMD sur le marché des processeurs grand public. Mais au-delà de la sortie de ces nouveaux processeurs, 1998 marque la sortie de Windows 98 connu également sous le nom de code Memphis. Ce n'est pas la révolution occasionnée par Windows 95 mais il apporte la prise en charge native de l'USB, de la gestion FAT32. L'utilisateur a également la possibilité d'afficher l'explorateur comme une page web. C'est également le premier système Microsoft à fournir Internet Explorer par défaut. Ce qui vaudra un rappel à l'ordre de la part de la commission européenne. Windows 98 remplace Windows 95 dans le cœur des utilisateurs. Windows 98 Seconde Edition (souvent abrégé en Windows 98 SE) a été lancé le 10 juin 1999. En plus de la correction de nombreux problèmes mineurs, Internet Explorer 5 était livré à la place de la version 4. La version SE disposait également d'un partage de connexion internet qui permettait à deux ordinateurs situés sur un même réseau local de partager une connexion unique en utilisant le NAT. Au chapitre des améliorations, on peut enfin citer l'ajout de NetMeeting dans sa version 3 et le support de la lecture des DVD. Bien que cette version ne soit finalement qu'une mise à jour de Windows 98 dans sa première édition, elle a connu un grand succès.

1999 voit les débuts du Pentium III. Ce processeur d'Intel montera la fréquence des PC à 866 MHz. Il utilise le nouveau format Slot One qui, malheureusement, s'arrêtera en cours de route. Windows reviendra aux sockets plus traditionnels.

Figure 2-16 : *Le processeur Pentium III*

Les années 2000

Elles marquent l'arrivée d'un certain nombre de technologies : une abondance de périphériques en tout genre avec ou sans fil, connectés et interconnectés, la reconnaissance de la parole, la reconnaissance de l'écriture, l'arrivée des premiers services web et de nouveaux mécanismes de sécurité matériels… L'informatique est de nouveau marquée par une révolution de l'utilisation de nos ordinateurs. Ils font à présent partis du quotidien, ils deviennent un élément majeur et indispensable pour les entreprises. Les constructeurs ont lancé le pari du PC à moins de mille dollars.

L'année 2000 est marquée par la sortie de Windows 2000. Ce système d'exploitation provient directement du système d'exploitation Windows NT de Microsoft. À ce titre, Microsoft pensait à l'origine l'appeler Windows NT 5, mais préféra changer de nom. Ce fut la première version de Windows qui fut réalisée sans nom de code. La version bêta de Windows 2000 fut finalisée le 27 septembre 1997. Plusieurs suivirent jusqu'à la version bêta 3 qui vit le jour le 29 avril 1999. À partir de là, Microsoft sortit trois versions finales entre juillet et novembre 1999 et livra finalement le système d'exploitation à ses distributeurs le 12 décembre 1999. Le public, quant à lui, a dû attendre le 17 février 2000. La presse fut tout de suite unanime pour dire que ce produit était le système d'exploitation le plus stable que Microsoft ait jamais produit. C'est ensuite une longue suite d'améliorations : le 29 septembre de la même année, Microsoft sortait le Windows 2000 Datacenter, faisant office de Service

Pack 1. En mai 2001, sortait le Service Pack 2 suivi, en août 2002, par le Service Pack 3. Enfin, le Service Pack 4 fut publié le 23 juin 2003. Un Service Pack 5 fut initialement prévu, mais Microsoft préféra l'annuler, sans doute pour se concentrer davantage sur le développement des OS plus récents. En guise de compensation, une grosse mise à jour cumulative fut publiée en juin 2005, juste avant l'entrée de Windows 2000 dans la phase de support étendue. Actuellement, Windows 2000 a été remplacé par de nouveaux systèmes d'exploitation : la version serveur fut remplacée par le Windows Server 2003 et la professionnelle par Windows XP Professionnel. Une mouture faite pour les particuliers devait voir le jour sous le nom de Windows Neptune. Son développement avait d'ailleurs commencé dès 1999. Pourtant, à cause des différents retards de développement et de mise en production, seule une version Alpha vit le jour. Windows Me fut alors commercialisé comme solution de substitution et Neptune servit de base au développement de Whistler (Windows XP).

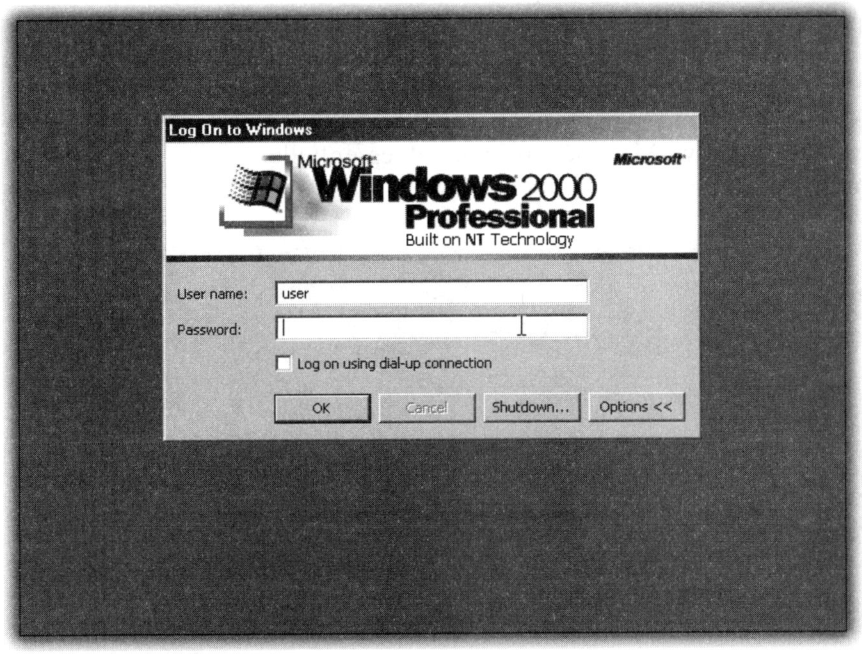

Figure 2-17 : *Windows 2000*

2000 : Windows Millennium ou ME. Ce successeur de Windows 98 ne comprenait que des changements mineurs par rapport à son aîné, comme Internet Explorer 5.5. Windows Me était également livré avec Windows Media Player 7 afin de rivaliser avec le concurrent dominant d'alors, Real Player, ainsi qu'un éditeur vidéo qui permettait quelques fonctions basiques dans une interface facile d'accès, nommé Movie Maker. Cependant, Internet Explorer 5.5 et le lecteur Windows Media 7 pouvaient être téléchargés séparément pour les possesseurs des anciennes versions de Windows. Certaines fonctions internes ont été améliorées, comme le défragmenteur de disque (plus rapide) ou une meilleure gestion de la mémoire des ressources système. Dans Windows Me, Microsoft a aussi ajouté une touche d'esthétique ainsi que quelques fonctions secondaires afin de le rapprocher de Windows 2000. Une des fonctions les plus médiatisées dans Windows Me était la disparition du mode MS-DOS pur. Cette idée suggérait que, contrairement à 95 ou 98, Windows Me ne chargeait pas DOS avant de lancer le noyau Windows. Cependant, le changement restait très mineur : en fait, cet accès était simplement restreint, empêchant certaines applications anciennes prévues pour DOS de fonctionner sous Me. Certains ont même trouvé des parades pour réactiver le support du mode DOS réel. Windows Me introduisait également la restauration système qui devait permettre de prendre un cliché du système pour le restaurer ultérieurement en cas de bêtise (mauvaise installation de pilote, par exemple). Cependant, cette fonction, utile parfois, pouvait également ralentir le système, par exemple lorsqu'elle décidait de réaliser un point de restauration alors que l'utilisateur utilisait la machine. Elle pouvait également, en restaurant le système à son état antérieur, restaurer les virus que l'utilisateur avait enlevés depuis. Cette fonction a grandement été améliorée par la suite dans Windows XP. Les utilisateurs ont accueilli Windows Me assez froidement, essentiellement à cause de sa stabilité aléatoire.

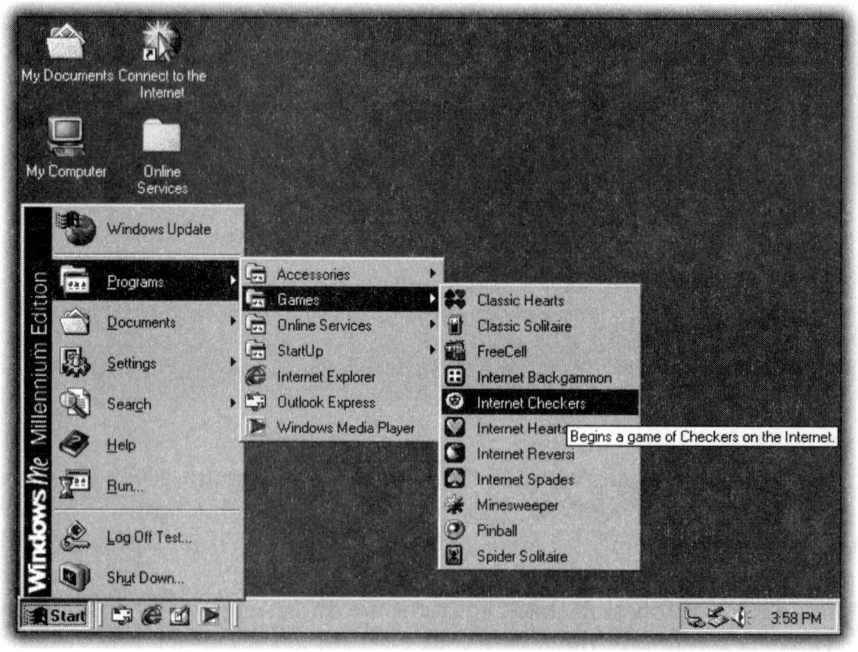

Figure 2-18 : *Windows Me, sans apporter de vrais grands changements, marque la fin des systèmes d'exploitation 9x*

2001 : Windows XP est connu pour sa stabilité et son efficacité en comparaison avec les versions plus anciennes. Il présente une interface graphique rénovée, un changement de Microsoft afin de proposer une interface plus conviviale aux utilisateurs. Les nouvelles possibilités de gérance des logiciels furent introduites afin d'éviter l'enfer DLL auquel étaient soumises les anciennes versions grand public de Windows. Windows XP a été critiqué par des utilisateurs pour des vulnérabilités en ce qui concerne la sécurité, l'intégration de certaines applications telles qu'Internet Explorer et le Lecteur Windows Media, et les aspects de son interface utilisateur.

Figure 2-19 : *Windows XP*

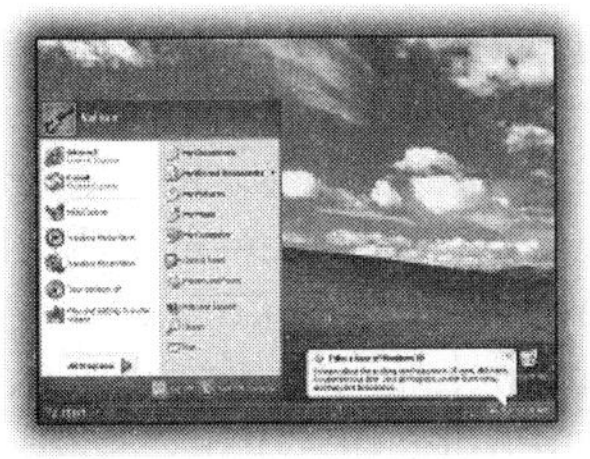

L'année 2001 est également marquée par l'arrivée du processeur Xeon, processeur serveur d'Intel compatible x86. Il atteint la fréquence de 2 GHz. Le Pentium IV reprend le flambeau côté PC de bureau. Lancé à 1 GHz, il atteindra jusqu'à 3,8 GHz.

Figure 2-20 : *Le processeur Xeon d'Intel devient très rapidement le processeur de référence pour les serveurs*

2003 : Windows Server 2003. Successeur de Windows 2000, Microsoft Windows Server 2003 (développé sous le nom de code Whistler Server, et aussi connu sous le nom de Windows NT 5.2) est un nouveau pas de Microsoft dans l'évolution de ses systèmes d'exploitation. C'est un système d'exploitation orienté serveur multi-usage. Il est édité par Microsoft et fait partie de la famille Windows. Ses principales fonctionnalités sont la gestion de fichiers, d'un annuaire Active Directory et la gestion du réseau proprement dit. Windows Server 2003 est sorti le 25 avril 2003, a repris l'interface et certaines fonctionnalités de Windows XP. Notamment un mode de compatibilité qui permet de faire fonctionner les programmes conçus pour les anciennes versions de Windows de façon beaucoup plus stable. À l'inverse de Windows 2000, Windows Server 2003 est installé sans qu'aucun service ne soit accessible pour réduire la surface d'attaque par défaut. De nombreuses améliorations ont été apportées aux services, notamment à Internet Information Services et à Active Directory. La comptabilité avec les domaines NT4 a été accrue par rapport à Windows 2000 pour permettre une migration en douceur vers une gestion des domaines par Active Directory. Au départ, le produit aurait dû s'appeler "Windows .NET" pour promouvoir l'intégration poussée du Framework dans le système d'exploitation, en particulier dans Internet Information Services. Malgré cela, en raison de la confusion que cette appellation aurait provoqué sur le marché, Microsoft a préféré rester dans la continuité de la nomenclature existante et a dénommé son produit "Windows Server 2003". Sur le marché des processeurs, l'Opteron, premier processeur serveur d'AMD, transforme l'architecture x86 en y remplaçant les registres 32 bits par du 64-bits. Il sera imité par le Xeon d'Intel un an plus tard. AMD est enfin reconnu sur le marché des processeurs serveurs.

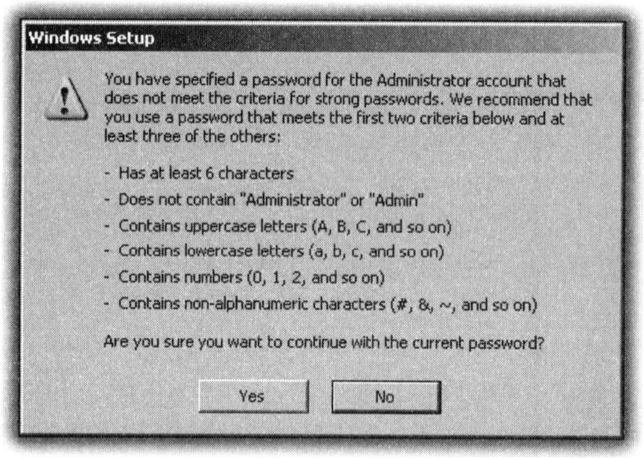

Figure 2-21 : *Windows Server 2003 est le premier système d'exploitation serveur à bénéficier du programme pour l'informatique de confiance*

2005 : Lancement des processeurs dual-core. Les fréquences atteignent 3,2 GHz pour un processeur à deux cœurs. L'Itanium 2 a fait monter le nombre de transistors sur une puce à 1,7 milliard (voir fig. 2-22).

Juillet 2005 : Longhorn devient officiellement Windows Vista. Microsoft met sa version bêta 2 à la disposition du public (voir fig. 2-23).

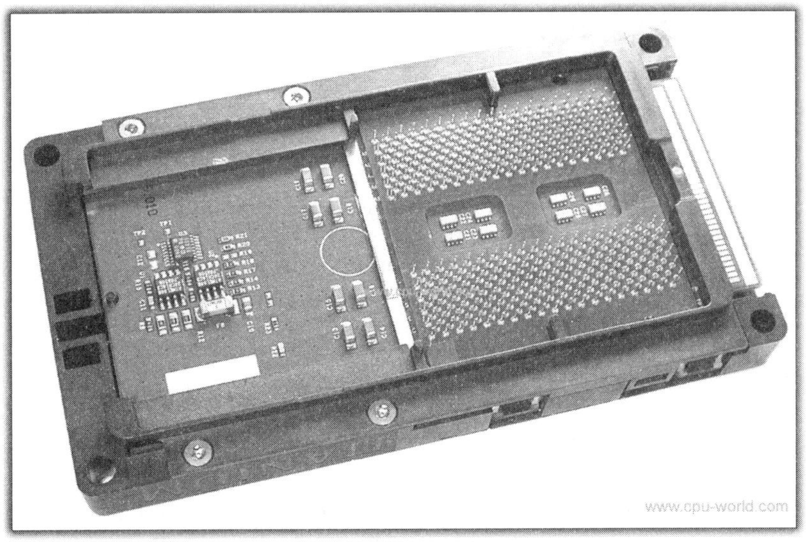

Figure 2-22 : *Le processeur Itanium d'Intel*

Figure 2-23 : *La version bêta de Windows Longhorn*

2.2 Les grandes tendances technologiques

Le monde du PC évolue autant en ressource, qu'en puissance. Le nombre de fonctionnalités ne cesse d'être croissant. Pour répondre à ces évolutions et conformément aux exigences, il a fallu pour Microsoft concevoir un système d'exploitation qui est toutes les capacités de répondre aux demandes d'aujourd'hui mais aussi celles des années à venir. Mais à quelles évolutions Windows Vista va-t-il devoir répondre ? Pour faire face à ces nouveaux défis, Windows Vista dispose des grandes tendances technologiques passant par des évolutions majeures…

Les processeurs

Les processeurs 64 bits sont très répandus et inévitables, il va devenir de plus en plus difficile de trouver des processeurs 32 bits. Les CPU deviennent multicœurs et l'on peut noter selon les plans d'Intel qu'à la sortie de Windows Vista les premiers CPU quadri-cœurs commenceront à être commercialisés. Cela devient extrêmement important car demain on ne pourra plus mesurer les performances sur la vitesse d'horloge mais plutôt sur la capacité à exécuter les tâches en parallèle.

Le succès des processeurs basés sur l'architecture dite x86 n'est plus à démontrer. Cette catégorie de puces, née dans les années 1970, a connu l'essor de la micro-informatique moderne, synonyme de réduction des coûts.

Devenu l'élément incontournable d'un ordinateur, ce type de processeur gagne désormais du terrain sur le secteur des serveurs d'entreprise par l'intermédiaire des produits Xeon d'Intel et Opteron d'AMD.

En 2004, il s'est vendu plus de 46 millions d'ordinateurs dans le monde, tous ou presque équipés de puces x86. Sur le marché des serveurs, la progression des ventes des puces x86 est évaluée à 14,4 % en valeur et à 16,8 % en volume sur l'ensemble de l'année. Un succès qui repose en partie sur l'évolution de l'architecture qui, en 25 ans, a vu ses performances multipliées par 1000.

Pour mieux comprendre à quoi devra faire face Windows Vista en termes de gestion des processeurs, faisons un retour en arrière sur l'évolution des architectures de processeurs et l'histoire des deux principaux fondeurs que sont Intel et AMD.

Aujourd'hui les perspectives sont encore plus alléchantes : AMD prévoit d'introduire dès le début de l'année 2007 ses premiers processeurs à quatre cœurs, une plate-forme baptisée 4x4 et destinée aux serveurs et aux stations de travail. Le 4x4 d'AMD ne sera pas constitué de quatre cœurs gravés sur la même puce, mais de deux processeurs bicœurs reliés entre eux par un lien hypertransport. À ne pas en douter, Intel emboîtera le pas au plus vite. Cela devient extrêmement important car demain on ne pourra plus mesurer les performances sur la vitesse d'horloge, mais plutôt sur la capacité à exécuter les tâches en parallèle.

Mais la vraie nouveauté est à chercher du côté du 64-bits. Avec l'apparition de l'Opteron, demain, les processeurs à architecture 64 bits seront légion, les nouveaux ordinateurs en seront dotés et, à n'en pas douter, Windows Vista a été conçu pour les gérer au mieux. Mais d'abord, tentons de répondre à la question suivante : "avons-nous besoin d'ordinateurs avec processeurs 64 bits ?"

La réponse est conditionnée par une limitation de l'architecture 32 bits et son incapacité à manipuler des adresses mémoires supérieures à 4 Go. Avec un processeur 64 bits il devient désormais possible d'adresser $1{,}8^{19}$ octets, soit 18 milliards de milliards d'octets ou encore 18 millions de téraoctets… Ça fait rêver ! En pratique toutefois ce n'est pas possible : l'espace d'adressage virtuel de l'Athlon 64 est limité à 48 bits soit 256 To et à 1 To en pratique.

En passant à des processeurs 64 bits, nous levons une limitation de taille de mémoire RAM. Et que ferons-nous de toute cette mémoire ? Au premier abord on peut en effet se poser la question : la plupart des ordinateurs disponibles dans le commerce sont aujourd'hui vendus avec 512 Mo de mémoire vive, voire 1 Go mais la limite des 4 Go semble encore bien lointaine. C'est certes le cas dans le grand public mais pour les professionnels cette limite approche dangereusement ! Certaines applications sont de véritables gouffres à mémoire vive (applications de calcul 3D ou vidéo par exemple). Et cela juste dans le monde des stations de travail : des serveurs stockant d'énormes bases de données ont des besoins en mémoire vive encore plus conséquents.

Donc même si aujourd'hui le besoin de 4 Go de RAM ne se fait pas sentir par la plupart des utilisateurs, la démarche de se préoccuper de ce problème est nécessaire car les transitions dans le domaine de l'informatique prennent du temps. Par conséquent, il vaut mieux commencer dès aujourd'hui à poser les bases pour l'informatique de demain.

Les processeurs 64 bits seront donc omniprésents et inévitables. Il va devenir de plus en plus difficile de trouver des processeurs 32 bits. Windows Vista anticipe cette évolution en optimisant l'utilisation de ces processeurs avec des versions 64 bits, même si les processeurs ne sont pas nouveaux dans les ordinateurs, comme cela peut l'être avec la mémoire flash. Cependant, ils marquent une grande avancée par rapport à ces dernières années. Ils vont à présent permettre de diminuer la taille des ventilateurs et donc réduire la nuisance sonore, avec l'annonce effectuée par Intel et la gamme Meron, plus connue sous le nom de Core 2 Duo. La consommation d'un seul processeur physique Core 2 Duo (processeur double cœur) apporte 85 % de puissance en plus par corps qu'un simple cœur. Les objectifs de cette surabondance de puissance sont de pouvoir ajouter des services en tâche de fond, d'apporter un certain confort dans l'utilisation du multimédia. Pour comprendre, il suffit de prendre le HD : un film en HD (haute définition) plein écran prend 100 % de la ressource processeur.

Figure 2-24 : *Le logo des processeurs Intel Core 2 Duo : les processeurs Core Duo marquent la fin des processeurs Pentium*

Les périphériques x86

Il existe depuis quelques années une prolifération des architectures dites x86, y compris dans des environnements qui dépassent les PC, par exemple par le biais d'ordinateurs compacts, de PC ultra-mobiles et d'autres périphériques.

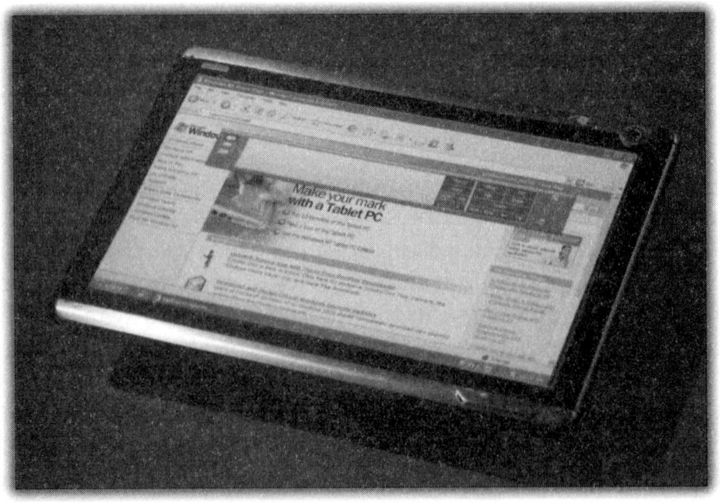

Figure 2-25 : *Un ordinateur ultra-portable à base d'architecture x86*

Les processeurs graphiques

C'est la grande explosion ! Les performances des cartes graphiques évoluent beaucoup plus rapidement que celles des processeurs puisque dans la pratique, elles évoluent à la vitesse de la loi de Moore au cube ! Elles deviennent également plus "intelligentes". Elles comportent plusieurs processeurs, avec souvent plus de transistors que les processeurs centraux actuels. Ces cartes peuvent fonctionner en couple et chacune peut embarquer 1 Go de mémoire.

Figure 2-26 : *Les cartes graphiques Geforce 7900*

Windows Vista offre des améliorations significatives sur la façon dont vous utilisez le système d'exploitation, notamment en termes de graphismes : effets de transparence, flip 3D, etc. Pour tirer parti de ces avancées, la carte graphique de votre PC doit avoir un processeur graphique qui prend en charge WDDM (*Windows Display Driver Model*). Les processeurs graphiques capables de prendre en charge WDDM sont conçus pour vous garantir une stabilité et une qualité graphique évoluée en fonction des possibilités matérielles.

Les cartes vidéo grand public, telles qu'on les connaît aujourd'hui, sont des éléments relativement récents au sein de nos ordinateurs, même à l'échelle de l'informatique. Elles ont en effet émergé il y a environ huit ans, à partir du moment où les calculs demandés par les jeux devenaient trop lourds pour le seul processeur central, et ou ils étaient suffisamment spécifiques pour être accélérés par une puce spécialisée. Beaucoup de chemin a été parcouru depuis les premières cartes (Matrox Mystiques et autres 3DFX Voodoo 1), mais le but n'a pas changé : permettre d'obtenir des animations plus belles et plus fluides sur les jeux.

C'est la grande explosion ! Les performances des cartes graphiques évoluent beaucoup plus rapidement que celles des processeurs puisque dans la pratique, elles évoluent à la vitesse de la loi de Moore au cube ! Elles deviennent plus intelligentes et plus complètes avec sortie TV, tuner TNT, etc.

Windows Vista emboîte le pas et optimise les instructions des jeux et applications qui font appel aux cartes graphiques. Et ce n'est pas tout, Windows Vista en profite pour utiliser la puissance des cartes graphiques actuelles pas que pour les jeux mais également le système d'exploitation en lui-même (transparence, 3D, etc.) Et l'affichage web et applicatif.

Le réseau

Sur cette partie, le sans-fil devient incontournable, d'une part grâce à l'évolution du protocole 802.11 et, d'autre part, grâce l'embarquement du sans-fil sur des périphériques de plus en plus nombreux.

Les ordinateurs portables sont à peu près tous équipés, on trouve des clés Wi-Fi pas très chères, le nombre de bornes Wi-Fi en France augmente, les fournisseurs d'accès Internet jouent le jeu avec des modems hybrides Wi-Fi (Livebox, Freebox, etc.)...

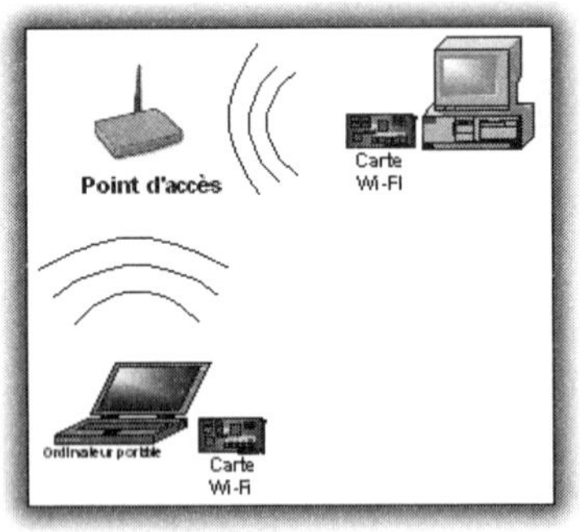

Figure 2-27 : *Un schéma de réseau Wi-Fi*

Windows Vista améliore de différentes manières la qualité de l'expérience utilisateur en matière de gestion du réseau. La nouvelle fonction de reconnaissance du réseau de Windows Vista permet à vos applications de détecter toute modification des caractéristiques du réseau et d'optimiser leur fonctionnement sur la base de ces informations. Vos données sont également mieux protégées grâce à la prise en charge avancée des derniers protocoles de sécurité sans fil, y compris WPA2 (*Wi-Fi Protected Access 2*). Windows Vista vous empêche de vous connecter à des réseaux pirates qui paraissent légitimes mais ne le sont pas. Windows Vista permet aussi de créer facilement des réseaux sans fil ad hoc pour utiliser des applications Peer-to-Peer telles que le partage de fichiers et la collaboration applicative.

La fonction de reconnaissance du réseau signale aux applications tout changement dans la connectivité réseau pour éviter au maximum les interruptions. Lorsque vous vous connectez à différents réseaux, cette modification est communiquée aux applications prises en charge par la reconnaissance du réseau. Celles-ci peuvent alors se reconfigurer automatiquement pour se connecter au nouveau réseau. Par exemple, lorsque vous passez de votre réseau domestique au réseau d'entreprise, les paramètres du pare-feu peuvent être configurés pour ouvrir les ports nécessaires à l'utilisation des logiciels de votre entreprise. La fonction de stratégie de groupe détecte la reconnexion au réseau d'entreprise et lance automatiquement le traitement des modifications associées à votre profil, au lieu d'attendre le cycle de détection suivant.

Le stockage

Le stockage progresse aussi au rythme de la loi de Moore ! Et pour le stockage, c'est énorme ! Ces formes se diversifient avec une invasion de périphériques en flash RAM. À l'heure où Windows vista sortira, il restera facile de se procurer des disques durs de 1 To.

Le Windows ReadyDrive

Également de nouveaux types de disques durs font leur apparition comme les disques hybrides. Un disque dur hybride est un nouveau type de disque dur, qui possède une mémoire flash tampon non volatile intégrée. Si votre ordinateur est équipé d'un disque dur hybride, Windows Vista l'utilise pour démarrer, passer en mode veille prolongée et redémarrer plus rapidement. Cette fonctionnalité est appelée Windows ReadyDrive. La technologie de disque dur hybride permet également d'améliorer la fiabilité du système et la durée de vie de la batterie.

Le disque dur hybride a été conçu pour les ordinateurs portables fonctionnant sous Windows Vista. Vos données sont inscrites dans la mémoire flash, sans solliciter le disque dur, ce qui permet d'économiser de la batterie. Le disque dur hybride aide Windows Vista à redémarrer rapidement après le mode veille, car les données sont restaurées plus rapidement depuis la mémoire flash que depuis le disque dur mécanique. Dans la mesure où le disque dur est inactif quand vous êtes en mode veille avec un disque dur hybride, le risque de panne matérielle sur le disque dur est diminué lorsque vous êtes en déplacement. Windows Vista profite de la technologie disque dur hybride pour économiser la batterie, redémarrer plus vite après une veille prolongée et améliorer la fiabilité du système.

L'iSCSI Initiator

La forme des disques durs se diversifie, mais également son mode de connexion. En effet, depuis l'avènement de l'iSCSI, il devient facile d'attacher encore plus d'espace disque disponible à son ordinateur.

Le protocole iSCSI permet d'attacher un volume disque (comme si vous connectiez un nouveau disque dur à votre ordinateur), mais en passant par le réseau Ethernet (réseau local). Imaginez : vous avez un ordinateur avec beaucoup de disques durs de disponibles (un serveur) et votre ordinateur en manque cruellement. Le principe est simple : sur votre serveur, vous utilisez un logiciel iSCSI Target pour définir l'espace disque disponible et, depuis votre ordinateur, vous utilisez un logiciel iSCSI Initiator pour rendre cet espace disque disponible sur votre propre ordinateur. La singularité vient du fait que vous utilisez de l'espace disque, donc que vous stockez des données sur des disques distants et en passant par votre carte réseau.

Pour les utilisateurs, c'est une solution de récupération d'espace disque très économique car tous les ordinateurs sont équipés de carte réseau.

Windows Vista répond à la gestion du stockage iSCSI en intégrant l'iSCSI Initiator permettant de monter des volumes via le protocole iSCSI et de sécuriser ces volumes transitant via le réseau (en utilisant le cryptage IPSec).

Il est tout à fait possible d'imaginer que dans les années à venir, quand le très haut débit Internet sera devenu commun, des sociétés proposeront du stockage iSCSI aux particuliers directement par Internet comme solution de stockage et de sauvegarde ! Le stockage sera tellement flexible qu'il ne sera plus forcément un problème. Le problème se retournera alors sur le classement des données.

La mémoire

Concernant la mémoire, il paraît évident aujourd'hui de distinguer deux types de mémoire : la mémoire de type RAM, qui est présente depuis toujours dans tous les ordinateurs, et la mémoire flash qui, jusqu'à ce jour, n'était utilisée que pour les appareils photos et les clés.

Pour ce qui est de la mémoire RAM, rien de particulier à signaler à ce niveau. La mémoire devient toujours plus grande et toujours plus rapide. Hélas ! Pas suffisamment pour occuper nos CPU. Qu'à cela ne tienne ! Autant penser à mieux utiliser la mémoire RAM et lui trouver de nouveaux atouts. Windows Vista introduit de nouvelles fonctionnalités de gestion de la mémoire. Les barrettes mémoire de 1 Go se généralisent. Parfait, cela reste le billet d'entrée acceptable pour Windows Vista.

Parmi les composants émergents, nous trouvons la mémoire flash. Tout le monde la connaît et l'utilise aujourd'hui, surtout par le biais de clé USB. Elle a comme caractéristique des coûts de moins en moins onéreux. Il est facile de trouver des clés avec des capacités de 2 Go, voire de 4 Go pour moins de 100 euros. Bien entendu cette mémoire reste quand même plus lente que la mémoire que l'on retrouve sur nos ordinateurs. Cependant, elle va être utilisée pour améliorer l'usage quotidien de nos ordinateurs de bureau, elle va être également présente dans les ordinateurs portables mais aussi sur les périphériques, puisqu'elle sera intégrée dans les cartes mères. Il serait légitime de se poser la question sur le rôle de la mémoire flash intégrée aux cartes mère. En effet, puisque l'on dispose aujourd'hui de mémoires très rapides avec des dédits beaucoup plus importants.

Figure 2-28 : *Une carte mémoire de 4 Go*

Elle sera intégrée dans les disques durs. Et encore une fois l'on pourrait se poser la question d'un tel intérêt. En effet, puisque les disques durs possèdent déjà une quantité de mémoire cache assez importante pour accélérer les temps d'accès et le temps de recherche de l'information ?

L'objectif visé par l'intermédiaire de cette mémoire est multiple. Il consiste à éliminer le plus possible les composants mécaniques et donc à rendre l'ordinateur plus robuste. Par l'intermédiaire de la technologie Robson d'Intel, les performances au démarrage (le *boot*) se trouvent accrues, c'est-à-dire qu'une partie du système d'exploitation va être stockée au sein du disque dur hybride.

DÉFINITION

Les disques hybrides

Ils conservent la partie mécanique des disques durs actuels, mais ils intègrent une partie importante de mémoire flash.

Il est facile d'imaginer que ces disques puissent embarquer 2 Go, voire 4 Go de mémoire, et pourquoi pas davantage au regard du prix peu élevé de cette mémoire. Le temps de démarrage peut devenir inférieur à 5 secondes. La mémoire va garder une partie du système d'exploitation et des pilotes. Elle va éliminer également un problème jusqu'alors incompressible, la partie d'attente et d'inexploitation liée à la mécanique du disque dur lorsqu'il démarre. De plus, les mémoires de types flash possèdent un débit supérieur à 1,6 Go qui est pour le moment est le débit maximal des disques durs Serial ATA. Il est donc facile d'imaginer que la mémoire présente dans les disques hybrides sature le bus du disque dur le temps du démarrage de Windows Vista, puis se synchronise après les phases de boot.

REMARQUE

Démarrage d'un ordinateur et disque dur mécanique

Lorsqu'on démarre son ordinateur, le plus long est le lancement des disques durs mécaniques. Ils nécessitent un temps de démarrage de 5 à 6 secondes. Ce temps est lié à la vitesse de rotation maximale du disque et au temps de synchronisation des têtes.

Avec Windows Vista, l'utilisation des technologies SuperFetch, Ready Drive, Ready Boost va maximiser l'utilisation de ces ressources flash. Autre effet positif de l'émergence de la mémoire flash : la réduction des nuisances sonores. Pour terminer, la mémoire flash favorise l'absence de mécanique, cette absence peut se traduire par un gain d'énergie et d'autonomie pour les ordinateurs portables.

Windows SuperFetch

Windows SuperFetch est une nouvelle fonction de Windows Vista qui permet un chargement des applications et des fichiers plus rapide qu'avec Windows XP. Dans les versions précédentes de Windows, la réactivité du système était parfois inégale. Peut-être avez-vous déjà remarqué un ralentissement de votre ordinateur après le démarrage ou après un changement d'utilisateur rapide ou après un long moment d'inactivité. Il est clair que votre ordinateur ralentit pour des raisons différentes. Lorsque vous ne l'utilisez pas, les tâches de fond (y compris les applications telles que la sauvegarde automatique et le logiciel antivirus) profitent de cette inactivité pour s'exécuter, lorsque cela vous dérange le moins. Ces tâches de fond peuvent prendre dans la mémoire système la place que vos applications utilisaient auparavant. Lorsque vous souhaitez réutiliser une application, il faut parfois un certain temps pour recharger vos données dans la mémoire, ce qui ralentit les performances.

Windows SuperFetch reconnaît les applications que vous utilisez le plus souvent et précharge ces applications dans la mémoire, afin que votre système soit plus réactif lors du démarrage ou lors d'un changement de profil utilisateur. Windows SuperFetch utilise un système intelligent de définition des priorités qui reconnaît les applications que vous utilisez le plus souvent, et peut même définir lesquelles vous utilisez le plus selon le moment (par exemple le week-end par rapport à la semaine), afin que votre ordinateur soit toujours prêt pour les tâches souhaitées. Windows SuperFetch peut également donner priorité à vos applications sur les tâches de fond, de manière à ce que votre ordinateur soit toujours disponible et réactif après chaque période d'inactivité.

Windows ReadyBoost

En ce qui concerne la gestion de la mémoire, Windows Vista apporte une autre amélioration appelée Windows ReadyBoost. En effet, l'ajout de mémoire RAM est souvent la meilleure manière d'améliorer les performances d'un ordinateur. Davantage de mémoire signifie davantage d'applications prêtes à fonctionner sans accéder au disque dur. Cependant, la mise à niveau de la mémoire n'est pas toujours une opération facile. Vous devez savoir quel type de mémoire utiliser, l'acheter et ouvrir votre unité centrale pour l'installer, ce qui remet parfois en cause la garantie ou le contrat d'assistance de votre ordinateur. En outre, certains ordinateurs ont des possibilités d'extension de mémoire limitées ; vous ne pouvez alors pas rajouter toute la RAM que vous souhaitez.

Figure 2-29 : *ReadyBoost*

Windows Vista introduit un nouveau concept dans l'ajout de mémoire au système. Des clés USB peuvent être utilisées comme périphériques mémoire externes afin d'augmenter la mémoire du système et améliorer les performances sans avoir à ouvrir l'unité centrale. Votre ordinateur peut accéder à la mémoire d'un périphérique mémoire externe beaucoup plus rapidement qu'aux données situées sur le disque dur, ce qui améliore les performances du système. Combiné à la technologie Windows SuperFetch, Windows ReadyBoost permet d'améliorer de manière significative la réactivité du système.

Cette technologie est à la fois fiable et sécurisée. Vous pouvez débrancher le périphérique mémoire externe à tout moment sans perte de données et sans impact négatif sur le fonctionnement du système. Cependant, si vous retirez le périphérique mémoire externe, vos performances retrouveront leur niveau habituel. L'usure des clés USB est très faible si vous les utilisez comme périphérique mémoire externe. Un algorithme unique optimise les schémas d'écriture, afin que le périphérique USB puisse fonctionner en tant que périphérique mémoire externe pendant de nombreuses années, même dans des conditions d'utilisation soutenues. Enfin, les données du périphérique mémoire externe sont cryptées pour éviter toute consultation non autorisée lors de son retrait.

Windows SideShow

Le but premier de ce concept est d'avoir un accès à ses centres d'intérêt et ses données.

Le concept SideShow est d'avoir un écran déporté sur son ordinateur. L'écran déporté vous permet l'accès à vos données. L'avantage de cet accès est de ne pas avoir à allumer son ordinateur : vous ne consommez pas d'énergie. Autre avantage, vous n'aurez plus besoin d'ouvrir votre ordinateur portable. Il suffit pour illustrer ce concept de prendre la lecture de ses mails. Si vous souhaitez consulter rapidement vos courriels, sans pour autant allumer et ouvrir votre portable avant une réunion, c'est possible avec SideShow.

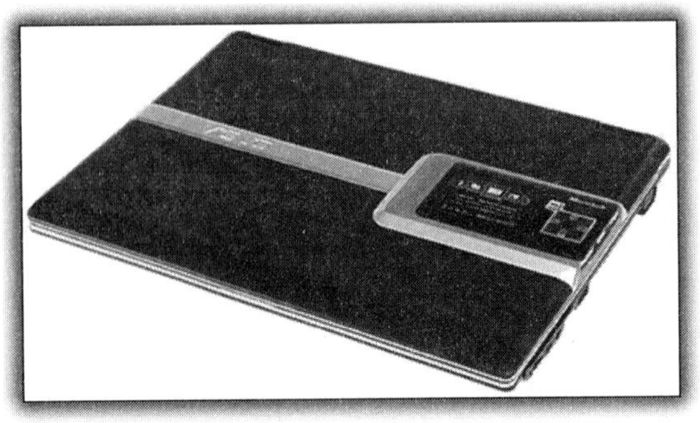

Figure 2-30 : *Le capot de l'ordinateur portable présente un écran déporté qui permet d'utiliser la fonction SideShow de Windows Vista*

L'écran déporté va reprendre les gadgets de la Sidebar par thème, par exemple, l'énergie, la messagerie. Autre nouveauté apportée au concept : la dualité avec les lecteurs de musique. Cette dualité offre la possibilité d'utiliser l'écran de son lecteur de musique comme écran déporté est synchronisé. Les bénéfices d'un tel concept sont l'autonomie des ordinateurs qui devient étendue et la possibilité d'être connecté en permanences à son ordinateur et ses différentes informations.

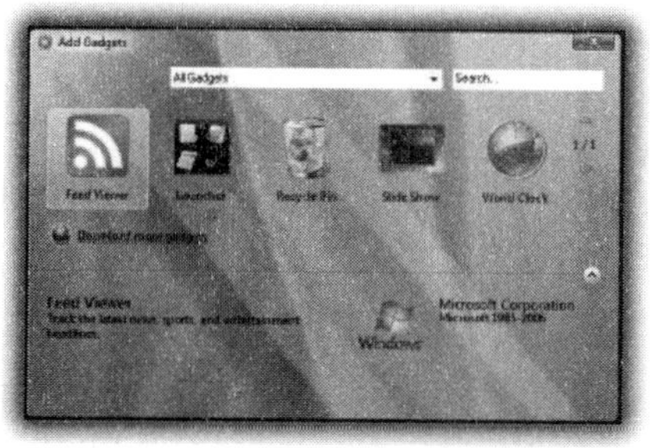

Figure 2-31 : *Ces gadgets peuvent utiliser la fonction SideShow qui permet d'accéder à ses centres d'intérêt sans allumer son ordinateur*

2.3 Choisir sa version de Windows Vista

Windows Vista se décline en six versions. Ne faites pas ces grands yeux ronds, pas de panique, vous allez rapidement vous y retrouver en posant votre besoin d'utilisateur devant les descriptions de toutes ces versions de Windows Vista. De ces six versions, sachez tout de même qu'il n'y aura pas de distinction bien précise avec une version spéciale 64 bits. En effet, comme le 64-bits a des chances de devenir rapidement un standard, toutes les versions de Vista, hormis la Starter Edition, auront leur pendant à 32 bits et à 64 bits. Sachez également que même si certaines versions apportent des fonctionnalités en plus pour répondre à des besoins différents, aucun compromis n'a été fait sur la sécurité. Toutes les versions, sans exception, bénéficieront des avancées communes en matière de sécurité. Là dessus, pas d'équivoque, choisissez la version qui vous convient en fonction de vos besoins et pas sur des versions plus ou moins sécurisées. Allons-y pour la présentation.

Windows Vista Starter Edition

À l'instar de Windows XP Starter Edition, une version de Vista pour les pays en voie de développement sortira. Comme pour XP, cette version ne sera pas disponible chez nous. Windows Vista Starter Edition ne connaîtra pas de déclinaison 64 bits, n'autoriscra pas plus de trois applications ou fenêtres ouvertes simultanément. La configuration de réseau ne sera pas possible. Pas de changement rapide d'utilisateurs non plus, ni de démarrage par validation de mot de passe, mais la connexion Internet restera accessible.

Windows Vista Home Basic Edition

Windows Vista Home Basic Edition est la version de base du système d'exploitation pour les utilisateurs à la maison. Cette version a été conçue pour satisfaire les besoins informatiques simples de tous les jours, plus particulièrement aux utilisateurs qui ont recours à leur PC pour surfer sur Internet, échanger des messages électroniques avec leurs parents et amis, créer et modifier des documents de base style Office, etc. Bref, sans avoir besoin de fonctionnalités de haut vol.

Windows Vista Home Basic Edition offre tout de même un environnement d'une grande sécurité, fiabilité et efficacité. Les utilisateurs pourront tirer parti de nouveaux outils et de technologies modernes. Ils disposeront notamment d'un explorateur de recherche très performant, de la Sidebar, des fonctions intégrées de contrôle parental mais pas d'interface graphique évoluée, pas de Media Center, pas de MovieMaker HD, pas de mise en réseau (hormis Internet évidemment), pas de cryptage, etc. On reste sur des besoins simples et quotidiens.

Cette version s'intègre parfaitement sur les PC ou portables à bas prix, à base de processeurs Intel Celeron par exemple.

Windows Vista Home Basic Edition fait office de version de fondation pour les deux autres versions destinées aux utilisateurs à la maison que sont Home Premium et Ultimate Editions.

Windows Vista Home Premium Edition

Windows Vista Home Premium Edition s'adresse aux particuliers exigeants. Cette version réunit toutes les fonctions de Windows Vista Home Basic et offre des fonctions supplémentaires. C'est le meilleur choix pour tirer pleinement parti de toute l'ergonomie, la puissance et la versatilité des usages du PC à la maison : photos, vidéos, télévision, films, musique et jeux.

Avec cette version, on grimpe d'un cran dans les fonctionnalités. Par exemple, la nouvelle interface graphique Aero est disponible. Également, Windows Vista Home Premium intègre la recherche à l'ensemble du système d'exploitation : les utilisateurs sont ainsi en mesure d'organiser aisément d'importantes collections de documents, d'images, de films, de séquences vidéo et de morceaux de musique, et de retrouver en un clin d'œil les fichiers recherchés.

Vista Home Premium ajoute les fonctions de Media Center. Votre PC se transforme alors en un centre multimédia pour animer les loisirs numériques de la famille. Les fonctions de Media Center intégrées permettent d'enregistrer et de regarder des émissions de télévision (y compris en haute définition) et découvrir de nouveaux contenus multimédias en ligne.

Cette édition intègre également la possibilité de connecter Windows Vista Home Premium à une XBox 360 de façon à profiter de ses loisirs numériques dans toutes les pièces de son domicile.

La technologie d'encre numérique du Tablet PC, qui permet d'interagir avec le PC à l'aide du stylet numérique ou d'une pression tactile, sans passer par un clavier, est également disponible dans cette édition de Windows Vista.

La fonction intégrée de gravure et de création de DVD permet aux utilisateurs de graver, en toute transparence, leurs photos, vidéos et fichiers personnels sur un DVD vidéo ou données. Ils peuvent également créer des DVD professionnels à partir de films familiaux, et les partager avec leurs proches.

Cependant, Home Premium reste destiné aux utilisateurs à la maison. Ca veut dire : pas de jonction à un domaine, pas de cryptage de fichiers par exemple.

Vous pouvez constater que cette version intègre les fonctions de Media Center et de Tablet PC. Pas de versions dissociées. Bien sûr, il vaut mieux que votre portable ait un écran tactile et un stylet pour tirer parti des fonctions d'encre numérique.

Windows Vista Business Edition

Abordons maintenant des versions de Vista destinées aux entreprises.

Windows Vista Business Edition est la version du système d'exploitation destiné aux entreprises de toutes tailles, mais plus particulièrement les entreprises de petite taille. Windows Vista Business aide les utilisateurs professionnels au sein d'une PME à assurer le bon fonctionnement et la sécurité de leurs PC tout en réduisant leur dépendance vis-à-vis du service informatique interne. Aux entreprises de taille supérieure, Windows Vista Business apportera des améliorations significatives en termes de flexibilité et d'amélioration de gestion opérationnelle des postes de travail, réduisant ainsi les coûts de maintenance et de support. Avec cette version, les équipes informatiques pourront, dans la mesure du possible, s'affranchir des tâches de maintenance quotidiennes et se consacrer davantage aux développements stratégiques indispensables à la croissance des entreprises.

Parmi les caractéristiques incluses dans Windows Vista Business, on retrouve la nouvelle interface graphique Aero. On retrouve également la gestion de grands volumes d'information. En intégrant des fonctions de recherche à l'ensemble du système d'exploitation et en facilitant le classement des fichiers, Windows Vista Business aide les entreprises à trouver rapidement les informations qu'elles recherchent.

Les technologies Tablet PC qui permettent d'analyser et de reconnaître l'écriture sont également présentes.

Cette édition, spéciale entreprise, intègre en sus des fonctions plus spécifiques dont la jonction aux domaines, l'administration distante du poste de travail et de cryptage de données sur disque dur.

Windows Vista Enterprise Edition

Autre version pour les utilisateurs professionnels, Windows Vista Enterprise Edition est là pour mieux répondre aux besoins des grands groupes internationaux et des entreprises aux infrastructures informatiques complexes. Windows Vista Enterprise a pour objectif d'aider à réduire les risques et les coûts des infrastructures informatiques. Outre toutes les fonctionnalités dont dispose Windows Vista Business, Windows Vista Enterprise apporte un niveau de protection accru des données en mettant en œuvre une technologie de chiffrement matériel. Cette version propose également des outils pour améliorer la compatibilité des applications et faciliter la standardisation. Autre amélioration très importante pour les grands groupes : les entreprises pourront désormais déployer, à l'échelle internationale, une seule image incluant toutes les langues de l'interface utilisateur Windows.

REMARQUE

Licence Windows Vista Enterprise Edition

Petite particularité : la version Windows Vista Enterprise sera proposée aux clients disposant de PC couverts par un contrat Microsoft Software Assurance ou Microsoft Enterprise Agreement.

Côté caractéristiques, BitLocker Drive Encryption (utilisation des technologies TPM 1.2 pour les clés de chiffrement) fait parti de Vista Enterprise et empêche les données confidentielles et la propriété intellectuelle des entreprises de tomber en de mauvaises mains en cas de vol ou de perte d'un ordinateur portable.

Virtual PC Express est l'un des nombreux outils intégrés qui améliorent la compatibilité des applications avec les versions antérieures des systèmes d'exploitation de Microsoft. Virtual PC Express permet d'exécuter une ancienne application sur un ancien système d'exploitation Windows dans un environnement virtuel créé sous de Windows Vista Enterprise.

Le sous-système pour applications Unix est également présent sous Vista Enterprise et permet aux utilisateurs d'exécuter des applications Unix directement sur un PC Windows Vista Enterprise.

La nouvelle interface graphique Aero est également disponible.

Windows Vista Ultimate Edition

Enfin, terminons par le nec plus ultra, la Rolls Royce des versions de Windows Vista ! La version Windows Vista Ultimate est un condensé des fonctionnalités et avantages de toutes les autres versions de Windows Vista. Il y a tout dedans : que vous soyez utilisateur à la maison, utilisateur en entreprise ou administrateur, à moins que vous ne soyez les trois à différents moments de la journée. C'est le premier système d'exploitation à réunir toutes les fonctions de divertissement, de mobilité et de productivité offertes par Windows Vista.

REMARQUE

Les versions N de Windows Vista

Pour être plus précis, signalons l'existence, comme sous XP, des versions Windows Vista Home Basic N et Windows Vista Business N qui sont les versions sans Windows Media Player intégré, résultant des procès intentés par l'Union européenne.

Comparatif technique des versions

À la description des différentes versions de Vista, on retrouve un triptyque, une cible d'utilisateurs en triangle, visé par Microsoft :

- les utilisateurs à la maison avec Home Basic, Home Premium et Ultimate ;
- les utilisateurs/administrateurs en petites entreprises avec Business et Ultimate ;
- les utilisateurs/administrateurs en grandes entreprises avec Enterprise et Ultimate.

Voici un bilan des fonctionnalités techniques incluses dans chaque version :

Fonctionnalités techniques différenciées	**Business Edition**	**Enterprise Edition**	**Ultimate Edition**
Améliorations de base sur les performances et la sécurité	Oui	Oui	Oui
Fonctionnalités de recherche et d'organisation	Oui	Oui	Oui
Fonctionnalité de connexion poste à poste (P2P)	Oui	Oui	Oui
Centre de sauvegarde (via réseau et programmée)	Oui	Oui	Oui
Interface graphique Aero glass et animations, transparence	Oui	Oui	Oui
Media Center	Non	Non	Oui
HD MovieMaker et DVD authoring	Non	Non	Oui
Network Projection	Oui	Oui	Oui
Synchronisation de PC à PC	Oui	Oui	Oui
Mobilité (fonctionnalité de Tablet PC)	Oui	Oui	Oui
Cryptage EFS (Encrypted File System)	Oui	Oui	Oui
Bureau à distance	Oui	Oui	Oui
Serveur Web personnel	Oui	Oui	Oui
Utilitaire de fax et scanneur	Oui	Oui	Oui
Jonction à un domaine	Oui	Oui	Oui
Fichiers hors connexion	Oui	Oui	Oui
Stratégies de groupe	Oui	Oui	Oui
SUA (Unix Subsystem)	Non	Oui	Oui
Cryptage complet de volume	Non	Oui	Oui
Virtual PC Express	Non	Oui	Oui

MUI-All Languages (multilangage)	Non	Oui	Oui
Windows Ultimate Extras	Non	Non	Oui

2.4 Vérifier la compatibilité avec Windows Vista

Après avoir passé en revue dans ces deux premiers chapitres l'ensemble des services proposés par Windows Vista et l'évolution du matériel, nous pourrions être en mesure de nous poser la question suivante : "Est-ce que mon ordinateur est compatible avec Windows Vista ?" Pour répondre à cette problématique Microsoft propose comme solution un outil gratuit et disponible en téléchargement. Il s'agit de Windows Vista Upgrade Advisor. La fonction première de cet utilitaire est de qualifier les ordinateurs en fonction des différentes versions de Windows Vista. Parmi les différentes déclinaisons, Windows Vista s'appuie sur deux versions pour fixer les prérequis matériels. Windows Vista Upgrade Advisor contrôle la partie système, les périphériques et les programmes.

À partir de Windows Vista Home Basic

Windows Home Vista est la première version à fonctionner sur des ordinateurs classiques. Elle fonctionne avec les prérequis suivants :

- un CPU d'au moins 800 MHz ;
- 512 Mo de mémoire ;
- une carte graphique DirectX 9 ;
- un disque de 20 Go avec 15 Go d'espace libre.

Elle offre uniquement les fonctions de base de Windows Vista.

À partir de Windows Home Vista Premium

La version Windows Vista Home Premium est quant à elle la première version multimédia de Windows Vista. Elle permet d'activer les fonctions graphiques. Le driver WDDM permet d'étendre le bureau, ce qui apporte plusieurs fonctionnalités comme la transparence, mais aussi et surtout la composition du bureau au sein de la carte graphique, il va permettre aux processeurs graphiques de délester les processeurs centraux. Cette version fonctionne avec les prés requis supplémentaires suivants :

- un CPU d'au moins 1 GHz ;
- 1 Go de mémoire ;
- une carte graphique PCI Express ou AGP8x avec pilote WDDM.

Installer le Framework.net

L'un des deux prérequis pour l'utilisation de l'utilitaire Upgrade Advisor est l'installation du Framework.Net. Le téléchargement est disponible à l'adresse **www.microsoft.com/downloads/details.aspx?displaylang=fr&FamilyID=0856eacb-4362-4b0d-8edd-aab15c5e04f5**.

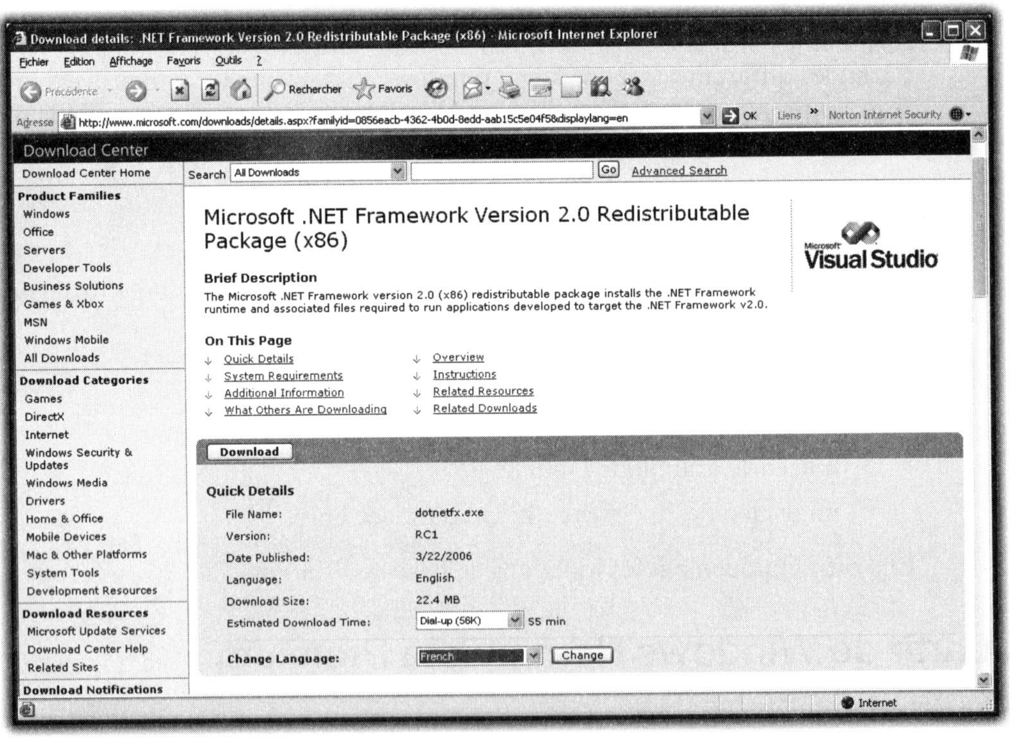

Figure 2-32 : *Le site de téléchargement du Framework.Net 2.0*

Une fois le Framework téléchargé, il vous faut procéder à l'installation en respectant les étapes suivantes :

1. Cliquez une première fois sur le fichier téléchargé et, à l'ouverture de celui-ci, cliquez sur **Exécuter**.

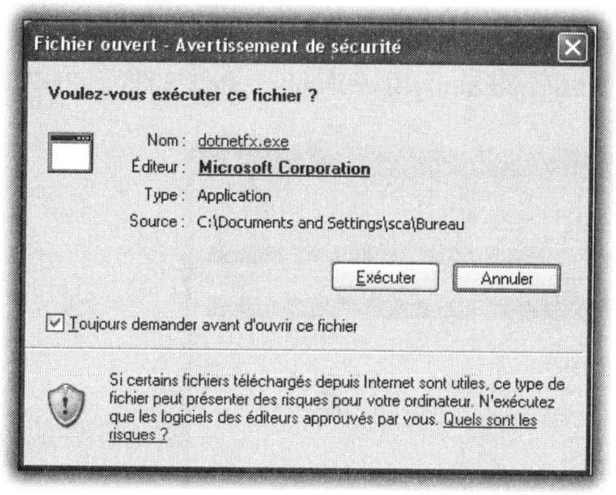

Figure 2-33 : *Lancement de l'installation*

2. Une fois le Framework décompressé, l'assistant d'installation se lance. Dans la fenêtre **Bienvenue dans le programme d'installation de Microsoft .NET Framework2.0**, cliquez sur **Suivant**.

3. Dans la fenêtre **Contrat de Licence Utilisateur Final**, acceptez les termes du contrat de licence en cochant la case *J'accepte les termes du contrat de licence*, puis cliquez sur **Installer**.

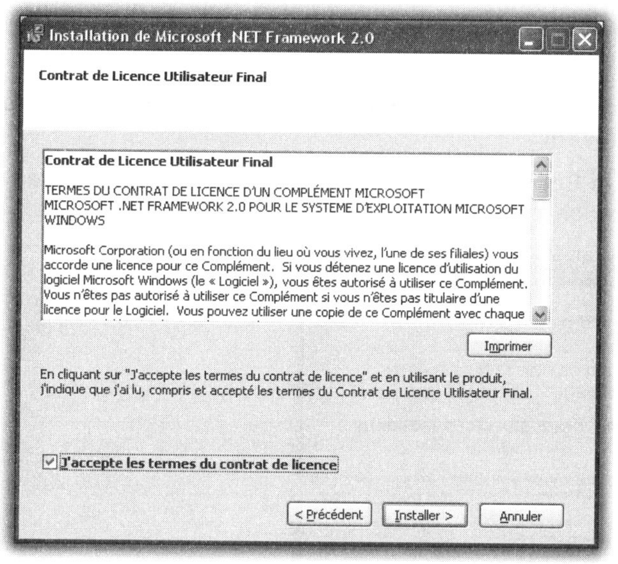

Figure 2-34 : *Le contrat de licence utilisateur final*

4. L'installation peut prendre quelques minutes. Dans la fenêtre **Installation terminée**, cliquez sur **Terminer**.

Installer MSXML

C'est le second prérequis pour l'utilisation de l'outil Upgrade Advisor est MSXML. Le téléchargement de MSXML est disponible à l'adresse **www.microsoft.com/downloads/details.aspx?displaylang=fr&FamilyID=993c0bcf-3bcf-4009-be21-27e85e1857b1**.

Figure 2-35 : *Le site de téléchargement de MSXML*

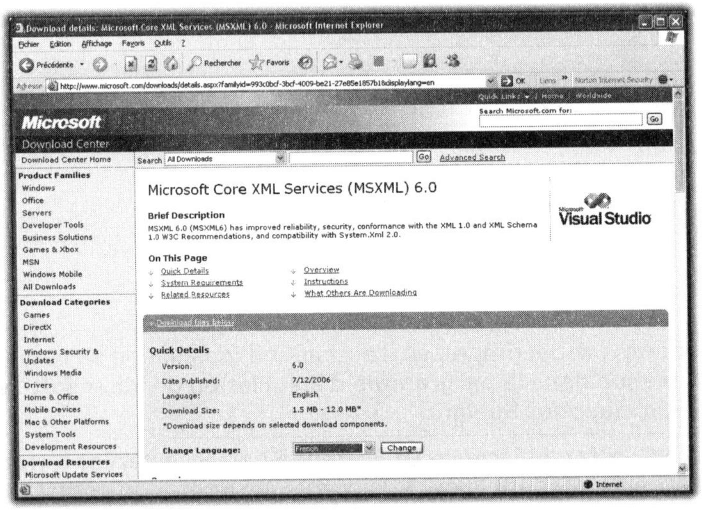

Une fois MSXML téléchargé, il vous faut procéder à l'installation en respectant les étapes suivantes :

1. Cliquez une première fois sur le fichier téléchargé et, à l'ouverture de celui-ci, cliquez sur **Suivant**.
2. Dans la fenêtre **Contrat de licence**, cochez la case *J'accepte les termes du contrat de licence* et cliquez sur **Suivant**.

Figure 2-36 : *Les termes du contrat de licence de l'utilisation de MSXML*

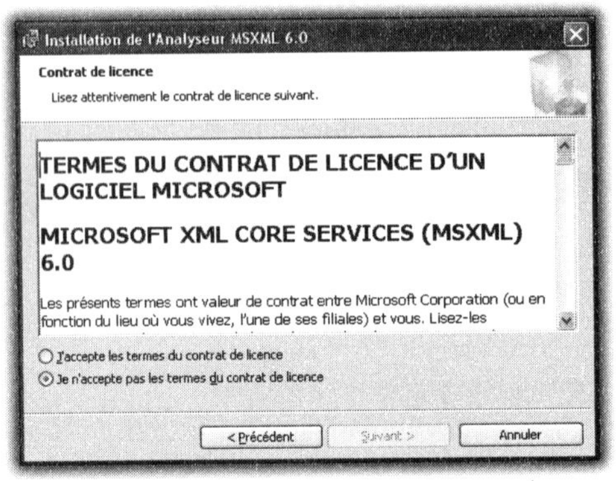

3. Dans la fenêtre **Information**, remplissez ou modifiez les champs *Nom* et *Société*, puis cliquez sur **Suivant**.
4. Cliquez sur **Installer** dans la fenêtre **Prêt à installer le programme** pour lancer l'installation.
5. Pour finir l'installation, cliquez sur **Terminer**.

Installer Upgrade Advisor

Windows Vista Upgrade Advisor est disponible sur le site GetReady à l'adresse suivante **www.microsoft.com/windowsvista/getready/upgradeadvisor/default.mspx**.

1. Cliquez sur **Windows Vista Upgrade Advisor** pour lancer le téléchargement.

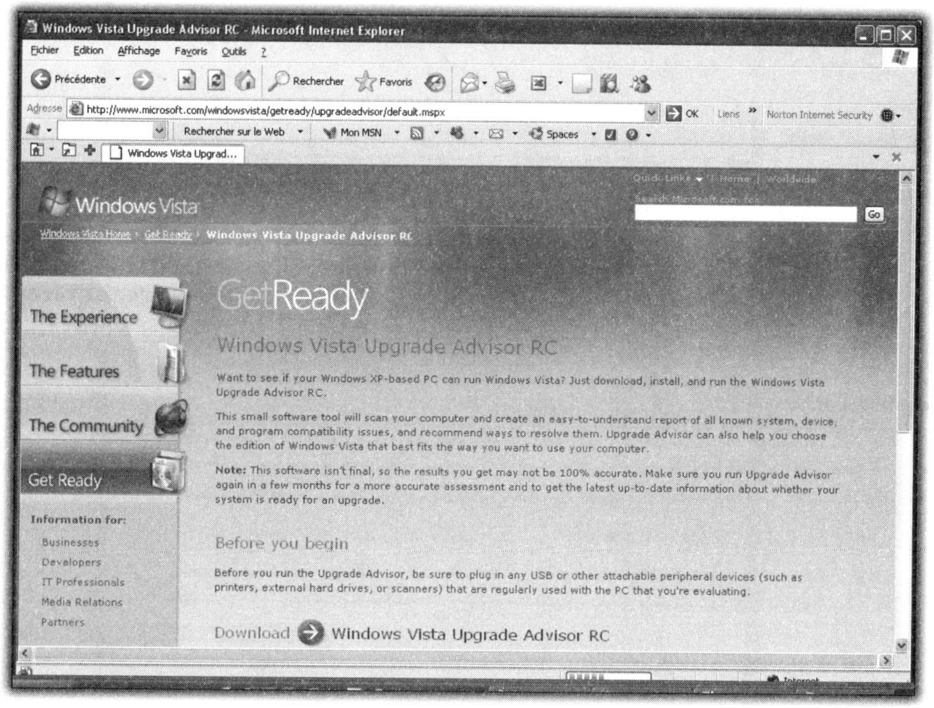

Figure 2-37 : *Le site GetReady de téléchargement de Windows Vista Ugrade Advisor*

Windows Vista Upgrade Advisor ne fonctionne qu'avec Windows XP. Il n'est pas possible de le faire fonctionner avec Windows 98 ou 2000. Pour l'installer, procédez comme suit :

2. Lancez l'exécutable et cliquez sur **Exécuter**. Dans la fenêtre **Welcome to the Microsoft Windows Vista Update Advisor setup wizard**, cliquez sur **Next** pour continuer.

3. Sélectionnez *I Agree* pour valider les termes de licences et cliquez sur **Next**.

Figure 2-38 : *Les termes de licence pour l'utilisation de Windows Vista Upgrade Advisor*

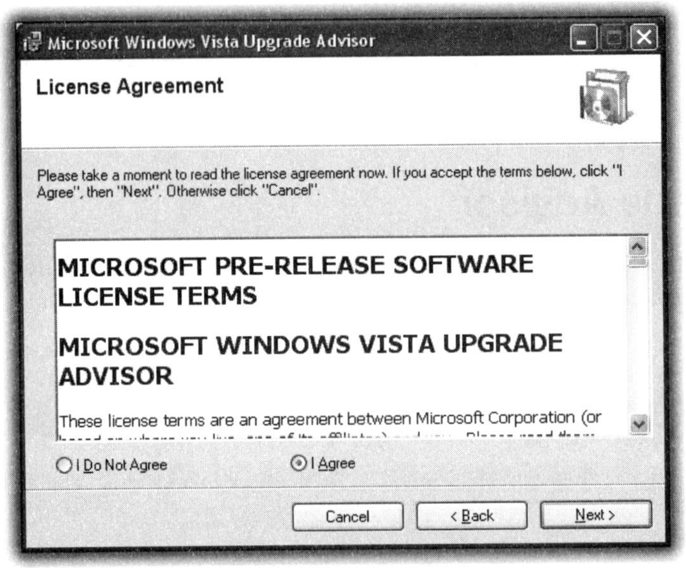

4. Dans la fenêtre **Select Installation Folder**, gardez le répertoire par défaut et cliquez sur **Next**. Si vous souhaitez modifier le chemin d'installation, cliquez sur **Browse**, sélectionnez le nouveau chemin et cliquez sur **Next**.

Figure 2-39 : *Configuration du répertoire d'installation*

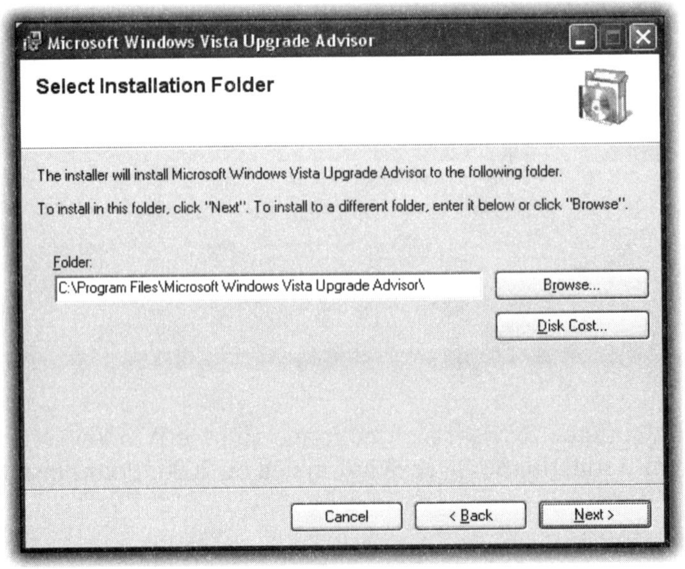

5. L'assistant d'installation vous propose de créer un raccourci sur votre Bureau, l'option *Create Desktop Shorcut* est sélectionnée par défaut. Si vous ne souhaitez pas de raccourci, cliquez sur **Don't Create Desktop Shortcut**, puis cliquez sur **Next** pour continuer.
6. Pour terminer l'installation, cliquez sur **Close**.

Utiliser Upgrade Advisor

Windows Vista Upgrade Advisor permet également de vous aider à choisir la version qu'il vous faut en fonction de vos besoins, en termes de multimédia, de connectivité ou encore d'accès à l'information. Que voulez-vous faire faire à l'intérieur de l'entreprise ? Voulez-vous faire du partage collaboratif ? Il va déterminer en fonction des activités la version en adéquation avec ces besoins. Il est capable également de mettre un certain nombre de points bloquants en avant.

Figure 2-40 : *Lancement de Windows Vista Upgrade Advisor*

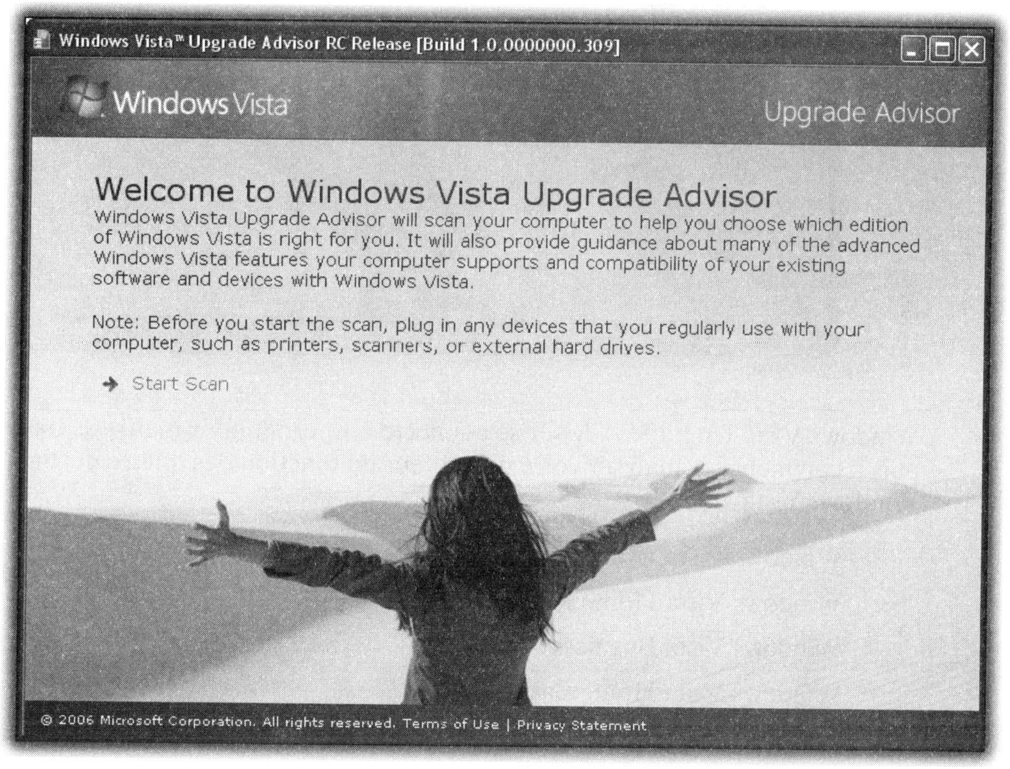

À présent, vous allez utiliser Windows Vista Update Advisor :

1. Pour lancer le programme, cliquez sur le menu **Démarrer/Tous les programmes/Windows Vista Upgrade Advisor** ou tout simplement sur le raccourci si vous avez sélectionné l'option durant l'installation.
2. Démarrez l'analyse de votre ordinateur en cliquant sur **Start Scan**.

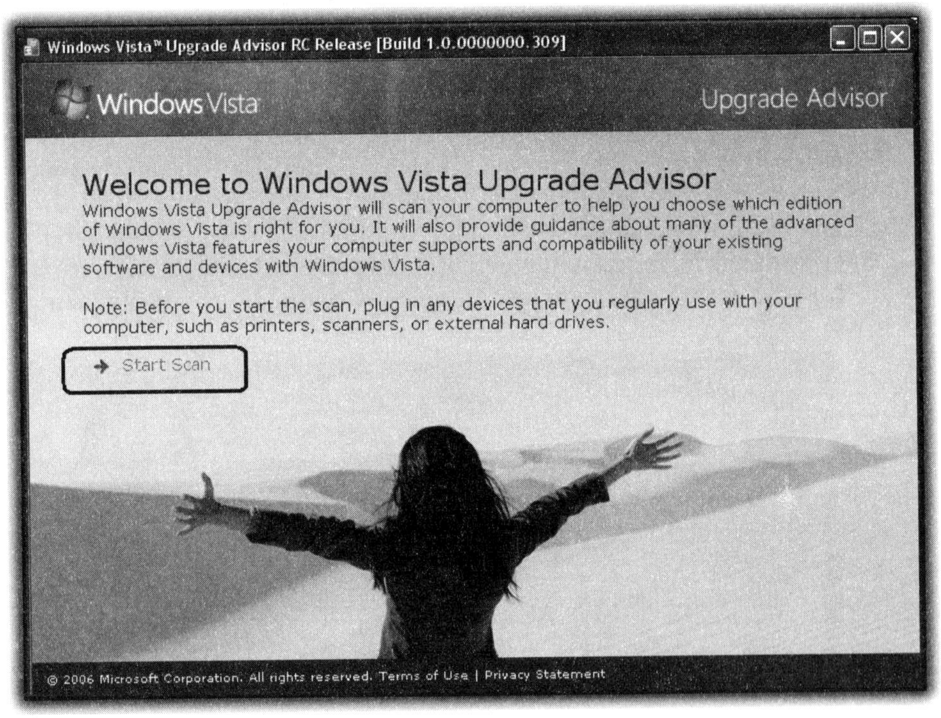

Figure 2-41 : *Lancement de l'analyse de l'ordinateur*

Windows Vista Upgrade Advisor se connecte à Internet pour mettre sa base à jour, puis il commence à analyser votre ordinateur en fonction des quatre déclinaisons de Windows Vista :

- Windows Vista Ultimate ;
- Windows Vista Home Premium ;
- Windows Vista Business ;
- Windows Vista Home Basic.

Une fois l'analyse terminée, le programme affiche la version de Windows Vista la plus adaptée à votre ordinateur ainsi que trois rapports détaillés.

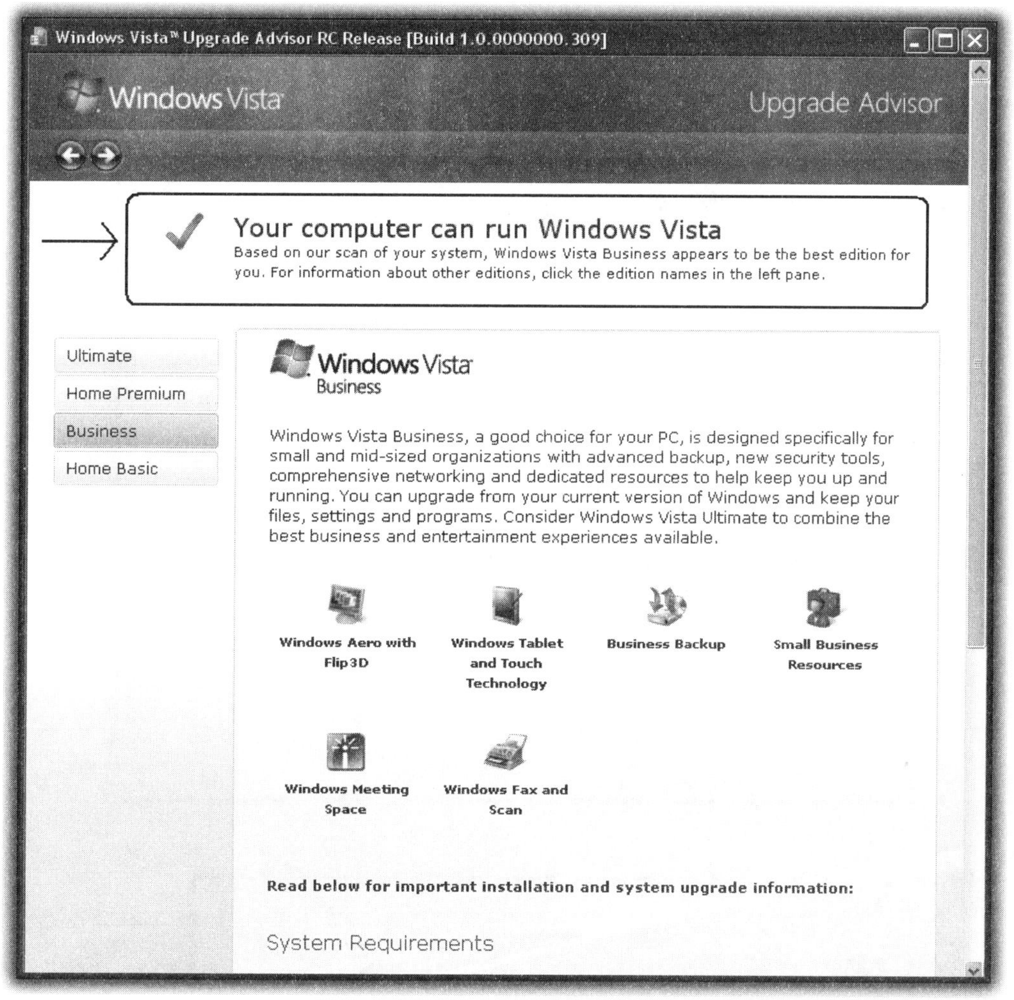

Figure 2-42 : *Résultat de l'analyse et recommandation de la version correspondant à la configuration de l'ordinateur*

Chaque rapport détaillé présente des recommandations propres à sa partie. Le premier rapport représente le système. Dans chaque rapport, un certain nombre d'actions sont données avec les explications qui les accompagnent (voir fig. 2-43).

Le deuxième rapport représente les périphériques. Ce rapport se décompose en trois parties à son tour :

- *Review these device issues for Windows Vista* correspond en quelque sorte aux problèmes à passer en revue (voir fig. 2-44).

Figure 2-43 : *Rapport d'analyse sur le système*

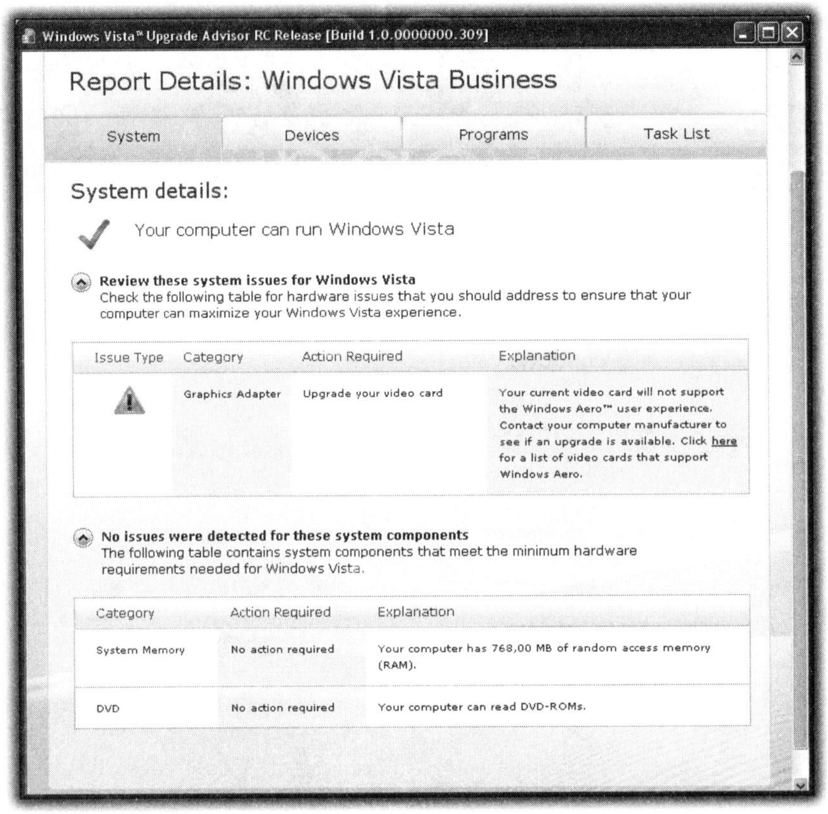

Figure 2-44 : *La partie Review these device issues for Windows Vista liste des problèmes liés au matériel à passer en revue*

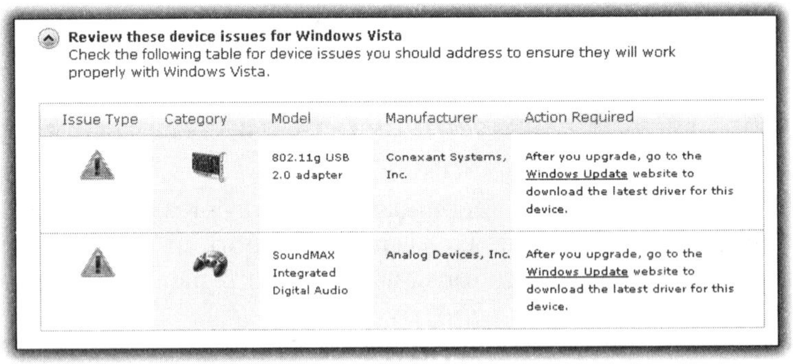

- *Cannot find information on these devices* correspond à la liste de périphériques pour lesquels le programme n'a pas trouvé d'information. Cependant, l'utilitaire se met régulièrement à jour sur la base de données qui elle-même est régulièrement actualisée.

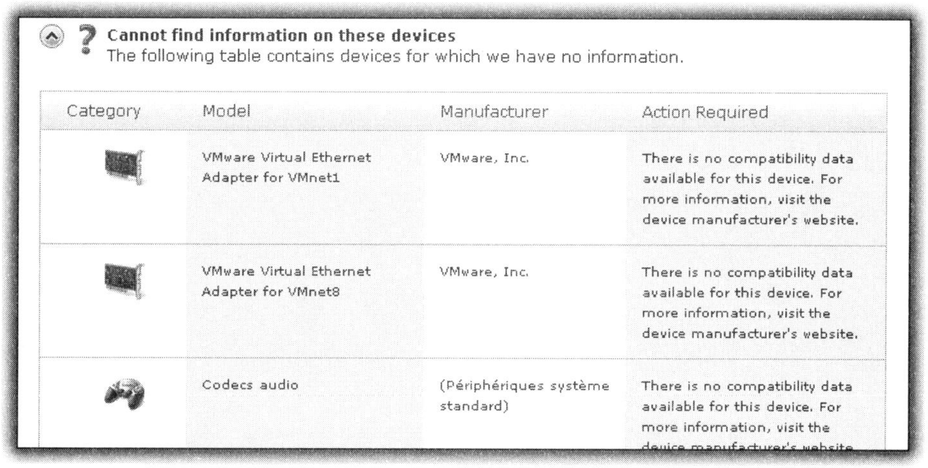

Cannot find information on these devices
The following table contains devices for which we have no information.

Category	Model	Manufacturer	Action Required
	VMware Virtual Ethernet Adapter for VMnet1	VMware, Inc.	There is no compatibility data available for this device. For more information, visit the device manufacturer's website.
	VMware Virtual Ethernet Adapter for VMnet8	VMware, Inc.	There is no compatibility data available for this device. For more information, visit the device manufacturer's website.
	Codecs audio	(Périphériques système standard)	There is no compatibility data available for this device. For more information, visit the device manufacturer's website.

Figure 2-45 : *La partie Cannot find information on these devices liste des périphériques pour lesquels Windows Vista Upgrade Advisor n'a pas d'information*

- *No issues were detected for these devices* correspond aux périphériques conformes à Windows Vista, c'est-à-dire qui n'ont pas besoin d'action.

REMARQUE

Configuration requise

Toutefois, les PC qui ne satisfont pas à la configuration matérielle pour le processeur, la mémoire et la carte vidéo peuvent tout de même exécuter Windows Vista. Cependant, ils n'offriront peut-être pas toutes les fonctionnalités et tous les avantages de Windows Vista. Par exemple, les PC avec des cartes graphiques qui ne prennent pas en charge WDDM offriront simplement un graphisme comparable à celui de Windows XP avec les bénéfices des fonctionnalités, de la stabilité et des performances ainsi que l'amélioration de la sécurité.

Le logo Windows Vista Capable

Si vous souhaitez acheter un nouveau PC, sachez que Microsoft et les constructeurs de PC ont créé un logo vous permettant de repérer d'un coup d'œil les PC conçus pour Windows XP et compatibles Windows Vista. Cette démarche vous permettra d'être plus serein sur la pérennité de votre achat et de ne pas être trop perdu avec une liste de matériels lorsque vous êtes chez votre vendeur préféré. Ce logo s'appelle Windows Vista Capable.

CHAPITRE

3

Installation et migration

CHAPITRE

3 Installation et migration

Avant de pouvoir utiliser Windows Vista sur votre ordinateur, il faut l'installer. Que vous souhaitiez passer par une installation classique – c'est-à-dire depuis le DVD d'installation – ou via une méthode de déploiement, il vous faudra obligatoirement passer par une image. En introduisant de nouvelles méthodes et de nouveaux processus d'installation, à partir d'images disque, Windows Vista met fin aux installations plus classiques basées sur I386.

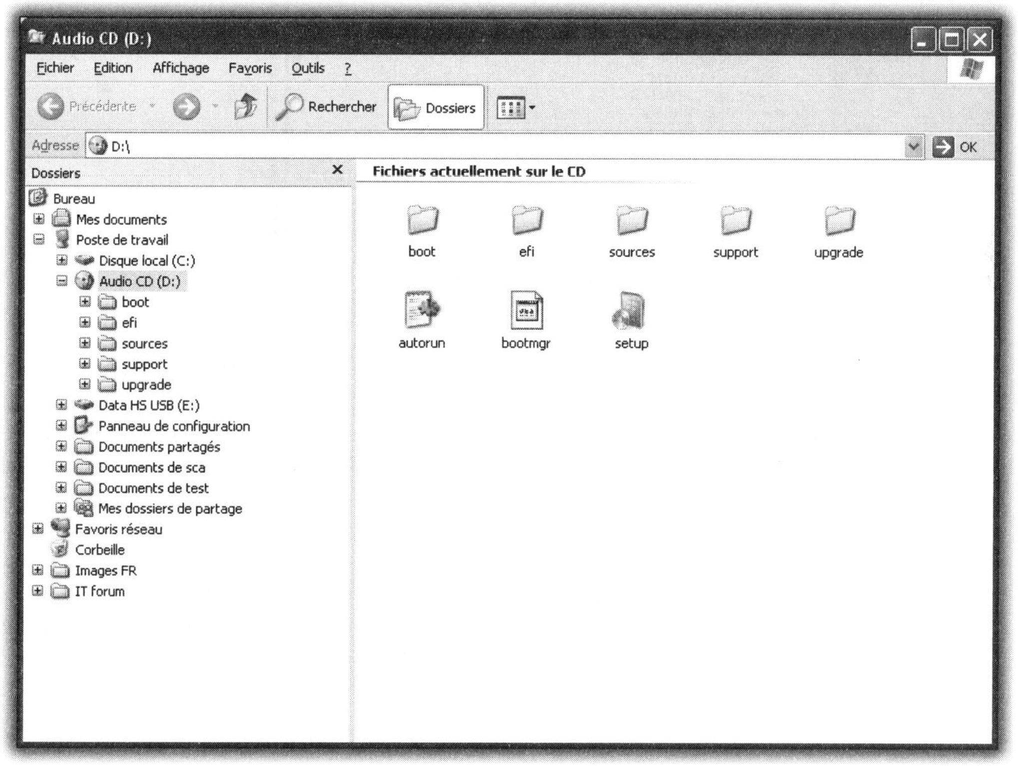

Figure 3-1 : *Le contenu du DVD d'installation de Windows Vista : le répertoire I386 n'existe plus*

Avec l'arrivée de ce format d'image, Windows Vista n'a plus besoin d'une multitude de médias pour installer les différentes versions dont dispose le produit. Auparavant, avec Windows XP, vous deviez disposer de Windows XP Édition familiale ou de Windows XP Professionnel, en versions française ou anglaise. C'est terminé. Il vous est possible d'installer dorénavant n'importe quelle version, puisque les versions suivantes sont présentes sur le même support :

- Windows Vista Home Basic ;
- Windows Vista Home Premium ;
- Windows Vista Ultimate.

- Windows Vista Home Basicn ;
- Windows Vista Businessn
- Windows Vista Starter.

Figure 3-2 : *Le catalogue du DVD d'installation de Windows Vista propose l'ensemble des versions présentes sur le DVD*

Windows Vista permet l'installation de sept versions à partir du même DVD. Son contenu a totalement changé par rapport aux versions précédentes des produits Windows. Il n'existe plus qu'une version de "binaires" d'installation de Windows Vista pour l'ensemble de la planète. Viennent s'ajouter au binaire la partie package, dans laquelle se trouve le LanguagePack, et le contenu de la version que vous aurez débloqué en fonction de la clé (numéro de série à 25 caractères alphanumériques).

Ce chapitre est surtout destiné aux personnes disposant d'un petit nombre d'ordinateurs et à celles qui n'ont pas besoin de passer par les outils de déploiement pour installer Windows Vista. Il a pour objectif d'aborder trois possibilités d'installation :

- une installation standard ;
- la mise à niveau d'un ordinateur Windows XP existant sur le même matériel ;
- la migration des paramètres utilisateurs vers un nouvel ordinateur exécutant Windows Vista.

REMARQUE

Installation de Windows Vista

L'installation de Windows Vista est réalisée dans cet ouvrage à partir de la version bêta 2. Il se peut que les étapes d'installation ainsi que l'habillage changent d'ici la version finale du produit.

RENVOI

Si vous avez acquis un nouvel ordinateur en vue d'exécuter Windows Vista et que vous souhaitiez déplacer vos fichiers et paramètres de Windows XP vers le nouvel ordinateur, reportez-vous à la partie ***La migration vers Windows Vista*** **de ce chapitre.**

RENVOI

Si vous prévoyez d'installer Windows Vista sur un ordinateur qui exécute Windows XP, reportez-vous à la partie ***La mise à jour vers Windows Vista*** **de ce chapitre.**

3.1 L'installation standard

L'installation standard de Windows Vista ne déroge pas aux règles de simplicité. Windows Vista reste très élémentaire à installer puisqu'il vous suffit de démarrer votre ordinateur avec le DVD d'installation pour que celle-ci se réalise presque toute seule. Il vous sera demandé d'entrer le numéro de série et de répondre à trois ou quatre questions concernant votre pays, votre nom, votre mot de passe, etc. Procédez ainsi :

1. Démarrez le programme d'installation de Windows Vista en insérant le DVD, puis redémarrez votre ordinateur.

Figure 3-3 : *Initialisation de l'installation de Windows Vista*

2. Sélectionnez la langue et les paramètres régionaux et cliquez sur **Suivant**.

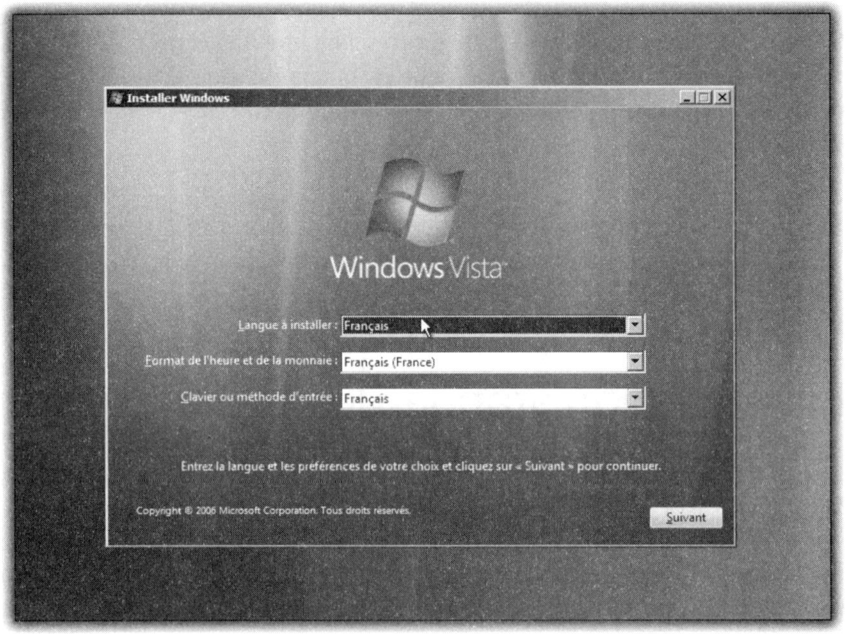

Figure 3-4 : *Sélection des paramètres régionaux : la langue, les paramètres liés au pays ainsi que le clavier*

3. À l'invite d'installation, cliquez sur **Installer**.

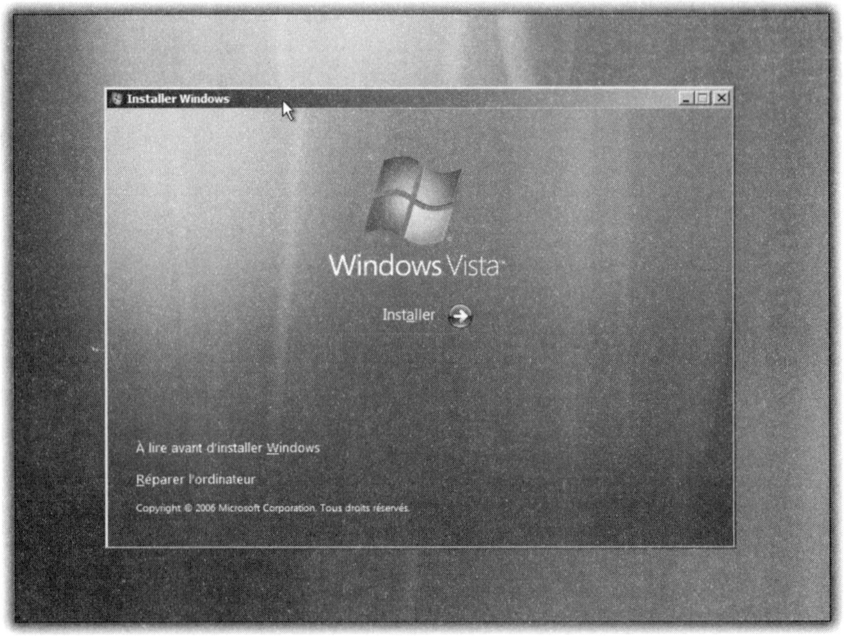

Figure 3-5 : *L'invite d'installation de Windows Vista*

4. Dans la zone *Entrez votre clé de produit pour activation*, tapez le numéro de série du produit dans le champ *Clé de produits (les tirets sont ajoutés automatiquement)*. Il est composé de 25 caractères alphanumériques. Cliquez sur **Suivant** pour continuer.

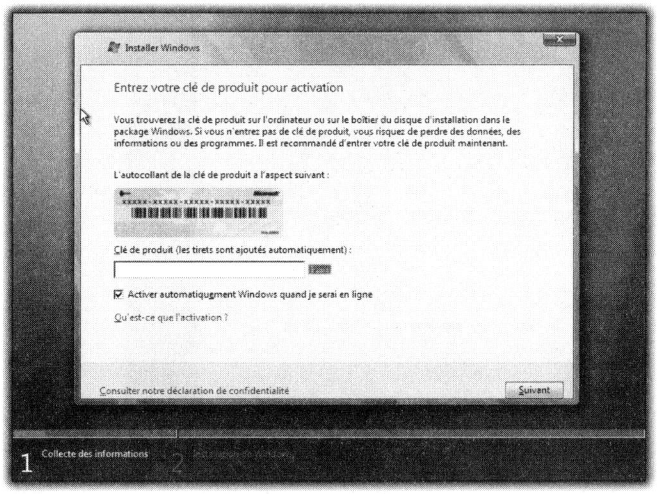

Figure 3-6 : *La zone de saisie pour le déblocage de la version de Windows Vista*

5. Windows Vista ne déroge pas à la règle ; dans la fenêtre **Veuillez lire le contrat de licence**, lisez et acceptez les termes du contrat de licence. Cochez la case *J'accepte les termes du contrat de licence* (indispensable pour continuer). Cliquez sur **Suivant**. Si vous ne validez pas cette option, vous serez obligé de mettre fin au programme d'installation de Windows Vista.

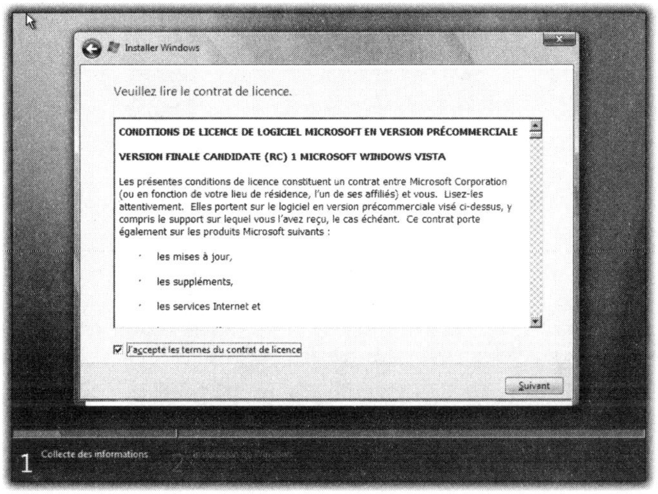

Figure 3-7 : *Validation des accords de licence*

6. Dans la fenêtre **Quel type d'installation voulez-vous effectuer ?**, deux choix s'offrent à vous : **Mise à niveau** pour effectuer une mise à niveau ou **Personnalisée (options avancées)** pour personnaliser votre installation. Sélectionnez **Personnalisée (option avancée)**.

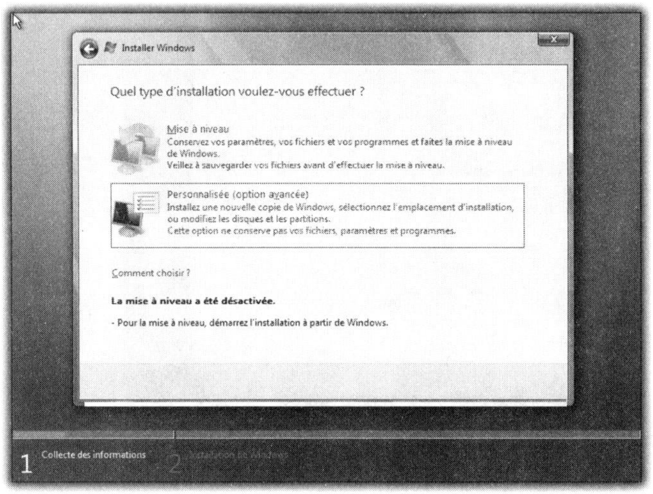

Figure 3-8 : *Sélection de l'installation personnalisée*

7. Dans la fenêtre **Où souhaitez-vous installer Windows ?**, cliquez sur **Options de lecteurs (avancées)** pour personnaliser la taille de la partition d'installation.

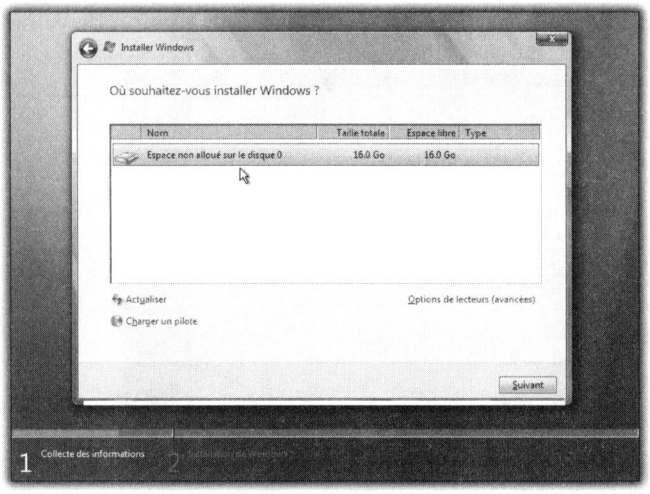

Figure 3-9 : *Personnalisation de la taille de la partition d'installation*

8. Cliquez sur **Suivant** pour démarrer la copie des fichiers.

Les étapes suivantes se succèdent :

- copie des fichiers de Windows ;
- décompression des fichiers ;
- installation des fonctionnalités ;
- installation des mises à jour ;
- fin de l'installation.

L'installation peut prendre plusieurs dizaines de minutes selon la puissance de votre machine.

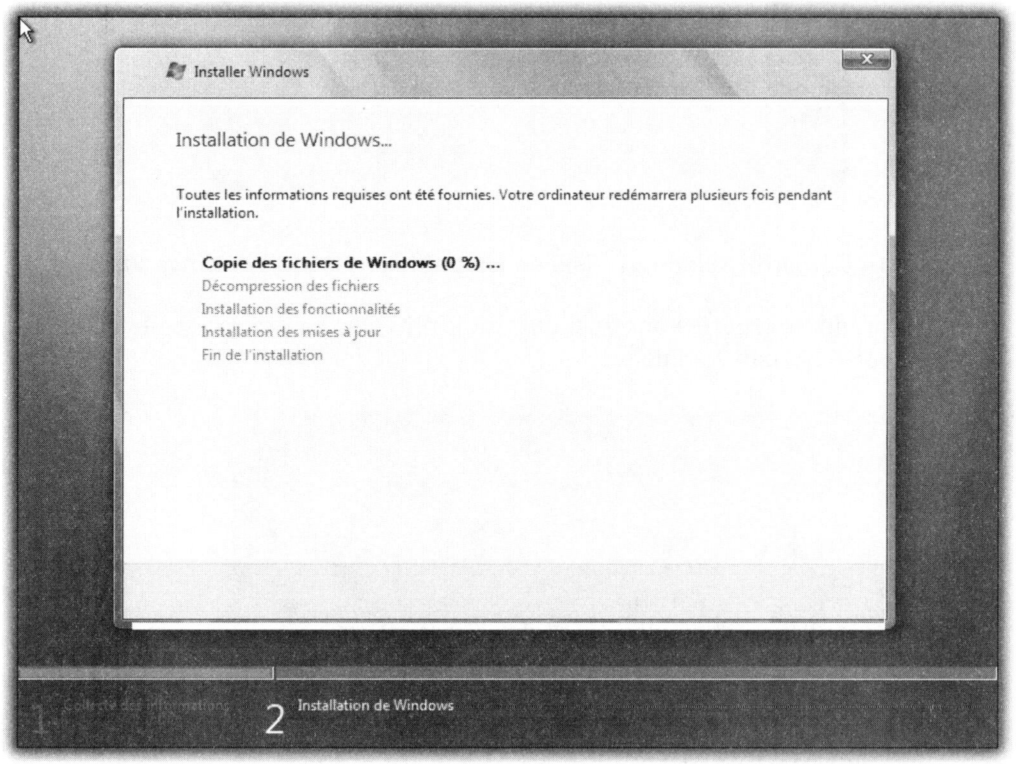

Figure 3-10 : *Lancement de l'installation standard de Windows Vista*

9. Dans la fenêtre, cliquez sur **Suivant**.
10. Sélectionnez une image et entrez un mot de passe. Confirmez ce mot de passe, puis cliquez sur **Suivant**.
11. Changez le nom de l'ordinateur et sélectionnez votre fond d'écran. Cliquez sur **Suivant**.

12. Choisissez ou non d'activer et de configurer le pare-feu.

13. Configurez la date et le fuseau horaire.

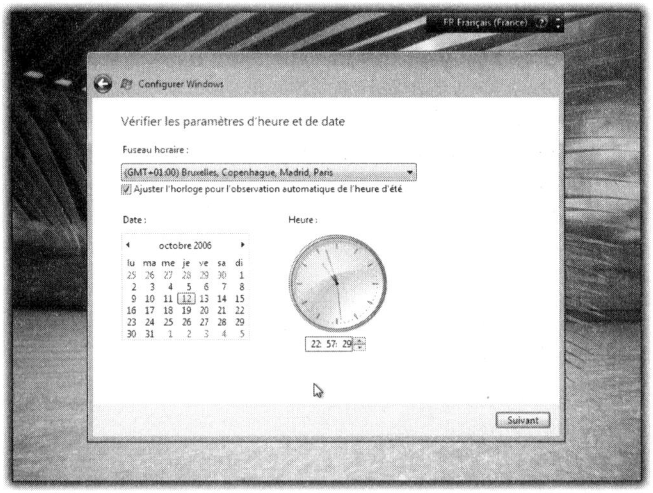

Figure 3-11 : *Réglage de l'heure et de la date*

14. Démarrez Windows Vista en cliquant sur l'icône *Windows Vista*.

La première fenêtre vous demande d'entrer votre mot de passe et la configuration de votre Bureau commence.

Figure 3-12 : *Configuration de votre Bureau*

3.2 Les versions de Windows Vista

Ce tableau récapitule les différentes versions de Windows Visa que vous choisirez en fonction de votre installation PC :

Tableau 3-1 : Installation et mise à niveau vers Windows Vista

Windows XP Professional	Nécessite une nouvelle installation	Nécessite une nouvelle installation	Mise à niveau possible sur la version existante	Mise à niveau possible sur la version existante
Windows XP Home	Mise à niveau possible sur la version existante	Mise à niveau possible sur la version existante	Mise à niveau possible sur la version existante	Mise à niveau possible sur la version existante
Windows XP Media Center	Nécessite une nouvelle installation	Mise à niveau possible sur la version existante	Nécessite une nouvelle installation	Mise à niveau possible sur la version existante
Windows XP Tablet PC	Nécessite une nouvelle installation	Nécessite une nouvelle installation	Mise à niveau possible sur la version existante	Mise à niveau possible sur la version existante
Windows XP Professional x64	Nécessite une nouvelle installation	Nécessite une nouvelle installation	Nécessite une nouvelle installation	Nécessite une nouvelle installation
Windows 2000	Nécessite une nouvelle installation	Nécessite une nouvelle installation	Nécessite une nouvelle installation	Nécessite une nouvelle installation

3.3 La mise à jour vers Windows Vista

Pour procéder à la mise à jour vers Windows Vista, nous avons utilisé un poste standard sous Windows XP et le Service pack 2. Cette mise à jour se réalise en trois étapes :

- Étape 1 : évaluation de la configuration matérielle requise.
- Étape 2 : sauvegarde des données importantes.
- Étape 3 : mise à jour vers Windows Vista.

Figure 3-13 : *L'environnement sous Windows XP Professionnel avant la mise à jour*

Ce poste se compose de plusieurs éléments que nous allons pouvoir vérifier durant la mise à niveau. Il possède plusieurs applications comme le Pack Office 2007, un jeu bien développé puisqu'il s'agit de *Warcraft III* de Blizzard et d'autres applications. Nous avons ajouté des raccourcis sur le Bureau pour certaines applications. Ce poste possède trois partitions :

- *C* : système en NTFS.
- *E* : data en NTFS.
- *F* : archive en Fat32

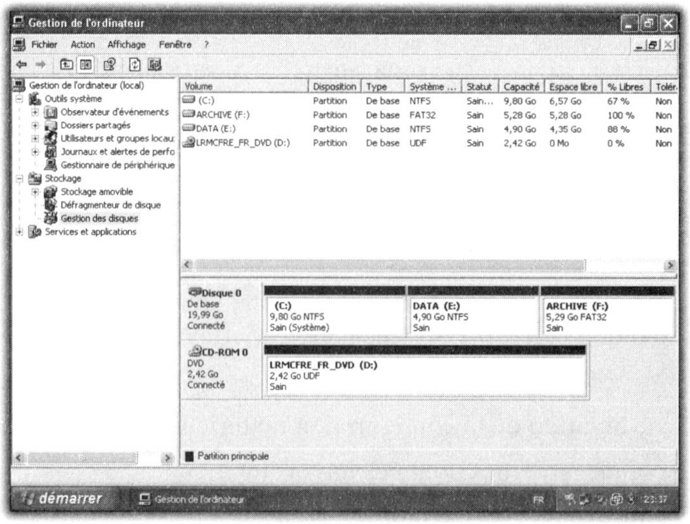

Figure 3-14 : *Configuration des disques et partitions en NTFS et FAT32 sous Windows XP Professionnel avant la mise à jour*

Ce poste dispose également d'un certain nombre de partages de répertoires. Pour résumer, un poste classique aujourd'hui.

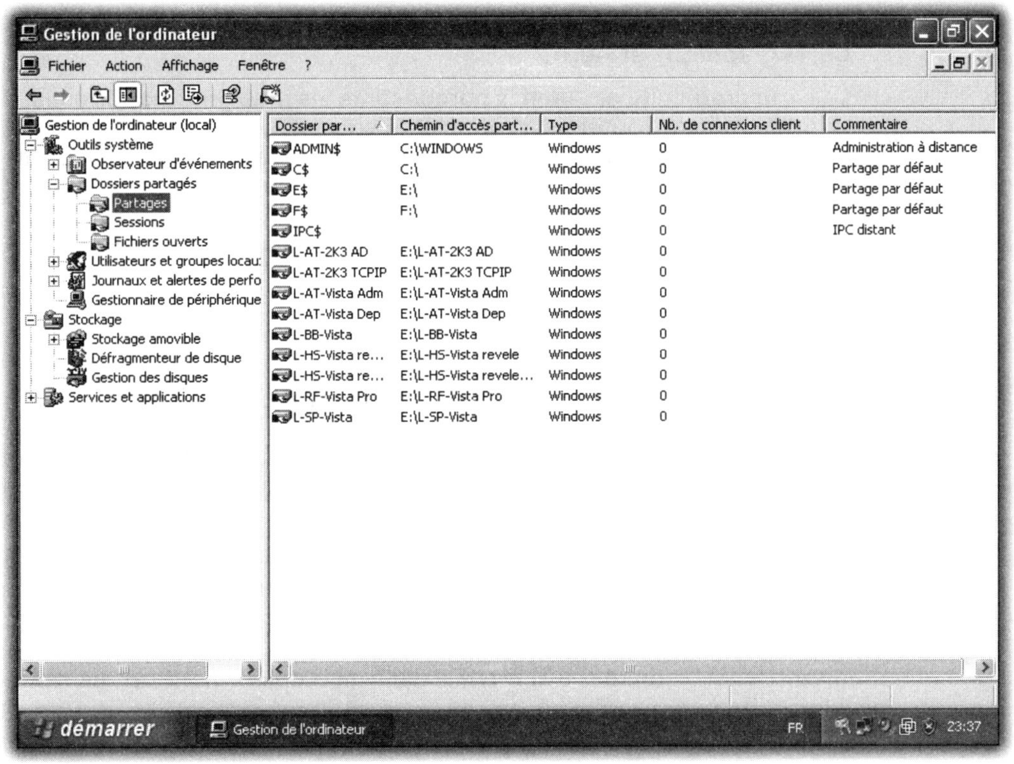

Figure 3-15 : *Configuration de partage avant la mise à jour*

Étape 1 : évaluation de la configuration matérielle requise

Même si la configuration matérielle requise pour Windows Vista peut encore changer avant sa sortie, il est important de suivre les recommandations suivantes requises au minimum si vous souhaitez utiliser Windows Vista dans des conditions acceptables. Toutefois, il ne s'agit que de recommandations personnelles. Prévoyez :

- un ordinateur avec un processeur Intel ou AMD de 2 GHz ou plus (3 GHz seront un bon point de départ) ;
- 512 Mo de RAM ou plus (1 Go rendra l'utilisation beaucoup plus confortable) ;
- 10 Go d'espace disque pour une installation standard et 11 Go d'espace disque libre sur la partition système pour pouvoir migrer (sans cet espace disque nécessaire, Windows Vista ne vous laissera pas migrer) ;

- une carte vidéo capable de prendre en charge les pilotes VDDM (*Vista Display Driver Model*) utilisés dans Windows Vista ;

REMARQUE

Carte graphique et Aero

La carte graphique et l'un des composants les plus gourmands sous Windows Vista. Toutefois, si vous ne disposez pas d'une carte graphique suffisante, l'installation de Windows Vista ne sera pas remise en cause pour autant. Seule l'interface Aero Glass sera dégradée.

- un lecteur de DVD.

Étape 2 : sauvegarde des données importantes

Une fois la configuration de votre ordinateur validée, vous devez sauvegarder les fichiers, ou les enregistrer dans un emplacement sûr, avant de procéder à la mise à jour vers Windows Vista. Bien que cette étape soit facultative, il est important et même recommandé de disposer d'une sauvegarde récente des données importantes avant d'apporter des modifications significatives à l'ordinateur, afin d'éviter la perte de données.

Pour enregistrer vos données essentielles dans un emplacement sûr, les options dépendent du système d'exploitation d'origine et des options de sauvegarde dont vous disposez. La liste suivante présente quelques possibilités de sauvegarde :

- Windows Backup, ou tout autre logiciel de sauvegarde ;
- copie des données importantes dans un dossier réseau ;
- gravure des données sur un CD ou un DVD ;
- sauvegarde sur un disque dur externe.

Procédez ainsi pour sauvegarder vos données avec Windows Backup :

1. Cliquez sur **démarrer**, puis sur **Tous les programmes, Accessoires** et, pour terminer, **Outils système**. Lancez l'utilitaire de sauvegarde Backup.
2. Dans la fenêtre **Backup and Restore Wizard** (assistant de sauvegarde et de restauration), cliquez sur **Next** (voir fig. 3-16).
3. La fenêtre suivante vous propose de sauvegarder ou de restaurer des données au travers des options. Sélectionnez **Back up files and setting** (sauvegarder les fichiers et les paramètres), puis cliquez sur **Next** (voir fig. 3-17).

Figure 3-16 : *Le lancement de l'utilitaire de sauvegarde de Windows XP*

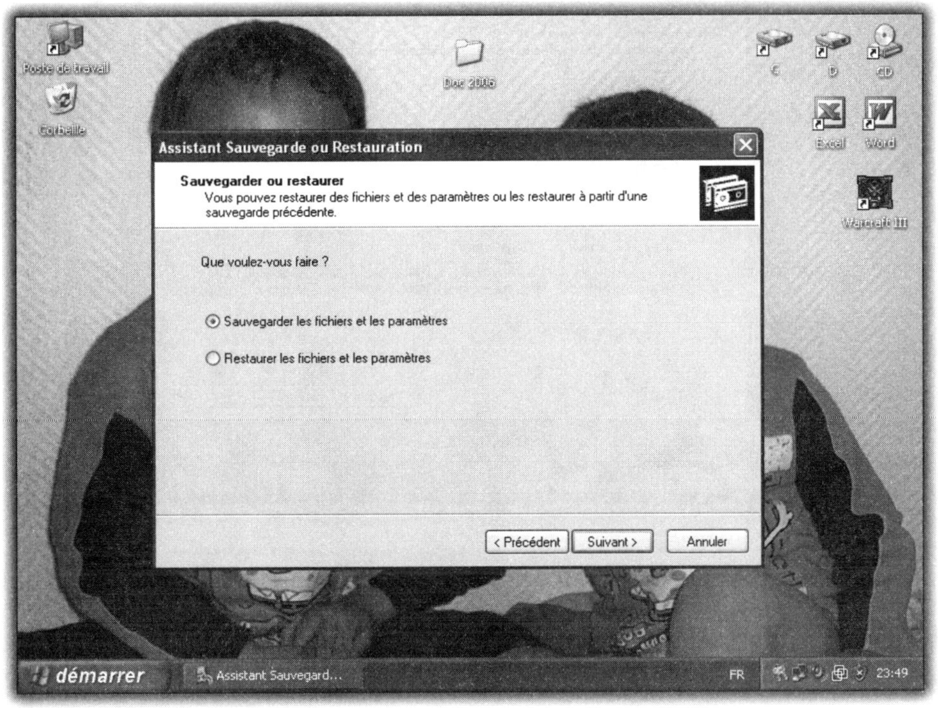

Figure 3-17 : *Sélection de l'option sauvegarde*

Vous avez à présent le choix d'effectuer quatre types de sauvegarde :

- L'option *My documents and settings* correspond à la sauvegarde du dossier *Mes documents*, des paramètres, des favoris, de votre Bureau et de vos cookies.
- L'option *Everyone's documents and settings* consiste à sauvegarder les paramètres et les documents de tous les utilisateurs.
- L'option *All information on this computer* permet de sauvegarder toutes les informations sur l'ordinateur. Cela inclut toutes les données de l'ordinateur. Un disque de récupération du système est créé qui permettra de restaurer Windows en cas de problème majeur.
- L'option *Let me choose what to back up* vous laisse tout simplement le choix des données que vous souhaitez sauvegarder.

4. Sélectionnez la quatrième option et cliquez sur **Next**.

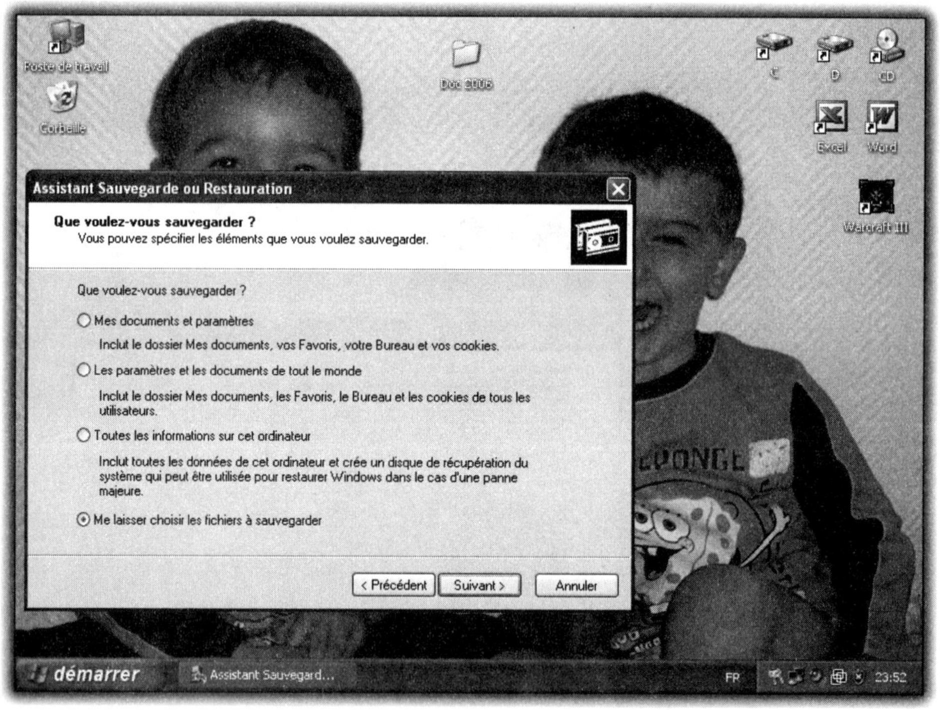

Figure 3-18 : *Section de l'option de sauvegarde de l'ordinateur et des données*

5. À présent, vous allez pouvoir sélectionner dans la fenêtre **Items to Back up** (éléments à sauvegarder) l'ensemble des éléments que vous souhaitez sauvegarder. Une fois votre sélection réalisée, cliquez sur **Next**.

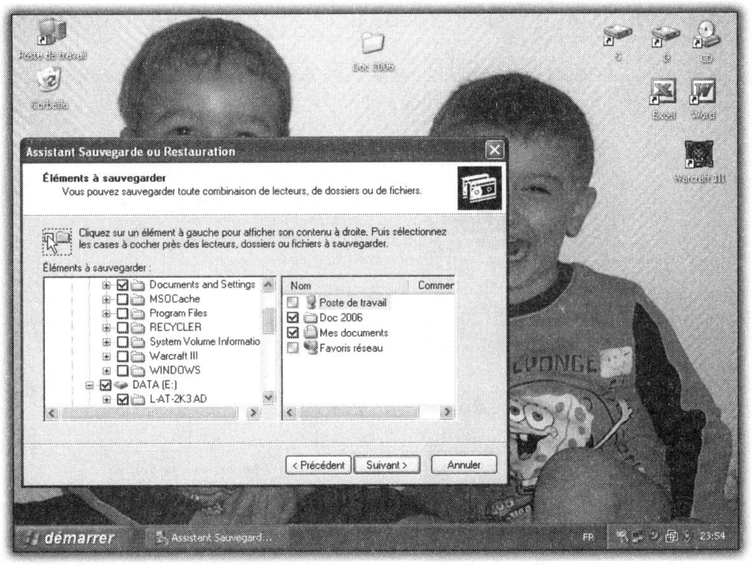

Figure 3-19 : *Sélection des données à sauvegarder*

6. Maintenant que les éléments à sauvegarder sont sélectionnés, vous devez donner un nom et une destination de stockage dans la fenêtre **Backup Type, Destination, and Name** (type, nom et destination de la sauvegarde). Vous pouvez sauvegarder vos données sur une clé USB ou sur un disque dur amovible. Nommez la sauvegarde, par exemple Sauvegarde avant Vista, puis cliquez sur **Next**.

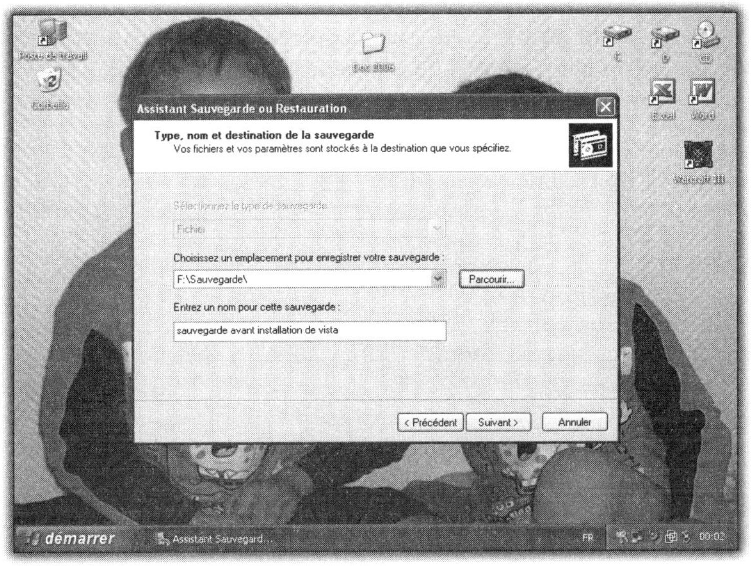

Figure 3-20 : *Sélection de l'emplacement et du nom de la sauvegarde*

7. Pour mettre fin à l'assistant de sauvegarde cliquez sur **Finish**.

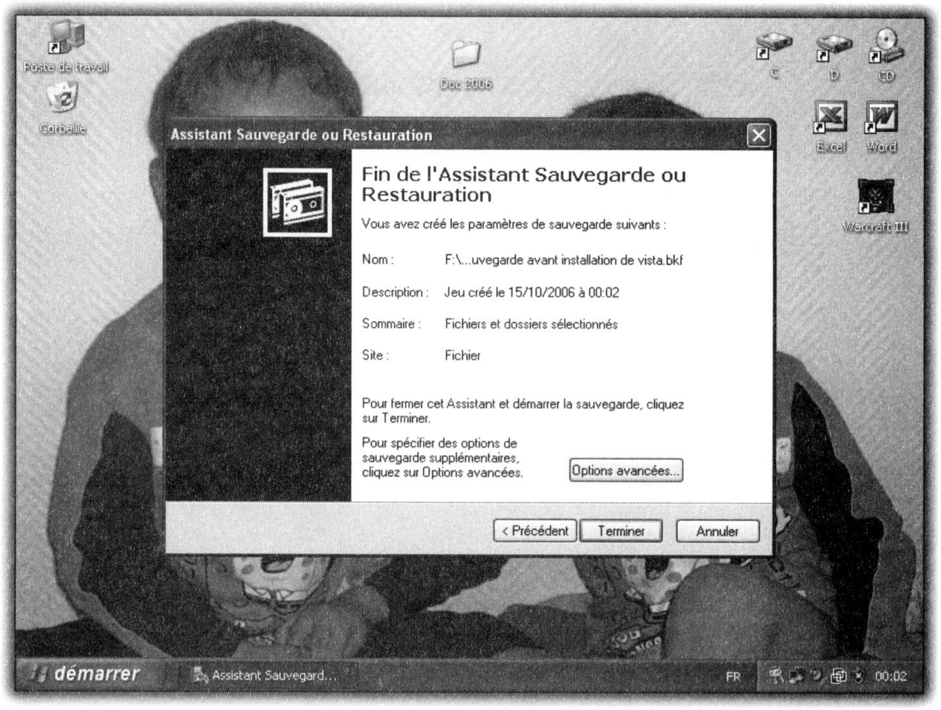

Figure 3-21 : *Fin du paramétrage de la sauvegarde*

Une fois la sauvegarde terminée, il vous est possible de consulter le rapport de sauvegarde pour voir s'il n'y a pas eu d'erreur :

```
Backup Status
Operation: Backup
Active backup destination: File
Media name: "Sauvegarde avant Vista.bkf created 16/06/2006 at 02:59"

Backup (via shadow copy) of "C: "
Backup set #1 on media #1
Backup description: "Set created 16/06/2006 at 02:59"
Media name: "Sauvegarde avant Vista.bkf created 16/06/2006 at 02:59"

Backup Type: Normal

Backup started on 16/06/2006 at 02:59.
Backup completed on 16/06/2006 at 03:00.
Directories: 233
Files: 377
```

```
Bytes: 12 225 805
Time:  31 seconds
Backup (via shadow copy) of "E: DATA"
Backup set #2 on media #1
Backup description: "Set created 16/06/2006 at 02:59"
Media name: "Sauvegarde avant Vista.bkf created 16/06/2006 at 02:59"

Backup Type: Normal

Backup started on 16/06/2006 at 03:00.
Backup completed on 16/06/2006 at 03:00.
Directories: 52
Files: 286
Bytes: 117 777 979
Time:  26 seconds

----------------------
```

REMARQUE

Sauvegarde en ligne de commandes

Il est également possible de réaliser les sauvegardes dans un script en ligne de commande en utilisant NetBackup. Pour plus d'informations, reportez-vous à l'aide en ligne de Windows XP.

Étape 3 : mise à jour vers Windows Vista

La procédure de mise à jour vers Windows Vista suppose que vous exécutez déjà une version antérieure de Windows sur votre ordinateur. Les mises à niveau sont prises en charge pour les versions suivantes de Windows :

- Windows 2000 ;
- Windows XP ;
- Windows Vista.

REMARQUE

Prérogative d'installation

Pour exécuter cette procédure, vous devez être membre du groupe *Administrateurs* sur l'ordinateur local, ou l'autorisation appropriée doit vous avoir été déléguée. Si l'ordinateur est ajouté à un domaine, les membres du groupe *Admins* du domaine peuvent effectuer cette procédure. À titre de

> **REMARQUE**
>
> mesure de sécurité, envisagez l'utilisation de la commande **Exécuter en tant que** pour effectuer cette procédure.

Pour mettre votre ordinateur à jour vers Windows Vista, suivez ces étapes :

1. Démarrez le programme d'installation de Windows Vista en insérant le DVD sous Windows, puis en cliquant sur **Installer**. Si le programme d'exécution automatique n'ouvre pas la fenêtre d'installation de Windows, accédez au dossier racine du DVD et double-cliquez sur *setup.exe*.

Figure 3-22 : *Lancement de l'installation à partir de setup.exe*

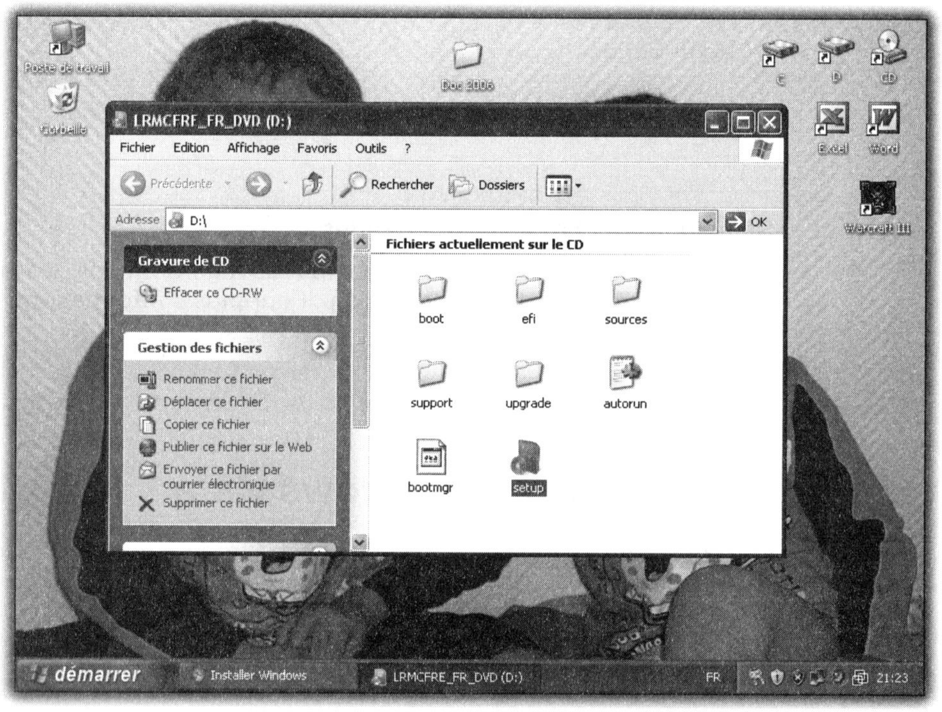

2. Cliquez sur **Suivant** afin de lancer le processus d'installation.

3. Cliquez sur **Rechercher les dernières mises à jour en ligne (recommandé)** afin de rechercher les dernières mises à jour importantes pour Windows Vista. Cette étape est facultative. Si vous choisissez de ne pas rechercher les mises à jour au cours de l'installation, cliquez sur **Ne pas rechercher les dernières mises à jour**.

Figure 3-23 : *Vérification des mises à jour disponibles sur Internet*

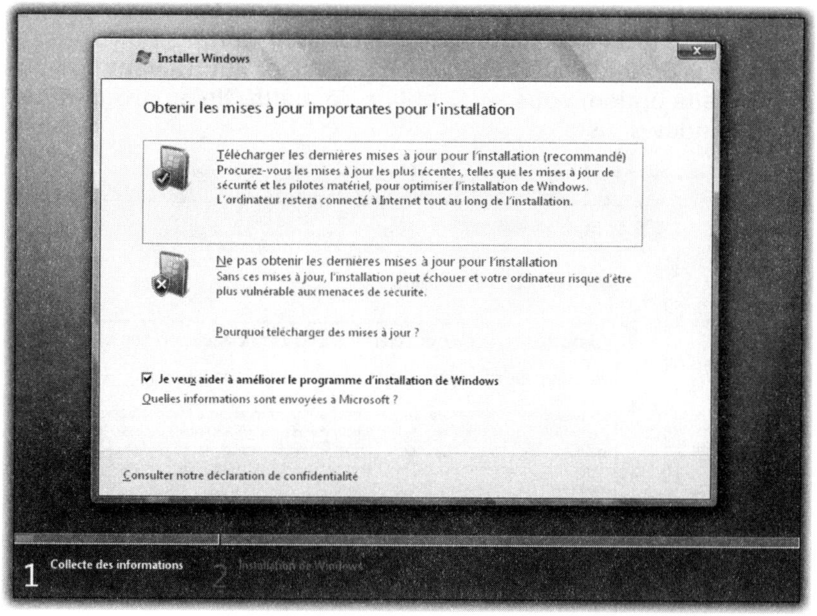

4. Dans la partie *Clé de produit*, tapez le numéro de série du produit. Il est composé de 25 caractères alphanumériques. Cliquez sur **Suivant** pour continuer.

Figure 3-24 : *Le masque de saisie du numéro de série de Windows Vista*

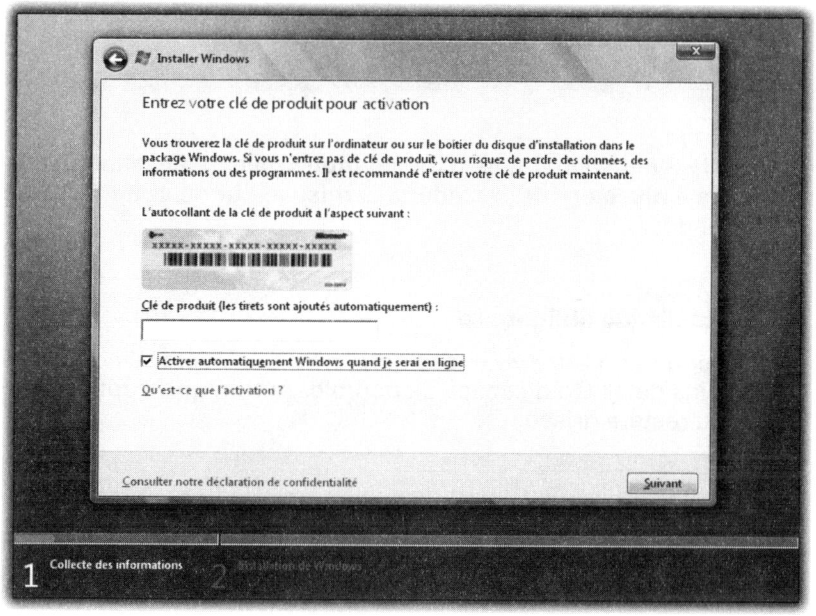

5. Windows Vista ne déroge pas à la règle : lisez et acceptez les termes du contrat de licence. Cliquez sur *J'accepte les termes du contrat de licence (indispensable pour Windows)*, puis cliquez sur **Suivant**. Si vous ne validez pas cette option, vous serez obligé de mettre fin au programme d'installation de Windows Vista.

Figure 3-25 : *Validation des termes de licence*

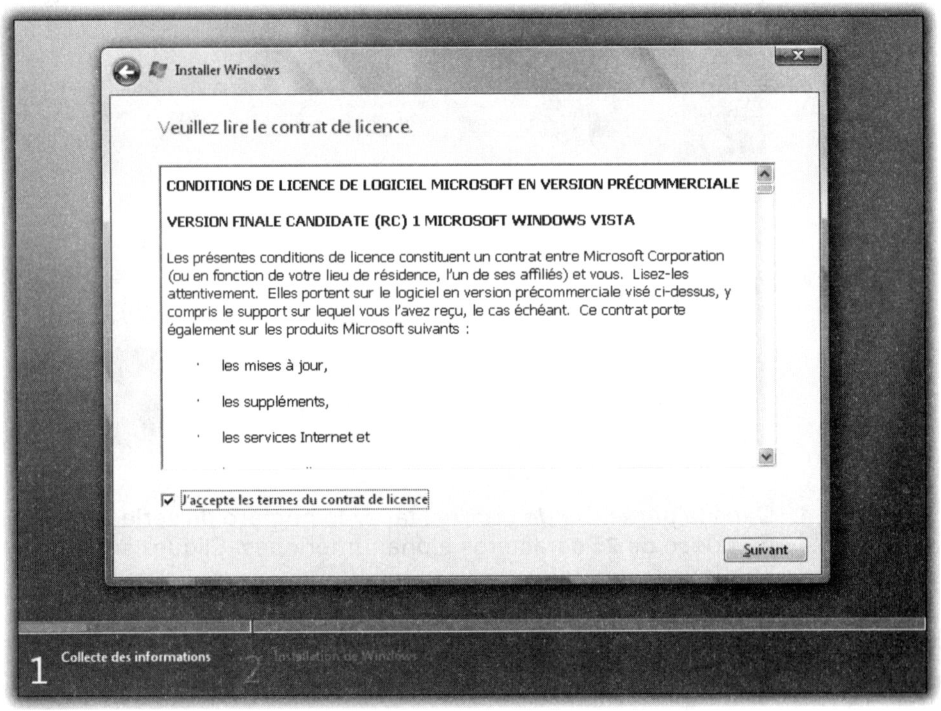

6. Dans la fenêtre **Quel type d'installation voulez-vous effectuer ?**, cliquez sur **Mettre à niveau** pour procéder à la mise à jour de votre installation existante de Windows.

ATTENTION

Espace disque obligatoire

Pour pouvoir mettre votre ordinateur à niveau vers Windows Vista, il vous faut plus de 11 Go d'espace disponible. Autrement, l'option de mise à niveau restera grisée.

ATTENTION

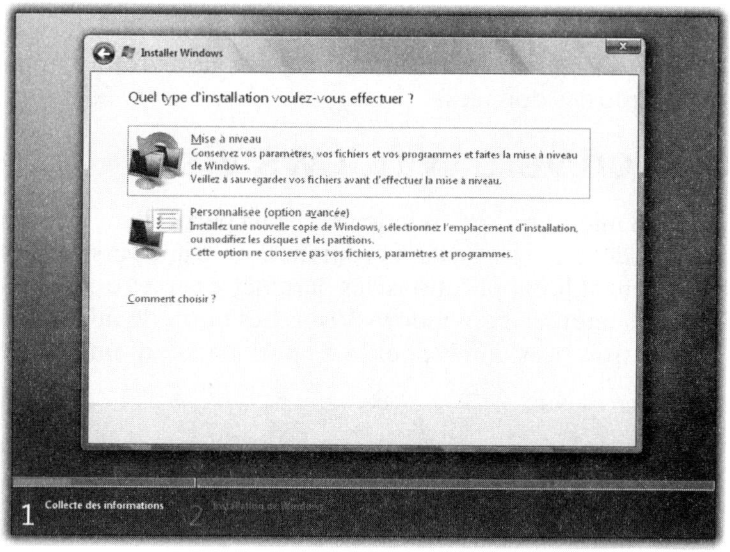

Figure 3-26 : *L'option de mise à niveau de l'installation de Windows Vista*

Le programme d'installation de Windows Vista se poursuit jusqu'à la fin sans autre intervention de votre part.

Figure 3-27 : *Le déroulement de la mise à niveau*

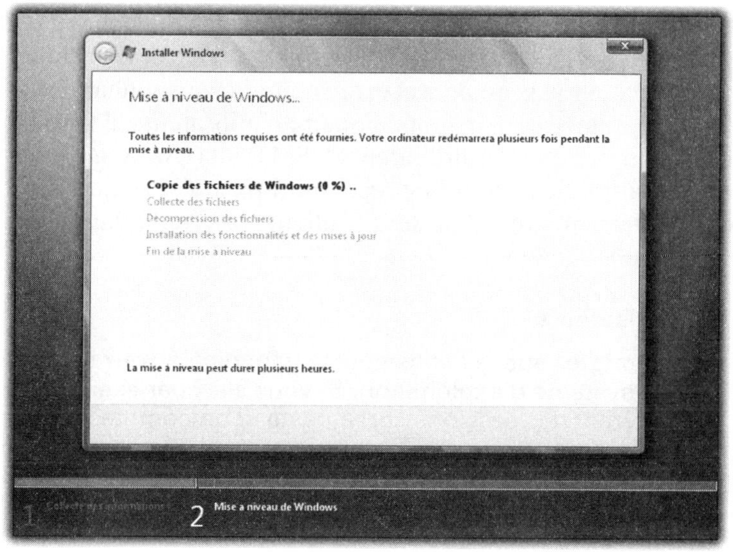

À la fin de la mise à niveau, les partitions, les partages et les paramètres de l'ancienne version n'ont pas bougé. À présent, il ne vous reste plus qu'à restaurer vos anciennes données. Pour cela, vous devez lancer l'utilitaire de sauvegarde et choisir l'option *Restauration de données*. Suivez les instructions de restauration comme à l'étape 2 (sauvegarde des données).

3.4 La migration vers Windows Vista

Pour procéder à la migration vers Windows Vista à partir d'une version antérieure de Windows, vous devez disposer d'un ordinateur avec une version prise en charge de Windows contenant les applications, les paramètres et les données à déplacer vers un nouvel ordinateur avec Windows Vista. Les outils de migration de Windows Vista vous offrent trois possibilités pour la migration des paramètres et des fichiers.

- la connexion réseau ;
- un support amovible (par exemple, une clé USB ou un disque dur externe) ;
- un CD ou un DVD.

> REMARQUE
>
> **Connexion réseau**
>
> Dans un premier cas, les deux ordinateurs doivent être en mesure de communiquer directement de l'un à l'autre. Si vous utilisez un partage réseau, les deux ordinateurs doivent être capables de mapper ce partage.

Outre le choix de la méthode de transfert, vous avez le choix des outils de migration. L'Assistant Migration de PC est inclus dans Windows Vista, mais également dans le DVD d'installation. Il vous permet de faire migrer les paramètres et les fichiers de tous vos utilisateurs d'un ordinateur vers un nouvel ordinateur. Si vous souhaitez faire migrer les fichiers et les paramètres d'un grand nombre d'utilisateurs, il vous faudra utiliser l'outil de migration de l'état des utilisateurs USMT 3.0 (*User State Migration Tool*). Cependant l'utilisation de cet outil ne reste pratique qu'à partir d'un certain nombre d'ordinateurs à faire migrer. Il ne sera d'ailleurs pas traité dans ce chapitre.

> REMARQUE
>
> **Migration des utilisateurs**
>
> L'utilitaire ne fera migrer que les utilisateurs ayant déjà ouvert une session dans le précédent système d'exploitation. Si vous avez par exemple trois utilisateurs qui ouvrent des sessions sur le poste et un compte utilisateur que vous n'avez jamais exploité car il sert uniquement en cas de secours, seuls les trois comptes utilisateurs actifs seront transférés. C'est normal : aucun profil n'a été créé pour le quatrième utilisateur.

L'Assistant Migration de PC de Windows Vista peut déplacer les paramètres suivants :

- les comptes des utilisateurs ;
- les fichiers et les dossiers de tous les lecteurs ;
- les paramètres des programmes ;
- les paramètres et les favoris Internet ;
- les paramètres de courrier électronique.

3

Transférer les fichiers et les paramètres via le réseau

Le transfert s'effectue en deux étapes. La première étape se déroule du côté poste cible, c'est-à-dire le nouvel ordinateur qui exécute Windows Vista. Il s'agit de préparer le transfert. Pour cet exemple, vous utiliserez le réseau. Une fois le mode de transfert sélectionné, l'ordinateur cible fournit une clé qui est utilisée par l'ordinateur source pour initier le transfert. Dans un deuxième temps, l'ordinateur source utilise la clé pour établir la communication entre les deux ordinateurs. Ensuite, il faut sélectionner les utilisateurs, les paramètres et les fichiers à transférer.

Avant de démarrer les étapes entre les deux postes, il est important de vérifier que ces derniers communiquent entre eux. Deux vérifications peuvent être réalisées. La première consiste à contrôler que les ordinateurs sont présents dans le voisinage réseau.

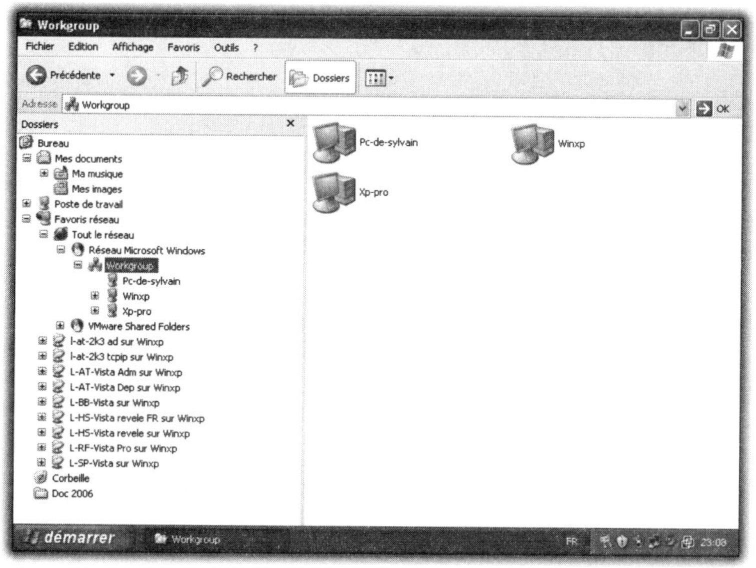

Figure 3-28 : *Vérification de la présence des ordinateurs dans le voisinage réseau*

L'autre vérification consiste à faire un ping sur le second ordinateur. En cas de problème avec le ping, vérifier que le pare-feu n'est pas en cause :

```
C:\Documents and Settings\Sylvain>ipconfig

Configuration IP de Windows


Carte Ethernet Connexion au réseau local:

        Suffixe DNS propre à la connexion :
Adresse IP. . . . . . . . . . . . . : 172.100.16.100
        Masque de sous-réseau . . . . . . : 255.255.240.0
        Passerelle par défaut . . . . . . : 172.100.16.1

C:\Documents and Settings\Sylvain>ping 172.100.16.75

Envoi d'une requête 'ping' sur 172.100.16.75 avec 32 octets de
✂ données :

Réponse de 172.100.16.75 : octets=32 temps=179 ms TTL=128
Réponse de 172.100.16.75 : octets=32 temps=156 ms TTL=128
Réponse de 172.100.16.75 : octets=32 temps=1074 ms TTL=128
Réponse de 172.100.16.75 : octets=32 temps=184 ms TTL=128

Statistiques Ping pour 172.100.16.75:
    Paquets : envoyés = 4, reçus = 4, perdus = 0 (perte 0%),
Durée approximative des boucles en millisecondes :
Minimum = 156ms, Maximum = 1074ms, Moyenne = 398ms

C:\Documents and Settings\Sylvain>
```

Côté poste cible

1. Ouvrez l'Assistant Migration de PC sur votre ordinateur Windows Vista. Activez le menu **Démarrer/Tous les programmes/Accessoires/Outils système/Transfert de paramètres et fichiers Windows** (voir fig. 3-29).
2. Au lancement de l'interface graphique de l'outil de transfert, la fenêtre **Contrôle du compte utilisateur** s'affiche. Cliquez sur **Continuer**. Dans la fenêtre **Transfert de fichiers et paramètres de Windows**, cliquez sur **Suivant** pour continuer (voir fig. 3-30).

3

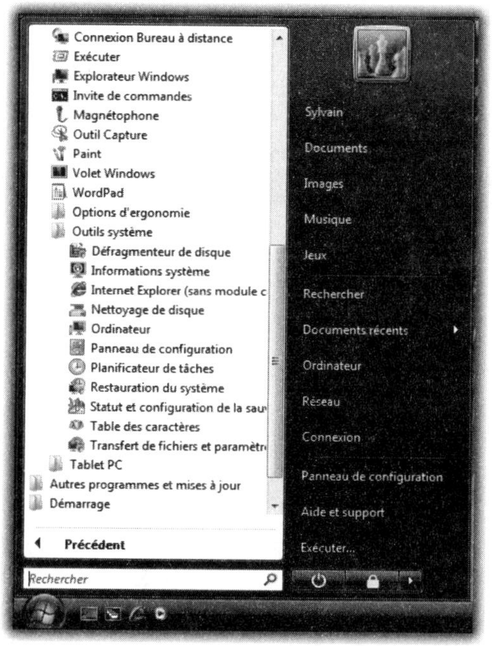

Figure 3-29 : *Lancement de l'utilitaire de transfert depuis Windows Vista*

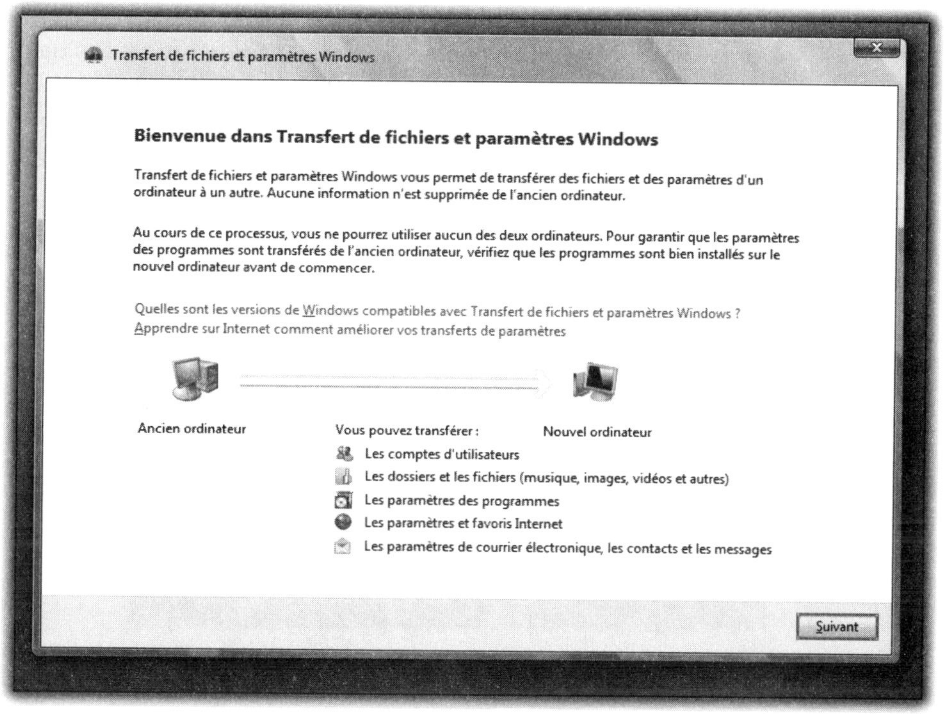

Figure 3-30 : *Assistant de transfert de fichiers et paramètres*

3. Si des programmes sont ouverts, vous êtes invité à les fermer. Vous pouvez choisir d'enregistrer votre travail dans chaque programme, puis de les fermer individuellement, ou vous pouvez cliquer sur le bouton **Tout fermer** dans l'Assistant Migration de PC afin de fermer simultanément tous les programmes en cours d'exécution.

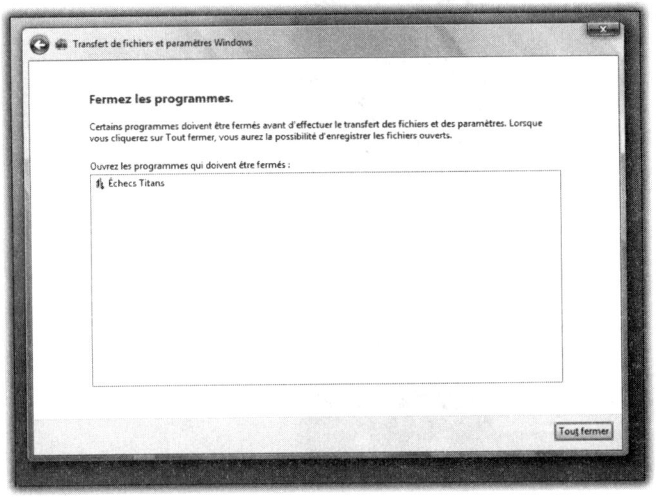

Figure 3-31 : *Fermeture de tous les programmes en cours d'exécution*

4. Dans la fenêtre **Voulez-vous commencer un nouveau transfert ?**, cliquez sur **Démarrer un nouveau transfert** afin de lancer le processus de préparation de l'Assistant Migration de PC pour la collecte des informations sur les ordinateurs existants.

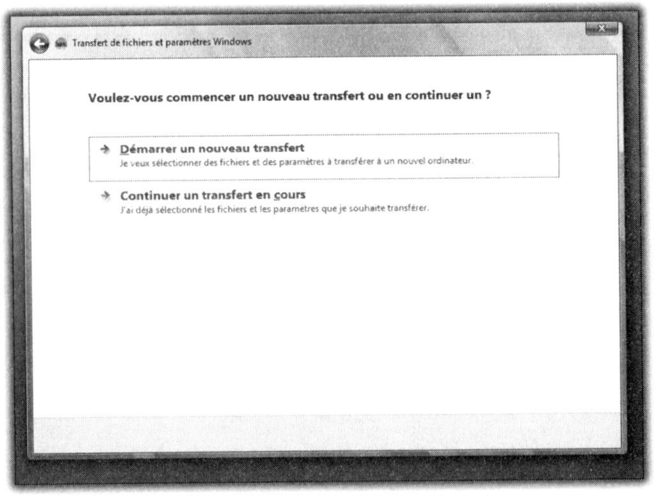

Figure 3-32 : *Lancement d'un nouveau transfert depuis l'ordinateur cible*

5. Dans la fenêtre **Quel ordinateur utilisez-vous maintenant**, cliquez sur **Mon nouvel ordinateur**.

Figure 3-33 : *Choix de l'ordinateur cible ou de l'ordinateur source pour le paramétrage de transfert*

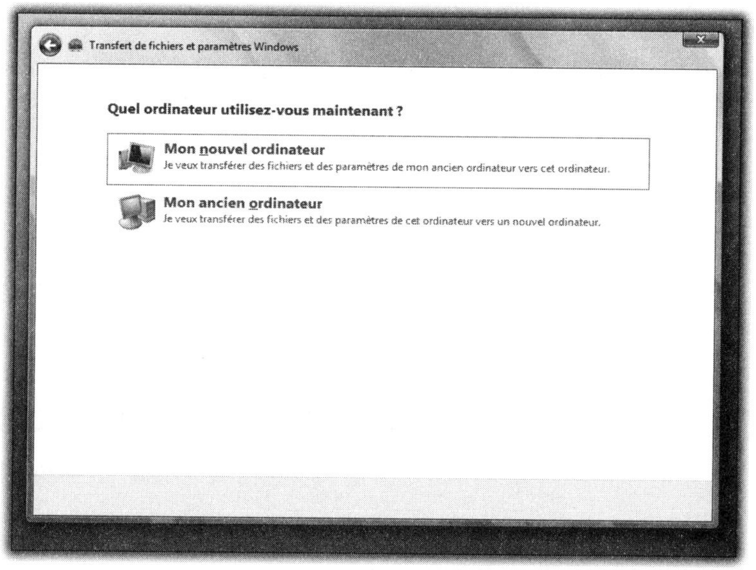

6. Dans la fenêtre **Disposez-vous d'un câble de transfert ?**, choisissez *Non, afficher d'autres options*.

Figure 3-34 : *Sélection du mode de transfert, avec ou sans câble USB*

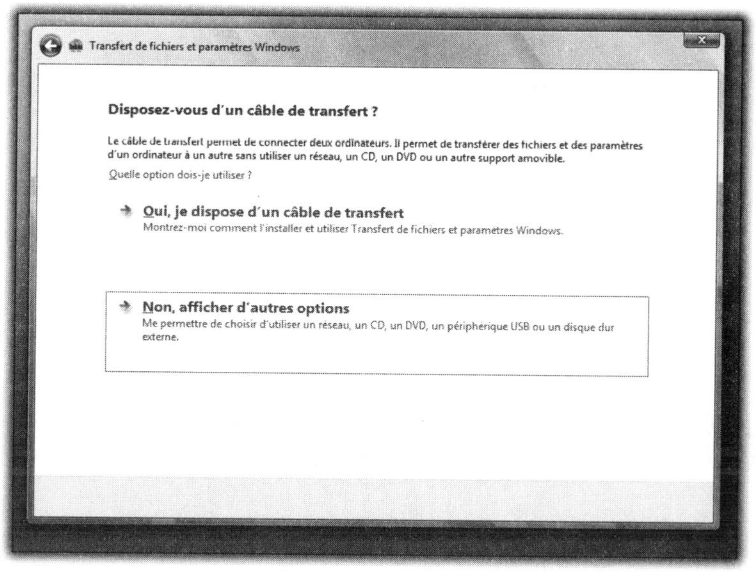

7. Pour continuer, vous allez devoir anticiper le fait d'avoir déjà installé l'utilitaire de transfert sur votre ancien ordinateur. Pour cela, dans la fenêtre **Avez-vous installé Transfert de fichiers et paramètres Windows sur votre ancien ordinateur ?**, sélectionnez *Oui, je l'ai installé*.
8. C'est à ce stade du paramétrage que vous pouvez sélectionner le mode de transfert, en réseau ou sur un support de type CD ou DVD. Sélectionnez *Oui, je vais transférer des fichiers et paramètres via le réseau*.

Il faut sécuriser l'échange entre les deux ordinateurs. Pour cela, vous disposerez d'une clé commune aux deux ordinateurs. Deux choix s'offrent à vous. Cliquez sur *Non, j'ai besoin d'une clé*. Dans ce cas, l'utilitaire génère une clé que vous pouvez fournir à l'ordinateur source. Seconde possibilité : démarrez simultanément le paramétrage de l'ordinateur cible et demandez par le biais de l'ordinateur source une clé. Dans ce cas, sélectionnez *Oui, je dispose d'une clé*.

Figure 3-35 : *Demande d'une clé à l'utilitaire de transfert*

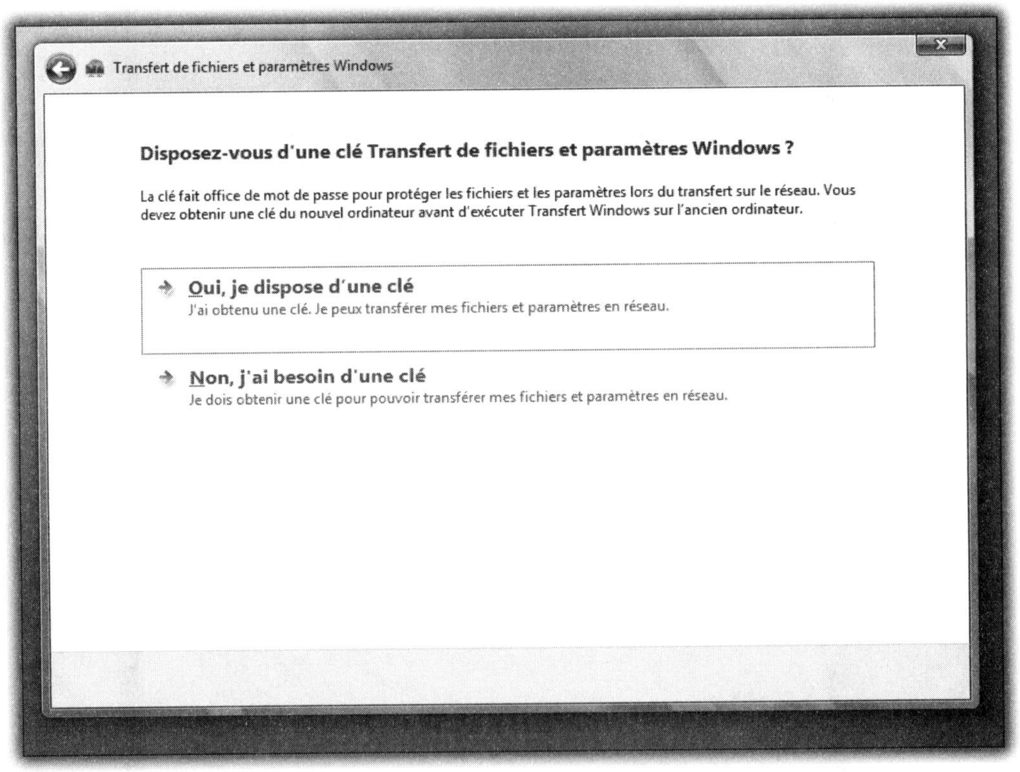

9. Pour cet exemple, la clé est demandée par l'ordinateur cible à l'utilitaire. Sélectionnez *Non, j'ai besoin d'une clé*. Notez la clé.

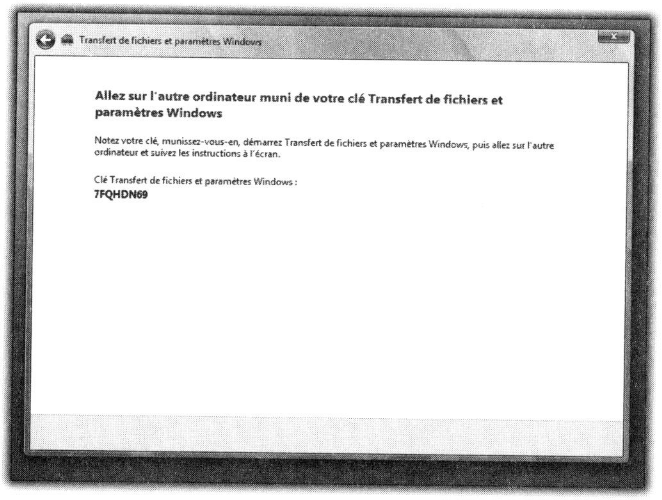

Figure 3-36 : *L'ordinateur vous donne une clé aléatoire composée de chiffres et de lettres en majuscules et minuscules*

La seconde partie va se dérouler à partir du poste source.

Côté poste source

1. Démarrez l'Assistant Migration de PC sur l'ordinateur à partir duquel vous souhaitez faire migrer les paramètres et les fichiers en accédant au support amovible ou au lecteur réseau contenant les fichiers de l'assistant. Double-cliquez sur *migwiz.exe*.

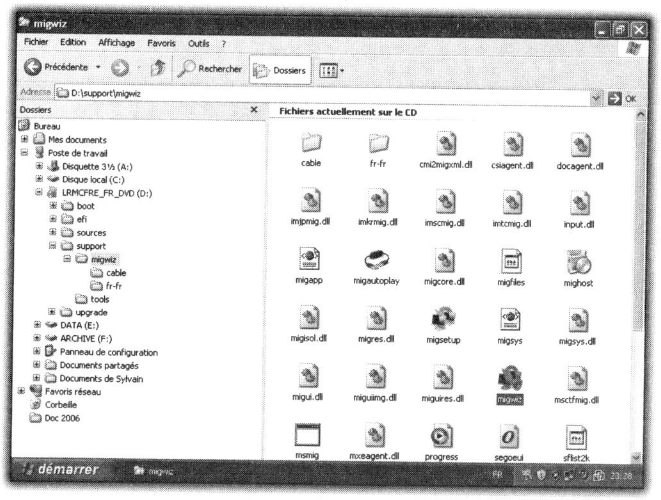

Figure 3-37 : *L'exécutable migwiz.exe provenant du DVD d'installation de Windows Vista dans le répertoire support\migwiz*

2. Au lancement de l'interface graphique de l'outil de transfert, cliquez sur **Suivant** pour continuer. Si des programmes sont ouverts, vous êtes invité à les fermer. Vous pouvez choisir d'enregistrer votre travail dans chaque programme, puis de les fermer individuellement, ou vous pouvez cliquer sur le bouton **Tout fermer** dans l'Assistant Migration de PC afin de fermer simultanément tous les programmes en cours d'exécution.

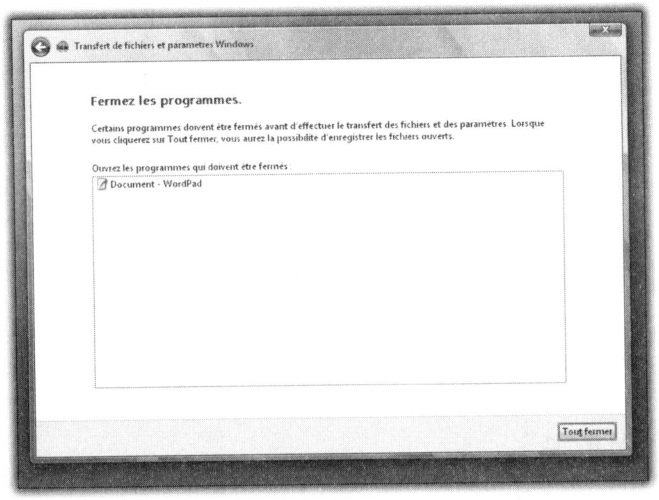

Figure 3-38 : *Fermeture des programmes en cours d'exécution*

3. Dans la fenêtre, choisissez la méthode de transfert des fichiers et des paramètres vers le nouvel ordinateur : sélectionnez *Transférer directement, en utilisant une connexion réseau.*

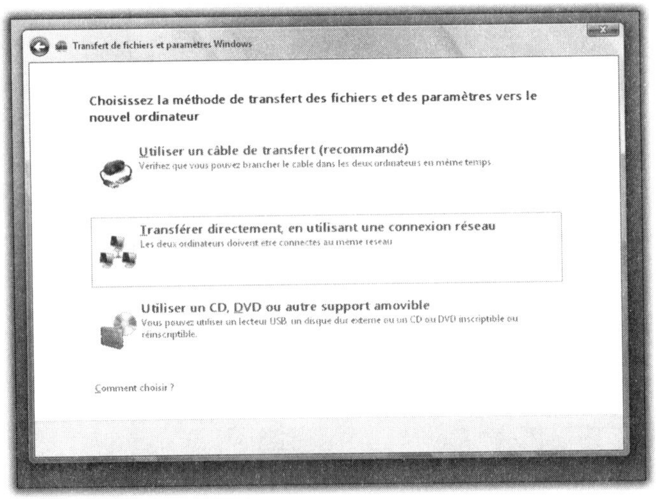

Figure 3-39 : *Sélection de la méthode de transfert*

REMARQUE

Méthode de transfert

Les deux ordinateurs doivent prendre en charge la méthode de transfert choisie. Par exemple, les deux ordinateurs doivent être connectés au même réseau.

4. Cliquez sur **Utiliser une connexion réseau** afin de commencer le transfert. Vous pouvez également cliquer sur **Copier dans et à partir d'un emplacement réseau** si vous souhaitez stocker les fichiers et paramètres dans un fichier afin de le charger ultérieurement. Si vous choisissez de stocker les données dans un emplacement réseau, vous serez invité à indiquer le chemin.

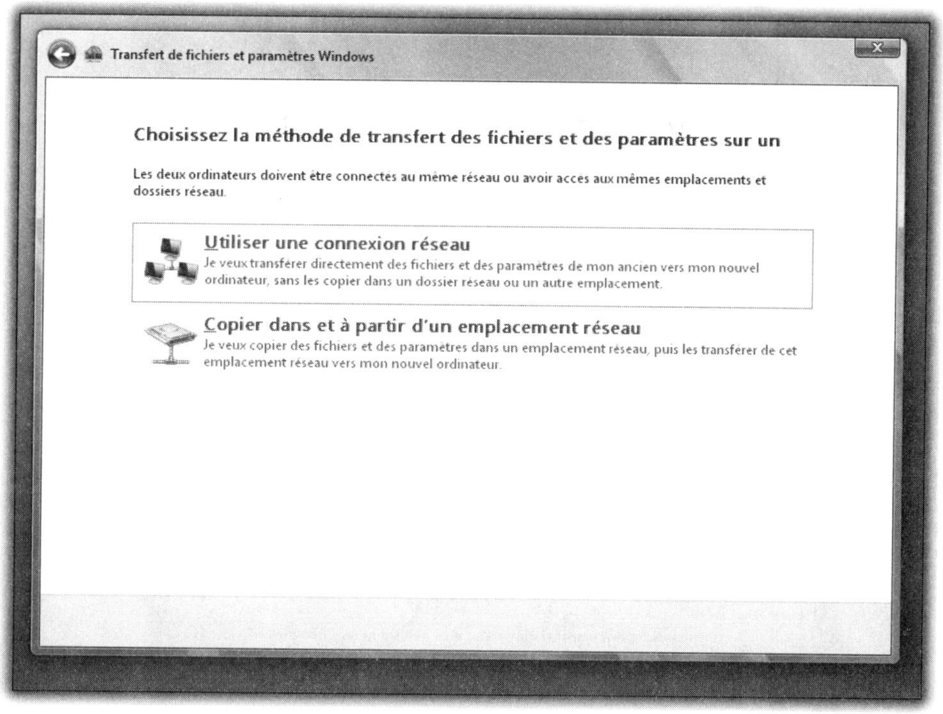

Figure 3-40 : *Sélection du mode de transfert, directement de PC à PC ou de l'ordinateur source vers un partage réseau commun*

5. Dans la partie précédente, l'utilitaire avait posé la question : "Avez-vous ou souhaitez-vous une clé ? " Nous en avons demandé une. Dans la fenêtre **Disposez-vous d'une clé Transfert de fichiers et paramètres Windows ?**, cliquez sur *Oui, je dispose d'une clé*, puis saisissez la clé afin de pouvoir créer la communication entre les deux ordinateurs et continuer.

Figure 3-41 : *Une clé aléatoire, composée de chiffres et de lettres en majuscules et minuscules, provenant de l'ordinateur cible*

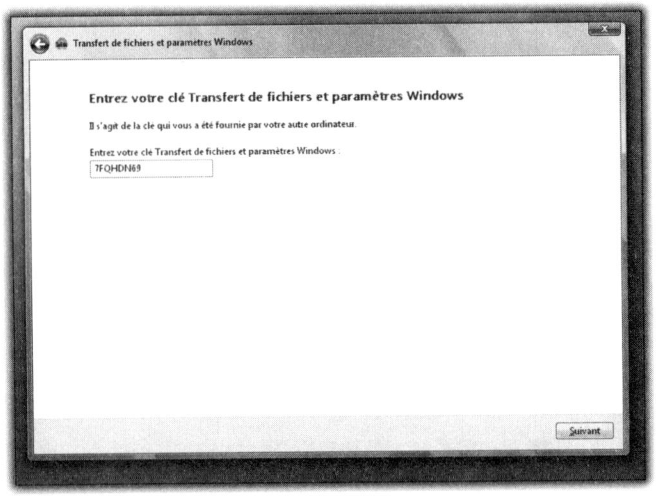

6. Saisissez la clé demandée et cliquez sur **Suivant**.

Puisque la communication entre les deux ordinateurs est réalisée, il est temps de choisir ce qui doit être transféré. Choisissez l'option *Tous les comptes d'utilisateurs, fichiers et paramètres (recommandé)* pour transférer tous les fichiers et paramètres. Vous pouvez aussi déterminer exactement les fichiers à faire migrer en choisissant l'option *Uniquement mon compte d'utilisateur, mes fichiers et mes paramètres* ou vous pouvez cliquer sur **Options avancées**.

Figure 3-42 : *La fenêtre Que voulez-vous transférer sur votre nouvel ordinateur ?*

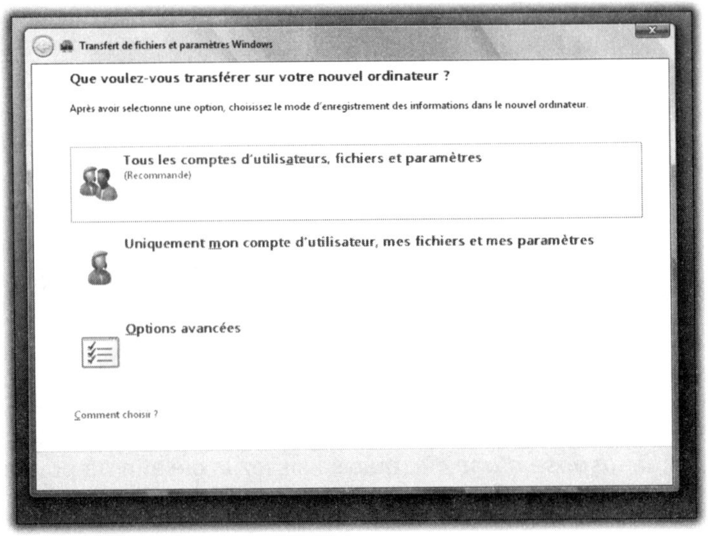

7. Choisissez ici de tout transférer et sélectionnez l'option *Tous les comptes d'utilisateurs, fichiers et paramètres (recommandé).*

8. Examinez la liste des fichiers et paramètres à transférer, puis cliquez sur **Transférer** pour lancer le transfert. Vous avez malgré tout la possibilité de personnaliser votre sélection, si vous voulez ajouter des données qui ne se trouvent pas forcément dans les paramètres utilisateurs. Pour cela, cliquez sur **Options avancées**, puis sur **Ajouter des répertoires**.

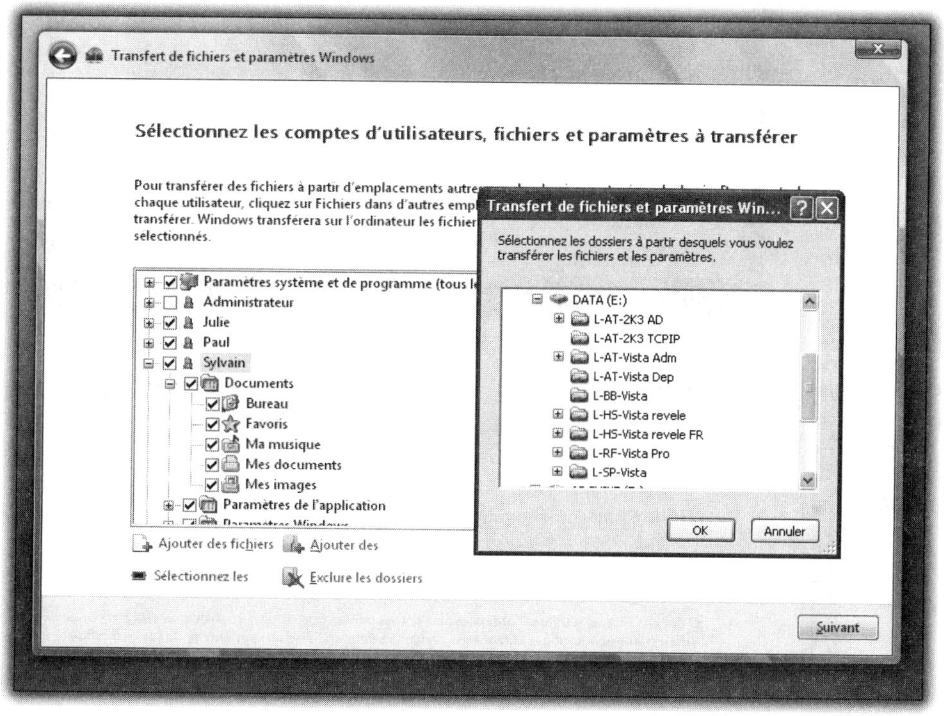

Figure 3-43 : *Sélection des utilisateurs, des paramètres et des fichiers à transférer*

9. Entrez un nouveau nom d'utilisateur ou sélectionnez-le sur la liste. Vous avez la possibilité ici de renommer les comptes que vous avez sélectionnés précédemment et de donner le nouveau nom qu'ils porteront sur l'ordinateur cible. Cliquez sur **Suivant** (voir fig. 3-44).

10. Dans le cas où vous posséderiez plusieurs lecteurs logiques ou simplement plusieurs disques durs, vous avez la possibilité de transférer les données, les paramètres et les fichiers sur le lecteur de votre choix. Vous avez même la possibilité de ne posséder qu'un lecteur par exemple. Cliquez sur **Suivant** pour lancer le transfert.

Une estimation du temps de copie est réalisée, puis la copie est lancée (voir fig. 3-45).

Figure 3-44 : *Sélection des noms utilisateur pour l'ordinateur cible*

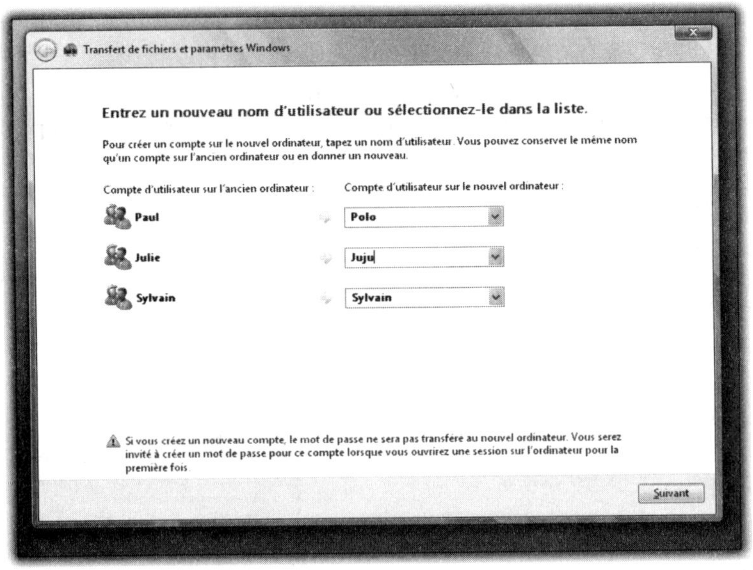

Figure 3-45 : *Estimation du temps de copie et lancement de la copie*

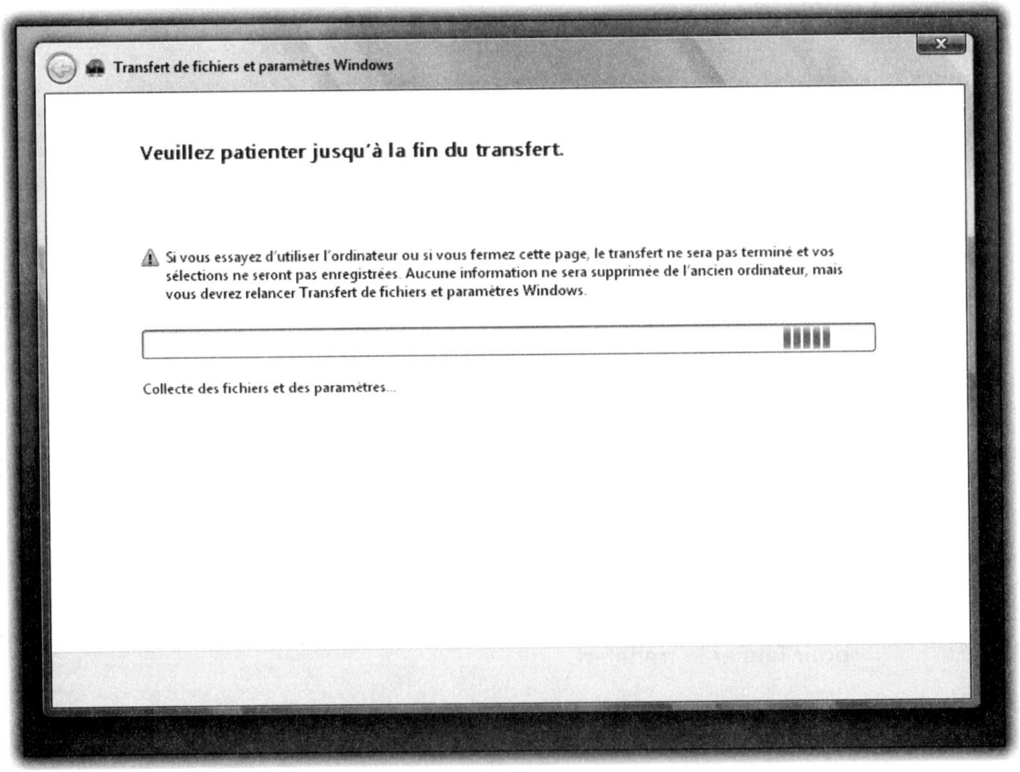

Une fois le transfert terminé, un bref résumé s'affiche.

11. Pour obtenir plus de détails sur l'ensemble des fichiers transférés, cliquez sur **Afficher tous les éléments transférés**. Cliquez sur **Fermer** pour quitter l'utilitaire de transfert sur le poste source.

Observez à présent l'ordinateur cible. Les utilisateurs et les paramètres ont été transférés. L'utilisateur *Paul* a été renommé en *Polo*, *Julie* en *Juju* et *Sylvain* reste *Sylvain*. La seule remarque pour le moment concerne les droits des profils. Les profils avec des droits d'administrateur au départ du transfert se retrouvent avec des droits de simple utilisateur à l'arrivée. De même pour les données, elles sont à présent toutes sur le disque *C*.

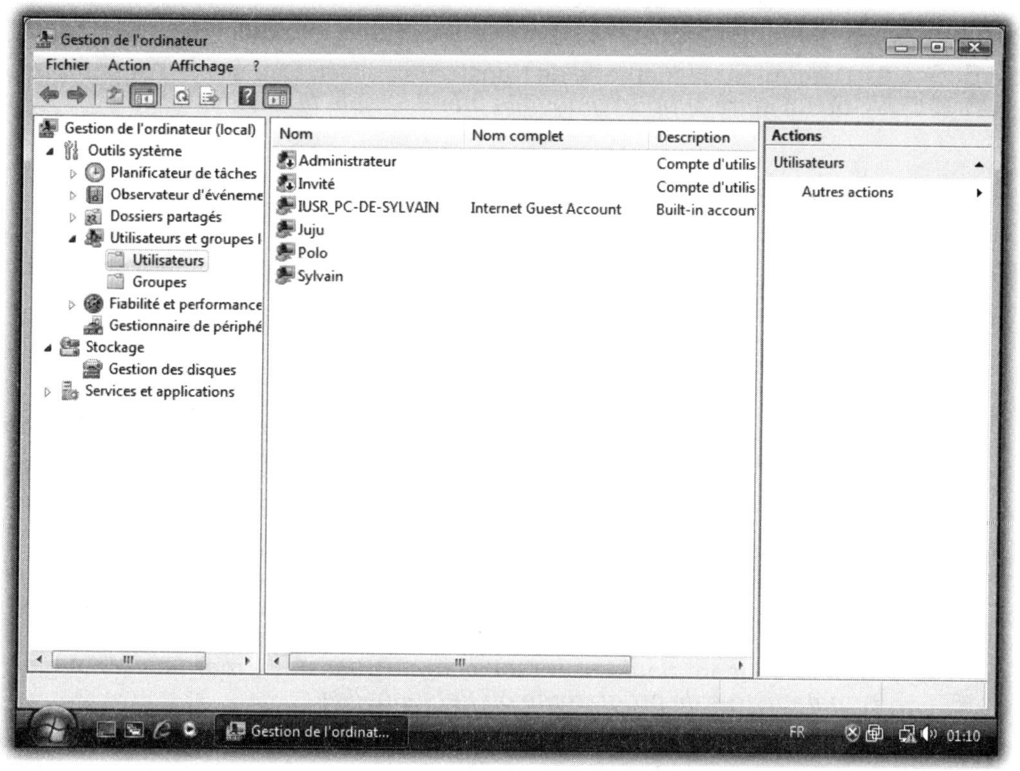

Figure 3-46 : *Contrôle du transfert des profils sur l'ordinateur cible*

Transférer les fichiers et les paramètres à l'aide d'un support amovible

Vous venez de voir en détail comment transférer les utilisateurs, les paramètres et les données de poste à poste, mais il existe d'autres méthodes. Le transfert à l'aide d'un support amovible en est une. Et selon les différentes méthodes, seuls deux ou trois paramètres changent, mais le principe entre le poste source et le poste cible ne change pas (c'est d'ailleurs pour cela que nous avons passé du temps sur ce sujet). Pour ne pas répéter tout ce qui a été écrit précédemment, nous allons parcourir un peu plus rapidement les deux méthodes restantes.

1. Démarrez l'Assistant Migration de PC sur l'ordinateur à partir duquel vous souhaitez faire migrer les paramètres et les fichiers en accédant au support amovible ou au lecteur réseau contenant les fichiers de l'assistant. Double-cliquez sur *migwiz.exe*.
2. Si des programmes sont ouverts, vous êtes invité à les fermer. Vous pouvez choisir d'enregistrer votre travail dans chaque programme, puis de les fermer individuellement, ou vous pouvez cliquer sur le bouton **Tout fermer** dans l'Assistant Migration de PC afin de fermer simultanément tous les programmes en cours d'exécution. Cliquez sur **Suivant**.
3. Déterminez la méthode de transfert à utiliser. Choisissez l'option *Sur un CD ou un autre support amovible (par exemple un lecteur flash).*

REMARQUE

Support

Les deux ordinateurs doivent prendre en charge la méthode de transfert choisie. Par exemple, ils doivent prendre en charge le même type de support amovible.

4. Choisissez l'option *Vers un lecteur réseau* afin d'enregistrer les fichiers dans un dossier réseau ou un dossier sur un lecteur amovible.
5. Dans la zone *Où souhaitez-vous enregistrer vos fichiers ?*, tapez le chemin d'un dossier sur le lecteur amovible. Cliquez sur **Suivant**.
6. Sélectionnez l'option *Tous les comptes d'utilisateurs, fichiers et paramètres (recommandé)* afin de transférer tous les fichiers et les paramètres. Vous pouvez également déterminer exactement les fichiers à faire migrer, en sélectionnant *Seulement mon compte utilisateur, mes fichiers et mes paramètres de programme ou Personnalisé.*
7. Examinez la liste des fichiers et paramètres à transférer, puis cliquez sur **Démarrer** pour lancer le transfert. Cliquez sur **Personnaliser** si vous souhaitez ajouter ou supprimer des fichiers ou des paramètres.
8. Cliquez sur **Fermer** une fois que l'Assistant Migration de PC a terminé la copie des fichiers.

Passez à présent à l'autre ordinateur.

1. Déplacez le support amovible vers le nouvel ordinateur et lancez l'Assistant Migration de PC. Cliquez sur **Suivant**.
2. Cliquez sur **Continuer un transfert en cours**.
3. Dans la zone *Où avez-vous copié vos fichiers ?*, sélectionnez *Support amovible*. Si l'option *Support amovible* n'est pas disponible, cliquez sur *Lecteur réseau*. Cliquez sur **Suivant**.
4. Dans le champ *Localisez vos fichiers enregistrés*, tapez le chemin vers vos fichiers enregistrés ou cliquez sur le bouton **Parcourir**. Cliquez sur **Suivant** une fois que vous avez localisé les fichiers.
5. Choisissez sur le nouvel ordinateur des noms d'utilisateurs qui correspondent à ceux de l'ancien ordinateur. Vous pouvez être amené à créer de nouveaux comptes lors de cette étape. Tapez un nom d'utilisateur afin de créer un compte sur l'ordinateur local. Saisissez un nom d'utilisateur afin de créer un profil.
6. Sur la liste *Choisissez les lecteurs pour les fichiers sur votre nouvel ordinateur*, sélectionnez le lecteur de destination pour chaque emplacement du lecteur source. Par exemple, pour les fichiers provenant du lecteur *D* de votre ancien ordinateur, vous devez indiquer vers quel lecteur ils doivent être déplacés sur le nouvel ordinateur.
7. Examinez la liste des fichiers et des paramètres à transférer, puis cliquez sur **Démarrer** pour lancer le transfert. Cliquez sur **Personnaliser** si vous souhaitez ajouter ou supprimer des fichiers ou des paramètres.
8. Cliquez sur **Fermer** une fois que l'Assistant Migration de PC a terminé la copie des fichiers.

Transférer les fichiers et les paramètres à l'aide d'un CD ou d'un DVD

Pour clore cette partie sur les transferts, voici de manière très rapide la dernière méthode, par CD ou DVD :

1. Démarrez l'Assistant Migration de PC sur l'ordinateur à partir duquel vous souhaitez faire migrer les paramètres et les fichiers en accédant au support amovible ou au lecteur réseau contenant les fichiers de l'Assistant. Double-cliquez sur *migwiz.exe*.
2. Si des programmes sont ouverts, vous êtes invité à les fermer. Vous pouvez choisir d'enregistrer votre travail dans chaque programme, puis de les fermer individuellement, ou vous pouvez cliquer sur **Fermer tout** dans l'Assistant Migration de PC afin de fermer simultanément tous les programmes en cours d'exécution. Cliquez sur **Suivant**.

3. Déterminez la méthode de transfert à utiliser. Cliquez sur **Graver un CD ou un DVD**.

> REMARQUE
>
> **Support**
>
> Les deux ordinateurs doivent prendre en charge la méthode de transfert choisie. Par exemple, ils doivent être équipés d'un lecteur de CD ou de DVD.

4. Dans la zone *Choisissez votre support*, tapez le chemin vers le support CD ou DVD réinscriptible. Cliquez sur **Suivant**.
5. Cliquez sur l'option *Tous les comptes d'utilisateurs, fichiers et paramètres (recommandé)* afin de transférer tous les fichiers et les paramètres. Vous pouvez également choisir de déterminer exactement les fichiers à faire migrer, en cliquant sur *Seulement mon compte utilisateur, mes fichiers et mes paramètres de programme* ou sur *Personnalisé*.
6. Examinez la liste des fichiers et des paramètres à transférer, puis cliquez sur **Démarrer** pour lancer le transfert. Cliquez sur **Personnaliser** si vous souhaitez ajouter ou supprimer des fichiers ou des paramètres. S'il n'y a pas suffisamment d'espace disponible sur le support réinscriptible, l'Assistant Migration de PC indique le nombre de disques vierges nécessaires.
7. Cliquez sur **Suivant** une fois le processus de gravure du CD ou du DVD terminé.
8. Cliquez sur **Fermer** une fois que l'Assistant Migration de PC a terminé la copie des fichiers.

Passez ensuite à l'autre ordinateur :

1. Déplacez le CD ou le DVD vers le nouvel ordinateur et lancez l'Assistant Migration de PC. Cliquez sur **Suivant**.
2. Cliquez sur **Continuer un transfert en cours**.
3. Dans la zone *Où avez-vous copié vos fichiers ?*, cliquez sur *Lire le CD ou le DVD*.
4. Dans la zone *Choisissez votre support*, sélectionnez la lettre d'unité du lecteur de CD ou de DVD ou se trouve le disque. Cliquez sur **Suivant** une fois que vous avez localisé les fichiers.
5. Choisissez, sur le nouvel ordinateur, des noms d'utilisateurs qui correspondent à ceux de l'ancien ordinateur. Vous pouvez être amené à créer de nouveaux comptes lors de cette étape. Tapez un nom d'utilisateur afin de créer un compte sur l'ordinateur local.

6. Dans la zone *Choisissez les lecteurs pour les fichiers sur votre nouvel ordinateur*, sélectionnez le lecteur de destination pour chaque emplacement du lecteur source. Par exemple, pour les fichiers provenant du lecteur *D* de votre ancien ordinateur, vous devez indiquer vers quel lecteur ils doivent être déplacés sur le nouvel ordinateur.
7. Examinez la liste des fichiers et des paramètres à transférer, puis cliquez sur **Démarrer** pour lancer le transfert. Cliquez sur **Personnaliser** si vous souhaitez ajouter ou supprimer des fichiers ou des paramètres.
8. Cliquez sur **Fermer** une fois que l'Assistant Migration de PC a terminé la copie des fichiers.

3.5 Le mode de licence et l'activation de Windows Vista

Pour introduire ce sujet, il est important de repréciser tout d'abord les différentes versions de Windows Vista et comment elles sont regroupées.

- Pour le grand public, trois versions sont disponibles : Windows Vista Ultimate, Windows Vista Home Premium et Windows Vista Home Basic.
- Pour les entreprises, deux versions sont disponibles : Windows Vista Ultimate, Windows Vista Business.
- Pour les grands comptes, deux versions également : Windows Vista Entreprise et Windows Vista Business.

Et puisque cet ouvrage est plutôt dédié aux versions professionnelles de Windows Vista, nous nous arrêterons plus en détail sur tout ce qui touche aux PME, entreprises et grands comptes.

Les quatre types d'activation pour Windows Vista

Pour commencer, faisons un parallèle avec ce qui existe aujourd'hui pour Windows XP.

Actuellement, il y a trois façons d'activer Windows XP :

- Le premier mode dit OEM correspond à tous les ordinateurs vendus par les constructeurs ou intégrateurs dont la version de Windows XP est directement embarquée dans la machine. Nous sommes donc dans un mode où la version de Windows XP est déjà activée. Il n'y a donc pas de problème dans ce cas.

- Le deuxième mode dit FPP (*Full Package Product*) correspond à la boîte Windows XP que vous trouvez dans les grandes surfaces et les grands magasins. Dans ce cas, le mode d'activation est lié à la clé du produit que vous trouvez sur la boîte et que vous saisissez lors de la phase d'installation. Une fois, l'ordinateur installé, c'est la clé saisie qui va être activée soit par Internet, soit par téléphone.
- Le troisième mode dit VLK 1.0 (Volume Licence Key) concerne les entreprises qui disposent d'une clé pour Windows XP selon les accords passés. Cette clé est intégrée au *master*, ce qui permet de désactiver le mode d'activation standard.

La première idée en modifiant les modes de licences de Windows Vista est liée au mode de licence d'entreprise et au piratage. Ce n'est plus un secret pour personne, mais il est très facile de se procurer une clé d'entreprise en naviguant un peu sur Internet. Le seul problème, c'est que les clés disponibles sur Internet sont directement liées à l'entreprise. La seconde idée est liée au changement et au fait de vouloir commencer à participer à tout ce qui est *Asset Management* : permettre de faire un rapprochement entre ce qui est réellement acheté et ce qui est en production.

Par rapport aux idées évoquées précédemment et au parallèle réalisé avec Windows XP, quelques modifications ont été apportées. Les deux premières options ne vont pas être vraiment concernées par le changement. Elles ne vont pas vraiment évoluer.

- Le mode FPP (*Full Package Product*) ne change pas. Les versions Windows Vista Ultimate, Windows Vista Home Premium et Windows Vista Home Basic peuvent être achetées en grandes surfaces ou dans des grands magasins. Les clés sont inscrites sur les boîtes, saisies lors de l'installation et activées par Internet ou par téléphone.
- Le mode OEM voit son mécanisme légèrement modifié pour les constructeurs et les intégrateurs, mais cela ne change pas pour l'utilisateur final. Lorsque l'utilisateur achètera un ordinateur avec une version de Windows Vista installée, la version continuera à être préactivée comme pour Windows XP.

Le grand changement vient des versions Business et Entreprise de Windows Vista. Pour cela, il existe deux nouveaux modes d'activation. Ces nouveaux modes vont correspondre à de scénarios d'utilisation du poste de travail.

- Le mode dit KMS (Key Management Service) s'appuie sur un nouveau service d'infrastructure. Ce service nécessite d'être déployé. Les machines doivent être capables d'atteindre cette infrastructure d'activation, et être régulièrement connectées à l'infrastructure.

> REMARQUE
>
> **Key Management Service**
>
> Ce service peut fonctionner sur des machines Windows Vista, Windows Server 2003 (SP2) et Windows Longhorn Server.

- Le mode dit MAK (*Multiple Activation Key*) est plutôt destiné aux machines qui se connectent rarement à l'infrastructure de déploiement ou à celles qui sont isolées du système d'information. Dans son fonctionnement et sa logique, ce mode est assez proche du mode FPP (*Full Package Product*).

Le service KMS

Pour les environnements administrés où les utilisateurs sont connectés au réseau d'entreprise, le service fonctionne sur un mode identique à celui de terminal serveur. Avant que ce service soit en fonction, il est nécessaire de l'activer. Son activation se fait en saisissant la clé de licence volume associée au contrat Select de Windows Vista. La grande différence avec Windows XP réside dans le fait que la clé ne se balade plus en claire dans les différents masters de l'entreprise mais que cette clé est vraiment associée au service KMS. Une fois activé, le serveur Key Management Service va pouvoir recevoir les différentes demandes d'activation des postes Windows Vista Business et Entreprise qui vont être déployés sur le réseau. La petite subtilité du Key Management Service est que durant une courte période, il ne va pas commencer à activer les postes, il va attendre d'avoir reçu 25 demandes d'activation pour répondre positivement aux sollicitations. L'objectif de ce retard d'activation est d'empêcher l'installation d'un serveur Key Management Service sur un poste Windows Vista et quitter le périmètre de l'entreprise. Globalement lutter contre les clés disponibles sur Internet.

Pour attribuer une licence, le serveur Key Management Service se base sur une combinaison de cinq ou six paramètres de l'ordinateur, comme l'adresse MAC pour confirmer que nous sommes toujours sur la même machine physique. Puisque ce serveur ne s'active qu'à la 25e demande, nous sommes en droit de nous poser la question : "Que se passe-t-il pour les 24 premiers postes ?"

Encore une fois, ce scénario d'activation et de repères temporels ne concerne que les versions Entreprise et Business de Windows Vista. Lorsqu'une machine démarre pour la première, elle se retrouve dans une première période de grâce de trente jours. Durant cette période, elle utilise un mécanisme du client d'activation qui fait que toutes les deux heures, elle va envoyer une requête d'activation pour s'enregistrer sur le serveur Key Management Service. Ce qui veut dire qu'une fois la

25e machine enregistrée et activée sur le serveur, les 24 précédentes seront activées dans les 2 heures qui suivent par le serveur Key Management Service. Une fois que la machine est activée, elle est tranquille pendant une durée de 180 jours où l'activation est valide. Cependant, durant cette période, la machine va tenter tous les 7 jours de renouveler son activation ; cela permet à la machine de repartir pour 180 jours. Une fois les 180 jours passés, la machine retombe dans le premier scénario de départ, c'est-à-dire dans une période de grâce de 30 jours. Durant ces 30 jours, la machine va tenter de joindre le serveur Key Management Service toutes les 2 heures. Toutefois, si durant les 30 jours de la période il n'est pas possible d'activer la machine, celle-ci va tomber dans un mode de fonctionnement diminué.

La localisation d'un serveur Key Management Service se passe par le DNS par un SRV Record et par une publication dans l'Active Directory.

CHAPITRE

4

Déployer Windows Vista en entreprise

CHAPITRE

4 Déployer Windows Vista en entreprise

À chaque lancement d'un système d'exploitation client, tout le monde se concentre pour découvrir les innovations du nouvel opus. Certains observent la nouvelle interface graphique dans le moindre détail, d'autres s'attachent à découvrir l'amélioration des performances par rapport à leur ancien système. Alors que les informaticiens expérimentés ont une unique préoccupation. Quels efforts faudra-t-il effectuer pour déployer ce nouveau système ? Les outils et méthodes seront-ils compatibles ?…

Pourtant, si l'on souhaite réduire de manière significative le TCO (coût total de possession) des postes utilisateurs, il faut passer par une maîtrise de la mastérisation et du déploiement de ce nouveau système. À partir de ce moment commence la phase de la gestion du cycle de déploiement : conception, réalisation, déploiement.

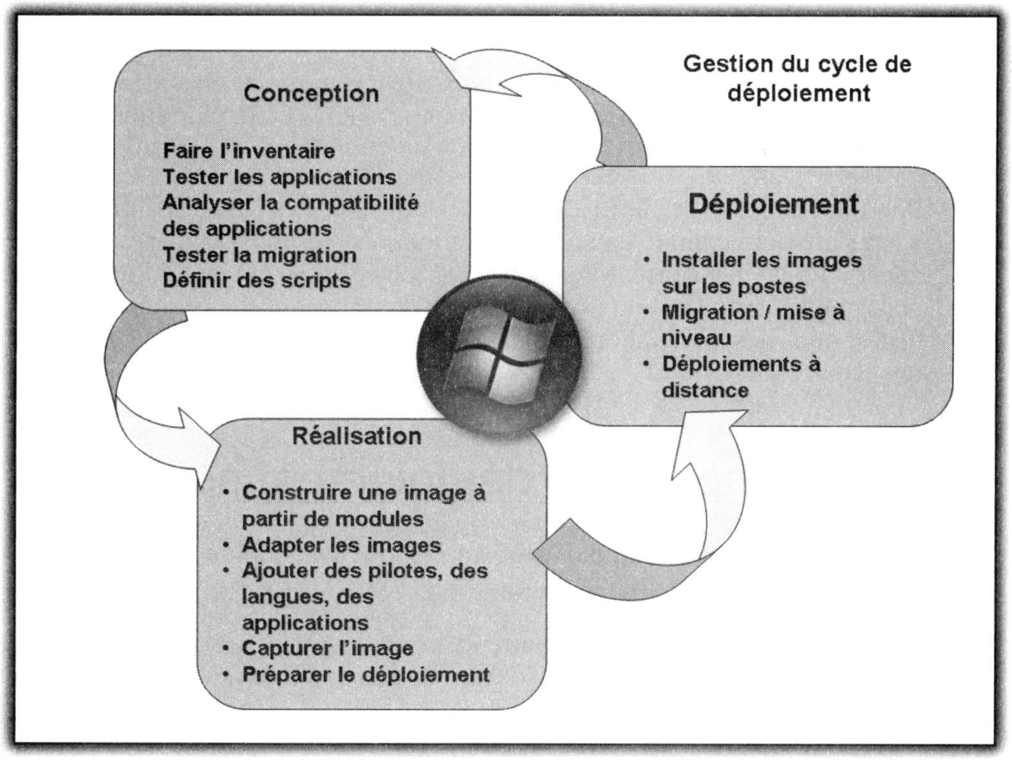

Figure 4-1 : *Gestion du cycle de déploiement*

De ce cycle de déploiement découlent un certain nombre de questions : la réalisation de l'inventaire des applications, le plan de test des applications ainsi que l'analyse de la compatibilité, puis le test de la migration et la réalisation des scripts nécessaires. Cela uniquement pour la phase de conception. Arrive la phase de réalisation qui, elle aussi, apporte son lot d'interrogations comme la construction des images, leur adaptation en fonction des besoins, l'ajout des pilotes, des langues et des applications ainsi que la capture des images. Viennent se greffer à cela la mise en route du déploiement et, pour terminer, la phase de déploiement elle-même, avec l'installation des images sur les postes et la question de faire migrer ou de mettre à niveau les postes, sans oublier la partie de déploiement réalisée à distance.

Au travers de ces questions, il est important de pouvoir choisir des solutions qui ne soient pas trop structurantes pour l'entreprise, mais aussi des outils qui puissent faciliter la durée de vie des images (si l'on choisit des images), que celles-ci ne soient pas statiques, mais plutôt modifiables. Bref, vous l'avez compris, la partie déploiement n'est pas une mince affaire pour les équipes qui gèrent ce type de projets. Le résultat, à l'arrivée, doit être un poste de travail personnalisé, installé rapidement ; en quelques mots, le résultat d'un travail bien fait et transparent pour l'utilisateur final.

Paradoxalement, face à toutes ces contraintes, la partie déploiement reste trop souvent absente au chapitre des grandes nouveautés et améliorations des nouveaux systèmes.

Pourtant, dans son scénario idéal, c'est-à-dire avec la sortie d'Office 2007, Windows Vista s'annonce comme l'une des migrations les plus lourdes de ces dix dernières années. Pour y faire face, Microsoft a concentré une somme d'efforts considérables pour que les processus et les méthodes de déploiement soient simplifiés. Les outils déjà connus se sont améliorés, et la standardisation des images facilite la tâche plus que jamais.

4.1 Les méthodes de déploiement actuelles

Si l'on se penche d'un peu plus près sur le monde du déploiement, on constate aujourd'hui que deux grandes méthodes s'imposent :

- La première méthode, Unattend, est une méthode d'installation à base de fichiers réponses. Elle est souvent automatisée ou développée en script.
- La seconde méthode, Ghost, est une méthode par application d'images.

Le premier constat à faire dans ce domaine est que tout ce qui tourne autour des images d'installation est en train de s'imposer comme standard de déploiement pour les parcs informatiques. Peu d'entreprises à ce jour utilisent encore les méthodes dites Unattend, mais quelques-unes les emploient encore. Même si l'une des deux méthodes s'est imposée, les deux continuent donc d'exister.

Concernant les installations et déploiements par images, Microsoft a sa propre expérience car il possède déjà quelques outils et histoires sur le sujet. Prenons comme exemple RIS ou ADS pour les serveurs, ou encore l'OSD de SMS. Seul petit problème : la compatibilité des outils et des formats, sans parler de la portabilité des solutions.

REMARQUE

Le manque de standardisation au niveau des outils

Aujourd'hui, du fait qu'il n'existe pas de standard dans le monde du déploiement, les entreprises doivent faire des choix structurels en ce qui concerne les outils et les méthodes d'installation.

Conséquence du manque de standardisation : les entreprises doivent gérer un nombre de fichiers réponses et d'images trop important. Gérer les images pendant leur durée de vie reste donc une tâche fastidieuse.

Imaginons une entreprise possédant cinq masters de postes utilisateurs :

- Standard ;
- Production ;
- Vente ;
- Direction ;
- Informatique.

Il faut donc disposer de cinq masters. Évidemment, vous devez gérer la durée de vie de chacun d'eux séparément. Bien souvent, les formats d'images sont assez statiques et ne vous offrent pas la possibilité d'être modifiés sans avoir redescendu l'image sur un poste avant de pouvoir la modifier. De plus, vous vous retrouvez avec cinq arborescences quasiment dupliquées. Maintenant, que se passe-t-il si l'on souhaite mettre à jour le socle de base des cinq masters ? Globalement, vous allez devoir mettre à jour les cinq masters.

REMARQUE

Le manque de standardisation

Le manque de standardisation augmente le coût total de possession des postes en forçant l'entreprise à gérer un certain nombre de fichiers réponses, par exemple *Unattend.txt, Sysprer.ini, winbom.ini,* etc.

4.2 L'arrivée de Vista dans le monde du déploiement

L'idée, avec Windows Vista, est d'essayer de relever l'ensemble des problématiques évoquées précédemment en proposant des outils et des méthodes les plus souples possible. Jusqu'à ce jour ou récemment, Microsoft ne fournissait pas d'outil de capture et déploiement d'images, sauf avec SMS. Windows Vista corrige le tir en apportant une technologie de gestion d'images au sens large puisqu'il introduit un nouveau concept d'images, *Image Based Setup*, ce qui signifie globalement "installations fondées sur des images". L'objectif ici est de réunir à la fois le monde des images et le monde des fichiers réponses.

- Le monde des images, avec tout ce que cela comporte, c'est-à-dire unifier les formats d'images pour l'ensemble des outils de chez Microsoft : c'est pouvoir être indépendant des systèmes en appliquant des images non destructives. Appliquer des images non destructives peut être utile, pour éviter de sauvegarder des quantités de données très importantes se trouvant aujourd'hui sur nos postes.
- Le monde des fichiers réponses : en réduisant le nombre de formats de fichiers réponses, en uniformisant les fichiers réponses, mais aussi en utilisant des outils de gestion disponibles pour tous.

Parmi les nombreux outils arrivés avec Windows Vista, évoquons les outils suivants…

- Win PE : c'est l'environnement de préinstallation de Windows Vista. Avec l'arrivée de la version 2.0, Win PE se décline en deux versions : une première version permet un démarrage optimisé de Windows Vista. Une seconde, totalement personnalisable, permet l'ajout des packages et pilotes. L'optimisation pour différents démarrages est également possible. Toutefois même si Win PE est de plus en souvent utilisé pour des phases de maintenance, il ne remplace en rien un système d'exploitation dans la mesure où il reboote 24 heures après son démarrage. Win PE intervient dans les phases de réalisation et déploiement de Windows Vista.
- ImageX : il s'agit d'un utilitaire en ligne de commandes. Cet outil a changé de nom puisqu'il est passé de Ximage à ImageX. La fonctionnalité principale de Ximage est de capturer un volume dans un fichier WIM et d'appliquer ce fichier WIM à un autre volume. Il permet aussi de monter une image de système d'exploitation dans un répertoire, de la modifier en ajoutant par exemple des pilotes, puis de la démonter. Voici un exemple de la puissance de l'outil Ximage. ImageX est employé dans la phase de réalisation de Windows Vista.

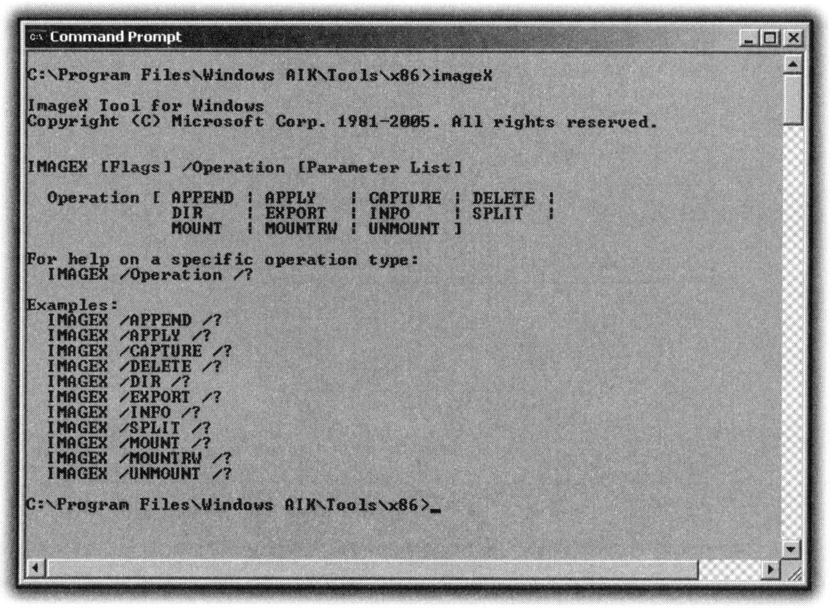

Figure 4-2 : *ImageX et ses fonctions*

REMARQUE

L'amélioration du déploiement de Windows Vista

Les outils cités corrigent les problèmes de complexité et de coût liés au déploiement des postes de travail, en réduisant de manière significative le nombre d'images que vous devez créer et gérer.

- Windows Deployment Services : c'est le successeur de RIS. Il en reprend les avantages tout en laissant de côté les inconvénients comme les limitations (pas d'intégration de Win PE en natif, pas de support des images au format WIM) et la problématique d'administrations. Windows Deployment Services aura également pour rôle d'assurer la convergence entre les différents outils et formats. Il sera capable de gérer la fin de vie des anciens formats et d'assurer la mise en production des nouveaux. Tout cela dans le but de garder uniquement le format WIM qui sera, lui aussi, le format de Longhorn Server. Windows Deployment Services joue un rôle important au niveau de la partie déploiement de Windows Vista. Pour fonctionner, Windows Deployment Services doit être dans un domaine Active Directory et un serveur DHCP doit être disponible.

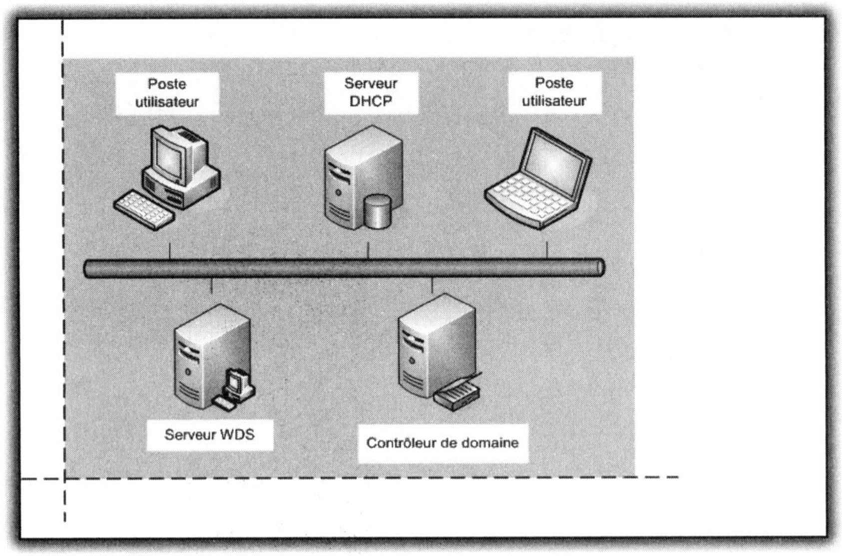

Figure 4-3 : *Schéma de l'environnement Windows Deployment Services*

- Windows System Image Manager : cet outil dispose d'une interface graphique qui vous permettra de personnaliser les modules que vous souhaitez intégrer dans Windows Vista. Il offre la possibilité d'ajouter, modifier ou supprimer des composants dans une image. Cet outil permet également de générer le fichier de réponses qui prendra la main après l'application de l'image pour la personnaliser. Windows System Image Manager intervient dans la phase de réalisation du déploiement de Windows Vista.

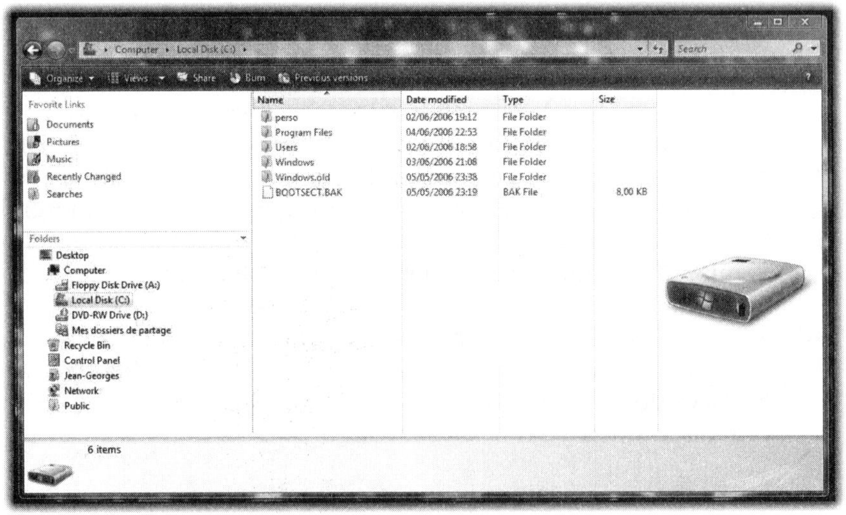

Figure 4-4 : *Découpage de la version Ultimate à partir de l'outil Windows System Image Manager*

4.3 Le kit de déploiement WAIK

C'est un outil très important puisqu'il est le point de départ du déploiement de Windows. Si l'on souhaite effectuer des déploiements de Windows Vista, c'est le kit de ressources de déploiement WAIK qu'il faut utiliser (*Windows Automated Installation Kit*). Il contient les éléments suivants :

- ImageX ;
- Setup ;
- Windows System Image Manager ;
- Windows Deployment Services ;
- Win PE.

Ce kit peut s'installer sur des serveurs Windows 2003 Server Service pack 1, sur des postes clients Windows XP, SP 2 ou sur Windows Vista lui-même.

Avant de pouvoir orchestrer et mettre en musique vos utilitaires, il vous faut installer le kit. Selon le système sur lequel vous installez ce dernier, il sera nécessaire de mettre à niveau les composants .NET Framework 2.0 et MSXML 6.0 sur votre machine. Pour installer le kit, procédez comme suit :

1. Cliquez sur **StartCD** pour que l'Autorun se lance. Un menu **Welcome to Windows Automated Installation Kit** vous propose un ensemble de tâches. Cliquez sur **WAIK Setup** pour lancer l'installation.

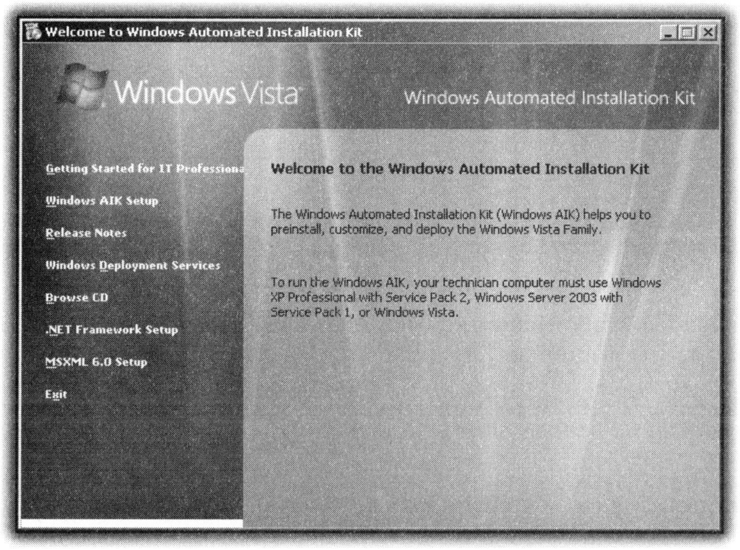

Figure 4-5 : *Le menu de démarrage du Windows Automated Installation Kit*

2. Si votre machine n'est pas à jour au niveau du .NET Framework 2.0, le système vous demande de l'installer afin de poursuivre l'installation du kit. Cliquez sur OK.

Figure 4-6 : *Message d'avertissement pour la mise à niveau du .NET Framework vers la version 2.0*

3. Pour Installer le .NET Framework 2.0, cliquez sur **.NET Framework Setup** dans le menu gauche du kit.

Figure 4-7 : *Lancement de l'installation du .NET Framework 2.0*

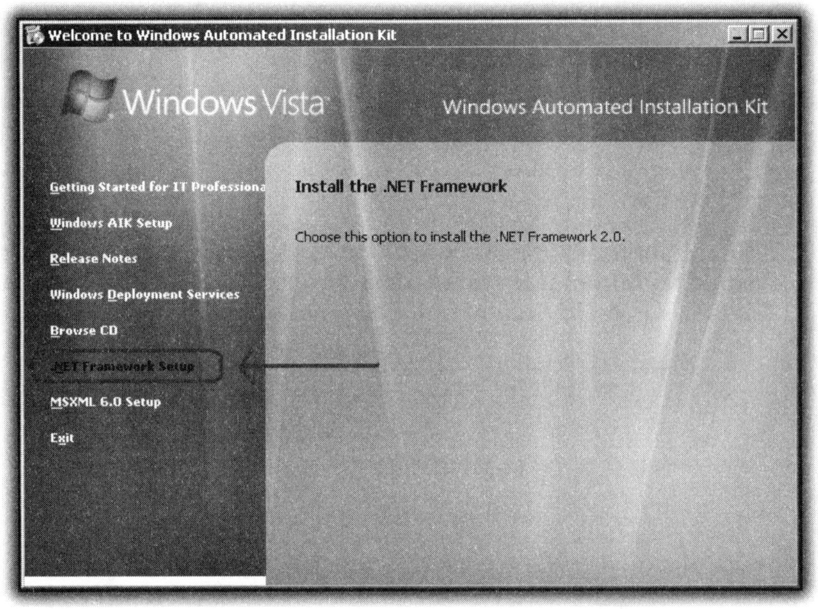

4. Dans la fenêtre **Welcome to Microsoft .NET Framework 2.0 Setup**, cliquez sur **Next** pour commencer l'installation.

5. Validez le contrat de l'utilisateur final en cochant la case *J'accepte les termes du contrat de licence*, puis cliquez sur **Installer** (voir fig. 4-8).

6. Une fois l'installation du .NET Framework 2.0 achevée, cliquez sur **Terminer** pour poursuivre l'installation du kit (voir fig. 4-9).

Figure 4-8 :
Validation de la licence d'utilisateur final

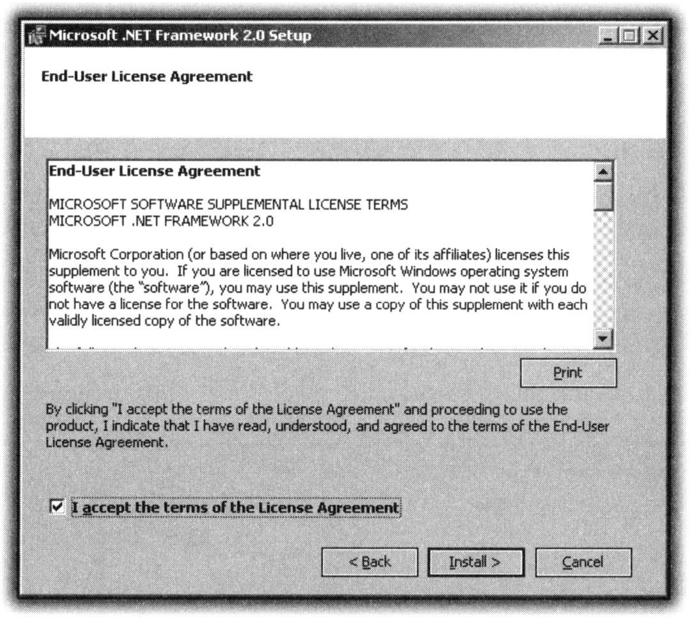

Figure 4-9 :
Message de fin d'installation du .NET Framework 2.0

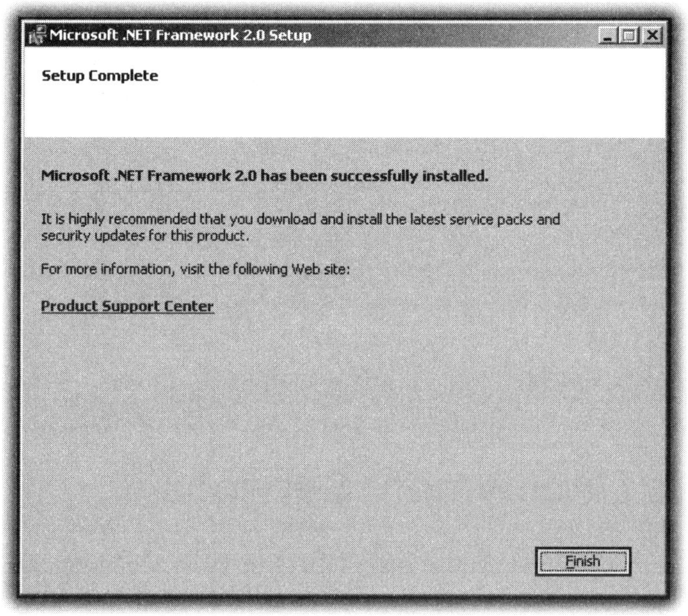

7. Après avoir relancé l'installation du kit, vous découvrez un message du système vous demandant de mettre à niveau MSXML 6.0 avant de continuer. Cliquez sur OK.
8. Pour installer MSXML 6.0, cliquez sur **MSXML 6.0 Setup** dans le menu gauche du kit.
9. L'installation de MSXML 6.0 se lance. Dans la fenêtre **MSXML 6.0 Parser Setup**, cliquez sur **Next**.
10. À la fin de l'installation, cliquez sur **Finish** avant de lancer l'installation du kit.
11. Pour lancer l'installation de Windows Automated Installed Kit, dans le menu gauche, cliquez sur **WAIK Setup**.
12. Entrez le chemin que vous souhaitez pour l'installation, puis cliquez sur **Next**.

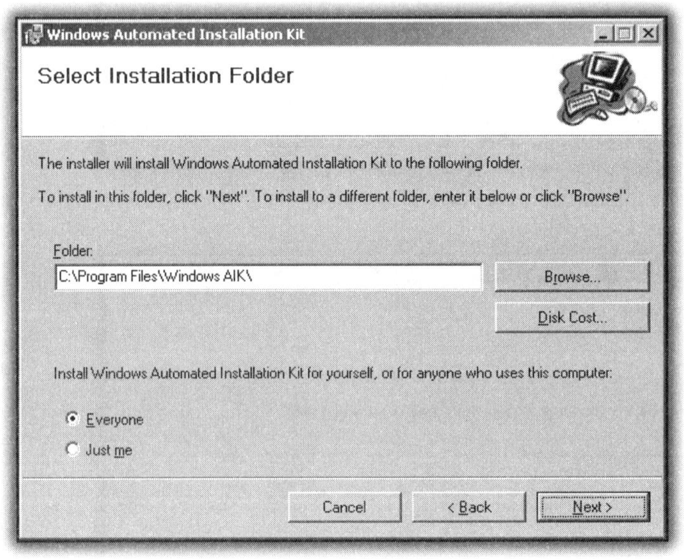

Figure 4-10 : *Paramétrage du répertoire d'installation*

13. Dans la fenêtre **Installation complète**, cliquez sur **Close**.

4.4 Windows Deployment Services

Auparavant, il y avait RIS (Remote Installation Service) avec lequel vous aviez la possibilité de réaliser des installations à partir de PXE. Seulement voilà, RIS rencontre un certain nombre de limitations sur lesquelles viennent s'ajouter les incompatibilités de formats entre SMS, ADS et RIS. Pour pallier ce problème, Windows Deployment Services va assurer la convergence entre tous ces formats puisqu'il va permettre de déployer des postes clients comme Windows XP ou

Windows Vista mais également des serveurs tels que Windows Server 2003 ou Longhorn Server.

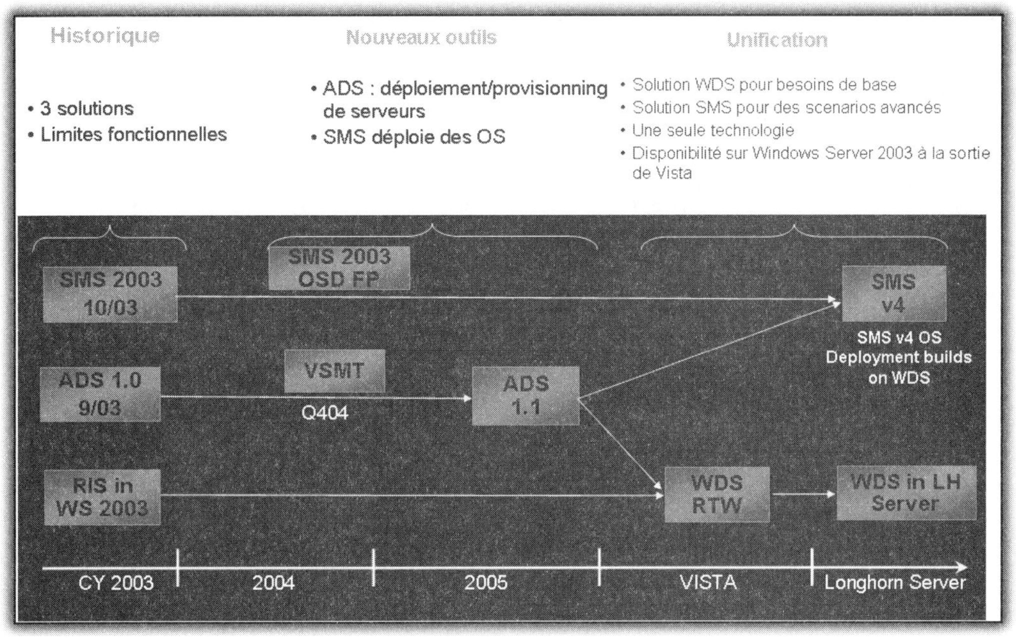

Figure 4-11 : *Feuille de route de la convergence des formats*

Le fonctionnement de Windows Deployment Services

Même si l'ensemble des démos ou documents Microsoft montre Windows Deployment Services en train de s'exécuter sur des serveurs Longhorn, il n'en reste pas moins qu'il peut être installé à partir des versions de serveurs Windows Server 2003, SP 1. Il doit également fonctionner dans un environnement Active Directory ou un serveur DHCP doit être présent avec des adresses disponibles ainsi que DNS.

WDS (Windows Deployment Services) prend nativement en charge le format WIM et Win PE en version optimisée, mais aussi en version personnalisée. Le composant PXE devient plus performant et plus facile à administrer grâce à un ensemble de commandes.

Globalement, WDS ressemble à RIS, puisque le premier prérequis pour installer WDS consiste à installer le service RIS. Sachez qu'avec WDS vous avez différents modes d'utilisation. On peut imaginer en effet que certaines entreprises possèdent déjà un environnement RIS avec des images. Si vous installez le service WDS sur votre serveur RIS, WDS va fonctionner en mode mixte et vous pourrez réutiliser vos images après les avoir converties. Cela signifie qu'il existe un chemin de migration entre les serveurs RIS actuels et WDS. Libre à vous de repartir de zéro sur un serveur WDS "propre" ou de réaliser une mise à niveau de votre serveur RIS…

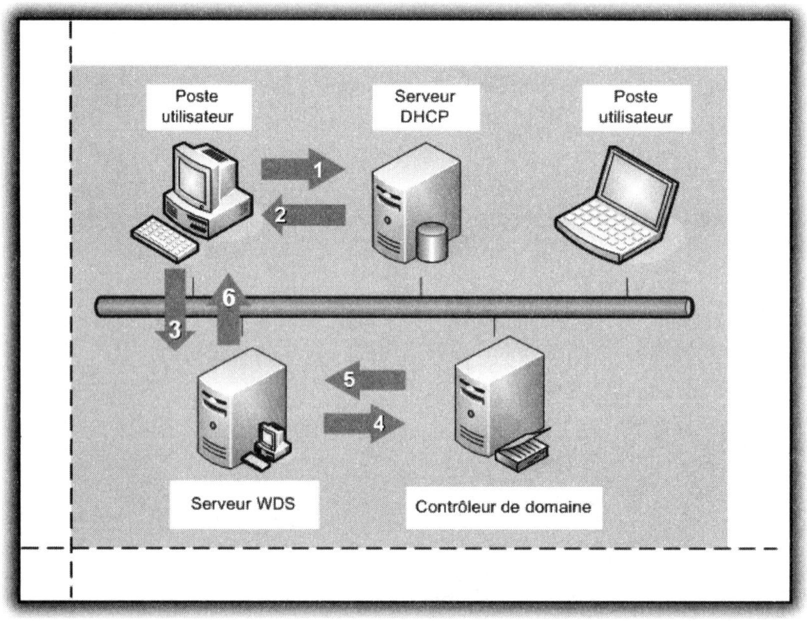

Figure 4-12 : *Fonctionnement de Windows Deployment Services en six étapes*

Fonctionnement de WDS en six étapes :

- Le poste démarre et demande une adresse DHCP.
- Le serveur DHCP alloue une adresse.
- Le client contacte le serveur WDS.
- Le serveur WDS vérifie si le poste existe dans l'Active Directory.
- Le serveur WDS répond ou transfère la demande au serveur WDS le plus proche.
- L'image est installée sur le poste.

Installer WDS

L'installation du serveur WDS est quelque chose de très simple puisqu'il ne s'agit en fait que d'installer un service.

Pour cela, vous devez aller dans le dossier *WDS* du répertoire *WAIK*.

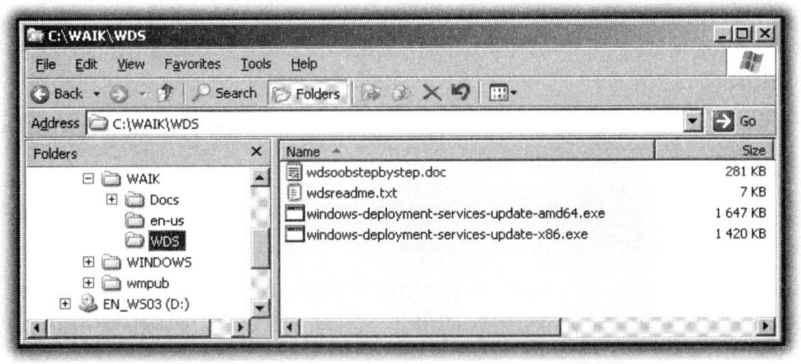

Figure 4-13 : *Chemin de l'exécutable du service WDS*

REMARQUE

Prérequis

Avant de commencer l'installation du service WDS, vous devez ajouter le service RIS. Pour cela, ouvrez le Panneau de configuration et sélectionnez **Ajout et suppression de programme**, puis **Ajout et suppression de composants Windows.** Cochez la case *Service d'installation à distance*.

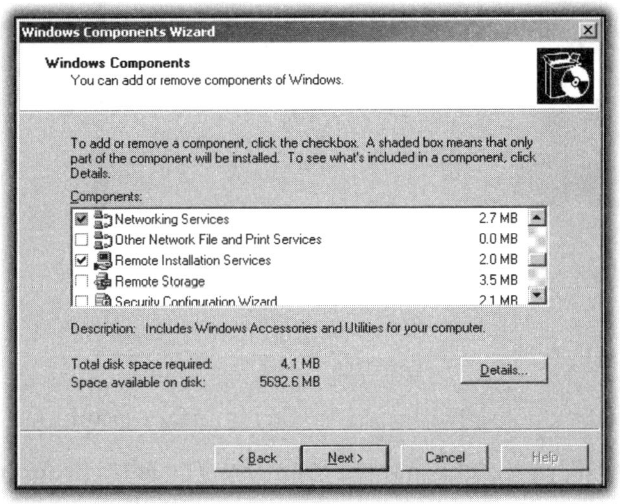

Figure 4-14 : *Ajout du service RIS comme prérequis d'installation WDS*

Procédez ainsi :

1. Placez-vous dans le répertoire *WAIK\WDS* pour lancer l'installation du service. Double-cliquez sur *Windows-deployment-services-update-x86.exe* si

votre serveur est une machine X86 ou sur *Windows-deployment-services-update-amd64.exe* si votre serveur est une machine à base de processeurs 64 bits d'AMD.

2. Dans la fenêtre d'accueil **Software Update Installation Wizard**, cliquez sur **Next** pour démarrer l'installation.
3. Acceptez les termes de licence en cliquant sur *I Agree*. Cliquez sur **Next** pour passer à l'étape suivante.
4. À la fin de l'installation, si vous ne souhaitez pas redémarrer votre serveur, cochez la case *Do not restart now*, puis cliquez sur le bouton **Finish**. Sinon, cliquez uniquement sur **Finish**. Votre serveur rebootera en fin d'installation.

Figure 4-15 : *Fin d'installation du service WDS*

L'interface graphique

À présent, regardons ce qu'il se passe du côté de l'interface graphique.

1. Pour lancer WDS, parcourez le menu **Démarrer/Tous les programmes/Outils d'administration**, puis cliquez sur **Windows Deployment Services Setup Wizard**. Une première fenêtre vous rappelle les prérequis pour le bon fonctionnement de WDS. Cliquez sur **Next** pour lancer l'assistant de configuration du service (voir fig. 4-16).
2. Vous devez créer un répertoire pour les installations distantes. Par défaut, le nom du répertoire est *\RemoteInstall*. Modifiez le disque si le chemin ne vous convient pas. Une fois les répertoires créés dans *E:\RemoteInstall*, cliquez sur **Next**.

Figure 4-16 : *Rappel de prérequis pour le bon fonctionnement de WDS*

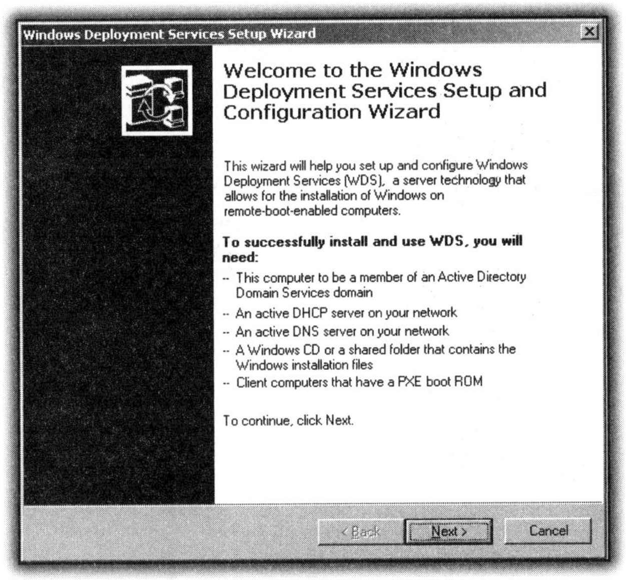

3. Dans la fenêtre **Windows Deployment Services PXE Server Initial Settings**, choisissez en fonction du mode de réponses de WDS. Cliquez sur **Next**.

Figure 4-17 : *Windows Deployment Services PXE Server Initial Settings*

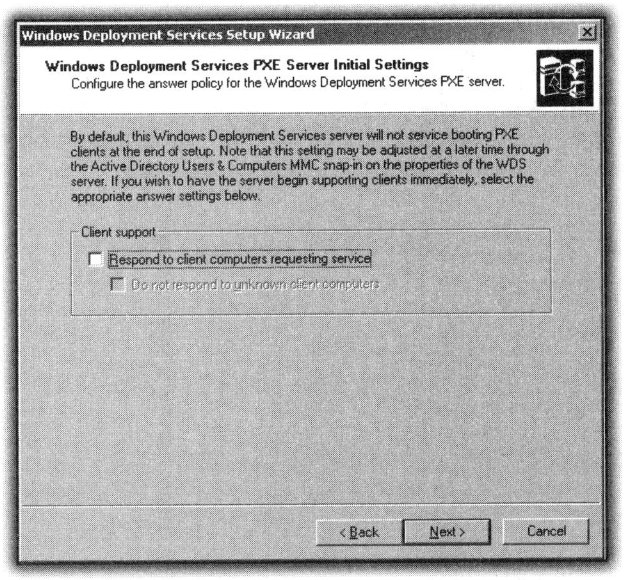

4. Entrez la localisation de la source ; ce peut être le lecteur de CD/DVD ou un partage réseau. Cliquez sur **Next** pour continuer. Il faut inscrire ensuite un

nom de dossier. Cliquez sur **Next**. Le nom du produit et de l'image s'affiche. Comme nous vous l'avons précisé précédemment, WDS offre la possibilité de déployer des postes clients Windows XP et Windows Vista, mais également des serveurs Windows Server 2003 et Longhorn Server. Cliquez sur **Next** pour continuer.

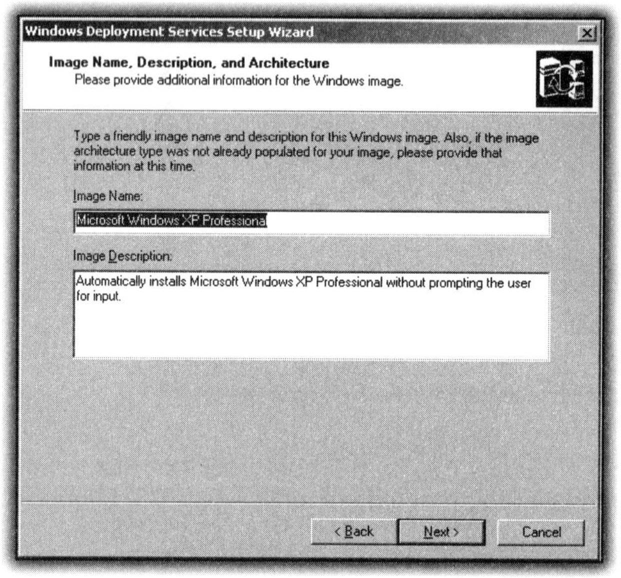

Figure 4-18 : *Description d'une image Windows XP dans Windows Deployment Services*

5. Cliquez sur **Finish**. À partir de cet instant, l'assistant commence à descendre les images et à réaliser une succession de tâches. Cela peut prendre un certain temps.

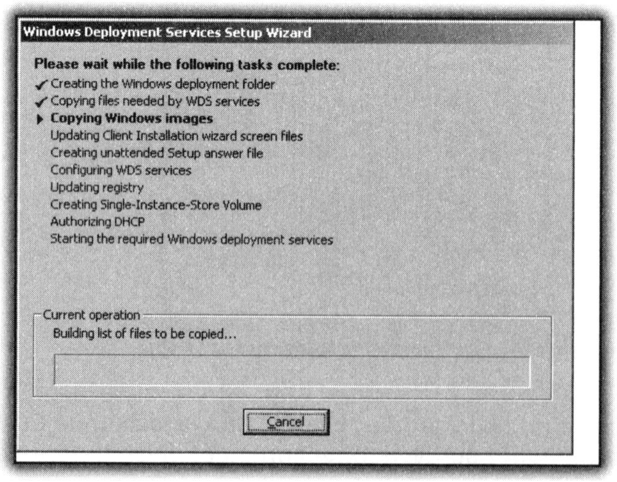

Figure 4-19 : *Windows Deployment Services Setup Wizard*

Une fois que l'ensemble des étapes avec l'assistant est terminé, lancez la console d'administration WDS.

REMARQUE

Configuration du service WDS

Même si vous avez déjà configuré le service WDS à partir du Wizard, il est toujours possible de le configurer et de modifier la configuration à partir de la console d'administration. Pour cela, cliquez avec le bouton droit de la souris sur le nom de votre serveur, puis sélectionnez **PXE Server Setting**.

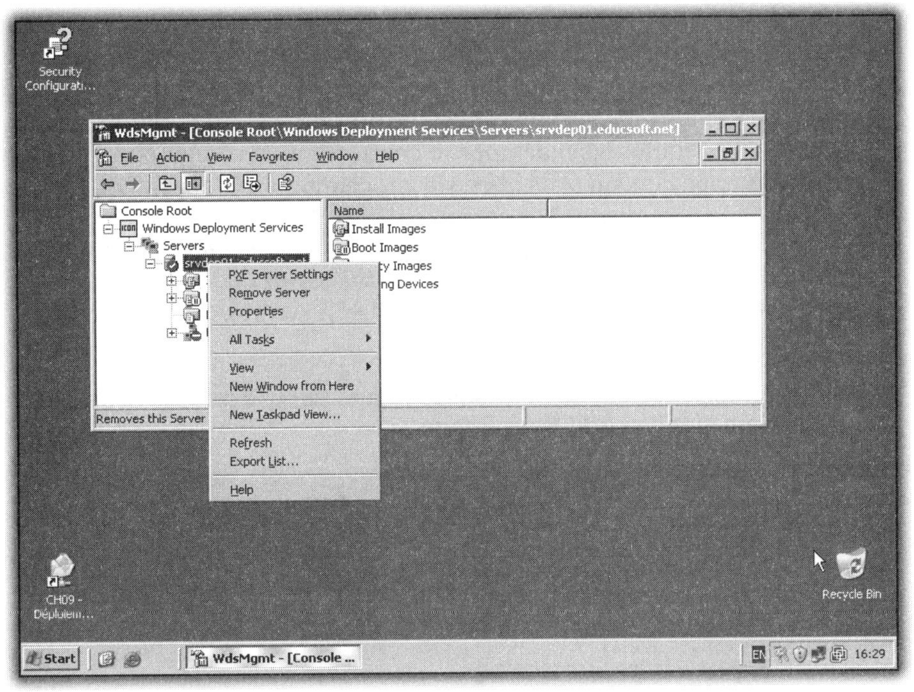

Figure 4-20 : *Modification de PXE Server Setting*

Une fois la console lancée, vous pouvez voir votre serveur WDS dans votre domaine Active Directory. En dessous du serveur se trouvent quatre icônes de dossier :

- *Install Images* contient toutes les images "parsées".
- *Boot Images* contient tout ce qui peut être bootable, *Boot.wim* (le Win PE optimisé pour l'installation de Windows Vista), ainsi que vos Win PE personnalisés.

- *Legacy Images* contient toutes les anciennes images RIS réalisées à partir de Risetup.
- *Pending Device* liste l'ensemble des machines autorisées ou non à se connecter au serveur WDS.

Ajouter Boot Images et Install Images

Install Images et *Boot Images* sont les deux parties les plus importantes de Windows Deployment Services.

Dans *Boot Images*, vous allez trouver toutes vos images WIM bootables dans lesquelles vous aurez une option au niveau du menu de boot sur les machines clientes. Par exemple, si vous créez un Win PE Maintenance et si vous l'ajoutez à *Boot Images*, toutes les machines se connectant au réseau pourront avoir accès à ce menu en appuyant sur F12 et en s'accrochant au serveur WDS.

Vous allez ajouter des images bootables dans *Boot Images*. Les deux images bootables qui vont être ajoutées sont le *Boot.wim* du DVD d'installation et *educsoft_Maintenance.wim* (Win PE réalisé à partir de *winpe.wim* personnalisé et optimisé pour la maintenance).

1. Situez-vous sur **Boot Images**, cliquez avec le bouton droit de la souris. Sélectionnez **Add Boot Image**.

Figure 4-21 : *Ajout d'une image bootable*

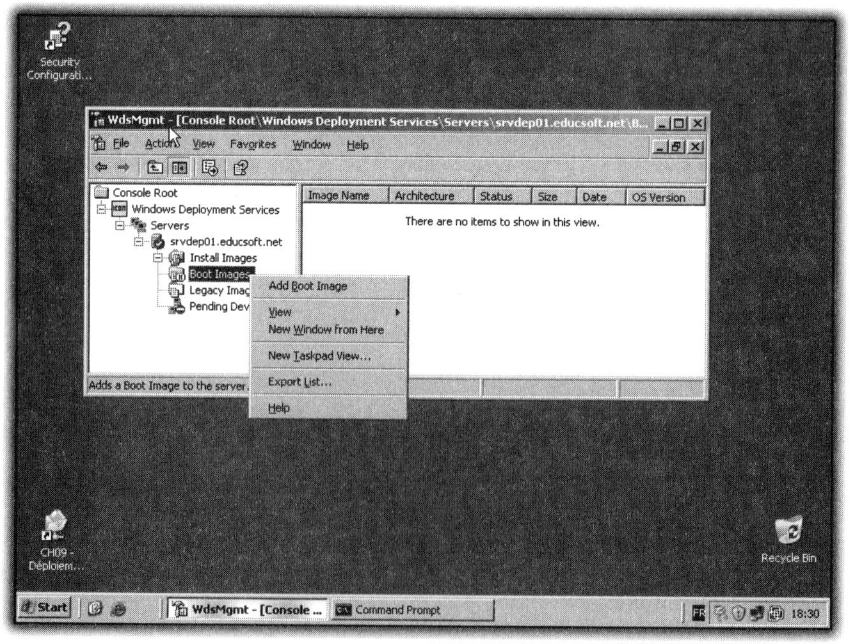

2. Sélectionnez le répertoire dans lequel se trouve l'image et cliquez sur **Next**.

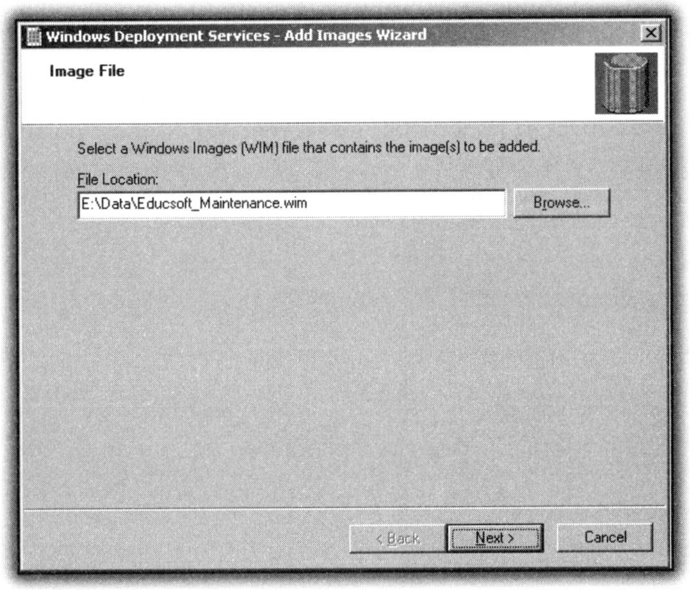

Figure 4-22 : *Sélection de l'image bootable*

3. Dans la fenêtre **Image Metadata**, sélectionnez le champ *Image Name* et donnez-lui le nom de l'image. Dans le champ *Image Description*, entrez un descriptif pour l'image. Cliquez sur **Next**.
4. Dans la fenêtre **Summary**, cliquez sur **Next**.
5. Une fois l'ajout de l'image terminée, cliquez sur **Finish**.

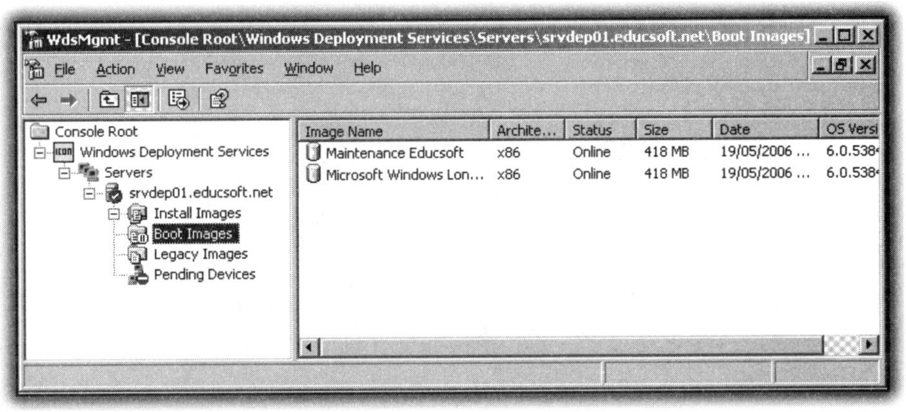

Figure 4-23 : *Boot Images avec les deux images*

La même opération peut être réalisée autant de fois que vous avez d'images. Une fois l'ajout des images terminées, vous pouvez vérifier la présence des images dans *Boot Images*.

Une fois l'ajout des images de boot réalisé, il faut encore effectuer quelques réglages pour que les postes puissent s'accrocher au serveur WDS. Il est possible de spécifier une OU particulière pour les postes.

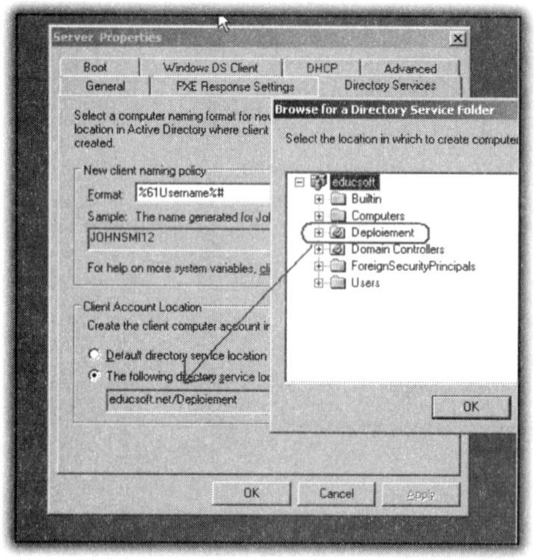

Figure 4-24 : *Paramétrage de WDS pour permettre aux clients PXE de s'accrocher au serveur*

Une fois les paramètres définis sur le serveur WDS, côté poste client, il suffit de démarrer le poste client et d'appuyer sur F12 pour voir apparaître le menu de boot avec *educsoft maintenance*.

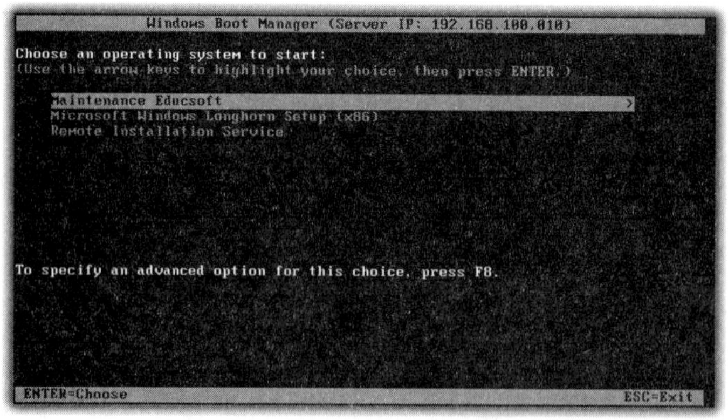

Figure 4-25 : *Le menu de démarrage avec le Boot PXE sur le serveur WDS : il est possible de retrouver l'adresse IP du serveur WDS ainsi que les menus de boot qu'il possède*

Passons à *Install Images*, la partie qui contient toutes les images de Windows Vista pouvant être installées. Pour lire le nom des différentes versions présentes dans le même fichier *WIM*, WDS "parse" le fichier *WIM*.

Pour sélectionner les versions de Windows Vista que vous souhaitez installer, procédez comme suit :

1. Cliquez avec le bouton droit de la souris sur *Install Images*. Sélectionnez **Add Install Image**.
2. Sélectionnez un groupe. Si vous n'avez pas créé de groupe ou si aucun groupe ne correspond à vos attentes, vous avez la possibilité d'en créer un. Pour créer un groupe, cochez la case *Create a new image group*. Donnez-lui un nom, par exemple vista, puis cliquez sur **Next**.

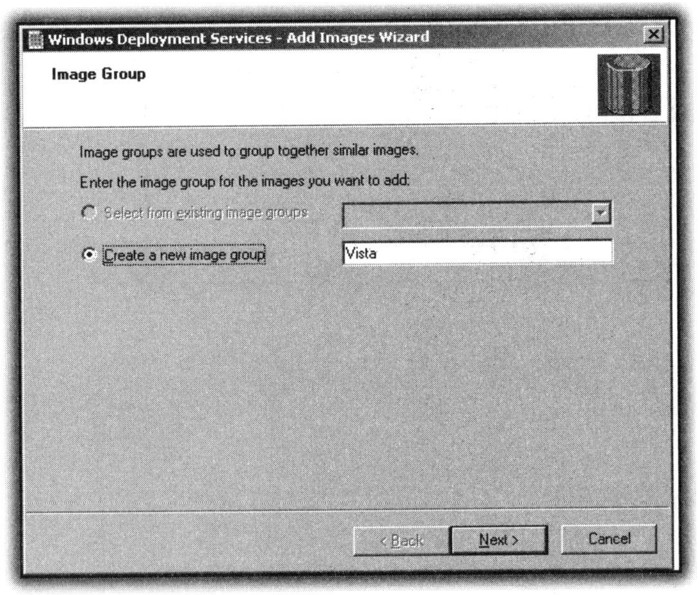

Figure 4-26 : *Création d'un groupe d'images*

3. Une fois le fichier WIM parsé, sélectionnez les versions que vous souhaitez rendre disponibles à partir du serveur WDS, puis cliquez sur **Next**.
4. Dans la fenêtre **Summary**, cliquez sur **Next**, puis sur **Finish** une fois le transfert terminé (cela peut prendre plusieurs dizaines de minutes en fonction de la sélection) (voir fig. 4-27).

Bien que ce tour d'horizon du serveur WDS soit très succinct, il permet de prendre en compte les évolutions des standards dans le monde des images chez Microsoft. Gardez à l'esprit qu'il permet d'assurer la transition avec les serveurs RIS en fonctionnant en mode Mixte. Windows Deployment Services permet également l'administration en ligne de commandes grâce à WDSUtil qui fournit un grand nombre d'options.

Figure 4-28 : *Utilitaire en ligne de commandes WDSUtil*

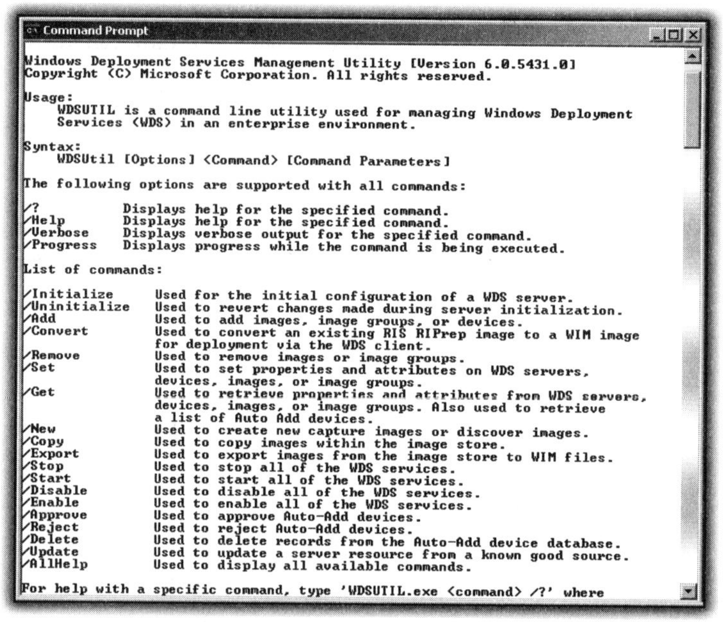

Figure 4-27 : *Sélection des versions de Windows Vista à ajouter dans Install Images*

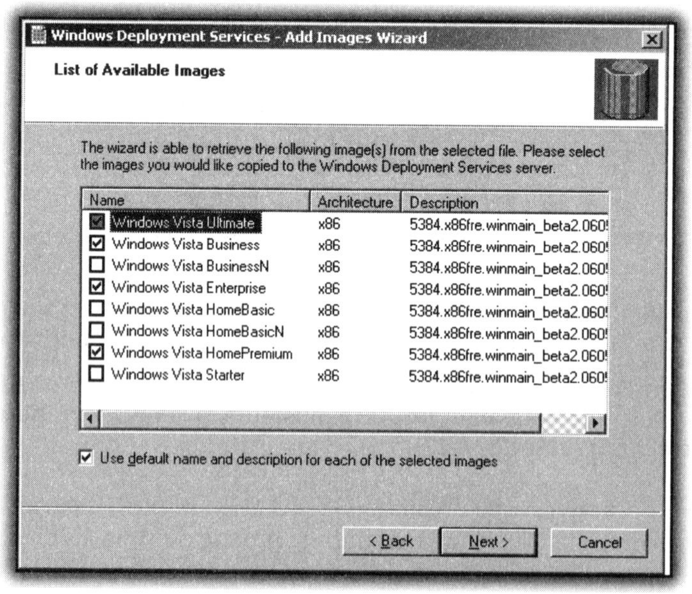

Windows System Image Manager

Vous l'avez vu précédemment, il existe deux grandes méthodes de déploiement : la première par images, la seconde par script. Windows Vista combine les deux méthodes, c'est-à-dire des images pour booter et installer le système d'exploitation et des fichiers réponses pour personnaliser l'installation. Vous avez parcouru le déploiement par images avec Windows Deployment Service, vous allez aborder maintenant les fichiers réponses *Unattend.xml*. Pour créer les fichiers *Unattend.xml*, le kit de déploiement livre un outil en interface graphique. Il s'agit de Windows System Image Manager. L'ajout d'un fichier de réponses à une image permet de descendre cette image dans un certain contexte avec pour exemple la taille des partitions, les pilotes qui doivent être utilisés, etc. Ce fichier sera lu par le Win PE pour être appliqué ensuite à votre image WIM.

Pour lancer Windows System Image Manager, activez le menu **Démarrer/Tous les programmes/Microsoft Windows AIK/Windows System Image Manger**.

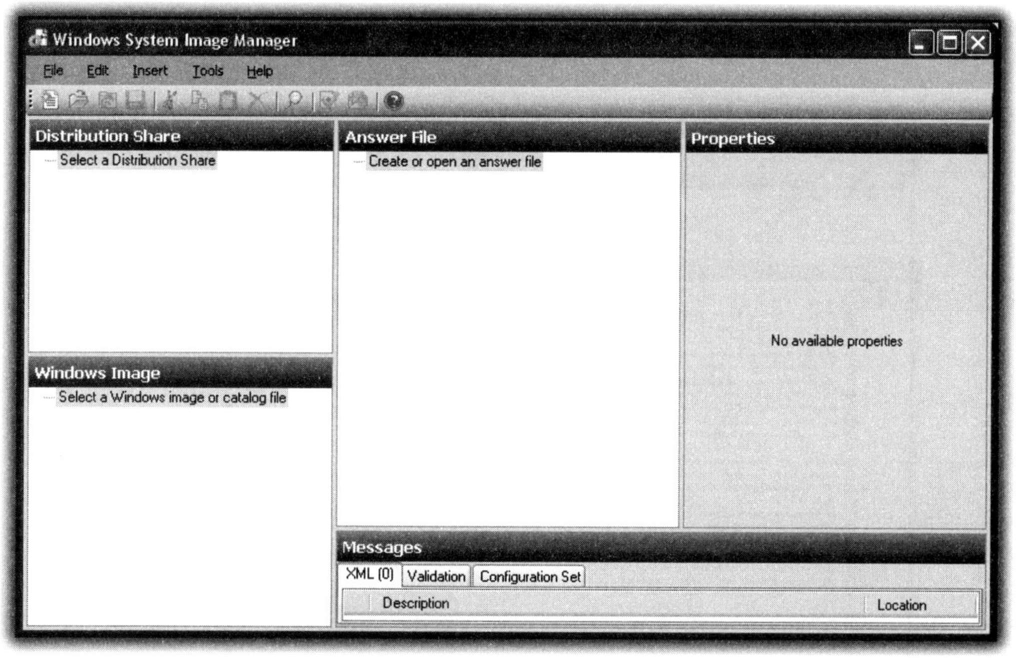

Figure 4-29 : *Lancement de Windows System Image Manager*

Créer un fichier de réponses

1. Chargez le fichier image. Dans la section *Windows Image*, cliquez avec le bouton droit de la souris sur *Select a Windows image or catalog file*, puis sélectionnez **Select Windows Image**.

2. Sélectionnez l'image du DVD d'installation, par exemple *Install.wim*. Un catalogue des images instanciées se lance ; un certain nombre de versions sont disponibles. Choisissez la version de Windows Vista que vous souhaitez personnaliser, la version *Ultimate* par exemple. Cliquez sur OK.

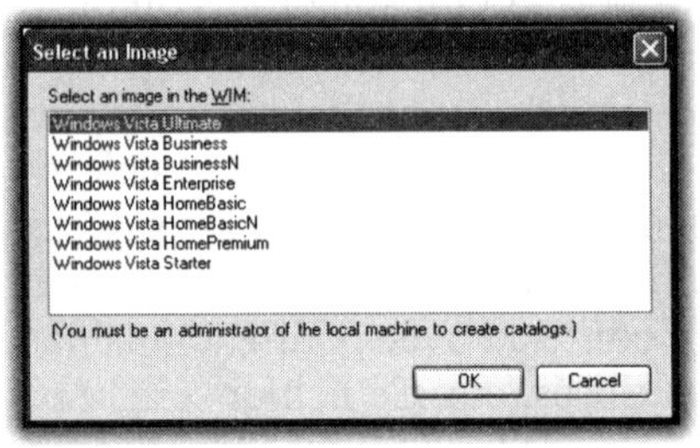

Figure 4-30 : *Sélection de la version de Windows Vista à personnaliser*

La partie *Windows Image* est la plus importante de l'utilitaire puisqu'elle comprend un certain nombre de packages qui vous permettront de personnaliser votre installation en ajoutant ou supprimant des composants comme les jeux ou la personnalisation du DNS. Tous les composants seront listés et modifiés à partir de cette fenêtre.

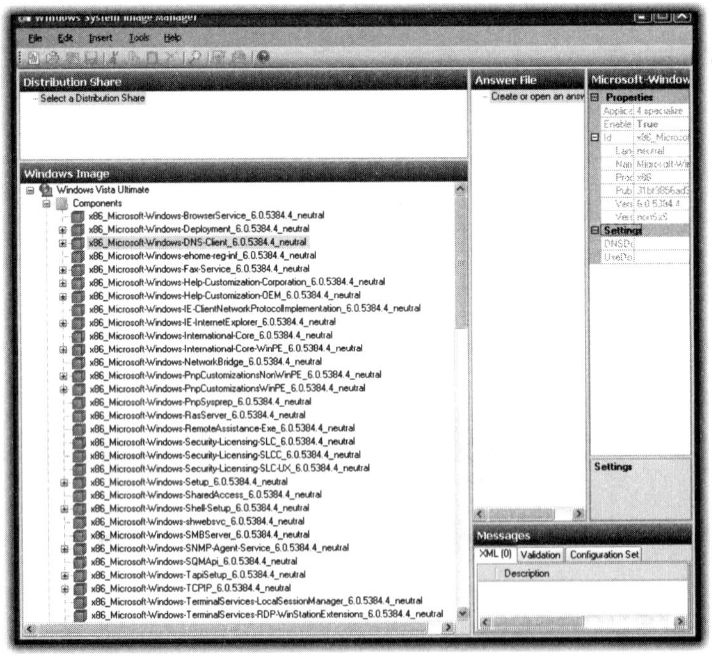

Figure 4-31 : *Les packages de Windows Vista Ultimate*

3. Dans la fenêtre **Answer File**, cliquez avec le bouton droit de la souris, puis sélectionnez **Create or open an answer file**. Un fichier de réponses est créé avec sept parties :

   - *WindowsPE* ;
   - *OfflineServicing* ;
   - *Generalize* ;
   - *Specialize* ;
   - *AuditSystem* ;
   - *AuditUser* ;
   - *oobeSystem*.

Ces sections correspondent à une partie de l'installation de Windows Vista. Cette partie permet de vous aiguiller au cours de la réalisation de votre fichier image. Cliquez avec le bouton droit de la souris sur vos packages pour voir à quelle partie ils peuvent appartenir. Par exemple, vous n'allez pas pouvoir créer une partition en fin d'installation.

4. Pour personnaliser l'installation, cliquez avec le bouton droit de la souris sur les packages afin de voir à quelle section ils peuvent appartenir.

Figure 4-32 :
Sélection des packages

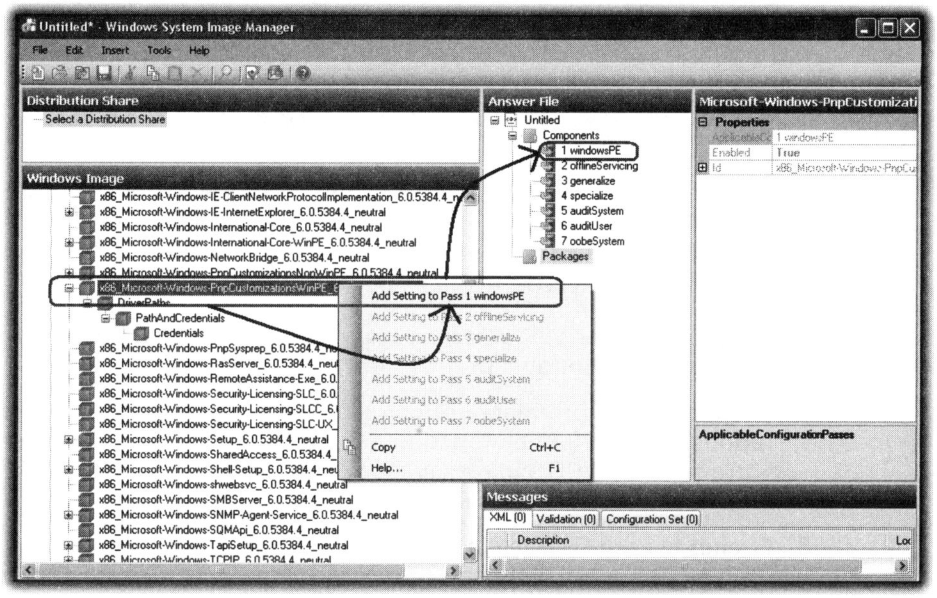

5. Une fois les packages sélectionnés, il faut les personnaliser en donnant des paramètres comme le nom de domaine, le compte utilisateur, un mot de

passe ou encore la taille d'une partition, bref tout ce qui caractérise un système d'exploitation de bout en bout.

Figure 4-33 : *Personnalisation des packages*

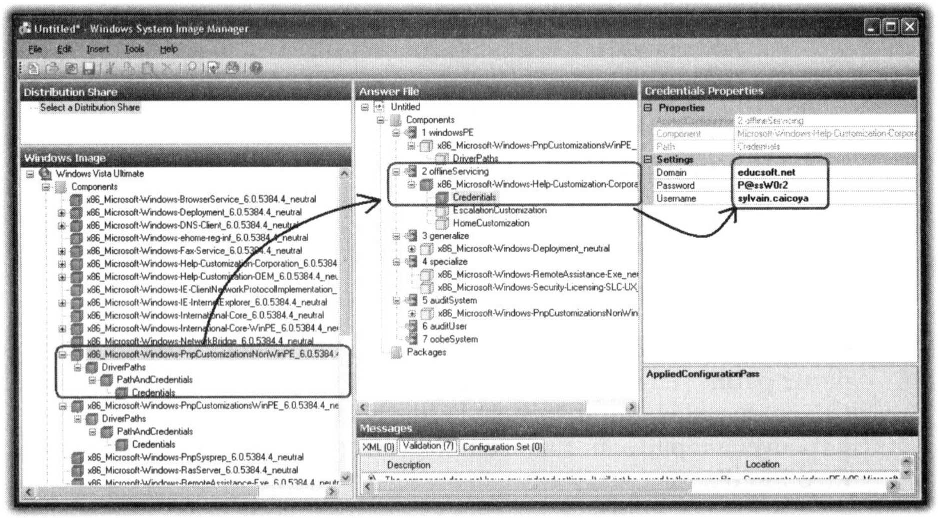

6. Une fois le fichier réalisé, sauvegardez-le afin de pouvoir l'utiliser avec des images WIM. Pour sauvegarder le fichier de réponses, activez le menu **File/Save Answer as**. Indiquez le chemin souhaité.

Attribuer des fichiers Unattend à des images

Les étapes suivantes se déroulent au niveau du serveur Windows Deployment Services. Une fois votre fichier de réponses créé, vous allez devoir effectuer encore quelques manipulations sur votre serveur pour raccrocher vos images à vos fichiers de réponses. Pour cela, procédez comme suit :

1. Cliquez sur le menu **Démarrer/Tous les programmes/Outils d'administration**. Sélectionnez **Windows Deployment Services**.
2. Il faut définir la première option qui consiste à spécifier un fichier de réponses par défaut en fonction des différentes architectures. Sélectionnez votre serveur WDS, cliquez avec le bouton droit de la souris, choisissez **Propriété**, puis **Windows DS Client**.
3. Cochez la case *Enable Unattend mode*. Pour les trois configurations x86 Architecture, ia64 Architecture et x64 architecture, cliquez sur **Browse**, sélectionnez le fichier *Unattend*, puis cliquez sur **Open**.
4. Une fois les fichiers déclarés, cliquez sur OK.

4

Figure 4-34 :
Paramétrage des fichiers de réponses par défaut en fonction des différentes architectures

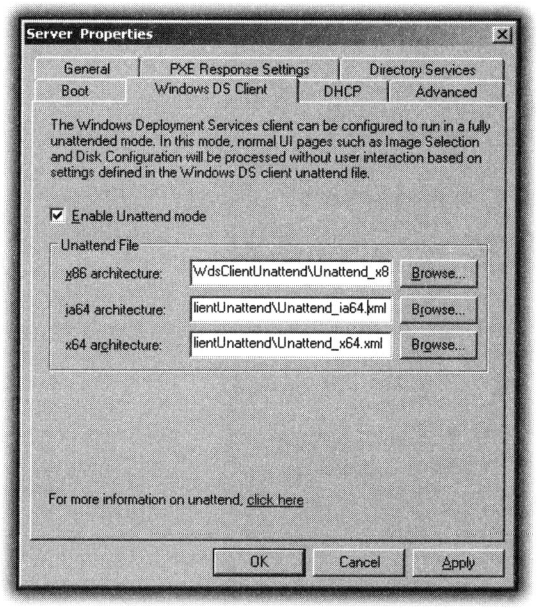

5. Attribuez des fichiers spécifiques à des images spécifiques. Pour cela, positionnez-vous dans le serveur WDS. Sélectionnez *Install Images*, puis le groupe d'images précédemment créé, et choisissez l'image à laquelle vous souhaitez attribuer le fichier de réponses.
6. Cliquez avec le bouton droit de la souris sur votre image, puis sélectionnez la commande **Propriété**. Dans la fenêtre **Image Properties**, sélectionnez l'onglet **General**.
7. Sous l'onglet **General**, cochez la case *Allows Image to install unattend mode*, puis cliquez sur **Select File**. Choisissez votre fichier à l'aide du bouton **Browse** et cliquez sur OK. Pour terminer, cliquez sur OK (voir fig. 4-35).

Le fichier *ImageUnattend.xml* est ajouté pour l'image WIM dans le répertoire *E:\RemoteInstall\Images\Vista\Windows_Vista_Ultimate-CQXQK\Unattend* de l'image *Ultimate* de Windows Vista.

REMARQUE

Installation de packages

Une fois les différentes étapes de paramétrages réalisées, vous avez la possibilité d'utiliser également des packages et des points de distribution qui pourront servir à l'installation de logiciels supplémentaires après l'installation de Windows Vista.

Figure 4-35 :
Attribution d'un fichier Unattend.xml à une image spécifique

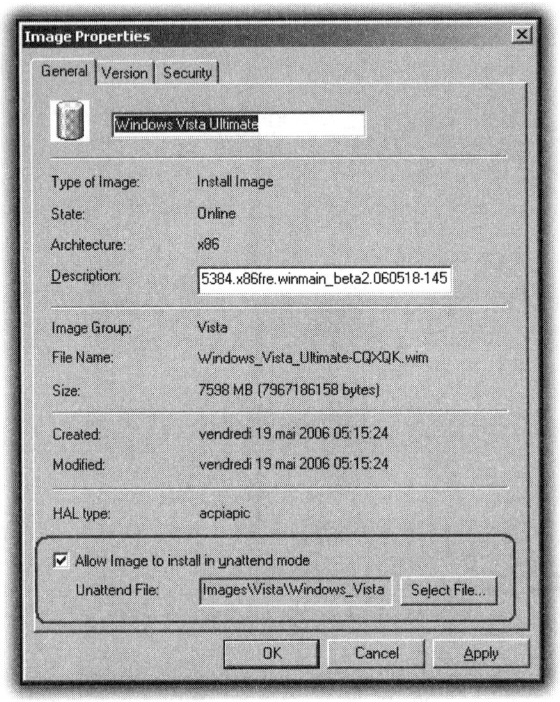

Quelques points importants

Voici quelques points et étapes importants de la réalisation du fichier de réponses *Unattend.xml*. D'abord, vous devez ouvrir le fichier de réponses précédemment créé. Dans un premier temps, nous avions vu comment fonctionne le principe de fichier de réponses *Unattend.xml* avec Windows Deployment Services et les images WIM. À présent, vous allez voir comment fonctionne le paramétrage du fichier avec une étape importante qui est la partie *1 WindowsPE*.

1. Dans la partie gauche de l'interface graphique, sélectionnez *Windows Image*, puis la version d'images déjà présente. Ouvrez la section *Components*.
2. Sélectionnez le package *x86_Microsoft-Windows-Setyp_(version de build)_neutral* (voir fig. 4-36).

C'est dans ce package que vous allez créer une partition pour l'installation de Windows Vista.

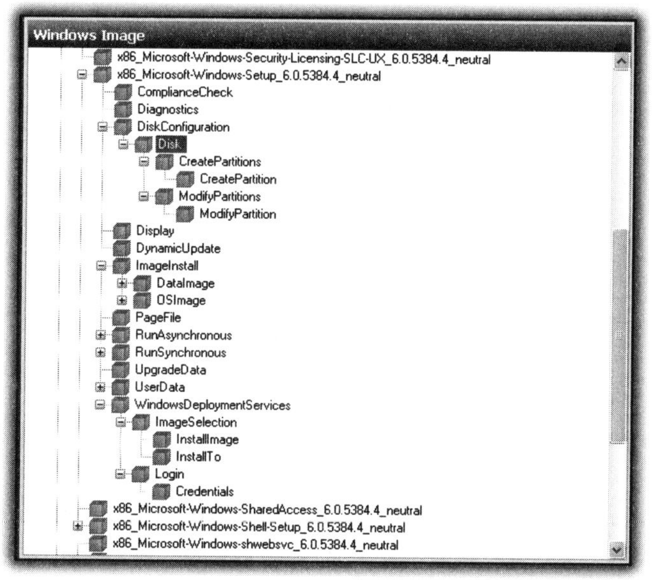

Figure 4-36 : *Sélection du package x86_Microsoft-Windows -Setyp_(version de build)_neutral*

Vous allez pouvoir indiquer si vous souhaitez créer une partition ou bien garder la partition existante, préciser également le type de partition (FAT ou NTFS) ainsi que la taille, mais aussi des actions liées à l'éventuelle présence d'un autre système sur la machine et plein d'autres options encore.

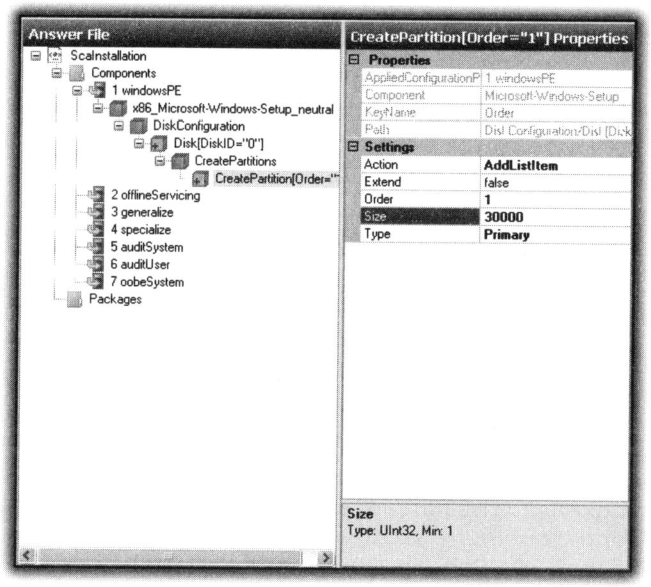

Figure 4-37 : *Création d'une partition*

Bien que toutes les parties soient importantes, la partie du package à considérer est *Windows Deployment Services*. Elle est divisée en deux sections.

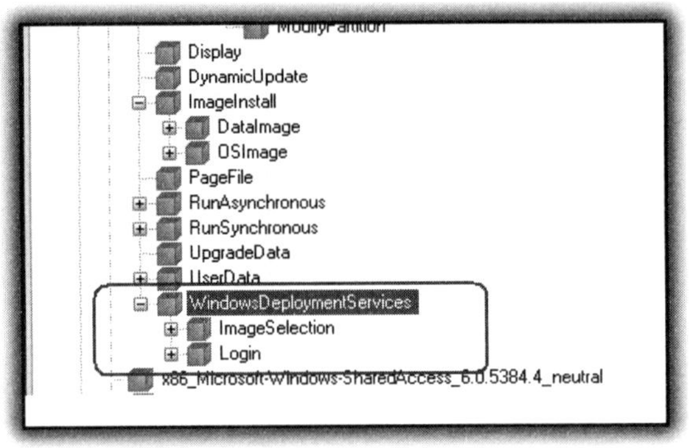

Figure 4-38 : *La partie Windows Deployment Services*

- *ImageSelection* : dans cette section, vous allez trouver le nom du fichier d'installation, le groupe auquel il appartient (ce groupe a été précédemment créé dans Windows Deployment Services pour descendre les images) ainsi que le nom que vous avez donné à l'image sur le serveur WDS.
- *Login* : dans cette section, vous allez pouvoir spécifier les *credantials*, le nom de domaine, le compte utilisateur et le mot de passe pour pouvoir entrer dans le domaine lors de l'installation.

> REMARQUE
>
> **Validation du fichier de réponses**
>
> N'oubliez pas de valider régulièrement votre fichier de réponses pour voir si vous n'avez pas fait d'erreur dans les informations que vous avez données au fichier.

Voyez cet exemple d'une partie du fichier *Unattend.xml* qui a été généré à la suite du paramétrage proposé :

```
<?xml version="1.0" encoding="utf-8"?>
<unattend xmlns="urn:schemas-microsoft-com:unattend">
    <servicing></servicing>
    <settings pass="windowsPE">
        <component name="Microsoft-Windows-Setup"
        ✂ processorArchitecture="x86"
        ✂ publicKeyToken="31bf3856ad364e35" language="neutral"
        ✂ versionScope="nonSxS" xmlns:wcm="http://schemas
        ✂ .microsoft.com/WMIConfig/2002/State"
        ✂ xmlns:xsi="http://www.w3.org/2001/XMLSchema-instance">
```

```
            <DiskConfiguration>
                <Disk>
                    <CreatePartitions>
                        <CreatePartition wcm:action="add">
                            <Size>30000</Size>
                            <Type>Primary</Type>
                            <Order>1</Order>
                        </CreatePartition>
                    </CreatePartitions>
                    <DiskID>0</DiskID>
                </Disk>
            </DiskConfiguration>
            <Windows Deployment Services>
                <ImageSelection>
                    <InstallImage>
                        <Filename>install.wim</Filename>
                        <ImageGroup>Vista</ImageGroup>
                        <ImageName>Ultimate</ImageName>
                    </InstallImage>
                </ImageSelection>
                <Login>
                    <Credentials>
                        <Domain>educsoft.net</Domain>
                        <Username>Sylvain.caicoya</Username>
                        <Password>P@ssW0r2</Password>
                    </Credentials>
                </Login>
            </Windows Deployment Services>
        </component>
    </settings>
    <cpi:offlineImage cpi:source=""
    ✂ xmlns:cpi="urn:schemas-microsoft-com:cpi" />
```

4.5 Business Desktop Deployment 2007

Autre outil utile dans le cadre d'une migration en entreprise, Business Desktop Deployment est un *solution accelerator* qui permet l'automatisation de la gestion du cycle de vie du poste de travail Windows. Il a comme objectif la réduction des coûts et la maîtrise des risques. Il améliore les performances du déploiement et de la gestion des postes de travail en proposant des guides, des outils, ainsi qu'un ensemble de *best practices* et des conseils essentiels sous forme de documents Word et Excel. Il fournit également un conjointement de méthodes éprouvées et des recommandations officielles en matière de déploiement du poste de travail. Les scénarios les plus connus sont Zéro Touch et Lite Touch.

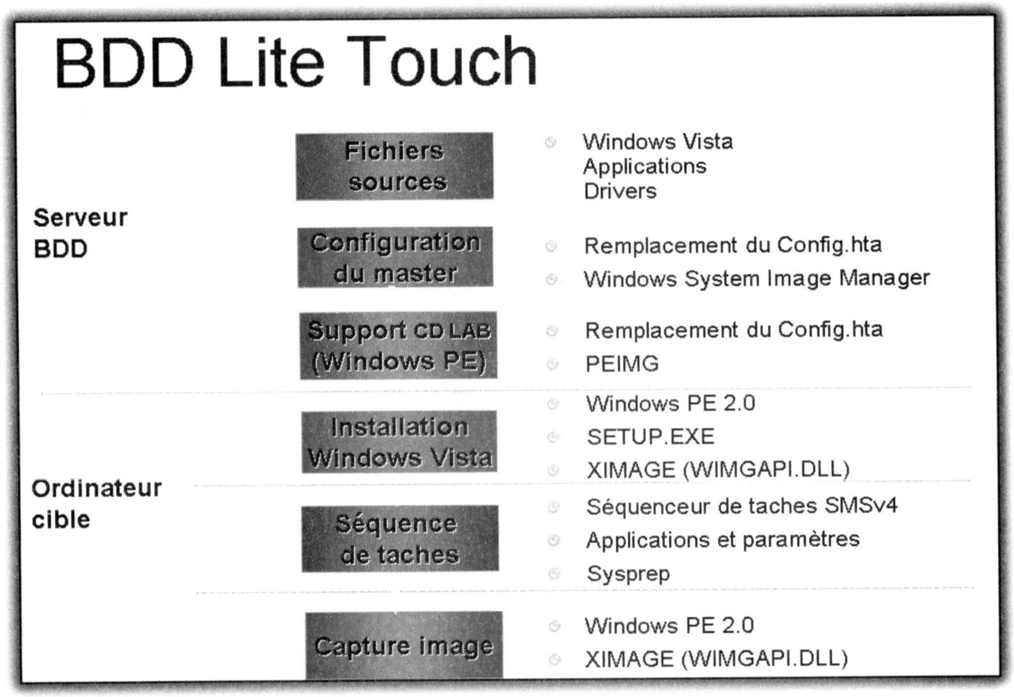

Figure 4-39 : *Scenario Business Desktop Deployment Lite Touch*

Business Desktop Deployment 2007 permet de définir les stratégies des prochains cycles de mise à jour.

4.6 L'installation de Business Desktop Deployment 2007

Pour installer Business Desktop Deployment 2007 :

1. Lancez le fichier d'installation MSI *BDDVista_Full*.
2. Dans la fenêtre **BDD 2007 Setup**, cliquez sur **Next**.
3. Dans la fenêtre **End-User Licence Agreement**, lisez et acceptez les termes du contrat de licence. Cliquez sur *I accept the terms in the licence agreement*, puis sur **Next**. Si vous ne validez pas cette option, vous serez obligé de mettre fin au programme d'installation de Windows Vista.
4. Dans la fenêtre **Custom Setup**, cliquez sur le bouton **Browse** si vous souhaitez modifier le chemin d'installation de BDD 2007. Sélectionnez les options que vous souhaitez installer et cliquez sur **Next**.

5. Dans la fenêtre **Ready to Install**, cliquez sur **Next**. L'installation peut prendre plusieurs minutes.
6. Dans la fenêtre **DBB 2007**, cliquez sur **Finish**.

4.7 La compatibilité

Parallèlement à l'industrialisation des nouvelles images à déployer et à la mise en place des architectures de déploiement, la partie compatibilité reste un important challenge dont dépend parfois la clé du succès sur les projets de migration. Malheureusement, cela n'est pas une tâche simple. Il est important d'anticiper la compatibilité des infrastructures mais également la compatibilité des applications. Seulement voilà, le nombre de logiciels en entreprise et sur les différentes versions de postes de travail devient de plus en plus important et trop souvent encore, la gestion des écarts entre les versions reste trop complexe à gérer.

4.8 Application Compatibility Toolkit 5 (ACT 5.0)

Pour répondre à ces problèmes de complexité, Microsoft apporte avec l'arrivée de Windows Vista la version 5.0 d'*Application Compatibility Toolkit*. L'un des objectifs d'ACT 5.0 consiste à réduire le coût des tests de compatibilité des applications. Il permet d'aider à définir des priorités pour les applications mais également d'assister le déploiement plus rapide et plus efficace de Windows Vista.

L'outil Microsoft ACT 5.0 a été conçu pour aider les entreprises à gérer et comprendre les problématiques liées à la compatibilité des applications. ACT 5.0 va permettre de collecter, d'analyser et de corriger.

Figure 4-40 : *Les trois briques d'ACT 5.0*

Les nouveautés de la version 5.0

Dans sa version 5.0, ACT apporte les nouvelles fonctionnalités suivantes :

- Les nouveaux agents propres à Windows Vista incluent un nouvel agent de collecte d'inventaire, un nouvel agent de contrôle des comptes utilisateurs et un agent d'évaluation de compatibilité des mises à jour, qui testera les problèmes de compatibilité possibles au cours des nouveaux déploiements de Service Packs et de correctifs.

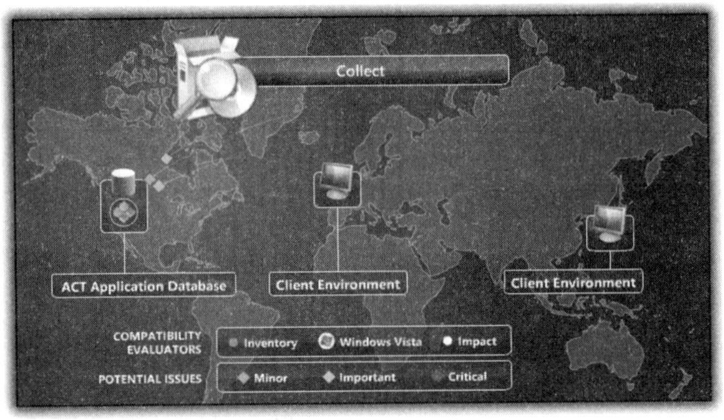

Figure 4-41 : *Principe de collecte des informations*

- Les nouvelles fonctionnalités de données de configuration et de collecte vous permettent de définir de manière centralisée les paramètres de configuration des agents, de définir les paramètres d'inventaire, de procéder à la planification des tâches des agents, de configurer l'intégration SMS et de collecter les informations d'état lors de l'exécution.
- Les nouvelles fonctionnalités d'organisation des données vous permettent de classifier l'inventaire, de définir des priorités, de gérer le suivi de l'état et d'inclure ou d'exclure des applications de l'analyse.

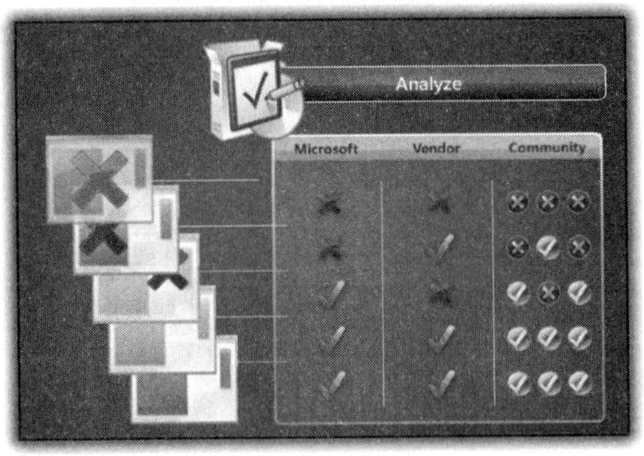

Figure 4-42 : *Principe d'analyse*

- Les nouvelles fonctionnalités d'analyse de données permettent d'effectuer la création de rapports et l'analyse, d'ajouter également des problèmes personnalisés supplémentaires à la base de données avec un *workflow* de type Product Studio, mais aussi d'exporter les rapports dans des fichiers.
- Les nouvelles fonctionnalités de résolution de problèmes vous permettent de créer et de déployer automatiquement des solutions pour les problèmes connus de compatibilité des applications.
- Les nouvelles fonctionnalités de publication en un clic auprès de la communauté en ligne des applications permettent aux clients et éditeurs de logiciels de partager des informations sur les tests de compatibilité des applications, et de télécharger les résultats de leurs propres tests de compatibilité afin de les partager avec d'autres professionnels de l'informatique. Vous pourrez aussi filtrer et définir les applications que vous souhaitez partager avec la communauté.

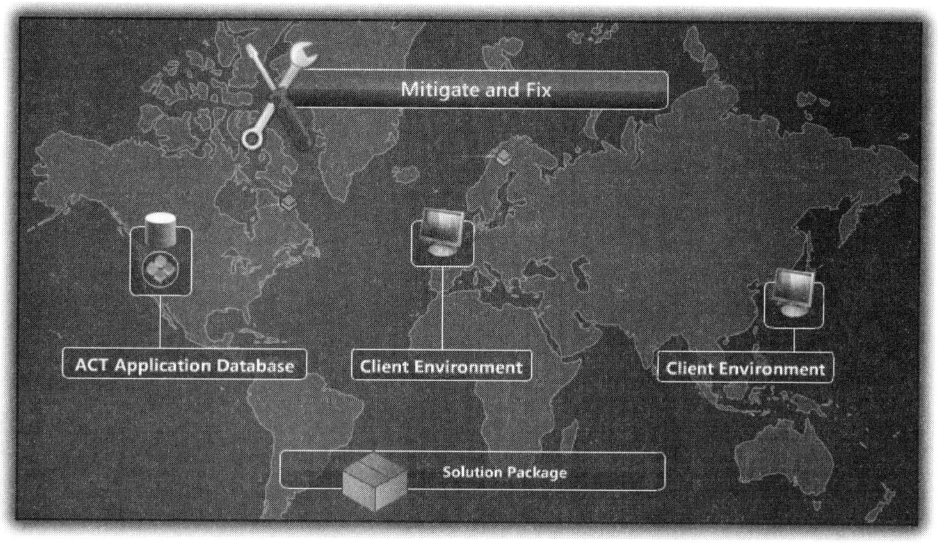

Figure 4-43 : *Principe de correction et de diffusion*

D'un point de vue applicatif, certaines incompatibilités peuvent être liées aux éléments suivants :

- *A User Access Protection* (UAP) ;
- des mécanismes de virtualisation "à la volée" de la Base de registre (HKLM) et du système de fichiers (*Windows\System*) ;
- Internet Explorer 7 et son "mode protégé" ;
- le changement de modèle des profils utilisateurs (*Documents and Settings* devient *Users*, *All Users* devient *Common*, il n'y a plus de préfixes *My* ou "Mes"

pour les dossiers spéciaux, *AppData* devient *AppData\Local* ou *AppData\Roaming*).

Évidemment, cette liste n'est pas exhaustive et chacun peut ajouter des éléments en fonction de ses besoins et de son entreprise.

La compatibilité de l'infrastructure

D'un point de vue infrastructure, certaines incompatibilités peuvent être liées aux éléments suivants :

- Active Directory lui-même ;
- la prise en compte des modèles de stratégies de groupes (GPO) spécifiques à Windows Vista (réplication sur les DC) ;
- la définition du moyen de pouvoir "repérer" les machines Windows Vista (OU, groupes de sécurité, filtres WMI) ;
- la validation sur Windows Vista des versions des clients des autres services d'infrastructure en place (inventaire, télédistribution, Proxy, sauvegarde, etc.) ;
- l'intégration à d'autres annuaires que l'AD, l'utilisation d'IPSec, la mise en service de Network Access Protection (NAP), l'implémentation de l'adressage IPv6, également les profils errants et les dossiers déconnectés…

Évidemment, cette liste n'est pas exhaustive, et il convient à chacun d'ajouter des éléments en fonction de ses besoins et de son entreprise.

4.9 User State Migration Tool 3 (USTM 3.0)

Après avoir brièvement survolé les différents aspects du déploiement de Windows Vista, il n'était pas possible de clôturer ce chapitre sans revenir au principal intéressé, à savoir l'utilisateur. Oui, la question est de savoir quoi faire des paramètres liés au profil utilisateur. Pour cela, vous pouvez utiliser l'outil Microsoft Windows USMT 3.0 (*User State Migration Tool*) afin de faire migrer les profils utilisateurs au cours des déploiements en nombre de systèmes Microsoft Windows XP et Windows Vista. USMT capture les profils utilisateurs, notamment les paramètres du Bureau et des applications, ainsi que les fichiers des utilisateurs, avant de les faire migrer vers une nouvelle installation de Windows. Il permet également d'améliorer et de simplifier votre processus de migration. Vous pouvez utiliser USMT pour les migrations de type "côte à côte" (les données sont copiées de l'ancien ordinateur vers le nouveau) et "effacer et charger" (vous enregistrez les données, puis vous formatez le disque dur et procédez à une nouvelle installation). Si vous procédez uniquement à la mise à niveau de votre système d'exploitation, USMT n'est pas nécessaire.

User State Migration Tool s'adresse aux administrateurs qui effectuent des déploiements automatisés. Si vous faites migrer les états utilisateurs de quelques ordinateurs seulement, il est préférable d'utiliser l'Assistant Migration de PC.

USMT vous permet d'effectuer les opérations suivantes :

- la configuration USMT pour votre situation unique, en utilisant les fichiers (*.xml*) de règles de migration afin de contrôler exactement les comptes utilisateurs, les fichiers et les paramètres déplacés et la façon dont ils ont migré ;
- l'automatisation de la migration en utilisant les deux outils de ligne de commandes USMT, qui contrôlent la collecte et la restauration des fichiers et des paramètres utilisateurs.

4.10 Documentation

Pour terminer ce chapitre, voici la liste des cinquante documents Word et Excel les plus utiles au déploiement de Windows Vista en entreprise. Vous pouvez trouver ces documents dans Business Desktop Deployment 2007 :

- *Application Compatibility Feature Team Guide, Standard Edition.doc* ;
- *Computer Imaging System Feature Team Guide, Standard Edition.doc* ;
- *Core Applications Feature Team Guide, Standard Edition.doc* ;
- *Deployment Feature Team Guide, Standard Edition.doc* ;
- *Enterprise Learning Framework User Guide.doc* ;
- *Getting Started Guide, Standard Edition.doc* ;
- *Infrastructure Remediation Feature Team Guide, Standard Edition.doc* ;
- *Office Upgrade Feature Team Guide, Standard Edition.doc* ;
- *Operations Readiness Feature Team Guide, Standard Edition.doc* ;
- *Plan, Build and Deploy Guide, Standard Edition.doc* ;
- *Plan, Build, and Deploy Guide for Office Upgrades, Standard Edition.doc* ;
- *Security Feature Team Guide, Standard Edition.doc* ;
- *Small and Medium Business Guide.doc* ;

- *Supplemental Applications Feature Team Guide, Standard Edition.doc* ;
- *Test Feature Team Guide, Standard Edition.doc* ;
- *Trey Upper MORG IT Archetype.doc* ;
- *User State Migration Feature Team Guide, Standard Edition.doc* ;
- *Application Knowledge Sheet.doc* ;
- *Assessment Template.xls* ;
- *Current State Assessment Template.doc* ;
- *Inventory Template.xls* ;
- *Test Cases Workbook.xls* ;
- *Trey Business Case.doc* ;
- *Trey Client Build Requirements.doc* ;
- *Trey Communications Plan.doc* ;
- *Trey Functional Specification.doc* ;
- *Trey Migration Plan.doc* ;
- *Trey Network and Workstation Hardware Upgrades List.xls* ;
- *Trey Pilot Plan.doc* ;
- *Trey Risk Template Tool.xls* ;
- *Trey Test Plan.doc* ;
- *Trey Test Specification.doc* ;
- *Trey Training Plan.doc* ;
- *Trey Vision Scope.doc* ;
- *Office Upgrade Assessment Template.xls* ;
- *Office Upgrade Budget Plan.xls* ;
- *Office Upgrade Communications Plan.doc* ;
- *Office Upgrade Configuration Plan.doc* ;
- *Office Upgrade Current State Assessment Template.doc* ;
- *Office Upgrade Distribution Plan.doc* ;
- *Office Upgrade File Migration Plan.doc* ;
- *Office Upgrade Functional Specification.doc* ;
- *Office Upgrade Hardware Upgrades List.xls* ;
- *Office Upgrade Inventory Template.doc* ;

- *Office Upgrade Management Plan.doc* ;
- *Office Upgrade Pilot Plan.doc* ;
- *Office Upgrade Project Plan.mpp* ;
- *Office Upgrade Risk Template Tool.xls* ;
- *Office Upgrade Test Plan.doc* ;
- *Office Upgrade Training Plan.doc*.

CHAPITRE

5

ImageX et Win PE

CHAPITRE

5

ImageX et Win PE

ImageX et Win PE sont deux outils faisant du déploiement de ressources.

5.1 Le concept Windows Imaging et le format WIM

Windows Imaging représente le principe de création et de manipulation d'images pour les systèmes d'exploitation de nouvelle génération chez Microsoft.

Vous disposez de deux éléments. D'un côté, le format WIM (le format de l'image) et de l'autre, un outil qui permet de manipuler ces images. L'outil permettant de manipuler les images se nomme pour le moment ImageX.

Figure 5-1 : *ImageX*

Avec Windows Imaging, l'idée est de fournir un système d'exploitation de base sur lequel il sera possible de greffer un ensemble de composants et de paramètres, mais aussi des packages et des applications. Cet ensemble sera piloté par un fichier *unattend.xml*. Ce procédé est très différent de ce que l'on pouvait trouver jusqu'à Windows XP. Vous disposerez de deux méthodes d'installation :

- La première consiste à appliquer l'image *install.win* de base et à utiliser un fichier de type *Unattend.xml* pour personnaliser l'installation. C'est la méthode qui devrait s'imposer dans le futur.
- La seconde consiste à installer son master, puis à le personnaliser en installant ce qu'il faut dessus. À l'aide de l'outil ImageX, on capture ensuite la partition d'installation pour l'utiliser comme master de base.

DÉFINITION

ImageX

ImageX est un outil de ligne de commande qui permet de capturer, de modifier et d'appliquer des images disque de fichiers pour réaliser des déploiements rapides. L'outil ImageX fonctionne avec des fichiers image système Windows (*.wim*) pour la copie vers un réseau, mais il peut utiliser d'autres technologies qui exploitent les images *.wim*, comme l'installation de Windows, les services de déploiement Windows.

5.2 Le format WIM

Le format WIM est le nouveau format d'image de Microsoft. Il permet de stocker plusieurs images dans un même fichier réel. Vous pouvez stocker des images avec et sans applications fondamentales dans un même fichier image. Vous pouvez également marquer l'une des images comme amorçable ; cela vous permet de démarrer un ordinateur à partir d'une image disque contenue dans le fichier WIM. Ce format permet la compression (division du volume de départ par trois ou quatre environ), comme les autres outils du marché actuel. Il admet également l'instanciation unique, ce qui réduit de manière significative la taille des fichiers images. L'instanciation unique vous permet de stocker plusieurs copies d'un fichier dans l'espace d'une seule copie. Le DVD d'installation de Windows Vista possède, par exemple, les sept versions dans la même image *install.wim*.

REMARQUE

Un format non destructeur

Le format d'image WIM permet le déploiement non destructif. Vous pouvez ainsi conserver les données sur le volume auquel vous appliquez l'image ; l'application de l'image n'efface pas le contenu existant du disque.

Un format orienté fichier

Ce format d'image possède des avantages. Contrairement aux formats d'image fondés sur les secteurs, comme les images de type Ghost, le format d'image WIM s'appuie sur les fichiers. Lorsque vous effectuerez votre capture d'image, vous ne capturerez plus des secteurs, mais des fichiers. C'est très important car vous aurez la possibilité, par la suite, de retravailler les partitions que vous allez restaurer. Autre avantage, vous allez pouvoir restaurer votre image avec tous les répertoires

Windows, *system32*, etc., et modifier la partition avant le prochain reboot. Le format WIM vous permet également d'installer une image disque sur des partitions de taille quelconque, contrairement aux formats d'image fondés sur les secteurs, qui nécessitent de déployer une image disque vers une partition de taille égale ou supérieure à celle du disque source.

REMARQUE

Restauration par secteurs

Lorsque vous effectuez la restauration de l'image sur la partition, cette dernière est verrouillée. Il n'est pas possible de la modifier avant d'avoir rebooté. La restauration par secteurs permet de résoudre ce problème.

Utilisation hors connexion

Avec le format d'image fondé sur les fichiers, Microsoft vous offre l'avantage de pouvoir traiter les images hors connexion. Vous avez la possibilité d'ajouter ou de supprimer certains composants du système d'exploitation, des correctifs et des pilotes, sans créer une nouvelle image. La mise à jour d'une image demande seulement quelques minutes alors qu'elle nécessitait des heures avec Windows XP. Pour ajouter un correctif à une image Windows XP, vous deviez démarrer l'image maître, ajouter le correctif, puis préparer une nouvelle fois l'image. Avec Windows Vista, vous traitez simplement l'image hors connexion.

REMARQUE

Le format WIM

Le format d'image WIM est indépendant du matériel. Vous n'avez besoin que d'une image pour déployer les différentes configurations matérielles de votre parc informatique. Jusqu'à présent, il était nécessaire de disposer de plusieurs images en fonction des configurations matérielles.

5.3 Présentation d'ImageX

ImageX est un outil exécutable en ligne de commandes pouvant être utilisé à partir de Longhorn Server, Windows Vista ou Win PE. Il a pour vocation de capturer et de restaurer des images au format WIM. Cependant, ImageX offre de nombreuses fonctionnalités d'utilisation et de maintenance des images.

Ce tableau récapitule les extensions et les fonctions :

Tableau 5-1 : Vue d'ensemble des options de l'utilitaire ImageX

Extension	Fonction
/append	Ajoute une image de volume à un fichier WIM existant
/apply	Applique une image de volume à l'unité spécifiée
/capture	Capture une image de volume dans un nouveau fichier WIM
/commit	Valide les modifications apportées à une image WIM montée
/compress	Définit le type de compression sur *Aucune*, *Rapide* ou *Maximal*
/config	Utilise le fichier spécifié afin de définir des options avancées
/delete	Supprime une image d'un fichier WIM comprenant plusieurs images
/dir	Affiche la liste des fichiers et dossiers d'une image de volume
/export	Transfère une image d'un fichier WIM vers un autre fichier WIM
/info	Renvoie les descriptions XML de la banque pour l'image WIM spécifiée
/ref	Définit les références WIM pour une opération d'application
/scroll	Fait défiler la sortie pour la redirection
/Split	Fractionne un fichier WIM existant en plusieurs parties WIM en lecture seule
/verify	Vérifie les fichiers dupliqués et extraits
/mount	Monte une image, avec accès en lecture seule, dans le répertoire spécifié
/mountrw	Monte une image, avec accès en lecture écriture, dans le répertoire spécifié
/unmount	Démonte l'image montée dans le répertoire spécifié.
/?	Renvoie des paramètres de ligne de commandes valides pour ImageX

Mise en application

Pour vous permettre de comprendre le fonctionnement d'ImageX, mais aussi de mettre en application un ensemble des commandes disponibles avec ce format d'image, nous vous proposons de créer trois masters. Nous allons partir du principe que l'entreprise établit ces masters en fonction des services. Dans ce cas, vous utiliserez les masters suivants :

- Un master *standard* contiendra l'installation de base de l'entreprise, Windows Vista, WinZip, Acrobat Reader et le pack office.
- Un master *production* contiendra le master standard ainsi que tout ce qui touche à la production, le logiciel et la procédure.
- Un master *vente* contiendra le master standard ainsi que tout ce qui touche à la partie vente et aux commerciaux.

REMARQUE

Mise en application

Pour faciliter la mise en œuvre des tests et vous permettre de les effectuer facilement en un temps assez court, nous ne capturerons pas des partitions système, mais plutôt des arborescences représentant ces partitions système. Toutefois, si vous souhaitez effectuer ce test réellement, il vous faudra disposer de Win PE pour capturer la partition où Windows Vista est installé. Les tests dureront alors bien plus longtemps en raison de la taille de chaque image capturée.

L'idée est de créer trois masters dans trois arborescences différentes.

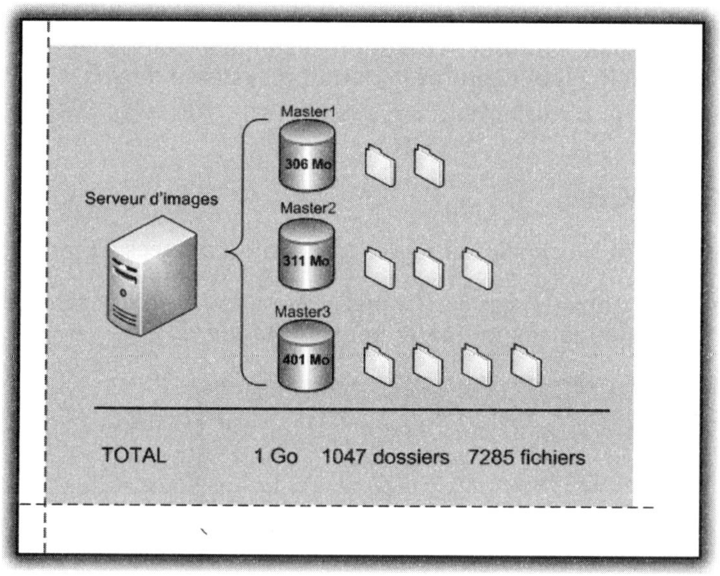

Figure 5-2 : *Récapitulatif de la création des trois arborescences de masters*

Une fois ces derniers créés, capturez les trois masters dans des images WIN et ajoutez les images production et vente dans le master standard. Dans un premier temps, vous verrez comment ImageX gère plusieurs images presque identiques. Dans un second temps, vous verrez comment travailler en mode Hors connexion avec les images pour les mettre à niveau.

Vous suivrez ces étapes :

- création des trois masters ;
- capture des masters dans des images WIM à l'aide de la commande ImageX /capture ;
- classement du contenu des masters à l'aide de la commande ImageX /info ;
- importation des deux masters dans l'image de base à l'aide de la commande ImageX /import ;
- montage d'une image avec des droits en lecture et en écriture à l'aide de la commande ImageX /mountrw ;
- démontage de l'image et prise en compte des modifications à l'aide de la commande image /umount /commit ;
- application d'une image à l'aide de la commande ImageX /apply.

REMARQUE

Capture de la partition système

Il n'est pas possible de capturer la partition système à chaud avec ImageX. Pour cela, lancez Win PE et capturez la partition système depuis Win PE.

Capturer une image

Dans cette première partie, vous allez créer les trois arborescences de masters :

1. Créez un répertoire appelé master1. Copiez votre arborescence dans ce répertoire. Ce master correspondra au master *standard*.

Figure 5-3 : *L'arborescence du master no 1*

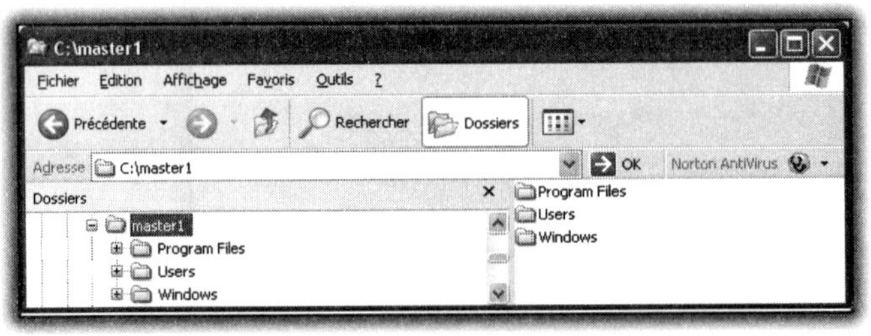

Figure 5-4 : *Descriptif du répertoire master1, avec la taille, le nombre de répertoires et le nombre de fichiers total*

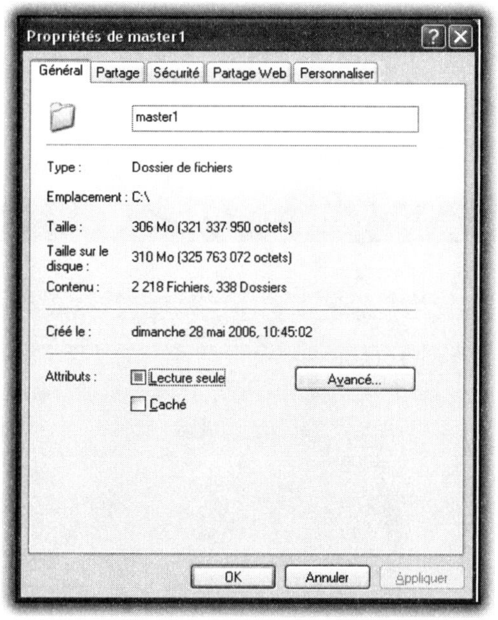

2. Dupliquez le *master1*, renommez-le en master2, puis ajoutez des répertoires et des fichiers. Ce master correspondra au master *production*.

Figure 5-5 : *Descriptif du répertoire master2, avec la taille, le nombre de répertoires et le nombre de fichiers total*

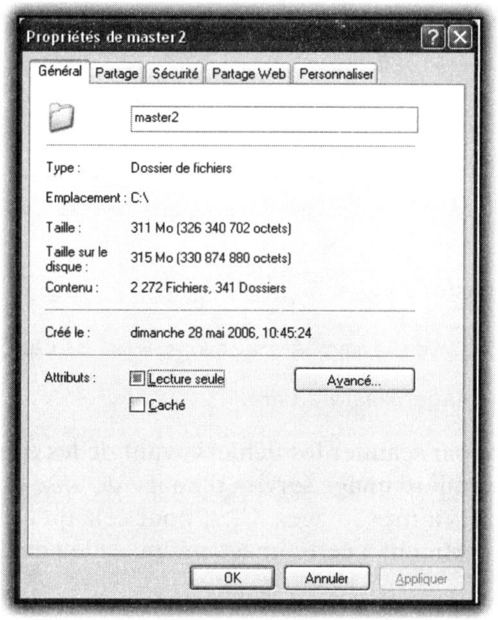

3. Dupliquez le *master1*, renommez-le en master3, puis ajoutez des répertoires et des fichiers. Ce master correspondra au master *Vente*.

Avant de passer à l'étape de la capture, vous devez obtenir une arborescence s'approchant de l'arborescence suivante :

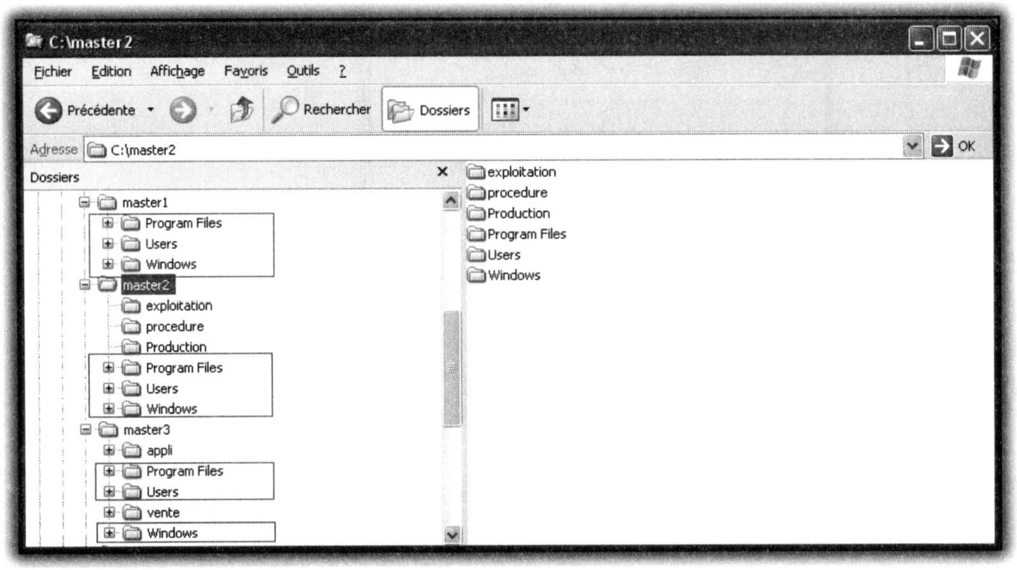

Figure 5-6 : *L'arborescence des trois masters, avec les répertoires communs dans chaque master*

Pour capturer les images :

4. Placez-vous dans le répertoire *X86* du kit de déploiement (WAIK). Saisissez la commande suivante :

```
ImageX /capture c:\master c:\destination\images.wim "nom du
✂ master".
```

Vous obtenez votre premier master :

```
ImageX /capture c:\master1 c:\images\masters.wim "standard".
```

5. Capturez le *master1* en image *masters.wim*.

La capture d'image commence par scanner les fichiers avant de les compresser en un seul fichier image. Cette première image servira d'image de base dans laquelle vous pourrez inclure plus tard les autres images. C'est pour cela qu'il est important de donner un nom de master pertinent à cette image, même si le nom du fichier *.wim* est différent.

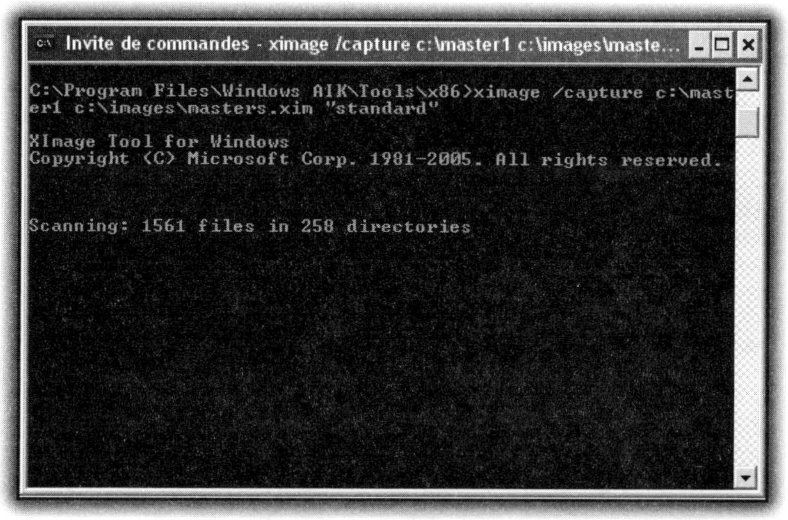

Figure 5-7 : *Scan des répertoires et des fichiers*

```
C:\Program Files\Windows AIK\Tools\x86>ImageX /capture c:\mast
er1 c:\images\masters.wim "standard"

ImageX Tool for Windows
Copyright (C) Microsoft Corp. 1981-2005. All rights reserved.

Progress: 100%

Successfully imaged c:\master1
```

Une fois la capture de la première image terminée, réalisez la deuxième capture du répertoire *master2* en image *production.wim*.

6. Saisissez la commande suivante :

```
C:\Program Files\Windows AIK\Tools\x86>ImageX /capture c:\mast
er2 c:\images\production.wim "production"

ImageX Tool for Windows
Copyright (C) Microsoft Corp. 1981-2005. All rights reserved.

Progress: 100%

Successfully imaged c:\master2
```

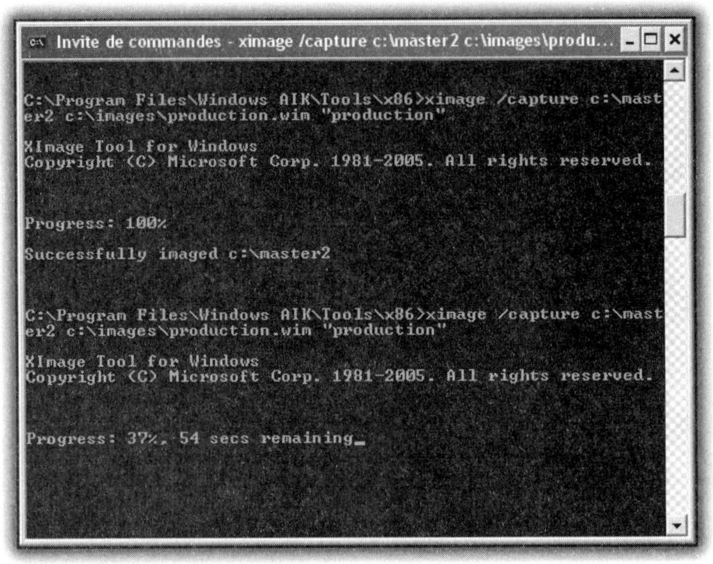

Figure 5-8 : *Progression de la capture d'image*

Une fois la capture de la deuxième image terminée, réalisez la troisième capture du répertoire *master3* en image *vente.wim*.

7. Saisissez la commande suivante :

```
C:\Program Files\Windows AIK\Tools\x86>ImageX /capture c:\mast
er3 c:\images\vente.wim "vente"

ImageX Tool for Windows
Copyright (C) Microsoft Corp. 1981-2005. All rights reserved.

Progress: 100%

Successfully imaged c:\master3
```

Nous sommes maintenant dans la situation illustrée par le schéma page suivante (voir fig. 5-9).

Une fois les images capturées, il est parfois utile d'obtenir des informations sur une image WIM.

8. Saisissez la commande ImageX avec l'extension /info, suivie du répertoire source et du nom du fichier image. Vous obtenez en synthèse : ImageX /info c:\répertoire\image.wim.
9. Pour avoir des informations sur les trois masters…

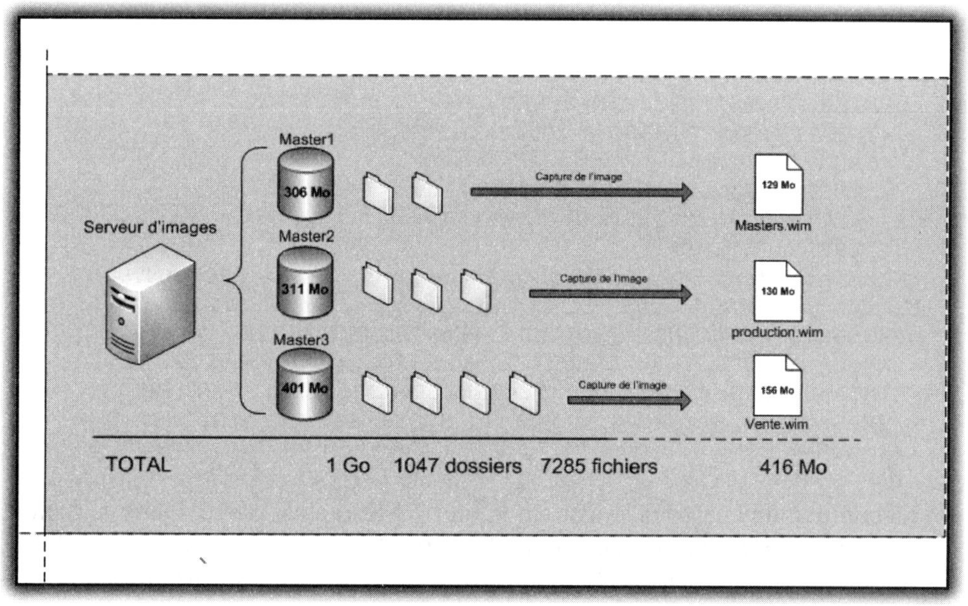

Figure 5-9 : *Récapitulatif des trois masters en images WIM*

- **Pour la première image, tapez la commande** ImageX /info c:\images\masters.wim.
- **Pour la deuxième image, tapez la commande** ImageX /info c:\images\production.wim.
- **Pour la troisième image, tapez la commande** ImageX /info c:\images\vente.wim.

Voici l'exemple des informations contenues dans l'image *masters.wim* :

```
C:\Program Files\Windows AIK\Tools\x86>ImageX /info c:\images\
masters.wim

ImageX Tool for Windows
Copyright (C) Microsoft Corp. 1981-2005. All rights reserved.

WIM Information:
----------------
GUID:         {92a36348-6d36-485c-8294-24cc8b66f35f}
Image Count:  1
Compression:  XPRESS
Part Number:  1/1
Attributes:   0x0

Available Image Choices:
------------------------
<?xml version="1.0" encoding="UTF-16"?>
<WIM>
```

```
<TOTALBYTES>136110159</TOTALBYTES>
  <IMAGE INDEX="1">
  <DIRCOUNT>338</DIRCOUNT>
  <FILECOUNT>2218</FILECOUNT>
  <TOTALBYTES>321337950</TOTALBYTES>
  <CREATIONTIME>
    <HIGHPART>0x1C6825E</HIGHPART>
    <LOWPART>0xB53BFA02</LOWPART>
  </CREATIONTIME>
<NAME>standard</NAME><WINDOWS><ARCH>0</ARCH><PRODUCTNAME>
Microsoft "Windows" Operating System</PRODUCTNAME>
<PRODUCTTYPE>WinNT</PRODUCTTYPE><PRODUCTSUITE />
<LANGUAGE>00000409</LANGUAGE><VERSION><MAJOR>6</MAJOR>
<MINOR>0</MINOR><BUILD>5308</BUILD><SPBUILD>17</SPBUILD>
</VERSION><SYSTEMROOT>WINDOWS</SYSTEMROOT></WINDOWS>
</IMAGE></WIM>
```

La commande ImageX /info liste un fichier XML qui est parsé. Dans ce fichier, il est possible de retrouver un ensemble d'informations. Voici un récapitulatif des renseignements utiles que l'on peut trouver sur la liste d'informations…

- <IMAGE INDEX="1"> : le numéro 1 correspond au numéro d'index de l'image dans le fichier WIM qui peut contenir plusieurs images qui seront toutes indexées.
- <DIRCOUNT>338</DIRCOUNT> : cette valeur correspond au nombre de répertoires dans l'image indexée. Attention, elle ne correspond pas au nombre de répertoires dans le fichier WIM, mais bien au nombre de répertoires dans l'image !
- <FILECOUNT>2218</FILECOUNT> : cette valeur correspond au nombre de fichiers présents dans l'image indexée. Attention, elle ne correspond pas au nombre de fichiers dans le fichier WIM, mais bien au nombre de fichiers dans l'image !
- <TOTALBYTES>136110159</TOTALBYTES> : cette valeur correspond à la taille de l'image à l'intérieur du fichier WIM.
- <NAME>standard</NAME> : cette valeur correspond au nom donné à l'image indexée. Attention, il ne faut pas confondre le nom de l'image avec le nom du fichier WIM qui peut contenir plusieurs images !

REMARQUE

Capturer une image

Même si l'outil ImageX ne peut pas monter d'images à partir d'ordinateurs exécutant d'autres systèmes d'exploitation, il peut néanmoins capturer et

REMARQUE

appliquer des images pour toute version de Windows Vista, Windows Server 2003, Windows XP et Windows 2000 Professionnel.

Ajouter une image dans une image

Comme vous avez déjà pu le voir à plusieurs reprises dans la partie consacrée au déploiement, l'un des grands avantages du format d'images WIM est l'instanciation. Puisqu'à présent vous possédez trois images WIM, vous allez voir comment le format WIM instancie ses images.

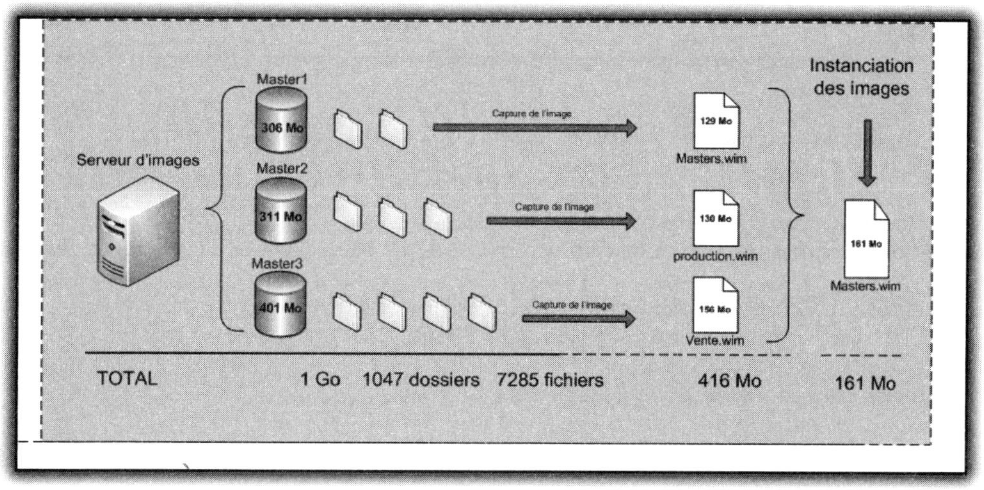

Figure 5-10 : *Principe d'instanciation d'images WIM*

À la fin des manipulations, l'instanciation va vous permettre d'obtenir un seul fichier déjà existant nommé *masters.win*. Ce fichier contiendra les trois images *standard*, *production* et *vente*, sans augmenter vraiment la taille de l'image. Pourtant, l'addition des trois images avoisine 415 Mo (dans cet exemple). C'est là l'une des autres qualités du format WIM ; il est orienté fichier et non secteur. Cela offre un ensemble de possibilités, notamment celle de pouvoir travailler en mode Delta dans l'instanciation des images. Lorsque vous ajoutez l'image 2 à l'image 1, les seuls fichiers copiés sont les fichiers différents de l'image 2. Cela permet d'économiser sur les trois images les deux tiers d'espace disque. Si l'on rapporte cela à des tailles de masters réelles – on parle alors de gigaoctets et non de mégaoctets –, multipliées par le nombre de masters, matériel et service, ce n'est plus négligeable (voir fig. 5-11).

À présent, vous allez ajouter l'image *prodution.wim* à l'image *masters.wim*. Il faut toujours utiliser la commande ImageX avec le commutateur /export. Vous ajoutez le chemin de l'image ainsi que son numéro d'index, puis vous terminez par le chemin de l'image de destination :

Figure 5-11 : *Instanciation des trois images*

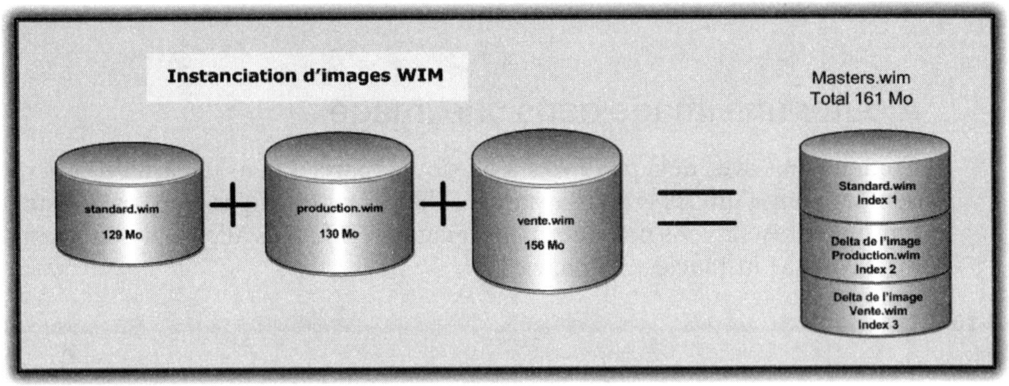


```
C:\Program Files\Windows AIK\Tools\x86>ImageX /export
c:\images\production.wim 1 c:\images\masters.wim "production"

ImageX Tool for Windows
Copyright (C) Microsoft Corp. 1981-2005. All rights reserved.

Exporting: [c:\images\production.wim, 1] ->
           [c:\images\masters.wim]

Progress: 100%

Successfully exported image #1.
```

Une fois cette opération terminée, l'image *production* se trouve dans le fichier *masters.wim* avec le nom d'image *production* – son nom de départ – et le numéro d'index *2* puisque l'image numéro 1 est *standard*.

ATTENTION

ImageX /export

Lorsque vous utilisez la commande ImageX /export, il est important d'indiquer le numéro d'indexation de l'image source, même si le fichier ne possède qu'une image. Autrement, la commande ne fonctionnera pas. Il n'y aura pas de message d'erreur, uniquement un retour à l'aide sur la commande image.

Continuons en ajoutant la troisième image *vente*. Procédez comme pour l'image *production* :

```
C:\Program Files\Windows AIK\Tools\x86>ImageX /export c:\image
s\vente.wim 1 c:\images\masters.wim "vente"

ImageX Tool for Windows
Copyright (C) Microsoft Corp. 1981-2005. All rights reserved.


Exporting: [c:\images\vente.wim, 1] ->
           [c:\images\masters.wim]

Progress: 100%

Successfully exported image #1.
```


REMARQUE

Exportation d'images vers d'autres images

Les fichiers images WIM sont comme des tiroirs que l'on peut combiner à souhait. Par exemple, un *fichier1.wim* peut contenir trois images A, B et C où il est possible d'exporter n'importe laquelle des images vers un *fichier2.wim* possédant lui-même trois images J, K et L, et inversement. À vous de combiner ce qui peut se révéler le plus utile.

Puisque les deux images *production* et *vente* sont exportées vers le fichier *master.wim*, observez le résultat au niveau de l'index et des noms. Utilisez pour cela la commande ImageX /info :

```
C:\Program Files\Windows AIK\Tools\x86>ImageX /info c:\images\
masters.wim

ImageX Tool for Windows
Copyright (C) Microsoft Corp. 1981-2005. All rights reserved.


WIM Information:
----------------
GUID:         {92a36348-6d36-485c-8294-24cc8b66f35f}
Image Count:  3
Compression:  XPRESS
Part Number:  1/1
Attributes:   0x0

Available Image Choices:
------------------------
<?xml version="1.0" encoding="UTF-16"?>
<WIM>
<TOTALBYTES>165398315</TOTALBYTES>
```

```
<IMAGE INDEX="1">
  <DIRCOUNT>338</DIRCOUNT>
  <FILECOUNT>2218</FILECOUNT>
  <TOTALBYTES>321337950</TOTALBYTES>
  <CREATIONTIME>
    <HIGHPART>0x1C6825E</HIGHPART>
    <LOWPART>0xB53BFA02</LOWPART>
  </CREATIONTIME>
<NAME>standard</NAME><WINDOWS><ARCH>0</ARCH><PRODUCTNAME>Micro
soft "Windows" Operating System</PRODUCTNAME><PRODUCTTYPE>WinN
T</PRODUCTTYPE><PRODUCTSUITE /><LANGUAGE>00000409</LANGUAGE><V
ERSION><MAJOR>6</MAJOR><MINOR>0</MINOR><BUILD>5308</BUILD><SPB
UILD>17</SPBUILD></VERSION><SYSTEMROOT>WINDOWS</SYSTEMROOT></W
INDOWS></IMAGE><IMAGE INDEX="2">
  <DIRCOUNT>341</DIRCOUNT>
  <FILECOUNT>2272</FILECOUNT>
  <TOTALBYTES>326340702</TOTALBYTES>
  <CREATIONTIME>
    <HIGHPART>0x1C68269</HIGHPART>
    <LOWPART>0x7A335800</LOWPART>
  </CREATIONTIME>
<NAME>production</NAME><WINDOWS><ARCH>0</ARCH><PRODUCTNAME>Mic
rosoft "Windows" Operating System</PRODUCTNAME><PRODUCTTYPE>Wi
nNT</PRODUCTTYPE><PRODUCTSUITE /><LANGUAGE>00000409</LANGUAGE>
<VERSION><MAJOR>6</MAJOR><MINOR>0</MINOR><BUILD>5308</BUILD><S
PBUILD>17</SPBUILD></VERSION><SYSTEMROOT>WINDOWS</SYSTEMROOT><
/WINDOWS></IMAGE><IMAGE INDEX="3">
  <DIRCOUNT>365</DIRCOUNT>
  <FILECOUNT>2795</FILECOUNT>
  <TOTALBYTES>415604151</TOTALBYTES>
  <CREATIONTIME>
    <HIGHPART>0x1C68269</HIGHPART>
    <LOWPART>0x7D272172</LOWPART>
  </CREATIONTIME>
<NAME>vente</NAME><WINDOWS><ARCH>0</ARCH><PRODUCTNAME>Microsof
t "Windows" Operating System</PRODUCTNAME><PRODUCTTYPE>WinNT</
PRODUCTTYPE><PRODUCTSUITE /><LANGUAGE>00000409</LANGUAGE><VERS
ION><MAJOR>6</MAJOR><MINOR>0</MINOR><BUILD>5308</BUILD><SPBUIL
D>17</SPBUILD></VERSION><SYSTEMROOT>WINDOWS</SYSTEMROOT></WIND
OWS></IMAGE></WIM>
```


Dans le fichier *masters.wim*, après l'instanciation, on retrouve toutes les informations de départ de chaque image avec le même nombre de répertoires et de fichiers par image. Pourtant, le master ne fait que 161 Mo au lieu de 416 Mo au départ des trois images.

Pour l'image standard :

- <IMAGE INDEX="1">
- <DIRCOUNT>338</DIRCOUNT>
- <FILECOUNT>2218</FILECOUNT>
- <NAME>standard</NAME>

Pour l'image production :

- <IMAGE INDEX="2">
- <DIRCOUNT>341</DIRCOUNT>
- <FILECOUNT>2272</FILECOUNT>
- <NAME>production</NAME>

Pour l'image vente :

- <IMAGE INDEX="3">
- <DIRCOUNT>365</DIRCOUNT>
- <FILECOUNT>2795</FILECOUNT>
- <NAME>vente</NAME>

Figure 5-12 : *Taille de l'image de départ après l'instanciation des deux images : le fichier est passé de 129 Mo à 161 Mo*

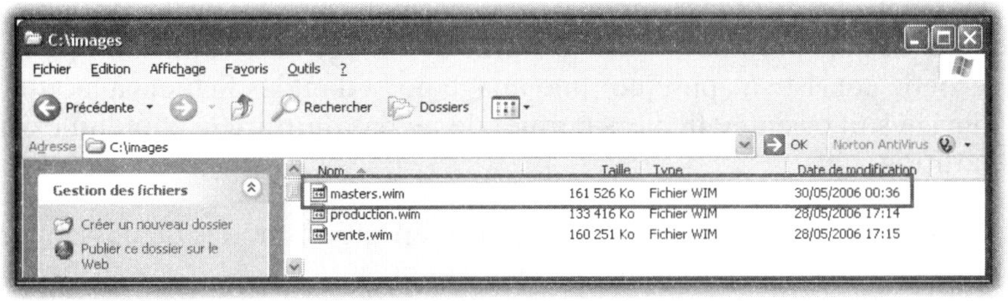

REMARQUE

Image et fichier WIM

Il est important de bien faire la différence entre les deux termes. Le fichier *nom.wim* contient une ou plusieurs images. Il est possible d'avoir un fichier WIM nommé *station.wim* et une image nommée également *station*. Il est également possible d'avoir un fichier WIM nommé *station.wim* et plusieurs images de noms différentes.

Le format WIM reste un format d'image très puissant. Il offre de multiples ouvertures et ne se limite pas à l'instanciation et au delta de fichiers.

Travailler hors connexion dans une image

L'un des problèmes posés par les formats d'image par secteurs est la gestion de l'image elle-même tout au long de sa vie. Chaque fois qu'un poste de travail est mastérisé en image et que l'on souhaite modifier cette image, la seule solution consiste à faire redescendre l'image sur le poste, à mettre à jour le poste de travail puis à mastériser de nouveau le poste, en fonction du nombre de masters que possède l'entreprise, puisque ces masters ne sont évidemment pas instanciés. Résultat : les équipes informatiques trouvent souvent des solutions maison qui, au finale, compliquent les migrations d'une version vers l'autre. Avec ImageX (toujours le même outil gratuit fourni dans le kit de déploiement), vous avez la possibilité de monter l'image de votre choix en tant que répertoire contenant l'ensemble des répertoires et des fichiers de l'image. Une fois ce répertoire monté, ajoutez simplement votre contenu et redescendez l'image.

Monter une image dans un répertoire

Imaginons le scénario suivant…

Vous disposez de postes de travail dans lesquels se trouve un répertoire *Update*. Sur les machines, un script tourne régulièrement pour installer son contenu avant de le supprimer. Si vous souhaitez mettre à jour vos masters en ajoutant des correctifs, des patchs ou des procédures, il est désormais possible de le faire grâce à deux méthodes : la première consiste à utiliser l'image hors connexion (voir plus bas), la seconde consiste à appliquer une image possédant les fichiers à ajouter. Le fait que l'image soit orientée fichiers permet de ne pas détruire le contenu existant sur la partition.

Dans le test suivant, vous ajouterez des répertoires et des fichiers à l'image *production.wim* que nous avons listée ci-après :

```
C:\Program Files\Windows AIK\Tools\x86>ImageX /info c:\images\
production.wim

ImageX Tool for Windows
Copyright (C) Microsoft Corp. 1981-2005. All rights reserved.

WIM Information:
----------------
GUID:         {375822c7-eef0-48c7-83a1-4fd5dc194d58}
Image Count:  1
Compression:  XPRESS
Part Number:  1/1
Attributes:   0x0
```

```
Available Image Choices:
------------------------
<?xml version="1.0" encoding="UTF-16"?>
<WIM>
<TOTALBYTES>136616448</TOTALBYTES>
  <IMAGE INDEX="1">
  <DIRCOUNT>341</DIRCOUNT>
  <FILECOUNT>2272</FILECOUNT>
  <TOTALBYTES>326340702</TOTALBYTES>
  <CREATIONTIME>
    <HIGHPART>0x1C68269</HIGHPART>
    <LOWPART>0x7A335800</LOWPART>
  </CREATIONTIME>
<NAME>production</NAME><WINDOWS><ARCH>0</ARCH><PRODUCTNAME>Mic
rosoft "Windows" Operating System</PRODUCTNAME><PRODUCTTYPE>Wi
nNT</PRODUCTTYPE><PRODUCTSUITE /><LANGUAGE>00000409</LANGUAGE>
<VERSION><MAJOR>6</MAJOR><MINOR>0</MINOR><BUILD>5308</BUILD><S
PBUILD>17</SPBUILD></VERSION><SYSTEMROOT>WINDOWS</SYSTEMROOT><
/WINDOWS></IMAGE></WIM>
```


Cette image possède 41 dossiers et 2272 fichiers. Pour monter une image afin de travailler hors connexion, il faut utiliser la commande ImageX avec le commutateur /mountrw. Ce commutateur se décompose en deux parties : la première, mount, vous permet de monter l'image ; la seconde partie nommée rw (*Read* et *Write*) vous donne des droits en lecture et en écriture sur le répertoire de l'image. Le tout est suivi de la source de l'image et de son numéro d'index (si vous ne le connaissez pas, utilisez la commande ImageX /info) et se termine par le répertoire de destination.

Pour monter l'image, procédez ainsi :

```
C:\Program Files\Windows AIK\Tools\x86>ImageX /mountrw
c:\images\production.wim 1 c:\montage

ImageX Tool for Windows
Copyright (C) Microsoft Corp. 1981-2005. All rights reserved.


Mounting (RW): [c:\images\production.wim, 1] ->
               [c:\montage]

Successfully mounted image (RW).
```

REMARQUE

Monter une image

Même si l'outil ImageX ne peut monter un fichier *.wim* avec des autorisations de lecture et d'écriture qu'à partir d'un système de fichiers NTFS, vous pouvez malgré tout monter vos images en lecture seule à partir

REMARQUE

des systèmes de fichiers NTFS, FAT, ISO et UDF. Il est impossible d'enregistrer les modifications apportées au fichier image lorsqu'il est monté en lecture seule.

Ajouter un contenu à l'image

Maintenant que l'image est montée, c'est-à-dire qu'elle représente sur votre machine un répertoire, il est possible d'ajouter d'autres répertoires, fichiers, etc. On procède par script, en codant toute la gestion hors connexion de bout en bout, en passant par le montage, l'ajout et le démontage de l'image ou à partir de l'interface graphique.

Figure 5-13 : *Ajout d'un répertoire dans l'image production qui est montée dans le répertoire montage*

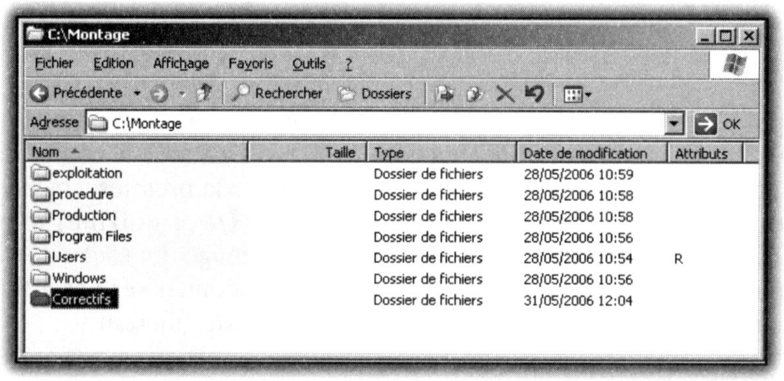

Démonter une image

Une fois l'ajout de contenu dans l'image terminé, il faut faire redescendre cette image en tenant compte des modifications. Vous utiliserez la commande ImageX et les commutateurs /unmount pour faire redescendre l'image et le commutateur /commit afin que vos modifications soient dans l'image. Procédez ainsi :

```
C:\Program Files\Windows AIK\Tools\x86>ImageX /unmount /commit
 c:\montage

ImageX Tool for Windows
Copyright (C) Microsoft Corp. 1981-2005. All rights reserved.


Unmounting: [c:\montage]...

Successfully unmounted image.
```

Si vous comparez à présent l'image avant et après, vous voyez qu'elle contient maintenant 342 répertoires et 2283 fichiers. Votre mise à jour a donc été prise en compte.

```
C:\Program Files\Windows AIK\Tools\x86>ImageX /info c:\images\
production.wim

ImageX Tool for Windows
Copyright (C) Microsoft Corp. 1981-2005. All rights reserved.

WIM Information:
----------------
GUID:         {375822c7-eef0-48c7-83a1-4fd5dc194d58}
Image Count: 1
Compression: XPRESS
Part Number: 1/1
Attributes:  0x0

Available Image Choices:
------------------------
<?xml version="1.0" encoding="UTF-16"?>
<WIM>
<TOTALBYTES>227058258</TOTALBYTES>
  <IMAGE INDEX="1">
  <DIRCOUNT>342</DIRCOUNT>
  <FILECOUNT>2283</FILECOUNT>
  <TOTALBYTES>419404221</TOTALBYTES>
  <CREATIONTIME>
    <HIGHPART>0x1C68269</HIGHPART>
    <LOWPART>0x7A335800</LOWPART>
  </CREATIONTIME>
<NAME>production</NAME><WINDOWS><ARCH>0</ARCH><PRODUCTNAME>Mic
rosoft "Windows" Operating System</PRODUCTNAME><PRODUCTTYPE>Wi
nNT</PRODUCTTYPE><PRODUCTSUITE /><LANGUAGE>00000409</LANGUAGE>
<VERSION><MAJOR>6</MAJOR><MINOR>0</MINOR><BUILD>5308</BUILD><S
PBUILD>17</SPBUILD></VERSION><SYSTEMROOT>WINDOWS</SYSTEMROOT><
/WINDOWS></IMAGE></WIM>
```

Appliquer une image

Pour conclure ce survol de l'utilitaire ImageX, vous allez voir comment appliquer une image. Utilisez simplement la commande ImageX avec le commutateur /apply. Ce dernier vous permettra d'appliquer l'image avec le numéro d'index suivi de la destination :

```
C:\Program Files\Windows AIK\Tools\x86>ImageX /apply c:\images
\production.wim 1 c:\montage
```

```
ImageX Tool for Windows
Copyright (C) Microsoft Corp. 1981-2005. All rights reserved.

Progress: 100%

Successfully applied image.
```

Les limites d'ImageX

Bien que très utile et très performant, ImageX présente quelques limites dont vous devez tenir compte pour ne pas avoir de mauvaises surprises lors de sa mise en application :

- Vous pouvez utiliser ImageX uniquement pour capturer et appliquer une version complète du système d'exploitation et des applications logicielles. Vous ne pouvez pas utiliser cet outil pour capturer et appliquer des mises à niveau vers un système d'exploitation ou pour des applications.
- Vous pouvez utiliser uniquement des fichiers image système Windows (*.wim*) pour interagir avec ImageX. Les images précédentes, créées avec des outils d'acquisition d'images tiers, sont inutilisables avec la technologie ImageX.
- Seul un type de compression unique peut être utilisé pour un fichier *.wim*. Les fichiers image ajoutés doivent utiliser le même type de compression que la capture initiale.
- Vous pouvez monter une image uniquement à partir de Microsoft Windows XP SP2, Microsoft Windows Server 2003 SP1 ou Windows Vista.
- Il est possible de monter un fichier *.wim* doté d'autorisations de lecture et d'écriture uniquement sur un système de fichiers NTFS. La limite des 2 Go imposée par les systèmes de fichiers FAT est ainsi contournée, et la perte éventuelle de données due aux systèmes de fichiers FAT ou non-NTFS est évitée.
- D'autres outils Microsoft sont indispensables, par exemple Diskpart ou l'outil de formatage, pour préparer les disques afin de constituer des images de volumes. Si vous déployez l'image Sysprep à l'aide d'ImageX, vous devez déployer cette image sur le même volume.

Les dépendances d'ImageX

ImageX présente quelques dépendances :

- En utilisant l'Assistant Gestion d'installation, vous créez une image d'installation que vous capturez par la suite à l'aide d'ImageX.

- En utilisant Sysprep, vous pouvez préparer la capture d'une image par ImageX. L'exécution de Sysprep sur l'ordinateur maître supprime tous les paramètres et les données spécifiques à l'ordinateur et aux utilisateurs. Elle réinitialise l'horloge d'activation du produit pour une durée de 30 jours et permet la création d'un nouvel identificateur de sécurité (ou SID) au moment du redémarrage. Après l'exécution de Sysprep, vous redémarrez l'ordinateur maître dans l'environnement de préinstallation de Windows, Windows PE, pour capturer l'image. Si vous déployez l'image Sysprep à l'aide d'ImageX, vous devez la déployer sur le même volume.
- Vous devez démarrer l'ordinateur de préinstallation dans Windows PE et, à partir de cet environnement, exécuter l'outil ImageX pour capturer l'image. Une fois l'image créée, démarrez l'ordinateur de préinstallation, installez le pilote WIM FS Filter (*Windows Imaging File System Filter*), modifiez l'image, puis appliquez-la à partir d'un emplacement réseau.

5.4 Introduction à Win PE

Windows PE 2.0 (*Windows Preinstallation Environnement*) constitue l'une des bases du déploiement de Windows Vista. Il est conçu pour faciliter les déploiements de ce nouveau système d'exploitation. C'est un environnement bootable limité fondé sur Windows Vista.

> REMARQUE
>
> **Win PE 2.0**
>
> Jusqu'à présent, Win PE était réservé aux clients disposant d'un contrat Microsoft Software Assurance (SA). La bonne nouvelle, c'est que Win PE 2.0 devient disponible pour toutes les personnes ou sociétés désireuses d'installer ou de déployer Windows Vista. Cependant, il ne peut être acquis sans Windows Vista.

Win PE offre de puissants outils de préparation et d'installation pour Windows Vista. Même s'il ne dispose pas de toutes les classes WMI, il en possède un certain nombre, ce qui vous permettra d'optimiser vos déploiements. Dans sa version 2.0, Win PE est personnalisable au travers d'un outil livré dans le WAIK (*Windows Automated Installation Kit*). Ainsi, il est possible d'ajouter simplement des pilotes ou des packages.

DÉFINITION

Win PE

Win PE est un outil de démarrage système de Microsoft qui offre des fonctionnalités avancées pour l'installation, le dépannage et la récupération. Il a été conçu pour remplacer MS-DOS comme environnement de préinstallation. Win PE 2.0 est la version liée à Windows Vista.

Les versions de Win PE

Même si c'est la première fois que vous en entendez parler ou que vous l'utilisez, sachez que Win PE 2.0 offre plusieurs versions. Une nouvelle version de Win PE sort à chaque révision d'un système d'exploitation ou à l'arrivée d'un Service Pack. La dernière version officielle avant la sortie de Windows Vista est la version correspondant à Windows 2003 Server SP1. À l'arrivée de Win PE, un grand nombre d'applications ne pouvaient s'exécuter car elles nécessitaient de l'espace de stockage temporaire, et Win PE était souvent lancé à partir d'un support non inscriptible tel qu'un CD. Les versions se sont enrichies et améliorées pour prendre en charge le WMI, les périphériques Plug and Play, mais également en apportant le support du Ramdisk et en permettant le démarrage à partir d'une clé USB :

- La version Win PE 1.0 est fondée sur la version Windows XP.
- La version Win PE 1.1 est fondée sur la version Windows XP SP1.
- La version Win PE 1.2 est fondée sur la version Windows 2003 Server.
- La version Win PE 1.5 est fondée sur la version Windows XP SP2.
- La version Win PE 1.6 est fondée sur la version Windows 2003 SP1.

Win PE 2.0

Que de chemin parcouru entre la version 1.0 et la version 2.0 de Win PE. La version 2.0 de Win PE s'appuie en effet sur les composants de Windows Vista. Par conséquent, Win PE 2.0 prend en charge les pilotes Windows Vista et tire parti d'un grand nombre d'améliorations apportées par Windows Vista, par exemple la protection améliorée contre les attaques réseau offerte par le pare-feu Windows. Désormais, cette nouvelle version de Win PE prend en charge l'ajout de pilotes, ce qui vous permet de charger des pilotes avant ou après le lancement de Win PE. Si vous démarrez Win PE et que vous constatiez qu'il manque un pilote nécessaire, vous avez la possibilité de charger le pilote non standard à partir d'un support amovible et d'utiliser aussitôt le matériel sans redémarrage.

Pour plus de flexibilité, en particulier lors de la création de scripts de préinstallation, Win PE 2.0 inclut désormais une prise en charge améliorée de WMI. Cela vous permet d'effectuer la plupart des tâches de configuration et de gestion à partir d'un script ou de la ligne de commandes.

ATTENTION

Win PE

Toutefois, Win PE n'est pas une version *embedded* du système d'exploitation. Il ne remplace pas un système d'exploitation client ou serveur. Il reboote toutes les 24 heures. Windows PE est un outil amorçable fondé sur les composants de Windows Vista. Contrairement à Windows Vista, qui est un système d'exploitation général, Windows PE est conçu pour être utilisé dans le cadre de l'installation ou du dépannage.

Comme vous l'avez vu précédemment, avec l'arrivée de Windows Vista, Win PE sera donc disponible pour tout le monde. Win PE 2.0 sera disponible dans le WAIK et utilisable pour déployer Windows Vista dans toutes les entreprises sans problème de licence.

La première étape pour utiliser Win PE consiste à installer le WAIK. Dans l'un des répertoires du kit d'installation se trouvent deux images WIM de Win PE ainsi que des outils :

```
C:\Program Files\Windows AIK\Tools\x86>dir
 Le volume dans le lecteur C n'a pas de nom.
 Le numéro de série du volume est FC61-F515

 Répertoire de C:\Program Files\Windows AIK\Tools\x86

14/05/2006  20:13    <REP>          boot
23/02/2006  15:01       125 123 301 boot.wim
09/11/2005  16:01             1 024 bootfix.bin
18/02/2006  01:03           409 980 bootmgr
18/02/2006  01:03            59 392 BootSect.exe
18/02/2006  01:50           337 920 cbscore.dll
18/02/2006  01:06         2 041 344 cmiv2.dll
18/02/2006  01:50           231 424 dpx.dll
18/02/2006  01:50           189 440 drvstore.dll
14/05/2006  20:13    <REP>          efi
14/05/2006  20:13    <REP>          en-us
18/02/2006  01:50         1 318 912 msxml6.dll
18/02/2006  01:48             2 560 msxml6r.dll
10/02/2006  16:09            75 776 oscdimg.exe
18/02/2006  01:05           231 424 peimg.exe
18/02/2006  01:50           781 824 smiengine.dll
```

```
18/02/2006  01:50            43 520 smipi.dll
18/02/2006  01:05            19 968 sys.exe
18/02/2006  01:50         1 282 560 wcp.dll
18/02/2006  01:50           287 744 wdscore.dll
18/02/2006  01:02             3 113 wimfltr.inf
18/02/2006  01:05           110 848 wimfltr.sys
18/02/2006  01:05           176 640 wimgapi.dll
18/02/2006  14:07       132 400 517 winpe.wim
18/02/2006  01:05           233 984 ImageX.exe
18/02/2006  01:33           116 224 xmllite.dll
              23 fichier(s)       265 479 439 octets
               5 Rép(s)   9 044 193 280 octets libres
```

La première image se nomme *winpe.wim*, c'est le Win PE 2.0 fourni pour déployer Windows Vista. La seconde image s'appelle *boot.wim*. Les deux images font sensiblement la même taille, 125 Mo et 130 Mo. Cependant, elles présentent quelques différences non négligeables. Dans ses versions précédentes, il était souvent reproché à Win PE de mettre trop longtemps à démarrer car il n'était pas optimisé. Ce problème est résolu grâce à ces deux images.

Vous trouverez deux modes dans cette nouvelle version de Win PE, un mode Préparé et un mode Non préparé. Vous créerez votre propre arborescence, ajouterez des éléments, puis au travers d'une commande, vous pourrez l'optimiser en fonction de son démarrage via le réseau, un support USB ou un CD.

Le fichier *boot.wim* est la version de Win PE préparée. La problématique du *boot.win* et des versions préparées, c'est que vous ne pouvez plus ajouter de composants. Seul l'ajout de pilotes sera possible dans ce mode. Il est donc très important de conserver une version dite non préparée de Win PE, ce qui est le cas avec *winpe.wim*. Pour voir la différence entre les versions, utilisez la commande ImageX /info, suivie du nom de l'*image.wim*.

La version winpe.wim

Pour visualiser le contenu de la version de *winpe.wim*, tapez la commande ImageX /info winpe.wim.

```
C:\Program Files\Windows AIK\Tools\x86>ImageX /info winpe.wim

ImageX Tool for Windows
Copyright (C) Microsoft Corp. 1981-2005. All rights reserved.

WIM Information:
----------------
GUID:        {67ee3e46-1bfc-458a-935a-3e727a38b819}
```

```
Image Count: 1
Compression: LZX
Part Number: 1/1
Boot Index:  1
Attributes:  0x0

Available Image Choices:
------------------------
<?xml version="1.0" encoding="UTF-16"?>
<WIM>
<TOTALBYTES>132399001</TOTALBYTES>
  <IMAGE INDEX="1">
  <DIRCOUNT>1278</DIRCOUNT>
  <FILECOUNT>5585</FILECOUNT>
  <TOTALBYTES>704847999</TOTALBYTES>
  <CREATIONTIME>
    <HIGHPART>0x1C634D7</HIGHPART>
    <LOWPART>0x9996AA8E</LOWPART>
  </CREATIONTIME>
<NAME>Microsoft Windows Longhorn WinPE Product (x86)</NAME><DE
t Windows Longhorn WinPE Product (x86)</DESCRIPTION><WINDOWS><
UCTNAME>Microsoft "Windows" Operating System</PRODUCTNAME><PRO
ODUCTTYPE><PRODUCTSUITE /><LANGUAGE>00000409</LANGUAGE><VERSIO
<MINOR>0</MINOR><BUILD>5308</BUILD><SPBUILD>17</SPBUILD></VERS
NDOWS</SYSTEMROOT></WINDOWS></IMAGE></WIM>
```

Dans la partie NAME se trouve le nom de l'image *winpe.wim* : Microsoft Windows Longhorn WinPE. Cette version est la version de Windows Vista. Vous verrez un peu plus loin comment voir le contenu de chaque image. Cette version d'image est non préparée, il est donc possible d'y ajouter des packages et des pilotes.

La version boot.wim

Pour visualiser le contenu de la seconde image de Win PE *boot.wim*, tapez ImageX /info boot.wim.

```
C:\Program Files\Windows AIK\Tools\x86>ImageX /info boot.wim

ImageX Tool for Windows
Copyright (C) Microsoft Corp. 1981-2005. All rights reserved.

WIM Information:
----------------
GUID:         {6c00797e-6e60-4b43-9be6-cf327f16f3f6}
Image Count: 1
Compression: LZX
```

```
Part Number: 1/1
Boot Index:  1
Attributes:  0x0

Available Image Choices:
------------------------
<?xml version="1.0" encoding="UTF-16"?>
<WIM>
<TOTALBYTES>125121945</TOTALBYTES>
  <IMAGE INDEX="1">
  <DIRCOUNT>362</DIRCOUNT>
  <FILECOUNT>2289</FILECOUNT>
  <TOTALBYTES>319894252</TOTALBYTES>
  <CREATIONTIME>
    <HIGHPART>0x1C638CD</HIGHPART>
    <LOWPART>0x196493A</LOWPART>
  </CREATIONTIME>
<NAME>Windows Preinstallation Environment (x86)</NAME><WINDOWS
><ARCH>0</ARCH><PRODUCTNAME>Microsoft "Windows" Operating Syst
em</PRODUCTNAME><PRODUCTTYPE>WinNT</PRODUCTTYPE><PRODUCTSUITE
/><LANGUAGE>00000409</LANGUAGE><VERSION><MAJOR>6</MAJOR><MINOR
>0</MINOR><BUILD>5308</BUILD><SPBUILD>17</SPBUILD></VERSION><S
YSTEMROOT>WINDOWS</SYSTEMROOT></WINDOWS></IMAGE></WIM>
```

Dans la partie NAME se trouve le nom de l'image *boot.wim* : Windows Preinstallation Environment (x86). Cette version est la version de démarrage de Windows Vista. À la différence de la version *winpe.wim*, cette version d'image est préparée. Il est donc impossible d'y ajouter des packages, seuls les pilotes peuvent y être ajoutés.

L'utilisation de Win PE

Win PE 2.0 est capable de traiter trois aspects spécifiques.

- L'installation de Windows Vista : Win PE s'exécute chaque fois que vous installez Windows Vista. Les outils graphiques qui collectent les informations de configuration au cours de la phase d'installation s'exécutent dans Windows PE.
- La résolution des problèmes : Win PE sert également pour la résolution de problèmes. Par exemple, il démarre automatiquement et lance l'environnement de récupération de Windows.
- La récupération : Win PE peut être utilisé pour créer des solutions personnalisées et automatisées pour la récupération et la reconstruction d'ordinateurs fondés sur Windows Vista.

Win PE consomme moins de 100 Mo d'espace disque et peut s'exécuter intégralement à partir de la mémoire vive, ce qui vous permet d'insérer un deuxième CD contenant les pilotes ou les logiciels. Ces fonctionnalités permettent à Windows PE de s'exécuter sur des ordinateurs qui ne sont pas encore équipés d'un disque dur formaté ou d'un système d'exploitation installé. Cependant, Windows PE n'est pas un système d'exploitation complet comme Windows Vista. De plus, vous pouvez faire le test, Win PE redémarre toutes les 24 heures.

Les limitations de Win PE

Win PE possède ses propres limitations…

RENVOI

Les informations qui suivent proviennent de l'aide en ligne de Win PE. N'hésitez pas à vous y reporter.

- L'ordinateur doit être équipé de 256 Mo de RAM au minimum.
- Windows PE nécessite un périphérique d'affichage compatible VESA et utilise la résolution d'écran la plus élevée possible. Si Windows PE ne peut détecter les paramètres vidéo, il utilise une résolution de 640 x 480 pixels.
- Il prend en charge la résolution de noms DFS (*Distributed File System*) uniquement pour les racines DFS autonomes.
- Vous ne pouvez pas accéder aux fichiers ou aux dossiers d'un ordinateur exécutant Win PE à partir d'un autre ordinateur. Le service Serveur n'est pas disponible dans Windows PE.
- Win PE prend en charge à la fois IPv4 et IPv6, mais ne prend pas en charge d'autres protocoles comme IPX/SPX.
- Les affectations de lettres d'unité ne sont pas persistantes d'une session à l'autre. Après le redémarrage de Win PE, les affectations de lettres d'unité sont dans l'ordre par défaut.
- Windows PE ne prend pas en charge le .NET Framework.
- Dans la mesure où WOW (*Windows on Windows*) n'est pas pris en charge, les applications 16 bits ne s'exécutent pas dans les versions 32 bits de Windows PE et les applications 32 bits ne s'exécutent pas dans les versions 64 bits de Win PE.
- Win PE redémarre 24 heures après le démarrage initial.

Les outils

Un certain nombre d'outils permettent d'utiliser Win PE. Certains sont inclus, d'autres non. Voici la liste et les fonctions de ces outils…

- ImageX : il n'est pas présent dans Win PE, mais vous pouvez le trouver dans le kit de déploiement. Il est utilisé pour l'ajout d'une image, la capture d'images, l'application d'images, etc.
- DiskPart : cet outil permet de créer ou de supprimer des partitions. Il n'est pas nouveau, mais c'est uniquement après la création d'une partition que vous pourrez descendre l'image WIM.
- Drvload : c'est un nouvel outil. Vous pouvez utiliser la commande drvload pour ajouter des pilotes de périphérique, comme des chipsets audio, vidéo et des chipsets de carte mère à une image Windows PE. Vous pouvez également utiliser drvload pour charger dynamiquement un pilote après le démarrage de Windows PE.
- OSCDImag : cet outil permet de créer une image ISO du Win PE.
- PEImg : cet outil permet de lister ou d'ajouter des composants en ligne de commande dans Win PE, mais également de préparer une image.
- BCDEdit : cet outil permet d'éditer les données de configuration de démarrage (*Boot Configuration Data*). Il est aussi utilisé pour ajouter Win PE dans un menu de boot. C'est le remplaçant du *boot.ini*.

Personnaliser un Win PE non préparé

Pour préparer et personnaliser Win PE, rappelez-vous l'image *winpe.wim*, c'est-à-dire le Win PE non préparé. Il faut appliquer son contenu dans un répertoire afin d'utiliser ses fichiers et son arborescence. Vous avez plusieurs possibilités : la première est d'utiliser la commande ImageX /mountrw, la seconde d'employer la commande ImageX /apply. C'est cette dernière commande que vous utiliserez ici. Voyez la syntaxe ImageX, avec le commutateur /apply (ce commutateur permet d'appliquer des images), et le nom de l'image WIM suivi du numéro d'indexation de l'image dans le fichier WIM, pour terminer le chemin complet du répertoire de destination :

```
ImageX /apply winpe.wim 1 c:\extractPE
```

Ajouter des packages

L'ajout de packages est une fonction très pratique de Win PE puisque ce dernier peut également exécuter des fichiers batch, des scripts VBS, des scripts WSH si le composant optionnel WSH est installé, des applications HTA (*HTML Applications*) et des objets ADO. Dans la mesure où Win PE offre un espace temporaire s'appuyant sur la mémoire vive, Win PE peut exécuter des applications qui nécessitent la possibilité d'écrire des fichiers temporaires sur le disque dur, même si aucun disque dur n'est disponible.

Pour réaliser l'installation de packages, il faut disposer d'une version de Win PE non préparée, par exemple *winpe.wim*. Vous devez lister les packages contenus dans cette image. Pour cela, vous disposez de la commande peimg /list et vous avez la possibilité de détailler le contenu des packages avec le commutateur /verbose. Une fois cette tâche effectuée, vous pouvez ajouter des packages à l'aide de la commande peimg /install. Vous pouvez également installer des pilotes avec la commande peimg /inf, à condition de posséder son fichier INF. Une fois les ajouts terminés, il vous restera encore deux étapes à suivre pour utiliser votre image : la première consiste à préparer l'image avec la commande peimg /prep /f et la seconde, un peu plus complexe, avec la commande ImageX /boot /compress maximum /capture, permettra de capturer l'image.

5

Lister les packages contenus dans Win PE

Les images contiennent un ensemble de packages activés ou non. L'outil peimg permet de voir les packages de l'image. La commande offre la possibilité de détailler ou non le contenu des packages en utilisant le commutateur /verbose derrière le commutateur /list. Pour lister les packages, saisissez le code suivant :

```
C:\Program Files\Windows AIK\Tools\x86>peimg c:\extractPE\Windows
✂ /list /verbose
Pre-Installation Environment Image Setup Tool for Windows
Copyright (C) Microsoft Corp. 1981-2005. All rights reserved.

Lang  | Version      | Ins | Name
------+-------------+-----+---------------------------------
en-US |6.0.5308.17  |  +  | Microsoft-Windows-WinPE-Package
------+-------------+-----+---------------------------------
Microsoft-Windows-WinPE-Package~31bf3856ad364e35~x86~~6.0.5308
.17
------+-------------+-----+---------------------------------
en-US |6.0.5308.17  |  -  | WinPE-HTA-Package
------+-------------+-----+---------------------------------
WinPE-HTA-Package~31bf3856ad364e35~x86~en-US~6.0.5308.17

------+-------------+-----+---------------------------------
      |6.0.5308.17  |  -  | WinPE-HTA-Package
------+-------------+-----+---------------------------------
WinPE-HTA-Package~31bf3856ad364e35~x86~~6.0.5308.17
```

```
------+-------------+-----+-----------------------------------
en-US |6.0.5308.17  |  -  | WinPE-MDAC-Package
------+-------------+-----+-----------------------------------
WinPE-MDAC-Package~31bf3856ad364e35~x86~en-US~6.0.5308.17

------+-------------+-----+-----------------------------------
      |6.0.5308.17  |  -  | WinPE-MDAC-Package
------+-------------+-----+-----------------------------------
WinPE-MDAC-Package~31bf3856ad364e35~x86~~6.0.5308.17

------+-------------+-----+-----------------------------------
en-US |6.0.5308.17  |  -  | WinPE-Scripting-Package
------+-------------+-----+-----------------------------------
WinPE-Scripting-Package~31bf3856ad364e35~x86~en-US~6.0.5308.17

------+-------------+-----+-----------------------------------
      |6.0.5308.17  |  -  | WinPE-Scripting-Package
------+-------------+-----+-----------------------------------
WinPE-Scripting-Package~31bf3856ad364e35~x86~~6.0.5308.17

------+-------------+-----+-----------------------------------
en-US |6.0.5308.17  |  -  | WinPE-SRT-Package
------+-------------+-----+-----------------------------------
WinPE-SRT-Package~31bf3856ad364e35~x86~en-US~6.0.5308.17

------+-------------+-----+-----------------------------------
      |6.0.5308.17  |  -  | WinPE-SRT-Package
------+-------------+-----+-----------------------------------
WinPE-SRT-Package~31bf3856ad364e35~x86~~6.0.5308.17

------+-------------+-----+-----------------------------------
en-US |6.0.5308.17  |  -  | WinPE-XML-Package
------+-------------+-----+-----------------------------------
WinPE-XML-Package~31bf3856ad364e35~x86~en-US~6.0.5308.17

------+-------------+-----+-----------------------------------
      |6.0.5308.17  |  -  | WinPE-XML-Package
------+-------------+-----+-----------------------------------
WinPE-XML-Package~31bf3856ad364e35~x86~~6.0.5308.17
```

Il est important de retenir deux informations parmi les informations listées : le nom exact du package, par exemple WinPE–Scripting–Package, vous servira pour la syntaxe d'installation ; les signes + et – vous permettront de déterminer les packages installés.

Ajouter le package HTA

Une fois les packages listés, il faut installer les packages non installés. Si vous souhaitez utiliser des applications HTML, vous devez ajouter le package HTA (*HTML Applications*). Pour cela, utilisez la commande peimg avec le commutateur /install, suivi du signe = et du nom exact du package listé précédemment. Pour installer le package HTA, saisissez le code suivant :

```
C:\Program Files\Windows AIK\Tools\x86>peimg c:\extractPE\Windows
✂ /install=WinPE-HTA-Package
Pre-Installation Environment Image Setup Tool for Windows
Copyright (C) Microsoft Corp. 1981-2005. All rights reserved.

Lang  | Version      | Ins | Name
------+-------------+-----+----------------------------------
en-US |6.0.5308.17   |  +  | WinPE-HTA-Package
------+-------------+-----+----------------------------------
      |6.0.5308.17   |  +  | WinPE-HTA-Package
------+-------------+-----+----------------------------------

Installed 2 packages.

PEIMG completed the operation successfully.
```

5

Ajouter le package XML

Pour installer le package XML, saisissez le code suivant :

```
C:\Program Files\Windows AIK\Tools\x86>peimg c:\extractPE\wind
ows /install=winPE-XML-package
Pre-Installation Environment Image Setup Tool for Windows
Copyright (C) Microsoft Corp. 1981-2005. All rights reserved.


Lang  | Version      | Ins | Name
------+-------------+-----+----------------------------------
en-US |6.0.5308.17   |  +  | WinPE-XML-Package
------+-------------+-----+----------------------------------
      |6.0.5308.17   |  +  | WinPE-XML-Package
------+-------------+-----+----------------------------------

Installed 2 packages.

PEIMG completed the operation successfully.
```

REMARQUE

Ajout de packages

La version 2.0 de Win PE permet de vérifier les packages installés.

Ajouter le package scripting

Pour installer le package scripting, saisissez le code suivant :

```
C:\Program Files\Windows AIK\Tools\x86>peimg c:\extractPE\wind
ows /install=winPE-Scripting-package
Pre-Installation Environment Image Setup Tool for Windows
Copyright (C) Microsoft Corp. 1981-2005. All rights reserved.


Lang  | Version      | Ins | Name
------+-------------+-----+-----------------------------------
en-US |6.0.5308.17   |  +  | WinPE-Scripting-Package
------+-------------+-----+-----------------------------------
      |6.0.5308.17   |  +  | WinPE-Scripting-Package
------+-------------+-----+-----------------------------------

Installed 2 packages.

PEIMG completed the operation successfully.
```

Une fois les trois packages installés, il est important de vérifier qu'ils ont été pris en compte. Pour cela, utilisez à nouveau la commande peimg /list. Les trois packages doivent être présentés avec un signe + dans la colonne Ins :

```
C:\Program Files\Windows AIK\Tools\x86>peimg c:\extractPE\wind
ows /list
Pre-Installation Environment Image Setup Tool for Windows
Copyright (C) Microsoft Corp. 1981-2005. All rights reserved.


Lang  | Version      | Ins | Name
------+-------------+-----+-----------------------------------
en-US |6.0.5308.17   |  +  | WinPE-HTA-Package
------+-------------+-----+-----------------------------------
      |6.0.5308.17   |  +  | WinPE-HTA-Package
------+-------------+-----+-----------------------------------
en-US |6.0.5308.17   |  +  | WinPE-Scripting-Package
------+-------------+-----+-----------------------------------
      |6.0.5308.17   |  +  | WinPE-Scripting-Package
```

```
------+-------------+-----+-----------------------------------
en-US |6.0.5308.17  |  +  | WinPE-XML-Package
------+-------------+-----+-----------------------------------
      |6.0.5308.17  |  +  | WinPE-XML-Package
------+-------------+-----+-----------------------------------
en-US |6.0.5308.17  |  -  | WinPE-MDAC-Package
------+-------------+-----+-----------------------------------
      |6.0.5308.17  |  -  | WinPE-MDAC-Package
------+-------------+-----+-----------------------------------
en-US |6.0.5308.17  |  -  | WinPE-SRT-Package
------+-------------+-----+-----------------------------------
      |6.0.5308.17  |  -  | WinPE-SRT-Package
------+-------------+-----+-----------------------------------

Listed 10 package(s).

PEIMG completed the operation successfully.
```

5

Ajouter des pilotes

Win PE offre également une certaine flexibilité. En effet, si Windows Vista inclut les pilotes pour votre matériel informatique, le matériel fonctionnera probablement aussi avec Win PE car ce dernier inclut la plupart des pilotes Windows Vista. Vous pouvez également ajouter de nouveaux pilotes. Pour réaliser cette tâche, vous devez disposer du pilote et de son fichier INF. Pour installer vos pilotes, utilisez la commande peimg /inf :

```
C:\Program Files\Windows AIK\Tools\x86>peimg /inf:c:\drivers\l
an\yukon.inf c:\extractpe\windows
Pre-Installation Environment Image Setup Tool for Windows
Copyright (C) Microsoft Corp. 1981-2005. All rights reserved.

Installing INF package: c:\drivers\lan\yukon.inf

PEIMG completed the operation successfully.

C:\Program Files\Windows AIK\Tools\x86>
```

REMARQUE

Win PE dans les environnements d'entreprise

Vous pouvez ajouter chaque pilote requis par n'importe quel ordinateur de votre organisation à une image Windows PE unique, de sorte que l'image fonctionne avec n'importe lequel de vos ordinateurs.

Préparer l'image

Vous l'avez vu dans l'introduction de ce chapitre, il existe deux modes d'images Win PE : le mode Non préparé qui permet l'ajout de packages et pilotes et le mode Préparé qui permet d'optimiser votre version de Win PE une fois celle-ci personnalisée. Le passage d'un mode à l'autre ne se fait pas automatiquement : il faut utiliser la commande peimg /prep /F :

```
C:\Program Files\Windows AIK\Tools\x86>peimg c:\extractPE\windows
✂ /PREP /F
Pre-Installation Environment Image Setup Tool for Windows
Copyright (C) Microsoft Corp. 1981-2005. All rights reserved.

[=========================100.0%==========================]
PEIMG completed the operation successfully.

C:\Program Files\Windows AIK\Tools\x86>
```

Repackager l'image

Une fois votre Win PE préparé, il ne reste plus qu'à remettre l'image au format WIM et à la rendre bootable. Pour réaliser cette tâche, utilisez la commande ImageX avec les connecteurs / boot si vous souhaitez rendre l'image bootable, /compress maximum pour optimiser l'image, suivi du connecteur / capture pour capturer l'image.

```
C:\Program Files\Windows AIK\Tools\x86>ImageX /boot /compress
maximum /capture "c:\extractPE" "c:\lab-winPE\Win PE LAB.wim" W
inpeLab"

ImageX Tool for Windows
Copyright (C) Microsoft Corp. 1981-2005. All rights reserved.

Progress: 100%

Successfully imaged c:\extractPE
```

Win PE doit être le plus petit possible, afin de pouvoir être stocké sur un support amovible comme un CD ou une clé USB, être démarré rapidement et être stocké intégralement dans la mémoire de l'ordinateur. La taille de Windows PE varie en fonction de la façon dont vous personnalisez l'image, mais il consomme généralement moins de 100 Mo lorsqu'il est compressé au format WIM. Les versions 64 bits de Win PE sont plus volumineuses, et la personnalisation de l'image Win PE avec des packs de langues ou des applications augmente sa taille.

Pour réduire l'utilisation de la mémoire, Win PE peut s'exécuter à partir d'une image compressée. Vous pouvez compresser Win PE dans un fichier WIM et l'exécuter à partir de la mémoire sans le décompresser. Vous tirez parti de la compression à la fois lors du stockage de l'image sur un disque et après son chargement dans la mémoire de l'ordinateur.

Pour réduire le stockage sur disque, le format WIM stocke une seule instance des fichiers dupliqués. Par conséquent, si vous disposez d'un fichier WIM avec deux images Win PE, les fichiers partagés par les deux images sont stockés une seule fois.

Win PE contribue à rendre votre infrastructure informatique efficace et fiable. Microsoft met à votre disposition Win PE afin de vous offrir un outil léger, puissant et flexible pour l'installation, la configuration et le dépannage.

CHAPITRE

6

Atténuer les menaces et les vulnérabilités

CHAPITRE

6 Atténuer les menaces et les vulnérabilités

Les menaces pour la sécurité sont en constante évolution. Or, chacun le sait, la sécurité est une préoccupation majeure pour les entreprises. Pour rester protégé contre les menaces sur Internet et sur les réseaux sans fil, le système d'exploitation client doit également évoluer. Par le biais de plusieurs scénarios, vous allez voir comment Windows Vista améliore la sécurité de manière significative en atténuant les menaces et la vulnérabilité.

6.1 Windows Defender

Windows Defender est un antispyware intégré à Windows Vista et destiné à un usage domestique. Il faut entendre par "usage domestique" l'absence de fonctionnalités d'administration.

Windows Defender est le logiciel de Microsoft pour lutter contre les malwares, il est intégré à Windows Vista. Il rassemble des fonctions de détection, de nettoyage et blocage en temps réel des spywares. Parmi ces actions, Windows Defender est ainsi capable de surveiller Internet Explorer et les composants logiciels chargés dans le navigateur, de vérifier les téléchargements. Windows Defender surveille aussi un certain nombre de points d'entrée fréquemment utilisés sur la machine par les spywares. Il peut s'agir par exemple de la clé de registre *HKLM\......\RUN* qui permet à des logiciels de se maintenir à chaque redémarrage. La technologie de Windows Defender repose sur neuf agents de surveillance. Il offre la possibilité de réaliser une analyse du système rapide ou complète.

6

Pour découvrir l'interface de Windows Defender, sélectionnez le menu **Démarrer** (le logo de Windows Vista), puis cliquez sur **Tous les programmes** et **Windows Defender**.

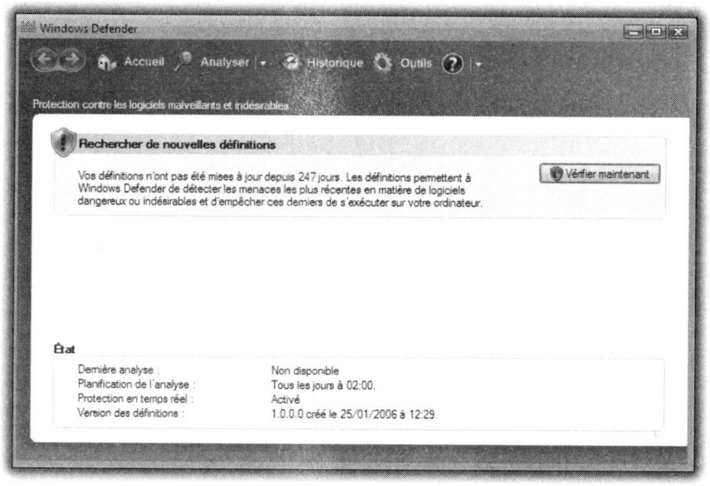

Figure 6-1 : *La page d'accueil de Windows Defender*

Dans la partie supérieure de la fenêtre Windows Defender, vous voyez les menus proposés :

- Le menu **Accueil** affiche l'état général de Windows Defender. Vous y retrouvez la date de la dernière recherche (*Last scan*), l'état de la protection en temps réel (*Real-time protection*) et la version des signatures utilisées par Windows Defender (*Spyware signatures*).
- Le menu **Analyser** analyse l'ordinateur à la recherche de spywares. Différentes analyses sont proposées (*Quick Scan*, *Full Scan*, *Custom Scan*…).
- Le menu **Historique** affiche l'historique de toutes les activités de Windows Defender.
- Le menu **Outils** regroupe plusieurs paramètres et outils et se décompose en quatre sections :
  - *Options* affiche les paramètres généraux de Windows Defender.
  - *Microsoft SpyNet* permet d'échanger de conseils avec la communauté Spynet.
  - *Eléments en quarantaine* contient les éléments qui ont été mis en quarantaine.
  - *Explorateur de logiciels* affiche les logiciels qui s'exécutent sur la machine, qui écoutent le réseau et le niveau de classification associé.

Figure 6-2 : *Affichage des options de Windows Defender*

REMARQUE

Utilisation de Windows Defender

Les utilisateurs visés par Windows Defender se limitent aux particuliers. Windows Defender ne rentre pas dans le cadre de la gestion d'entreprise, c'est-à-dire qu'il n'exploite pas les stratégies de groupe ou la console d'administration centralisée. Il sera possible d'utiliser une version d'entreprise pour la gestion des malwares, mais cela sera proposé dans une version payante du produit qui s'appelle Microsoft Client Protection. Cette version ne se limitera pas à la simple gestion de spywares, elle intégrera également l'antivirus de Microsoft et sera administrable sous forme de solution.

Utiliser Windows Defender

Même si Windows Defender n'est pas un logiciel d'entreprise car il ne possède pas de fonctions d'administration centralisées, il possède plusieurs fonctions, il est possible de paramétrer des analyses automatiques et il est nécessaire de le mettre à jour.

Pour mettre Windows Defender à jour, procédez comme suit :

1. Sélectionnez le menu **Démarrer/Tous les programmes/Windows Defender**.
2. Cliquez sur **Vérifier maintenant**. Dans la fenêtre **Contrôle de compte utilisateur**, sélectionnez **Continuer**. Une fois la mise à jour terminée, le bouclier devient vert et il est possible de voir la date de la dernière définition de signatures.

Figure 6-3 : *Mise à jour de Windows Defender*

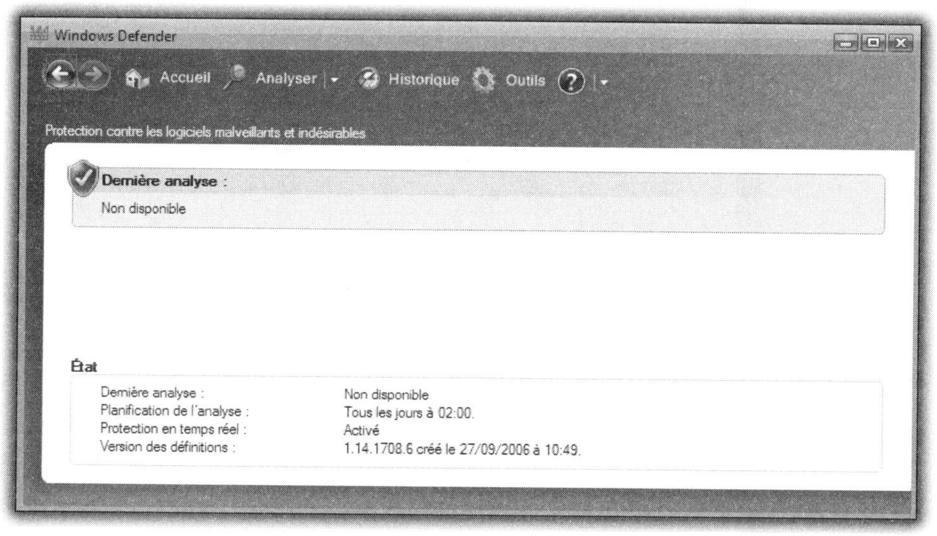

Pour planifier les analyses automatiques, suivez ces étapes :

1. Sélectionnez le menu **Démarrer/Tous les programmes/Windows Defender**.

Dans la partie supérieure de la fenêtre Windows Defender, vous retrouvez les sections de l'outil.

2. Sélectionnez **Outils**, dans la fenêtre **Outils et options**, cliquez sur **Options** sous la rubrique *Paramètres.*
3. Vérifiez que la case *Analyser automatiquement mon ordinateur (recommandé)* est cochée. C'est impératif pour pouvoir paramétrer les différentes options.
4. Dans *Fréquence d'analyse*, sélectionnez *Mercredi.*
5. Dans *Heure*, choisissez *13:00.*
6. Dans le type d'analyse, laissez *(Analyse rapide).*
7. Cochez la case *Rechercher les définitions mises à jour avant l'analyse.*
8. Cochez la case *Appliquer les actions par défaut aux éléments détectés lors d'une analyse.*
9. Cliquez sur *Enregistrer.*

Figure 6-4 : *Configuration de l'analyse automatique de Windows Defender*

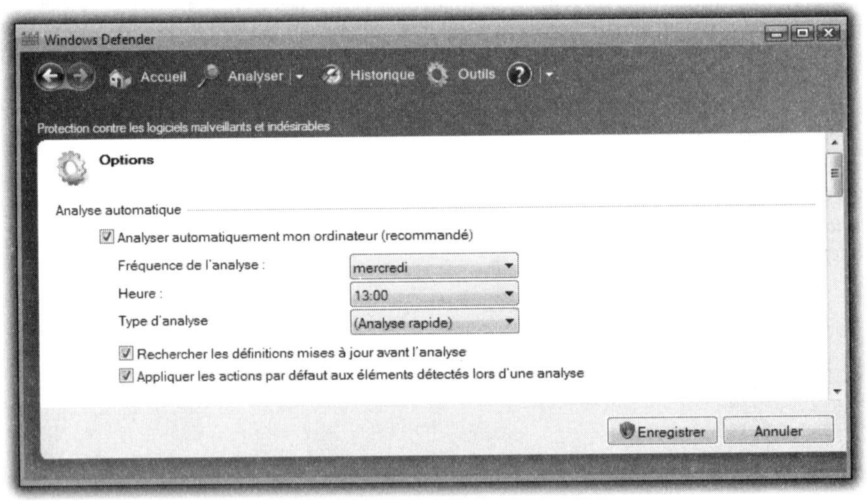

Pour lancer une analyse manuelle, procédez comme suit :

1. Sélectionnez le menu **Démarrer/Tous les programmes/Windows Defender**. Dans la partie supérieure de la fenêtre Windows Defender, vous retrouvez les sections de l'outil.

2. Sélectionnez la flèche du menu **Analyser**.

La fenêtre de sélection vous propose trois options d'analyse :

- *Analyse rapide* ;
- *Analyse complète* ;
- *Analyser les fichiers et les dossiers sélectionnés*.

3. Choisissez une des options d'analyse proposée, puis cliquez sur **Analyser maintenant**.

Pour désactiver ou activer la protection en temps réel de Windows Defender, procédez comme suit :

1. Cliquez sur le menu **Démarrer**, puis sur **Panneau de configuration**.
2. Sélectionnez l'icône *Sécurité*.
3. Cliquez sur l'icône *Windows Defender*.
4. Cliquez sur **Outils**, puis sur **Options**.
5. Sous la rubrique *Options de protection en temps réel*, activez la case à cocher *Utiliser la protection en temps réel (recommandé)*.
6. Sélectionnez les options voulues. Pour préserver vos données personnelles et protéger votre ordinateur, il est recommandé de sélectionner toutes les options de protection en temps réel.
7. Choisissez enfin si Windows Defender doit vous avertir lors de certains événements. Sélectionnez les options requises, puis cliquez sur **Enregistrer**.

Consulter l'historique

Vous pouvez si vous le souhaitez connaître l'activité de Windows Defender car il garde une trace d'un grand nombre d'actions. Pour afficher l'historique de Windows Defender, procédez de la façon suivante :

1. Sélectionnez le menu **Démarrer/Tous les programmes/Windows Defender**.
2. Cliquez sur **Historique**.
3. Pour supprimer tous les éléments de la liste, cliquez sur **Effacer l'historique**. Si vous êtes invité à fournir un mot de passe administrateur ou une confirmation, fournissez le mot de passe ou la confirmation.

INTERNET

Informations complémentaires

Vous en saurez plus sur la sécurité de Windows Vista en visitant les sites suivants :

- www.microsoft.com/athome/security/spyware/software/default.mspx
- http://msevents.microsoft.com/CUI/WebCastEventDetails.aspx?EventID=1032293588&EventCategory=5&culture=en-US&CountryCode=US
- www.microsoft.com/athome/security/spyware/software/support/reportspyware.mspx
- www.microsoft.com/athome/security/spyware/software/newsgroups/default.mspx
- www.microsoft.com/athome/security/spyware/spywaresigns.mspx
- www.microsoft.com/technet/windowsvista/security/default.mspx
- www.microsoft.com/france/technet/content/produits/windowsvista/wv_windowsdefender.asx

6.2 Le Centre de sécurité

Bien qu'il soit important de rester informé des dernières mises à jour logicielles, la gestion des mises à jour peut devenir coûteuse et longue, et perturber les entreprises et les utilisateurs. Windows Vista répond à ces problèmes en imposant un redémarrage moins fréquent des ordinateurs, ce qui simplifie le processus de déploiement des mises à jour, l'utilisation plus efficace de la bande passante, la possibilité pour les administrateurs de suivre les mises à jour ayant réussi ou échoué, ainsi que des améliorations de l'agent WUA (*Windows Update Agent*).

Avec l'arrivée de Redémarrer Managers, les utilisateurs n'ont pas besoin de redémarrer Windows Vista lors de l'installation ou de la mise à jour d'une application. Certaines mises à jour peuvent installer une nouvelle version d'un fichier mis à jour même si l'ancien fichier est en cours d'utilisation par une autre application. Windows Vista remplace le fichier lors du prochain redémarrage de l'application. L'objectif avec Redémarrer Manager est de pouvoir diviser le nombre de redémarrages par deux concernant l'application de correctifs de sécurité.

Freeze Dry est l'un des composants de Redémarrer Managers, il permet à Windows Vista de déterminer quelle application utilise un fichier devant être mis à jour. Ainsi, si l'application tire parti des API de notifications d'arrêt et de redémarrage, les données de l'application seront enregistrées, l'application fermée, les fichiers mis à jour, puis l'application sera redémarrée. Par conséquent, la plupart des mises à jour ne perturbent pas le travail des utilisateurs, ce qui permet de ne plus gêner la productivité et ainsi de réduire les coûts de gestion des mises à jour. Office 12 est l'exemple d'un logiciel qui tire parti des API de notifications d'arrêt et de redémarrage.

WSUS (*Windows Server Update Services*) est une nouvelle version de SUS (*Software Update Services*). Il permet d'améliorer la gestion des mises à jour. Les administrateurs peuvent utiliser WSUS pour prendre connaissance plus facilement des nouvelles mises à jour disponibles et déterminer si ces mises à jour sont nécessaires dans leurs environnements. Pour les environnements qui utilisent les mises à jour automatiques, les administrateurs peuvent utiliser WSUS afin de déployer toutes les mises à jour. Dans les versions antérieures de Windows, seules les mises à jour critiques pouvaient être déployées à l'aide de la fonctionnalité Mises à jour automatiques.

L'agent WUA (*Windows Update Agent*) est désormais une application autonome pouvant télécharger des mises à jour directement à partir du site de Microsoft ou d'un serveur WSUS interne. Dans la mesure où WUA offre une interface unique vers les mises à jour téléchargées à partir du site de Microsoft ou d'un serveur d'entreprise interne, les utilisateurs n'ont pas à apprendre comment utiliser deux outils distincts.

Pour découvrir le Centre de sécurité Windows, procédez comme suit :

1. Ouvrez le menu **Démarrer** et cliquez sur **Panneau de configuration**.
2. Dans le Panneau de configuration, cliquez sur les liens *Sécurité*, puis sur *Centre de Sécurité Windows*.

Dans la fenêtre **Centre de Sécurité Windows**, deux nouvelles catégories ont fait leur apparition :

- La rubrique *Protection contre les programmes malveillants* comprend les logiciels antispywares ainsi que l'antivirus.
- La rubrique *Autres paramètres de sécurité* affiche l'état des paramètres d'Internet Explorer *Paramètres de sécurité Internet* et *Contrôle du compte utilisateur* (voir fig. 6-5).

Pour découvrir les nouvelles options des mises à jour automatiques (Windows Update) :

1. Dans la partie gauche de la fenêtre, cliquez sur **Windows Update**. La fenêtre **Windows Update** s'ouvre (voir fig. 6-6).

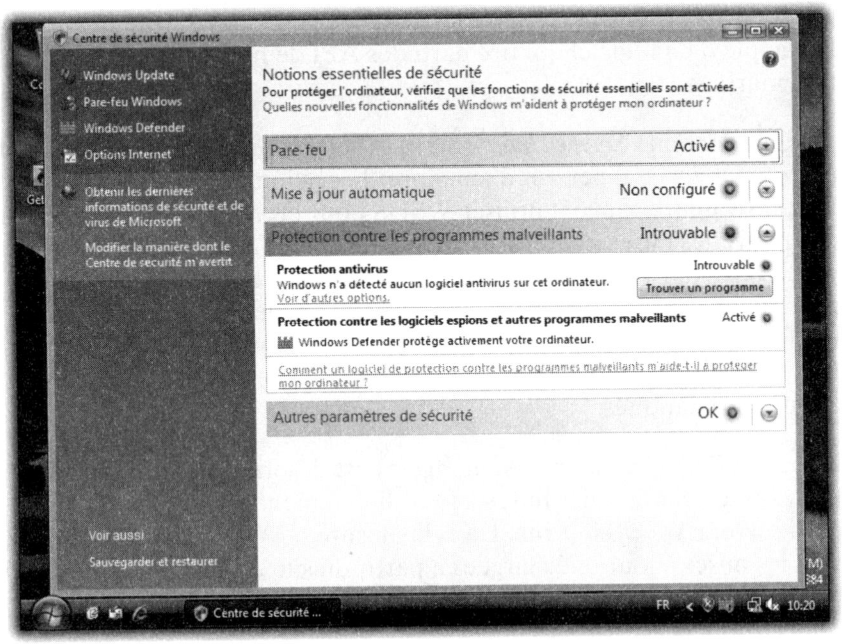

Figure 6-5 :
Le Centre de sécurité

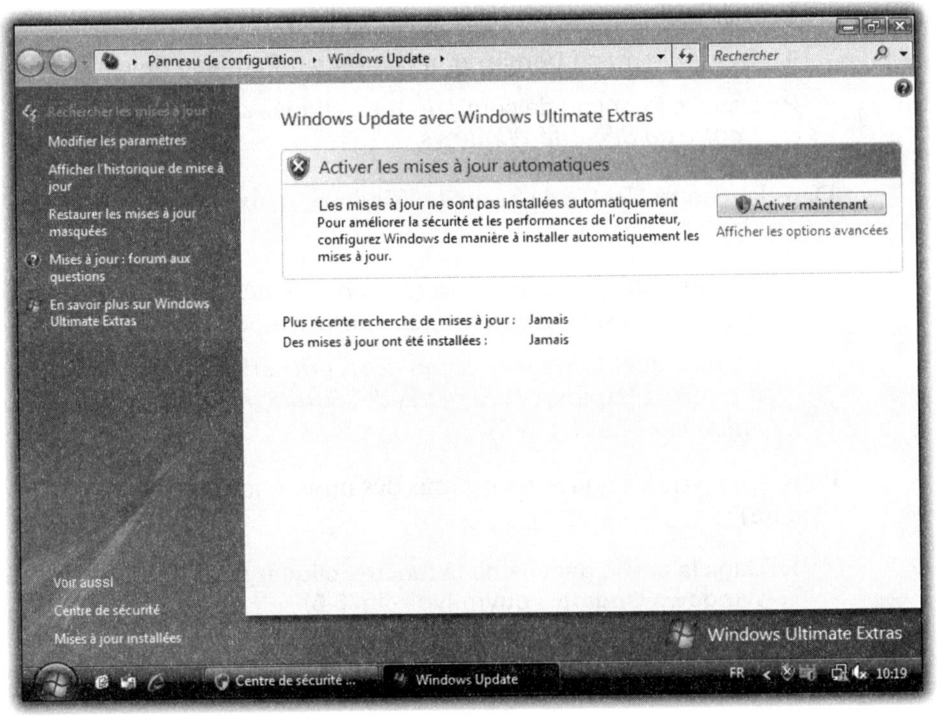

Figure 6-6 :
La fenêtre d'option de Windows Update

Plusieurs options apparaissent dans la partie gauche de la fenêtre :

- *Rechercher les mises à jour* lance une vérification des mises à jour sans passer par le site web Windows Update. Avant, cette fonctionnalité n'était disponible qu'en ligne de commande avec wuauclt.exe /detectnow.
- *Modifier les paramètres* change les paramètres de Windows Update.
- *Afficher l'historique des mises à jour* affiche l'historique des mises à jour. L'historique comprend le nom, la date, le statut de l'installation et l'importance de la mise à jour pour la sécurité.
- *Restaurer les mises à jour maquées* restaure les mises à jour cachées. Les mises à jour comprennent aussi les signatures pour l'antispyware intégré à Windows Vista (Windows Defender).

2. Fermez la fenêtre **Windows Update**, le Centre de sécurité et le Panneau de configuration.

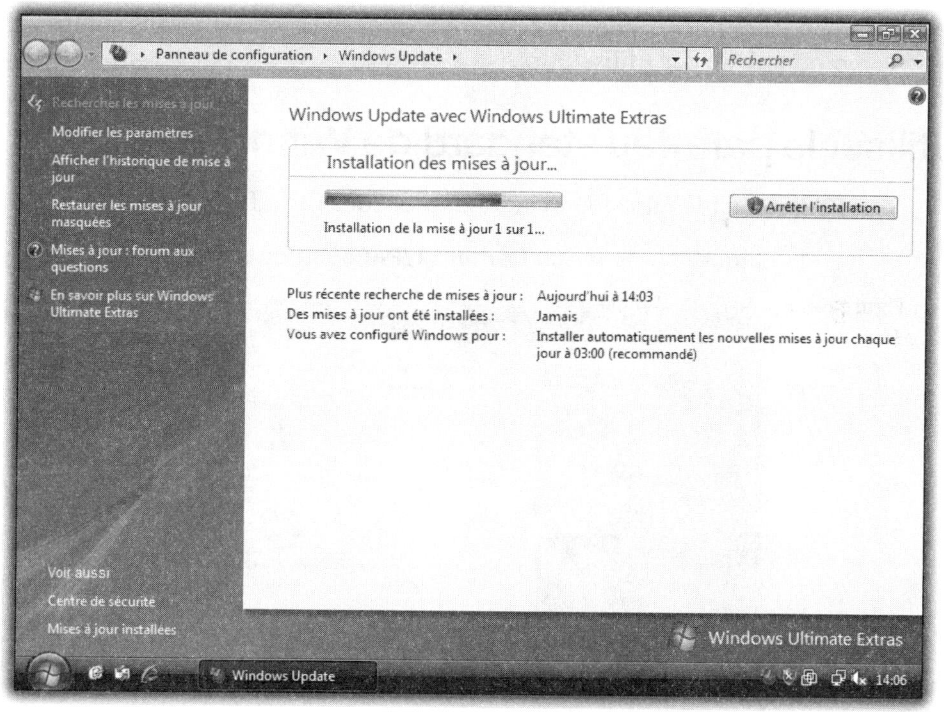

Figure 6-7 : *Mise à jour de Windows Vista à partir de Windows Update*

6.3 Le pare-feu personnel

Un grand nombre d'applications potentiellement dangereuses, telles que les applications clientes de partage poste à poste susceptibles de transmettre des informations personnelles sur Internet, sont conçues pour ignorer les pare-feu qui bloquent les connexions entrantes. Le pare-feu de Windows Vista permet aux administrateurs d'entreprise de configurer les paramètres des Stratégies de groupe pour les applications devant être autorisées ou bloquées, en leur donnant le contrôle sur les applications pouvant communiquer sur le réseau.

L'un des moyens les plus importants pour les services informatiques pour atténuer les risques de sécurité consiste à limiter les applications pouvant accéder au réseau. Le pare-feu personnel intégré à Windows Vista constitue une part importante de cette stratégie. Avec le pare-feu personnel, les administrateurs peuvent autoriser l'exécution locale d'une application sur des ordinateurs, mais l'empêcher de communiquer sur le réseau. Cela donne aux administrateurs la finesse de contrôle dont ils ont besoin pour atténuer les risques de sécurité sans compromettre la productivité des utilisateurs.

Utiliser le pare-feu standard de Windows Vista

Pour lancer le pare-feu Windows, procédez de la façon suivante :

1. Cliquez sur le menu **Démarrer/Panneau de configuration**.

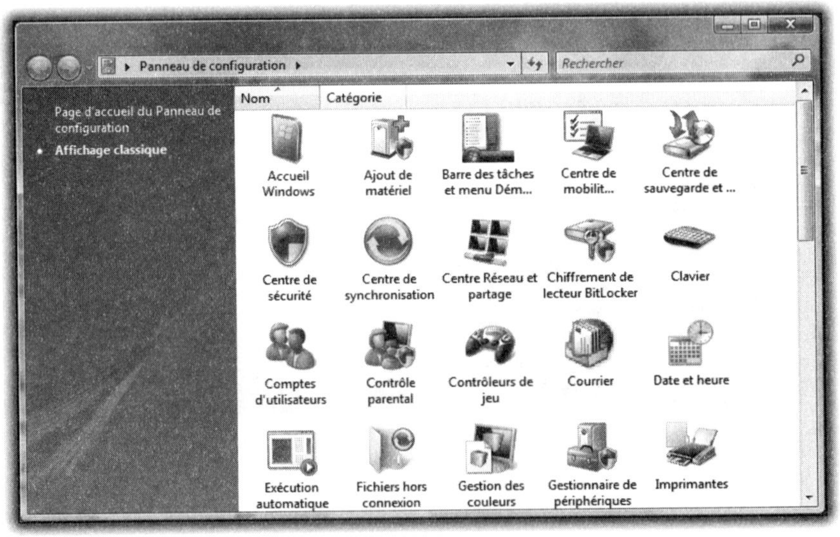

Figure 6-8 : *Le Panneau de configuration de Windows Vista*

2. Sélectionnez **Centre de sécurité**.

Figure 6-9 :
Le Centre de sécurité

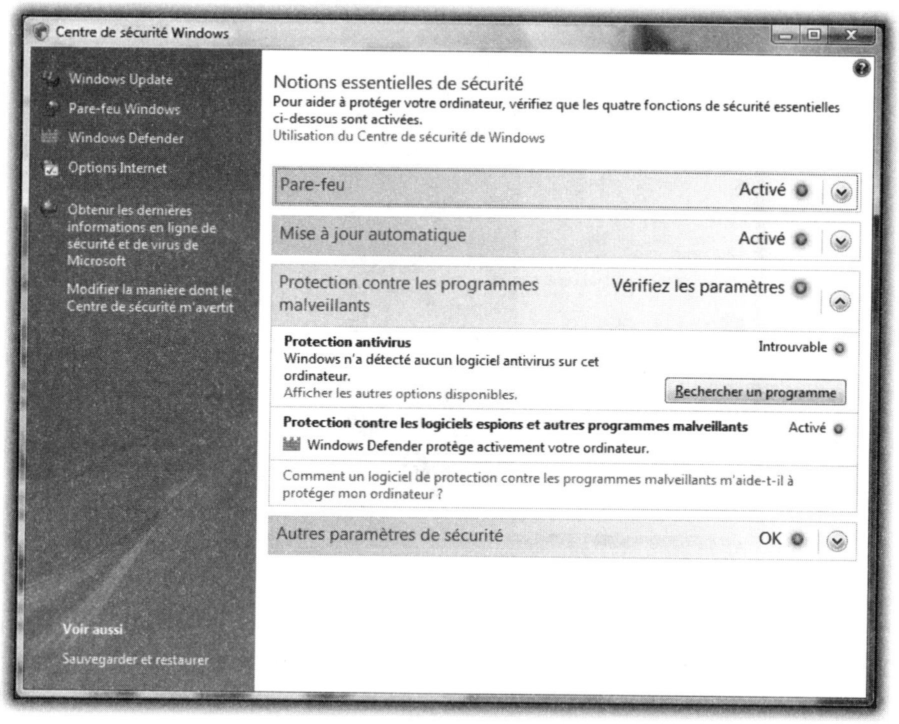

3. Dans le volet gauche de la fenêtre **Centre de sécurité Windows**, sélectionnez *Pare-feu Windows*.

L'onglet **Général** du pare-feu Windows comporte trois paramètres. Voici ce que vous pouvez faire avec ces paramètres et quand les utiliser…

L'option Activé

Ce paramètre est sélectionné par défaut. Lorsque le pare-feu Windows est activé, la communication est bloquée pour la plupart des programmes. Si vous souhaitez débloquer un programme, vous pouvez l'ajouter à la liste des exceptions (sous l'onglet **Exceptions**). Par exemple, vous ne pourrez peut-être pas envoyer des photos à l'aide d'un programme de messagerie instantanée avant d'avoir ajouté ce programme sur la liste des exceptions.

Pour activer le pare-feu Windows, procédez de la façon suivante :

1. Cliquez sur le menu **Démarrer/Panneau de configuration**.

Figure 6-10 :
Le menu Démarrer

2. Sélectionnez **Centre de sécurité**.
3. Dans le volet gauche de la fenêtre **Centre de sécurité Windows**, sélectionnez *Pare-feu Windows*.
4. Cliquez sur *Activer ou Désactiver le pare-feu Windows*.
5. Cliquez sur *Activé (recommandé)*, puis sur OK.

Figure 6-11 :
Activer le pare-feu

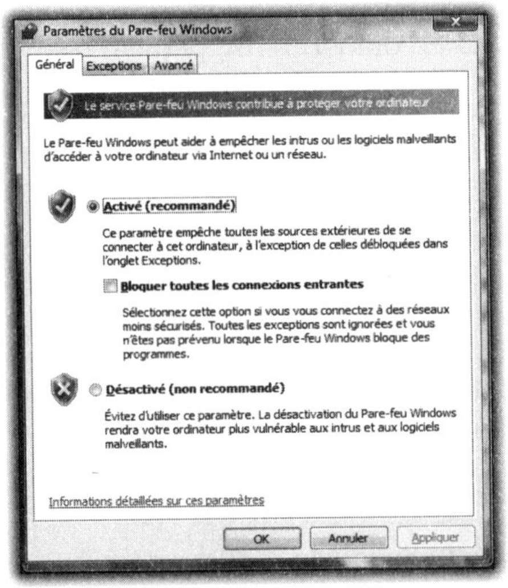

L'option Désactivé

Évitez d'utiliser ce paramètre à moins qu'un autre pare-feu ne soit exécuté sur votre ordinateur. La désactivation du pare-feu Windows peut rendre votre ordinateur (et votre réseau si vous en utilisez un) plus vulnérable à des attaques de pirates informatiques ou de logiciels malveillants tels que des vers.

Pour désactiver le pare-feu Windows, procédez de la façon suivante :

1. Cliquez sur **Démarrer/Panneau de configuration**.
2. Sélectionnez **Centre de sécurité**.
3. Dans le volet gauche de la fenêtre **Centre de sécurité Windows**, sélectionnez *Pare-feu Windows*.
4. Cliquez sur *Activer ou Désactiver le pare-feu Windows*.
5. Cliquez sur *Désactivé (non recommandé)*, puis sur OK.

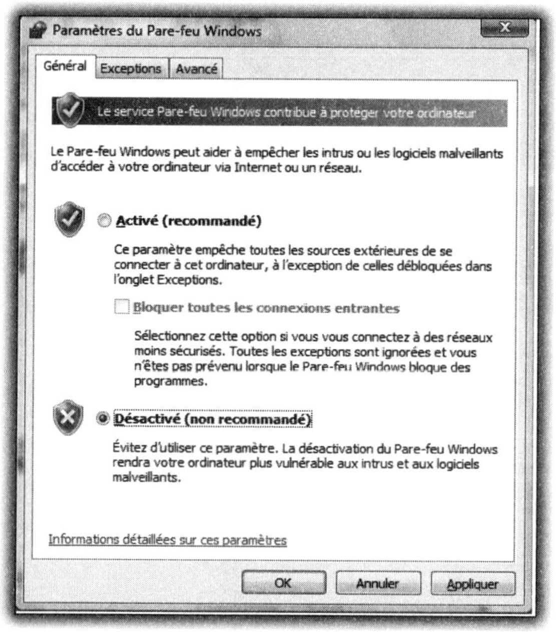

Figure 6-12 : *Désactiver le pare-feu*

L'option Bloquer toutes les connexions

Ce paramètre bloque toutes les tentatives non sollicitées de connexion à votre ordinateur. Utilisez ce paramètre lorsque vous avez besoin d'une protection maximale pour votre ordinateur, par exemple lorsque vous vous connectez à un réseau public dans un hôtel ou un aéroport ou lorsqu'un ver dangereux se répand sur Internet. Si ce paramètre est activé, vous n'êtes pas averti lorsque le pare-feu Windows bloque tous les programmes, et les programmes de la liste des exceptions sont ignorés.

Lorsque vous sélectionnez *Bloquer toutes les connexions*, vous pouvez quand même afficher la plupart des pages web, recevoir et envoyer du courrier électronique ainsi que des messages instantanés.

1. Cliquez sur **Démarrer/Panneau de configuration.**
2. Sélectionnez **Centre de sécurité.**
3. Dans le volet gauche de la fenêtre **Centre de sécurité Windows**, sélectionnez *Pare-feu Windows.*
4. Cliquez sur *Activer ou Désactiver le pare-feu Windows.*
5. Cliquez sur *Activé (recommandé)*, puis sur *Bloquer toutes les connexions entrantes* et terminez en cliquant sur OK.

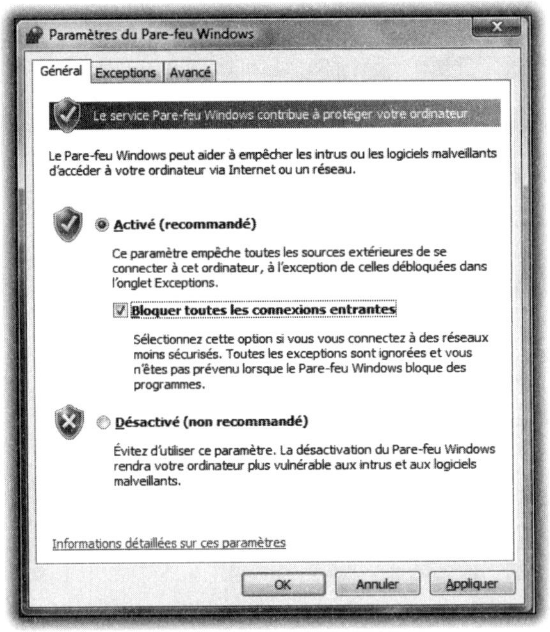

Figure 6-13 : *Blocage de toutes les connexions entrantes*

Utiliser le pare-feu avancé

Pour lancer le pare-feu avancé de Windows par la MMC (*Microsoft Management Console*), procédez ainsi :

1. Dans le menu **Démarrer**, sélectionnez la commande **Exécuter**, puis tapez mmc dans le champ de saisie et validez par [Entrée].
2. Dans la fenêtre **Contrôle du compte utilisateur**, cliquez sur **Continuer**.
3. Dans la fenêtre de la console, cliquez sur **Fichier**, puis sur **Ajouter/Supprimer un composant logiciel enfichable** ([Ctrl]+[M]).
4. Sur la liste *Composants logiciels enfichables disponibles*, sélectionnez *Pare-feu Windows avec sécurité avancée*, puis cliquer sur **Ajouter**.

Figure 6-14 : *Configuration de la MMC pour utiliser les options avancées du pare-feu de Windows Vista*

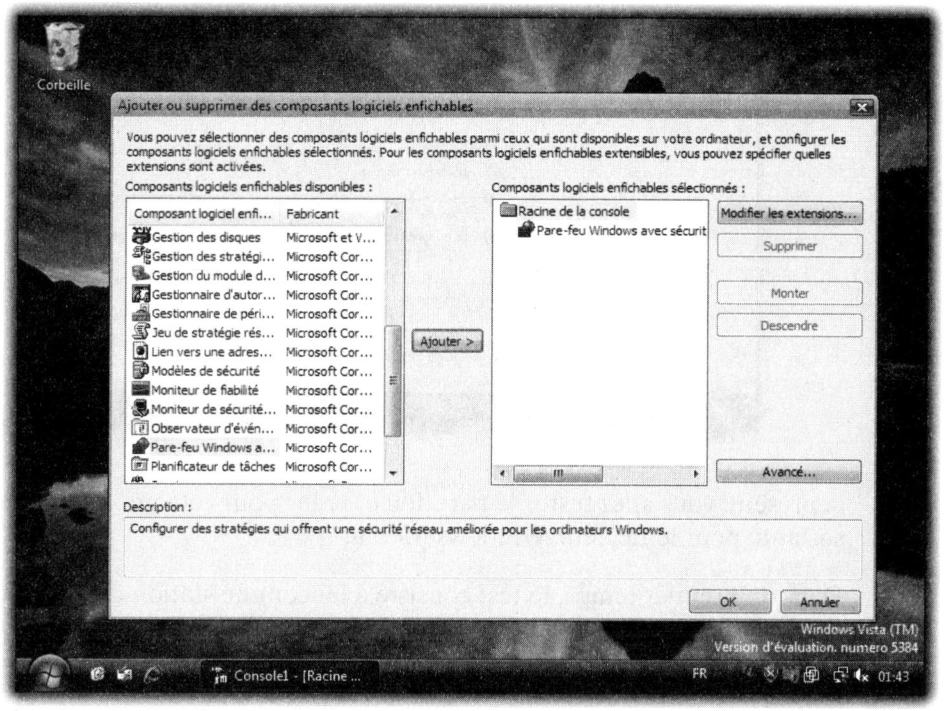

5. Une fenêtre s'ouvre vous invitant à sélectionner un ordinateur. Cliquez sur **L'ordinateur local** (l'ordinateur sur lequel cette console s'exécute) et cliquez sur **Terminer**.
6. Dans la MMC, cliquez sur OK.
7. Dans la partie droite de la console, cliquez sur le lien *Pare-feu Windows avec sécurité avancée Ordinateur Local*. La partie centrale présente les paramètres généraux du pare-feu. Prenez le temps d'examiner les paramètres par défaut affectés aux différents profils du pare-feu.

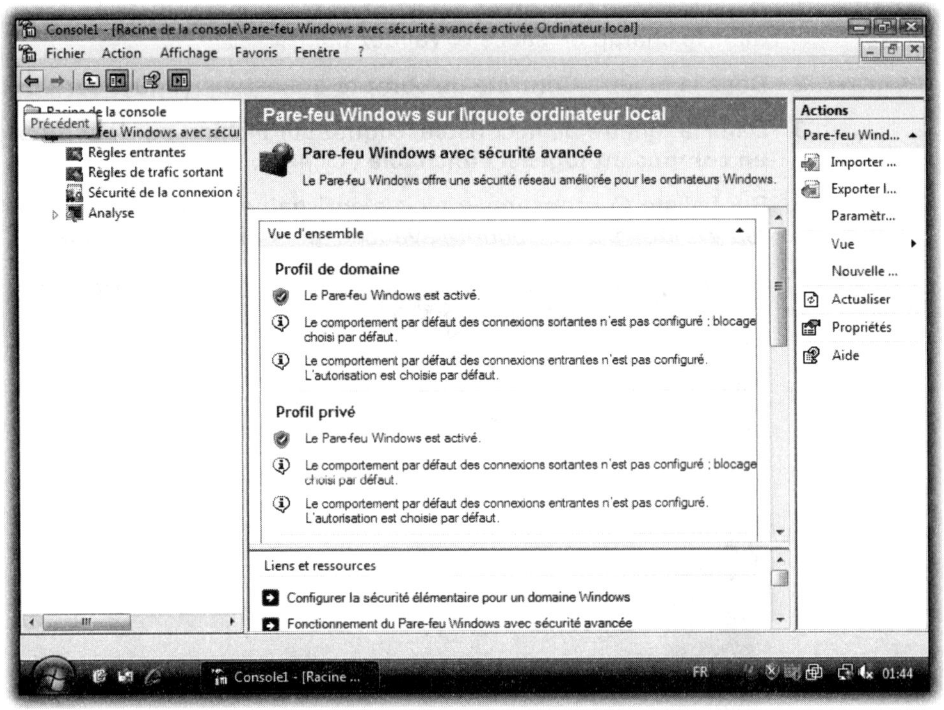

Figure 6-15 : *Présentation du pare-feu Windows avec la sécurité avancée sur l'ordinateur local*

À présent, vous allez tester le pare-feu et créer pour cela une règle de restriction sortante pour le Lecteur Windows Media.

Dans un premier temps, le test consiste à lancer une station de radio sur Internet à partir du Lecteur Windows Media. Pour ouvrir une radio en ligne à l'aide de Windows Media Player, procédez comme suit :

1. Dans le menu **Démarrer**, cliquez sur **Tous les programmes**, puis sur **Lecteur Windows Media**.
2. Dans le Lecteur Windows Media, appuyez sur les touches Ctrl+U pour ouvrir la fenêtre **Ouvrir une URL**.
3. Dans la fenêtre **Ouvrir une URL**, taper l'URL de la radio en ligne : http://www.ouirock.com/player/metafile/windows.asx. Cliquez sur OK. Le Lecteur Windows Media accède à l'URL indiquée. Par défaut, toutes les applications sont autorisées à traverser le pare-feu (voir fig. 6-16).

> REMARQUE
>
> **URL**
>
> Il s'agit ici d'une URL prise à titre d'exemple. Il existe un grand nombre d'autres liens sur Internet pouvant être utilisés pour cet exercice.

REMARQUE

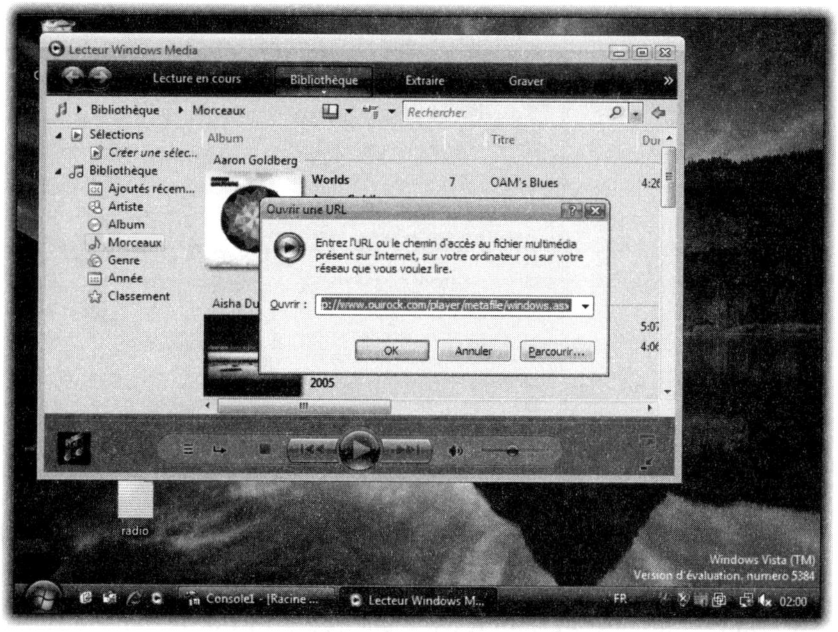

Figure 6-16 : *Saisie de l'URL de la radio dans le Lecteur Windows Media*

4. Fermez le Lecteur Windows Media.

Puisque l'accès à la radio fonctionne, il est possible d'en restreindre l'accès en créant une règle dont les caractéristiques seront les suivantes…

- *Nom : Lecteur Windows Media.*
- *Appliquer à* : *%ProgramFiles%\Windows Media Player\wmplayer.exe.*
- *Action* : *Block.*

Pour créer la règle qui pourra bloquer le Lecteur Windows Media, procédez comme suit :

1. Dans la MMC, au centre, cliquez sur *Règles du trafic sortant* situé dans la catégorie *Démarrer*. Vous retrouvez dans la partie centrale de la fenêtre toutes les règles utilisées par le pare-feu pour filtrer le trafic entrant (voir fig. 6-17).
2. Dans la partie droite de la fenêtre, cliquez sur *Nouvelle règle…* pour créer une nouvelle règle.

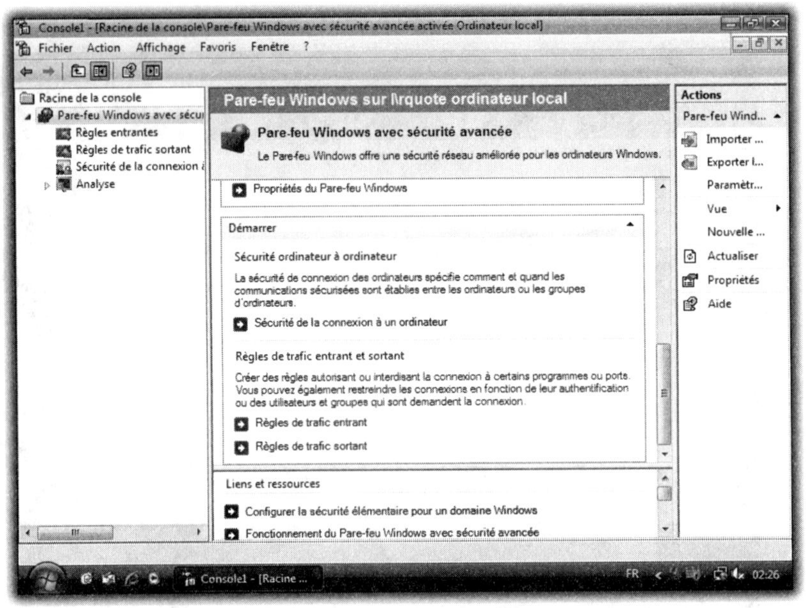

Figure 6-17 : *Sélection des règles en sortie du pare-feu*

3. Dans la fenêtre **Assistant Nouvelle règle sortante**, dans la section *Quel type de règle voulez-vous créer?*, sélectionnez *Programme*, puis cliquez sur **Suivant**.

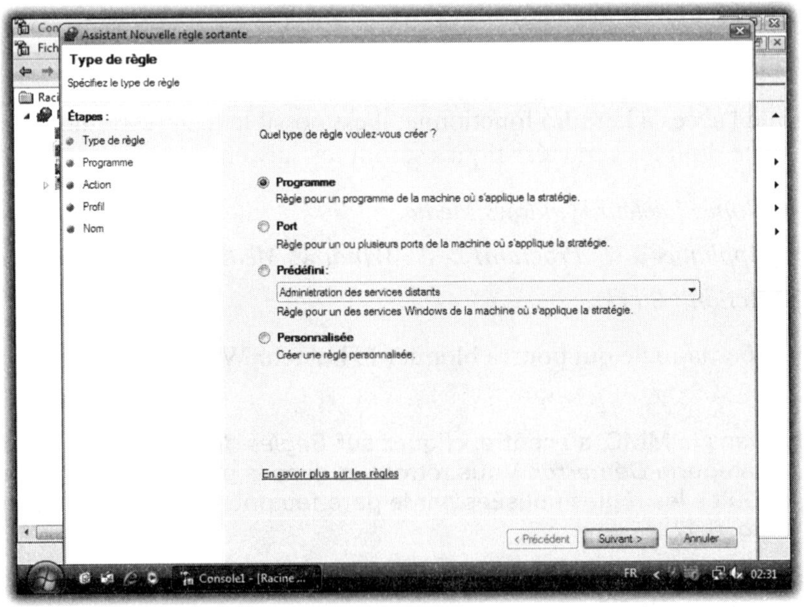

Figure 6-18 : *Sélection du type de règles*

Dans la section *Quels programmes sont concernés par cette règle?*, deux choix vous sont proposés.

- *Tous les programmes* : la règle s'appliquera à tout le trafic de l'ordinateur.
- *Ce programme* : cette règle permet de restreindre l'accès à un programme uniquement en spécifiant son chemin.

4. **Sélectionnez *Ce Programme* et saisissez** %ProgramFiles%\Windows Media Player\wmplayer.exe, **puis cliquez sur Suivant.**

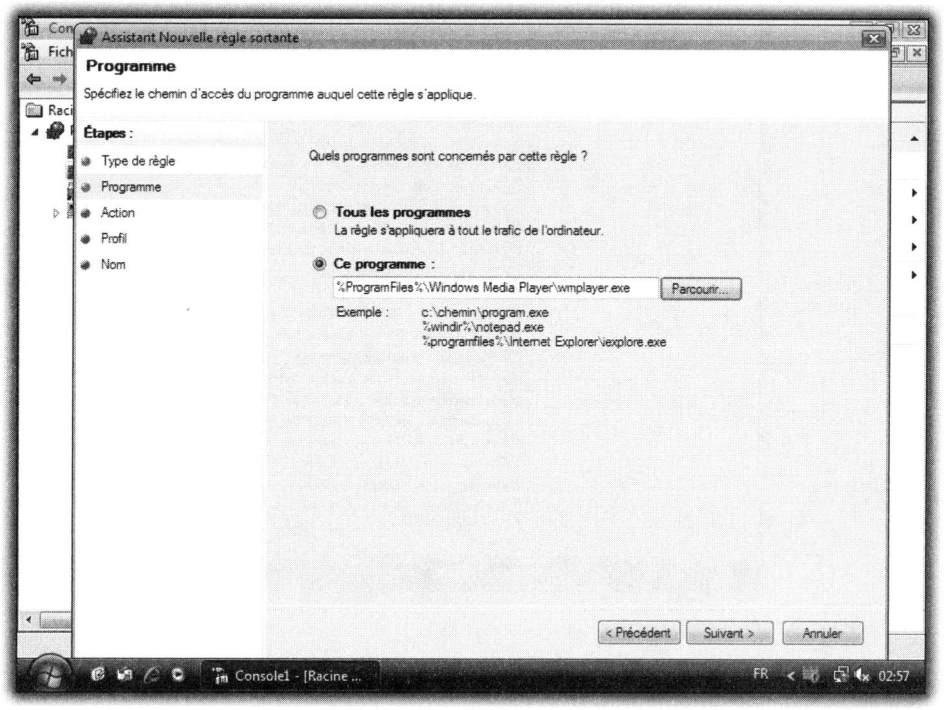

Figure 6-19 : *Spécification du chemin d'accès du programme pour lequel la règle va s'appliquer*

5. Dans la section *Action*, sélectionnez *Refuser*, puis cliquez sur **Suivant**.

Dans la fenêtre **Profil**, sous la rubrique *Quels profils sont concernés par cette règle?*, vous pouvez définir trois possibilités.

- *Domaine* : s'applique lors de la connexion d'un ordinateur à son domaine d'entreprise.
- *Privées* : s'applique lors de la connexion d'un ordinateur à un groupe de réseau privé.

- *Publiques* : s'applique lors de la connexion d'un ordinateur au groupe de réseau public.

6. Laissez les trois profils sélectionnés et cliquez sur **Suivant**.
7. Tapez Lecteur Windows Media dans le champ *Nom*, puis cliquez sur **Terminer**.

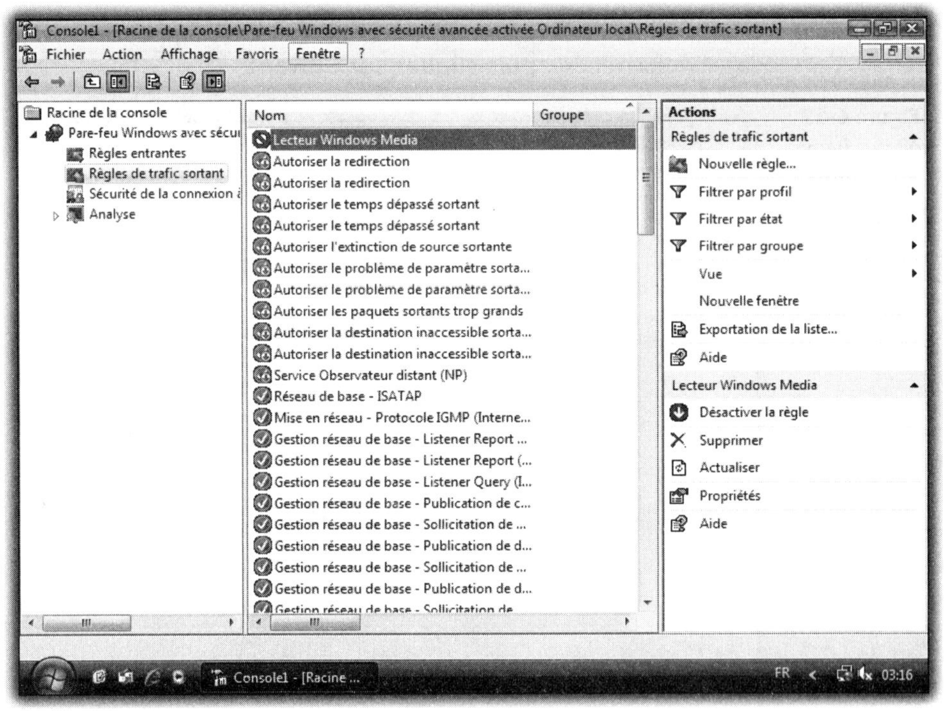

Figure 6-20 : *Règles de trafic sortant*

> REMARQUE
>
> **Modification d'une règle**
>
> Si vous souhaitez modifier une règle après sa création, double-cliquez dessus. Les étapes sont représentées par des onglets.

REMARQUE

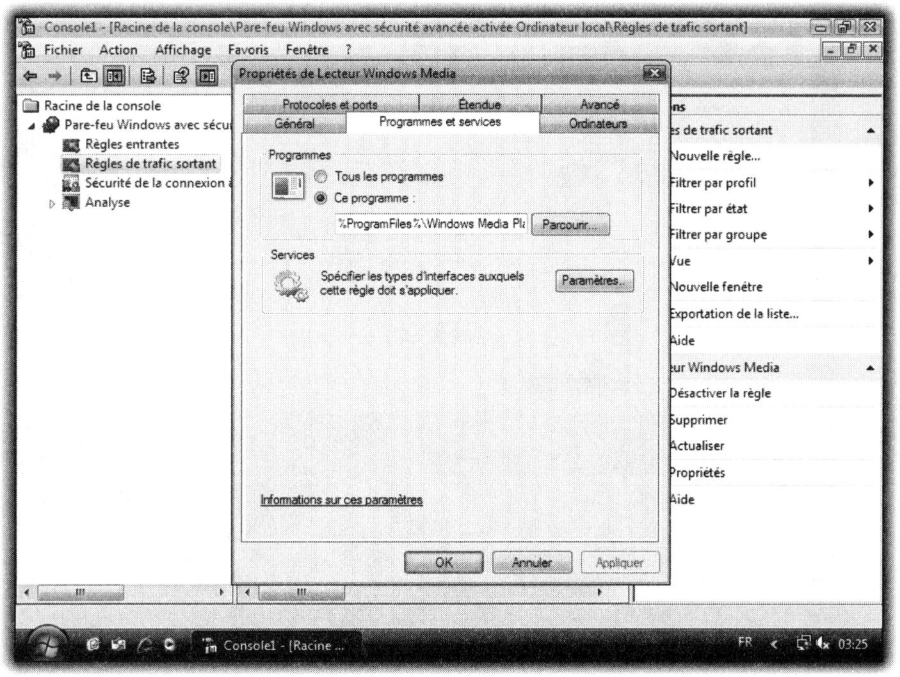

Figure 6-21 : *Modification d'une règle*

Pour terminer, il ne reste plus qu'à tester le bon fonctionnement de la règle *Lecteur Windows Media* en ouvrant une radio en ligne à l'aide du Lecteur Windows Media.

Pour tester la règle, procédez comme suit :

1. Dans le menu **Démarrer**, cliquez sur **Tous les programmes**, puis sur **Lecteur Windows Media**.
2. Une fois que le lecteur Windows Media est ouvert, appuyez sur les touches Ctrl+U. La fenêtre **Ouvrir une URL** s'affiche.
3. Dans la fenêtre **Ouvrir une URL**, tapez l'URL de la radio en ligne http://www.ouirock.com/player/metafile/windows.asx, **puis cliquez sur OK.**

Après quelques secondes, un message apparaît indiquant que le fichier n'a pas été trouvé (le Lecteur Windows Media ne trouve pas). Le Lecteur Windows Media n'est plus en mesure de contacter la radio en ligne, il ne peut plus traverser le pare-feu.

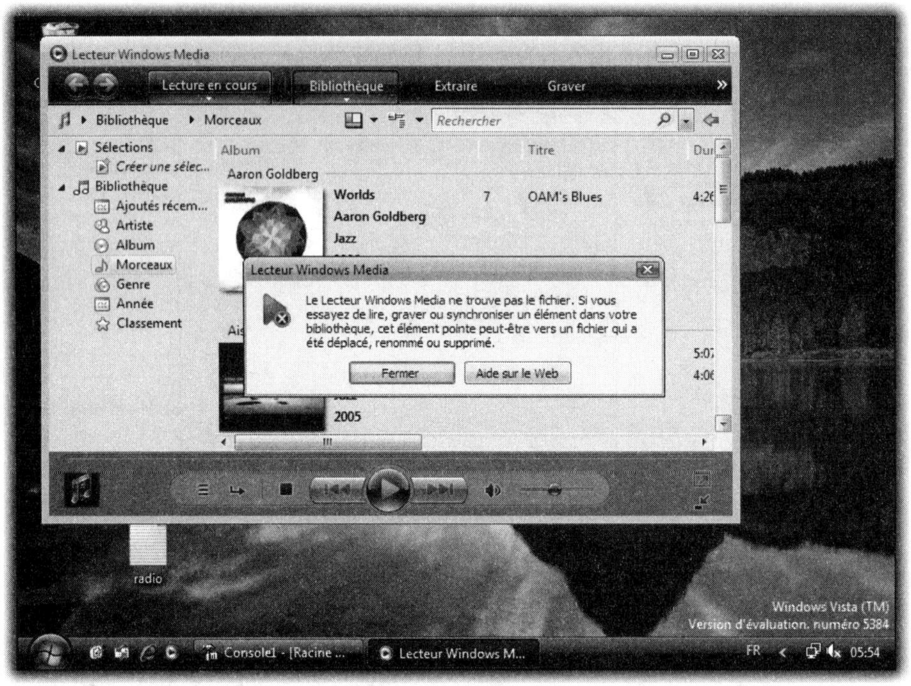

Figure 6-22 : *Le message indique que le fichier n'est pas trouvé car le Lecteur Windows Media ne peut plus se connecter à la radio*

4. Cliquez sur **Fermer**.
5. Fermez le Lecteur Windows Media.
6. Fermez la Console Microsoft Management et cliquez sur **Non**.

INTERNET

Informations complémentaires

Vous en saurez plus sur le pare-feu de Windows Vista en visitant les sites **www.microsoft.com/france/technet/communaute/cableguy/cg0106.mspx** et **www.microsoft.com**.

6.4 Le contrôle des comptes utilisateurs (UAC)

L'un des grands problèmes pour la sécurité se pose lorsque les utilisateurs s'exécutent avec un compte Administrateur sur le Poste de travail ou, pire encore, lorsque les administrateurs du domaine utilisent leur compte pour effectuer des tâches quotidiennes n'ayant pas besoin de droits administratifs (lecture de mail, surf sur Internet, etc.). Peut-être que l'une des bonnes raisons à cela est que, sous Windows XP, il reste très difficile d'être productif sans avoir besoin de droits administrateurs. Prenons comme exemple les utilisateurs de portable… Pour corriger ce problème, Windows Vista a introduit l'UAC (*User Account Control*).

L'objectif d'UAC reste multiple : faciliter la vie des utilisateurs qui ne possèdent pas de droits d'administrateurs ; protéger le système de l'utilisation d'anciens programmes tout en gardant une compatibilité (bien souvent, les anciens programmes demandent des droits d'administrateurs et cette demande est trop souvent liée à un mauvais développement du programme plutôt qu'à une réelle nécessité). Pour protéger le système, Windows Vista virtualise le répertoire *Program files* de façon à ce que l'utilisateur écrive dans une partie de son profil plutôt que dans le répertoire *Program files* lui-même. Cela apporte une certaine isolation qui permet de ne pas polluer les autres utilisateurs en cas de problème. L'un des autres points sur lequel nous allons nous attarder un peu plus longuement est l'*Admin Approval Mode*. Ce principe consiste à restreindre les droits d'une personne ayant des droits administratifs. Pour cela, sous Windows Vista, les membres du groupe local administrateurs possèdent deux jetons de sécurité (*token*), un jeton complet ainsi qu'un jeton restreint (filtré). Le jeton filtré est le jeton complet auquel on a retiré tous les privilèges.

Les utilisateurs membres du groupe local administrateur utilisent par défaut le jeton restreint. Lorsqu'une tâche nécessite un privilège élevé, l'UAC demande la permission d'utiliser le jeton complet (élévation de privilèges). En fonction du paramétrage de l'UAC, cela peut être fait de manière transparente, c'est-à-dire sans prompt, par consentement ou saisie de mot de passe. Le mode par défaut pour les membres du groupe administrateur est celui du consentement *Admin Approval Mode*.

Le compte intégré administrateur utilise, quant à lui, son jeton complet, il n'a donc pas besoin de donner son consentement pour utiliser un autre jeton. L'élévation des privilèges s'opère donc pour les comptes possédant deux jetons. Un utilisateur standard n'ayant qu'un jeton restreint, l'UAC ne leur proposera pas d'utiliser un autre jeton et l'utilisateur recevra un *Access Denied* ou son équivalent en tentant d'exécuter une tache nécessitant des privilèges plus élevés. Par contre, s'il exécute une application *en tant qu'administrateur* ou par un `runas`, il ne passe pas par le mécanisme UAC. En effet, cela crée tout d'abord un nouveau jeton d'administration complet qui est alors utilisé pour lancer l'application CreateProcessAsUser auquel on passe le jeton d'administrateur en paramètre. C'est pourquoi l'exécution d'une Invite de commandes *en tant qu'administrateur* ou `runas /user:admin cmd` ouvre une fenêtre dans laquelle vous avez les privilèges complets.

REMARQUE

Différences entre le compte intégré administrateur et les membres du groupe Administrateurs

Par défaut, le compte intégré administrateur est désactivé et n'apparaît pas dans la fenêtre de lancement. Par défaut, les membres du groupe local *Administrateurs* exécutent les applications avec leur jeton restreint et doivent approuver toute demande d'exécution avec des privilèges plus élevés : *Mode Admin Approval*. Le compte intégré administrateur exécute les applications directement avec son jeton complet, l'UAC n'a donc bas besoin de rentrer en jeu.

Toutefois, le fonctionnement de l'UAC peut être désactivé à plusieurs niveaux, mais il n'est pas recommandé de le faire encore une fois pour des raisons de sécurité.

INTERNET

Informations complémentaires

Vous en saurez plus sur la sécurité de Windows Vista en visitant les sites suivants :

- **www.microsoft.com/france/technet/produits/windowsvista/deploy/appcompat/acshims.mspx**
- **www.microsoft.com/france/events/event.aspx?EventID=118769731**
- **www.microsoft.com/france/events/event.aspx?EventID=118769729**
- **www.microsoft.com/france/events/event.aspx?EventID=118769730**
- **www.microsoft.com/france/technet/produits**

6.5 Le renforcement des services Windows

Le coût de la mise en péril de la sécurité peut être énorme. Les données confidentielles peuvent être compromises, les utilisateurs peuvent perdre des données et la productivité peut être perturbée voire interrompue. Un service informatique peut passer plusieurs semaines à réparer les dommages dus à un problème grave. Le renforcement du service Windows, le Windows Service Hardening, réduit les dommages provoqués par un service compromis en empêchant ce dernier de changer des paramètres de configuration importants ou de contaminer d'autres ordinateurs du réseau. Avec le renforcement du service Windows, ce qui aurait pu être une faille de sécurité majeure peut se limiter à un problème mineur.

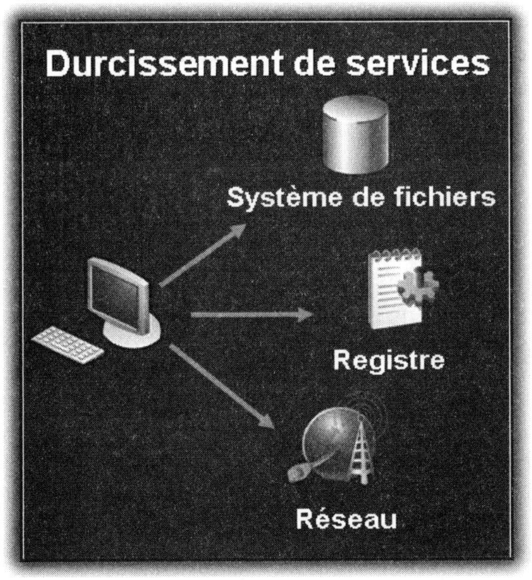

Figure 6-23 : *Durcissement de services*

Le durcissement des services empêche les services critiques de Windows d'effectuer des activités anormales dans le système de fichiers, le Registre, le réseau ou d'autres ressources qui pourraient être utilisés pour permettre à un malware de s'installer ou d'attaquer d'autres ordinateurs. Par exemple, le service RPC (*Remote Procedure Call*) peut se voir empêcher de remplacer les fichiers système ou de modifier le Registre. Les services Windows représentent un pourcentage élevé de la surface globale d'attaque de Windows du point de vue de la quantité d'espace occupé globalement, du code toujours actif du système et du niveau de privilège de ce code. Windows Vista limite le nombre de services exécutés et opérationnels par défaut. Aujourd'hui, de nombreux services système et tiers s'exécutent dans le compte *LocalSystem*, où toute faille peut se traduire par des dommages illimités à la machine locale, y compris le formatage du disque, l'accès aux données de l'utilisateur ou l'installation de pilotes.

La fonction de renforcement du service Windows réduit les dommages potentiels d'un service compromis en introduisant de nouveaux concepts utilisés par les services Windows :

- L'introduction d'un identificateur de sécurité (SID) par service permet l'identité par service, qui permet ensuite le partitionnement du contrôle d'accès dans le modèle de contrôle d'accès existant de Windows couvrant tous les objets et gestionnaires de ressources utilisant des listes de contrôle d'accès (ACL). Les services peuvent désormais appliquer des ACL explicites aux ressources privées du service, ce qui empêche les autres services et l'utilisateur d'accéder à la ressource.

- Le passage de services de LocalSystem à un compte disposant de droits plus restreints tels que LocalService ou NetworkService réduit le niveau de privilège global du service, ce qui est similaire aux avantages inhérents à la protection des comptes d'utilisateurs.
- L'élimination des droits non nécessaires de Windows service par service, par exemple la possibilité d'effectuer le débogage.
- Un jeton d'écriture restreinte au processus de service peut être utilisé dans les situations où l'ensemble des objets écrits par le service est limité et peut être configuré. Les tentatives d'écriture dans des ressources qui n'accordent pas de façon explicite l'accès SID au service échoueront.
- Une stratégie de pare-feu réseau est affectée aux services, ce qui empêche l'accès au réseau en dehors des limites normales du programme de service. La stratégie de pare-feu est directement liée à l'identificateur de sécurité (SID) par service.

Le renforcement du service Windows apporte une couche supplémentaire de protection aux services fondés sur le principe de sécurité de défense en profondeur. Le renforcement du service Windows ne peut empêcher un service vulnérable d'être compromis, mais d'autres composants de Windows Vista et des stratégies de défense en profondeur telles que le pare-feu Windows et des processus adaptés de gestion des correctifs vous y aident. En revanche, le renforcement du service Windows limite les dommages qu'un pirate peut provoquer dans l'hypothèse improbable où il pourrait identifier et exploiter un service vulnérable.

6.6 Network Access Protection

Dans les entreprises, la protection d'accès du réseau peut améliorer grandement la sécurité des ordinateurs portables et de vos réseaux internes. Il est fréquent que les utilisateurs qui voyagent avec leur ordinateur ne puissent se connecter à votre réseau interne pendant des semaines entières. Lorsqu'ils parviennent à se connecter, leurs connexions peuvent durer si peu de temps que leur ordinateur n'a pas le temps de télécharger les dernières mises à jour, les paramètres de configuration de sécurité et les signatures de virus les plus récents. C'est pourquoi la sécurité des ordinateurs portables est souvent moins bonne que celle des autres ordinateurs. La protection d'accès du réseau améliore la sécurité de ces ordinateurs portables en vérifiant que les dernières mises à jour sont installées avant que les utilisateurs ne se connectent à votre réseau. NAP apporte en quelque sorte une surcouche de santé au réseau.

Pour utiliser NAP, il faudra disposer de la prochaine version de serveur Windows (le successeur de Windows Server 2003). La protection d'accès du réseau de Windows Vista vous permet de configurer les conditions de l'état de santé du client d'accès distant. Si un ordinateur client ne respecte pas ces exigences, vous pouvez grâce à des validations politiques :

- empêcher l'ordinateur de se connecter à votre réseau interne et, de ce fait, propager éventuellement un virus ou un ver ;
- fournir des instructions aux utilisateurs sur la façon de mettre à jour leur ordinateur ou d'effectuer cette mise à jour automatiquement si les technologies appropriées d'assainissement sont en place ;
- accorder l'accès à un nombre limité de serveurs de votre réseau pour permettre aux utilisateurs de télécharger les mises à jour.

Cette fonction de Windows Vista inclut un agent qui peut empêcher un client de se connecter à votre réseau interne si ses mises à jour de sécurité et ses signatures de virus ne sont pas actualisées, ou s'il ne respecte pas vos critères de sécurité. La protection d'accès du réseau permet de protéger les clients d'accès à distance ainsi que les connexions au réseau local. L'agent signale l'état de santé du client Windows Vista, notamment s'il a effectué les mises à jour et si les signatures de virus récentes sont installées, au service d'application de la protection d'accès du réseau basée sur serveur, qui détermine si le client peut se voir accorder l'accès au réseau interne ou si cet accès doit être limité à un réseau protégé. La fonctionnalité du client dépend de l'infrastructure de protection d'accès du réseau, incluse dans Windows Server Longhorn.

INTERNET

Informations complémentaires

Vous en saurez plus sur la sécurité de Windows Vista en visitant les sites suivants :

- www.microsoft.com/france/technet/produits/windowsvista/secfeat.mspx
- www.microsoft.com/france/technet/produits/windowsvista/mngsec.mspx
- www.microsoft.com/france/technet/communaute/cableguy/cg0106.mspx
- www.microsoft.com/france/technet/produits/windowsvista/security/uacppr.mspx
- http://download.microsoft.com/download/c/2/9/c2935f83-1a10-4e4a-a137-c1db829637f5/WindowsVistaSecurityWP.doc
- www.microsoft.com/technet/windowsvista/evaluate/feat/secfeat.mspx
- www.microsoft.com/technet/security/learning/clientsecurity/all/default.mspx

6.7 Malicious Software Removal Tool

Malicious Software Removal Tool est un outil de nettoyage. Il ne remplace en rien un antivirus, mais il permet de détecter un grand nombre de logiciels malveillants. La liste des logiciels malveillants est régulièrement mise à jour par Microsoft.

Lancer Malicious Software Removal Tool

Pour lancer Malicious Software Removal Tool, procédez de la façon suivante :

1. Cliquez sur le bouton **démarrer**.
2. Sélectionnez le menu **Tous les programmes/Accessoires/Invites de commandes.**
3. À l'ouverture de l'Invite de commandes, tapez mrt, puis appuyez sur [Entrée].

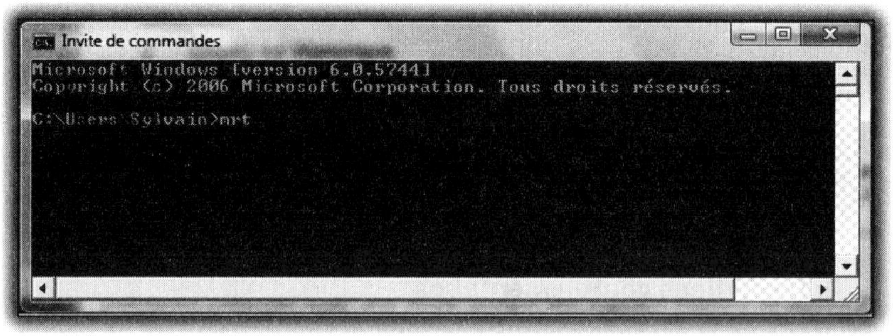

Figure 6-24 : *L'Invites de commandes*

Créer un raccourci sur le Bureau

La façon de lancer l'utilitaire Malicious Software Removal Tool par le biais de l'Invite de commandes fonctionne, mais cette méthode reste davantage liée aux entreprises par ses options.

Si vous souhaitez connaître les possibilités d'utilisations de Malicious Software Removal Tool :

1. Cliquez sur le bouton **démarrer**.
2. Sélectionnez **Tous les programmes/Accessoires/Invites de commandes**.
3. À l'ouverture de l'Invite de commandes, tapez mrt /?, puis appuyez sur [Entrée].
4. Dans la fenêtre **Contrôle du compte utilisateur**, cliquez sur **Continuer**. Les différentes façons de lancer l'outil apparaissent dans la fenêtre **Outil de Suppression de logiciels malveillants**.

Figure 6-25 :
Options d'utilisation

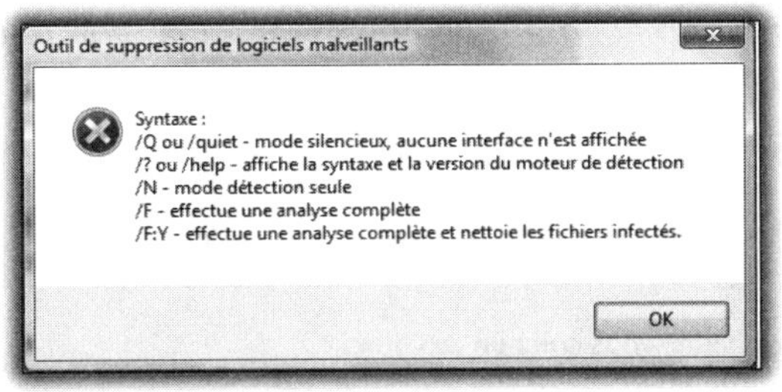

L'une des possibilités pour rendre l'utilisation de Malicious Software Removal Tool consiste à créer un raccourci sur le Bureau. Pour cela, procédez de la façon suivante :

1. Cliquez avec le bouton droit de la souris sur le Bureau.

Figure 6-26 :
Le menu contextuel

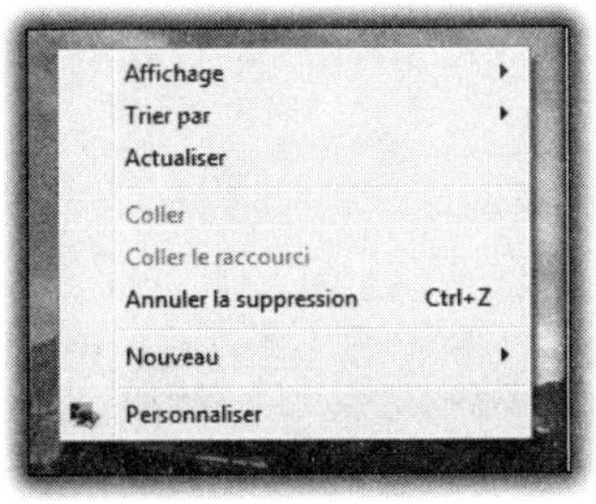

6

2. Cliquez sur **Nouveau**, puis sur **Raccourci**.

Figure 6-27 :
Sélection de l'option de raccourci

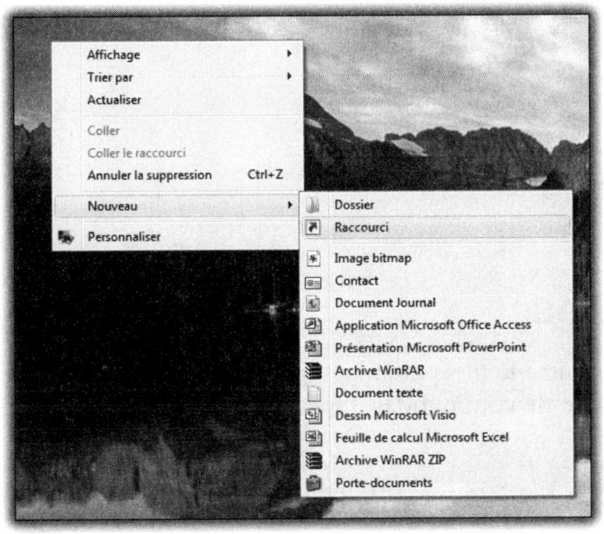

3. Dans le champ *Entrez l'emplacement de l'élément de la fenêtre Créer un raccourci*, tapez mrt, puis cliquez sur **Suivant**.

Figure 6-28 : *La fenêtre de création du raccourci*

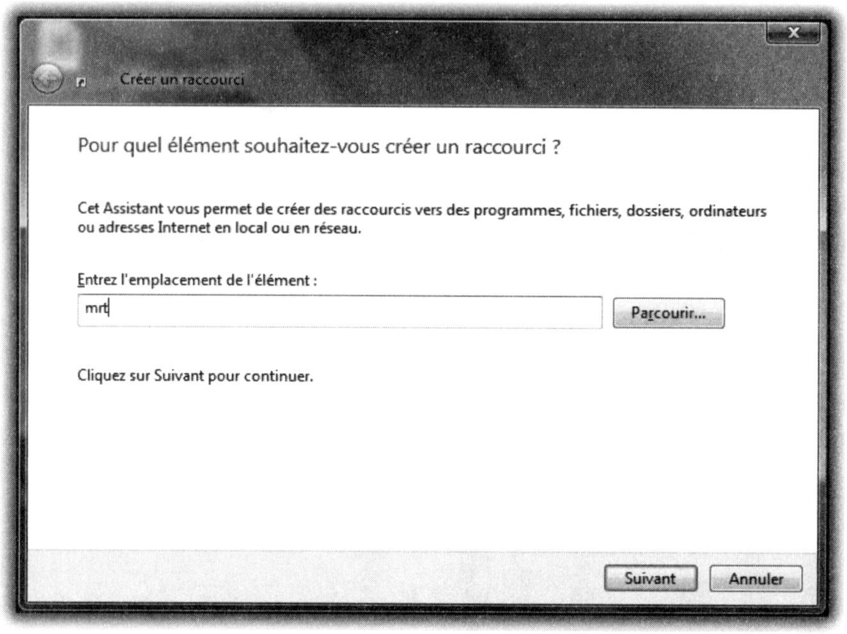

4. Dans la zone *Comment souhaitez-vous nommer ce raccourci?*, laissez *mrt* et cliquez sur **Terminer**. Le raccourci apparaît sur le Bureau.

Figure 6-29 : *Raccourci du logiciel Malicious Software Removal Tool*

Vérifier les mises à jour

Si vous souhaitez connaître le mois de mises à jour du moteur de Malicious Software Removal Tool, à l'Invite de commandes, tapez mrt / ?.

```
Microsoft Windows [version 6.0.5744]
Copyright (c) 2006 Microsoft Corporation. Tous droits réservés.

C:\Users\Sylvain>mrt /?
```

Consulter la liste des logiciels malveillants

Si vous désirez connaître les programmes malveillants, l'utilitaire vous offre la possibilité de regarder la liste complète des logiciels qu'il est capable de reconnaître et de supprimer. Pour consulter cette liste, procédez de la façon suivante :

1. Cliquez sur le bouton **démarrer**.
2. Sélectionnez **Tous les programmes/Accessoires/Invites de commandes.**
3. À l'ouverture de l'Invite de commandes, tapez mrt, puis appuyez sur [Entrée].
4. Dans la fenêtre **Contrôle du compte utilisateur**, cliquez sur **Continuer**.

La fenêtre **Outil de suppression de logiciels malveillants Microsoft Windows - (mois de la dernière mise à jour)** apparaît.

5. Cliquez sur **Affichez la liste des logiciels malveillants que cet outil peut détecter et supprimer.**

Figure 6-30 : *La fenêtre Outil de suppression de logiciels malveillants Microsoft Windows…*

Consulter des informations sur un logiciel malveillant

Pour avoir des informations sur un logiciel malveillant détecté par l'outil, procédez de la manière suivante :

1. Lancez Windows Defender en cliquant sur son raccourci par exemple.

2. Dans la fenêtre **Contrôle du compte utilisateur**, cliquez sur **Continuer**. La fenêtre **Outil de suppression de logiciels malveillants Microsoft Windows - (mois de la dernière mise à jour)** apparaît. Cliquez sur **Affichez la liste des logiciels malveillants que cet outil peut détecter et supprimer**.
3. Dans la fenêtre **Outil de suppression de logiciels malveillants**, sélectionnez le nom de votre choix et double-cliquez dessus. Une page Internet s'affiche avec les informations concernant le logiciel.

Cette page vous informe de la date de découverte, des variantes que le logiciel possède ainsi que son niveau de sévérité.

Des informations plus techniques indiquent les parties de la Base de registre infectées par le programme :

```
HKEY_LOCAL_MACHINE\Software\Microsoft\Windows\CurrentVersion\Run
HKEY_CURRENT_USER\Software\Microsoft\Windows\CurrentVersion\Run
HKEY_CURRENT_USER\CLSID\{E6FB5E20-DE35-11CF-9C87-00AA005127ED}
✂ \InProcServer32
HKEY_CURRENT_USER\CLSID\{35CEC8A3-2BE6-11D2-8773-92E220524153}
✂ \InProcServer32
```

INTERNET

Programme anti-espions

Si vous souhaitez obtenir plus d'informations sur les logiciels anti-espions, consultez le site Internet **www.microsoft.com/france/securite/gpublic/protect/windowsxpsp2/antispy.mspx**.

CHAPITRE

7

Une gestion du poste de travail simplifiée

CHAPITRE

7 Une gestion du poste de travail simplifiée

L'administration des postes utilisateurs peut être modélisée au travers de quatre briques :

- Assurer le bon fonctionnement du poste : cela consiste simplement à faire en sorte que l'utilisateur possède un poste de travail opérationnel et qu'il ne puisse endommager l'intégrité du poste de travail quelles que soient les opérations réalisées.
- Améliorer la gestion du poste : des technologies nouvelles sont utilisées, ou des technologies existant déjà dans les versions précédentes, mais qui sont améliorées et corrigées.
- Diagnostiquer et résoudre les incidents : cela consiste à utiliser les nouvelles fonctions de Windows Vista. Elles vont désormais vous permettre de diagnostiquer un certain nombre de problèmes. Lorsqu'ils ne seront pas résolus automatiquement, des solutions intelligentes et adaptées aux besoins de l'utilisateur seront proposées. Toutes ces actions peuvent être planifiées et interagir avec le système lui-même ou l'utilisateur.
- Améliorer la fiabilité et les performances : l'arrivée d'indicateurs spécifiques permet de mesurer la fiabilité, ce qui va permettre aux administrateurs de voir l'état de santé du poste de l'utilisateur et d'optimiser les performances.

Bien sûr, l'objectif de ces quatre briques est de pouvoir faire baisser les coûts d'exploitation au travers de stations efficacement administrées. Prenons comme exemple l'administration du poste utilisateur actuel qui est Windows XP Professionnel : le fait de passer d'un poste administré à un poste efficacement administré permet de faire baisser les coûts de 4 % à 14 %, mais également de faire baisser les coûts de support qui représentent en moyenne 10 % des budgets d'exploitation d'une entreprise.

Ce chapitre a pour but de vous présenter l'administration du poste utilisateur en tant que telle et non de présenter une succession d'étapes vous permettant d'en réaliser l'administration.

7.1 Une nouvelle MMC

La nouvelle version de la MMC apporte beaucoup plus de stabilité. En effet, la détection et le report des problèmes de fichiers enfichables (*snap-in*) sont améliorés et directement remontés dans les fichiers de log (voir fig. 7-1).

Vous avez également la possibilité d'isoler un snap-in (composant enfichable "gelé" dans la console). Toutefois, ce n'est possible qu'avec les nouveaux snap-in. Cette console reste également plus simple à utiliser. Son interface graphique est asynchrone. Lorsque vous vous connectez à un serveur, la console ne reste plus figée durant le temps où le serveur n'a pas répondu, ce qui est le cas dans la version 2. Ce principe reste intéressant et utile à partir du moment où vous administrez plusieurs serveurs à partir de la même console.

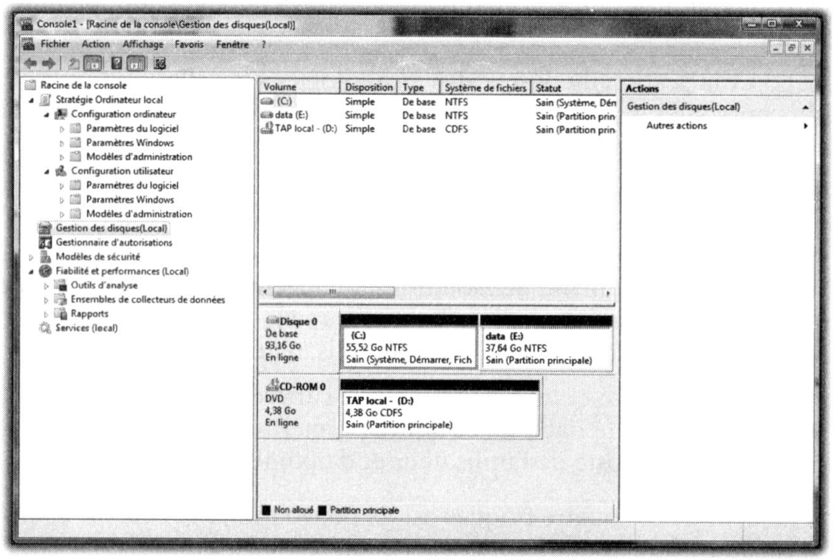

Figure 7-1 : *Présentation de la Microsoft Management Console version 3.0*

L'utilisation de cette nouvelle MMC est simplifiée dès la configuration des composants enfichables puisque tout se passe dans la même fenêtre. Dans la version 2.0 de la console, il fallait passer par plusieurs fenêtres de dialogue lors du paramétrage. À présent, ce n'est plus le cas puisque la configuration de la MMC 3.0 se fait au travers de la même boîte de dialogue.

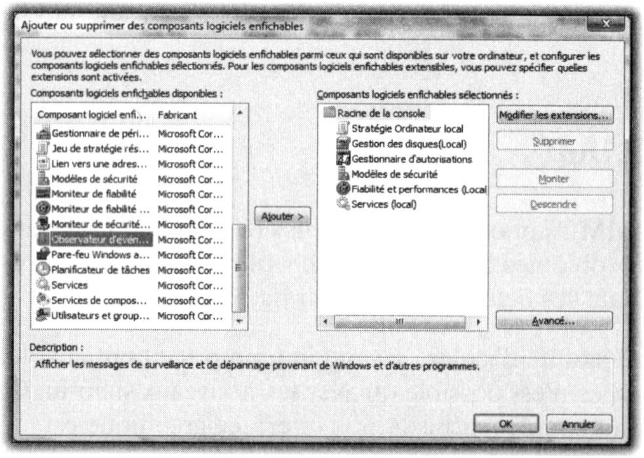

Figure 7-2 : *La boîte de dialogue unique de configuration de Management Microsoft Console 3.0*

L'arrivée du volet **Actions** permet de personnaliser les actions possibles liées au composant que vous êtes en train d'utiliser. Le volet **Actions** est totalement dynamique et propose des actions différentes en fonction de l'utilisation du composant enfichable.

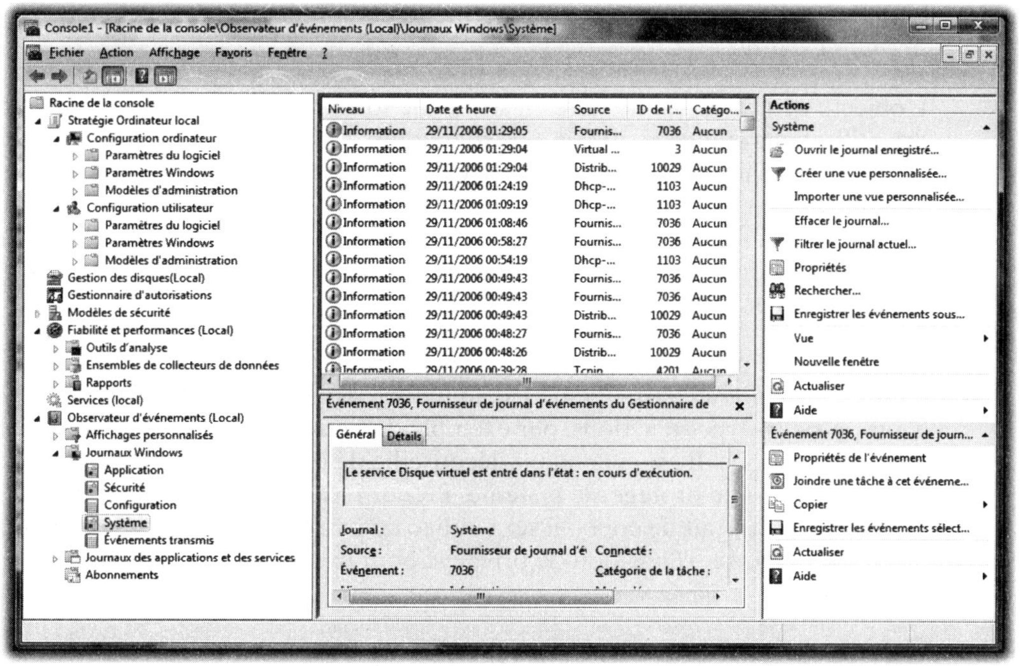

Figure 7-3 : *Le volet Actions de la console personnalisée*

Une des grandes nouveautés concernant la MMC 3.0 est l'environnement de développement, plus riche. Auparavant, avec la version 2.0, il fallait environ 6000 lignes de codes en C++ pour développer une console d'administration standard, ce qui laissait sur le carreau tous les amoureux de Visual Basic. À présent, il est possible de développer des fichiers enfichables (*snap-in*) ainsi que des consoles, et ce même avec Visual Basic. En termes de développements, le nombre de lignes de code est passé de 6000 lignes à seulement 400 lignes, le support de Winforms ; formulaire et modèles vont pouvoir être utilisés pour faciliter ce développement.

7.2 User Account Control

Un des constats sur les TCO (*Total Cost of Ownership*, "coût total de possession du poste") est que les plus bas sont obtenus lorsque l'utilisateur dispose uniquement du privilège d'utilisateur standard. Le fait que celui-ci ne dispose pas de droits particuliers permet de garder le poste dans un état connu et de limiter le nombre d'installations d'application non approuvées. Cela a pour conséquence de réduire le nombre d'arrêts et d'apporter un meilleur fonctionnement du poste de travail. Résultat : vous devez réinstaller le système d'exploitation sur le poste. Cela réduit les interventions du *help desk* et ne perturbe pas la productivité de l'utilisateur. L'outil ou plutôt le mécanisme qui permet d'obtenir ce résultat est l'UAC (*User Account Control*).

L'objectif de l'UAC est de faire en sorte que tous les utilisateurs s'exécutent comme des utilisateurs standard, même s'ils sont administrateurs. Pour cela, un certain nombre de tâches courantes ont été revues et des corrections ont été effectuées sur le système pour qu'il fonctionne correctement lorsqu'on est utilisateur standard. Du coup, les administrateurs n'utilisent leurs privilèges que pour les tâches ou les applications administratives. L'utilisateur fournit un consentement explicite avant d'utiliser des privilèges élevés.

Le mécanisme d'UAC, au même titre qu'un grand nombre de fonctions, voire la totalité de Windows Vista, peut être administré à partir de GPO. Ces GPO peuvent avoir plusieurs types d'actions, par exemple désactiver le prompt qui vous demande d'élever les droits. Il est cependant déconseillé de désactiver ce mécanisme dont l'unique but est de protéger le système. Prenez l'exemple d'un *malware* qui tente d'exécuter un extrait de code : il sera obligé de passer automatiquement par une demande explicite d'élévation de privilège pour exécuter un certain nombre d'actions.

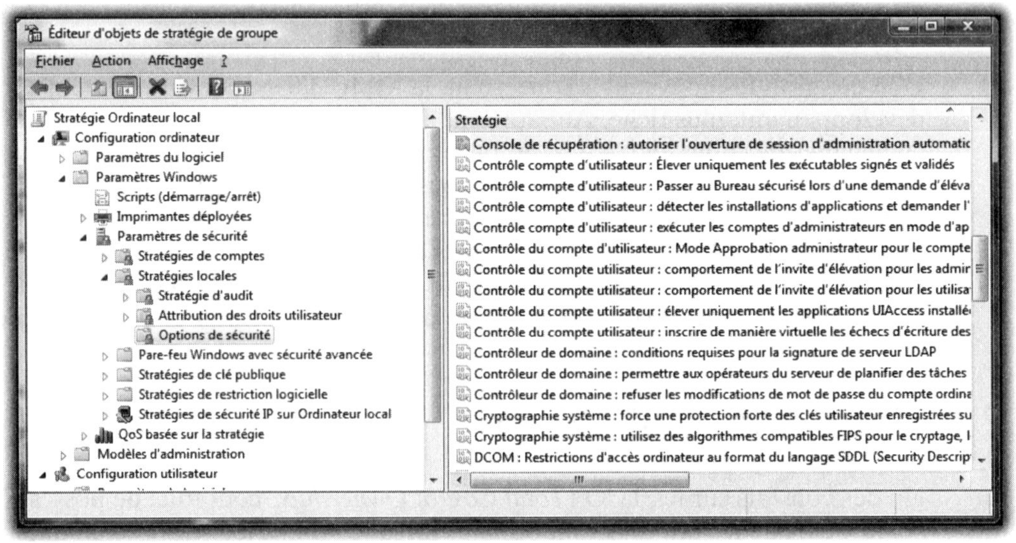

Figure 7-4 : *Les stratégies de sécurité permettant de configurer le fonctionnement de User Account Control*

Pour accéder au paramètre de configuration des options d'UAC, procédez comme suit :

1. Cliquez sur le logo Windows Vista (anciennement bouton **démarrer**), puis lancez la commande **Executer**. Tapez mmc, puis appuyez sur [entrée].
2. Dans la fenêtre de contrôle du compte utilisateur, cliquez sur **Continuer**. Dans la fenêtre de la MMC, activez le menu **Fichier/Ajouter/supprimer un composant logiciel enfichable**. Choisissez le composant enfichable *Editeur de stratégie de groupe* et cliquez sur **Ajouter**. Ce composant apparaît maintenant dans la partie de droite des composants logiciels enfichables sélectionnés. Cliquez sur OK.

Figure 7-5 : *Sélection de l'ordinateur à configurer*

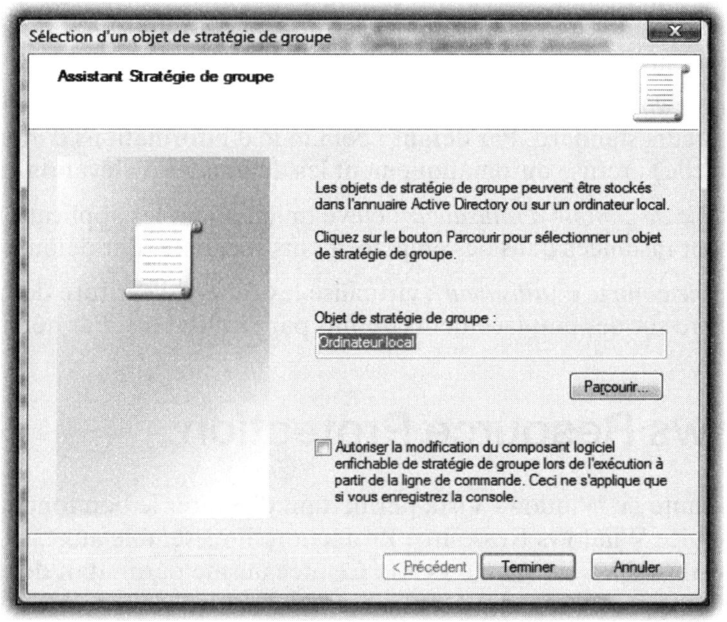

3. Dans la fenêtre **Assistant Stratégie de groupe**, choisissez le nom de la station que vous souhaitez configurer ou conservez le paramètre *Ordinateur Local* pour configurer votre station. Cliquez sur **Terminer**.
4. Dans le volet gauche, sélectionnez successivement les entrées *Stratégie Ordinateur Local*, puis *Configuration ordinateur*, *Paramètres Windows*, *Paramètres de sécurité*, *Stratégies locales* et *Options de sécurité*.

Huit options vous sont proposées…

- *Contrôle compte d'utilisateur* : élève uniquement les exécutables signés et validés. Par défaut : désactivée.

- *Contrôle compte d'utilisateur* : passe au Bureau sécurisé lors d'une demande d'élévation. Par défaut : activée.
- *Contrôle du compte utilisateur* : comportement de l'invite d'élévation pour les utilisateurs standard. Par défaut : activée (domicile) ; désactivée (entreprise).
- *Contrôle compte d'utilisateur* : exécute les sessions de tous les utilisateurs, y compris les administrateurs, en tant qu'utilisateur standard. Par défaut : activée.
- *Contrôle du compte d'utilisateur* : mode d'approbation administrateur pour le compte administrateur intégré. Par défaut : désactivée.
- *Contrôle du compte utilisateur* : comportement de l'invite d'élévation pour les administrateurs en mode d'approbation administrateur. Par défaut : demande de consentement.
- *Contrôle du compte utilisateur* : comportement de l'invite d'élévation pour les utilisateurs standard. Par défaut : demande d'informations d'identification (domicile) ; refuse automatiquement les demandes d'élévation (entreprise).
- *Contrôle de compte d'utilisateur* : élève uniquement les applications UIAccess qui sont installées dans des emplacements sécurisés. Par défaut : activée.
- *Contrôle compte d'utilisateur* : virtualise les échecs d'écriture de fichiers et du Registre sur des emplacements définis par l'utilisateur. Par défaut : activée.

7.3 Windows Resource Protection

Autre nouveauté de Windows Vista permettant d'assurer le bon fonctionnement du poste : le service Windows Ressource Protection. Il ressemble aux DLL caches que vous connaissez déjà sous Windows XP. Ce mécanisme permettait de surveiller les modifications apportées aux DLL et lorsqu'une DLL était supprimée ou modifiait ce service, vous proposait de restaurer la bonne DLL.

Windows Ressource Protection va beaucoup plus loin que la notion de DLL cache puisqu'il a pour but de maintenir la configuration du poste en interdisant tout changement pouvant provoquer une panne du système. Il protège les fichiers système, mais également les paramètres du registre de tout changement accidentel provoqué par l'utilisateur ou par une application. Seul l'installateur Windows approuvé peut apporter des changements aux fichiers système et aux paramètres protégés, et si, par mégarde, les fichiers sont modifiés, ils seront remplacés par une source fiable. Voici donc encore un point fort de Windows Vista concernant son engagement à maintenir la stabilité du poste.

7.4 L'évolution des stratégies de groupe

L'évolution de l'infrastructure des stratégies de groupe reste un vaste sujet, surtout compte tenu de toutes les améliorations de Windows Vista dans ce domaine. C'est pourquoi le sujet ne sera que partiellement traité dans ce chapitre. Même si les stratégies de groupe sont très utiles, elles trouvent encore un certain nombre de limitations, même sous Windows 2003 Server et Windows XP Professionnel. Par exemple, la localisation d'un paramètre pertinent dans une stratégie reste trop complexe. On ne trouve pas ou trop peu de bonnes pratiques. La taille du répertoire *SYSVOL* et des stratégies de groupe devient trop importante. Une stratégie de groupe représente actuellement 1 Mo multiplié par 200 GPO. Le répertoire peut atteindre une taille trop volumineuse, ce qui engendre des réplications trop importantes sur le réseau. Le format des fichiers ADM reste encore un problème complexe dans les environnements multilingues avec les versions actuelles. Avant d'exécuter une GPO, le mécanisme lance une commande `ping` pour les applications distantes qui passent par un pare-feu. Cela pouvait entraîner des problèmes si le `ping` était inhibé. Pour terminer, tous les scénarios fondés sur des réseaux lents ou sur des kiosques étaient encore trop compliqués à mettre en œuvre.

Windows Vista apporte des améliorations concernant le nombre de paramètres des stratégies de groupe. Ce nombre passe de 1800 à 3000. L'étendue des stratégies de groupe couvre les nouvelles fonctionnalités apportées par Windows Vista.

L'application des stratégies de groupe devient plus fiable et efficace grâce aux points suivants :

- L'infrastructure est plus sécurisée et plus stable grâce à un service distinct.
- Les stratégies de groupe sont appliquées en fonction du réseau découvert.
- Il est possible d'appliquer des stratégies de groupe locales multiples.
- Le diagnostic est amélioré.

Nous avons évoqué à plusieurs reprises dans cet ouvrage la problématique des stratégies de groupe locales utilisées dans des environnements en Workgroups, c'est-à-dire pour des machines qui ne sont pas dans Active Directory. Il n'était pas possible jusqu'à Windows XP de configurer des stratégies de groupe locales multiples. Cette limitation avait pour inconvénient d'appliquer une stratégie bien souvent très restrictive (dans ce cas, il s'agissait de kiosques en libre service dans des banques) à tous les utilisateurs, y compris aux administrateurs du poste. De ce fait, l'administration de ces postes était une tâche fastidieuse.

À présent avec Windows Vista, vous allez pouvoir appliquer des stratégies de groupe locales multiples aux groupes locaux administrateurs et non administrateurs, voire à un utilisateur.

La gestion de l'énergie

Le contrôle de gestion d'énergie permet aux entreprises de contrôler les coûts. De ce fait, Windows Vista permet, par des stratégies de groupes, la gestion d'énergie étendue et la gestion de l'énergie par défaut. Voyez l'exemple de l'extinction des moniteurs la nuit…

Une étude a démontré que des entreprises peuvent dépenser plusieurs dizaines de milliers d'euros par an en énergie en laissant juste les écrans des ordinateurs allumés toute la nuit. Pour gérer cela, Windows Vista inclut des paramètres pour chaque utilisateur mais également un plan de gestion séparé quand aucun utilisateur n'est logué. Toutefois, même si un certain nombre de paramètres peuvent être configurés par les stratégies de groupe, Windows Vista applique quelques paramètres par défaut. Ces paramètres par défaut activent l'économie d'énergie sur tous les ordinateurs. En voici quelques-uns :

- La veille est le comportement *off* par défaut du système.
- Le *timeout* de la veille système est activé par défaut.
- Le *timeout* de la veille d'écran est activé par défaut.

Pour accéder aux options de stratégies de la gestion d'énergie, vous avez deux possibilités : passer par les stratégies utilisateurs ou par les stratégies de machines. Pour cela, procédez comme suit :

1. Cliquez sur le logo Windows Vista (anciennement bouton **démarrer**), puis activez le menu **Executer** et tapez mmc. Appuyez sur [Entrée].
2. Dans la fenêtre **Contrôle du compte utilisateur**, cliquez sur **Continuer**. Dans la fenêtre de la MMC, sélectionnez le menu **Fichier/Ajouter/supprimer un composant logiciel enfichable**. Choisissez le composant enfichable *Editeur de stratégie de groupe* et cliquez sur **Ajouter**. Ce composant apparaît maintenant dans la partie droite des composants logiciels enfichables sélectionnés. Cliquez sur OK.
3. Dans la fenêtre **Assistant Stratégie de groupe**, choisissez le nom de la station que vous souhaitez configurer ou gardez l'option *Ordinateur Local* pour configurer votre station. Cliquez sur **Terminer**.
4. Dans le volet gauche, sélectionnez successivement les entrées *Stratégie Ordinateur Local*, puis *Configuration ordinateur*, *Modèles d'administration*,

Système, Gestion de l'alimentation et *Options de sécurité*. Plusieurs catégories vous sont proposées.

5. Pour configurer les options au niveau de la machine, sélectionnez les entrées *Stratégie d'ordinateur local, Configuration utilisateur, Modèles d'administration, Système, Gestion de l'alimentation* et *Options de sécurité*.

La gouvernance des périphériques

Une autre nouveauté en matière de stratégies de groupe concerne les stratégies pour les périphériques amovibles. Les stratégies apportent la prise en charge de périphériques en autorisant ou en interdisant leur installation par le biais de *Device Installation Restriction*.

Les pilotes approuvés par le service informatique peuvent être ajoutés dans le *Trusted Driver Store*. De plus, pour affiner la gestion des périphériques, il est également possible de bloquer uniquement l'installation du pilote et non l'utilisation du périphérique. Les paramètres de restriction sont associés à la machine et non à l'utilisateur. Ils peuvent être autorisés ou refusés en fonction :

- des classes du périphérique (*Device Classes*) CD/DVD, bandes (*Tape*), disquettes, WPD (*Windows Portable Devices*), téléphonie ;
- des ID du périphérique (*Device ID*) ;
- du refus de tout périphérique ;
- de la permission donnée aux administrations d'outrepasser la restriction.

REMARQUE

Gestion des périphériques avec le terminal serveur

Seuls les paramètres associés à l'ordinateur peuvent être appliqués avec le terminal serveur.

7.5 La console d'administration des stratégies de groupe

Déjà connue depuis Windows XP, la GPMC (*Group Policy Management Console*) est l'outil dédié à l'administration des stratégies de groupe par excellence. Elle offre un ensemble d'interfaces scriptables.

Cette version n'offre pas d'évolution majeure. Elle permet simplement d'être disponible en natif sur les postes utilisateurs sans avoir à se préoccuper de savoir où télécharger cette console et dans quelle version l'utiliser. Par conséquent, les fonctionnalités restent les mêmes ; seuls les bugs ont été corrigés.

La GPMC apporte les fonctionnalités suivantes :

- le *reporting* ;
- la recherche ;
- le jeu de stratégies résultant (RSoP) ;
- la sauvegarde et la restauration des stratégies de groupe ;
- l'importation et l'exportation dans le cadre de tests ;
- les fonctions copier et coller ;
- le scripting des opérations sur les GPO.

7.6 Windows Installer 4.0

Autre évolution, cette fois concernant l'installation des fichiers : il s'agit de Windows Installer 4.0. Cette version est davantage sécurisée et permet également l'intégration d'UAC. Windows Installer 4.0 devrait limiter le nombre de redémarrages pour toutes les applications prenant en charge Restart Manager. L'administration est améliorée puisqu'il est possible d'utiliser des filtres WMI ainsi que les messages des journaux d'événements.

7.7 La gestion des imprimantes

La nouvelle console de gestion permet une gestion centralisée des imprimantes, comme actuellement avec Windows Server 2003 R2.

Vous avez la possibilité de limiter l'installation de pilotes spécifiques au travers de la gestion des périphériques et par les stratégies de groupe. Vous avez également la possibilité de déployer les imprimantes en les associant aux machines ou aux utilisateurs.

- Par machine : l'utilisation est partagée.
- Par utilisateur : l'imprimante suit l'utilisateur.

Vous avez aussi la possibilité de supprimer des pilotes d'impression, d'interdire l'installation des périphériques d'impression non approuvés ou encore de déléguer les droits d'installation des imprimantes.

Pour lancer la gestion centralisée des imprimantes, procédez ainsi :

1. Activez le menu **Démarrer/Outils d'administration/Gestion de l'impression.**
2. À l'invite du Contrôle du compte utilisateur, cliquez sur **Continuer**.

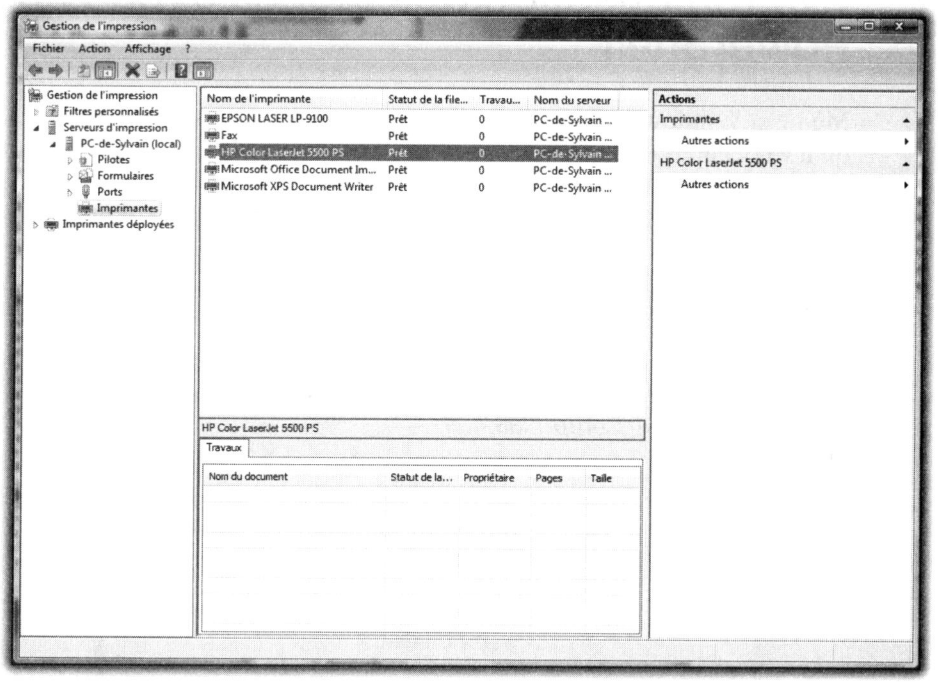

Figure 7-6 : *La console de gestion des impressions*

7.8 L'amélioration des mises à jour

À présent, abordons le sujet douloureux des mises à jour. Bien que nécessaire, la gestion des correctifs reste une tâche encore trop lourde et onéreuse à gérer pour les entreprises, surtout lorsque l'on garde en souvenir les vagues de correctifs liées à Internet Explorer pour les postes utilisateurs ou encore IIS (*Internet Information Service*) pour les serveurs. Pour améliorer cela, Windows Vista traite deux points importants. Le premier consiste à consommer moins de temps pour les administrateurs en proposant un moins grand nombre de correctifs et de plus petite taille. Ces correctifs pourront être appliqués au delta, c'est-à-dire uniquement à la partie utile du correctif. Si un précédent correctif a par exemple installé une partie identique du correctif suivant, seuls les fichiers manquants sont installés. De plus, les correctifs peuvent être directement appliqués aux images. Le second point est destiné aux utilisateurs : faire en sorte de moins perturber les utilisateurs en limitant le nombre de redémarrages pour toutes les applications compatibles Restart Manager.

7.9 L'automatisation des tâches avec Windows PowerShell

Même si Windows PowerShell n'est pas natif dans Windows Vista, il y a fort à parier qu'il va occuper une place importante dans l'administration de poste utilisateur et des serveurs dans les années à venir. Windows PowerShell peut être utilisé également sur Windows XP et Windows 2003 Server. Le seul prérequis pour qu'il fonctionne est la présence de l'environnement .NET 2.0.

Pour vous procurer Windows PowerShell, téléchargez-le sur les sites Internet de Microsoft. Une fois téléchargé, vous devez l'installer :

1. Ouvrez le répertoire *PowerShell_I386* et double-cliquez sur *PowerShell_Setup-i386.msi.*

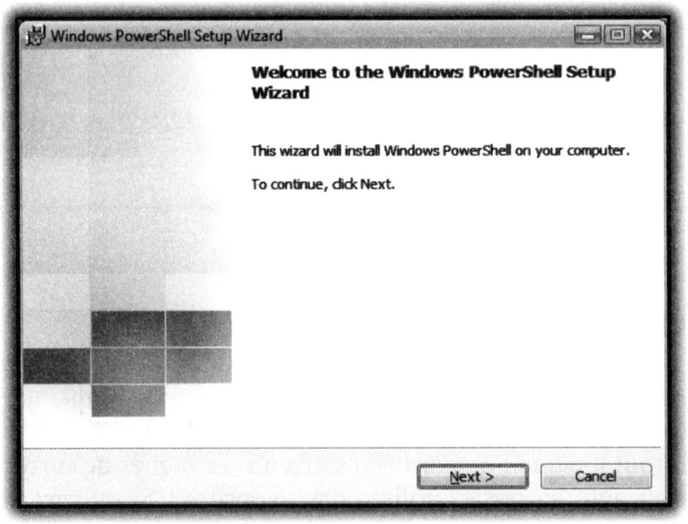

Figure 7-7 : *Lancement de l'installation de Windows PowerShell*

2. Dans la fenêtre **Welcome to the Windows PowerShell Setup Wizard**, cliquez sur **Next**.

3. Sélectionnez l'option *I accept the terms in the license agreement* et cliquez sur **Next**.

4. Dans la fenêtre **Destination folder**, choisissez le répertoire de destination ou gardez le chemin par défaut *C :\Program Files\Windows PowerShell\v1.0*, puis cliquez sur **Next**. Cliquez sur **Install**.

Figure 7-8 : *Le répertoire d'installation de Windows PowerShell*

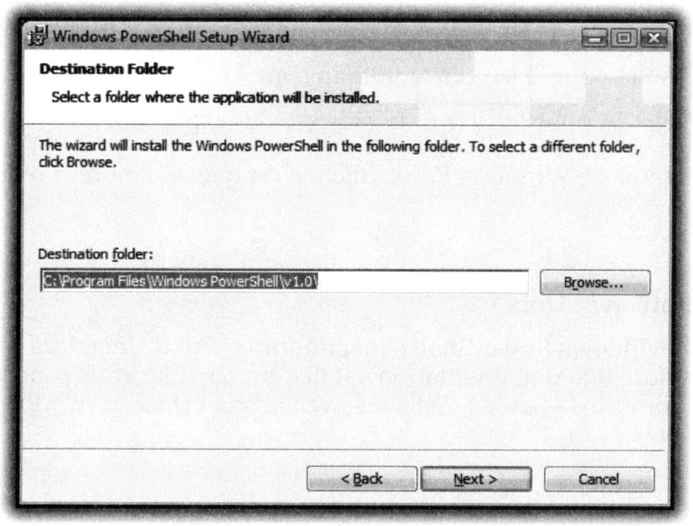

5. Une fois l'installation terminée, cliquez sur **Finish**.

L'objectif de Windows PowerShell est de fournir un environnement de scripts extensible, évolué pour l'environnement Windows, programmable, interactif et opérationnel afin de permettre une automatisation efficace des tâches d'administration.

L'objectif est également de fournir un accès à l'API .Net, pour permettre aux développeurs d'utiliser Windows PowerShell à l'administrateur d'écrire des scripts sécurisés qui peuvent s'exécuter localement ou à distance.

Windows PowerShell repose sur un certain nombre de points :

- un langage de scripts ;
- un shell interactif ;
- un mécanisme de création de nouvelles commandes ;
- un ensemble d'utilitaires ne dépendant pas d'un domaine ;
- un mécanisme pour lancer l'exécution à distance.

Concernant la conception de PowerShell, les développeurs sont partis de zéro pour redéfinir le shell, avec comme inspiration ce qui se faisait déjà dans les autres systèmes :

- Unix pour le modèle de composition, très puissant ;
- AS400 et VMS pour les appellations et la syntaxe consistante et facilitant l'apprentissage ;
- TCL et WSH pour le support multilangage ;
- Bash, Perl, C# pour le style et la richesse des expressions.

Ce qu'il faut retenir de Windows PowerShell, c'est que son moteur objet s'appuie sur le Framework .Net.

REMARQUE

Comparatif avec Unix

Puisque Windows PowerShell s'inspire fortement d'Unix, lors de l'installation, une documentation est disponible. Elle vous propose un certain nombre de tâches réalisées avec le shell Unix et Windows PowerShell.

Pour obtenir la liste des commandes disponibles dans Windows PowerShell, lancez le shell et tapez la commande get-command. Appuyez sur [Entrée]. La liste des commandes apparaît :

```
PS C :\Documents and Settings\sca> get-command

CommandType     Name                      Definition
-----------     ----                      ----------
Cmdlet          Add-Content               Add-Content [-Path]...
Cmdlet          Add-History               Add-History [[-Inpu...
Cmdlet          Add-Member                Add-Member [-Member...
Cmdlet          Add-PSSnapin              Add-PSSnapin [-Name...
Cmdlet          Clear-Content             Clear-Content [-Pat...
Cmdlet          Clear-Item                Clear-Item [-Path] ...
Cmdlet          Clear-ItemProperty        Clear-ItemProperty ...
Cmdlet          Clear-Variable            Clear-Variable [-Na...
Cmdlet          Compare-Object            Compare-Object [-Re...
Cmdlet          ConvertFrom-SecureS...    ConvertFrom-SecureS...
Cmdlet          Convert-Path              Convert-Path [-Path...
Cmdlet          ConvertTo-Html            ConvertTo-Html [[-P...
Cmdlet          ConvertTo-SecureString    ConvertTo-SecureStr...
Cmdlet          Copy-Item                 Copy-Item [-Path] <...
Cmdlet          Copy-ItemProperty         Copy-ItemProperty [...
```

```
Cmdlet          Export-Alias              Export-Alias [-Path...
Cmdlet          Export-Clixml             Export-Clixml [-Pat...
Cmdlet          Export-Console            Export-Console [[-P...
Cmdlet          Export-Csv                Export-Csv [-Path] ...
Cmdlet          ForEach-Object            ForEach-Object [-Pr...
Cmdlet          Format-Custom             Format-Custom [[-Pr...
Cmdlet          Format-List               Format-List [[-Prop...
Cmdlet          Format-Table              Format-Table [[-Pro...
Cmdlet          Format-Wide               Format-Wide [[-Prop...
Cmdlet          Get-Acl                   Get-Acl [[-Path] <S...
Cmdlet          Get-Alias                 Get-Alias [[-Name] ...
Cmdlet          Get-AuthenticodeSig...    Get-AuthenticodeSig...
Cmdlet          Get-ChildItem             Get-ChildItem [[-Pa...
Cmdlet          Get-Command               Get-Command [[-Argu...
Cmdlet          Get-Content               Get-Content [-Path]...
Cmdlet          Get-Credential            Get-Credential [-Cr...
Cmdlet          Get-Culture               Get-Culture [-Verbo...
Cmdlet          Get-Date                  Get-Date [[-Date] <...
Cmdlet          Get-EventLog              Get-EventLog [-LogN...
Cmdlet          Get-ExecutionPolicy       Get-ExecutionPolicy...
Cmdlet          Get-Help                  Get-Help [[-Name] <...
Cmdlet          Get-History               Get-History [[-Id] ...
Cmdlet          Get-Host                  Get-Host [-Verbose]...
Cmdlet          Get-Item                  Get-Item [-Path] <S...
Cmdlet          Get-ItemProperty          Get-ItemProperty [-...
Cmdlet          Get-Location              Get-Location [-PSPr...
Cmdlet          Get-Member                Get-Member [[-Name]...
Cmdlet          Get-PfxCertificate        Get-PfxCertificate ...
Cmdlet          Get-Process               Get-Process [[-Name...
Cmdlet          Get-PSDrive               Get-PSDrive [[-Name...
Cmdlet          Get-PSProvider            Get-PSProvider [[-P...
Cmdlet          Get-PSSnapin              Get-PSSnapin [[-Nam...
Cmdlet          Get-Service               Get-Service [[-Name...
Cmdlet          Get-TraceSource           Get-TraceSource [[-...
Cmdlet          Get-UICulture             Get-UICulture [-Ver...
Cmdlet          Get-Unique                Get-Unique [-InputO...
Cmdlet          Get-Variable              Get-Variable [[-Nam...
Cmdlet          Get-WmiObject             Get-WmiObject [-Cla...
Cmdlet          Group-Object              Group-Object [[-Pro...
Cmdlet          Import-Alias              Import-Alias [-Path...
Cmdlet          Import-Clixml             Import-Clixml [-Pat...
Cmdlet          Import-Csv                Import-Csv [-Path] ...
Cmdlet          Invoke-Expression         Invoke-Expression [...
Cmdlet          Invoke-History            Invoke-History [[-I...
Cmdlet          Invoke-Item               Invoke-Item [-Path]...
Cmdlet          Join-Path                 Join-Path [-Path] <...
Cmdlet          Measure-Command           Measure-Command [-E...
Cmdlet          Measure-Object            Measure-Object [[-P...
```

```
Cmdlet          Move-Item                Move-Item [-Path] <...
Cmdlet          Move-ItemProperty        Move-ItemProperty [...
Cmdlet          New-Alias                New-Alias [-Name] <...
Cmdlet          New-Item                 New-Item [-Path] <S...
Cmdlet          New-ItemProperty         New-ItemProperty [-...
Cmdlet          New-Object               New-Object [-TypeNa...
Cmdlet          New-PSDrive              New-PSDrive [-Name]...
Cmdlet          New-Service              New-Service [-Name]...
Cmdlet          New-TimeSpan             New-TimeSpan [[-Sta...
Cmdlet          New-Variable             New-Variable [-Name...
Cmdlet          Out-Default              Out-Default [-Input...
Cmdlet          Out-File                 Out-File [-FilePath...
Cmdlet          Out-Host                 Out-Host [-Paging] ...
Cmdlet          Out-Null                 Out-Null [-InputObj...
Cmdlet          Out-Printer              Out-Printer [[-Name...
Cmdlet          Out-String               Out-String [-Stream...
Cmdlet          Pop-Location             Pop-Location [-Pass...
Cmdlet          Push-Location            Push-Location [[-Pa...
Cmdlet          Read-Host                Read-Host [[-Prompt...
Cmdlet          Remove-Item              Remove-Item [-Path]...
Cmdlet          Remove-ItemProperty      Remove-ItemProperty...
Cmdlet          Remove-PSDrive           Remove-PSDrive [-Na...
Cmdlet          Remove-PSSnapin          Remove-PSSnapin [-N...
Cmdlet          Remove-Variable          Remove-Variable [-N...
Cmdlet          Rename-Item              Rename-Item [-Path]...
Cmdlet          Rename-ItemProperty      Rename-ItemProperty...
Cmdlet          Resolve-Path             Resolve-Path [-Path...
Cmdlet          Restart-Service          Restart-Service [-N...
Cmdlet          Resume-Service           Resume-Service [-Na...
Cmdlet          Select-Object            Select-Object [[-Pr...
Cmdlet          Select-String            Select-String [-Pat...
Cmdlet          Set-Acl                  Set-Acl [-Path] <St...
Cmdlet          Set-Alias                Set-Alias [-Name] <...
Cmdlet          Set-AuthenticodeSig...   Set-AuthenticodeSig...
Cmdlet          Set-Content              Set-Content [-Path]...
Cmdlet          Set-Date                 Set-Date [-Date] <D...
Cmdlet          Set-ExecutionPolicy      Set-ExecutionPolicy...
Cmdlet          Set-Item                 Set-Item [-Path] <S...
Cmdlet          Set-ItemProperty         Set-ItemProperty [-...
Cmdlet          Set-Location             Set-Location [[-Pat...
Cmdlet          Set-PSDebug              Set-PSDebug [-Trace...
Cmdlet          Set-Service              Set-Service [-Name]...
Cmdlet          Set-TraceSource          Set-TraceSource [-N...
Cmdlet          Set-Variable             Set-Variable [-Name...
Cmdlet          Sort-Object              Sort-Object [[-Prop...
Cmdlet          Split-Path               Split-Path [-Path] ...
Cmdlet          Start-Service            Start-Service [-Nam...
Cmdlet          Start-Sleep              Start-Sleep [-Secon...
```

```
Cmdlet          Start-Transcript         Start-Transcript [[...
Cmdlet          Stop-Process             Stop-Process [-Id] ...
Cmdlet          Stop-Service             Stop-Service [-Name...
Cmdlet          Stop-Transcript          Stop-Transcript [-V...
Cmdlet          Suspend-Service          Suspend-Service [-N...
Cmdlet          Tee-Object               Tee-Object [-FilePa...
Cmdlet          Test-Path                Test-Path [-Path] <...
Cmdlet          Trace-Command            Trace-Command [-Nam...
Cmdlet          Update-FormatData        Update-FormatData [...
Cmdlet          Update-TypeData          Update-TypeData [[-...
Cmdlet          Where-Object             Where-Object [-Filt...
Cmdlet          Write-Debug              Write-Debug [-Messa...
Cmdlet          Write-Error              Write-Error [-Messa...
Cmdlet          Write-Host               Write-Host [[-Objec...
Cmdlet          Write-Output             Write-Output [-Inpu...
Cmdlet          Write-Progress           Write-Progress [-Ac...
Cmdlet          Write-Verbose            Write-Verbose [-Mes...
Cmdlet          Write-Warning            Write-Warning [-Mes...
```


Lorsque vous avez obtenu la liste des commandes, vous pouvez effectuer quelques tests de commandes. Par exemple, si vous souhaitez obtenir la liste des services, saisissez get–service…

```
PS C :\Documents and Settings\sca> get-service

Status   Name               DisplayName
------   ----               -----------
Stopped  Alerter            Avertissement
Running  ALG                Service de la passerelle de la couc...
Stopped  AppMgmt            Gestion d'applications
Stopped  aspnet_state       ASP.NET State Service
Running  AudioSrv           Audio Windows
Stopped  BITS               Service de transfert intelligent en...
Running  Browser            Explorateur d'ordinateur
Running  ccEvtMgr           Symantec Event Manager
Running  ccProxy            Symantec Network Proxy
.........
```

Si vous souhaitez obtenir la liste des pilotes, tapez la commande get–psdrive.

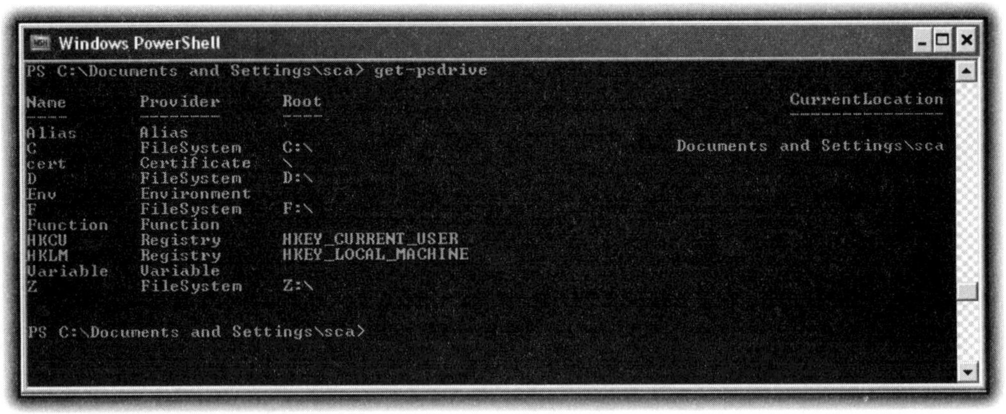

Figure 7-9 : *La commande get-psdrive*

Tapez Ipconfig si vous souhaitez obtenir des informations sur cette commande :

```
PS C :\Documents and Settings\sca>
get-command ipconfig | format-list *

FileVersionInfo :
   File :               C :\WINDOWS\system32\ipconfig.exe
   InternalName :       ipconfig.exe
   OriginalFilename :   ipconfig.exe
   FileVersion :        5.1.2600.2180 (xpsp_sp2_rtm.040803-2158)
   FileDescription :    Utilitaire de configuration IP
   Product :            Système d'exploitation Microsoft® Windows®
   ProductVersion :     5.1.2600.2180
   Debug :              False
   Patched :            False
   PreRelease :         False
   PrivateBuild :       False
   SpecialBuild :       False
   Language :           Français (France)

Path : C :\WINDOWS\system32\ipconfig.exe
Extension : .exe
Definition : C :\WINDOWS\system32\ipconfig.exe
Name : ipconfig.exe
CommandType : Application
```

CHAPITRE

8

Découvrir Internet Explorer 7

CHAPITRE

8

Découvrir Internet Explorer 7

Au cours de ces dernières années, l'utilisation d'Internet et le comportement de l'utilisateur face aux services proposés ont beaucoup évolué. Si l'on pense aux années 1990 et à ce qui a fait le succès et l'explosion d'Internet, on peut le résumer à la consultation passive de pages web et à l'envoi de courriels sous sa forme la plus basique. Aujourd'hui, la nouvelle ère des logiciels et des services Internet est née. Internet se diversifie : il est possible d'envoyer des courriels élaborés avec une messagerie digne de celles des entreprises, il est également possible de discuter en temps réel sous forme audio ou écrite… Internet et ses services sont au cœur de l'utilisation de nos ordinateurs. Pour en tirer le meilleur parti, Windows Vista bénéficie d'Internet Explorer dans sa version 7 et, comme toute nouvelle version, le logiciel apporte son lot de nouveautés et d'améliorations.

8.1 Les améliorations d'Internet Explorer 7

Dans cette nouvelle version, Internet Explorer 7 repose sur trois grands principes :

- la simplification des tâches quotidiennes ;
- une protection dynamique ;
- une plate-forme et une gestion améliorées.

8.2 Simplifier les tâches de tous les jours

Internet Explorer 7 facilite la navigation grâce à l'utilisation d'onglets, des recherches depuis la barre d'outils, des fonctions d'impression avancées, la découverte et la lecture de flux RSS, l'abonnement à ces flux, et plus encore. Découvrez les fonctionnalités suivantes pour en apprendre davantage.

Une utilisation simplifiée

Le cadre Internet Explorer 7 a été réorganisé pour le rendre beaucoup plus simple, plus intuitif et moins encombré par des éléments inutiles. Cela augmente la zone d'écran dédiée aux pages web que vous souhaitez afficher et facilite ainsi la navigation sur Internet.

Les fonctions d'impression avancées

Internet Explorer 7 ajuste automatiquement la page web à imprimer au format de papier utilisé pour l'impression. Il comprend également un mode d'aperçu multipage avec des marges dynamiques, une fonction de redimensionnement du texte pour éviter que le document soit coupé, ainsi qu'une option permettant d'imprimer uniquement le texte sélectionné.

La zone de recherche instantanée

Les recherches sur le Web à l'aide de votre moteur de recherche favori peuvent désormais être entrées dans une zone de recherche à partir de la barre d'outils, ce qui réduit l'accumulation de barres d'outils indépendantes. Vous pouvez facilement choisir un fournisseur sur la liste déroulante ou ajouter davantage de fournisseurs.

Le centre des favoris

Il offre un accès rapide et simple aux favoris, aux groupes d'onglets, à l'historique de navigation et à vos abonnements à des flux RSS. Ce panneau peut être développé si nécessaire ou être fixé pour un accès plus régulier.

Le flux RSS

Internet Explorer 7 signale automatiquement les flux RSS sur les sites en illuminant une icône sur la barre d'outils. Un simple clic sur cette icône vous permet d'afficher et potentiellement de vous inscrire au flux RSS du site, puis d'être prévenu dès que le contenu est mis à jour. Vous pouvez lire les flux RSS directement dans le navigateur, rechercher les informations qui vous intéressent et filtrer l'affichage avec des termes de recherche ou en utilisant des catégories spécifiques au site.

La navigation par onglets

Affichez plusieurs sites dans une seule fenêtre de navigateur. Passez facilement d'un site à l'autre à l'aide d'onglets placés en haut du cadre du navigateur.

Les onglets rapides

Ils permettent une sélection et une navigation faciles en affichant des vignettes de tous les onglets ouverts dans une seule fenêtre (raccourci clavier : Ctrl+Q).

Les groupes d'onglets

Les onglets peuvent être regroupés et enregistrés dans des dossiers de favoris, ce qui vous permet d'ouvrir plusieurs onglets d'un simple clic. Un groupe d'onglets peut facilement être configuré comme le groupe de la page d'accueil, de sorte que tout le groupe d'onglets s'ouvre dès qu'Internet Explorer est lancé depuis le menu **Démarrer**.

Le zoom sur la page

Il permet d'agrandir les pages web individuelles, que ce soit du texte ou des illustrations, pour faire une mise au point sur un contenu particulier ou pour rendre le contenu plus accessible pour les malvoyants.

8.3 Une protection dynamique

Internet Explorer 7 offre davantage de sécurité grâce une nouvelle architecture fiable, des fonctions de sécurité qui aident à la protection contre les logiciels malveillants (également appelés *malwares*) et de nouveaux moyens de se protéger contre le vol de données personnelles depuis des sites web frauduleux, pratique connue sous le nom de "hameçonnage" (*phishing*). Cliquez sur les fonctions pour en apprendre davantage.

La fermeture de toutes les rubriques

L'inscription ActiveX Internet Explorer désactive presque tous les contrôles ActiveX préinstallés pour empêcher l'exposition de contrôles potentiellement vulnérables à des attaques. Vous pouvez facilement activer ou désactiver des contrôles ActiveX en fonction de vos besoins via la barre d'informations et le Gestionnaire de modules complémentaires.

La barre d'état de sécurité

Elle améliore la sensibilisation aux paramètres de sécurité et de confidentialité des sites web en affichant des notifications à l'aide d'un code couleur sur la barre d'adresse. Internet Explorer 7 affiche la barre d'adresse en vert pour les sites web qui présentent les nouveaux certificats de haute assurance, ce qui indique que le propriétaire du site a effectué des vérifications d'identité étendues. De plus, les notifications de filtres antihameçonnage (*phishing*), les noms de certificats et l'icône de verrou jaune sont à présent affichés à côté de la barre d'adresse pour une meilleure visibilité. Des informations sur les certificats et la confidentialité peuvent être affichées d'un simple clic sur la barre d'état de sécurité.

Le filtre antihameçonnage

Internet Explorer 7 vous prévient de façon proactive et vous aide à vous protéger contre des sites potentiellement frauduleux ou connus comme tels et à les bloquer si nécessaire. Ce filtre disponible sur abonnement est mis à jour plusieurs fois par heure avec les dernières informations sur la sécurité de Microsoft et de plusieurs partenaires.

L'interaction entre les domaines

Internet Explorer 7 limite l'interaction des scripts de pages web avec le contenu d'autres domaines ou fenêtres. Cette protection améliorée vous défend davantage contre les logiciels malveillants en limitant la possibilité pour des sites web de manipuler des failles sur d'autres sites web ou de vous amener à télécharger du contenu ou des logiciels indésirables.

Supprimer l'historique de navigation

Vous pouvez nettoyer les pages mises en mémoire, les mots de passe, les données de formulaire, les cookies et l'historique depuis la même fenêtre.

Une protection depuis la barre d'adresses

Chaque fenêtre, que ce soit une fenêtre publicitaire ou une fenêtre normale, présente une barre d'adresse à l'utilisateur, ce qui l'aide à empêcher les sites malveillants d'imiter des sites de confiance.

Une protection contre les usurpations d'identité dans le nom de domaine international

En plus d'une prise en charge supplémentaire des noms de domaine internationaux dans les URL, Internet Explorer vous signale également que des caractères similaires dans l'URL ne sont pas exprimés dans le même langage, vous protégeant ainsi contre des sites qui pourraient apparaître comme des sites connus de confiance.

La sécurité du traitement des URL

Un nouveau concept de traitement d'URL assure un traitement cohérent et réduit les possibilités d'exploitations abusives. Le nouveau gestionnaire d'URL vous aide à centraliser le traitement des données critiques et améliore la cohérence des données dans l'application.

Le suivi des paramètres

Pour vous épargner une navigation avec des paramètres non sécurisés, Internet Explorer 7 vous signale dans la barre d'informations que les paramètres de sécurité actuels vous exposent à des risques. Dans le panneau de commande Internet, les éléments critiques sont surlignés en rouge lorsqu'ils ne sont pas configurés de façon sécurisée. Outre les alertes vous prévenant du manque de sécurité de vos paramètres, la barre d'informations vous le rappelle tant que ces paramètres ne seront pas sécurisés. Vous pouvez instantanément réinitialiser les paramètres de sécurité Internet réglés au niveau par défaut *Moyennement haute* en cliquant sur l'option *Fix My Settings* (changer mes paramètres) dans la barre d'informations.

La désactivation des modules complémentaires

Pour faciliter la résolution des problèmes de lancement d'Internet Explorer ou d'accès à des sites web particuliers, vous pouvez démarrer Internet Explorer en mode Sans module complémentaire, où seuls les modules complémentaires de système critiques sont activés.

Les fonctions suivantes ne sont disponibles qu'avec Internet Explorer 7 sous Windows Vista :

Le mode protégé

Internet Explorer 7 sous Windows Vista est exécuté à l'écart des autres applications du système d'exploitation. Les tentatives d'exploitation et les logiciels malveillants ne peuvent écrire à aucun autre emplacement que les fichiers Internet temporaires sans l'autorisation explicite de l'utilisateur.

Le contrôle parental

Pour la sécurité en ligne des enfants, les parents peuvent contrôler le comportement de leurs enfants via les paramètres de contrôle parental intégrés à Windows Vista. Le niveau de sécurité des enfants peut être contrôlé et modifié à distance. Le niveau de sécurité peut être étendu à plusieurs activités sur l'ordinateur, telles que les jeux ou la navigation sur Internet. La session de navigation d'un enfant peut même être examinée par un parent par la suite, et ne peut pas être supprimée sans l'accord du parent.

8.4 Une plate-forme et une gestion rénovées

Des CSS améliorées

Internet Explorer résout de nombreuses incohérences qui ont causé des problèmes aux développeurs lors de la production de pages web interactives et visuellement chargées. Une meilleure prise en charge de CSS 2.1, y compris les sélecteurs et le positionnement fixe, permet aux développeurs de créer des effets plus intenses sans l'utilisation d'un script.

La compatibilité des applications

Un kit d'outils assurant la compatibilité des applications est disponible avec Internet Explorer 7. Il permet aux informaticiens et développeurs professionnels de comprendre les incompatibilités avec les sites web, les applications et les déploiements existants.

Le canal Alpha en PNG

Prend en charge la transparence au format image PNG, permettant ainsi de créer plus facilement des sites web plus esthétiques.

La Stratégie de groupe

Elle offre une prise en charge de tous les aspects de la configuration d'Internet Explorer, ce qui en facilite considérablement la gestion dans une entreprise.

Le kit de gestion d'Internet Explorer

Les OEM et les spécialistes du déploiement peuvent préinstaller Internet Explorer avec une configuration personnalisée ou des programmes supplémentaires pour leurs utilisateurs.

La prise en charge Ajax

Elle améliore la mise en œuvre de la requête XMLHTTP en tant qu'objet Javascript natif pour les applications de style Ajax riches. Alors qu'Internet Explorer 6 traitait les requêtes XMLHTTP avec un contrôle ActiveX, Internet Explorer 7 expose XMLHTTP en natif. Cela améliore la compatibilité syntaxique entre les différents navigateurs et permet aux clients de configurer et de personnaliser une stratégie de sécurité de leur choix sans compromettre de scénarios Ajax clés.

Des extensions de recherche ouverte

En collaboration avec Amazon.com, un jeu d'extensions de liste simples RSS a été soumis à la communauté RSS et publié sous licence Creative Commons. Parmi d'autres fonctions, ces extensions simplifient le développement des applications en rapport avec les fournisseurs de recherche compatibles avec la recherche ouverte.

La plate-forme RSS

Elle offre de nombreuses fonctionnalités pour le téléchargement, le stockage et l'accès aux flux RSS sur tout le système d'exploitation et permet à davantage d'utilisateurs de profiter du RSS. Une fois que vous avez souscrit à un flux dans une application, cet abonnement et tous les contenus associés sont disponibles sur tout le système d'exploitation depuis chaque application dans laquelle vous souhaitez profiter du flux.

Une compatibilité de plates-formes

Internet Explorer 7 est plus compatible avec les principales fonctions web qu'auparavant. Il prend en charge de nombreux nouveaux standards sur le Web pour faciliter le développement des sites web et améliorer la navigation. De plus, chaque nouvelle fonction d'Internet Explorer 7 permet un contrôle complet via la Stratégie de groupe, ce qui simplifie énormément la gestion d'Internet Explorer, même dans les entreprises de plus grande taille.

8.5 Utiliser Internet Explorer 7

Utiliser les onglets

L'une des nouveautés d'Internet Explorer est la navigation par onglets. La plupart des navigateurs le font déjà, et Microsoft a corrigé le tir avec Internet Explorer 7. Cette fonctionnalité vous permet d'ouvrir plusieurs sites web dans une seule fenêtre du navigateur. Si plusieurs onglets sont ouverts, utilisez la fonction Onglets rapides pour passer facilement à d'autres onglets.

Figure 8-1 : *Plusieurs fenêtres sont ouvertes sous les onglets d'Internet Explorer*

Pour ouvrir une fenêtre Internet :

1. Activez le menu **Démarrer/Tous les programmes/Internet Explorer**.
2. Cliquez sur la commande **Nouvel Onglet** ou utilisez la combinaison de touches suivante Ctrl+T.

Figure 8-2 : *Ouverture d'une nouvelle fenêtre*

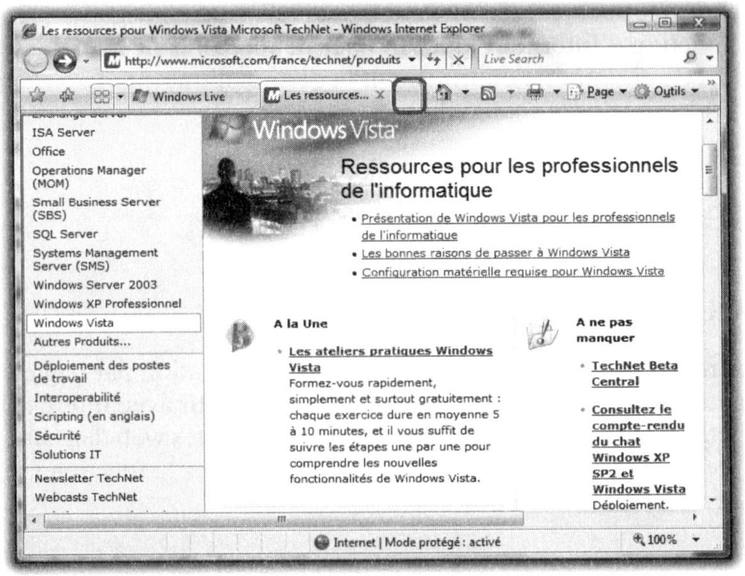

3. Pour fermer une fenêtre Internet, cliquez sur l'onglet ou utilisez la combinaison de touches Ctrl+W.

Figure 8-3 :
Fermeture d'un onglet

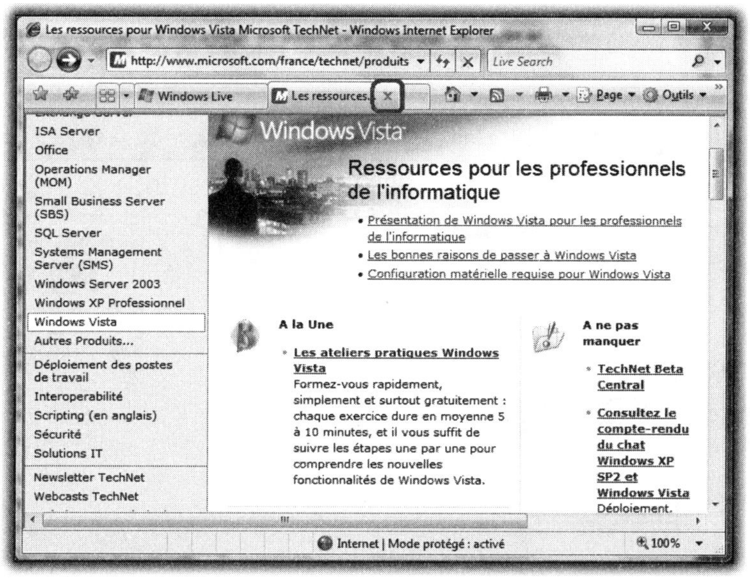

4. Pour parcourir en mode Liste les différents sites Internet que vous avez ouverts, vous pouvez utiliser les Onglets rapides.

Figure 8-4 :
Utilisation des Onglets rapides

5. Si vous souhaitez visualiser l'ensemble des sites que vous avez ouverts, sélectionnez l'aperçu en mosaïque en cliquant sur Ctrl+Q.

Figure 8-5 :
L'aperçu en mosaïque

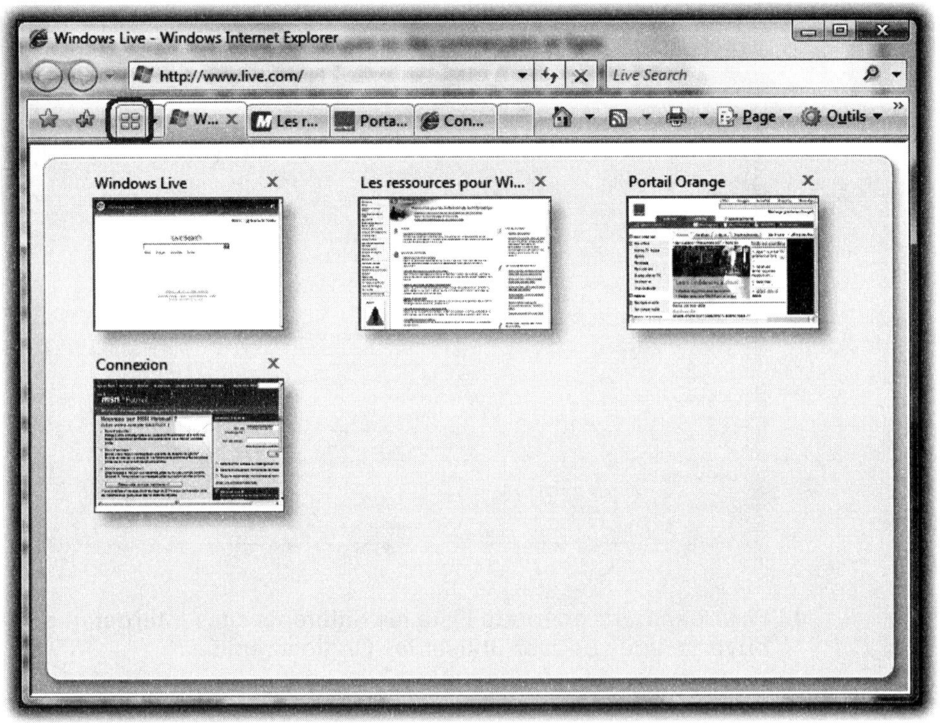

ASTUCE

Accéder au menu classique

Si vous souhaitez utiliser le menu classique d'Internet Explorer, comme dans sa version précédente, placez-vous sur la fenêtre d'Internet Explorer et appuyez sur la touche Alt.

ASTUCE

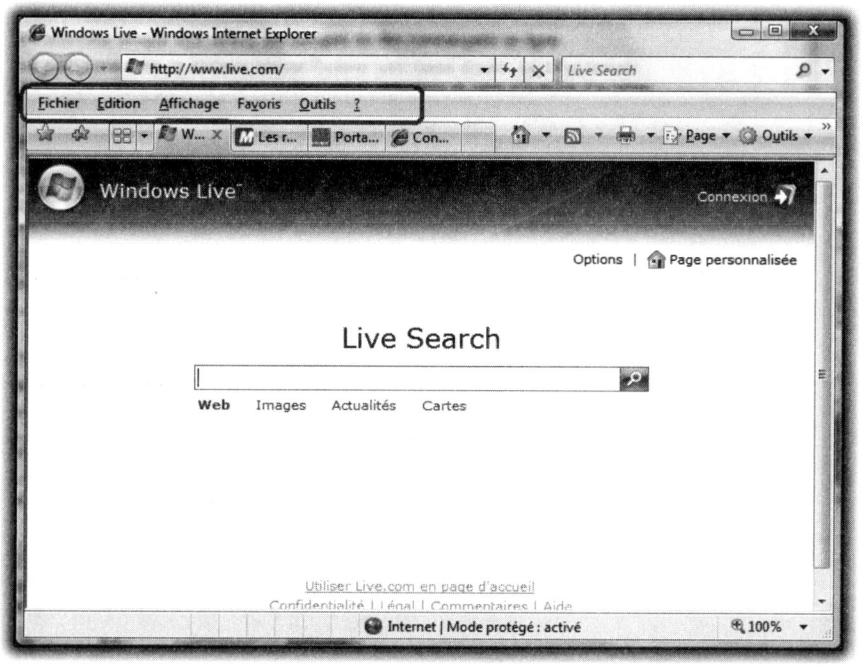

Figure 8-6 : *Affichage du menu classique Windows*

Désactiver les onglets

Même si les onglets sont un atout dans le confort d'utilisation d'Internet Explorer, ils ne sont pas obligatoirement du goût de tout le monde. C'est pourquoi vous avez la possibilité de les désactiver :

1. Activez le menu **Démarrer/Tous les programmes/Internet Explorer**.
2. Cliquez sur le bouton **Outils**, puis sur **Options Internet** (voir fig. 8-7).
3. Cliquez sur l'onglet **Général**, puis, dans la section *Onglets*, cliquez sur **Paramètres**.
4. Désactivez la case à cocher *Activer la navigation avec onglets* (voir fig. 8-8).

Figure 8-7 : *Le bouton Outils*

Figure 8-8 : *Les paramètres des onglets de navigation*

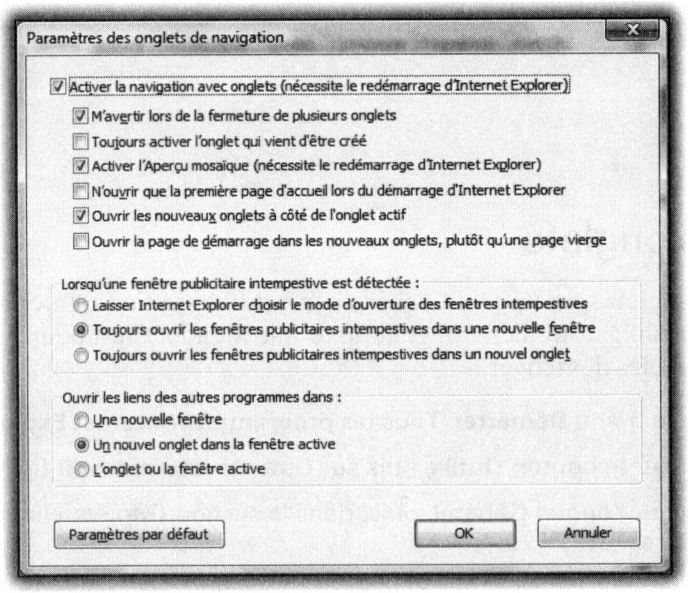

5. Cliquez deux fois sur OK.
6. Fermez Internet Explorer, puis rouvrez-le.

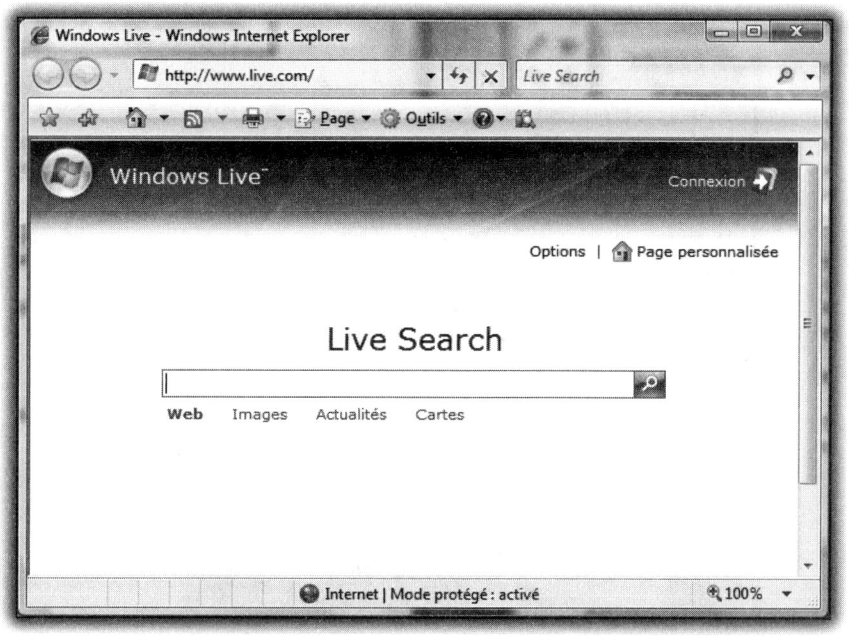

Figure 8-9 : *Internet Explorer sans les onglets*

8.6 Gérer les favoris

Les favoris sont un moyen pratique de capitaliser ses visites sur Internet. Internet Explorer vous permet d'enregistrer vos sites favoris, vous n'avez plus ainsi à taper leur adresse ; surtout quand on sait qu'il est rare aujourd'hui de ne consulter qu'une seule page. Prenons comme exemple une personne qui consulte très régulièrement les sites consacrés à la Bourse, à l'actualité générale ou spécialisée comme l'informatique. Vous l'avez compris. Saisir toutes ces adresses devient vite mission impossible. La solution consiste à ajouter un favori quand on sait que l'on va consulter la page à plusieurs reprises, à utiliser les favoris pour ouvrir ses pages et à organiser ses favoris pour ne pas s'y perdre.

Ajouter des favoris

Dans cet exemple, vous allez ajouter les sites favoris liés à l'informatique, à la Bourse et à l'actualité.

1. Saisissez l'adresse suivante : http://labs.microsoft.com/fr/fr/.
2. Ajoutez cette adresse dans les favoris à l'aide de la combinaison de touche Alt+Z ou en cliquant sur l'icône *Ajouter aux favoris*.

Figure 8-10 : *Ajouter une adresse Internet aux favoris*

3. Répétez cette opération avec les adresses suivantes :

- **www.pcinpact.com/**
- **http://technet.microsoft.com/fr-fr/default.aspx**
- **www.lemonde.fr/**
- **www.lefigaro.fr/**
- **http://tf1.lci.fr/**
- **www.radiofrance.fr/index.php?host=www.france-info.com**
- **www.boursorama.com/**
- **www.boursier.com/**
- **http://bourse.lesechos.fr/**
- **www.abcbourse.com/**

Vous voici à présent avec 11 sites Internet, il est facile d'imaginer que la liste pourrait s'allonger davantage.

Consulter les favoris

L'intérêt d'archiver les favoris est que vous pouvez consulter les sites en très peu de temps sans avoir à saisir les adresses et risquer de commettre des erreurs ou tout simplement oublier le nom exact de l'adresse. Pour consulter vos favoris, cliquez sur l'étoile d'Internet Explorer ou sur la combinaison de touches Alt+C.

Organiser les favoris

Puisque les favoris apportent beaucoup de souplesse dans l'utilisation d'Internet, il devient important de les organiser. Imaginez une dizaine de centres d'intérêt avec pour chacun une quinzaine d'adresses de sites ! Vous devez organiser vos favoris :

1. Activez le menu **Démarrer/Tous les programmes/Internet Explorer**.
2. Appuyer sur les touches Alt+Z pour ouvrir le menu des favoris.

Figure 8-11 : *Organiser les favoris*

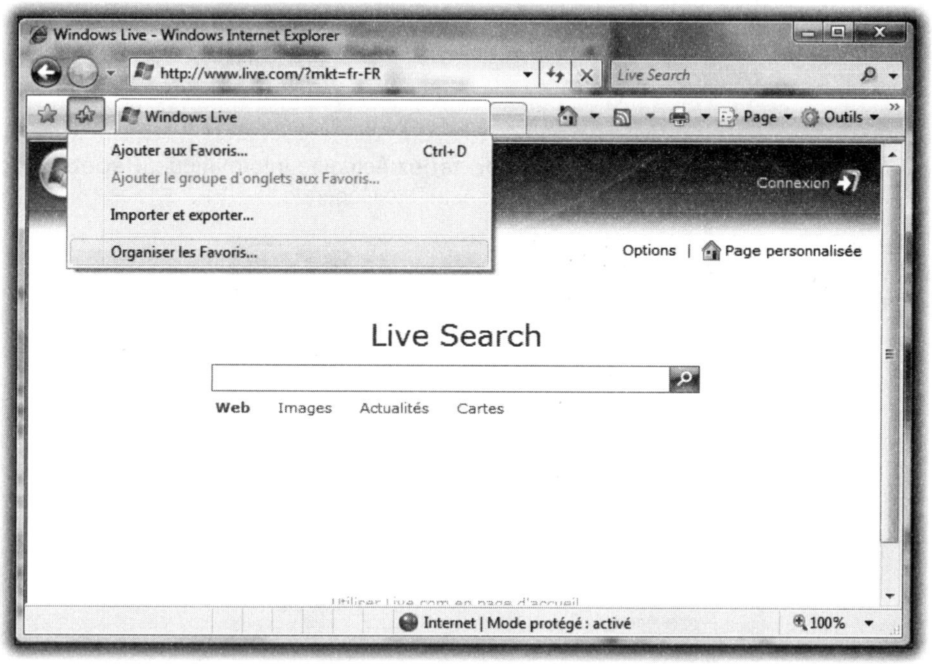

3. Dans le menu **Favoris**, cliquez sur **Organiser les Favoris**.
4. Dans la fenêtre **Organiser les Favoris**, cliquez sur **Nouveau dossier**.

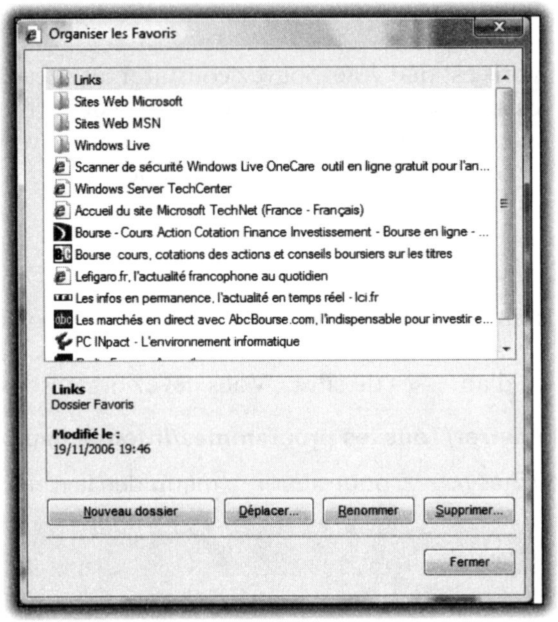

Figure 8-12 : *La fenêtre Organiser les favoris*

5. **Dans le nouveau dossier, tapez** Actualité Informatique**. Répétez l'opération et saisissez** Site Boursiers **et** Actualité Générale**.**

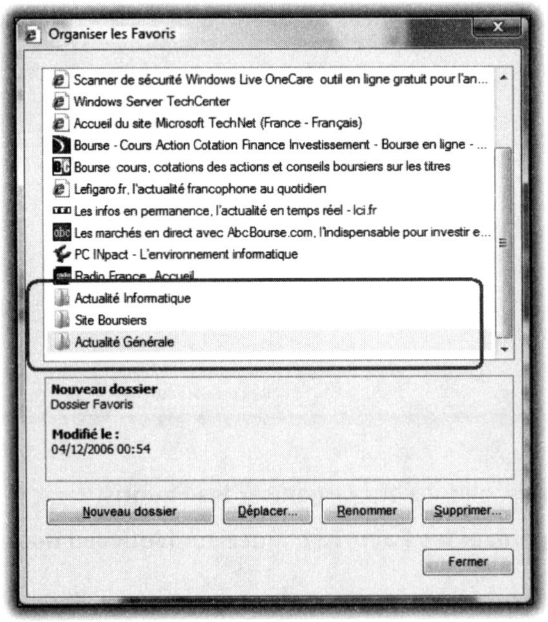

Figure 8-13 : *Créer des nouveaux dossiers favoris*

6. Pour commencer à organiser vos sites, sélectionnez par exemple le lien *Les marchés en direct avec AbcBourse.com, l'indispensable pour investir en bourse* et cliquez sur **Déplacer**.

Figure 8-14 : *La fenêtre Rechercher*

7. Dans la fenêtre **Recherche d'un dossier**, sélectionnez **Site Boursiers** et cliquez sur OK. Répétez cette action pour chacun de vos favoris, puis cliquez sur **Fermer**.

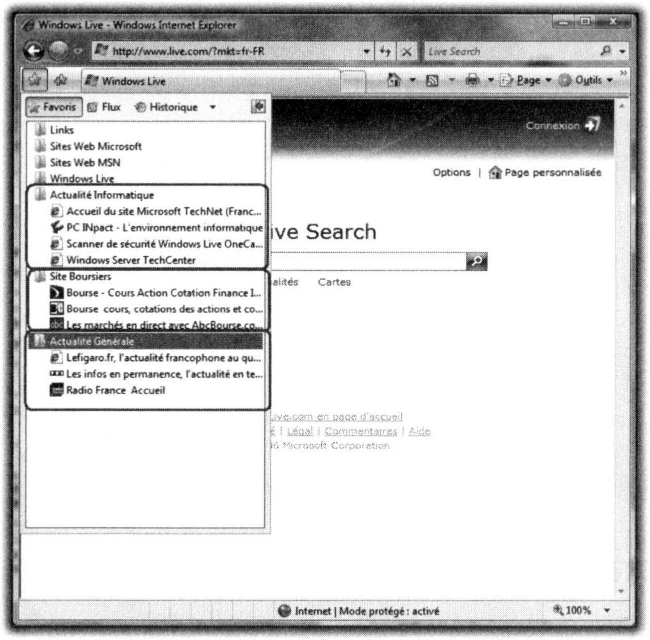

Figure 8-15 : *L'organisation des favoris par dossier*

8.7 Paramétrer Internet explorer

Comme toute partie de Windows Vista, Internet Explorer possède des paramètres. Ces paramètres sont destinés à plusieurs fonctions. En voici un bref descriptif…

Modifier les paramètres généraux d'Internet Explorer

Dans les paramètres généraux d'Internet Explorer, vous pouvez modifier votre page d'accueil, supprimer l'historique de navigation, modifier les paramètres de recherche, modifier les paramètres des onglets et personnaliser l'apparence d'Internet Explorer.

Pour accéder à la fenêtre :

1. Activez le menu **Démarrer/Tous les programmes/Internet Explorer**.
2. Cliquez sur le bouton **Outils**, puis sur **Options Internet**.

Figure 8-16 : *L'onglet Général des options Internet*

Modifier les paramètres de sécurité d'Internet Explorer

La modification de paramètres de sécurité d'Internet Explorer vous permet de définir les paramètres de sécurité par défaut et personnalisés pour Internet, l'intranet et des sites web spécifiques.

1. Activez le menu **Démarrer/Tous les programmes/Internet Explorer**.
2. Cliquez sur le bouton **Outils**, puis sur **Options Internet**.
3. Sélectionnez l'onglet **Sécurité**.

Figure 8-17 : *L'onglet Sécurité des options Internet*

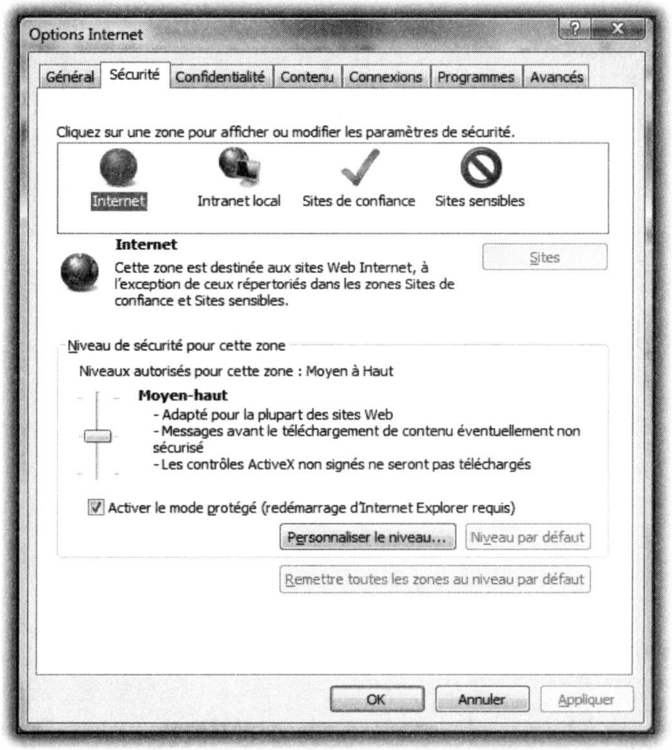

8

Modifier les paramètres de confidentialité d'Internet Explorer

La modification de paramètres de confidentialité d'Internet Explorer vous permet de modifier les paramètres des cookies et du bloqueur de fenêtres publicitaires intempestives.

1. Activez le menu **Démarrer/Tous les programmes/Internet Explorer**.
2. Cliquez sur le bouton **Outils**, puis sur **Options Internet**.
3. Sélectionnez l'onglet **Confidentialité**.

Figure 8-18 : *L'onglet Confidentialité des options Internet*

Modifier les paramètres de contenu d'Internet Explorer

La modification de paramètres de contenu d'Internet Explorer vous permet d'activer le gestionnaire d'accès ou de modifier ses paramètres, d'afficher et de gérer les certificats de sécurité, de modifier les paramètres de saisie semi-automatique ou les paramètres des flux (RSS).

Vous pouvez créer une connexion Internet, ajouter ou modifier les paramètres d'accès à distance et du réseau privé virtuel (VPN) et modifier les paramètres du réseau local.

1. Activez le menu **Démarrer/Tous les programmes/Internet Explorer**.
2. Cliquez sur le bouton **Outils**, puis sur **Options Internet**.
3. Sélectionnez l'onglet **Contenu**.

Figure 8-19 : *L'onglet Contenu des options Internet*

Modifier les paramètres des programmes d'Internet Explorer

Les paramètres des programmes d'Internet Explorer vous permettent de modifier votre navigateur web par défaut, votre programme de messagerie électronique, votre éditeur HTML, votre lecteur de groupes de discussion ou votre téléphone Internet, et de gérer les modules complémentaires du navigateur web.

1. Activez le menu **Démarrer/Tous les programmes/Internet Explorer**.
2. Cliquez sur le bouton **Outils**, puis sur **Options Internet**.
3. Sélectionnez l'onglet **Programmes**.

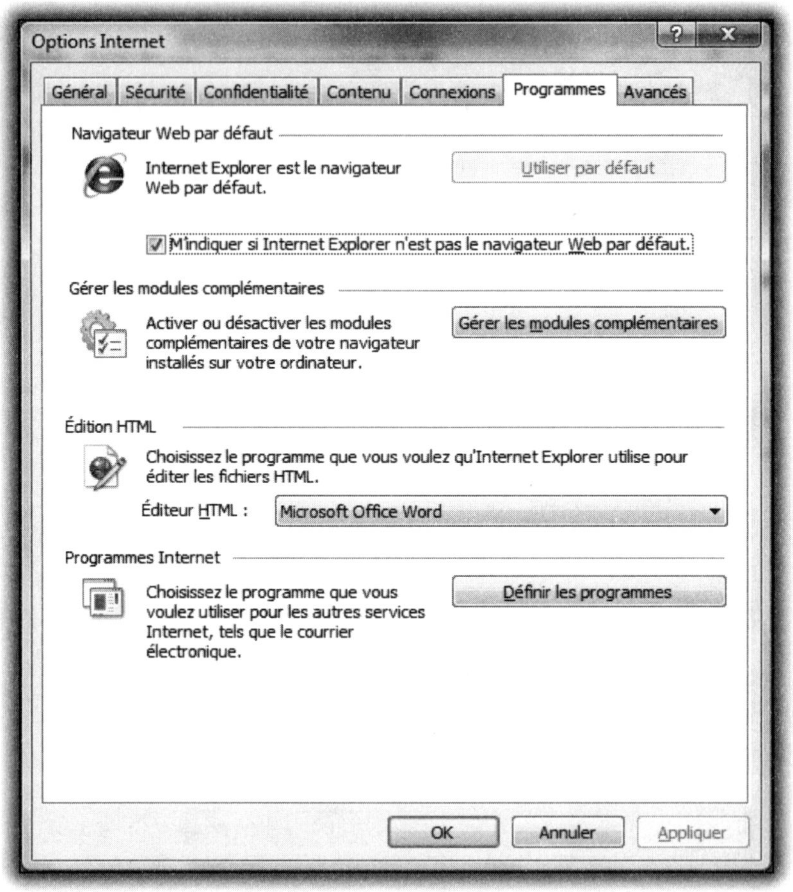

Figure 8-20 : *L'onglet Programmes des options Internet*

Modifier les paramètres avancés d'Internet Explorer

Les paramètres avancés d'Internet Explorer vous permettent de modifier les paramètres avancés d'accessibilité, de navigation, de gestion de protocole HTTP, le nom des domaines internationaux, l'utilisation de la machine virtuelle Java, le multimédia, l'impression, la recherche et la sécurité. Vous pouvez aussi rétablir les paramètres par défaut d'Internet Explorer.

1. Activez le menu **Démarrer/Tous les programmes/Internet Explorer.**
2. Cliquez sur le bouton **Outils**, puis sur **Options Internet**.
3. Sélectionnez l'onglet **Avancés.**

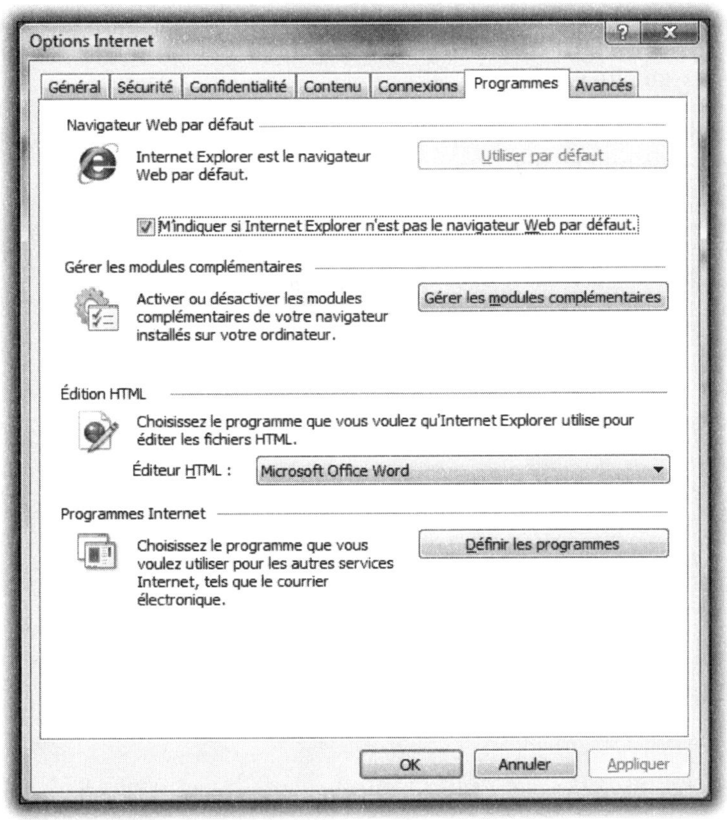

Figure 8-21 : *L'onglet Avancés des options Internet*

8

8.8 Comprendre le hameçonnage

Pour découvrir et comprendre ce qu'est le hameçonnage, consultez les sites Internet que Microsoft met à votre disposition.

Voyez comment utiliser le filtre contre le hameçonnage :

1. Activez le menu **Démarrer/Tous les programmes/Internet Explorer**.
2. Dans Internet Explorer, tapez l'URL http://207.68.169.170/woodgrovebank/index.html.html et appuyez sur Entrée pour accéder au site web.

La barre d'adresse est devenue orange et vous pouvez noter la présence d'un bouclier assorti d'un point d'exclamation. Internet Explorer vous informe que le site web est suspect.

3. Dans Internet Explorer, tapez l'URL http://207.68.169.170/contoso/enroll_auth.html, **puis appuyez sur** Entrée **pour accéder au site web.**

Internet Explorer vous informe que le site web est un hameçonnage. La barre d'adresse est devenue rouge.

Figure 8-22 : *Un site de hameçonnage*

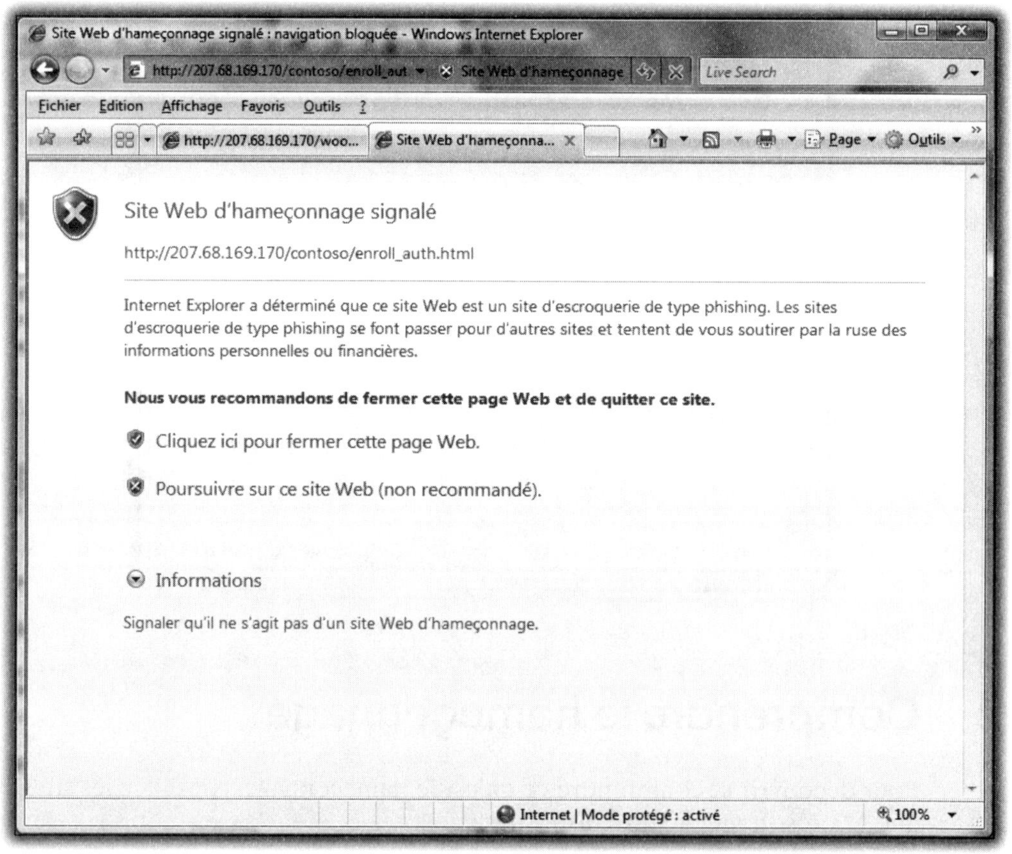

8.9 Modifier le niveau de sécurité

Pour effectuer ce test, vous allez diminuer volontairement la sécurité d'Internet Explorer, ce qui n'est pas recommandé bien sûr…

1. Activez le menu **Démarrer/Tous les programmes/Internet Explorer**.
2. Cliquez sur **Outils**, puis sur **Options Internet**.

3. Dans la fenêtre **Options Internet**, sélectionnez l'onglet **Sécurité**.
4. Dans la fenêtre **Niveau de sécurité de cette zone**, baissez le niveau sur *Moyenne*.

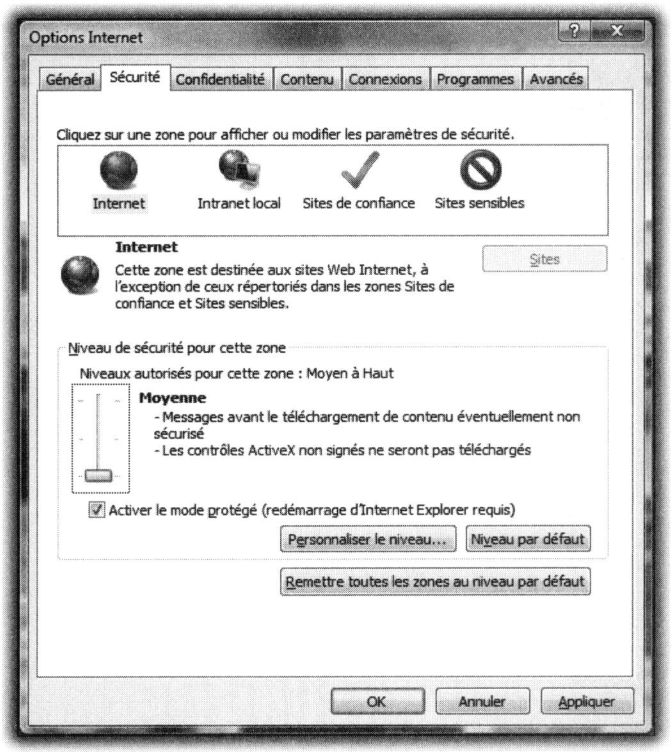

Figure 8-23 : *Réduction du niveau de sécurité d'une zone*

5. Cliquez sur OK.
6. Double-cliquez sur l'icône représentée par un bouclier rouge dans la zone de notification de la barre des tâches.

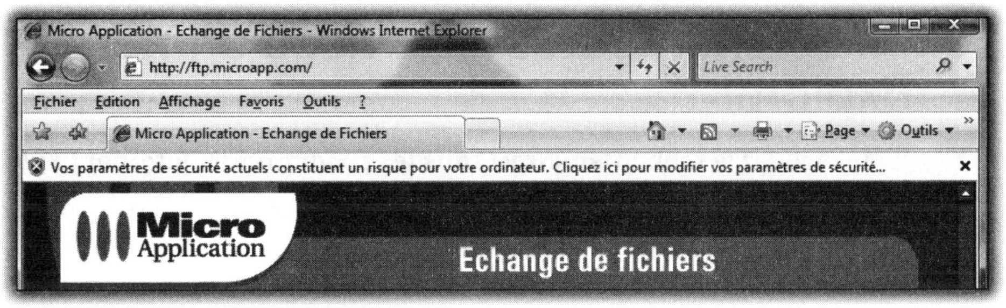

Figure 8-24 : *Alerte de sécurité lancée par Internet Explorer*

8

Le Centre de sécurité Windows s'ouvre. Remarquez la catégorie *Autres paramètres de sécurité* : elle est devenue rouge à cause du changement des paramètres de sécurité d'Internet Explorer.

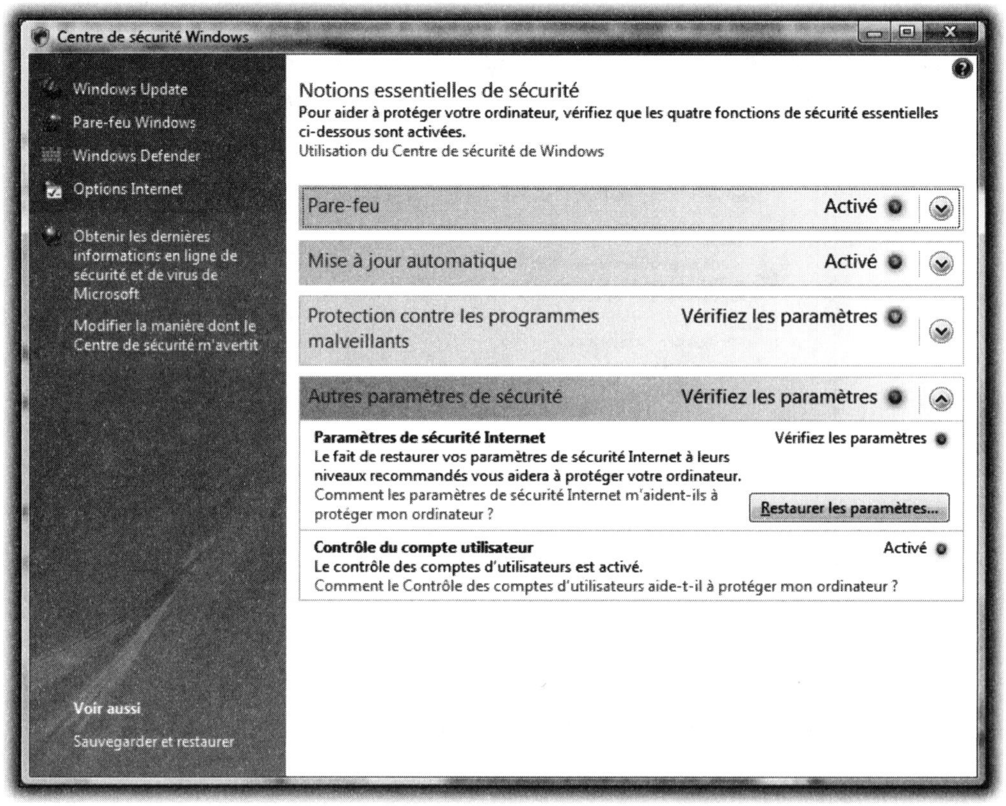

Figure 8-25 : *Alerte du Centre de sécurité sur les problèmes de sécurité liés à Internet Explorer*

7. Fermez la fenêtre du Centre de sécurité Windows.

8.10 Supprimer toutes les traces d'Internet Explorer

1. Activez le menu **Démarrer/Tous les programmes/Internet Explorer**.
2. Cliquez sur **Outils**, puis sur **Options Internet**. Dans la partie *Historique de navigation*, cliquez sur **Supprimer**.

Figure 8-26 :
Historique de navigation de l'onglet Général

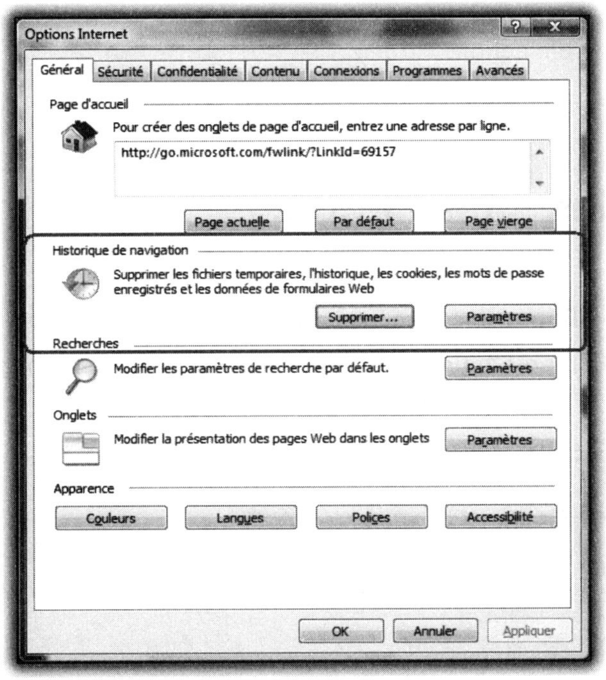

8

3. Dans la fenêtre **Supprimer l'historique de navigation**, cliquez sur **Tout supprimer**.

Figure 8-27 :
Supprimer l'historique de navigation

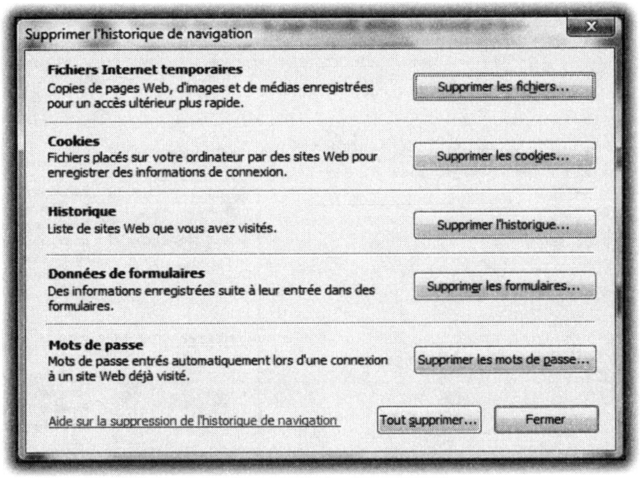

4. Cliquez sur OK.

Toutes les traces (fichiers temporaires, cookies, historique et mots de passe) sont ainsi effacées en une seule action.

5. Fermez Internet Explorer.

8.11 Consulter des sites sécurisés avec Internet Explorer

1. Activez le menu **Démarrer/Tous les programmes/Internet Explorer**.
2. Dans Internet Explorer, taper l'URL https://www.cmocean.fr et appuyez sur Entrée pour accéder au site web.

Vous pouvez observer la présence d'un cadenas dans la barre d'adresse.

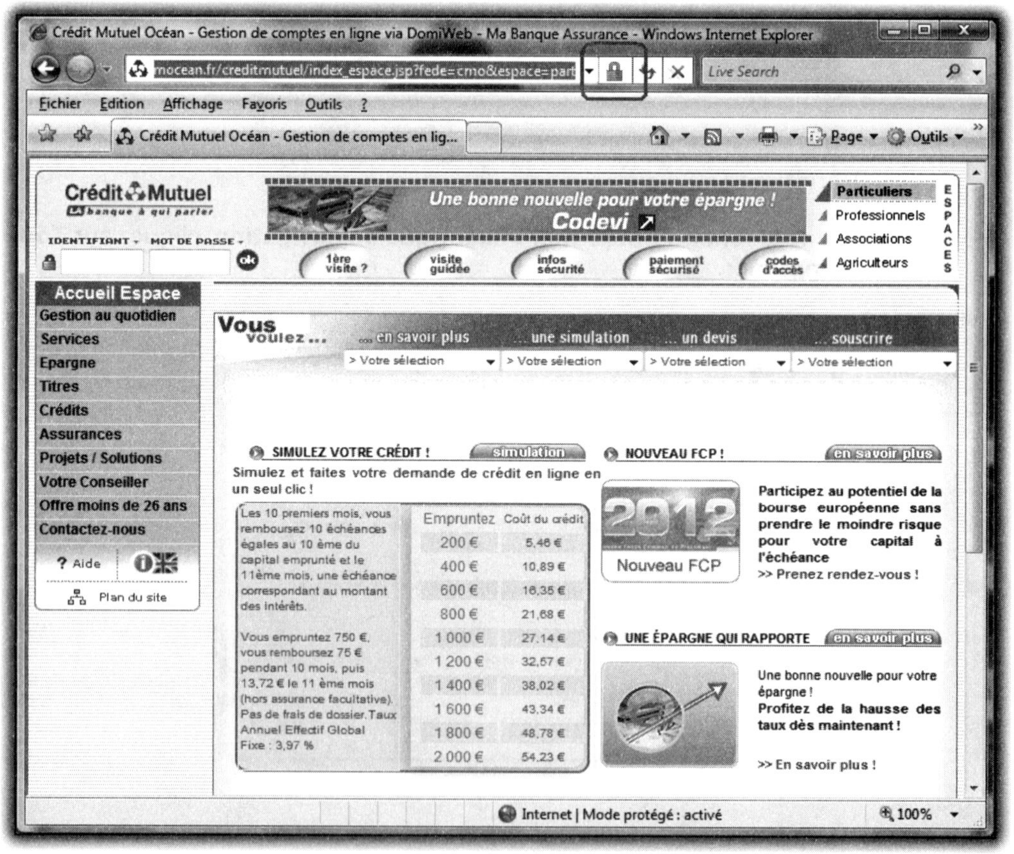

Figure 8-28 : *Accès à un site sécurisé*

En résumé, les nouvelles fonctions d'Internet Explorer aident les utilisateurs à accéder aux ressources d'Internet tout en réduisant les menaces de sécurité. La diminution du risque représenté par les sites web malveillants aide à réduire vos coûts de sécurité potentiels.

INTERNET

Informations complémentaires

Vous en saurez plus sur la sécurité de Windows Vista et d'Internet Explorer 7 en visitant les sites suivants :

- http://download.microsoft.com/download/0/7/2/072B606C-1235-4153-BBC3-353C22304D13/Update_automatique_Internet_Explorer_7.doc
- www.microsoft.com/france/technet/produits/windowsvista/mngsec.mspx
- www.microsoft.com/france/events/event.aspx?EventID=118769721
- www.microsoft.com/france/events/event.aspx?EventID=118769738
- www.microsoft.com/france/events/event.aspx?EventID=118769719
- www.microsoft.com/france/events/event.aspx?EventID=118769718

CHAPITRE

9

Une nouvelle interface graphique

CHAPITRE

9

Une nouvelle interface graphique

Toutes les versions de Windows ont apporté des nouveautés visuelles et de nouvelles habitudes au travers de l'interface graphique. On se souvient du menu **Démarrer** de Windows 95, de l'aspect gadget, bonbon, tant décrié à la sortie de Windows XP. Mais aujourd'hui, qui s'en plaindrait ?

On entend souvent dire que les interfaces graphiques des nouvelles versions de Windows ne sont en fait que des copies d'interfaces graphiques de systèmes d'exploitation existants (on pense souvent à Mac OS). Mais qu'en est-il vraiment ? Quel est le but d'une nouvelle interface graphique ?

La nouvelle interface graphique de Windows Vista a été conçue pour vous permettre de visualiser, de trouver et d'organiser vos informations en un clin d'œil, et de garder le contrôle de vos contenus numériques. C'est bel et bien pour accroître la productivité de l'utilisateur que ces nouveautés font leur apparition.

Les nouveautés visuelles de Windows Vista vous aident à améliorer votre expérience et votre façon de travailler en personnalisant les différents éléments de l'environnement graphique, de manière à vous permettre de vous concentrer sur le contenu affiché, plutôt que sur la façon d'y accéder. Par exemple, le Bureau est désormais plus informatif, plus intuitif et plus pratique, l'accès aux informations stockées dans votre ordinateur est amélioré et vous pouvez ainsi déterminer le contenu d'un fichier sans l'ouvrir, rechercher des applications et des fichiers instantanément et naviguer efficacement dans les fenêtres ouvertes.

9.1 Windows Aero

Avec Windows Vista apparaît une nouvelle interface graphique, ou plutôt un mode graphique appelé Aero (*Authentic Energetic, Reflective and Open*). Ce mode graphique permet d'offrir une expérience utilisateur à la hauteur des capacités matérielles des ordinateurs d'aujourd'hui.

Toutefois, seuls les ordinateurs possédant une configuration matérielle minimale requise en termes de cartes graphiques pourront profiter d'Aero.

Configuration requise pour Windows Aero

Les ordinateurs possédant des cartes graphiques aux caractéristiques suivantes peuvent prétendre au mode Aero :

- un processeur graphique de classe DirectX9 prenant en charge le pilote WDDM, Pixel Shader 2.0 dans le matériel et 32 bits par pixel ;

- une mémoire graphique de 64 Mo pour prendre en charge un seul moniteur à des résolutions inférieures à 1 310 720 pixels, une mémoire graphique de 128 Mo pour prendre en charge un seul moniteur à des résolutions variant de 1 310 720 à 2 304 000 pixels, ou une mémoire graphique de 256 Mo pour prendre en charge un seul moniteur à des résolutions supérieures à 2 304 000 pixels.

Renseignez-vous auprès de votre fournisseur pour la compatibilité de votre équipement. Lorsque votre ordinateur est prêt pour Aero, le mode d'affichage de Windows Vista bascule automatiquement en mode Aero. Si votre ordinateur ne répond pas aux critères, alors celui-ci passe en mode Windows basique. Sachez que vous n'aurez aucun moyen de tenter l'activation du mode Aero.

Voici un aperçu du Bureau en mode basique :

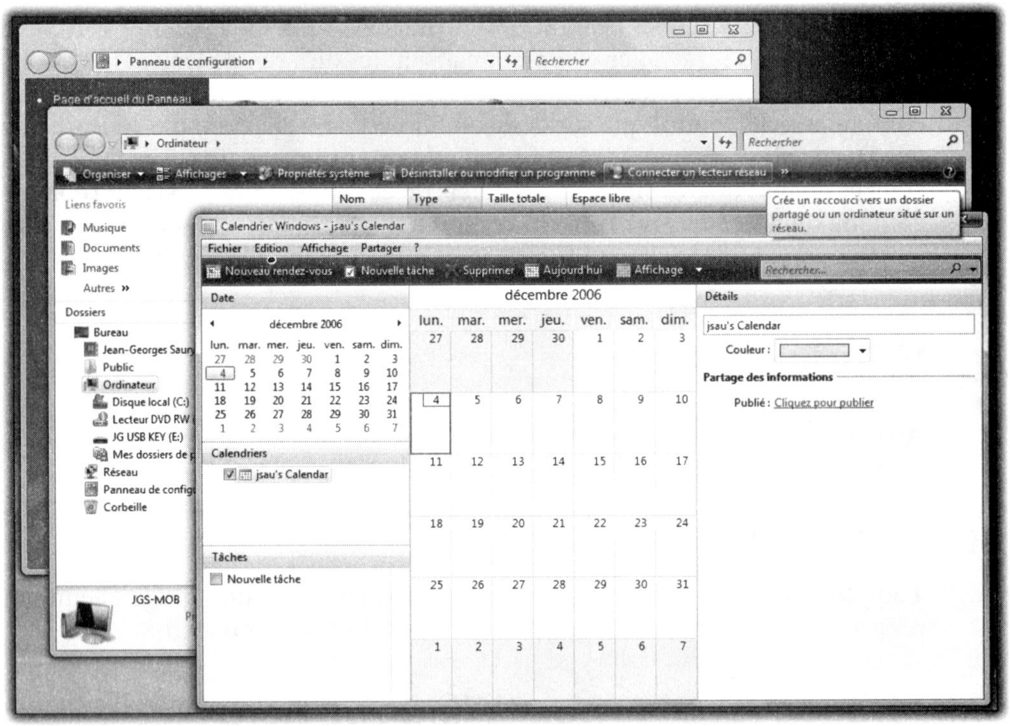

Figure 9-1 : *Aperçu du Bureau en mode basique*

Voici un aperçu du Bureau en mode Aero :

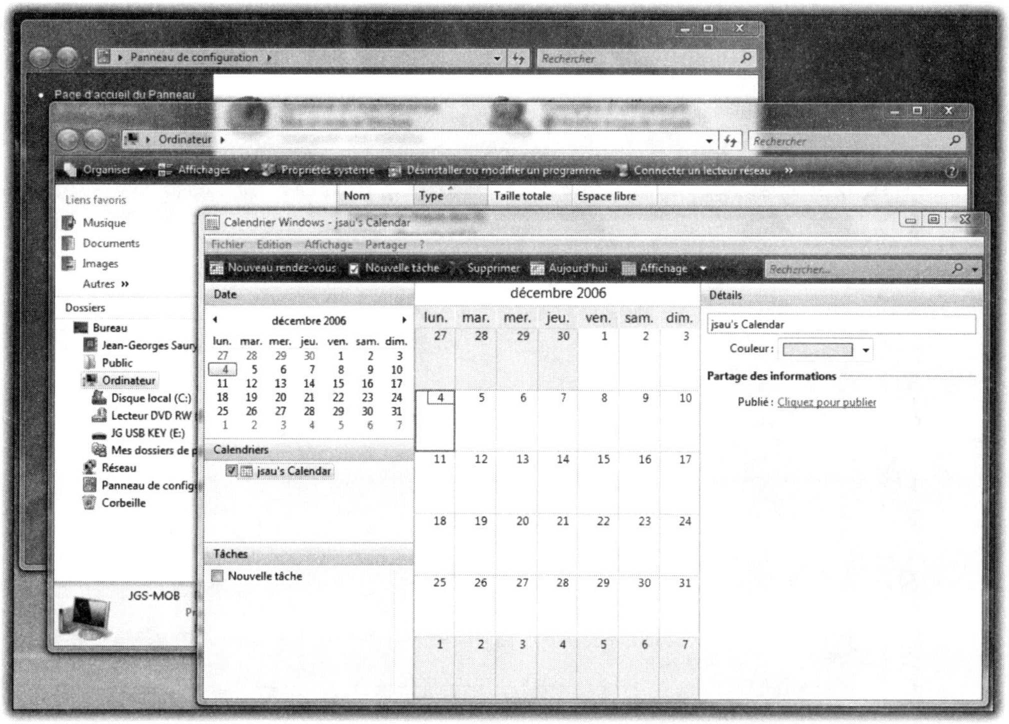

Figure 9-2 : *Aperçu du Bureau en mode Aero*

Le look Aero

Faisons le tour des améliorations visuelles apportées par Aero, puis de l'outil de configuration de l'interface graphique.

La transparence

Aero offre de superbes effets, tels que les fenêtres avec effet vitré donnant à l'affichage une impression de transparence. La superposition et l'accumulation des fenêtres sont plus simples à gérer, le but étant de s'y retrouver le plus facilement possible (voir fig. 9-3).

L'environnement de travail n'en est que plus clair et convivial. Lorsque vous choisissez d'agrandir une fenêtre au maximum (à la taille du Bureau tout entier), la transparence disparaît et la fenêtre devient opaque, comme pour mieux vous démontrer que tout votre travail s'effectuera dès à présent dans cette fenêtre. Windows Vista abandonne aussi la couleur bleue et les dégradés de bleu pour la barre des tâches et les fenêtres au profit du noir et des dégradés de gris. C'est vrai que ces tons sont apaisants (voir fig. 9-4).

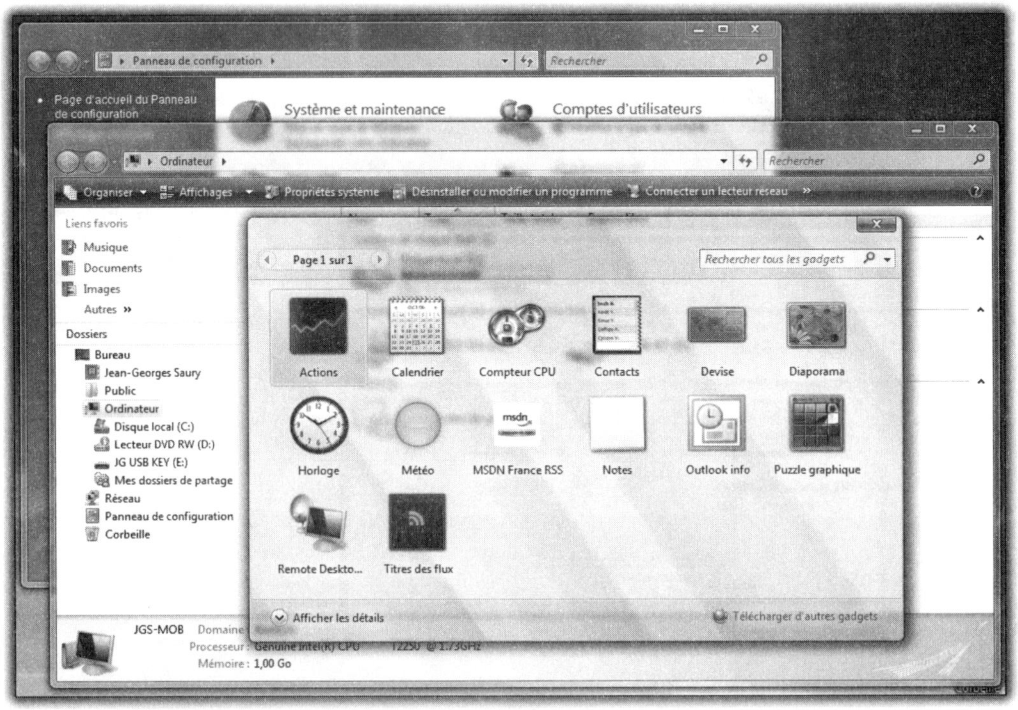

Figure 9-3 : *La superposition des fenêtres avec effet de transparence*

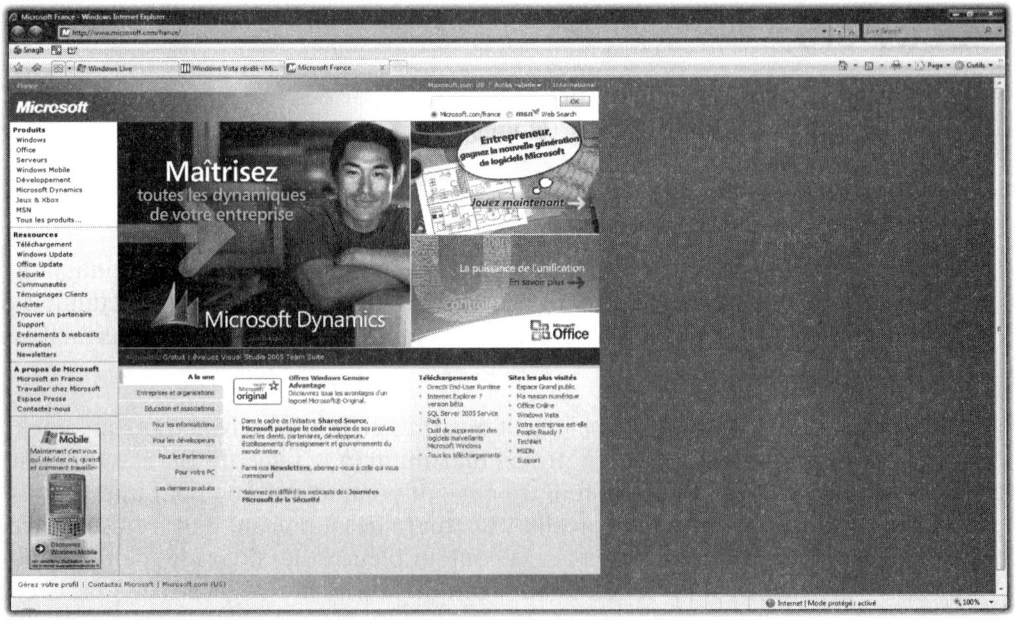

Figure 9-4 : *Remarquez l'opacité de la fenêtre maximisée*

Les fenêtres miniatures de la barre des tâches

Si vous placez le pointeur de la souris sur un élément de la barre des tâches, une fenêtre miniature apparaît, affichant le contenu de la fenêtre concernée. La miniature s'affiche, que la fenêtre soit ou non réduite, quel que soit son contenu (document, photo ou même vidéo ou processus en cours d'exécution).

Figure 9-5 : *La miniature de la barre des tâches*

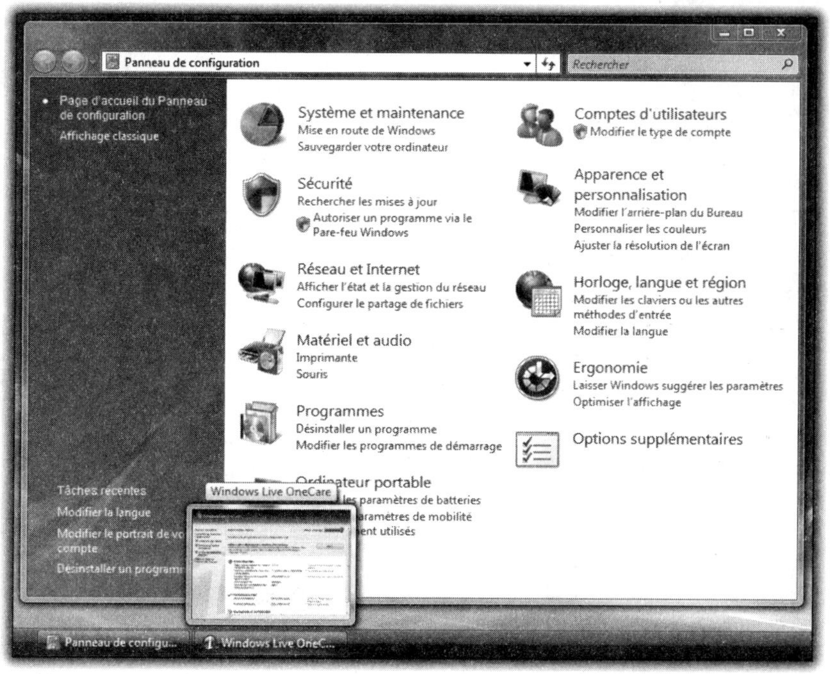

Les effets de style

Lorsque vous minimisez des fenêtres ouvertes vers la barre des tâches, des effets de style aléatoires apparaissent : une animation, un peu comme si la fenêtre "tombait" vers la barre des tâches. Difficile à décrire, le mieux est que vous visualisiez vous-même cet effet en cliquant sur le symbole de la barre horizontale en haut à droite de la fenêtre.

L'outil de personnalisation

Windows Vista inaugure un nouvel outil qui regroupe tous les paramétrages de l'interface graphique. Cet outil, baptisé Personnalisation, a pour but de vous simplifier la tâche en cataloguant sous la même fenêtre toutes les options de configuration.

Cliquez avec le bouton droit sur le Bureau, puis cliquez sur **Personnaliser** ou ouvrez le Panneau de configuration et cliquez sur le lien *Apparence et Personnalisation*, puis sur *Personnaliser*.

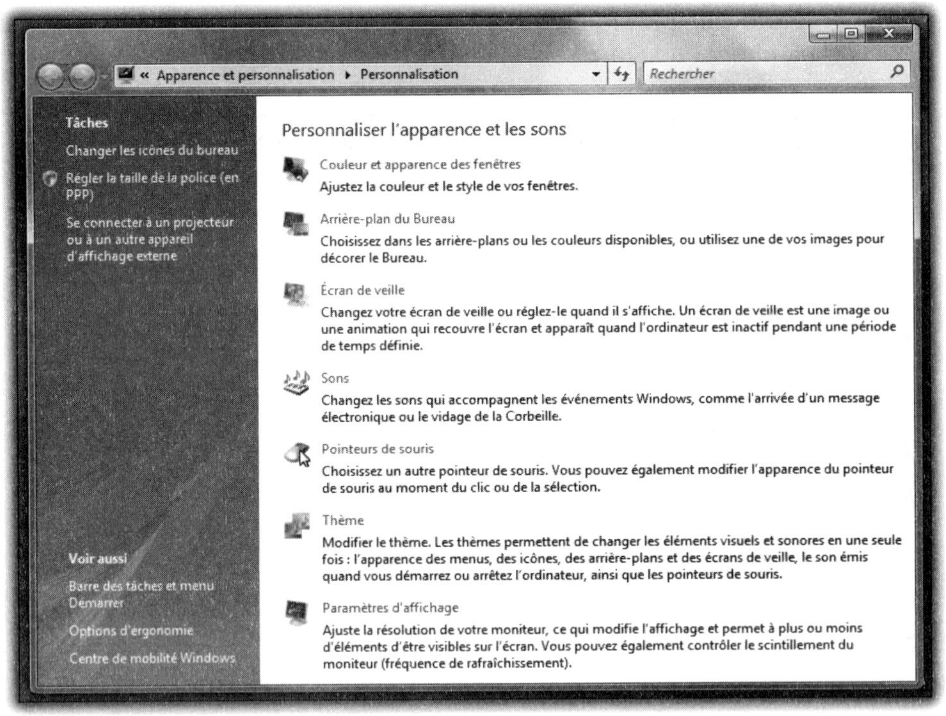

Figure 9-6 : *La fenêtre de personnalisation*

À partir de cette seule fenêtre, voyez ce que vous pouvez modifier…

Régler les paramètres d'affichage

Cette fenêtre est sensiblement identique à celle de Windows XP.

Windows sélectionne les paramètres d'affichage les mieux adaptés, notamment la résolution d'écran, fréquence de rafraîchissement et couleur en fonction de votre moniteur. Ces paramètres diffèrent en fonction du moniteur dont vous disposez (LCD ou CRT). Si vous souhaitez modifier les paramètres d'affichage ou si ces paramètres ont été modifiés et que vous souhaitiez rétablir les paramètres par défaut, lisez ces quelques conseils…

- Pour les deux types de moniteur, généralement, plus la résolution en points par pouce (ppp) est élevée, plus les polices sont claires.

- Si vous disposez d'un moniteur LCD, vérifiez la résolution d'écran, qui permet de déterminer la clarté des images et des objets à l'écran. Il est recommandé de définir la résolution native qui est la résolution d'un moniteur conçue pour un affichage optimal en fonction de la taille du moniteur, pour les moniteurs LCD. Le fabricant ou le revendeur du moniteur doivent être en mesure de fournir la résolution native. Si vous n'obtenez pas cette information, essayez de configurer le moniteur à la résolution la plus élevée disponible, qui correspond généralement à la résolution native. Techniquement, les moniteurs LCD prennent en charge une résolution plus basse que leur résolution native, mais l'image peut être plus petite, centrée et bordée de noir, ou elle peut apparaître étirée.
- Pour obtenir le meilleur affichage possible sur votre moniteur, vous devez également tenir compte de la fréquence de rafraîchissement. Une fréquence de rafraîchissement trop basse provoque des scintillements de l'écran qui peuvent contribuer à une fatigue visuelle et à des maux de tête. Vous devez sélectionner une fréquence de rafraîchissement d'au moins 75 Hz.
- Les moniteurs LCD affichent des couleurs vives. Pour obtenir le meilleur affichage couleur de votre moniteur, définissez la couleur sur 32 bits au moins. Dans l'outil de personnalisation, ouvrez les paramètres d'affichage. Sous la rubrique *Couleurs*, sélectionnez *Optimale (32 bits)*, puis cliquez sur OK.
- Pour un moniteur CRT, il est important de changer la résolution d'écran en résolution optimale (affichage couleur 32 bits) et à une fréquence de rafraîchissement minimale de 72 Hz. Si l'écran scintille ou si vous êtes gêné par l'affichage, augmentez la fréquence de rafraîchissement jusqu'à ce que la gêne disparaisse.

Tableau 9-1 : Résolution basée sur la taille du moniteur

Taille du moniteur	Résolution recommandée
15 pouces	1024 × 768
De 17 à 19 pouces	1280 × 1024
20 pouces et plus	1600 × 1200

Les couleurs et les thèmes Windows fonctionnent au mieux si la couleur de votre moniteur est définie à 32 bits. Les effets ne seront pas tous visibles si vous définissez la couleur de votre moniteur à 24 bits. Si vous définissez la couleur de votre moniteur à 16 bits, les images lisses n'apparaîtront pas correctement.

Pour définir la couleur d'un moniteur CRT :

1. Dans l'utilitaire de personnalisation, ouvrez les paramètres d'affichage.
2. Sous la rubrique *Couleurs*, sélectionnez *Optimale (32 bits)*, puis cliquez sur OK. Si vous ne pouvez pas sélectionner 32 bits, assurez-vous que la résolution de votre moniteur est la plus élevée possible, puis réessayez.

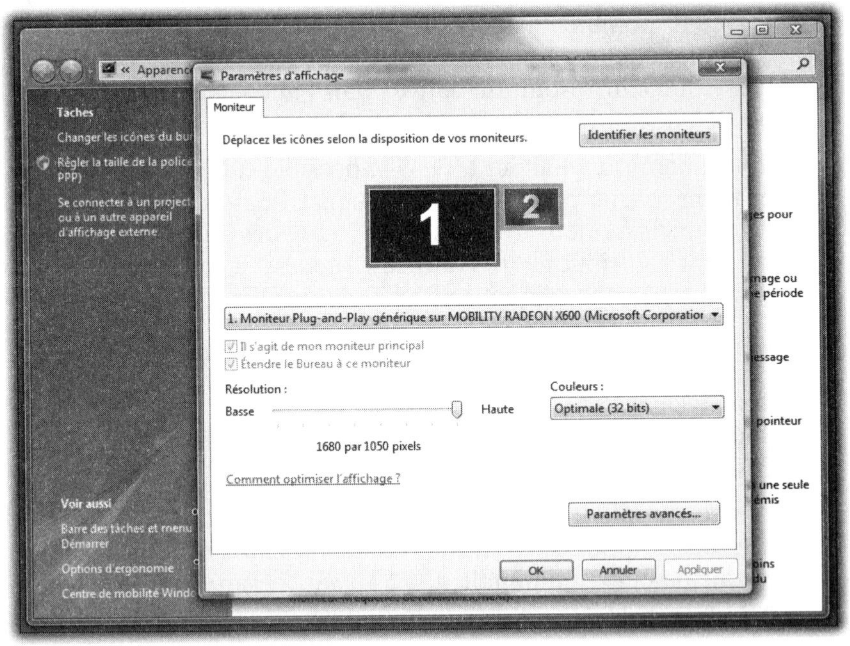

Figure 9-7 : *La fenêtre de personnalisation des paramètres d'affichage*

Modifier l'apparence visuelle et la transparence

Vous pouvez changer la couleur des fenêtres comme jouer avec l'intensité de la transparence.

Windows Aero est l'illustration visuelle de qualité pour cette version de Windows. Sa conception est basée sur du verre transparent avec des animations subtiles et des nouvelles couleurs pour les fenêtres.

Pour modifier les couleurs du cadre de la fenêtre :

1. Cliquez sur le bouton **démarrer**, puis cliquez sur **Panneau de configuration/Apparence et personnalisation/Personnalisation** et sur **Couleur et apparence de la fenêtre**.
2. Sur la liste *Choisir une couleur*, cliquez sur la couleur souhaitée, puis validez par OK.

Si la boîte de dialogue **Paramètres de l'apparence** s'affiche au lieu de la fenêtre **Couleur et apparence des fenêtres**, le thème risque de ne pas être défini pour Windows Vista, le jeu de couleurs risque de ne pas être défini pour Windows Aero ou l'ordinateur risque de ne pas respecter la configuration matérielle minimale pour exécuter Windows Aero.

Figure 9-8 : *La fenêtre de personnalisation de l'apparence visuelle*

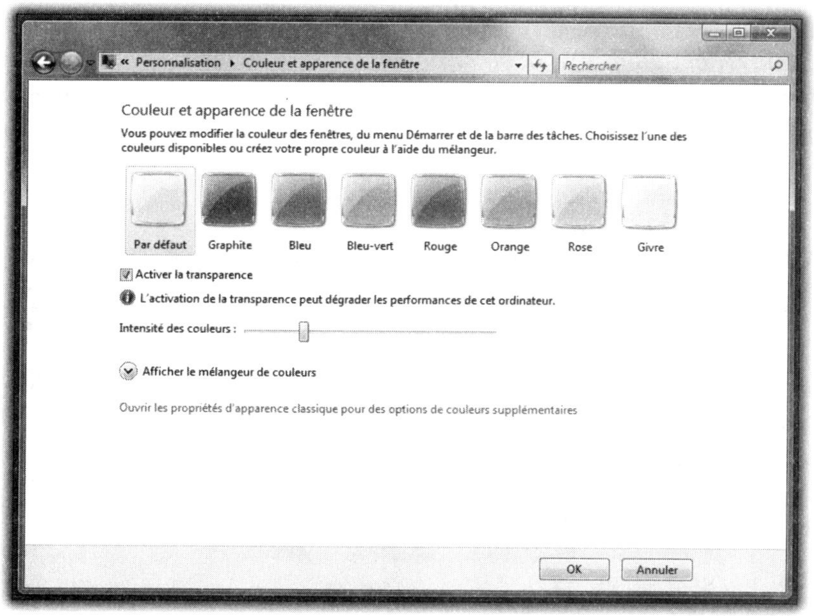

Modifier le fond d'écran

De très beaux fonds d'écran sont disponibles par défaut. Celui que vous sélectionnez s'applique instantanément.

L'arrière-plan, également appelé "papier peint", est une image ou une conception sur le Bureau. C'est un filigrane pour vos fenêtres ouvertes.

Ce peut être une image numérique de votre collection personnelle ou une image fournie avec Windows. Vous pouvez également sélectionner une couleur d'arrière-plan ou utiliser une couleur pour encadrer l'image d'arrière-plan.

Pour modifier l'arrière-plan du Bureau :

1. À partir de l'outil de personnalisation, cliquez sur **Arrière-plan du Bureau**.
2. Cliquez sur l'image ou la couleur souhaitée pour l'arrière-plan du Bureau. Si elle ne se trouve pas sur la liste des images d'arrière-plan du Bureau, cliquez sur **Parcourir** pour la rechercher sur votre ordinateur. Double-cliquez sur

l'image choisie. Elle devient l'arrière-plan du Bureau et apparaît sur la liste des arrière-plans du Bureau.

3. Sous la rubrique *Quel doit être le positionnement de l'image ?*, choisissez l'option permettant de l'ajuster à l'écran, de l'afficher en mosaïque ou de la centrer sur l'écran, puis cliquez sur OK.

4. Si vous choisissez une image centrée comme arrière-plan du Bureau, vous pouvez également choisir une couleur pour le cadre de l'image. Sous la rubrique *Quel doit être le positionnement de l'image ?*, cliquez sur *Modifier la couleur d'arrière-plan*, sélectionnez une couleur, puis cliquez sur OK.

5. Pour transformer une image sur votre ordinateur en arrière-plan du Bureau, cliquez avec le bouton droit de la souris sur cette image, puis cliquez sur **Définir en tant que papier peint du Bureau**.

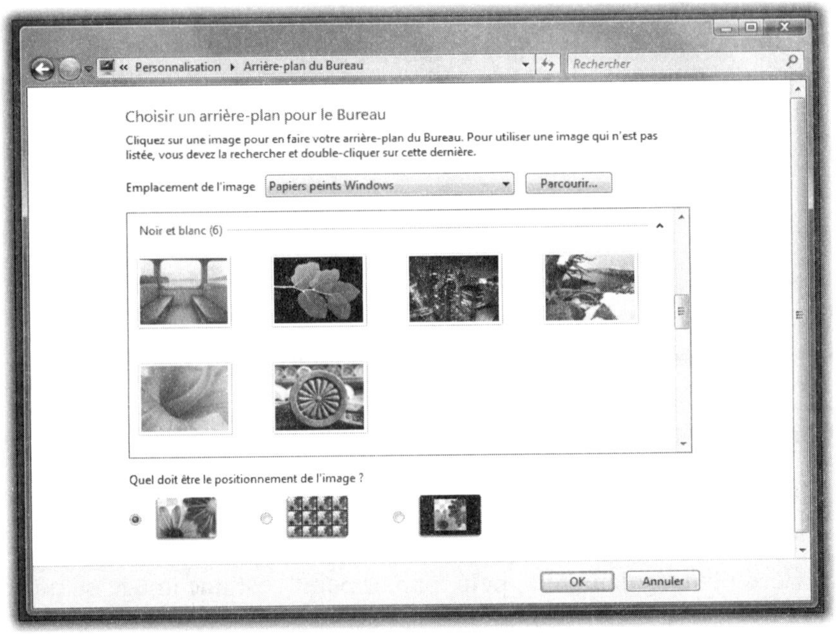

Figure 9-9 : *La fenêtre de personnalisation du fond d'écran*

Modifier les effets sonores de Windows

Vous pouvez modifier le son émis par votre ordinateur lorsque vous recevez du courrier électronique, lorsque vous démarrez Windows ou lorsque vous éteignez votre ordinateur.

Windows est fourni avec plusieurs modèles de sons émis pour des événements de programmes communs. En outre, certains thèmes du Bureau ont leurs propres modèles de sons.

Pour appliquer un modèle de sons :

1. À partir de l'outil de personnalisation, ouvrez la fenêtre **Son**.
2. Cliquez sur l'onglet **Sons**, puis, sous la rubrique *Modèle de sons*, sélectionnez le modèle que vous voulez utiliser.

Pour changer des sons individuels sur l'ordinateur :

3. sous l'onglet **Sons**, déroulez la liste *Événements* et sélectionnez l'événement dont vous voulez changer le son.
4. Sous la rubrique *Sons*, cliquez sur le son que vous voulez associer à l'événement. Si le son que vous voulez utiliser ne figure pas sur la liste, cliquez sur *Parcourir* pour le rechercher.
5. Pour écouter un son de la liste *Sons*, cliquez sur le bouton **Lire**.

Si vous changez les sons individuels d'un modèle de sons, vous pouvez sauvegarder les modifications en enregistrant un nouveau modèle de sons.

1. Ouvrez la fenêtre **Son**.
2. Sous l'onglet **Sons**, déroulez la liste *Événements* et attribuez le son que vous voulez entendre à chaque événement.
3. Sous la rubrique *Modèle de sons*, cliquez sur **Enregistrer sous**, puis tapez un nom pour le nouveau modèle de sons.

Figure 9-10 : *La fenêtre de personnalisation des effets sonores*

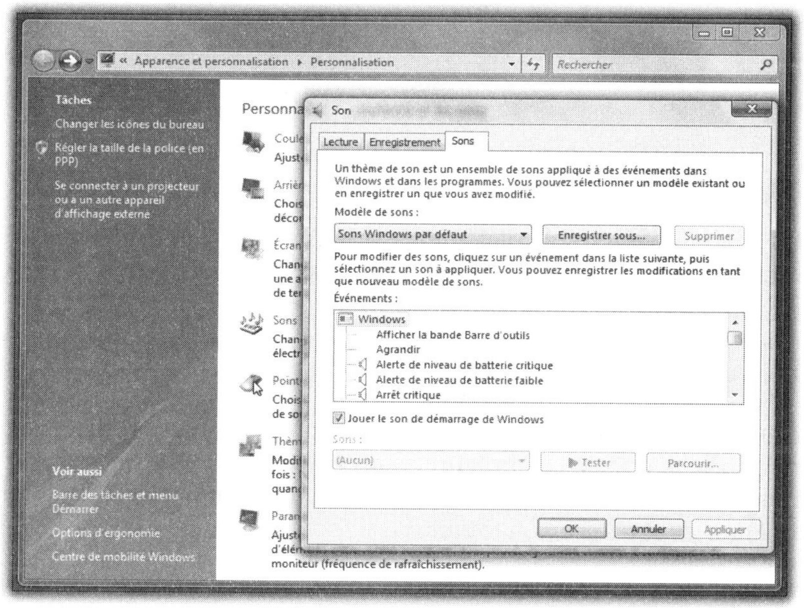

Modifier les pointeurs de souris

Comme sous Windows XP, vous pouvez sélectionner le jeu de pointeurs que vous préférez ainsi que vos préférences d'utilisation de la souris.

Figure 9-11 : *La fenêtre de personnalisation des pointeurs de la souris*

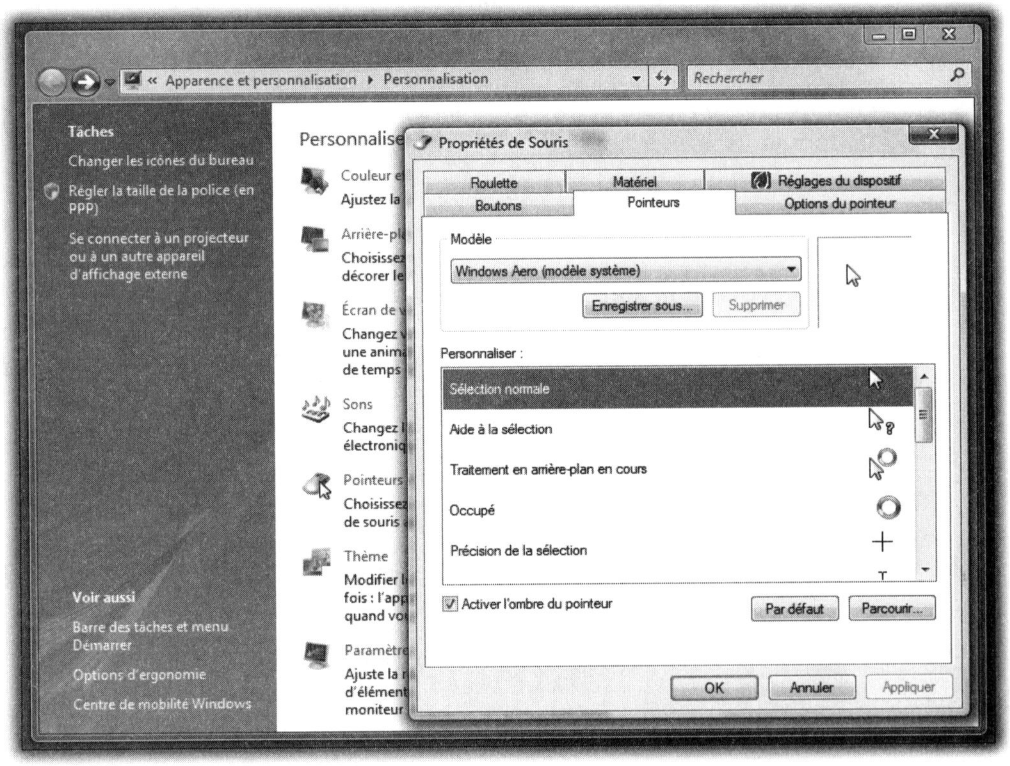

Changer de thème

Un thème est un ensemble d'éléments visuels susceptible d'affecter le style des fenêtres, des icônes, des polices, des couleurs, et parfois des sons. Par exemple, un thème associé à la nature peut comporter un arrière-plan du Bureau illustrant des plantes, un pointeur de souris qui ressemble à une feuille et des sons système qui simulent des gazouillis d'oiseaux.

Plusieurs thèmes sont fournis avec Windows. Vous pouvez rechercher d'autres thèmes en ligne ou vous en procurer sous la forme de packs auprès de vendeurs de logiciels compatibles avec Windows. Chaque utilisateur disposant d'un compte sur l'ordinateur peut choisir son thème.

Vous devez installer un thème pour qu'il apparaisse sur la liste des thèmes disponibles.

1. À partir de l'outil de personnalisation, ouvrez la fenêtre des paramètres du thème.
2. Sous la rubrique *Thème*, sélectionnez le thème souhaité, puis cliquez sur OK.

Figure 9-12 : *La fenêtre de personnalisation des thèmes*

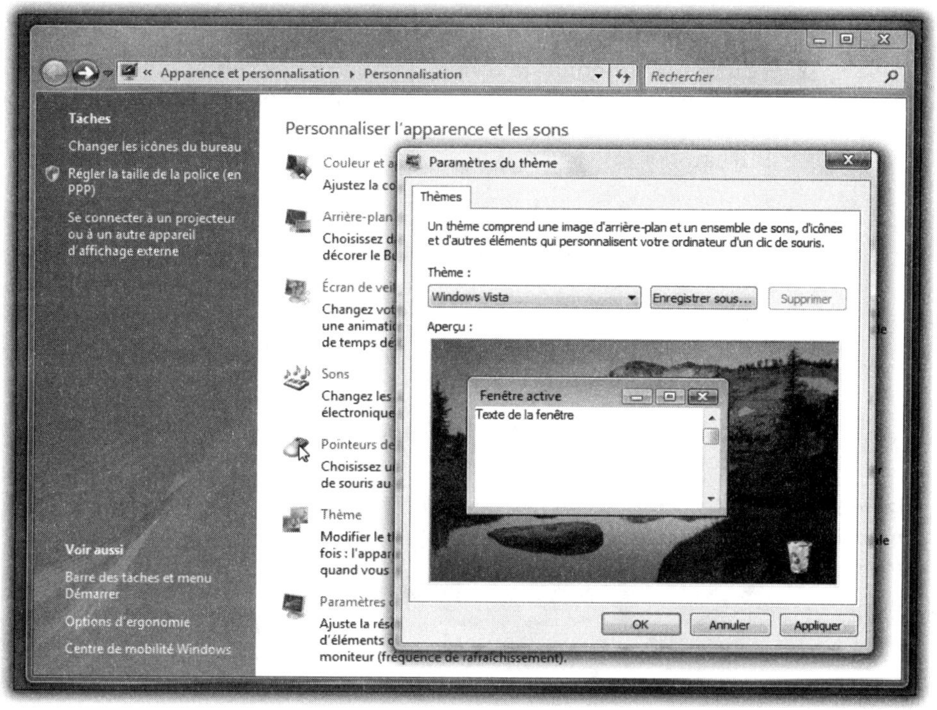

La 3D

Des fenêtres en 3D font leur apparition dans Windows Vista au travers de la fonctionnalité de défilement des fenêtres.

Windows Vista propose deux nouvelles fonctions pour la gestion des fenêtres : le défilement normal et le défilement 3D, autrement appelé "Flip 3D".

La fonction de défilement normal vous permet de naviguer entre les fenêtres ouvertes, en affichant une fenêtre miniature pour chaque application au lieu d'une simple icône générique et un nom de fichier. Les fenêtres miniatures permettent une identification rapide de la fenêtre recherchée, notamment lorsque plusieurs fenêtres du même type sont ouvertes.

1. Lorsque de nombreuses fenêtres sont ouvertes sur votre Bureau, utilisez les touches [Alt]+[Tab]. Gardez la touche [Alt] enfoncée.

Figure 9-13 : *Le défilement normal des fenêtres ouvertes*

2. Tout en maintenant la touche [Alt] enfoncée, en appuyant sur la touche [Tab], modifiez à tour de rôle la sélection de la fenêtre. Lorsque vous relâchez la touche [Alt], la fenêtre que vous avez sélectionnée apparaît alors ouverte sur le Bureau.

Si votre fenêtre ouverte est une vidéo, vous la verrez défiler dans la fenêtre de défilement normal des fenêtres ouvertes.

Avec la fonction de défilement 3D, vous pouvez utiliser la molette de défilement de votre souris pour passer rapidement d'une fenêtre ouverte à une autre, puis localiser et sélectionner celle que vous souhaitez utiliser.

1. Lorsque de nombreuses fenêtres sont ouvertes sur votre Bureau, appuyez sur les touches [Windows]+[Tab]. Gardez la touche [Windows] enfoncée.

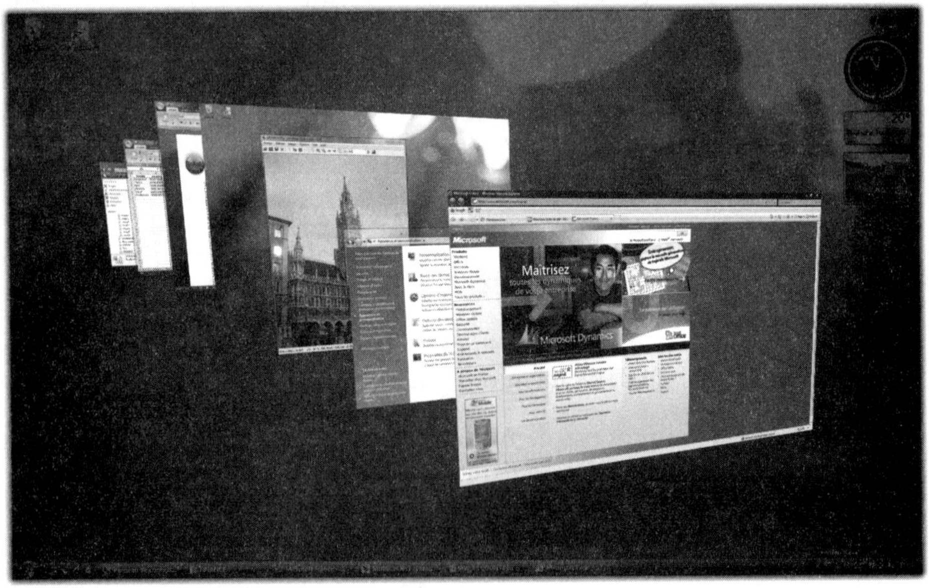

Figure 9-14 : *Le défilement 3D des fenêtres ouvertes*

2. Tout en maintenant la touche [Windows] enfoncée, utilisez la molette de votre souris pour modifier à tour de rôle la sélection de la fenêtre. Lorsque vous

cliquez sur une fenêtre spécifique, celle-ci repasse en 2D et au premier plan. Lorsque vous relâchez la touche [Windows], la fenêtre qui était placée en premier dans l'interface 3D apparaît alors ouverte sur le Bureau.

Les nouveautés d'utilisation apportées par Aero

Par extension, Aero et ces optimisations visuelles entraînent de nouvelles utilisations. Prenons le cas de l'Explorateur Windows. L'Explorateur Windows vous donne des informations et des moyens de contrôle supplémentaires, tout en simplifiant la gestion des fichiers. Le fonctionnement va en devenir plus simple et homogène, que vous visualisiez des photos ou des documents. En effet, vous allez pouvoir gérer l'ensemble de vos documents, trouver plus rapidement les fichiers souhaités, grâce à la nouvelle fonction Live Icônes qui vous permet de découvrir instantanément le contenu de chaque fichier sans avoir à l'ouvrir.

Grâce à cette fonctionnalité utilisée sur l'ensemble de la plate-forme Windows Vista, vous pouvez visualiser la première page de vos documents, une miniature de chaque photo ou la pochette de chaque album de votre discothèque. Autant d'indices visuels immédiatement compréhensibles qui simplifient votre travail et vos recherches.

Pour en profiter :

1. Ouvrez l'Explorateur Windows en cliquant sur le logo Windows de démarrage, puis déroulez le menu **Tous les programmes/Accessoires/Explorateur Windows**.
2. Cliquez sur le bouton **Organiser**, puis choisissez *Disposition*. Cliquez sur l'option *Volet de visualisation*.

Figure 9-15 : *Activez le volet de lecture*

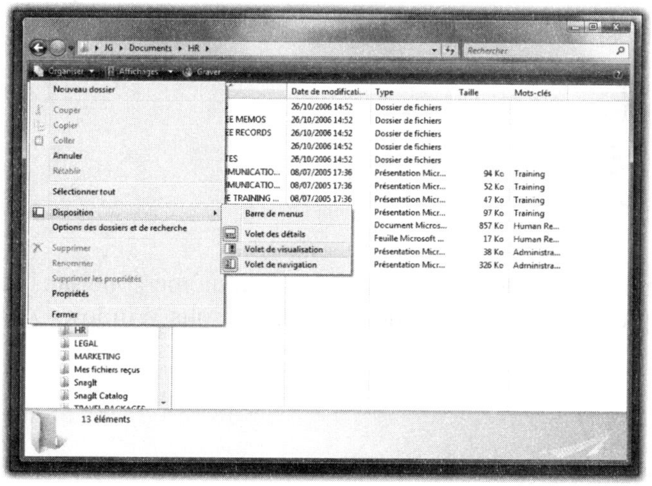

3. Sélectionnez un document. Vous pouvez lire instantanément son contenu.

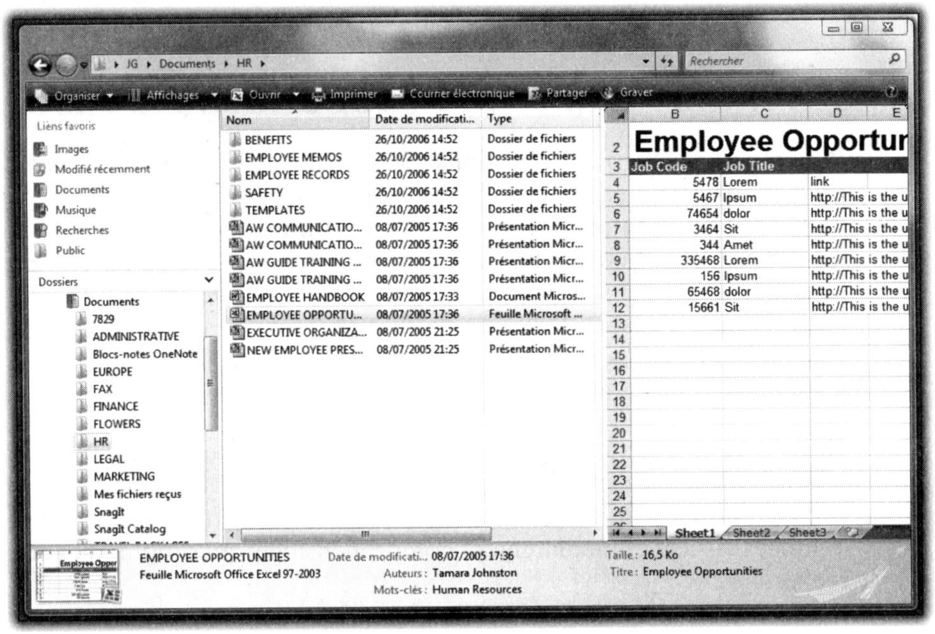

Figure 9-16 : *Vous pouvez visualiser le contenu d'un document dans l'Explorateur*

Ces nouveautés visuelles et d'utilisation doivent s'effectuer dans une certaine continuité si vous ne voulez pas que la plupart des utilisateurs se retrouvent complètement perdus dès la première utilisation. Rassurez-vous, ce n'est pas le cas, et vous verrez que vous ne serez pas désorienté malgré Aero. Vous reconnaîtrez des éléments familiers, comme le menu **Démarrer** qui a été retravaillé pour être plus ergonomique et plus fonctionnel par rapport aux versions précédentes de Windows.

Figure 9-17 : *Le nouveau menu Démarrer*

Tous les programmes apparaissent toujours dans la même zone sans qu'il soit nécessaire de déployer de nouveaux menus, comme sous Windows XP (voir fig. 9-18).

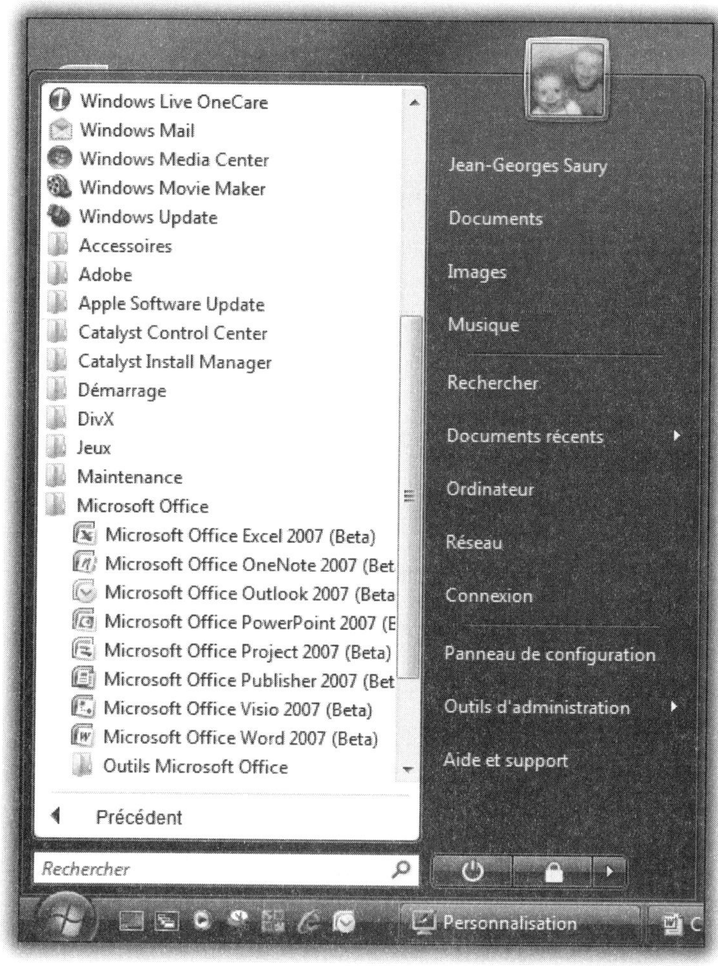

Figure 9-18 : *Les programmes dans le menu Démarrer apparaissent dans la même zone*

Le menu **Démarrer** inclut un outil de recherche intégré qui vous aide à trouver et à démarrer la plus grande partie des éléments de votre ordinateur ou à démarrer n'importe quelle application. Il vous suffit d'entrer un mot, un nom ou une phrase, et la fonction vous renvoie les résultats de votre recherche triés par programmes, fichiers, favoris et historique Internet, communications (contenu de messages électroniques) (voir fig. 9-19).

Dans cet exemple, un w a été saisi dans la zone de recherche rapide : tous les programmes contenant la lettre *w* s'affichent, mais aussi les favoris Internet ou d'autres documents.

Figure 9-19 : *La fonction de recherche de la barre des tâches*

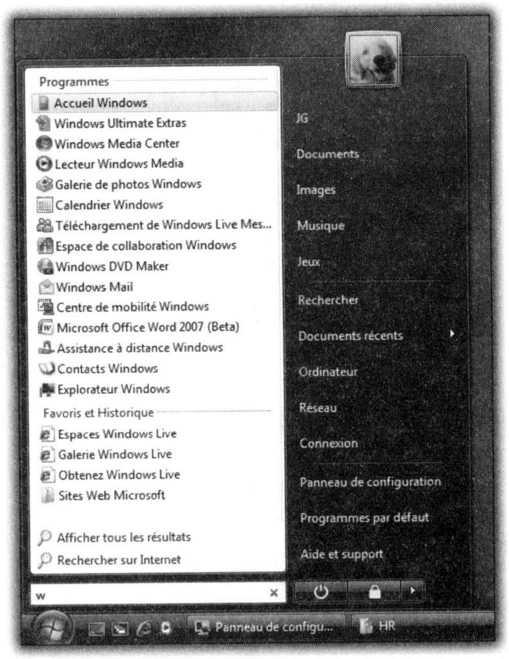

9.2 Le volet Windows

Autre nouveauté graphique : le volet Windows, c'est-à-dire l'apparition sur le Bureau d'une barre latérale, à droite ou à gauche, permettant de cumuler des informations en temps réel, sous une forme très conviviale.

Cette barre latérale améliore votre productivité personnelle en offrant un accès instantané à toute une gamme de mini-applications personnalisables et faciles à utiliser, permettant d'accéder rapidement aux informations et aux outils que vous utilisez fréquemment.

Avec l'apparition, entre autres, des blogs et des flux RSS, votre ordinateur vous sert quotidiennement à accéder à une masse grandissante d'informations, à effectuer des tâches et à utiliser des logiciels divers. Par exemple, vous ouvrez votre navigateur web pour regarder la météo, vous ouvrez une application pour afficher un calendrier, lire vos flux RSS ou vous utilisez la calculatrice pour faire vos calculs. Windows Vista installe sur votre Bureau des mini-applications légères et spécialisées qui fournissent en quelques secondes des informations pertinentes, réalisent vos actions favorites à tout moment et restent visibles et accessibles sur le Bureau Windows en permanence.

Ces mini-applications sont appelées "gadgets du volet Windows". Au menu, vous pourrez trouver par défaut un mini-cadre photo, les commandes du Lecteur Windows Media, une horloge, une calculatrice, un pense-bête, etc. Ces gadgets peuvent se connecter à des services web pour vous donner des informations sur la météo, l'actualité, le trafic routier, les stations radio Internet ou encore afficher en diaporamas vos albums de photos. Ces utilitaires peuvent également s'intégrer à vos applications afin d'optimiser votre espace de travail. Par exemple, un utilitaire peut vous indiquer rapidement tous vos contacts en ligne pour la messagerie instantanée ou encore afficher le calendrier pour la journée en cours.

Pour démarrer et configurer le volet Windows, procédez de la façon suivante :

1. Cliquez sur le logo Windows de démarrage, puis sur **Tous les programmes/Accessoires/volet Windows**. Le volet Windows se lance. Par défaut, il apparaît à droite du Bureau et contient déjà quelques gadgets.

Figure 9-20 : *Lancement du volet Windows*

2. Approchez le pointeur de la souris sur le volet Windows. L'opacité de la barre change. Cliquez avec le bouton droit la souris, puis cliquez sur la commande **Propriétés**.

Figure 9-21 : *Lancement des propriétés du volet Windows*

3. La fenêtre des propriétés du volet Windows s'ouvre.

Figure 9-22 : *Configuration du volet Windows*

4. Vous pouvez personnaliser votre utilisation du volet Windows : sa position à droite ou à gauche, son ouverture au démarrage de Windows ou son affichage toujours visible.
5. Cliquez sur OK pour fermer la fenêtre des propriétés du volet Windows.

Une fois le volet Windows paramétré, vous devez configurer les gadgets. Pour ajouter un gadget, procédez comme suit :

1. Approchez le pointeur de la souris vers le volet Windows. L'opacité de la barre change. Cliquez avec le bouton droit de la souris, puis cliquez sur **Ajouter des Gadgets**.

Figure 9-23 : *Ajouter des gadgets*

2. La superbe fenêtre toute en transparence d'ajout de gadgets s'ouvre.

9

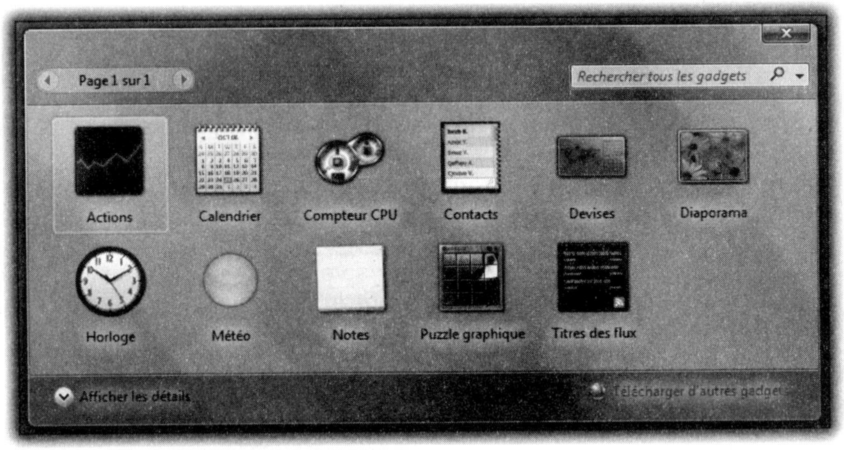

Figure 9-24 : *La fenêtre d'ajout de gadgets*

3. Sélectionnez le gadget disponible que vous souhaitez ajouter et glissez-le sur le volet Windows.

Figure 9-25 : *Ajouter un gadget par glisser-déposer*

4. Fermez la fenêtre d'ajout de gadget une fois que vous avez terminé.

Vous pouvez paramétrer les gadgets un par un :

1. Cliquez avec le bouton droit de la souris sur le gadget, puis cliquez sur **Options**. Chaque gadget a ses propres paramétrages. Voyez par exemple l'horloge.

Figure 9-26 : *Les propriétés d'un gadget*

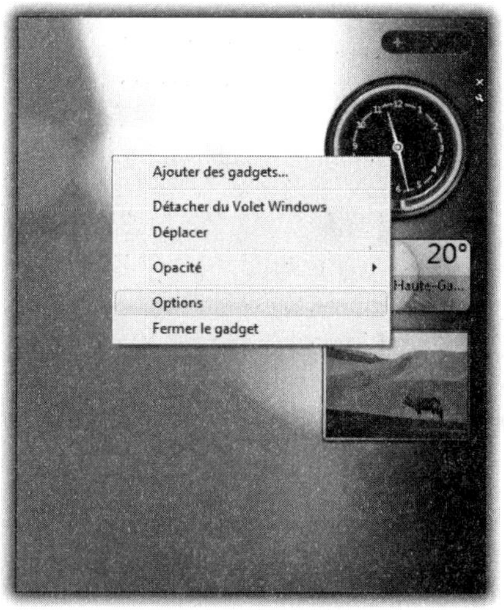

2. Vous pouvez sélectionner une horloge au design différent selon votre humeur.

Figure 9-27 : *Modification des propriétés d'un gadget*

De même, vous pouvez personnaliser un peu plus votre Bureau et votre volet Windows selon le goût du jour et sortir les gadgets du volet Windows pour les placer directement sur le Bureau ou, à l'inverse, les replacer dans le volet Windows quand bon vous semble. Un simple glisser-déposer du gadget vers le Bureau est nécessaire.

Figure 9-28 : *Placer un gadget sur le Bureau*

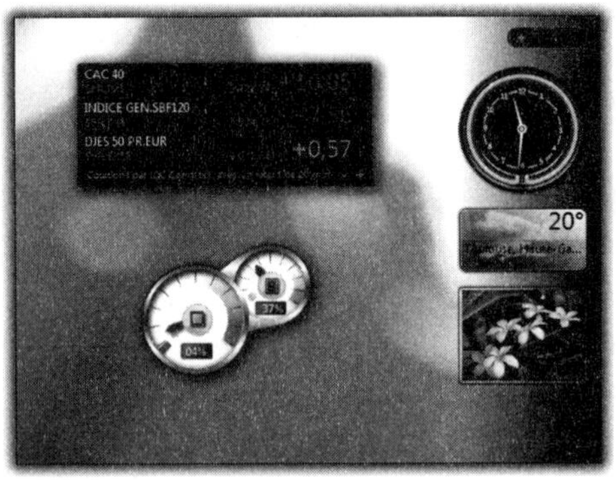

Selon le gadget, il se peut même que celui-ci change de forme ou de taille.

Vous pouvez également modifier la place et l'ordre des gadgets dans le volet Windows à volonté :

1. Sélectionnez le gadget que vous souhaitez déplacer.
2. Glissez-le sur l'emplacement que vous voulez. Remarquez l'effet de style lorsque vous permutez des objets.

Figure 9-29 : *Déplacement d'un gadget dans le volet Windows*

INTERNET

Téléchargez et développez des gadgets

Vous pouvez également télécharger facilement d'autres gadgets depuis le site http://gallery.microsoft.com. Encore plus fort, vous pouvez développer vos

INTERNET

propres gadgets. Pour tout savoir sur le développement de gadgets, rendez-vous à l'adresse **www.microsoft.com/technet/scriptcenter/topics/vista/gadgets-pt1.mspx.**

Le volet Windows est le complément idéal aux écrans grand format, mais il fonctionne également très bien avec les écrans de taille standard. Vous pouvez le personnaliser facilement pour l'adapter à vos besoins et à vos envies, par exemple en l'affichant en permanence ou en la masquant sous les fenêtres agrandies. Vous pouvez également déplacer les utilitaires du volet Windows pour les placer sur votre Bureau.

9.3 La Galerie de photos Windows

La Galerie de photos Windows est le logiciel de récupération, de classement et de traitement des images, photos et vidéos inclus dans Windows Vista. Il permet d'organiser simplement et efficacement tous les fichiers de type image et vidéo stockés sur l'ordinateur. Et l'on sait maintenant combien la masse de photos et d'images, par exemple, devient importante avec la démocratisation des appareils photo numériques et des scanneurs.

Avec la Galerie de photos Windows vous pouvez, en un point unique, importer vos photos de votre appareil photo numérique, importer vos images de votre scanneur ou importer vos vidéos de votre Caméscope.

1. Cliquez sur le logo Windows de démarrage, puis sur **Tous les programmes/Galerie de photos Windows**.

Figure 9-30 : *La Galerie de photos Windows*

Premier aperçu de l'outil : vous y trouvez les images par défaut de Windows Vista et vos photos.

2. Passez le pointeur de la souris sur une photo. Celle-ci s'agrandit aussitôt.

Figure 9-31 : *Agrandissement automatique dans la Galerie de photos Windows*

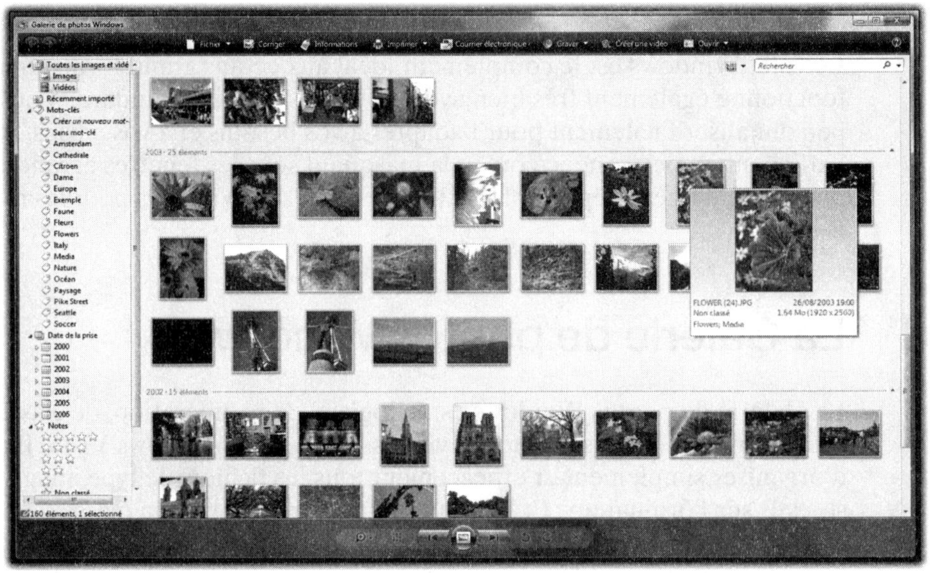

La Galerie de photos Windows vous sert de logiciel de support pour importer les photos de votre appareil numérique.

3. Connectez votre appareil, une fenêtre d'importation apparaît dans Windows Vista.

Figure 9-32 : *Importation de photos numériques avec la Galerie de photos Windows*

4. Lorsque l'importation est terminée, la Galerie de photos Windows affiche les nouvelles photos. Par défaut, celles-ci sont importées dans le répertoire *Images* de votre profil, dans un sous-répertoire à la date du jour.

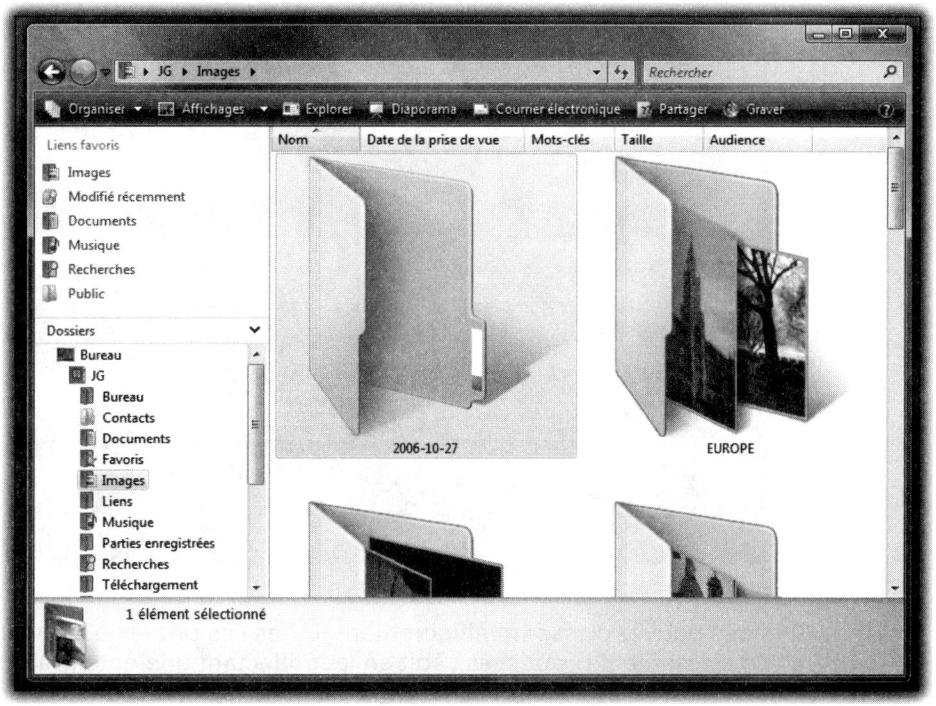

Figure 9-33 : *Emplacement des photos importées*

5. Vous pouvez les visionner sous forme de diaporama avec un effet de zoom avant et de zoom arrière sympathique : cliquez sur le gros bouton bleu.

Figure 9-34 : *Cliquez sur le bouton bleu pour lancer le diaporama de la Galerie de photos Windows*

Vous pouvez maintenant éditer vos photos pour les retoucher.

6. Pour cela, sélectionnez une photo et cliquez sur le bouton **Corriger**, puis ajustez les paramètres désirés, comme la retouche des yeux rouges, la couleur, etc. Lorsque vous corrigez une photo, il n'y a pas de procédure d'enregistrement de la photo retouchée : elle est automatiquement enregistrée. Par contre, les boutons **Annuler** et **Rétablir** en bas à droite de la fenêtre vous permettent de revenir en arrière (à la photo d'origine) si les corrections ne vous semblent pas appropriées.

Figure 9-35 : *Retouche d'image dans la Galerie de photos Windows*

7. Vous pouvez classer intelligemment toutes ces photos à l'aide des méthodes de classement proposées : soit en leur affectant une note grâce à des niveaux d'étoiles, soit en créant des catégories (des tags), soit en les classant plus simplement dans des répertoires.

Figure 9-36 : *Toutes les photos classées 5 étoiles dans la Galerie de photos Windows*

8. Envoyez vos photos très simplement par courriel : sélectionnez votre photo et cliquez sur le bouton **Courrier électronique**. Une fenêtre s'affiche vous permettant de compresser l'image.

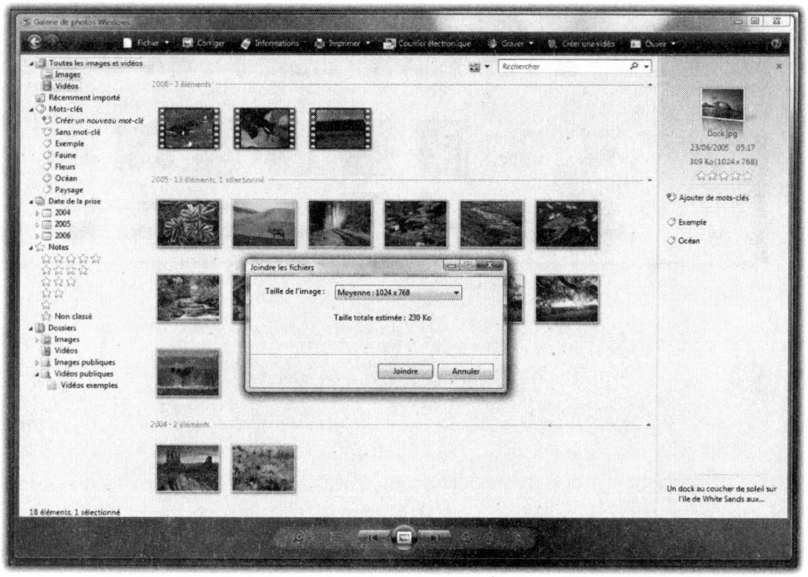

Figure 9-37 : *Compression de l'image avant son envoi par courriel*

9. Cliquez sur le bouton **Joindre** et vous serez en mesure d'envoyer votre courriel avec la photo sélectionnée comme pièce jointe.

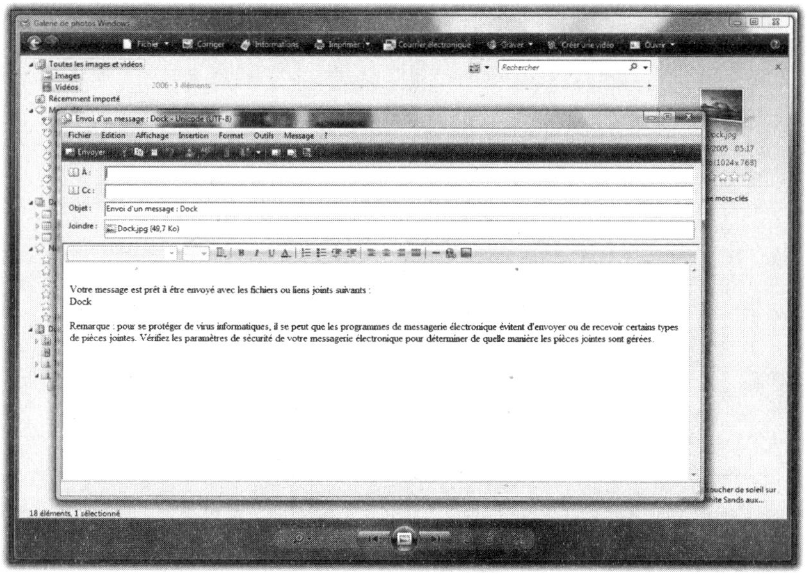

Figure 9-38 : *Envoi d'une photo par courriel*

10. Pour terminer, vous pouvez archiver vos images en créant des DVD de diaporama ou de données, ou les exporter vers Windows Movie Maker pour en faire des films : cliquez sur le bouton **Graver**.

Figure 9-39 : *Sélectionnez la façon dont vous voulez archiver vos images*

CHAPITRE

10

La gestion des disques

CHAPITRE

10 La gestion des disques

Gérer son disque dur fait parti des tâches incontournables sous Windows : pas moyen d'y échapper ! Voyez comment Windows Vista apporte de nouvelles fonctionnalités qui vont permettre de faire gagner du temps aux administrateurs et aux utilisateurs.

10.1 Formater des disques et des lecteurs

Les disques durs, qui représentent les périphériques de stockage principaux de votre ordinateur, doivent être formatés pour pouvoir être utilisés. Formater un disque signifie configurer ce dernier à l'aide d'un système de fichiers qui permet à Windows de stocker des informations sur ce disque. Les disques durs présents dans les ordinateurs neufs qui exécutent Windows sont déjà formatés. Si vous achetez un disque dur supplémentaire pour étendre la capacité de stockage de votre ordinateur, vous devrez probablement le formater.

D'autres types de périphériques de stockage, notamment les nombreux lecteurs flash USB et cartes mémoire flash, sont parfois déjà formatés par le fabricant. Les CD et DVD utilisent des formats qui diffèrent de ceux des disques durs et des périphériques de stockage amovibles.

Le formatage efface tous les fichiers présents sur un disque dur. Si vous formatez un disque dur qui contient des fichiers, ces derniers seront supprimés.

Surgissent quelques questions auxquelles nous pouvons répondre…

- Quand doit-on se préoccuper du formatage des disques ? En règle générale, uniquement lors de l'ajout d'un périphérique de stockage supplémentaire à l'ordinateur. Si vous installez un nouveau disque dur sur votre ordinateur, il doit être formaté à l'aide d'un système de fichiers, NTFS par exemple, pour permettre à Windows d'y stocker des fichiers.
- De quoi a-t-on besoin pour formater un disque dur ? Pour formater un disque dur, vous devez créer au préalable une ou plusieurs partitions sur celui-ci. Une fois le disque dur partitionné, vous pouvez formater chaque partition (bien souvent, les termes "volume" et "partition" s'utilisent de manière interchangeable). Vous pouvez partitionner le disque dur de sorte qu'il contienne un ou plusieurs volumes. Une lettre de lecteur spécifique est affectée à chaque volume.
- Quel système de fichiers doit-on utiliser ? Pour cette version de Windows, le format NTFS représente le choix idéal. Quelques versions antérieures de Windows nécessitent le système de fichiers FAT32. Par conséquent, dans certaines circonstances (ordinateur à démarrage multiple, par exemple), le système de fichiers FAT32 peut être nécessaire.

- Qu'est-ce qu'un formatage rapide ? Le formatage rapide est un choix de formatage qui permet de créer une nouvelle table de fichiers sur un disque dur, mais sans remplacer ou effacer complètement le disque. Un formatage rapide demande beaucoup moins de temps qu'un formatage normal, lequel efface complètement les données existantes du disque dur.
- Que sont les partitions et les volumes ? Une partition est une zone de disque dur que vous pouvez formater et à laquelle vous pouvez affecter une lettre de lecteur. Sur un disque de base (type de disque le plus courant sur les ordinateurs personnels), un volume est une partition principale formatée ou un lecteur logique. En règle générale, votre partition système porte la lettre C. Les lettres A et B sont réservées aux lecteurs amovibles ou aux lecteurs de disquettes. Certains ordinateurs disposent de disques durs comportant une seule partition. Par conséquent, l'ensemble du disque dur est représenté par la lettre C. D'autres ordinateurs peuvent être dotés d'une partition supplémentaire qui contient des outils de récupération, au cas où les informations de votre partition C seraient endommagées ou inutilisables.
- Comment créer des partitions supplémentaires ? Vous pouvez créer des partitions ou des volumes supplémentaires à condition que le disque dur dispose d'un espace non alloué, c'est-à-dire un espace non formaté situé en dehors d'une partition ou d'un volume existant. Pour créer un espace non alloué, vous pouvez réduire la taille d'un volume ou utiliser un outil de partitionnement tiers.
- Comment ajouter un nouveau disque dur ? Si vous ajoutez un disque dur interne, reportez-vous aux informations fournies avec le disque concerné. Si vous installez un disque dur externe connecté par un câble USB, cette version de Windows doit reconnaître le disque dur et vous proposer de le formater automatiquement.

10.2 Les systèmes de fichiers NTFS et FAT

Un système de fichiers représente la structure sous-jacente qu'un ordinateur utilise pour organiser les données sur un disque dur. Si vous installez un nouveau disque dur, vous devez le partitionner et le formater en utilisant un système de fichiers, avant de pouvoir y stocker des données ou des programmes. Dans Windows, les trois options possibles en matière de systèmes de fichiers sont NTFS, FAT32 et FAT, ce dernier étant plus ancien et rarement utilisé (également appelé FAT16).

Le système NTFS

Il s'agit du système de fichiers privilégié pour cette version de Windows. Il possède de nombreux avantages par rapport au système de fichiers antérieur, FAT32, notamment :

- la possibilité de résoudre automatiquement certaines erreurs liées au disque, contrairement à FAT32 ;
- une prise en charge améliorée des disques durs de plus grande taille ;
- une sécurité optimisée, grâce à laquelle vous pouvez utiliser les fonctionnalités d'autorisation et de chiffrement, afin de permettre uniquement aux utilisateurs approuvés d'accéder à des fichiers spécifiques.

Le système FAT32

FAT32 et FAT (plus rarement utilisé) ont été employés dans les versions antérieures des systèmes d'exploitation Windows, notamment Windows 95/98/Me. FAT32 n'offre pas le même niveau de sécurité que NTFS. Si vous disposez d'une partition ou d'un volume FAT32 sur votre ordinateur, tous les utilisateurs ayant accès à votre ordinateur peuvent lire les fichiers qui s'y trouvent. En outre, certaines limitations s'appliquent à FAT32 en matière de taille. Vous ne pouvez pas créer de partition FAT32 de plus de 32 Go dans cette version de Windows. Par ailleurs, vous ne pouvez pas stocker de fichier de plus de 4 Go sur une partition FAT32.

La principale raison pouvant justifier le recours à FAT32 est l'utilisation d'un ordinateur susceptible d'exécuter Windows 95/98/Me. Il s'agit dans ce cas d'une configuration à démarrage multiple. Dès lors, vous devez installer tout système d'exploitation antérieur sur une partition FAT32 ou FAT, et vous assurer qu'il s'agit d'une partition principale (partition pouvant héberger un système d'exploitation). Toutes les partitions supplémentaires auxquelles vous aurez besoin d'accéder lors de l'utilisation de ces versions antérieures de Windows doivent également être formatées à l'aide du système de fichiers FAT32. Les versions antérieures de Windows peuvent accéder aux partitions ou aux volumes NTFS via un réseau, mais pas sur votre ordinateur.

10.3 Créer et formater une partition de disque dur

Vous devez avoir ouvert une session en tant qu'administrateur pour effectuer ces étapes.

Pour créer une partition ou un volume sur un disque dur, il faut de l'espace non alloué (vide) sur le disque dur ou de l'espace disponible dans une partition étendue du disque dur.

Créer et formater une partition (un volume)

Lorsque vous créez des partitions sur un disque de base à l'aide de la Gestion des disques, les trois premiers volumes créés sont formatés en tant que partitions principales. À partir du quatrième volume, chaque volume est configuré en tant que lecteur logique situé dans une partition étendue.

1. Activez le menu **Démarrer/Outils d'administration/Gestion de l'ordinateur**. Si vous êtes invité à fournir un mot de passe administrateur ou une confirmation, fournissez le mot de passe ou la confirmation.
2. Dans le volet de navigation, sous la rubrique *Stockage*, cliquez sur *Gestion des disques.*

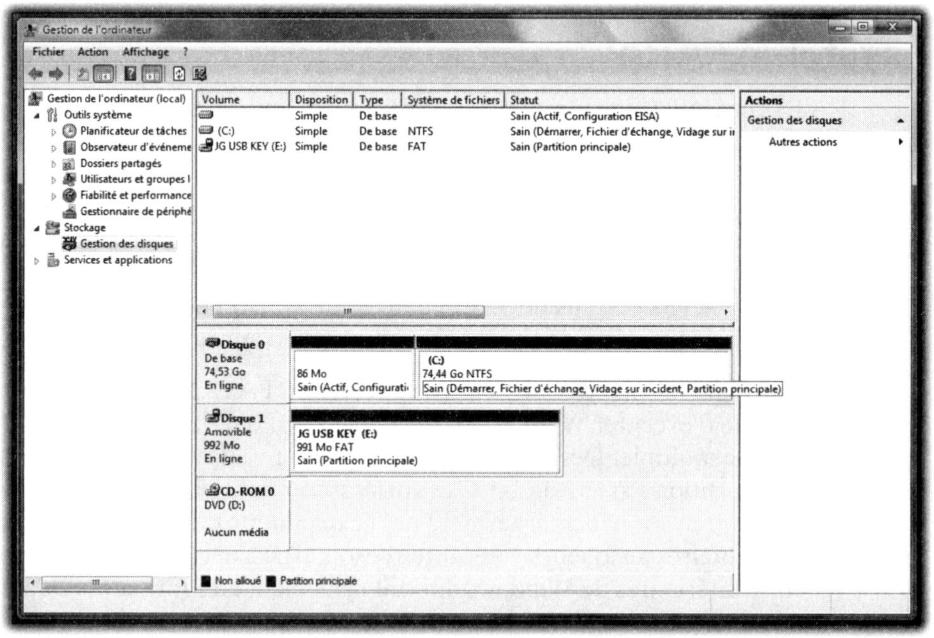

Figure 10-1 : *La gestion des disques*

3. Cliquez avec le bouton droit de la souris sur une zone non allouée de votre disque dur, puis cliquez sur **Nouveau volume simple**.
4. Dans l'Assistant Création d'un volume simple, cliquez sur **Suivant**.
5. Tapez la taille en mégaoctets (Mo) du volume à créer ou acceptez la taille maximale par défaut, puis cliquez sur **Suivant**.
6. Acceptez la lettre de lecteur par défaut ou choisissez-en une autre afin d'identifier la partition, puis cliquez sur **Suivant**.

7. Dans la boîte de dialogue **Formater une partition**, si vous ne souhaitez pas formater le volume pour l'instant, cliquez sur **Ne pas formater ce volume**, puis sur **Suivant**. Si vous voulez formater le volume avec les paramètres par défaut, cliquez directement sur **Suivant**.
8. Vérifiez vos choix, puis cliquez sur **Terminer**.

Formater une partition (un volume) qui existe déjà

Le formatage d'un volume entraîne la destruction des données contenues sur la partition. Si vous devez enregistrer des données sur le volume, déplacez-les temporairement ou définitivement vers un autre périphérique ou un emplacement de stockage avant de continuer.

Le formatage rapide est un choix de formatage qui permet de créer une nouvelle table de fichiers, mais sans remplacer ou effacer complètement le disque. Un formatage rapide demande beaucoup moins de temps qu'un formatage normal, lequel efface complètement les données existantes du volume.

1. Ouvrez la fenêtre **Gestion de l'ordinateur** par le menu **Démarrer/Outils d'administration/Gestion de l'ordinateur**. Si vous êtes invité à fournir un mot de passe administrateur ou une confirmation, fournissez-le et confirmez.
2. Dans le volet de navigation, sous la rubrique *Stockage*, cliquez sur le lien *Gestion des disques*.
3. Cliquez avec le bouton droit de la souris sur le volume à formater, puis cliquez sur **Formater**.

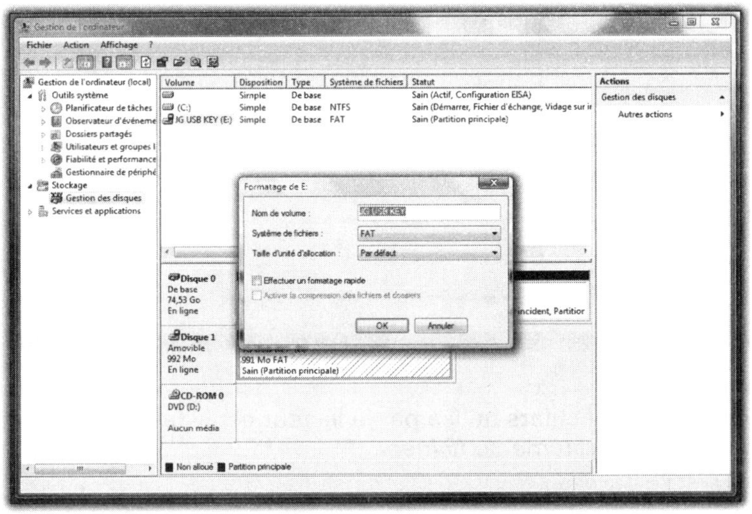

Figure 10-2 : *Formater un volume*

4. Pour formater le volume avec les paramètres par défaut, dans la boîte de dialogue **Formater**, cliquez sur OK, puis une nouvelle fois sur OK.

10.4 Convertir un disque dur ou une partition

Convertir au format FAT32

La conversion d'une partition ou d'un volume de disque dur du format NTFS au format FAT32 nécessite le reformatage de la partition, ce qui entraîne la destruction des données qui s'y trouvent. Veillez à sauvegarder les données que vous souhaitez conserver avant de commencer le processus de conversion.

Pour déterminer le type de système de fichiers utilisé par une partition :

1. Cliquez sur le logo Windows de démarrage, puis sur **Ordinateur**.
2. Sous la rubrique *Lecteurs de disques durs*, cliquez avec le bouton droit de la souris sur un lecteur, puis cliquez sur **Propriétés**.

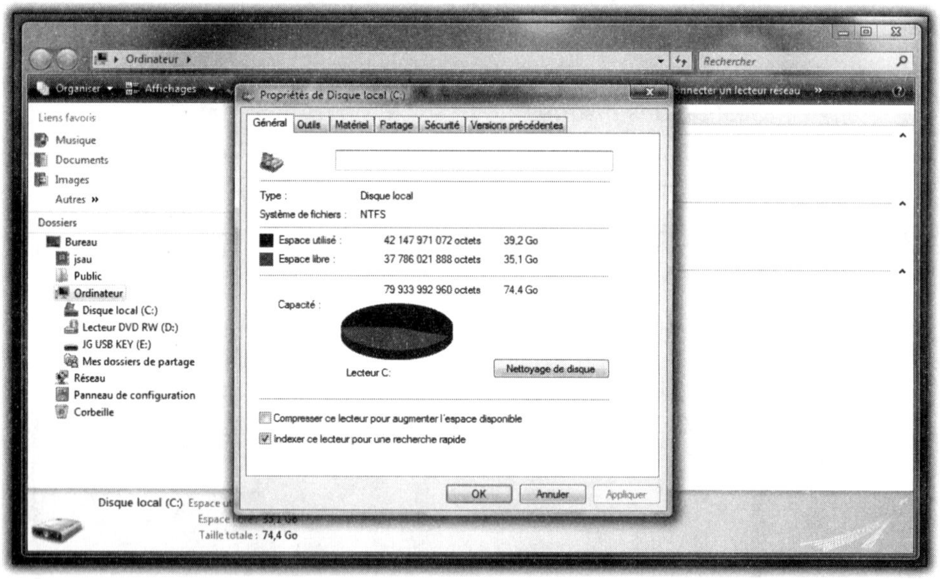

Figure 10-3 : *Les propriétés d'un lecteur de disque*

3. Le système de fichiers utilisé par le lecteur est listé sous l'onglet **Général** dans la zone *Système de fichiers*.

Pour formater une partition de disque dur FAT32 :

1. Ouvrez la fenêtre **Gestion de l'ordinateur**.
2. Dans le volet de navigation, sous la rubrique *Stockage*, cliquez sur le lien *Gestion des disques*.
3. Cliquez avec le bouton droit de la souris sur la partition à formater, puis cliquez sur **Formater**.
4. Dans la boîte de dialogue **Formater**, sous la rubrique *Système de fichiers*, sélectionnez *FAT32*, cliquez sur OK, puis cliquez à nouveau sur OK.

Convertir au format NTFS

Le système de fichiers NTFS s'avère plus performant et offre une meilleure sécurité pour les données des disques durs et des partitions (ou volumes) que le système de fichiers FAT utilisé dans certaines versions antérieures de Windows. Si vous disposez d'une partition qui utilise le système de fichiers antérieur FAT16 ou FAT32, vous pouvez la convertir au format NTFS à l'aide de la commande convert. La conversion au format NTFS n'affecte pas les données de la partition.

Après avoir converti une partition au format NTFS, vous ne pouvez plus la ramener à son format antérieur. Si vous souhaitez utiliser à nouveau le système de fichiers FAT sur la partition, vous devrez la reformater, ce qui entraînera la suppression des données qu'elle contient.

Certaines versions antérieures de Windows ne peuvent pas lire les données situées sur les partitions NTFS locales. Si vous devez utiliser une version antérieure de Windows pour accéder à une partition de l'ordinateur, ne la convertissez pas.

Bien que le risque d'endommager la partition ou de perdre des données durant une conversion soit très faible, il est recommandé de sauvegarder l'ensemble des données avant de commencer la procédure.

1. Fermez les programmes qui sont ouverts et en cours d'exécution sur la partition ou le lecteur logique à convertir.
2. Activez le menu **Démarrer/Tous les programmes/Accessoires**. Cliquez avec le bouton droit de la souris sur **Invite de commandes**, puis cliquez sur **Exécuter en tant qu'administrateur**. Si vous êtes invité à fournir un mot de passe administrateur ou une confirmation, fournissez le mot de passe ou la confirmation.
3. Dans l'Invite de commandes, tapez convert lettre_lecteur : /fs:ntfs, où lettre_lecteur représente la lettre du lecteur à convertir. Validez par la touche [Entrée]. Par exemple, tapez convert C: /fs:ntfs pour convertir le lecteur C au format NTFS.

Figure 10-4 : *Conversion d'une partition*

4. Tapez le nom du volume que vous souhaitez convertir, puis appuyez sur Entrée. Pour afficher les volumes disponibles, activez le menu **Démarrer/Ordinateur**. Les volumes sont répertoriés sous la rubrique *Lecteurs de disques durs.*

Si la partition à convertir contient des fichiers système (ce qui est le cas si vous convertissez la totalité de votre disque dur), vous devez redémarrer votre ordinateur pour que la conversion puisse s'effectuer. Si votre disque est presque plein, le processus de conversion risque d'échouer. Si une erreur se produit, essayez de supprimer les fichiers inutiles ou sauvegardez les fichiers à un autre emplacement, afin de libérer de l'espace disque.

10.5 Repartitionner un disque dur

Avec Windows Vista, vous pouvez repartitionner votre disque dur en utilisant la fonctionnalité de réduction de taille de la Gestion des disques. Vous pouvez réduire la taille d'une partition ou d'un volume existant pour obtenir de l'espace disque non alloué, à partir duquel vous pouvez créer une nouvelle partition ou un nouveau volume.

1. Ouvrez la fenêtre **Gestion de l'ordinateur**.
2. Dans le volet de navigation, sous la rubrique *Stockage*, cliquez sur *Gestion des disques.*
3. Cliquez avec le bouton droit de la souris sur le volume dont vous voulez réduire la taille, puis cliquez sur **Réduire le volume**.

Figure 10-5 : *L'option de réduction du volume*

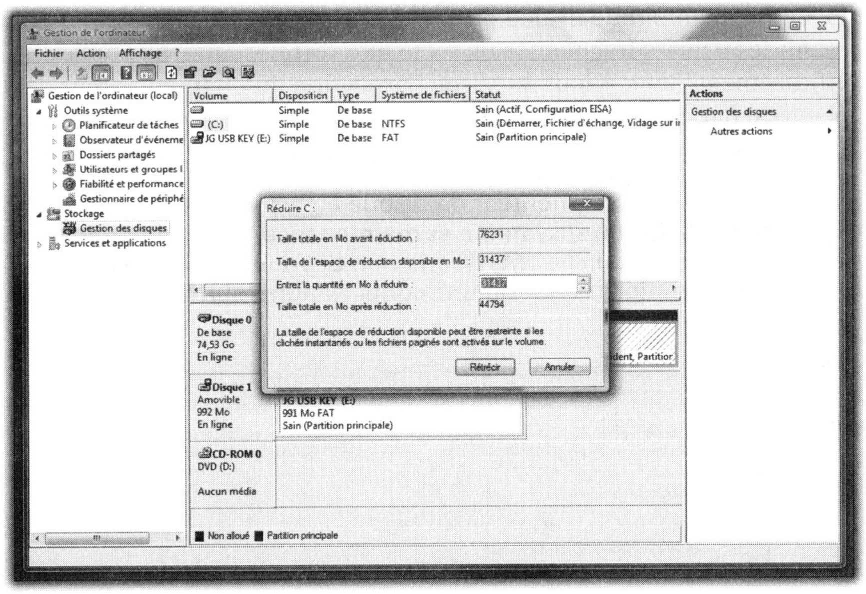

4. Suivez les instructions s'affichant à l'écran.

Si vous disposez de plusieurs partitions sur votre disque dur, vous pouvez supprimer et créer des partitions à partir de l'espace non alloué résultant. Lorsque vous supprimez une partition, toutes les données qu'elle contient sont supprimées.

Vous pouvez également repartitionner des disques durs avec un programme de partitionnement tiers. Plusieurs fabricants tiers proposent des programmes qui vous permettent de repartitionner votre disque dur sans effacer les données.

10.6 Défragmenter un disque

La défragmentation d'un disque désigne le processus de consolidation des fichiers fragmentés sur le disque dur de votre ordinateur.

La fragmentation se produit sur un disque dur au fur et à mesure des enregistrements, modifications ou suppressions de fichiers. Les modifications que vous enregistrez pour un fichier sont souvent stockées à un emplacement du disque dur qui diffère de l'emplacement du fichier d'origine. Les modifications ultérieures sont enregistrées dans autant d'emplacements supplémentaires. Avec le temps, le fichier et le disque dur se fragmentent, votre ordinateur ralentit car il doit effectuer des recherches en plusieurs emplacements pour l'ouverture d'un fichier.

Le Défragmenteur de disque permet de réorganiser les données du disque dur et de réunir les fichiers fragmentés de sorte que votre ordinateur puisse s'exécuter plus efficacement. Sous Windows Vista, l'exécution du Défragmenteur de disque est planifiée par défaut, vous n'avez donc pas à y penser. Vous pouvez néanmoins le lancer manuellement ou modifier cette planification.

1. Ouvrez le Défragmenteur de disque en activant le menu **Démarrer/Panneau de configuration/Système et maintenance/Outils d'administration** et cliquez sur *Défragmenter votre disque dur*. Si vous êtes invité à fournir un mot de passe administrateur ou une confirmation, fournissez le mot de passe ou la confirmation.

Figure 10-6 : *L'option de défragmentation*

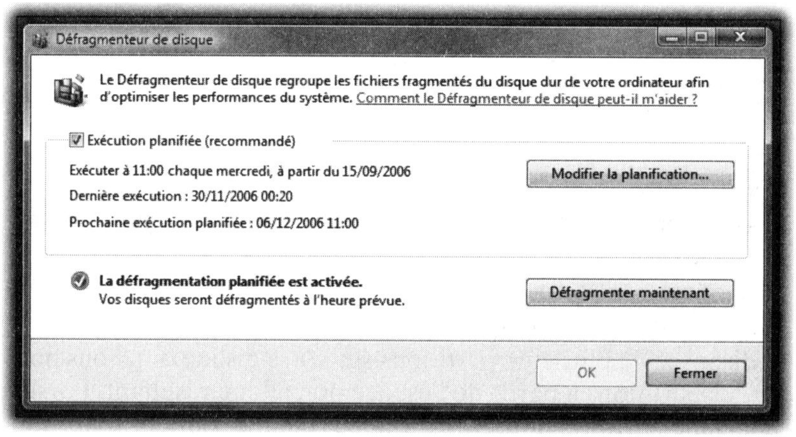

2. Cliquez sur **Défragmenter maintenant**.

L'exécution complète du Défragmenteur de disque peut prendre entre plusieurs minutes et quelques heures, selon la taille et le degré de fragmentation de votre disque dur. Toutefois, vous pouvez continuer d'utiliser votre ordinateur durant le processus de défragmentation.

10.7 Supprimer les fichiers temporaires à l'aide de l'outil Nettoyage de disque

Si vous voulez diminuer le nombre de fichiers inutiles sur votre disque dur pour libérer de l'espace disque et accroître la vitesse d'exécution de l'ordinateur, utilisez l'outil Nettoyage de disque. Il supprime les fichiers temporaires, vide la Corbeille et élimine toute une série de fichiers système et des éléments dont vous n'avez plus besoin.

1. Activez le menu **Démarrer/Tous les programmes/Accessoires/Outils systèmes/Nettoyage de disque**.

Figure 10-7 : *Le Nettoyage de disque*

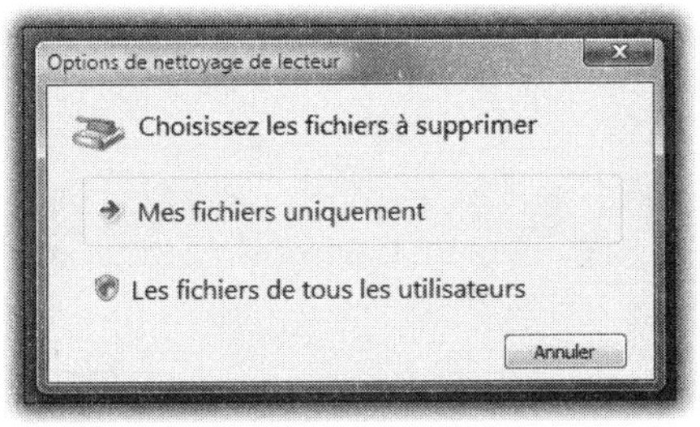

2. Dans la boîte de dialogue **Nettoyage de disque : Sélection du lecteur**, sélectionnez le lecteur de disque dur que vous voulez nettoyer, puis cliquez sur OK.
3. Cliquez sur l'onglet **Nettoyage de disque**, puis activez les cases à cocher correspondant aux fichiers que vous voulez supprimer.

Figure 10-8 : *Suppression des fichiers*

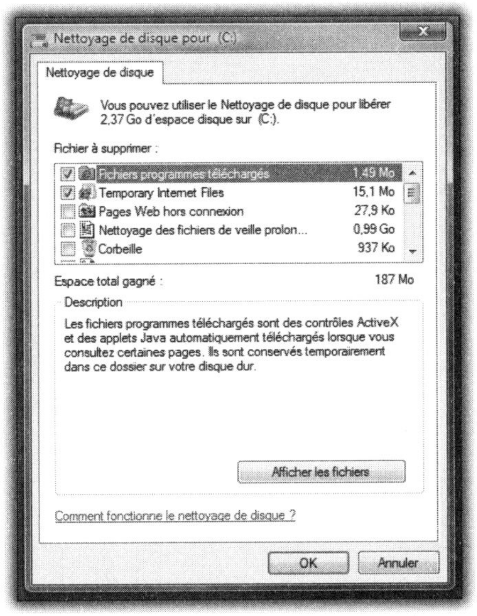

4. Une fois la sélection terminée, cliquez sur OK, puis sur **Supprimer les fichiers** pour confirmer l'opération.
5. L'outil Nettoyage de disque s'exécute pour éliminer tous les fichiers inutiles de l'ordinateur.

CHAPITRE

11

Collaborer en équipe

CHAPITRE

11

Collaborer en équipe

L'explosion d'Internet ces dernières années a vu l'arrivée d'offres de connexions de plus en plus abordables, rapides et surtout permettant de rester connecté en permanence. Du coup, de nouveaux usages et de nouveaux besoins ont fait leur apparition... Vous pouvez notamment collaborer avec des amis, des collègues de travail, des clients, etc., qui sont connectés à travers le monde par Internet ou bien créer un petit réseau dans une même salle de réunion.

Quand on parle de collaboration, on parle d'échange de fichiers de toutes sortes, mais également de la possibilité de travailler en même temps et à plusieurs sur le même document ou sur le Bureau d'un des participants. En entreprise, le besoin de collaboration entre des individus se matérialise par la création de réunions de travail virtuelles et, à la maison, par l'échange de fichiers.

L'Espace de collaboration Windows est un nouvel outil présent par défaut sous Windows Vista qui permet d'améliorer la collaboration entre des personnes connectées sur leur ordinateur, qu'elles soient dans la même entreprise, en déplacement, à la maison, connectées sur Internet ou au même endroit en même temps.

L'Espace de collaboration Windows vous permet :

- de créer des réunions virtuelles ;
- d'inviter des personnes ou de participer à des réunions ;
- de partager un agenda, des documents ou des fichiers ;
- de regarder des présentations.

11.1 Avant de commencer...

Pour utiliser l'Espace de collaboration Windows, vous avez besoin d'au moins deux ordinateurs Windows Vista connectés en réseau. La connexion réseau peut être filaire, sans fil ou une combinaison des deux, du moment que les deux ordinateurs peuvent communiquer l'un avec l'autre.

Selon votre utilisation de l'Espace de collaboration Windows, vous aurez également besoin d'un accès à votre messagerie et d'au moins une application, comme Microsoft Office, permettant le partage au travers d'une session de collaboration.

Il est important de permettre le fonctionnement de l'Espace de collaboration Windows au travers du pare-feu de Windows Vista. Par défaut, quand vous démarrez l'Espace de collaboration Windows pour la première fois, vous avez la possibilité de paramétrer l'application. Pour démarrer l'Espace de collaboration Windows :

1. Activez le menu **Démarrer/Tous les programmes/Espace de collaboration Windows**.
2. Une fenêtre s'affiche vous expliquant que vous devez activer la réplication de fichiers, le Voisinage immédiat et autoriser la communication via le pare-feu Windows.

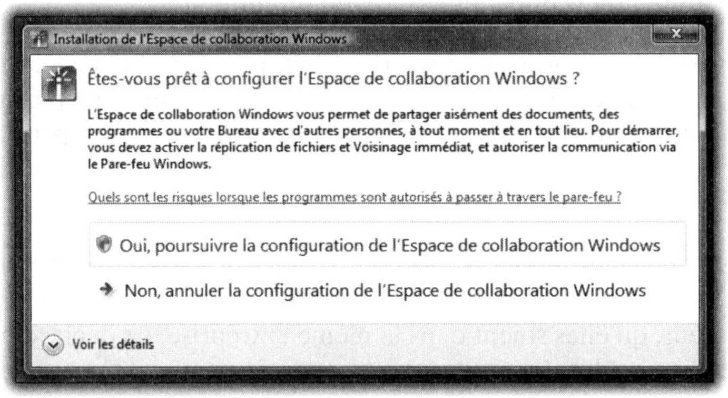

Figure 11-1 : *La fenêtre de premier démarrage de l'Espace de collaboration Windows*

3. Cliquez sur *Oui, poursuivre la configuration de l'Espace de collaboration Windows.*
4. Validez le message de contrôle du compte utilisateur.
5. Dans la fenêtre de Voisinage immédiat qui apparaît alors, entrez votre nom et activez le Voisinage immédiat en cliquant sur OK.

Figure 11-2 : *Activation du Voisinage immédiat*

Le Voisinage immédiat vous permet d'identifier les personnes sur un réseau proche qui sont en mesure d'exécuter l'Espace de collaboration Windows et donc de participer à des réunions avec vous.

Toutefois, si vous n'activez pas les exceptions dans le pare-feu à cette étape, vous pouvez le faire manuellement :

1. Activez le menu **Démarrer/Panneau de Configuration/Sécurité**.

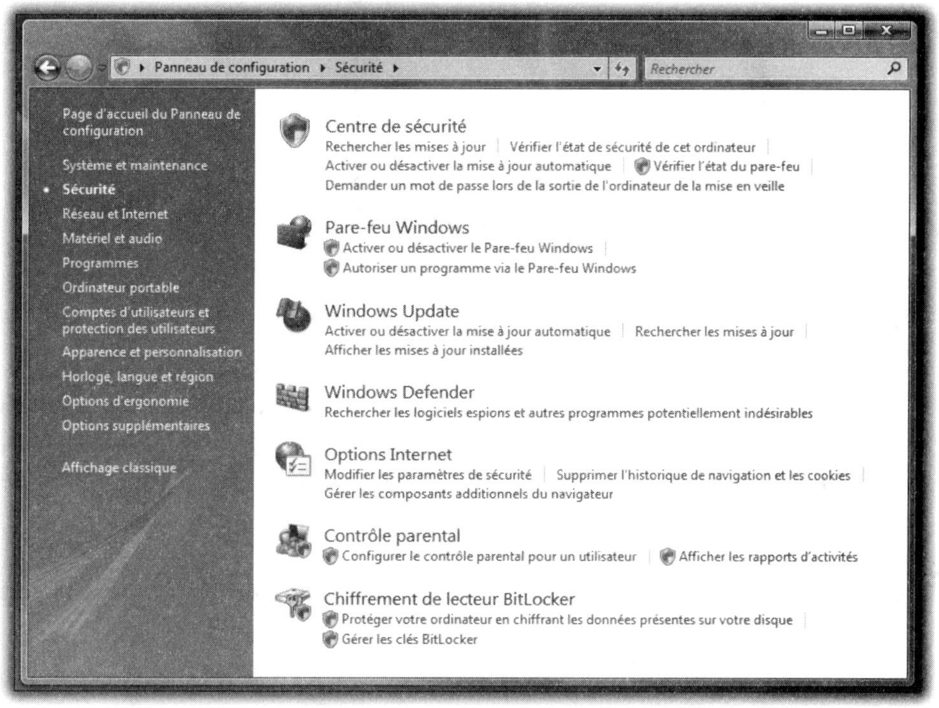

Figure 11-3 : *La fenêtre Sécurité du Panneau de configuration*

2. Sous la rubrique *Pare-feu Windows*, cliquez sur *Autoriser un programme via le Pare-feu Windows*.
3. Validez le message de contrôle du compte utilisateur.
4. Cliquez sur l'onglet **Exceptions**.
5. Sous la rubrique *Programme ou port*, cochez la case *Espace de collaboration Windows*, puis cliquez sur OK.

Figure 11-4 : *Activation d'une exception de pare-feu pour l'Espace de collaboration Windows*

11.2 Créer une session

Le point de départ d'une collaboration avec l'Espace de collaboration Windows est la création d'une session. Créer une session consiste à donner un nom et un mot de passe à une session et donc à déclarer la réunion ouverte, en attente de participants.

Pour créer une nouvelle session :

1. Activez le menu **Démarrer/Tous les programmes/Espace de collaboration Windows**.

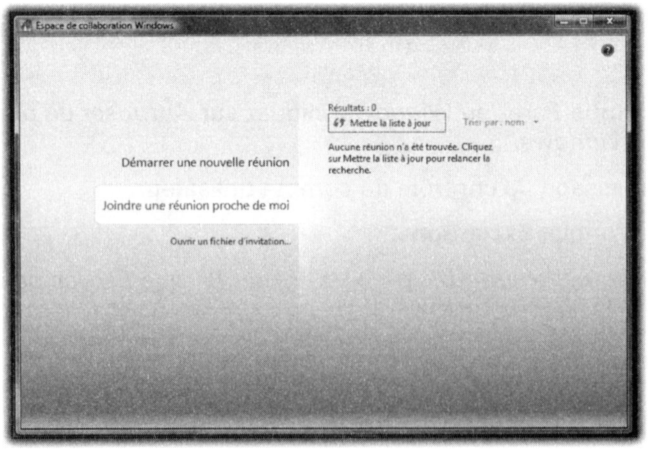

Figure 11-5 : *Premier contact avec l'interface de l'Espace de collaboration Windows*

2. Cliquez sur **Démarrer une nouvelle réunion**.

Figure 11-6 : *Création d'une nouvelle réunion*

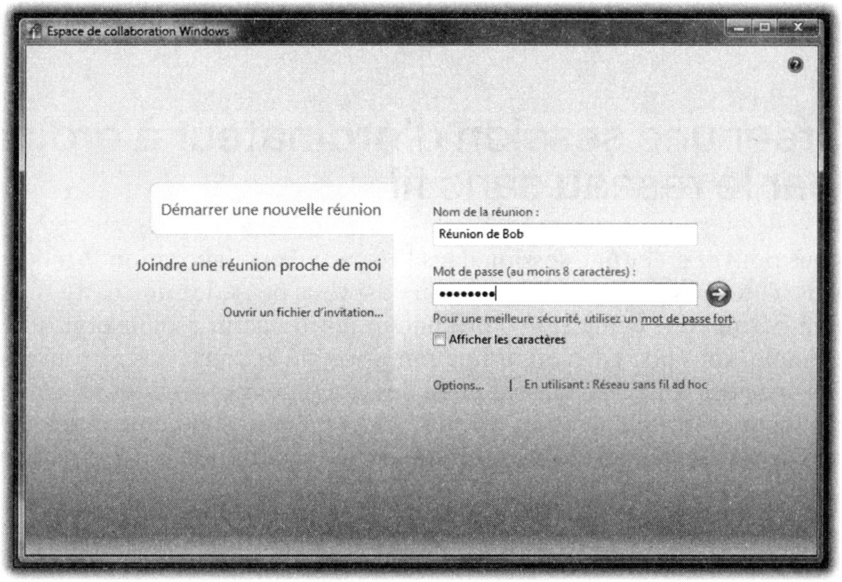

3. Entrez un nom et un mot de passe pour la session.
4. Cliquez sur la flèche verte de création.

Figure 11-7 : *Une session dans l'Espace de collaboration Windows est créée*

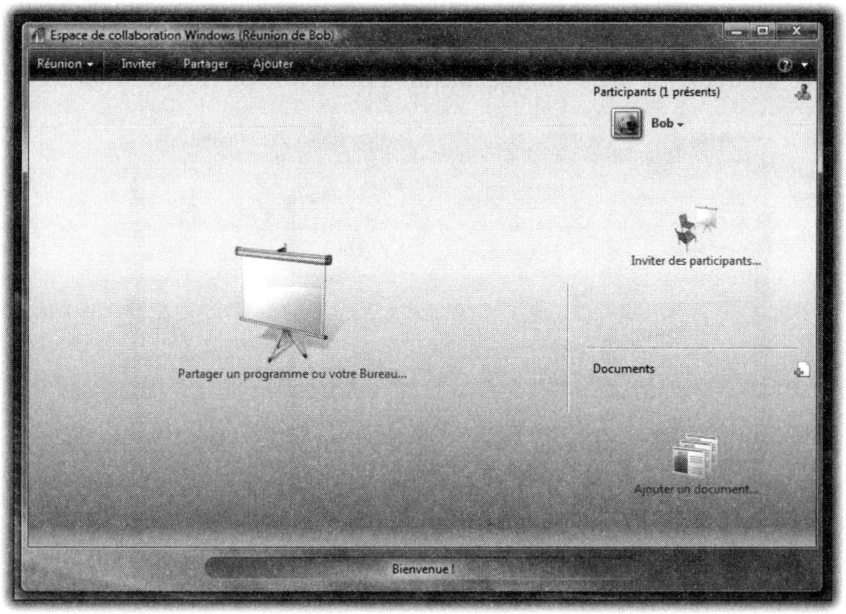

Cette procédure considère par défaut que vous êtes connecté à Internet ou à un réseau local et que les participants rejoindront cette réunion par Internet ou par le même réseau local que le vôtre.

11.3 Créer une session d'ordinateur à ordinateur par le réseau sans fil

Vous pouvez créer une session dans l'Espace de collaboration Windows même si vous n'êtes pas connecté à un réseau et si vous possédez une carte réseau sans fil qui vous permet une connexion d'ordinateur à ordinateur (connexion Ad Hoc). Par exemple, vous possédez un ordinateur portable et vous vous retrouvez dans le même lieu avec des collègues qui ont aussi des ordinateurs portables, et vous souhaitez échanger et travailler sur les mêmes fichiers le plus simplement possible. Vous allez, juste avant de démarrer une nouvelle réunion, définir la création d'un réseau sans fil privé.

Pour créer une session d'ordinateur à ordinateur via le réseau sans fil :

1. Activez le menu **Démarrer/Tous les programmes/Espace de collaboration Windows.**
2. Cliquez sur **Démarrer une nouvelle réunion**.
3. Entrez un nom et un mot de passe pour la session.
4. Cliquez sur **Options**.
5. Cliquez sur *Créer un réseau sans fil ad hoc privé* et validez.

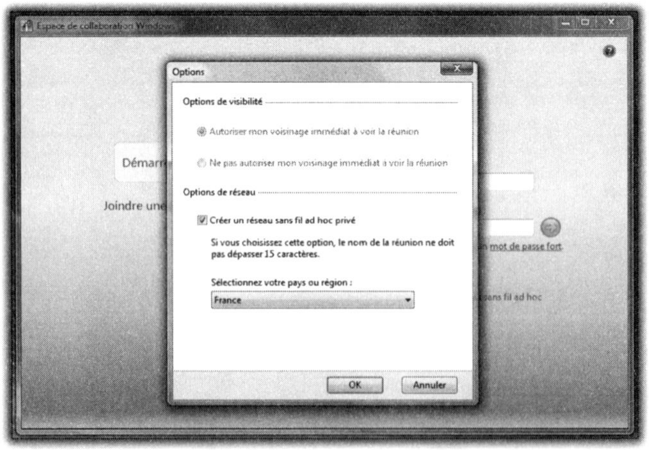

Figure 11-8 : *Création d'une session d'ordinateur à ordinateur*

11.4 Inviter un participant à une session

Une fois la session créée, il faut que les participants vous rejoignent pour collaborer. C'est la suite logique des opérations. Pour qu'ils vous rejoignent, il faut qu'ils soient au courant que vous avez créé une session. Vous devez lancer des invitations, les informer si la réunion se déroule par Internet ou le réseau local, communiquer les identifiants de connexion… L'Espace de collaboration Windows met plusieurs méthodes à votre disposition pour inviter des participants : par la messagerie et par la création d'un fichier d'invitation.

Envoyer un courriel

Vous pouvez inviter un participant à rejoindre une session en lui envoyant un courriel auquel vous attacherez un fichier en pièce jointe comprenant toutes les informations de connexion à la session Espace de collaboration Windows. Si vous avez respecté les prérequis relatifs aux exceptions du pare-feu Windows, le destinataire pourra se connecter. Cette méthode d'invitation est particulièrement utile pour les personnes en déplacement, à la maison, du moment qu'elles sont connectées sur Internet.

Une fois que vous avez créé une session, procédez comme suit pour inviter un participant par courriel :

1. Dans la fenêtre de session, cliquez sur *Inviter des participants.*

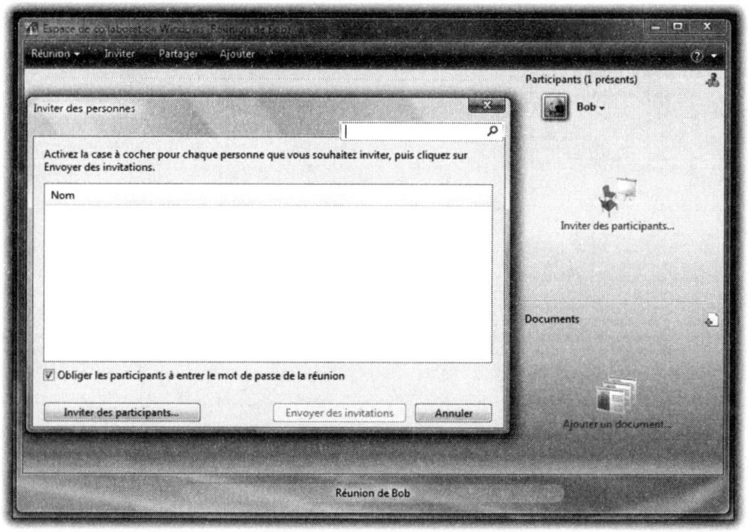

Figure 11-9 : *La fenêtre d'invitation d'un participant*

2. Dans la fenêtre qui apparaît, cliquez sur *Inviter des participants.*

Figure 11-10 : *La fenêtre de sélection du mode d'invitation*

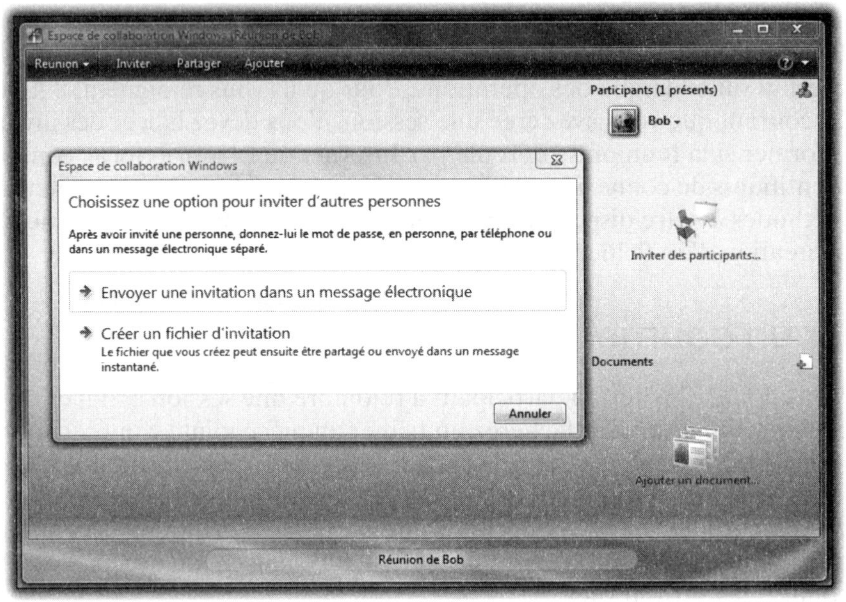

3. Cliquez sur *Envoyer une invitation dans un message électronique.*

Figure 11-11 : *Envoi du courriel d'invitation*

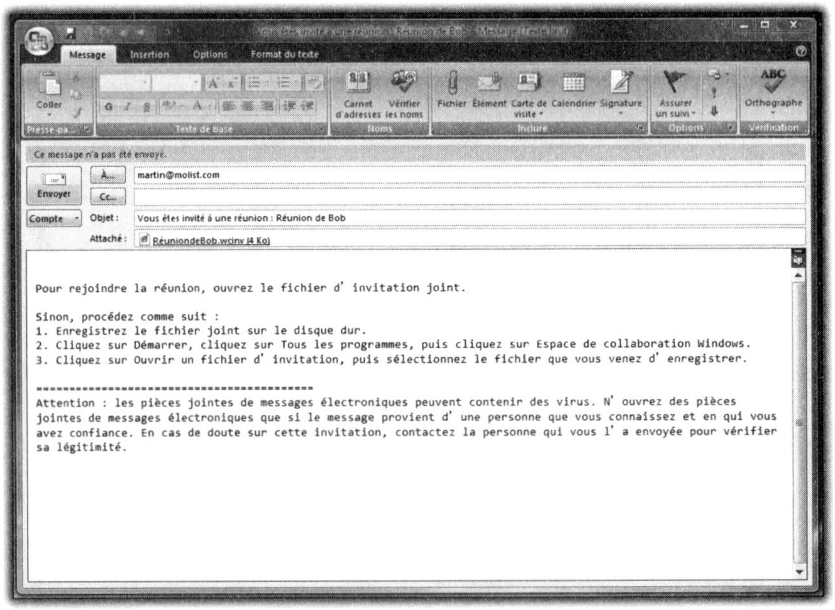

4. Adressez le courriel à la personne que vous souhaitez grâce à votre programme de messagerie. Remarquez le fichier attaché en pièce jointe. Modifiez le texte si bon vous semble et envoyez.

Envoyer un fichier d'invitation

Une autre méthode d'invitation consiste à créer un fichier contenant toutes les informations de connexion à la collaboration, de le récupérer, puis de l'adresser au participant, au moyen d'une clé USB, un partage réseau ou par le biais de la messagerie instantanée.

Cette méthode est également utile pour les personnes à la maison, n'ayant pas d'accès à la messagerie d'entreprise, mais à Internet.

Une fois que vous avez créé une session, procédez comme suit pour inviter un participant :

1. Dans la fenêtre de session, cliquez sur *Inviter des participants.*
2. Dans la fenêtre qui apparaît, cliquez sur *Inviter des participants.*

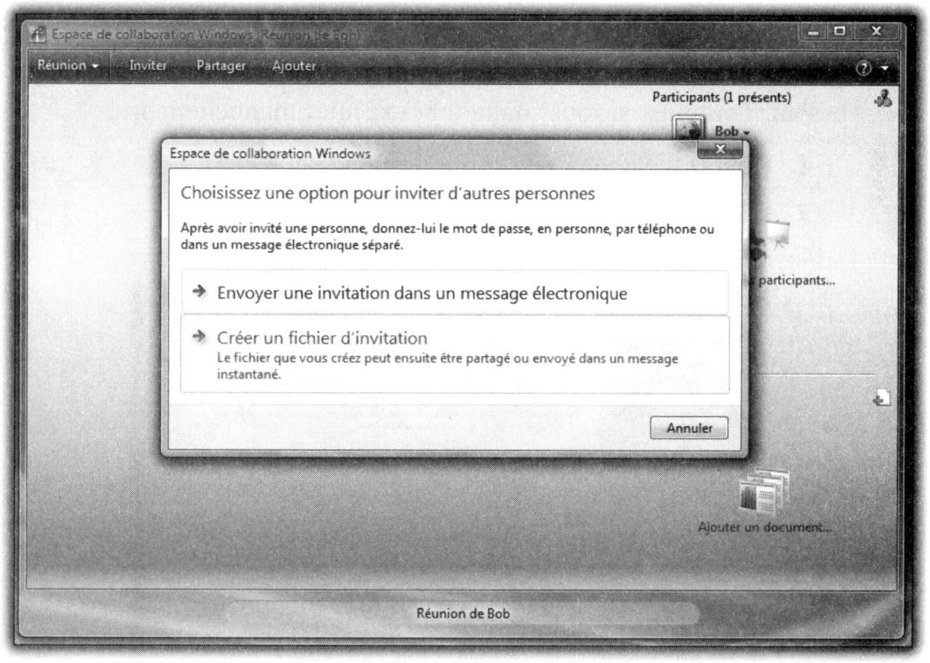

Figure 11-12 : *La fenêtre de sélection du mode d'invitation*

3. Cliquez sur *Créer un fichier d'invitation.*

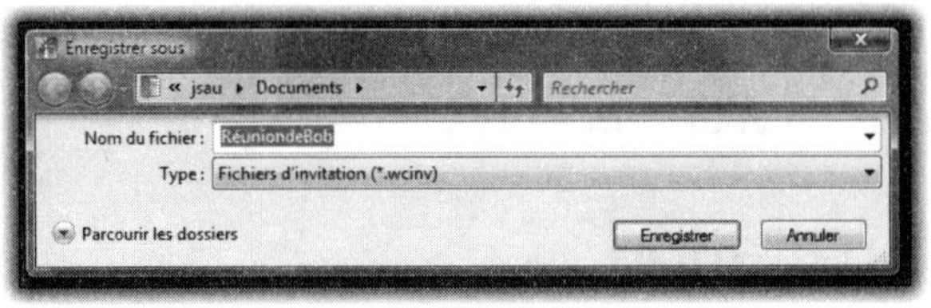

Figure 11-13 : *Récupération du fichier d'invitation*

4. Sauvegardez le fichier qui porte l'extension *.wcinv* et faites-le parvenir au participant.

Utiliser le Voisinage immédiat

Le Voisinage immédiat est un service de Windows Vista qui vous permet d'identifier les personnes proches sur le réseau qui sont en mesure d'exécuter l'Espace de collaboration Windows et donc de participer à des réunions. Le Voisinage immédiat restreint cependant l'utilisation au même réseau local. Si vous voulez inviter quelqu'un à collaborer avec vous par l'Espace de collaboration Windows, l'ordinateur de cette personne doit être sur le même segment réseau que vous. Dans tous les autres cas, il vous faudra utiliser une autre méthode d'invitation.

Voisinage immédiat s'exécute automatiquement au lancement de l'Espace de collaboration Windows. C'est une application qui utilisera ce service si elle en a besoin. Toutefois, si vous souhaitez l'exécuter manuellement :

1. Ouvrez le Panneau de configuration.
2. Cliquez sur le lien *Réseau et Internet*.

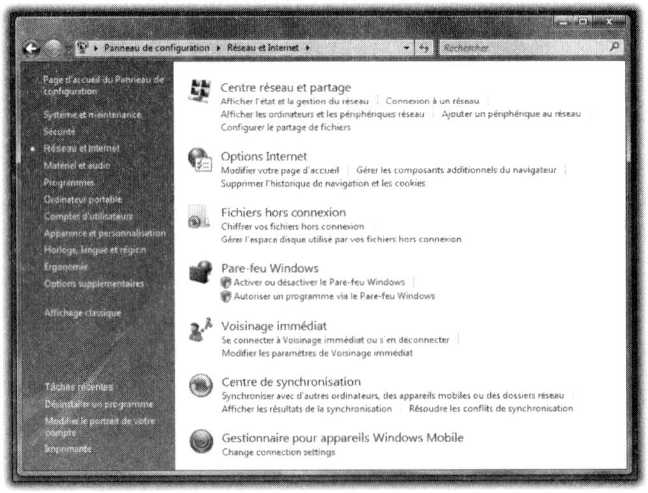

Figure 11-14 : *La catégorie Réseau et Internet du Panneau de configuration*

3. Cliquez sur *Voisinage immédiat*.

Figure 11-15 : *Le Voisinage immédiat*

4. Vous pouvez alors entrer votre nom et cliquez sur l'onglet **S'inscrire** pour vous connecter au service de Voisinage immédiat.

Figure 11-16 : *L'onglet S'inscrire du Voisinage immédiat*

11.5 Rejoindre une session

Une fois que l'utilisateur a reçu son invitation, d'une manière ou d'une autre, il ne lui reste plus qu'à rejoindre la session. Il sera connecté avec les autres participants, pourra échanger des fichiers, profiter des outils de partage et voir ce que tous les participants voient.

De même qu'il existe plusieurs méthodes d'invitation, il existe plusieurs méthodes pour rejoindre une session : par la détection de sessions proches, par courriel ou au moyen d'un fichier.

Utiliser la détection des sessions proches

Vous êtes en salle de réunion et vous souhaitez rejoindre la réunion créée par votre collègue en réseau ad hoc. Tout d'abord, vous devez avoir été invité et connaître le nom et le mot de passe de connexion pour rejoindre la session. Dans ce cas, la méthode la plus simple pour atteindre cette session est d'utiliser l'Espace de collaboration Windows afin de voir la liste des sessions en cours proches de vous.

Pour rejoindre une session par la détection des sessions proches :

1. Activez le menu **Démarrer/Tous les programmes/Espace de collaboration Windows**.
2. Cliquez sur *Joindre une réunion proche de moi*.

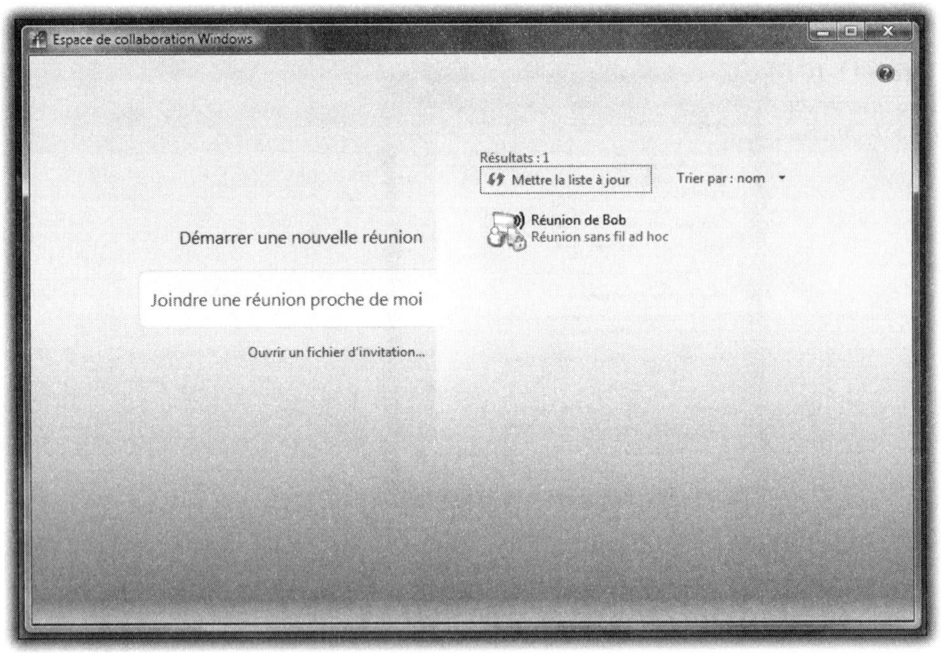

Figure 11-17 : *Choisir une session proche*

3. Vous obtenez la liste des sessions proches de vous. Si l'une d'entre elles correspond à celle dont vous possédez les identifiants, sélectionnez-la et authentifiez-vous.

Répondre à un courriel d'invitation

Vous venez de recevoir un e-mail d'invitation à une session Espace de collaboration Windows et vous souhaitez y participer. Comment faire ? C'est très simple :

1. Assurez-vous que vous êtes connecté à Internet (nous supposons que vous avez reçu un e-mail car vous êtes en déplacement et donc déconnecté du réseau local).
2. Cliquez deux fois sur le fichier attaché au courriel que vous avez reçu et entrez le mot de passe de connexion qui vous a été communiqué par un quelconque moyen.

Utiliser un fichier d'invitation

Dernier cas : vous avez reçu un fichier d'invitation par votre messagerie instantanée et votre collègue souhaite que vous participiez à la session avec lui pour visionner la dernière présentation PowerPoint sur Windows Vista afin de la commenter. Votre collègue vous communique le mot de passe de la session.

Pour rejoindre une session lorsque vous avez reçu un fichier :

1. Activez le menu **Démarrer/Tous les programmes/Espace de collaboration Windows.**
2. Cliquez sur *Ouvrir un fichier d'invitation.*

Figure 11-18 : *Sélection du fichier d'invitation*

3. Sélectionnez le fichier de collaboration sur votre disque dur.
4. Entrez le mot de passe de connexion.

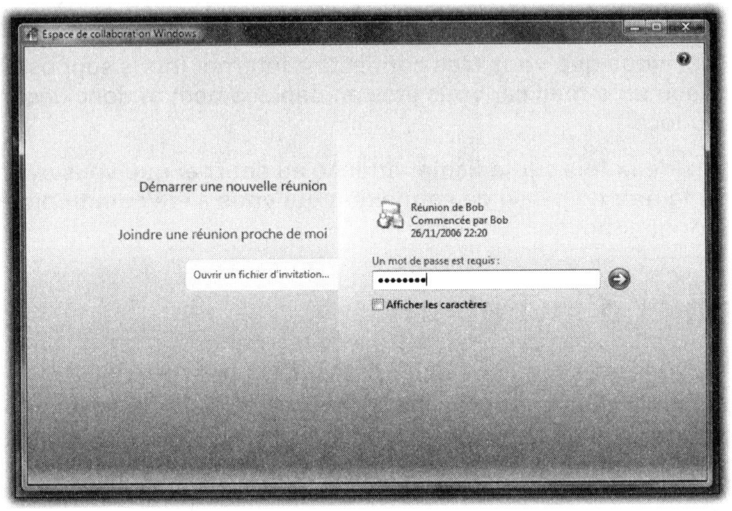

Figure 11-19 : *Connexion à la session*

11.6 Animer une session

Maintenant que tous les participants ont rejoint la session, attardons-nous sur l'étendue des possibilités de collaboration.

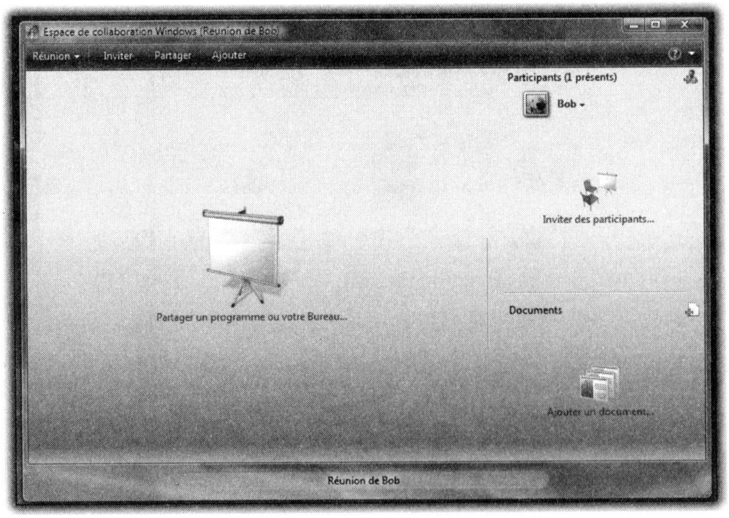

Figure 11-20 : *La fenêtre principale d'une session dans l'Espace de collaboration Windows*

Présenter le Bureau ou une application dans une session

Lorsque tous les participants sont connectés, celui qui organise la réunion peut commencer à présenter des applications (comme le calendrier ou un document Word) ou son propre Bureau aux autres participants. La présentation d'un élément permet de commencer une base de collaboration. Vous êtes le seul à pouvoir modifier l'élément que vous présentez, les autres participants sont en visualisation pure. Toutefois, vous pouvez si vous le souhaitez laisser momentanément le contrôle à un autre participant.

Pour présenter votre Bureau Windows Vista aux autres participants, vous devez être connecté à une session et les utilisateurs ne doivent rien présenter en même temps. Procédez ainsi :

1. Cliquez sur le bouton **Partager**.

Figure 11-21 :
Sélection des applications à partager

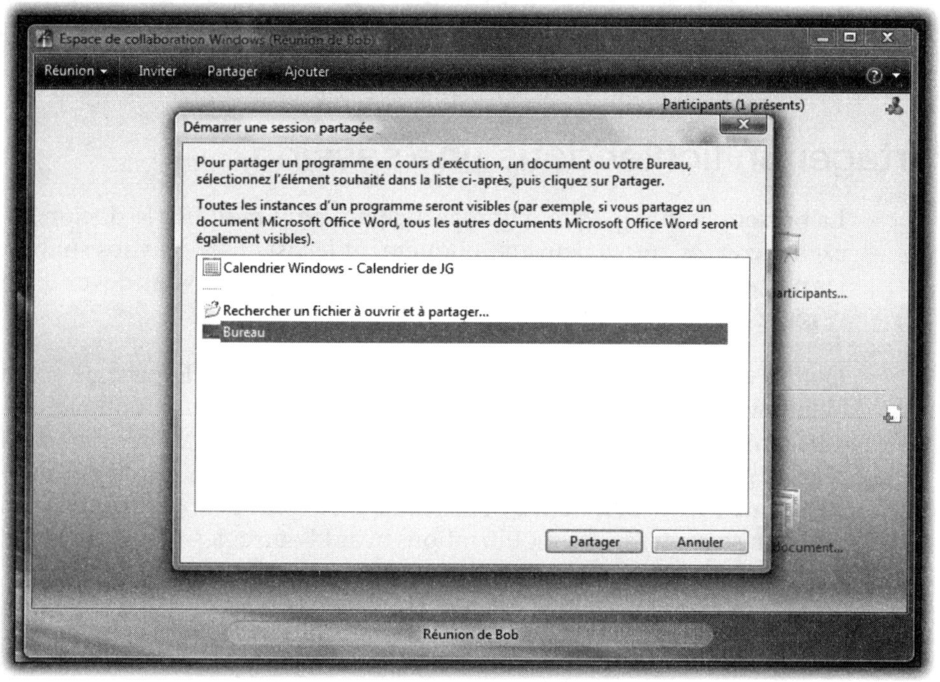

2. Sélectionnez l'application que vous souhaitez présenter, dans cet exemple le Bureau. Validez (voir fig. 11-22).

Votre Bureau Windows est à présent vu par tous les participants.

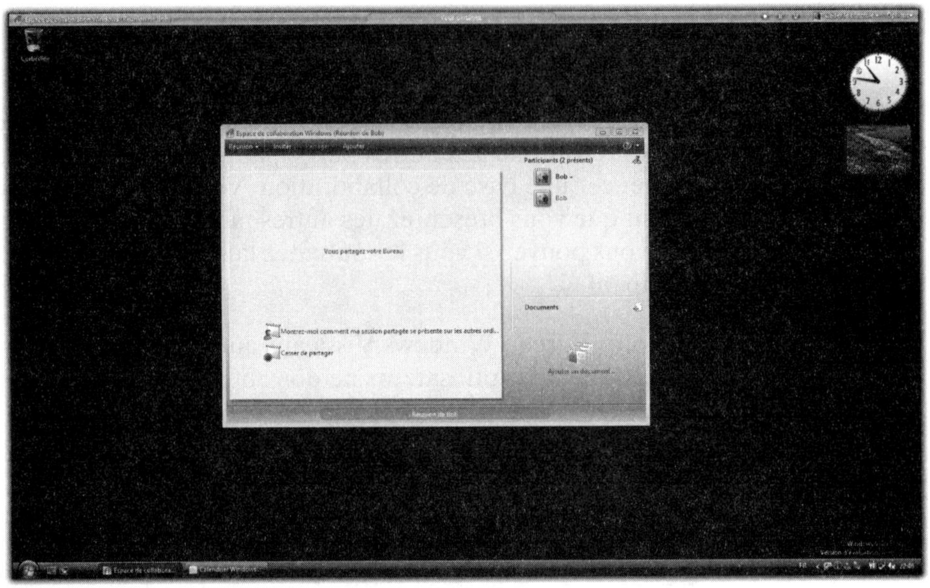

Figure 11-22 : *Le partage du Bureau dans l'Espace de collaboration Windows*

Partager un fichier dans une session

La présentation implique qu'un participant peut modifier le document Word par exemple et les autres peuvent uniquement le visualiser. Si vous souhaitez que tous les participants puissent travailler sur le même fichier, vous devez le partager dans la session.

Quand vous partagez un document dans une session, l'Espace de collaboration Windows en crée une copie, associée à cette session, et la réplique pour tous les participants. Chacun son tour, les participants peuvent éditer le document, l'original n'étant pas modifié. Les changements sont sauvegardés par la dernière personne qui sauvegarde le fichier. Si deux participants ouvrent le document en même temps et que l'un sauvegarde ses modifications avant l'autre, les modifications de l'autre sont écrasées.

Pour partager un fichier dans une session, vous devez être connecté à une session :

1. Cliquez sur *Ajouter un document* (voir fig. 11-23).
2. Sélectionnez un fichier à partager et validez.

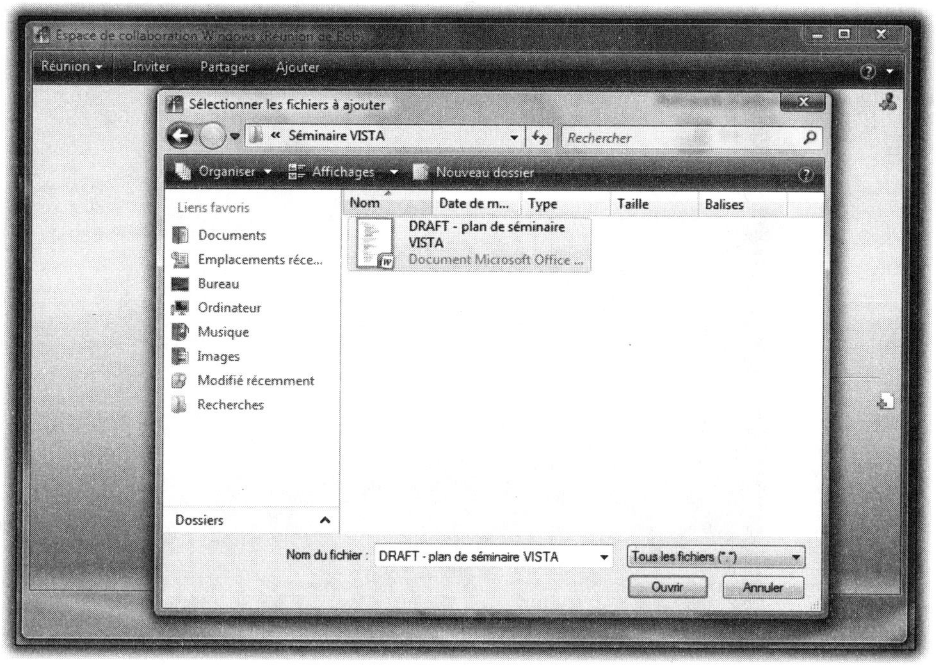

Figure 11-23 : *Sélection du document à partager*

Communiquer pendant une session

Lorsque vous êtes connecté à une session de l'Espace de collaboration Windows et que vous travaillez en équipe sur la refonte d'un document, vous pouvez être amené à vouloir communiquer avec vos collègues de session. Plusieurs solutions s'offrent à vous : le téléphone, la messagerie instantanée…

Également, l'Espace de collaboration Windows permet de communiquer en mode texte, de type chat, avec les autres participants.

1. Cliquez deux fois sur le logo d'un participant.
2. Tapez votre texte et envoyez.

Changer son statut pendant une session

Vous pouvez avertir les participants de votre statut de disponibilité lors d'une session, un peu comme dans votre messagerie instantanée.

1. Dans une session de l'Espace de collaboration Windows, cliquez sur votre nom.
2. Sélectionnez le statut qui vous convient.

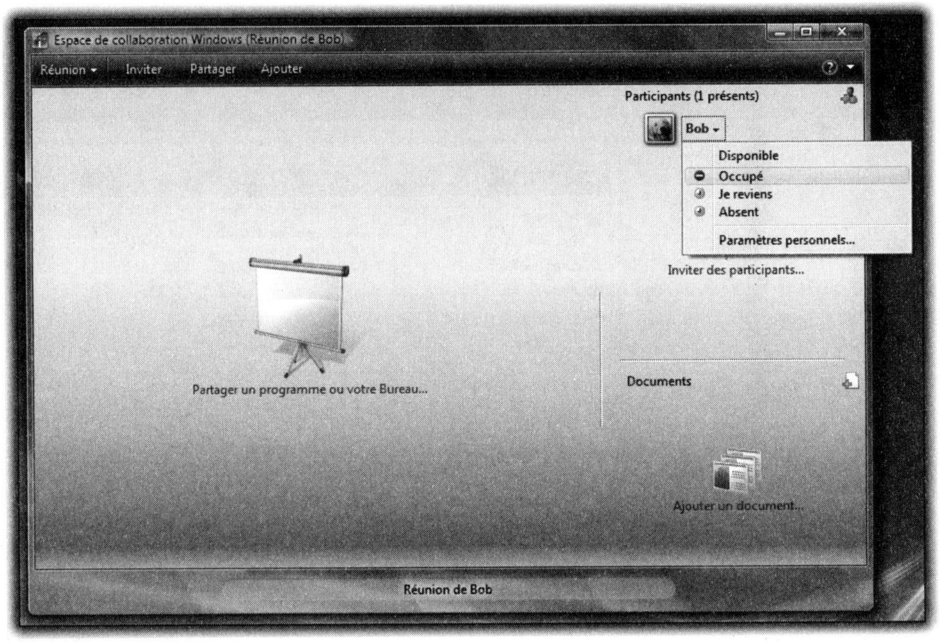

Figure 11-24 : *Modification du statut de disponibilité dans l'Espace de collaboration Windows*

La modification de votre statut dans l'Espace de collaboration Windows n'intervient pas sur votre statut de disponibilité dans votre messagerie instantanée.

L'Espace de collaboration Windows simplifie la collaboration entre les personnes, que ce soit pour échanger des fichiers ou pour travailler en collaboration sur les mêmes documents. Ce qui est encore plus appréciable, c'est qu'on peut créer une réunion virtuelle vraiment très simplement que l'on soit connecté sur Internet, sur un réseau local ou sur son propre réseau sans fil.

CHAPITRE

12

Les performances

CHAPITRE

12 Les performances

La mesure des performances de votre ordinateur est un élément qui vous permettra de vous préserver de bien des mauvaises surprises. Le simple fait de pouvoir évaluer votre matériel et lui attribuer un score qui s'inscrit sur une échelle de mesures communes vous offre la possibilité d'acquérir des programmes compatibles avec les performances de votre ordinateur. Il concerne uniquement les performances de l'ordinateur qui affectent l'exécution des fonctionnalités dans Windows et d'autres programmes sur votre ordinateur. Cependant, les composants matériels individuels, comme l'unité centrale et la mémoire vive (RAM) de votre ordinateur, sont testés et reçoivent un "sous-score" : le score de base de votre ordinateur est déterminé par un score inférieur.

Vous allez suivre l'exemple de l'évaluation des jeux disponibles dans Windows Vista :

1. Activez le menu **Démarrer/Tous les programmes/Jeux/Explorateur des jeux**.
2. Sélectionnez par exemple le jeu *Échecs Titans*.

Vous pouvez voir dans la fenêtre de droite trois notes correspondant à :

- la classification recommandée du jeu ;
- la classification requise pour le jeu ;
- la classification du système actuel.

Figure 12-1 : *Demandez le score pour le bon fonctionnement d'un programme*

REMARQUE

Information sur le score d'un programme

Même si cet exemple porte sur des programmes de jeux, rien n'empêche d'imaginer que, par la suite, ce mode de fonctionnement se répande dans l'entreprise et pour les logiciels des éditeurs tiers.

12.1 Évaluer les performances de son ordinateur

Pour évaluer les performances de votre ordinateur, procédez comme suit :

1. Activez le menu **Démarrer/Panneau de configuration**.
2. Double-cliquez sur l'icône *Système*.

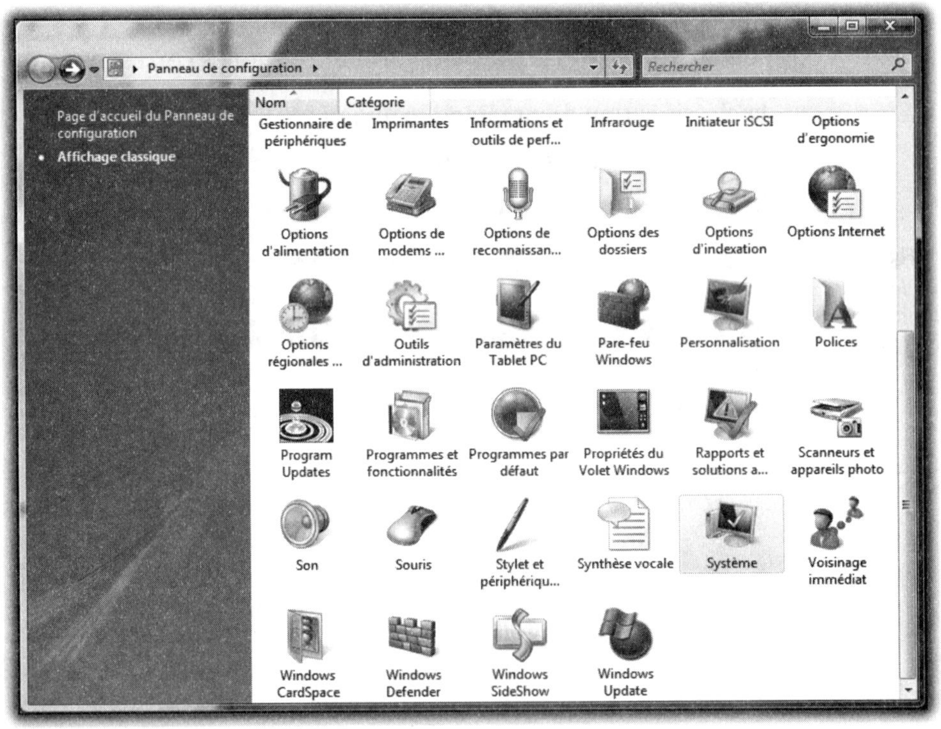

Figure 12-2 : *L'icône Système du Panneau de configuration*

Dans la partie *Système* de la fenêtre **Informations système générales** se trouve la note de votre ordinateur. Les informations indiquent le score de base de votre ordinateur, qui correspond aux performances et à la capacité globale du matériel.

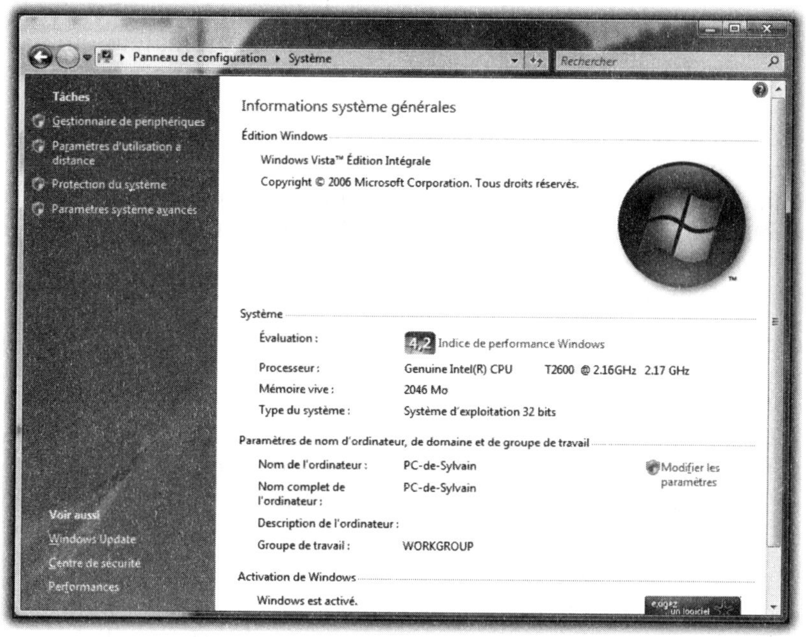

Figure 12-3 : *La note globale de l'ordinateur*

3. Pour connaître les sous-scores de tous vos composants, cliquez sur **Indice de performance** qui se trouve à droite de votre score global.

Figure 12-4 : *Le score global et les sous-scores de l'ordinateur*

Voici quelques descriptions générales provenant de l'aide Microsoft sur les expériences auxquelles vous pouvez être confronté sur un ordinateur qui reçoit les scores de base suivants :

- Un ordinateur dont le score de base est 1 ou 2 présente généralement des performances suffisantes pour effectuer des tâches informatiques générales, notamment l'exécution d'applications de productivité d'entreprise et la recherche sur Internet. Cependant, un ordinateur qui présente ce score de base n'est généralement pas assez puissant pour exécuter Aero de Windows ou des expériences multimédias avancées disponibles dans Windows Vista.
- Un ordinateur dont le score de base est 3 peut exécuter Aero de Windows et de nombreuses fonctionnalités de Windows Vista à un niveau de base. Il est possible que certaines des nouvelles fonctionnalités avancées de Windows Vista ne soient pas disponibles. Ainsi, une machine dont le score de base est 3 peut afficher le thème Windows Vista à une résolution de 1280 x 1024, mais risque d'avoir des difficultés pour exécuter le thème sur plusieurs moniteurs. De même, elle peut lire du contenu de télévision numérique, mais aurait des problèmes pour lire du contenu HDTV (télévision haute définition).
- Un ordinateur dont le score de base est 4 ou 5 peut exécuter toutes les nouvelles fonctionnalités de Windows Vista dans leur intégralité, et peut prendre en charge des expériences qui sollicitent beaucoup de graphiques de grande taille, telles qu'un jeu multijoueur en 3D, et un enregistrement et lecture de contenu HDTV. Les ordinateurs dont le score de base est 5 sont les ordinateurs les plus performants disponibles au moment de la mise sur le marché de Windows Vista.

REMARQUE

Score et évolution de matériel

L'évaluation des scores est conçue pour prendre en charge les améliorations de la technologie informatique. Au fur et à mesure que les performances et la vitesse du matériel s'améliorent, des scores de base plus élevés seront introduits. Cependant, les normes pour chaque niveau d'index restent identiques. Par exemple, le score d'un ordinateur reste 2,8 sauf si vous décidez de mettre à niveau le matériel.

Le score de votre ordinateur n'est pas gravé dans le marbre ! Il peut arriver parfois que l'on souhaite mettre à niveau la carte graphique par exemple. Lorsque la mise à jour est réalisée, vous pouvez recalculer le score de votre ordinateur en procédant de la manière suivante :

1. Activez le menu **Démarrer/Panneau de configuration**.

2. Sélectionnez l'icône *Système*.
3. Dans la partie *Système* de la fenêtre **Informations système générales**, cliquez sur **Indice de performance**.
4. Sélectionnez **Mettre mon score à jour**.

Figure 12-5 : *Mettez votre score à jour*

5. Dans la fenêtre **Contrôle du compte utilisateur**, cliquez sur **Continuer**. Le fait de calculer de nouveau votre score peut prendre quelques minutes car Windows Vista repasse plusieurs tests sur votre ordinateur.

Figure 12-6 : *Le score de l'ordinateur est recalculé*

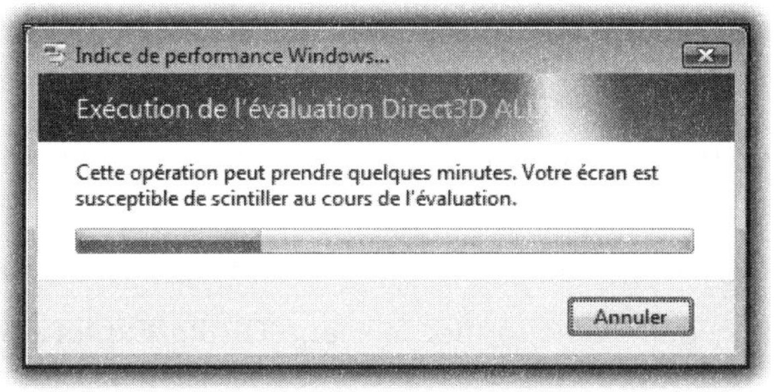

Une fois le test terminé, votre nouveau score est inscrit.

REMARQUE

Calcul de la mise jour du score

Le calcul de la mise à jour du score ne peut s'effectuer que lorsque l'ordinateur est sur secteur.

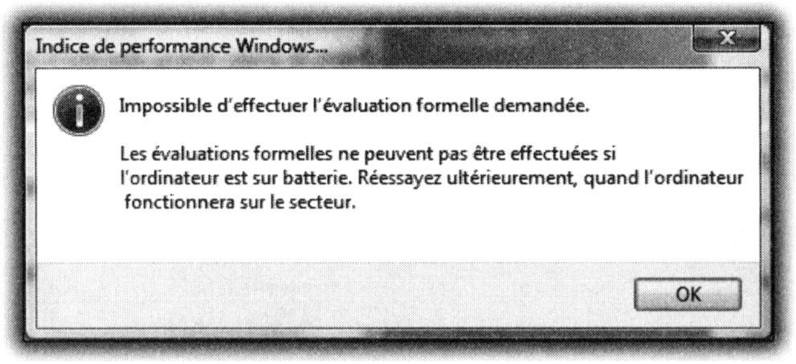

Figure 12-7 : *Message d'information*

12.2 Gérer les programmes de démarrage

Un des critères de performance est le nombre de logiciels qui peuvent démarrer au lancement de Windows Vista. Plus leur nombre est élevé, plus la consommation de mémoire est grande. Il arrive même que des logiciels soient démarrés alors que vous ne le souhaitez même pas. Utilisez l'Explorateur de logiciels de Windows Defender. Il vous permet d'afficher des informations détaillées sur les logiciels qui s'exécutent sur votre ordinateur et qui sont susceptibles de réduire ses performances. Vous pouvez, par exemple, identifier les programmes qui s'exécutent automatiquement au démarrage de Windows et obtenir des renseignements sur la façon dont ils interagissent avec des programmes et services importants de Windows.

Pour accéder aux informations des programmes de démarrage procéder comme suit :

1. Activez le menu **Démarrer/Tous les programmes/Windows Defender**.
2. Dans la fenêtre d'accueil, sélectionnez le menu **Outils/Explorateur de logiciels**.

Figure 12-8 : *Le menu Outils de Windows Defender*

3. Sur la liste *Catégorie*, sélectionnez le type de logiciel à surveiller.

Voyez par exemple le logiciel Windows Live Messenger.

4. Sélectionnez le menu **Catégorie/Programme de démarrage**, puis cliquez sur **Windows Live Messenger**.

Dans le volet droit de l'Explorateur de logiciels le résultat suivant est affiché :

```
Nom du fichier: MsnMsgr.Exe
Nom complet: Messenger
Description: Messenger
Éditeur: Microsoft Corporation
Signé numériquement par: Microsoft Code Signing PCA
Type de fichier: Application
Valeur de démarrage: "C:\Program Files\MSN Messenger\MsnMsgr.Exe"
✂ /background
```

```
Chemin du fichier: C:\Program Files\MSN Messenger\MsnMsgr.Exe
Taille du fichier: 5354792
Version du fichier: 8.0.0812.00
Date d'installation: 29/07/2006 19:34:08
Type de démarrage: Registre : utilisateur actuel
Emplacement: Software\Microsoft\Windows\CurrentVersion\Run
Classification: Autorisés
Inclus dans le système d'exploitation: Non
Vote SpyNet: Non applicable
```

REMARQUE

Affichage des programmes démarrés

Si vous souhaitez consulter tous les programmes utilisés par tous les utilisateurs, vous devez sélectionner l'option *Afficher pour tous les utilisateurs*.

Figure 12-9 : *Afficher tous les programmes utilisés par tous les utilisateurs*

L'Explorateur de logiciels peut même vous montrer des informations concernant la connexion au réseau.

5. Sélectionnez le menu **Catégorie/Programmes connectés au réseau**.

Le volet droit de l'Explorateur de logiciels, vous découvrez les informations suivantes :

```
Nom du fichier: msnmsgr.exe
Nom complet: Messenger
Description: Messenger
Éditeur: Microsoft Corporation
Signé numériquement par: Microsoft Code Signing PCA
Type de fichier: Application
Démarrage automatique: Oui
Chemin du fichier: C:\Program Files\MSN Messenger\msnmsgr.exe
Taille du fichier: 5354792
Version du fichier: 8.0.0812.00
Date d'installation: 29/07/2006 19:34:08
Identificateur du processus: 1628
Nom de l'utilisateur: PC-de-Sylvain\Sylvain
Classification: Autorisés
Inclus dans le système d'exploitation: Non
Vote SpyNet: Non applicable
Protocole    Adresse locale       Adresse étrangère       État
UDP        192.168.1.42:9        *:*
UDP        192.168.1.42:9        *:*
TCP        192.168.1.42:49298        207.46.111.73:1863
✂        ESTABLISHED
TCP        192.168.1.42:49312        213.200.97.135:80
✂        CLOSE_WAIT
TCP        192.168.1.42:49313        213.200.97.135:80
✂        CLOSE_WAIT
TCP        192.168.1.42:49883        207.68.178.61:80
✂        CLOSE_WAIT
TCP        192.168.1.42:49886        80.236.127.122:46025
✂    ESTABLISHED
```

Si ce programme ou un autre venaient à vraiment ralentir les performances liées à Internet, vous avez la possibilité de bloquer les connexions entrantes qui leur sont liées.

6. Pour cela, cliquez sur **Bloquez les connexions entrantes**.

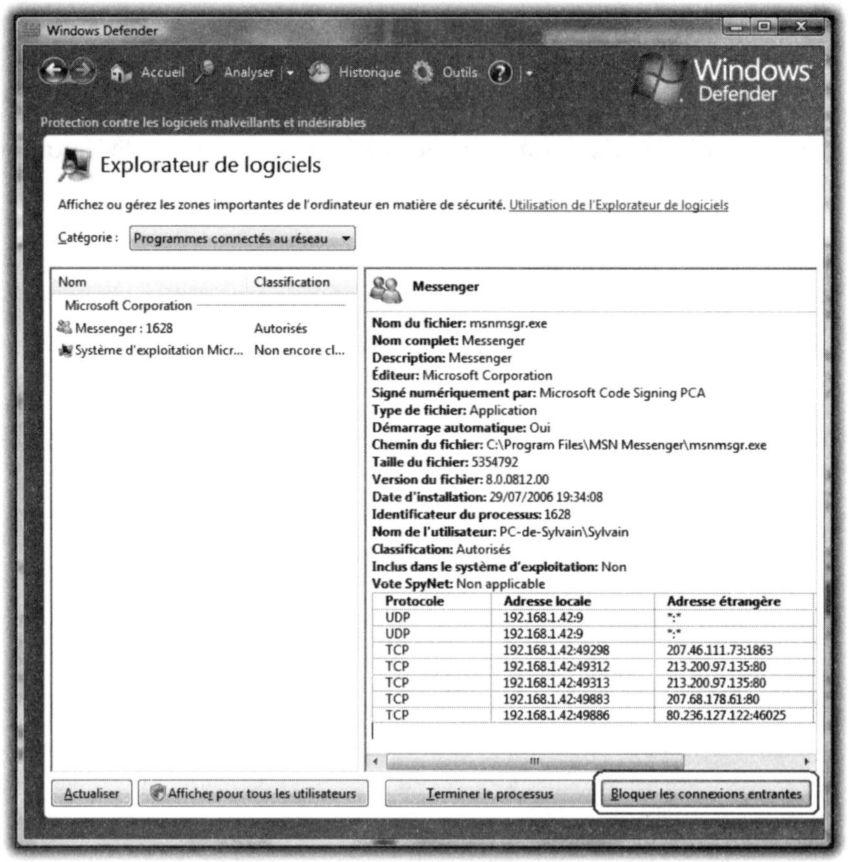

Figure 12-10 : *Blocage des connexions entrantes d'un programme*

Par définition, l'Explorateur de logiciels vous aide à surveiller quatre points…

- Les programmes de démarrage : ils s'exécutent automatiquement, à votre insu ou non, au démarrage de Windows.
- Les programmes actifs : ils s'exécutent actuellement à l'écran ou à l'arrière-plan.
- Les programmes connectés au réseau : ces programmes ou ces processus sont capables de se connecter à Internet ou à votre réseau domestique ou professionnel.
- Les fournisseurs de service Winsock : ces programmes assurent des services de mise en réseau et de communication de bas niveau pour Windows et les programmes qui s'exécutent sous Windows. Ils accèdent souvent à d'importantes zones du système d'exploitation.

12.3 Ajuster les paramètres visuels

Le réglage des effets visuels peut également influencer les performances de votre ordinateur. Windows Vista propose une interface graphique très agréable, mais qui, hélas, peut parfois porter préjudice aux performances. Windows Vista vous propose quatre possibilités de paramétrage :

- *Laisser Windows choisir la meilleure configuration pour mon ordinateur* ;
- *Ajuster afin d'obtenir la meilleure apparence* ;
- *Ajuster afin d'obtenir la meilleure performance* ;
- *Paramètres personnalisés*.

Pour ajuster les paramètres visuels, procédez comme suit :

1. Activez le menu **Démarrer/Panneau de configuration.**
2. Sélectionnez l'icône *Système*.
3. Dans le volet gauche de la fenêtre **Informations système générales**, cliquez sur **Paramètres système avancés**.
4. Dans la fenêtre **Contrôle du compte utilisateur**, cliquez sur **Continuer**.
5. Sélectionnez l'onglet **Paramètres système avancés** dans la fenêtre **Propriétés système.**

Figure 12-11 : *La fenêtre des paramètres système avancés*

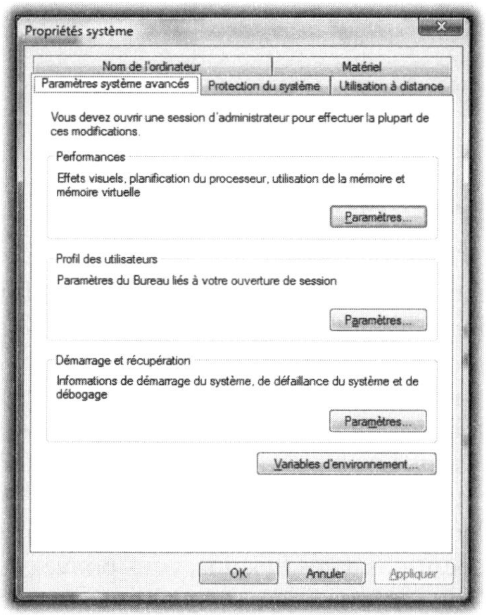

6. Sous l'onglet **Effets visuels, planification du processeur, utilisation de la mémoire et mémoire visuelle**, cliquez sur **Paramètre**.
7. Sous l'onglet **Effets visuels** de la fenêtre **Options de performances**, sélectionnez le réglage qui correspond à vos besoins, visuels ou en performances, et cliquez sur OK.

Figure 12-12 : *Réglages des effets visuels*

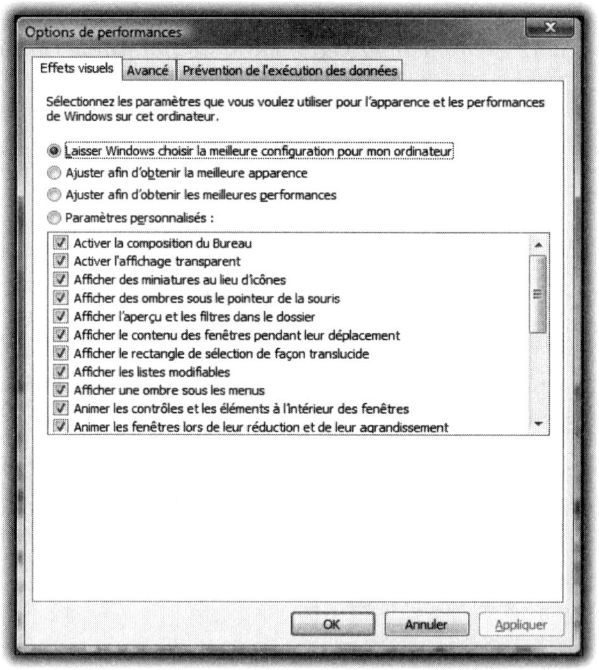

12.4 Gérer les paramètres d'alimentation

Les paramètres de gestion de l'alimentation de Windows Vista sont fondés sur les modes de gestion de l'alimentation. Un mode de gestion de l'alimentation est un ensemble de paramètres matériels et système qui permettent de gérer la manière dont votre ordinateur utilise l'énergie. Les modes de gestion de l'alimentation vous permettent d'économiser de l'énergie, d'optimiser les performances système ou de parvenir à un équilibre entre les deux. Les trois modes de gestion de l'alimentation, Équilibre, Économies d'énergie et Performances élevées, répondent aux besoins de la plupart des utilisateurs. Vous pouvez modifier les paramètres de chacun de ces modes ou, si ces modes ne répondent pas à vos besoins, vous pouvez créer vos propres modes de gestion de l'alimentation en vous fondant sur l'un de ces modes.

Tableau 12-1 : Modes de gestion d'alimentation par défaut	
Mode de gestion de l'alimentation	**Description**
Équilibre	Ce mode établit l'équilibre entre la consommation d'énergie et les performances système en adaptant la vitesse du processeur de l'ordinateur à votre activité.
Économies d'énergie	Ce mode économise l'énergie sur votre ordinateur portable en réduisant les performances système. Son objectif principal est d'optimiser la durée de vie de la batterie.
Performances élevées	Ce mode fournit le niveau le plus élevé de performances sur votre ordinateur portable en adaptant la vitesse du processeur à votre travail ou à votre activité et en optimisant les performances système.

Pour consulter les trois modes de gestion d'alimentation, procédez comme suit :

1. Activez le menu **Démarrer/Panneau de configuration**.
2. Sélectionnez l'icône *Options d'alimentation*.

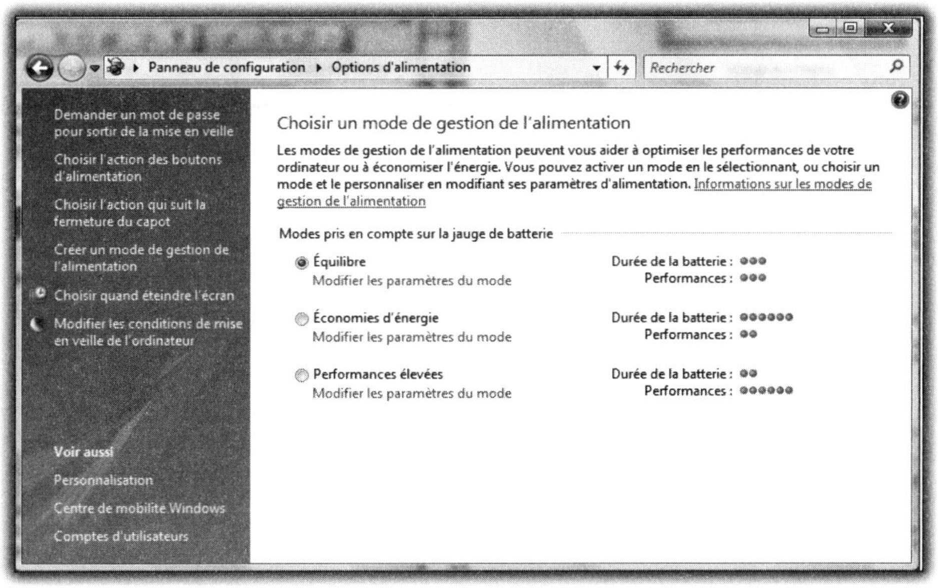

Figure 12-13 : *Un mode de gestion d'alimentation*

Si l'un des trois modes ne correspond pas à vos attentes, vous avez toujours la possibilité de le modifier.

3. Pour cela, cliquez sur **Modifier les paramètres du mode**.

Figure 12-14 : *La fenêtre de modification des paramètres du mode*

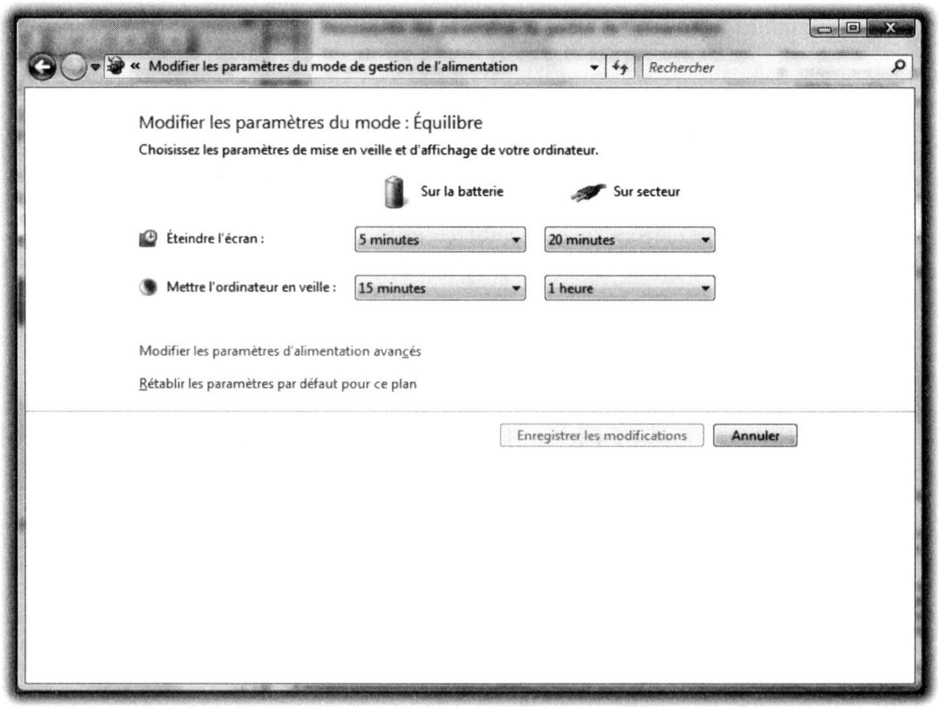

Les modifications des paramètres de base vous suffisent, mais vous souhaitez ne modifier qu'un ou deux paramètres

4. Sélectionnez **Modifier les paramètres d'alimentation avancés**.

Vous conservez ainsi votre mode, mais vous pouvez modifier les paramètres dans l'une des familles d'options :

- *Paramètres des cartes sans fil* ;
- *Veille* ;
- *Boutons d'alimentation et capot* ;
- *PCI Express* ;
- *Gestion de l'alimentation du processeur* ;
- *Recherche et indexation* ;

- *Affichage* ;
- *Paramètres multimédias* ;
- *Batterie…*

Vous allez créer un mode de gestion d'alimentation. Il arrive en effet que, malgré les modes d'alimentation proposés, on préfère pour diverses raisons créer son propre mode.

1. Activez le menu **Démarrer/Panneau de configuration**.
2. Sélectionnez l'icône *Options d'alimentation*.
3. Dans le volet gauche de la fenêtre **Choisir un mode de gestion de l'alimentation**, sélectionnez **Créer un mode de gestion de l'alimentation**.
4. Dans le champ *Nom du mode* de la fenêtre **Créer un mode de gestion de l'alimentation**, saisissez le nom que vous souhaitez donner au mode et cliquez sur **Suivant**.

Figure 12-15 : *Création d'un mode de gestion*

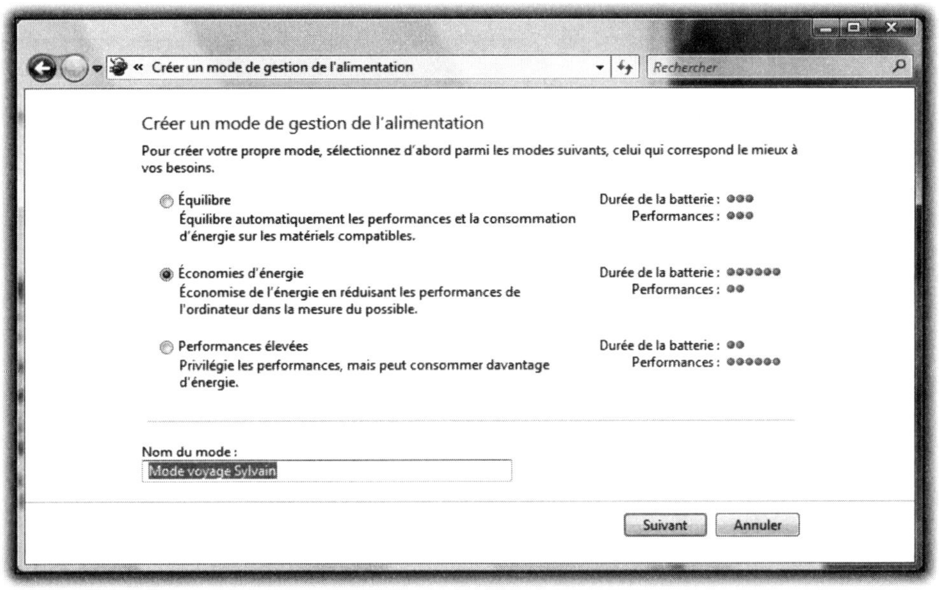

5. Modifiez les paramètres *Eteindre l'écran* et *Mettre l'ordinateur en veille*, puis cliquez sur **Créer** (voir fig. 12-16).
6. Pour personnaliser votre mode, cliquez sur **Modifier les paramètres du mode**, puis sur **Modifier les paramètres avancés**.

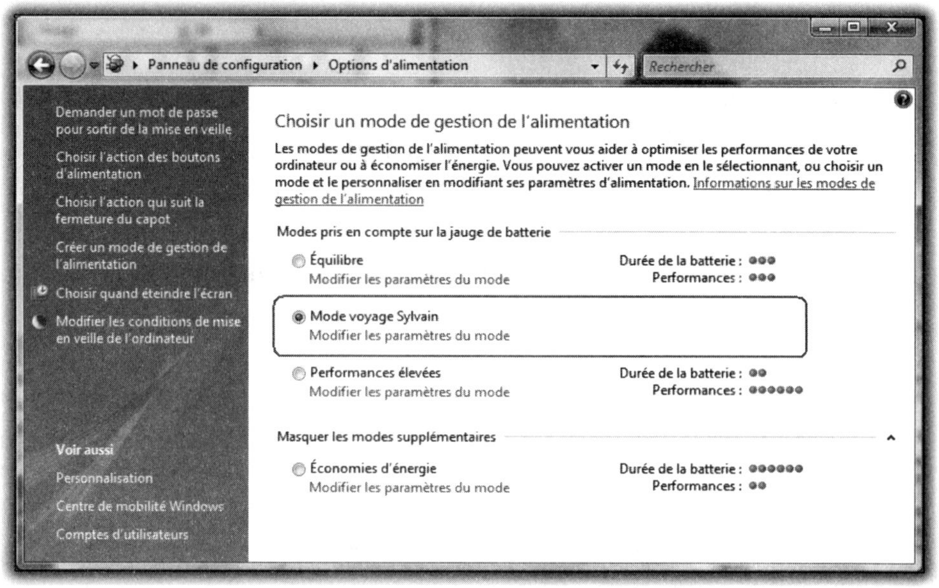

Figure 12-16 : *Affichage du mode de gestion personnalisé*

7. Dans la fenêtre **Options d'alimentation**, sélectionnez les paramètres que vous souhaitez modifier et cliquez sur OK.

Figure 12-17 : *Modification des paramètres du mode de gestion personnalisé*

8. Pour basculer d'un mode d'alimentation à l'autre, cliquez sur l'icône de la batterie, à droite dans la barre des tâches, puis choisissez le mode que vous souhaitez.

Figure 12-18 : *Basculer d'un mode d'alimentation à un autre*

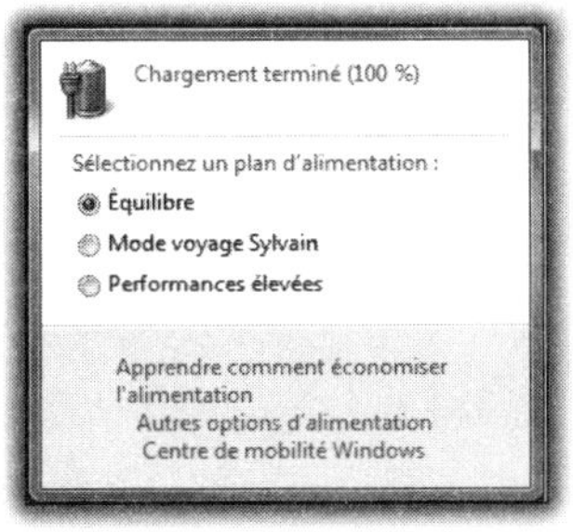

12.5 Nettoyer le disque dur

L'accumulation de ce type de fichiers peut, au fil du temps, réduire les performances de votre ordinateur. Pour remédier à ce problème, Windows Vista vous propose un outil de nettoyage du disque dur. Il supprime les fichiers inutiles ou temporaires et augmente ainsi l'espace de stockage disponible pour retrouver de meilleures performances.

Pour nettoyer votre ordinateur de ses fichiers temporaires, procédez comme suit :

1. Activez le menu **Démarrer/Tous les programmes/Accessoire/Outils système/Nettoyage de disque**.

Figure 12-19 : *Lancement de l'utilitaire de nettoyage de disque dur*

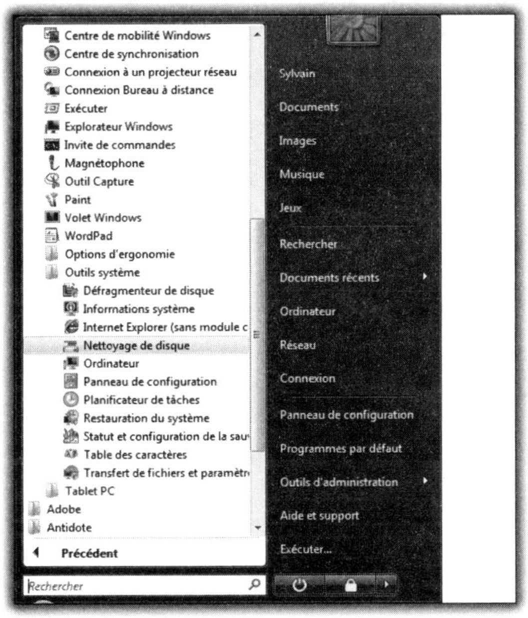

2. Dans la fenêtre **Options de nettoyage de lecteur**, sélectionnez l'option *Les fichiers de tous les utilisateurs*.

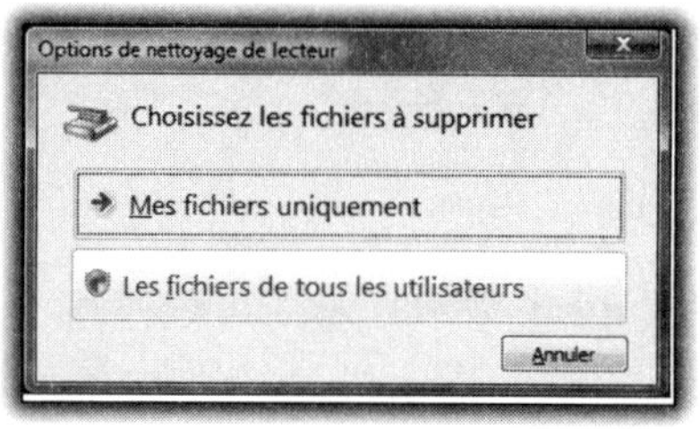

Figure 12-20 : *Choix du nettoyage du disque*

3. Cliquez sur **Continuer** dans la fenêtre de **Contrôle de l'utilisateur**.
4. Dans la fenêtre **Nettoyage de disque : Sélection du lecteur**, choisissez le disque que vous souhaitez nettoyer puis cliquez sur OK.

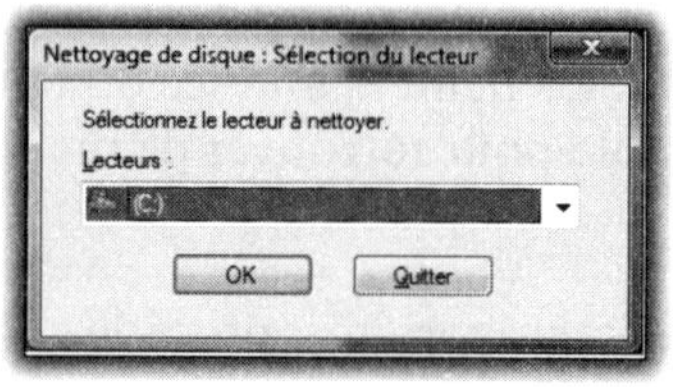

Figure 12-21 : *Choix du lecteur à nettoyer*

5. Sous l'onglet **Nettoyage de disque** de la fenêtre **Nettoyage de disque pour (C :)**, sélectionnez les types de fichiers à supprimer, puis cliquez sur OK. Il est important de remarquer que les fichiers de veille prolongée représentent un volume important sur le disque.

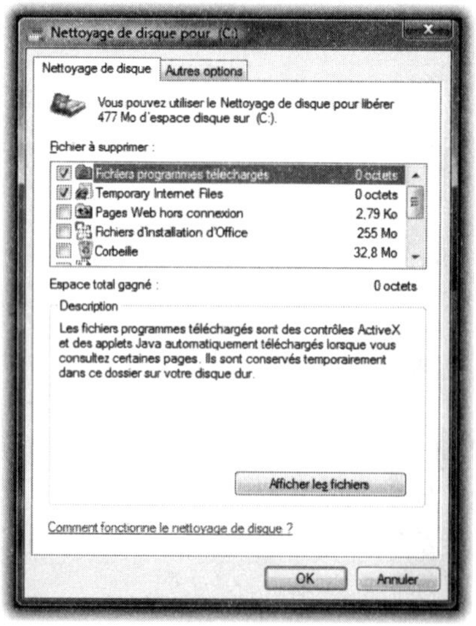

Figure 12-22 : *Sélection des fichiers à nettoyer*

6. Cliquez sur **Supprimer les fichiers** pour lancer la suppression.

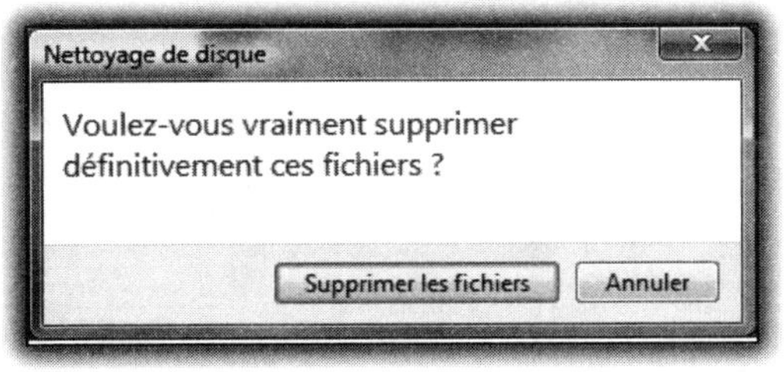

Figure 12-23 : *Confirmation de la suppression des fichiers*

Le nettoyage du disque dur doit être réalisé régulièrement. Si vous souhaitez planifier une tâche de nettoyage automatique du disque, procédez comme suit :

1. Cliquez sur le menu **Démarrer/Tous les programmes/Accessoire/Outils système/Planificateur de tâches**.

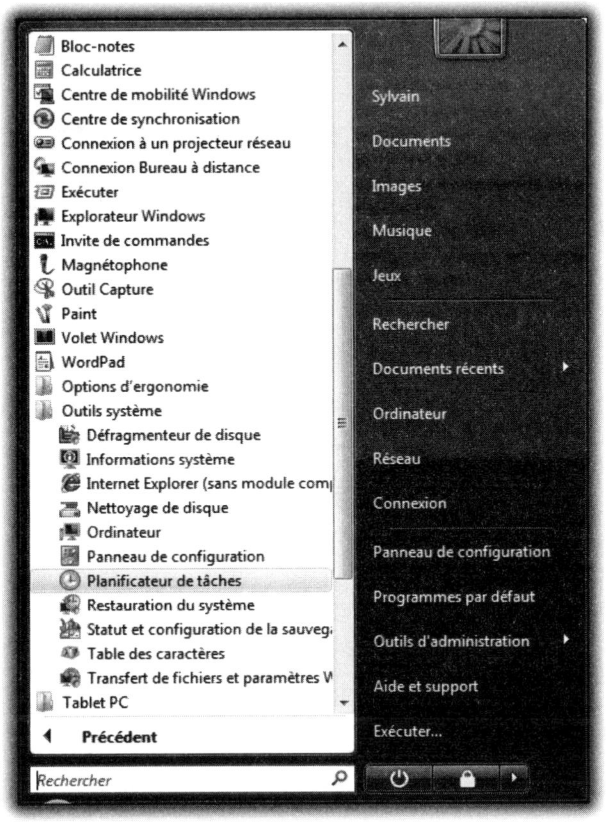

Figure 12-24 : *Lancement du planificateur de tâches*

2. Cliquez sur **Continuer** dans la fenêtre **Contrôle du compte utilisateur**. Cliquez ensuite sur le menu **Action/Créer une tâche de base**.

Figure 12-25 : *Création d'une tâche de base*

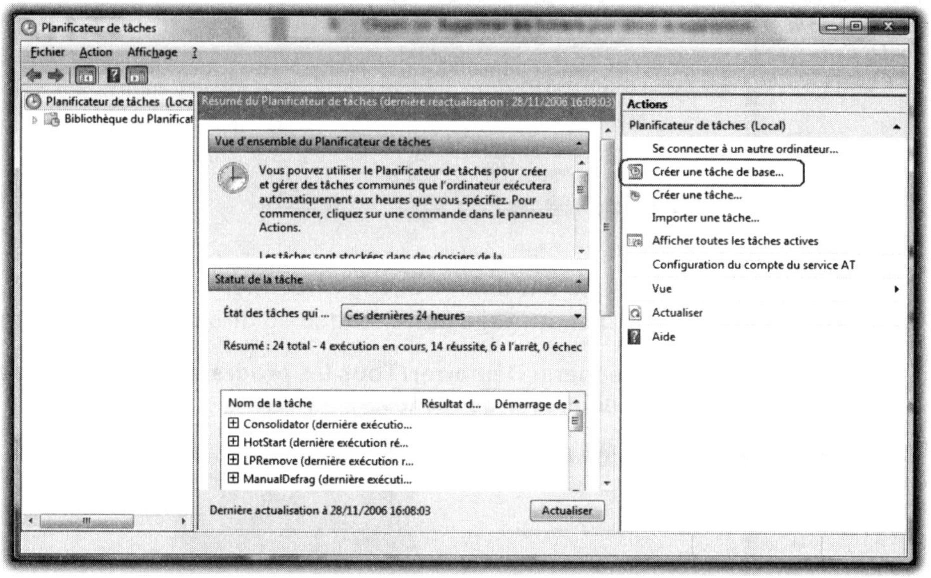

3. Tapez un nom et entrez, éventuellement, une description de la tâche, puis cliquez sur **Suivant**.

Figure 12-26 : *Nom et description de la tâche*

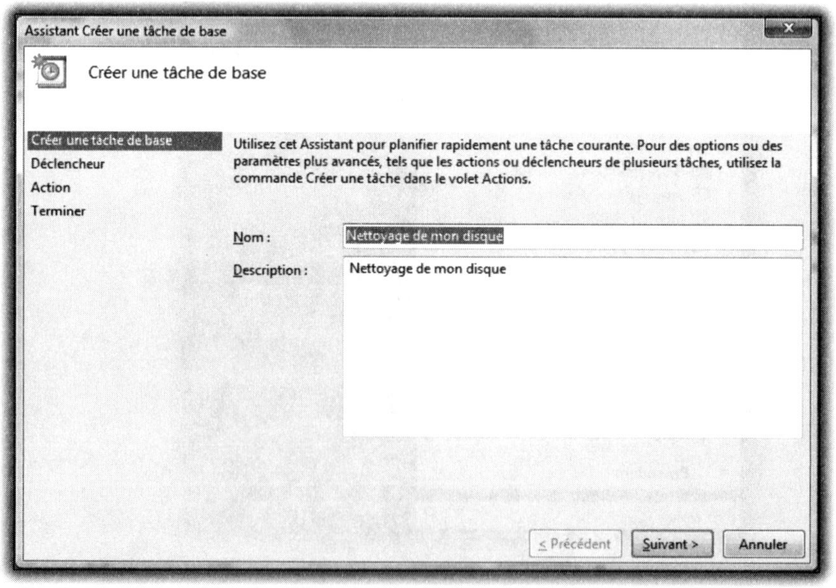

4. Pour sélectionner une planification à partir du calendrier, choisissez *Tous les jours*, *Toutes les semaines*, *Tous les mois* ou *Une fois*, puis cliquez sur **Suivant**.
5. Spécifiez la planification à utiliser, puis cliquez sur **Suivant**.

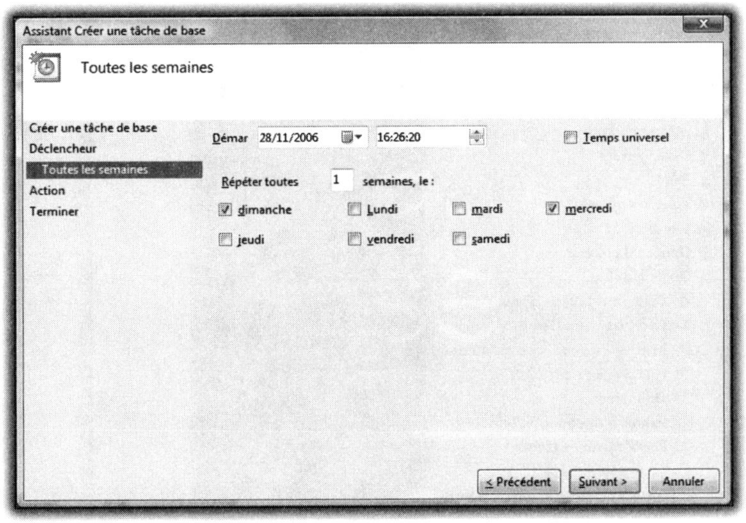

Figure 12-27 : *Spécification de la planification utilisée*

6. Cliquez sur **Démarrer un programme**, puis sur **Suivant**.
7. Cliquez sur **Parcourir**, tapez cleanmgr.exe dans la zone *Nom du fichier*, cliquez sur **Ouvrir**, puis sur **Suivant**.

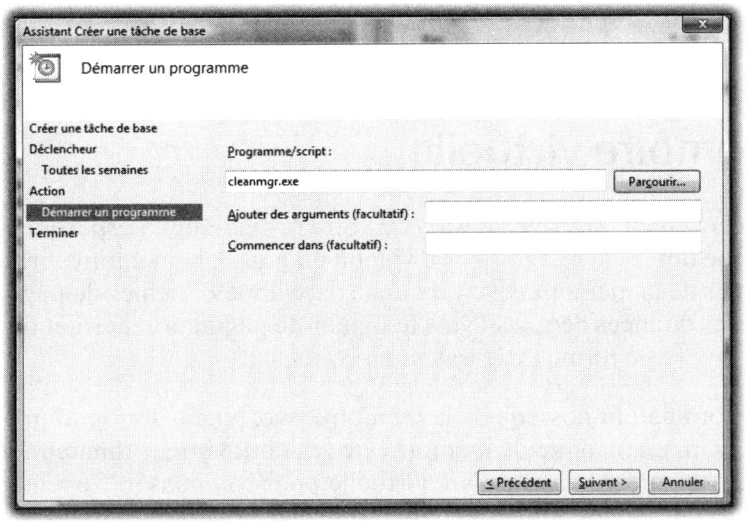

Figure 12-28 : *Exécutable du programme de nettoyage du disque*

8. Cliquez sur **Terminer**.

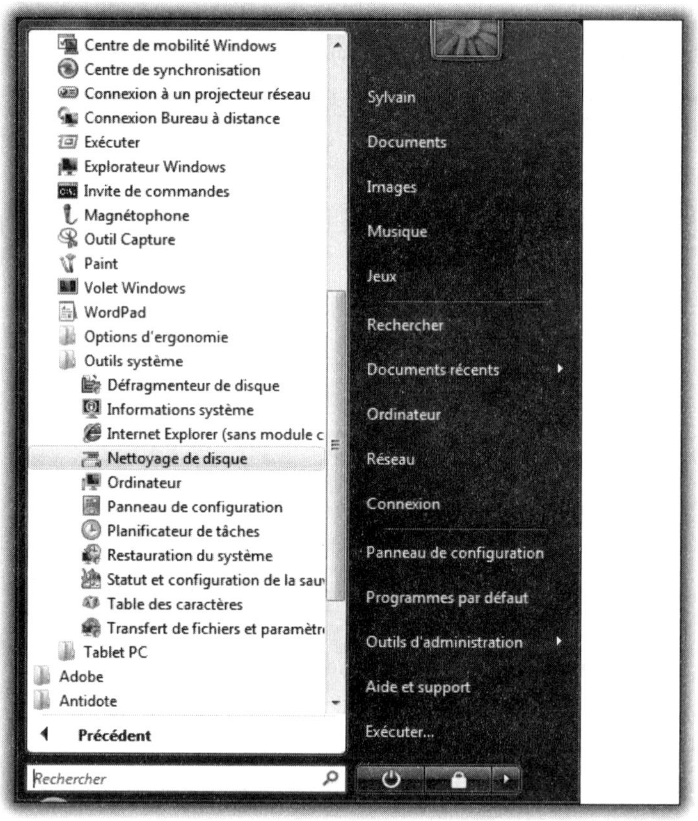

Figure 12-29 : *Résumé de la tâche planifiée de nettoyage*

12.6 La mémoire virtuelle

Elle associe la mémoire vive (RAM) de votre ordinateur à l'espace temporaire sur votre disque dur. Si la mémoire vive vient à manquer, la mémoire virtuelle transfère des données de la mémoire vive vers un espace appelé "fichier de pagination". Le transfert des données depuis et vers le fichier de pagination permet de libérer de la mémoire vive et de terminer le travail en cours.

Plus votre ordinateur possède de la mémoire vive, plus vos programmes s'exécutent rapidement. Si un manque de mémoire vive ralentit votre ordinateur, vous pouvez être tenté d'augmenter la mémoire virtuelle pour compenser. Cependant, votre ordinateur peut lire les données en mémoire vive beaucoup plus rapidement qu'à partir d'un disque dur. L'ajout de mémoire vive est donc une meilleure solution.

Déterminer la quantité de RAM de l'ordinateur

Si vous souhaitez connaître la quantité de mémoire RAM de votre ordinateur, procédez comme suit :

1. Activez le menu **Démarrer/Panneau de configuration**.
2. Sélectionnez l'icône *Système*.

Modifier la taille de la mémoire virtuelle

Pour modifier la taille de la mémoire virtuelle, procédez ainsi :

1. Ouvrez le Panneau de configuration.
2. Sélectionnez l'icône *Système*.
3. Dans le volet gauche, cliquez sur **Paramètres système avancés**. Si vous devez fournir un mot de passe administrateur, entrez-le, puis confirmez.
4. Sous l'onglet **Options avancées** et la rubrique *Performances*, cliquez sur **Paramètres**.
5. Cliquez sur l'onglet **Avancé**, puis **Modifier** sous la rubrique **Mémoire virtuelle**.
6. Désactivez l'option *Gérer automatiquement le fichier d'échange pour tous les lecteurs*.
7. Sous la rubrique *Lecteur [nom de volume]*, cliquez sur le lecteur qui contient le fichier de pagination que vous voulez modifier.
8. Cliquez sur **Taille personnalisée**, tapez une nouvelle valeur en mégaoctets dans la zone *Taille initiale (Mo)* ou *Taille maximale (Mo)*, cliquez sur **Définir**, puis sur OK.

REMARQUE

Modification de la mémoire virtuelle

L'augmentation de la taille ne demande généralement pas de redémarrer votre ordinateur, alors que dans le cas d'une diminution vous devez le relancer pour que le changement prenne effet. Microsoft recommande fortement de ne pas désactiver, ni de supprimer le fichier de pagination.

Activer ou désactiver l'accès à la mémoire DMA

L'accès direct à la mémoire (DMA, *Direct Memory Access*) s'active le plus souvent par défaut pour les périphériques tels que les disques durs et les lecteurs CD ou

DVD qui prennent en charge le DMA. Cependant, vous devrez peut-être activer le DMA manuellement si le périphérique n'est pas correctement installé ou en cas d'erreur système. Pour activer ou désactiver l'accès à la mémoire DMA, procédez comme suit :

1. Ouvrez le Panneau de configuration.
2. Double-cliquez sur l'icône *Système*.
3. Dans le volet gauche, cliquez sur le lien *Gestionnaire de périphériques.*

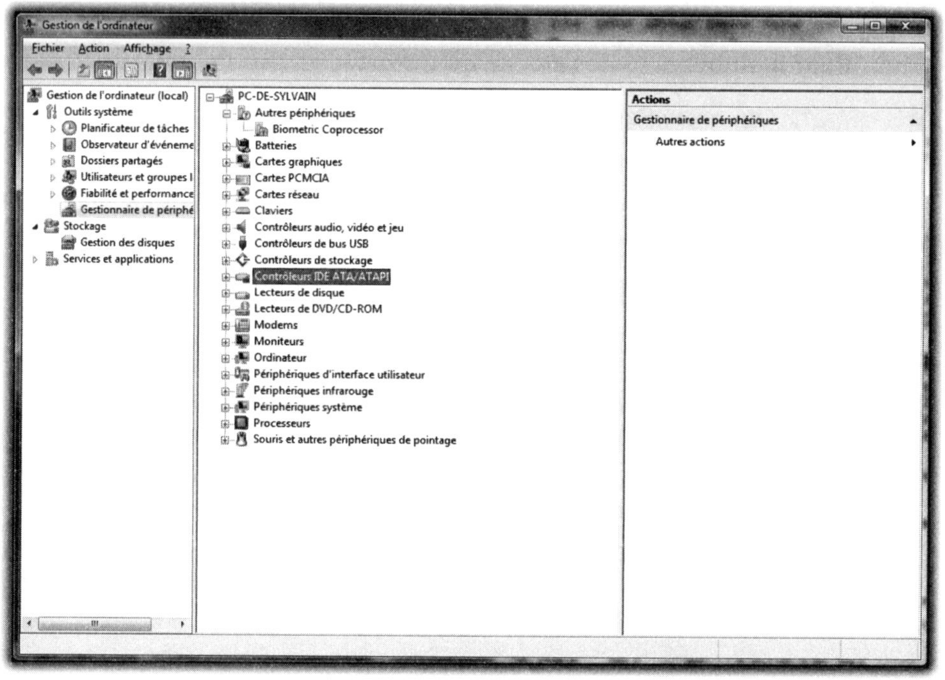

Figure 12-30 : *Le gestionnaire de périphériques de l'ordinateur*

4. Dans le volet gauche, cliquez sur le signe + devant l'entrée *Contrôleurs IDE ATA/ATAPI* pour développer cette branche.
5. Cliquez avec le bouton droit de la souris sur chaque icône dont le nom comporte le mot "Canal", puis cliquez sur **Propriétés**.
6. Cliquez sur l'onglet **Paramètres avancés** et, sous la rubrique *Propriétés du périphérique*, activez ou désactivez l'option *Activer DMA*.

12

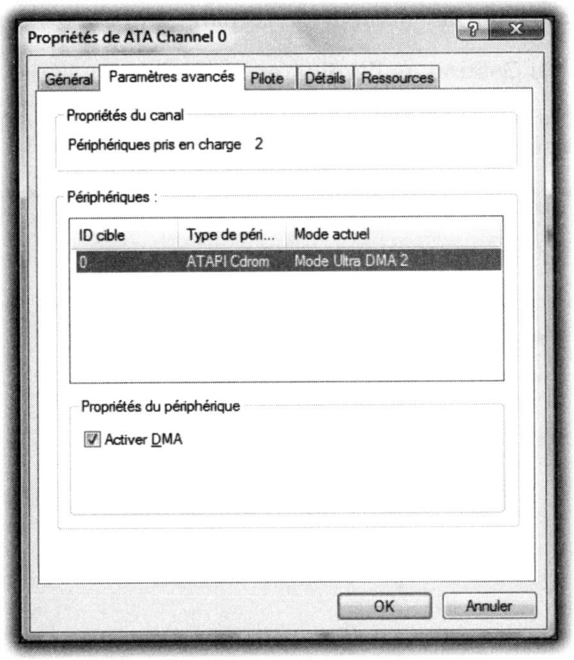

Figure 12-31 : *Activer ou désactiver DMA*

7. Cliquez ensuite sur OK.

12.7 L'Analyseur de performances

L'objectif du Moniteur de performances et de fiabilité est d'analyser et d'afficher des informations, mais aussi d'analyser, de rapprocher et de consolider les interruptions pour le système d'exploitation et les applications. Il trace les causes et la fréquence des interruptions, puis expose les métriques de fiabilité à l'administrateur, à des applications de pilotage ou à la demande. Il permet également d'envoyer, si on le souhaite, les informations à Microsoft pour une analyse et un traitement.

Pour démarrer l'Analyseur de performances avec des privilèges élevés, procédez comme suit :

1. Activez le menu **Démarrer/Tous les programmes/Accessoires**.
2. Cliquez avec le bouton droit de la souris sur le menu **Invite de commandes**. Cliquez sur **Exécuter en tant qu'administrateur** dans le menu contextuel.
3. Dans l'Invite de commandes, tapez perfmon.exe et appuyez sur Entrée.

Pour ajouter des compteurs à la vue actuelle de l'Analyseur de performances :

1. Démarrez la console **Gestion de l'ordinateur** avec des privilèges élevés.
2. Développez l'entrée d'arborescence *Console de Fiabilité et performance*, puis cliquez sur **Analyseur de performances**.

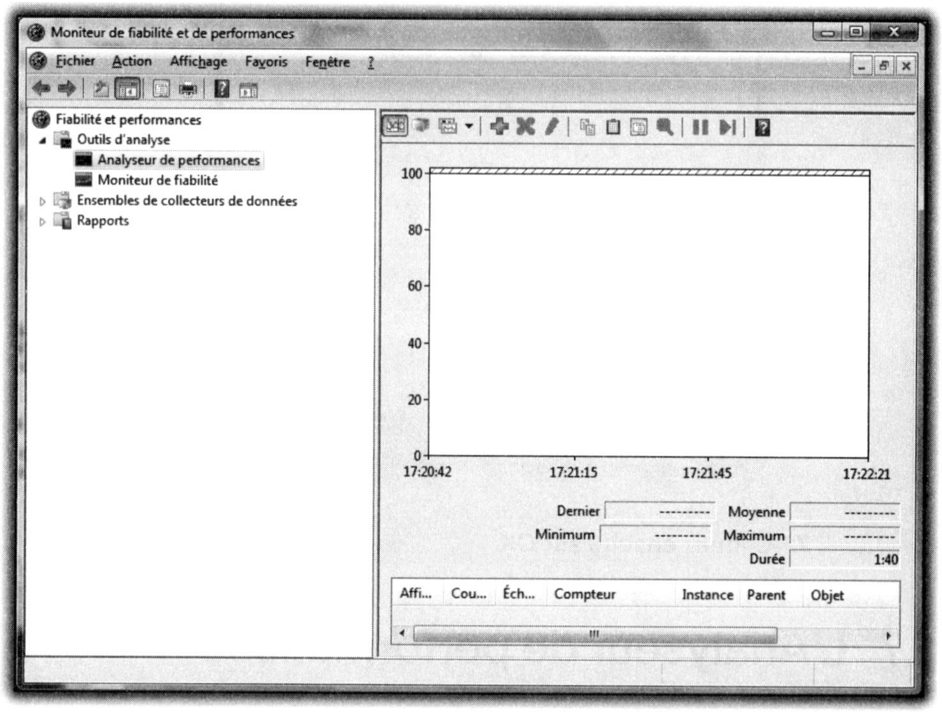

Figure 12-32 : *Console de l'Analyseur de performances*

3. Dans la barre de menus au-dessus du graphique de l'Analyseur de performances, cliquez sur le bouton **Ajouter**, ou cliquez avec le bouton droit de la souris n'importe où dans le graphique et sélectionnez la commande **Ajouter des compteurs** dans le menu contextuel. La boîte de dialogue **Ajouter des compteurs** s'ouvre.
4. Sélectionnez l'ordinateur local sur la liste déroulante *Choisir les compteurs sur*.
5. Dans la section *Compteurs disponibles*, sélectionnez les compteurs à afficher dans l'affichage de l'Analyseur de performances.

Pour cet exemple, les compteurs suivants peuvent être utiles, mais vous pouvez employer n'importe quel compteur…

- *Mémoire : % Octets dédiés utilisés* ;

- *Mémoire : Défauts de page/s* ;
- *Disque physique : Lectures disque, octets/s* ;
- *Disque physique : Ecritures disque, octets/s* ;
- *Processeur : % Durée d'inactivité* ;
- *Processeur : Interruptions/s.*

6. Lorsque vous avez terminé d'ajouter des compteurs, cliquez sur OK.

Pour créer un ensemble de collecteurs de performances à partir des compteurs de l'Analyseur de performances, procédez ainsi :

1. Dans la fenêtre **Moniteur de performances et de fiabilité**, développez l'arborescence, cliquez avec le bouton droit de la souris sur **Analyseur de performances**. Pointez sur **Nouveau**, puis cliquez sur **Ensemble de collecteurs de données.**

L'Assistant Création d'un ensemble de collecteurs de données démarre. L'ensemble de collecteurs de données créé contient toutes les informations sélectionnées dans la fenêtre actuelle de l'Analyseur de performances.

2. Tapez un nom pour l'ensemble de collecteurs de données, puis cliquez sur **Suivant.**

Le répertoire racine contient les données collectées par l'ensemble de collecteurs de données.

3. Entrez un nouveau répertoire racine dans la zone de texte *Répertoire racine* si vous souhaitez stocker les données de l'ensemble de collecteurs de données dans un autre emplacement que celui par défaut. Cliquez sur **Suivant** afin de définir un utilisateur sous lequel exécuter l'ensemble de collecteurs de données. Cliquez sur **Terminer** pour enregistrer les paramètres actuels et quitter.
4. Après avoir cliqué sur **Suivant**, vous pouvez configurer l'ensemble de collecteurs de données afin qu'il s'exécute sous un utilisateur spécifique. Cliquez sur le bouton **Changer** afin de saisir le nom d'utilisateur et le mot de passe d'un autre utilisateur que celui indiqué par défaut.

REMARQUE

Collecteur de données

L'ensemble des collecteurs de données doit s'exécuter sous un compte utilisateur comportant des informations d'administrateur.

5. Cliquez sur **Terminer** afin de revenir à la fenêtre **Moniteur de performances et de fiabilité**.

6. Pour afficher les propriétés de l'ensemble de collecteurs de données ou apporter des modifications supplémentaires, cochez la case *Ouvrir les propriétés de cet ensemble de collecteurs de données*. Pour démarrer immédiatement l'ensemble de collecteurs de données (et commencer à enregistrer les données dans l'emplacement spécifié à l'étape 4), cochez la case *Démarrer cet ensemble de collecteurs de données maintenant*.

Le nouvel ensemble de collecteurs de données apparaît sous le dossier **Ensembles de collecteurs de données** dans l'arborescence de navigation. Vous pouvez cliquer avec le bouton droit de la souris sur l'ensemble de collecteurs de données pour le démarrer, l'arrêter, l'exporter ou changer ses paramètres.

CHAPITRE

13

Gestion de l'impression

CHAPITRE

13 Gestion de l'impression

Windows Vista Professionnel inclut un outil de gestion de l'impression déjà présent dans Windows Server 2003 R2.

La Gestion de l'impression offre une interface unique que les administrateurs peuvent utiliser pour administrer efficacement plusieurs imprimantes et serveurs d'impression. Vous pouvez utiliser la Gestion de l'impression pour gérer des imprimantes sur des ordinateurs exécutant Windows 2000 ou une version ultérieure.

Vous trouverez dans ce chapitre toutes les actions les plus communes à l'usage de la Gestion de l'impression.

13.1 Ajouter automatiquement des imprimantes au serveur d'impression local

L'outil Gestion de l'impression peut détecter automatiquement toutes les imprimantes situées sur le même sous-réseau que le serveur d'impression, installer les pilotes d'imprimante appropriés, configurer les files d'attente et partager les imprimantes. Sauf si un pilote d'imprimante est introuvable, aucune intervention n'est nécessaire.

Si vous voulez détecter automatiquement des imprimantes pour une succursale ou à un autre emplacement au-delà du sous-réseau de votre serveur, utilisez le Bureau à distance pour vous connecter au serveur d'impression et démarrer le processus à partir de cet ordinateur. Vous devez avoir des autorisations d'administrateur sur l'ordinateur où les imprimantes sont ajoutées. Une fois que vous êtes connecté au serveur distant à l'aide du Bureau à distance, vous pouvez rechercher des imprimantes réseau en démarrant la gestion de l'impression ou en exécutant la ligne de commande \windows\pmcsnap\fnprinters.exe.

Le rôle de serveur d'impression doit être installé et vous devez être un membre du groupe *Administrateurs* pour effectuer les opérations.

1. Activez le menu **Démarrer/Panneau de configuration/Outils d'administration**, puis double-cliquez sur *Gestion de l'impression* (voir fig. 13-1).
2. Développez l'arborescence *Gestion de l'impression* et cliquez avec le bouton droit de la souris sur l'entrée *nom_serveur (local)*. Cliquez sur **Ajouter des imprimantes réseau automatiquement**, puis cliquez sur **Démarrer** pour rechercher et installer automatiquement les imprimantes trouvées sur le sous-réseau local de ce serveur.

Vous pouvez être invité à spécifier quel pilote vous voulez installer pour une imprimante. Hormis cela, le processus est automatique.

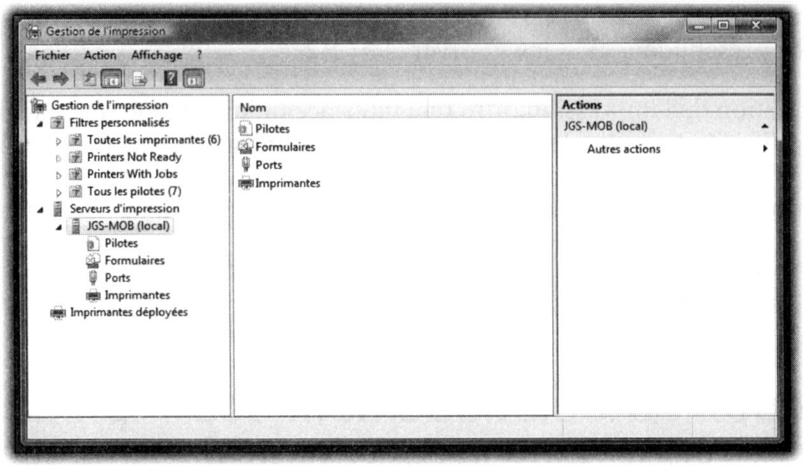

Figure 13-1 : *La console de gestion de l'impression*

13.2 Ajouter et supprimer des serveurs d'impression

Pour ajouter des serveurs d'impression à la gestion de l'impression :

1. Ouvrez les Outils d'administration, puis double-cliquez sur le lien *Gestion de l'impression*.
2. Dans l'arborescence *Gestion de l'impression*, cliquez avec le bouton droit de la souris sur *Gestion de l'impression*, puis cliquez sur **Ajouter/Supprimer des serveurs**.

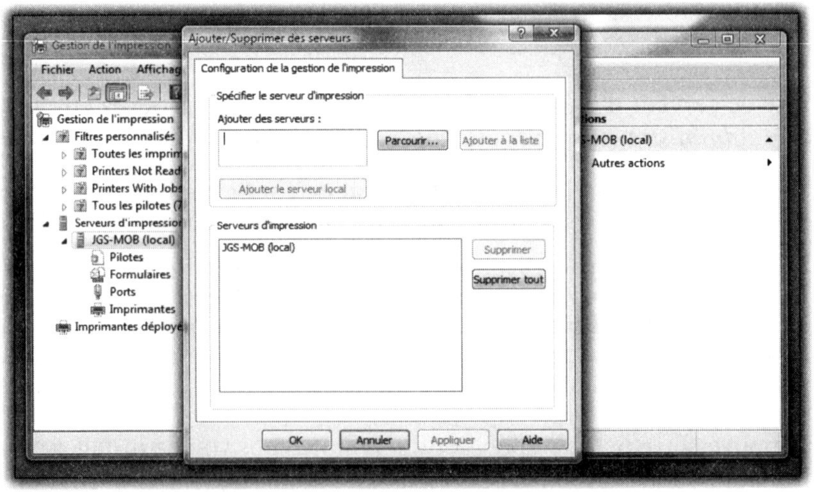

Figure 13-2 : *Ajout d'un serveur d'impression*

3. Dans la boîte de dialogue **Ajouter/Supprimer des serveurs**, sous la rubrique *Spécifier le serveur d'impression*, dans le champ *Ajouter un serveur*, entre le nom du serveur ou cliquez sur le bouton **Parcourir** pour localiser et sélectionner le serveur d'impression.
4. Cliquez sur **Ajouter à la liste**.
5. Ajoutez autant de serveurs que vous le souhaitez, puis cliquez sur OK.

Vous pouvez ajouter le serveur local sur lequel vous travaillez en cliquant sur **Ajouter le serveur local**.

Pour supprimer des serveurs d'impression dans la gestion de l'impression :

1. Ouvrez les Outils d'administration, puis double-cliquez sur le lien *Gestion de l'impression*.
2. Dans l'arborescence *Gestion de l'impression*, cliquez avec le bouton droit de la souris sur *Gestion de l'impression*, puis cliquez sur **Ajouter/Supprimer des serveurs**.
3. Dans la boîte de dialogue **Ajouter/Supprimer des serveurs**, sous la rubrique *Serveurs d'impression*, sélectionnez un ou plusieurs serveurs, puis cliquez sur **Supprimer**.

13.3 Transférer des serveurs d'impression

Vous pouvez utiliser l'Assistant Migration d'imprimantes ou l'outil de ligne de commande *Printbrm.exe* pour exporter des files d'attente à l'impression, des paramètres d'imprimante, des ports d'imprimante et des moniteurs de langage, puis les importer sur un autre serveur d'impression exécutant Windows. C'est un moyen efficace de consolider plusieurs serveurs d'impression ou de remplacer un serveur d'impression plus ancien.

L'Assistant Migration d'imprimantes et l'outil de ligne de commande *Printbrm.exe* sont nouveaux dans Windows Vista et remplacent Print Migrator 3.1.

Pour transférer des serveurs d'impression à l'aide de l'outil Gestion de l'impression :

1. Ouvrez les Outils d'administration, puis cliquez sur *Gestion de l'impression*.
2. Dans l'arborescence *Gestion de l'impression*, cliquez avec le bouton droit de la souris sur l'ordinateur contenant les files d'attente à l'impression que vous voulez exporter, puis cliquez sur **Exporter les imprimantes vers un fichier**. Cette action lance l'Assistant Migration d'imprimantes.

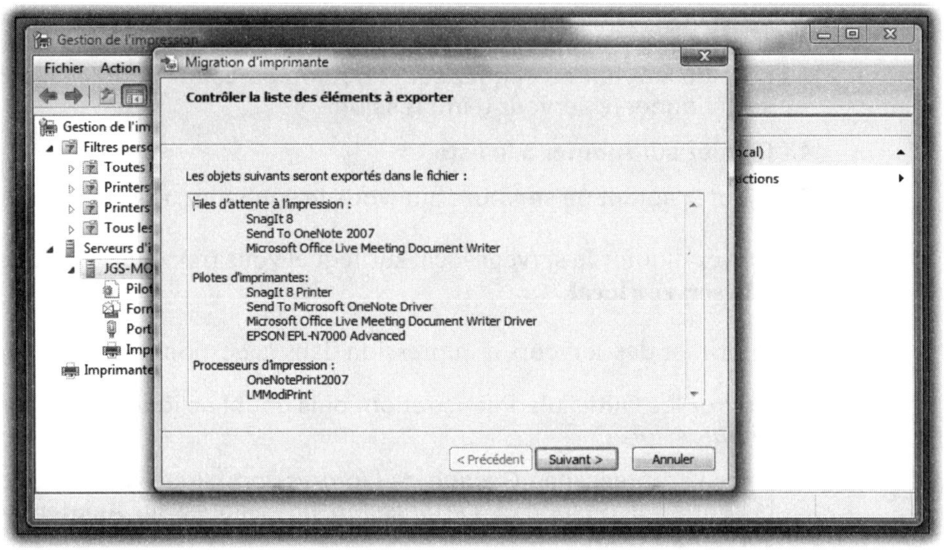

Figure 13-3 : *L'Assistant Migration d'imprimantes*

3. Dans la fenêtre **Sélectionner l'emplacement du fichier**, spécifiez l'emplacement où enregistrer les paramètres d'imprimante, puis cliquez sur **Suivant** pour enregistrer les imprimantes.
4. Cliquez avec le bouton droit de la souris sur l'ordinateur de destination sur lequel vous voulez importer les imprimantes, puis cliquez sur **Importer les imprimantes depuis un fichier**. Cette action lance l'Assistant Migration d'imprimantes.
5. Dans la fenêtre **Sélectionner l'emplacement du fichier**, spécifiez l'emplacement du fichier de paramètres d'imprimante, puis cliquez sur **Suivant**.
6. Dans la fenêtre **Sélectionner les options d'importation**, spécifiez les options d'importation, puis cliquez sur **Suivant** pour importer les imprimantes.
   - *Mode d'importation* : spécifie ce qu'il faut faire si une file d'attente à l'impression existe déjà sur l'ordinateur de destination.
   - *Répertorier dans l'annuaire* : spécifie s'il faut publier les files d'attente à l'impression importées dans le service d'annuaire Active Directory.
   - *Convertir les ports LPR en moniteurs de port standard* : spécifie s'il faut convertir les ports d'impression LPR (*Line Printer Remote*) du fichier de paramètres d'imprimante en moniteurs de port standard (plus rapides) lors de l'importation des imprimantes.

Pour transférer des serveurs d'impression à l'aide d'une ligne de commande :

1. Ouvrez l'Invite de commandes par le menu **Démarrer/Tous les programmes/Accessoires**. Cliquez avec le bouton droit de la souris sur le lien *Invite de commandes*, puis cliquez sur **Exécuter en tant qu'administrateur**.
2. Tapez dans la fenêtre les deux lignes suivantes :

```
CD %WINDIR%\System32\Spool\Tools Printbrm -s
✂ \\<nom_ordinateur> -b -f <nom_fichier>.printerExport
Printbrm -s \\<nom_ordinateur> -r -f
✂ <nom_fichier>.printerExport
```

La partie <nom_ordinateur> indique le nom UNC (*Universal Naming Convention*) de l'ordinateur source ou de destination et <nom_fichier> indique le nom du fichier des paramètres d'imprimante. Utilisez les extensions *.printerExport* ou *.cab*.

Figure 13-4 : *En ligne de commandes*

L'Assistant Migration d'imprimantes et *Printbrm.exe* n'exportent pas et n'importent pas des formulaires ou des profils de couleurs personnalisés. Par ailleurs, ils ne prennent pas en charge les paramètres d'imprimante exportés à l'aide de l'outil Print Migrator.

L'Assistant Migration d'imprimantes et *Printbrm.exe* peuvent importer et exporter des imprimantes sur des ordinateurs exécutant Windows 2000 ou une version ultérieure.

Vous pouvez utiliser la fonctionnalité Tâches planifiées de Windows pour programmer l'exportation ou l'importation régulière d'imprimantes avec l'outil *Printbrm.exe*. Vous pouvez utiliser cette fonctionnalité en complément des sauvegardes système.

13.4 Créer un nouveau filtre d'imprimante

Les filtres affichent seulement les imprimantes qui satisfont à un certain ensemble de critères. Par exemple, il peut être intéressant de filtrer les imprimantes ayant certaines conditions d'erreur ou celles qui se trouvent dans un groupe de bâtiments, indépendamment du serveur d'impression qu'elles utilisent. Les filtres sont stockés dans le dossier *Filtres d'imprimante personnalisés* de l'arborescence *Gestion de l'impression*. Par ailleurs, ils sont dynamiques : les données sont donc filtrées en permanence.

Deux filtres par défaut sont fournis avec l'outil Gestion de l'impression. Pour chaque filtre que vous créez, vous pouvez choisir de configurer une notification par courrier électronique ou d'exécuter un script quand les conditions du filtre sont satisfaites. C'est utile quand vous voulez être alerté de problèmes d'imprimante, en particulier dans une organisation avec plusieurs bâtiments et plusieurs administrateurs.

Par exemple, vous pouvez configurer un filtre pour toutes les imprimantes gérées par un serveur d'impression spécifique et dont l'état est différent de l'état "prêt". Dès lors, si une imprimante passe de l'état "prêt" à n'importe quel autre état, l'administrateur peut recevoir un courrier électronique de notification de la gestion de l'impression.

Pour configurer et enregistrer une vue filtrée :

1. Ouvrez les Outils d'administration, puis double-cliquez sur le lien *Gestion de l'impression*.
2. Dans l'arborescence *Gestion de l'impression*, cliquez avec le bouton droit de la souris sur le dossier *Filtres d'imprimante personnalisés*, puis cliquez sur **Ajouter un nouveau filtre d'imprimante**. Cette action lance l'Assistant Nouveau filtre d'imprimante (voir fig. 13-5).
3. Dans la fenêtre **Nom et description du filtre d'imprimante** de l'assistant, tapez un nom pour le filtre d'imprimante. Le nom apparaîtra dans le dossier *Filtres d'imprimante personnalisés* de l'arborescence *Gestion de l'impression*.
4. Dans la zone *Description*, tapez éventuellement une description.
5. Pour afficher le nombre d'imprimantes qui satisfont aux conditions d'un filtre, cochez la case *Afficher le nombre total d'imprimantes à côté du nom du filtre d'imprimante*.
6. Cliquez sur **Suivant**.
7. Dans la fenêtre **Définir un filtre d'imprimante de l'Assistant**, sur la liste *Champ*, cliquez sur la caractéristique de file d'attente à l'impression ou de l'état d'imprimante. Sur la liste *Condition*, cliquez sur la condition. Dans la

zone *Valeur*, tapez une valeur. Continuez à ajouter des critères jusqu'à ce que votre filtre soit terminé, puis cliquez sur **Suivant**.

Figure 13-5 :
Nouveau filtre

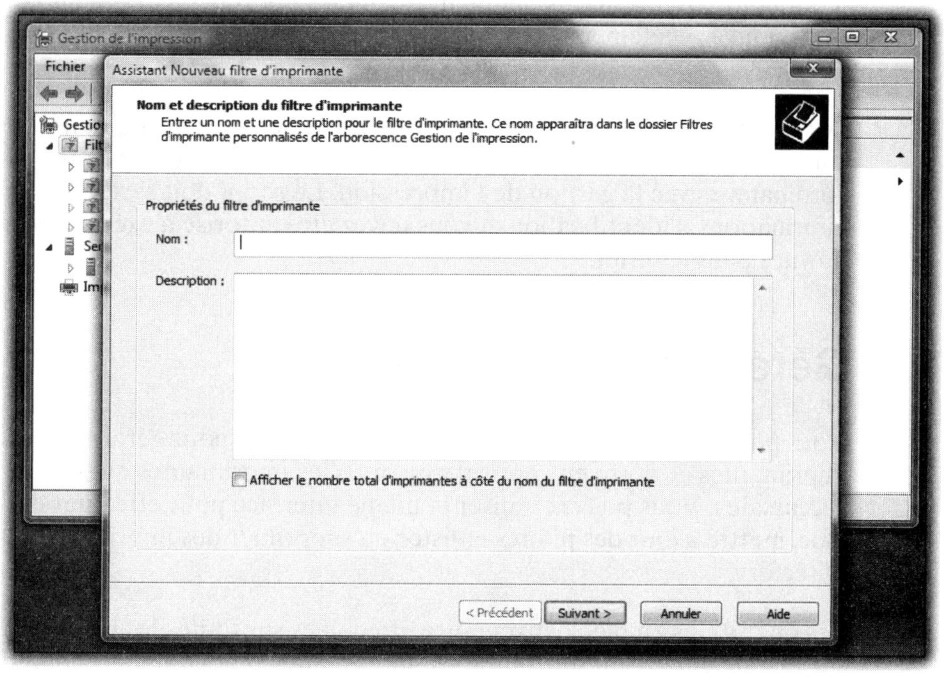

8. Dans la fenêtre **Définir des notifications (facultatif) de l'Assistant**, pour définir une notification par courrier électronique, activez la case à cocher *Envoyer une notification par courrier électronique* et entrez une ou plusieurs adresses de courrier électronique de destinataire et d'expéditeur. Un serveur SMTP doit être spécifié pour router le message. Utilisez le format *compte@domaine* et des points-virgules pour séparer les différents comptes. Pour définir un script à exécuter, activez la case à cocher *Exécuter le script*, puis tapez le chemin d'accès du fichier de script. Pour ajouter d'autres arguments, tapez-les dans la zone *Arguments supplémentaires*.

9. Cliquez sur **Terminer**.

10. Pour définir des notifications sur des filtres d'imprimante existants, cliquez avec le bouton droit de la souris sur une vue filtrée, puis cliquez sur **Définir des notifications**.

En plus de définir des notifications sur un ensemble d'imprimantes personnalisé, vous pouvez définir des notifications sur des objets de serveur d'impression. Par exemple, si le serveur est hors connexion ou si le spouleur est défaillant, une notification par courrier électronique peut être envoyée.

La définition de notifications de script est utile pour la résolution de problèmes et le dépannage d'imprimantes. Par exemple, vous pouvez automatiquement exécuter un script pour redémarrer un spouleur quand les imprimantes passent hors connexion. Vous pouvez également exécuter automatiquement un script qui imprime une page de test.

Les scripts peuvent être écrits en Visual Basic Script (*.vbs*) ou dans tout autre langage de script disponible sur l'ordinateur. Le script doit se trouver sur l'ordinateur avec la gestion de l'impression. Le script doit s'exécuter avec vos informations d'identification et vous devez être autorisé à exécuter les tâches prévues dans le script.

13.5 Gérer les imprimantes

Vous pouvez utiliser l'outil Gestion de l'impression pour gérer toutes les imprimantes de votre entreprise, y compris les imprimantes qui se trouvent dans les succursales. Vous pouvez utiliser la même interface pour effectuer des opérations en bloc, mettre à jour des pilotes et lister ou supprimer des imprimantes dans Active Directory.

Les opérations en bloc peuvent être effectuées sur toutes les imprimantes d'un serveur spécifique ou sur toutes les imprimantes répondant aux conditions d'un filtre spécifique.

Voici une liste des actions qu'il est possible d'effectuer sur plusieurs imprimantes en même temps :

- **Suspendre l'impression** ;
- **Reprendre l'impression** ;
- **Annuler tous les travaux** ;
- **Répertorier dans l'annuaire** ;
- **Supprimer de l'annuaire** ;
- **Supprimer**.

Mettre à jour les pilotes de périphérique

Les détails des pilotes d'imprimante sont affichés séparément pour chaque serveur que vous avez ajouté à la gestion de l'impression. Par défaut, les colonnes du nom du pilote, de la version du pilote, de l'environnement et du fournisseur sont visibles.

Vous pouvez ajouter des colonnes pour afficher davantage de détails, tels que le chemin d'accès des données, le type de données par défaut, le chemin d'accès du fichier de pilote, le fabricant, etc.

Vous pouvez exporter la liste des détails vers un fichier texte pour une utilisation en dehors de la gestion de l'impression.

Pour gérer les pilotes de périphérique :

1. Ouvrez les Outils d'administration, puis double-cliquez sur le lien *Gestion de l'impression*.
2. Développez l'arborescence *Gestion de l'impression* et cliquez avec le bouton droit de la souris, en dessous du serveur d'impression approprié, sur *Pilotes*, puis cliquez sur **Gérer les pilotes**.

Figure 13-6 :
Gestion des pilotes

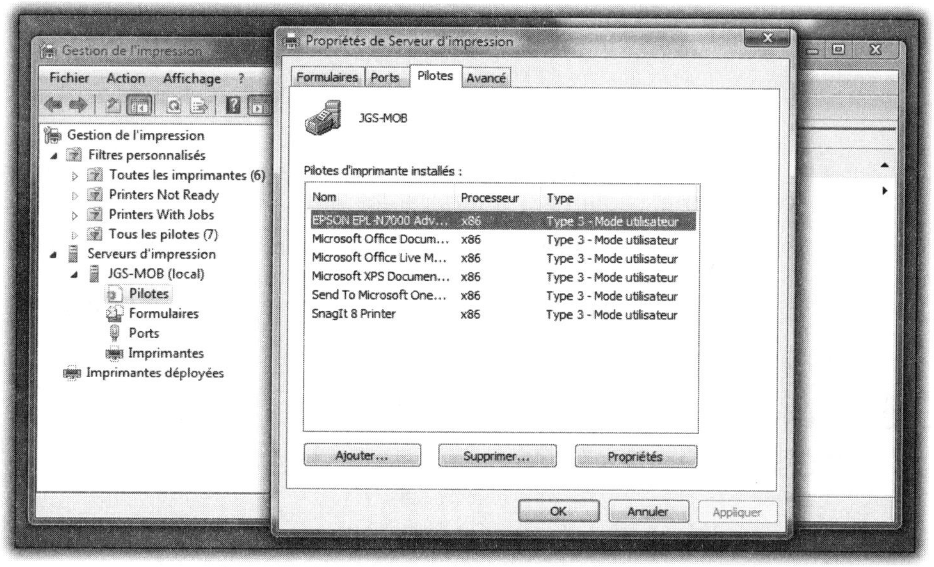

Effectuez une ou plusieurs des actions suivantes :

3. Pour ajouter un pilote d'imprimante, cliquez sur **Ajouter**, puis utilisez l'Assistant Ajout de pilote d'imprimante.
4. Pour supprimer un pilote d'imprimante, sélectionnez un pilote sur la liste, puis cliquez sur **Supprimer**.
5. Pour réinstaller un pilote d'imprimante, sélectionnez un pilote, puis cliquez sur **Réinstaller**.

6. Pour afficher les détails d'un pilote d'imprimante, sélectionnez le pilote, puis cliquez sur **Propriétés**.

Lister et supprimer des imprimantes dans Active Directory

Le fait de lister les imprimantes dans Active Directory facilite aux utilisateurs la localisation et l'installation d'imprimantes. Après avoir installé des imprimantes sur un serveur d'impression, vous pouvez utiliser la gestion de l'impression pour les lister dans Active Directory.

Vous pouvez lister plusieurs imprimantes simultanément. Vous pouvez définir un filtre pour afficher toutes les imprimantes à lister ou à supprimer, ce qui vous permet de sélectionner toutes les imprimantes en même temps.

Pour lister ou supprimer des imprimantes dans Active Directory :

1. Ouvrez les Outils d'administration, puis double-cliquez sur *Gestion de l'impression*.
2. Dans l'arborescence *Gestion de l'impression*, sous le serveur d'impression approprié, cliquez sur *Imprimantes*.
3. Dans le volet des résultats, cliquez avec le bouton droit de la souris sur l'imprimante que vous voulez lister ou supprimer, puis cliquez sur **Répertorier dans l'annuaire** ou sur **Supprimer de l'annuaire**.

13.6 Afficher les fonctionnalités étendues de l'imprimante

Dans l'outil de gestion, la vue étendue s'affiche sous les colonnes du volet droit, délimitée par une barre de séparation. La vue étendue est utile quand vous voulez davantage d'informations sur l'état d'un travail d'impression, son propriétaire, le nombre de pages, la taille du travail, quand il a été soumis, son port, sa priorité, etc.

De plus, quand l'imprimante a une page web, la vue étendue affiche un onglet **Page Web de l'imprimante**. La page web fournit des détails sur les propriétés physiques de l'imprimante et des spécifications, et permet parfois l'administration à distance.

Pour afficher la vue étendue :

1. Ouvrez les Outils d'administration, puis double-cliquez sur *Gestion de l'impression*.

2. Dans l'arborescence *Gestion de l'impression*, en dessous d'un serveur d'impression, cliquez avec le bouton droit de la souris sur *Imprimantes*, puis cliquez sur **Affichage étendu**.

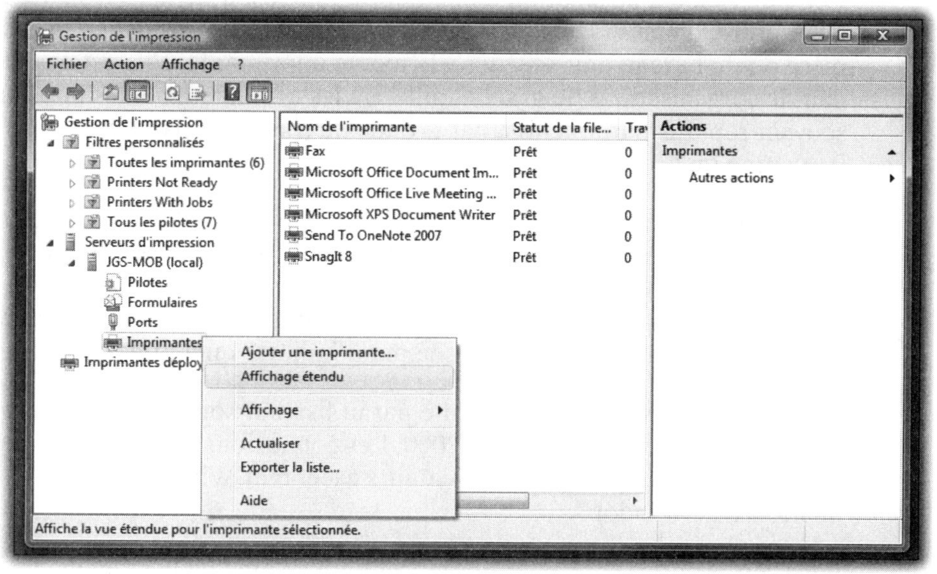

Figure 13-7 : *L'affichage étendu*

3. Pour afficher ou masquer des colonnes de la vue étendue, sélectionnez une imprimante. Sous l'onglet **Travaux**, cliquez avec le bouton droit de la souris sur la ligne d'en-tête des colonnes, puis cliquez sur le nom de la colonne que vous voulez afficher ou masquer.

13.7 Déployer des imprimantes à l'aide de la Stratégie de groupe

La gestion de l'impression peut être utilisée avec la stratégie de groupe pour ajouter automatiquement des connexions d'imprimante au dossier *Imprimantes et télécopieurs* d'un ordinateur.

Vous utilisez la boîte de dialogue **Déployer avec la stratégie de groupe** pour ajouter automatiquement un paramètre de connexion d'imprimante à un objet de stratégie de groupe dans Active Directory. Quand le traitement de la stratégie de groupe s'exécute sur les ordinateurs clients, les paramètres de connexion d'imprimante sont appliqués aux utilisateurs ou aux ordinateurs associés à l'objet de stratégie de groupe. C'est le déploiement de connexions d'imprimante. Les imprimantes que vous déployez à l'aide de cette méthode apparaissent dans l'objet *Imprimantes* déployées de l'arborescence *Gestion de l'impression* quand le serveur d'impression auquel elles sont connectées est surveillé.

Cette méthode d'installation d'une imprimante est utile dans le cadre d'un laboratoire, d'une salle de classe ou d'une succursale, où chaque ordinateur de la pièce ou du bureau doit accéder à la même imprimante. Elle est également utile dans les organisations de grande taille, où les ordinateurs et les imprimantes sont souvent répartis par fonction, par groupe de travail ou par service, par exemple le marketing ou les ressources humaines.

Une connexion d'imprimante qui a été installée à l'aide d'une connexion par utilisateur est disponible pour l'utilisateur, quel que soit l'ordinateur sur lequel cet utilisateur se connecte au réseau. Une connexion d'imprimante qui a été installée à l'aide d'une connexion par ordinateur apparaît dans le dossier *Imprimantes et télécopieurs*, et elle peut être utilisée par n'importe quel utilisateur de cet ordinateur.

Seules les connexions d'imprimante par utilisateur sont prises en charge sur les ordinateurs exécutant Windows 2000. Les connexions d'imprimante par ordinateur sont prises en charge sur les ordinateurs exécutant Windows XP ou une version ultérieure de Windows.

Pour déployer des connexions d'imprimante à l'aide de la stratégie de groupe, ajoutez l'utilitaire *PushPrinterConnections.exe* à un script de démarrage de l'ordinateur (pour les connexions par ordinateur) ou à un script d'ouverture de session (pour les connexions par utilisateur). L'utilitaire lit les paramètres de connexion d'imprimante spécifiés dans l'objet de stratégie de groupe et ajoute la connexion d'imprimante.

Pour que l'utilitaire *PushPrinterConnections.exe* fonctionne, vous devez mettre à jour le schéma Active Directory avec les modifications de Windows Server 2003 R2.

Quand vous déployez les paramètres de connexion d'imprimante vers un objet de stratégie de groupe, l'utilitaire *PushPrinterConnections.exe* s'exécute sur les ordinateurs clients lors d'une ouverture de session ou d'un redémarrage. L'utilitaire lit les paramètres dans l'objet de stratégie de groupe et ajoute les connexions d'imprimante déployées aux utilisateurs ou aux ordinateurs auxquels l'objet de stratégie de groupe s'applique. Vous pouvez réutiliser l'objet de stratégie de groupe utilisé pour déployer des connexions d'imprimante par utilisateur ou par ordinateur.

Il est recommandé d'utiliser le même objet de stratégie de groupe pour les déploiements des paramètres de connexion d'imprimante et pour le script de démarrage de l'ordinateur ou d'ouverture de session de *PushPrinterConnections.exe*. Cela garantit que seuls les utilisateurs (ou les ordinateurs) qui reçoivent les paramètres de connexion d'imprimante exécuteront l'utilitaire *PushPrinterConnections.exe*.

Le serveur d'impression doit être installé et vous devez être un membre du groupe *Administrateurs* pour effectuer ces procédures. Vous devez également disposer de l'accès en écriture à l'objet de stratégie de groupe pour pouvoir l'utiliser pour gérer des imprimantes. Avant d'installer des imprimantes à l'aide d'une Stratégie de groupe, vous devez affecter un objet de stratégie de groupe pour les paramètres de connexion d'imprimante aux utilisateurs et aux ordinateurs appropriés. Vous pouvez utiliser l'éditeur d'objet de stratégie de groupe ou le lien *Utilisateurs et ordinateurs Active Directory* pour créer un objet de stratégie de groupe.

Pour installer des imprimantes pour des groupes d'utilisateurs ou d'ordinateurs à l'aide d'une stratégie de groupe :

1. Ouvrez les Outils d'administration, puis double-cliquez sur *Gestion de l'impression*.
2. Dans l'arborescence *Gestion de l'impression*, sous le serveur d'impression approprié, cliquez sur *Imprimantes*.
3. Dans le volet des résultats, cliquez avec le bouton droit de la souris sur l'ordinateur à déployer, puis cliquez sur **Déployer avec la stratégie de groupe**.

Figure 13-8 : *Déploiement par stratégie de groupe*

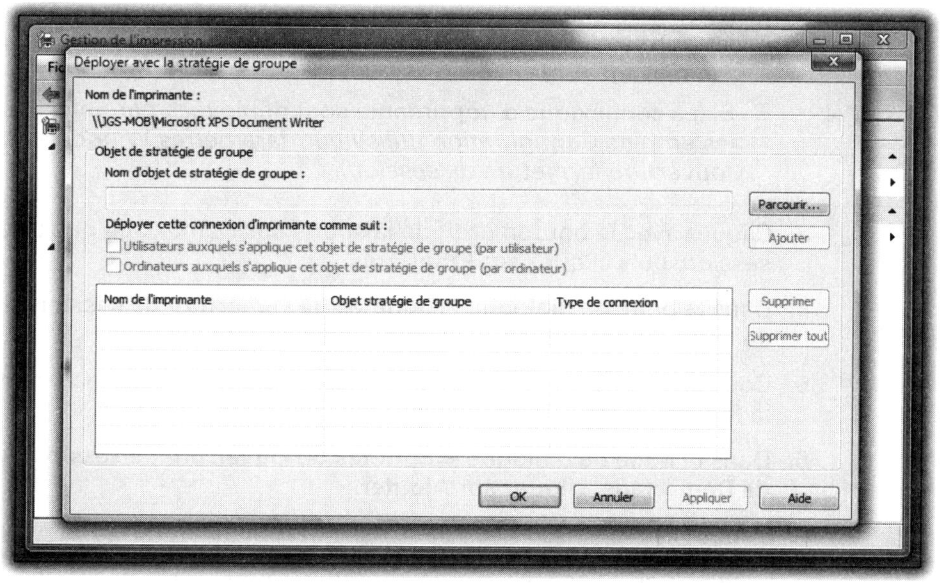

4. Dans la boîte de dialogue **Déployer avec la stratégie de groupe**, cliquez sur **Parcourir**, puis choisissez un objet de stratégie de groupe.

5. Cliquez sur OK.
6. Pour affecter le paramètre de connexion d'imprimante à l'objet de stratégie de groupe, effectuez l'une et/ou l'autre des actions suivantes :
   - Pour une définition par utilisateur, activez la case à cocher *Utilisateurs auxquels s'applique cet objet de stratégie de groupe (par utilisateur).*
   - Pour une définition par ordinateur, activez la case à cocher *Ordinateurs auxquels s'applique cet objet de stratégie de groupe (par ordinateur).*
7. Cliquez sur **Ajouter**.
8. Répétez les étapes 3 à 6 pour ajouter le paramètre de connexion d'imprimante à un autre objet de stratégie de groupe.
9. Cliquez sur OK.

Pour utiliser le fichier *PushPrinterConnections.exe* :

1. À l'aide de la console de gestion des stratégies de groupe (*gpmc.msc*), cliquez avec le bouton droit de la souris sur l'objet de stratégie de groupe incluant vos paramètres de connexion d'imprimante, puis cliquez sur **Modifier**.
2. Développez l'arborescence de l'éditeur d'objet de stratégie de groupe :
   - Si les connexions d'imprimante sont déployées par ordinateur, déployez les entrées *Configuration ordinateur/Paramètres Windows/Scripts (démarrage/arrêt).*
   - Si les connexions d'imprimante sont déployées par utilisateur, déployez les entrées *Configuration utilisateur/Paramètres Windows/Scripts (ouverture/fermeture de session).*
3. Cliquez avec le bouton droit de la souris sur *Démarrage* ou sur *Ouverture de session*, puis cliquez sur **Propriétés**.
4. Dans la boîte de dialogue **Propriétés de Ouverture de session** ou **Propriétés de Démarrage**, cliquez sur **Afficher les fichiers**.
5. Copiez le fichier *PushPrinterConnections.exe* à cet emplacement, puis fermez la fenêtre.
6. Dans la boîte de dialogue **Propriétés de Ouverture de session** ou **Propriétés de Démarrage**, cliquez sur **Ajouter**.
7. Tapez PushPrinterConnections.exe dans la zone *Nom du script*.
8. Si vous voulez activer l'enregistrement, tapez –log dans la zone *Paramètres de scripts*. Les journaux sont écrits dans *%windir%\temp\ppcMachine.log* (pour les connexions par ordinateur) et *%temp%\ppcUser.log* (pour les connexions par utilisateur) sur l'ordinateur sur lequel la stratégie est appliquée.

9. Cliquez sur OK.

Pour les connexions par ordinateur, les connexions d'imprimante seront ajoutées lors du redémarrage de l'ordinateur client. Pour les connexions par utilisateur, les connexions d'imprimante seront ajoutées lors de l'ouverture de session par l'utilisateur. Si vous supprimez les paramètres de connexion d'imprimante dans l'objet de stratégie de groupe, *PushPrinterConnections.exe* supprimera les imprimantes correspondantes de l'ordinateur client lors du redémarrage suivant ou de l'ouverture de session suivante.

CHAPITRE 14

Gestion des dossiers et des fichiers

CHAPITRE

14 Gestion des dossiers et des fichiers

Windows Vista a été conçu pour augmenter la productivité de l'utilisateur. Parmi les axes d'amélioration étudiés, il y a la création et l'amélioration d'outils qui permettent de mieux organiser son travail. Cela passe par :

- une meilleure recherche et gestion des données, surtout depuis l'explosion des volumétries ;
- une meilleure ergonomie et puissance d'utilisation de base.

14.1 Utiliser les dossiers et les fichiers

Un fichier ressemble beaucoup à un document tapé que l'on peut trouver sur un bureau ou dans un classeur. C'est un élément qui contient un ensemble d'informations associées. Sur un ordinateur, des fichiers peuvent être des documents texte, des feuilles de calcul, des images numériques et même des morceaux de musique. Chaque image prise avec un appareil photo numérique, par exemple, est un fichier distinct, et un CD audio peut contenir une dizaine de fichiers audio individuels.

L'ordinateur représente les fichiers sous forme d'icônes. En regardant l'icône d'un fichier, vous pouvez rapidement déterminer de quel type de fichier il s'agit car l'aspect d'une icône vous permet de savoir quel type de fichier elle représente.

Figure 14-1 : *Vue d'un fichier*

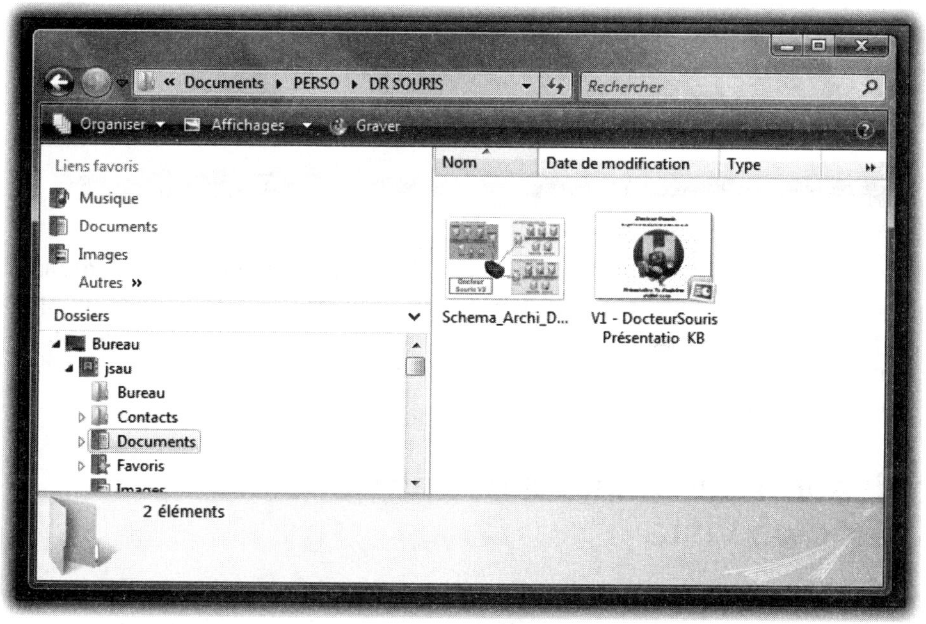

Un dossier est assimilé davantage à un conteneur dans lequel vous pouvez stocker des fichiers. Si vous placez des milliers de fichiers au format papier sur un bureau, il sera pratiquement impossible de retrouver un fichier spécifique au moment voulu. C'est pourquoi, il est souvent d'usage de stocker des fichiers dans des dossiers, à l'intérieur d'un classeur. L'organisation de fichiers en groupes logiques facilite la recherche d'un fichier spécifique.

Les dossiers de votre ordinateur fonctionnent exactement de la même manière. Ainsi, un dossier standard a l'aspect suivant :

Figure 14-2 : *Un dossier vide (à gauche), un dossier contenant des fichiers (à droite)*

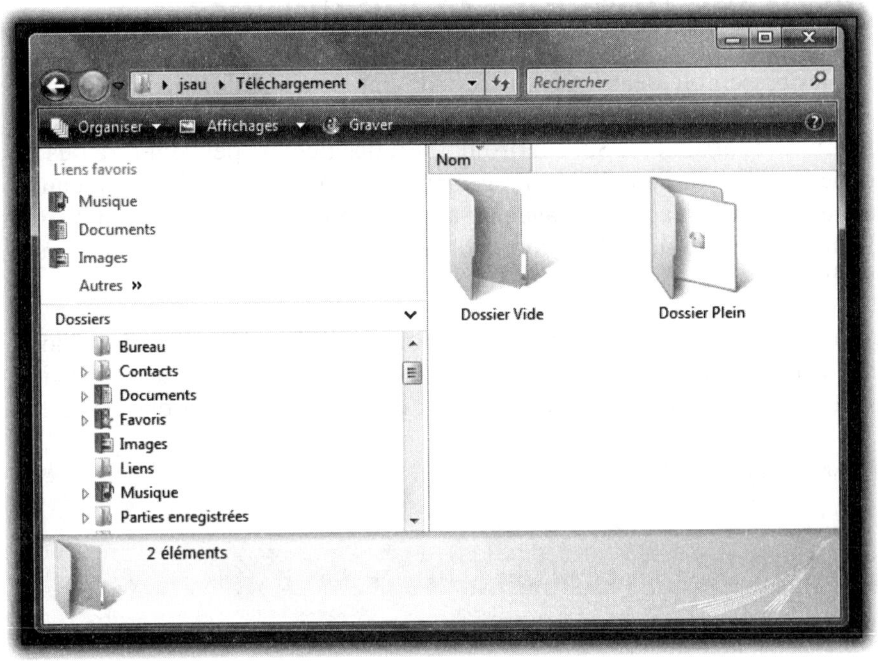

Les dossiers comprennent des fichiers, mais ils peuvent également contenir d'autres dossiers. Un dossier se trouvant dans un autre dossier est généralement appelé "sous-dossier". Vous pouvez créer autant de sous-dossiers que nécessaire, et chacun peut comprendre un nombre quelconque de fichiers et de sous-dossiers supplémentaires.

L'organisation des fichiers et des dossiers sous Windows Vista

Pour ce qui concerne l'organisation de vos fichiers, vous n'êtes pas obligé de partir de zéro. En effet, Windows est fourni avec un ensemble de dossiers communs que vous pouvez utiliser comme points de départ pour commencer à organiser vos fichiers. Voici quelques-uns des dossiers communs dans lesquels vous pouvez stocker vos fichiers et dossiers…

- *Documents* : utilisez ce dossier pour stocker vos fichiers de traitement de texte, feuilles de calcul, présentations et autres fichiers à caractère professionnel ou personnel.
- *Images* : utilisez ce dossier pour stocker toutes vos images numériques, qu'elles proviennent de votre appareil photo numérique, de votre scanneur ou d'un courrier électronique reçu.
- *Musique* : utilisez ce dossier pour stocker tous vos fichiers audio numériques, tels que des morceaux copiés d'un CD audio ou téléchargés sur Internet.
- *Vidéos* : utilisez ce dossier pour stocker vos vidéos, telles que des clips de votre appareil photo numérique ou des fichiers vidéo que vous avez téléchargés sur Internet.
- *Téléchargements* : utilisez ce dossier pour stocker des fichiers et des programmes téléchargés sur Internet.

Figure 14-3 :
Dossiers par défaut sous Windows Vista

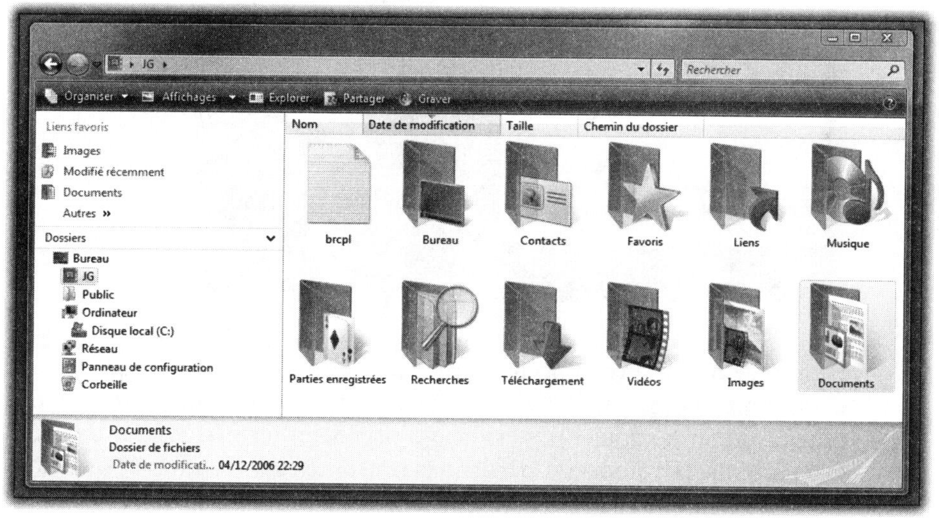

Pour rechercher ces dossiers, vous avez le choix entre diverses méthodes. La plus simple consiste à ouvrir le dossier personnel, qui regroupe tous vos dossiers communs en un seul endroit. Le nom du dossier personnel n'est pas "personnel" ; il correspond au nom d'utilisateur que vous avez utilisé pour ouvrir une session sur l'ordinateur. Pour l'ouvrir, cliquez sur le bouton **démarrer**, puis cliquez sur votre nom d'utilisateur dans la partie supérieure du volet droit du menu **Démarrer**.

Vous pouvez également trouver les dossiers *Documents*, *Images* et *Musique* dans le menu **Démarrer**, juste en dessous de votre dossier personnel.

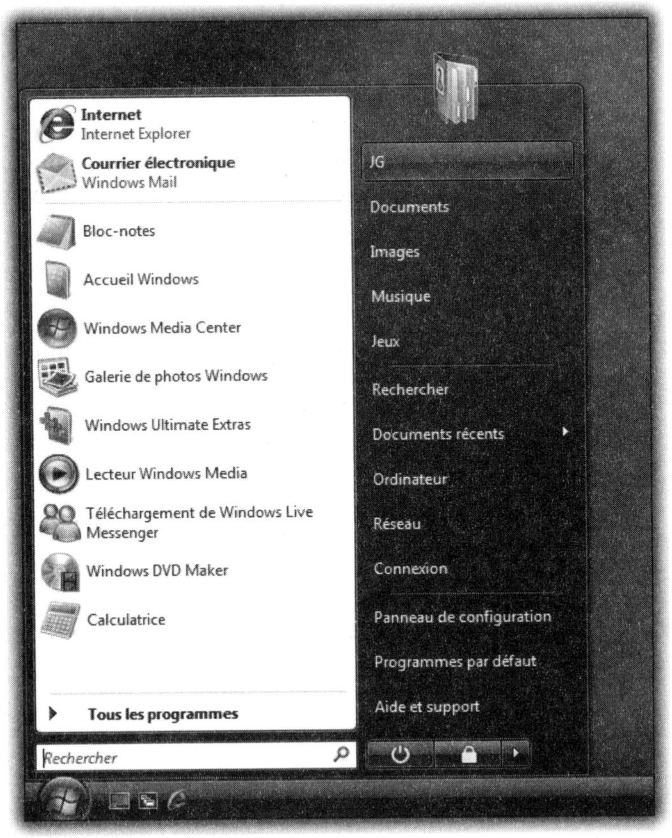

Figure 14-4 : *Les dossiers par défaut dans le menu Démarrer*

N'oubliez pas que vous pouvez créer des sous-dossiers dans ces dossiers, afin d'améliorer l'organisation de vos fichiers. Dans le dossier *Images* par exemple, vous pouvez créer des sous-dossiers afin d'organiser les images par dates, par événements, par noms de personnes présentes sur les images ou selon la classification qui vous permet de travailler plus efficacement.

Présentation des éléments d'un dossier

Lorsque vous ouvrez un dossier sur le Bureau, une fenêtre de dossier apparaît. En plus d'afficher le contenu du dossier, cette fenêtre comporte de nombreux éléments conçus pour vous aider à naviguer dans Windows ou pour faciliter votre travail sur des fichiers et des dossiers. Voici un dossier standard et chacun de ses éléments :

Figure 14-5 : *Description de l'Explorateur Windows*

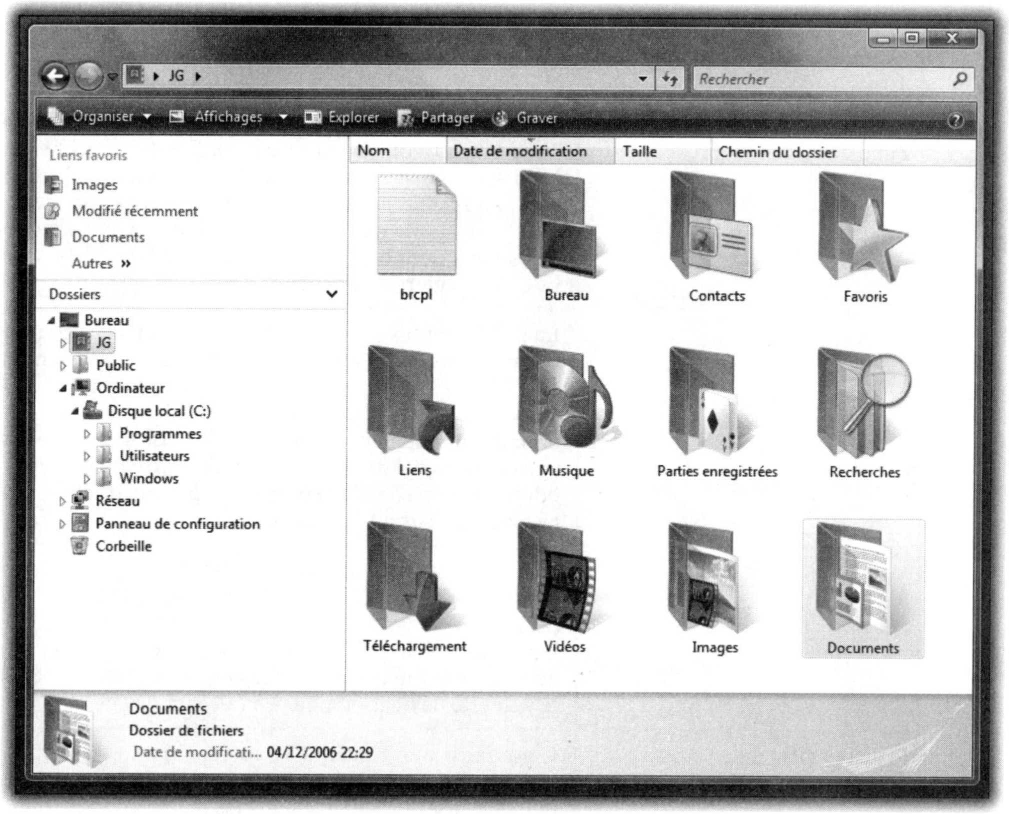

Tableau 14-1 : Présentation de l'interface de gestion des dossiers et fichiers

Élément du dossier	**Utilisation**
Barre d'adresses	Utilisez la barre d'adresse pour naviguer jusqu'à un autre dossier, sans fermer la fenêtre de dossier active.
Boutons **Précédent** et **Suivant**	Utilisez les boutons **Précédent** et **Suivant** pour naviguer jusqu'aux dossiers que vous avez déjà ouverts, sans fermer la fenêtre active. Ces boutons fonctionnent en association avec la barre d'adresse. Par exemple, si vous avez utilisé la barre d'adresse pour changer de dossier, vous pouvez utiliser le bouton **Précédent** pour revenir au dossier d'origine.

Tableau 14-1 : Présentation de l'interface de gestion des dossiers et fichiers	
Élément du dossier	**Utilisation**
Zone de recherche	Tapez un mot ou une phrase dans la zone de recherche, pour localiser un fichier ou un sous-dossier stocké dans le dossier actif. La recherche commence dès que vous commencez à taper. Ainsi, dès que vous tapez la lettre B, par exemple, tous les fichiers dont le nom commence par B s'affichent sur la liste des fichiers du dossier.
Barre d'outils	La barre d'outils permet d'effectuer des tâches courantes, par exemple modifier l'aspect de vos fichiers et dossiers, copier des fichiers sur un CD ou lancer un diaporama de photos numériques. Les boutons de la barre d'outils changent pour afficher uniquement les commandes utiles. Par exemple, si vous cliquez sur un fichier image, la barre d'outils affiche des boutons différents de ceux qui se seraient affichés si vous aviez cliqué sur un fichier audio.
Volet de navigation	Comme la barre d'adresse, le volet de navigation vous permet d'afficher d'autres dossiers. La section des liens favoris permet d'accéder rapidement à un dossier commun ou de lancer une recherche précédemment sauvegardée. Si vous accédez souvent au même dossier, vous pouvez le glisser dans le volet de navigation pour en faire un de vos liens favoris.
Liste des fichiers	C'est dans cette zone que le contenu du dossier actif est affiché. Si vous avez tapé du texte dans la zone de recherche pour localiser un fichier, seuls les fichiers correspondant à la recherche s'affichent.
En-têtes de colonnes	Utilisez les en-têtes de colonnes pour modifier l'organisation des fichiers sur la liste des fichiers. Vous pouvez trier, regrouper ou empiler les fichiers dans la vue active.
Volet d'informations	Le volet d'informations affiche les propriétés les plus courantes associées au fichier sélectionné. Les propriétés d'un fichier sont des informations concernant le fichier, telles que son auteur, la date de la dernière modification et toutes les balises que vous avez pu ajouter au fichier.
Volet de visualisation	Utilisez le volet de visualisation pour voir le contenu de nombreux types de fichiers. Si vous sélectionnez un message électronique, un fichier texte ou une image par exemple, vous pouvez voir son contenu sans l'ouvrir dans un programme. Par défaut, le volet de visualisation ne s'affiche pas dans la plupart des dossiers. Pour le voir, cliquez sur le bouton **Organiser** dans la barre d'outils, cliquez sur **Disposition**, puis sur **Volet de visualisation**.

L'affichage des fichiers dans un dossier

Lorsque vous ouvrez un dossier et que les fichiers s'affichent, vous pouvez choisir des grandes (ou petites) icônes, ou une organisation des fichiers qui vous permette de voir différents types d'informations sur chaque fichier. Pour effectuer ce type de changement, utilisez le bouton **Affichages** dans la barre d'outils.

Chaque fois que vous cliquez sur le bouton **Affichages**, l'affichage des icônes de fichier et de dossier dans la fenêtre de dossier est modifié, alternant entre des grandes icônes, des icônes plus petites appelées *Mosaïques* et un mode appelé Détails qui affiche plusieurs colonnes d'informations sur le fichier.

Si vous cliquez sur la flèche en regard du bouton **Affichages**, vous avez encore davantage de choix. Glissez le curseur vers le haut pour affiner le réglage de la taille des icônes de fichier et de dossier. La taille des icônes change lorsque vous déplacez le curseur.

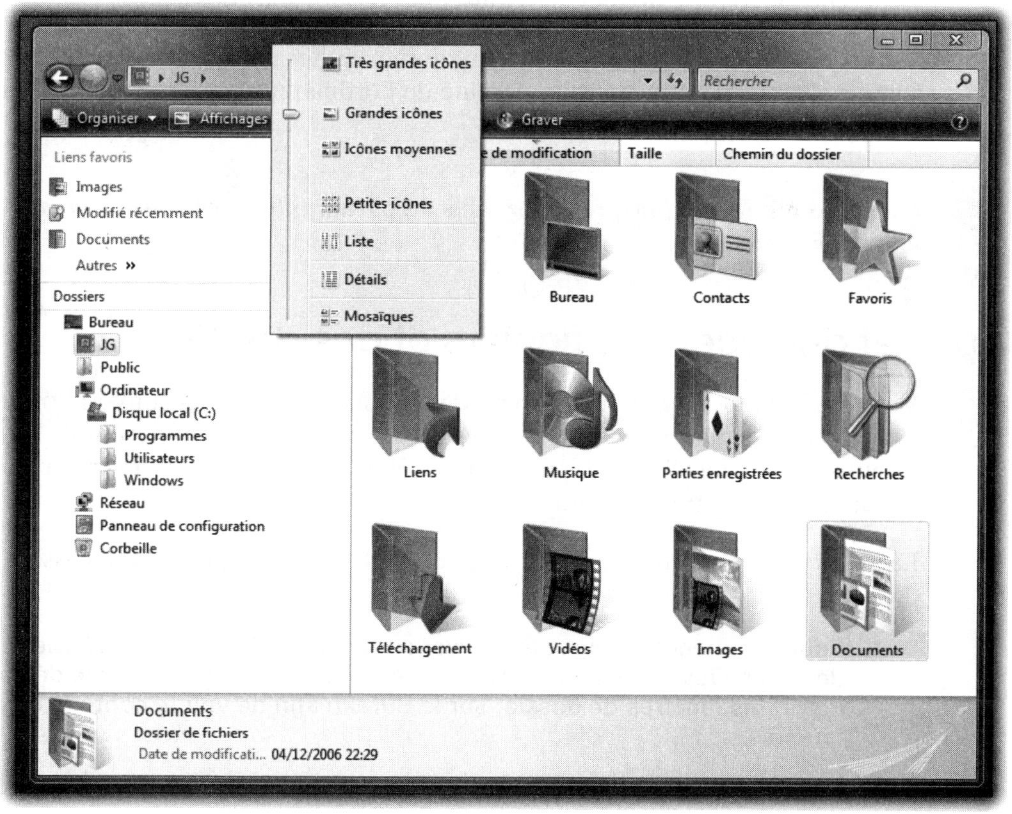

Figure 14-6 : *Les options du bouton Affichages*

Rechercher des fichiers

Lorsque vous avez besoin de rechercher un fichier spécifique, vous savez qu'il est situé quelque part dans un dossier commun tel que *Documents* ou *Images*. Malheureusement, l'opération qui consiste à rechercher ce fichier peut signifier avoir à parcourir des centaines de fichiers et de sous-dossiers, ce qui n'est pas une tâche aisée. Pour gagner du temps et de l'énergie, utilisez la zone de recherche pour localiser votre fichier.

La zone de recherche se trouve dans la partie supérieure de chaque dossier. Pour rechercher un fichier, ouvrez le dossier contenant ce fichier, cliquez sur la zone de recherche et commencez à taper votre texte. La zone de recherche filtre la vue active en fonction du texte que vous avez tapé. Les fichiers sont affichés dans la zone de résultats de la recherche si le terme recherché correspond au nom du fichier, aux balises ou à toute autre propriété du fichier. Les documents texte sont affichés si le terme recherché est présent dans une partie du texte de ces documents. Votre recherche parcourt le dossier actif ainsi que tous les sous-dossiers.

Si vous n'avez aucune idée de l'endroit où rechercher un fichier, vous pouvez élargir votre recherche pour inclure l'intégralité de l'ordinateur, et non seulement un seul dossier.

RENVOI

Pour plus d'informations, reportez-vous au paragraphe *Rechercher et organiser* plus loin dans ce chapitre.

Copier et déplacer des fichiers et des dossiers

Vous pouvez modifier l'emplacement de stockage des dossiers sur votre ordinateur. Vous pouvez déplacer des fichiers dans un dossier différent, par exemple les copier sur un support amovible (tel qu'une clé USB ou une carte mémoire) pour les partager avec d'autres personnes.

La méthode la plus utilisée pour copier et déplacer des fichiers est le glisser-déposer.

1. Pour commencer, ouvrez le dossier contenant le fichier ou le dossier à déplacer. Ouvrez ensuite le dossier vers lequel vous souhaitez le déplacer. Placez les fenêtres de dossier sur le Bureau afin de voir le contenu des deux fenêtres.
2. Ensuite, glissez le fichier ou le dossier du premier dossier vers le second dossier. C'est aussi simple que cela.

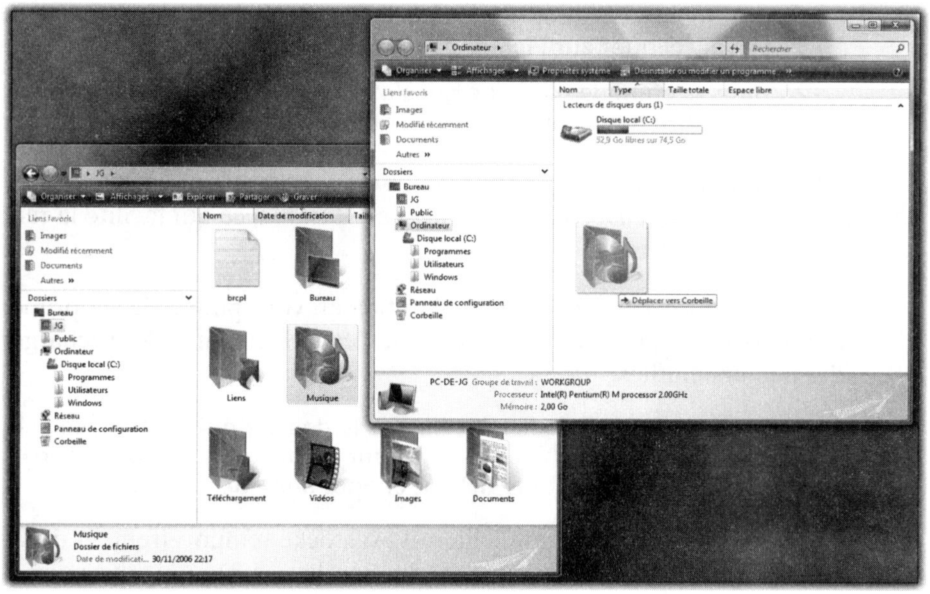

Figure 14-7 : *Glisser-déposer*

> REMARQUE
>
> **Copier ou déplacer**
>
> Lorsque vous utilisez la méthode du glisser-déposer, parfois le fichier ou le dossier est copié et parfois il est déplacé. Pourquoi ? Si vous glissez un élément entre des dossiers qui se trouvent sur le même disque dur, les éléments sont déplacés pour éviter que des doublons du même fichier ou dossier ne soient créés sur un disque dur. Si vous glissez un élément vers un dossier qui se trouve sur un autre disque dur (tel qu'un emplacement réseau) ou vers un support amovible tel qu'un CD, l'élément est copié. Ainsi, le fichier ou le dossier n'est pas supprimé de son emplacement d'origine.

Créer et supprimer des fichiers

La méthode la plus courante pour créer des fichiers consiste à utiliser un programme. Par exemple, vous pouvez créer un document texte dans un programme de traitement de texte ou un fichier vidéo dans un programme de montage vidéo.

Certains programmes créent un fichier à leur ouverture. Lorsque vous ouvrez WordPad par exemple, il démarre avec une page blanche, qui représente un fichier vide (et non enregistré).

1. Commencez à taper du texte et lorsque vous êtes prêt à enregistrer votre travail, cliquez sur **Fichier** dans la barre de menus, puis sur **Enregistrer sous**.
2. Dans la boîte de dialogue qui s'affiche, tapez un nom de fichier qui vous permettra de retrouver le fichier ultérieurement, puis cliquez sur **Enregistrer**.

Par défaut, la plupart des programmes enregistrent les fichiers dans des dossiers communs tels que *Documents*, *Images* et *Musique*, ce qui facilite la recherche ultérieure de fichiers.

Lorsque vous n'avez plus besoin d'un fichier, vous pouvez le supprimer du disque dur de votre ordinateur pour libérer de l'espace et éviter de surcharger celui-ci avec des fichiers inutiles.

3. Pour supprimer un fichier, ouvrez le dossier qui contient ce fichier, puis sélectionnez le fichier. Appuyez sur la touche [Suppr], puis, dans la boîte de dialogue **Supprimer le fichier**, cliquez sur **Oui**.

Lorsque vous supprimez un fichier, il est stocké temporairement dans la Corbeille. Considérez la Corbeille comme un dossier de sécurité qui vous permet de récupérer les fichiers ou les dossiers que vous avez accidentellement supprimés. Vous devez de temps en temps vider la Corbeille pour libérer l'espace occupé par ces fichiers non souhaités sur le disque dur.

Ouvrir un fichier existant

Pour ouvrir un fichier, double-cliquez dessus. Le fichier s'ouvre dans le programme que vous avez utilisé pour le créer ou le modifier. S'il s'agit d'un fichier texte par exemple, il s'ouvre dans votre programme de traitement de texte.

Cependant, ce n'est pas toujours le cas. Si vous double-cliquez sur une image numérique par exemple, c'est généralement une visionneuse d'images qui s'ouvre. Pour modifier l'image, vous devez utiliser un autre programme :

1. Cliquez avec le bouton droit sur le fichier, cliquez sur **Ouvrir avec**.
2. Cliquez sur le nom du programme que vous souhaitez utiliser.

14.2 Rechercher et organiser

La recherche et l'organisation des données ont toujours été très compliquées à gérer. Plus la volumétrie des disques durs grandit, plus nous avons tendance à stocker énormément et plus les tâches de recherche et d'organisation deviennent complexes, et prennent du temps. On se pose alors la question de savoir si la donnée stockée est bien utile.

Windows Vista apporte des réponses à nos interrogations en offrant plus de souplesse pour la recherche et l'organisation des fichiers. De nouvelles commandes, telles que la recherche rapide et les dossiers de recherche font leur apparition et facilitent la gestion de grandes quantités de données.

La fonction de recherche rapide

Avec la masse d'informations contenue de nos jours sur les disques durs, se rappeler où trouver un fichier en particulier organisé dans une arborescence complexe de répertoires pouvait devenir pénible. Surtout que l'accès à une zone de recherche n'était pas aisé.

Windows Vista facilite la recherche de fichiers. Il n'est plus nécessaire de se rappeler où vous avez stocké chaque fichier. Pour le retrouver, il vous suffit désormais de vous souvenir d'un élément le concernant, par exemple un mot contenu dans le document. Cette puissante fonctionnalité de recherche intégrée vous aide à trouver rapidement tout ce que vous souhaitez sur votre ordinateur, sans parcourir tous les dossiers. De plus, cette fonctionnalité est disponible depuis n'importe quelle fenêtre d'explorateur, pour un accès facile, quand vous le souhaitez.

Par exemple :

1. Ouvrez l'Explorateur Windows en cliquant sur le logo de démarrage, puis sur **Tous les programmes/Accessoires/Explorateur Windows**.

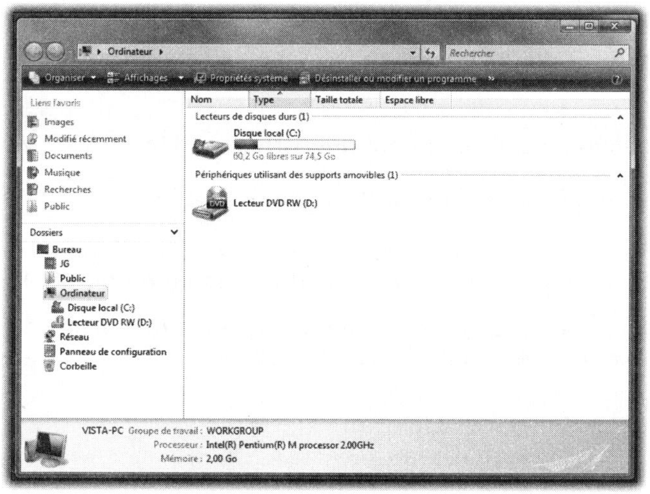

Figure 14-8 : *L'Explorateur Windows*

2. Vous visualisez la barre de recherche rapide en haut à droite de la fenêtre. Tapez un mot contenu dans un document. Dans cet exemple, saisissez Vista.

Figure 14-9 : *Résultat d'une recherche rapide*

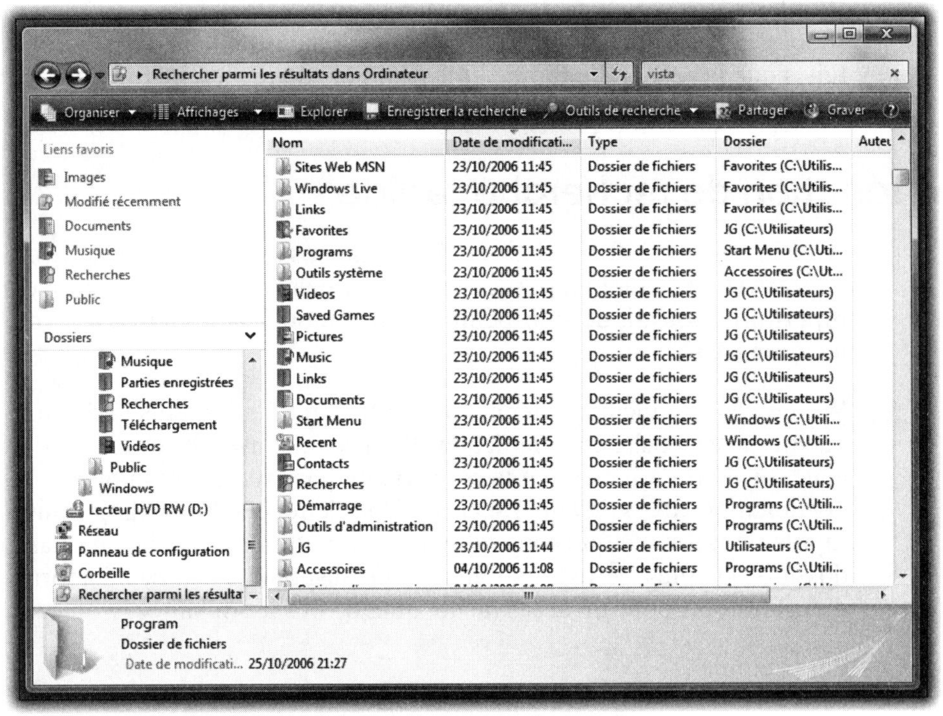

Non seulement, le résultat vous renvoie les fichiers dont le nom contient le mot *Vista*, mais aussi des fichiers dont le contenu offre le mot "Vista". L'étendue des fichiers est importante : du document au message de newsgroups en passant par des images.

3. Ensuite, sélectionnez le document qui correspond le mieux à votre attente.

Autre exemple, cette fois-ci à partir du Panneau de configuration :

1. Ouvrez le Panneau de configuration en cliquant sur le logo de démarrage, puis sur la commande **Panneau de configuration** (voir fig. 14-10).
2. Vous visualisez la barre de recherche rapide en haut à droite de la fenêtre. Tapez par exemple le mot instal (voir fig. 14-11).

Figure 14-10 :
Le Panneau de configuration

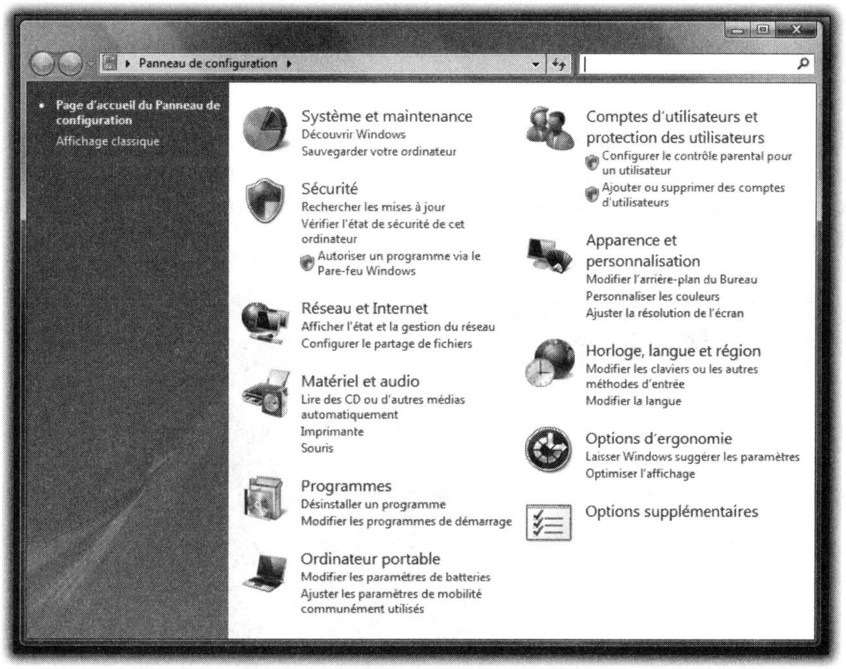

Figure 14-11 :
Recherche rapide dans le Panneau de configuration

3. Tous les liens du Panneau de configuration relatifs à l'installation sont listés. Vous n'avez plus qu'à sélectionner le plus approprié pour ce que vous voulez faire.

Dernier exemple, qui a déjà été détaillé, dans la fenêtre de recherche rapide du nouveau menu **Démarrer**, il vous suffit d'entrer un mot, une phrase, une propriété ou une partie du nom d'un fichier pour trouver instantanément le fichier ou l'application recherchés.

Figure 14-12 : *Recherche rapide dans le menu de démarrage*

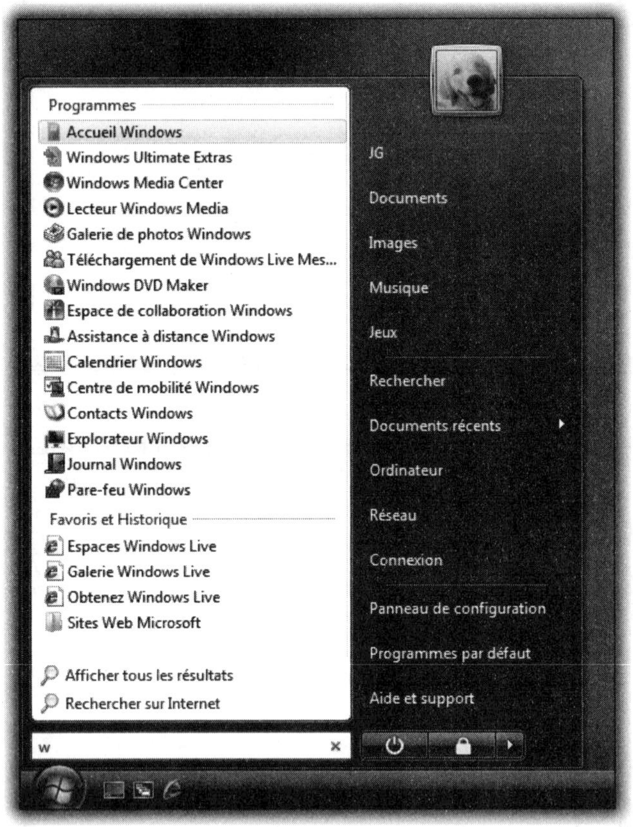

Vous trouverez également une barre de recherche rapide dans la Galerie de photos Windows et dans le Lecteur Windows Media. Une recherche dans le Lecteur Windows Media présente l'avantage de retrouver votre musique et votre vidéo de façon organisée. Bref, partout où vous verrez cette barre toujours située en haut à droite de la fenêtre, cherchez et trouvez facilement.

Les dossiers de recherche

Windows Vista propose désormais des dossiers de recherche, un nouvel outil puissant qui facilite la recherche et l'organisation de vos fichiers, n'importe où sur votre ordinateur. Un dossier de recherche correspond à une recherche spécifique que vous avez enregistrée. L'ouverture d'un dossier de recherche entraîne l'exécution instantanée de la recherche sauvegardée, qui affiche immédiatement les résultats mis à jour.

Windows Vista offre par défaut des dossiers de recherche préconfigurés tels que le dossier de recherche *Documents récents* qui recense les derniers documents utilisés ou le dossier de recherche *Courrier récent* qui recense les messages électroniques, etc.

Pour visualiser les dossiers de recherche :

1. Ouvrez l'Explorateur Windows en cliquant sur le logo de démarrage, puis sur **Tous les programmes/Accessoires/Explorateur Windows**.
2. Cliquez sur le dossier *Recherches* en haut à gauche de l'Explorateur.

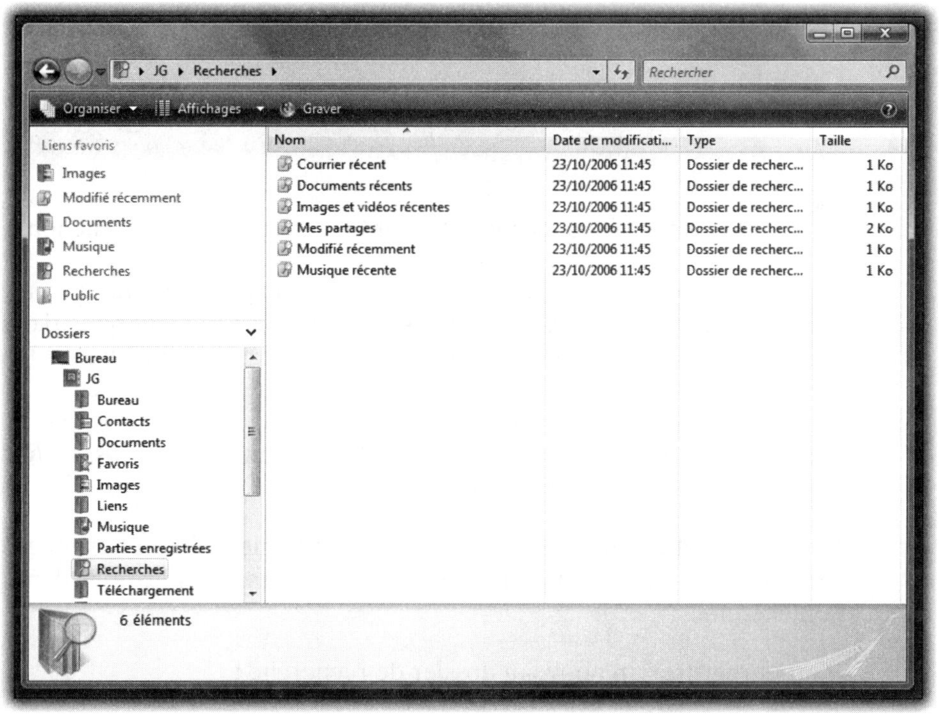

Figure 14-13 : *Accès aux dossiers de recherche*

3. Ouvrez un dossier de recherche (de couleur bleutée signifiant qu'il s'agit d'un répertoire virtuel), par exemple les fichiers modifiés récemment.

Figure 14-14 : *Résultat du dossier de recherche sur les fichiers modifiés récemment*

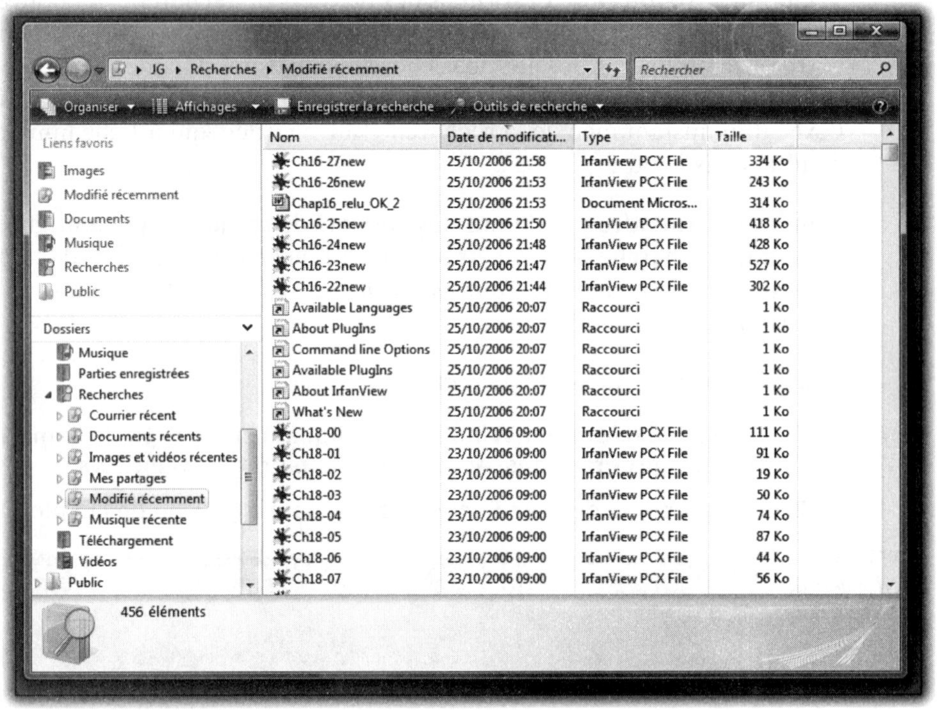

4. Vous visualisez et accédez facilement à tous vos courriels non lus.

Autre exemple, vous pouvez créer une recherche pour tous les documents créés par Bob et contenant le mot projet. Vous sauvegardez cette recherche, par exemple avec le nom Auteur Bob/Mot clé Projet en tant que dossier de recherche. Et lorsque vous ouvrez ce dossier, la recherche commence et les résultats s'affichent immédiatement. Si de nouveaux fichiers créés par Bob et contenant le mot projet ont été ajoutés entre-temps, ils apparaissent également dans le dossier *Recherche*, quel que soit leur emplacement sur l'ordinateur.

Cette recherche étant enregistrée comme un fichier, l'intérêt est que vous pourrez y retourner régulièrement pour savoir s'il y a eu des modifications dans les résultats de la recherche.

Pour enregistrer un nouveau dossier de recherche :

1. Dans l'Explorateur Windows, cliquez sur **Organiser**, puis sur **Disposition**. Cliquez sur **Volet de Recherche**.

Figure 14-15 :
Procédure d'affichage de la barre de recherche

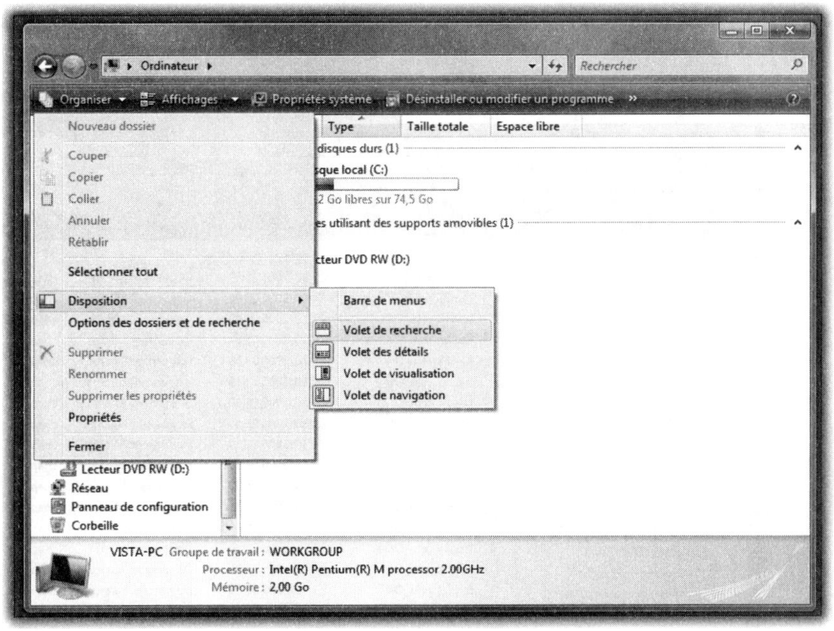

2. La barre de recherche apparaît.

Figure 14-16 :
La barre de recherche

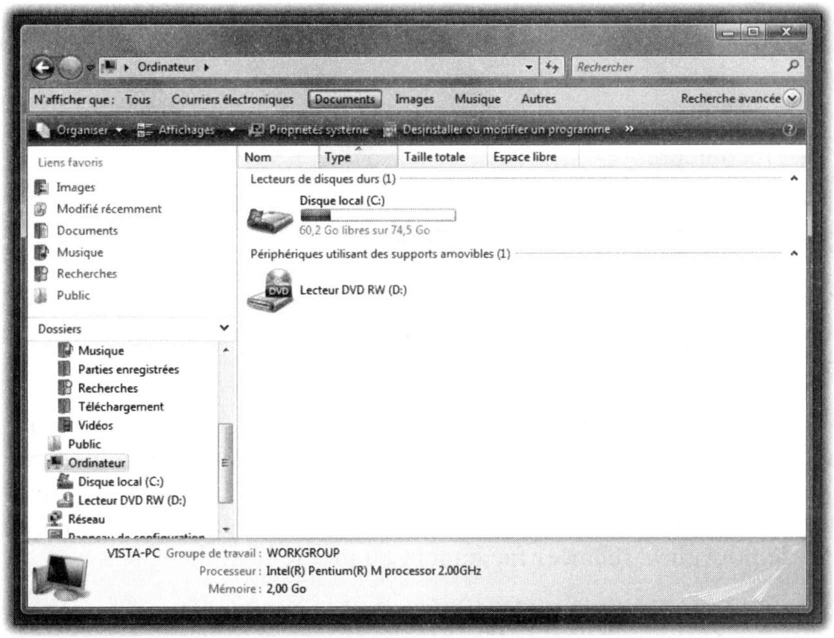

3. Tapez une requête de recherche dans la barre de recherche rapide. Dans cet exemple, saisissez le mot Vista.

Figure 14-17 : *Résultat d'une recherche*

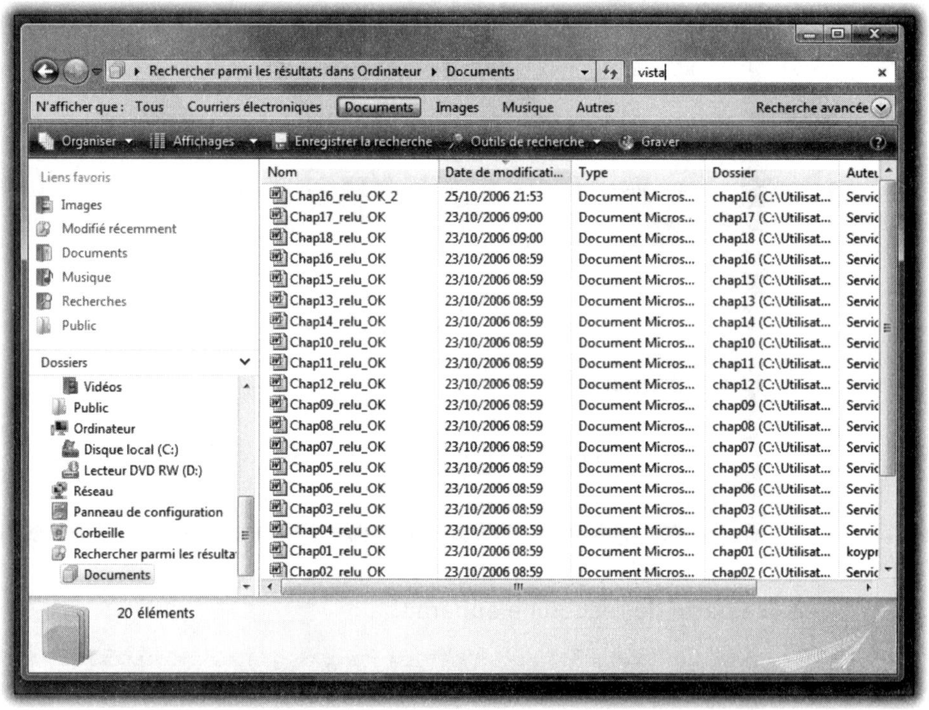

4. Cliquez sur le bouton **Enregistrer la recherche**, puis donnez un nom à votre recherche.

La barre de recherche avancée

Pour encore plus de détails et de précision dans vos recherches, vous pouvez utiliser la barre de recherche avancée qui vous permet de lancer des recherches multicritères.

À l'instar de l'exemple précédent, la barre de recherche avancée vous permet de lancer une recherche sur un mot-clé et un auteur. Autre exemple, une recherche sur un mot-clé et une période, un type de fichier et des e-mails, etc. Une fois la recherche terminée, vous pouvez la sauvegarder en tant que dossier de recherche afin de pouvoir la relancer facilement au moment voulu.

1. Ouvrez l'Explorateur Windows en cliquant sur le logo de démarrage, puis sur **Tous les programmes/Accessoires/Explorateur Windows**.

2. Cliquez sur **Organiser**, puis sur **Disposition**. Cliquez sur **Volet de Recherche**, puis déployez la liste *Recherche avancée*.
3. Vous pouvez entrer de multiples critères, par exemple rechercher les fichiers dont le titre contient le mot "Vista" et dont l'extension de fichier est *.doc*.

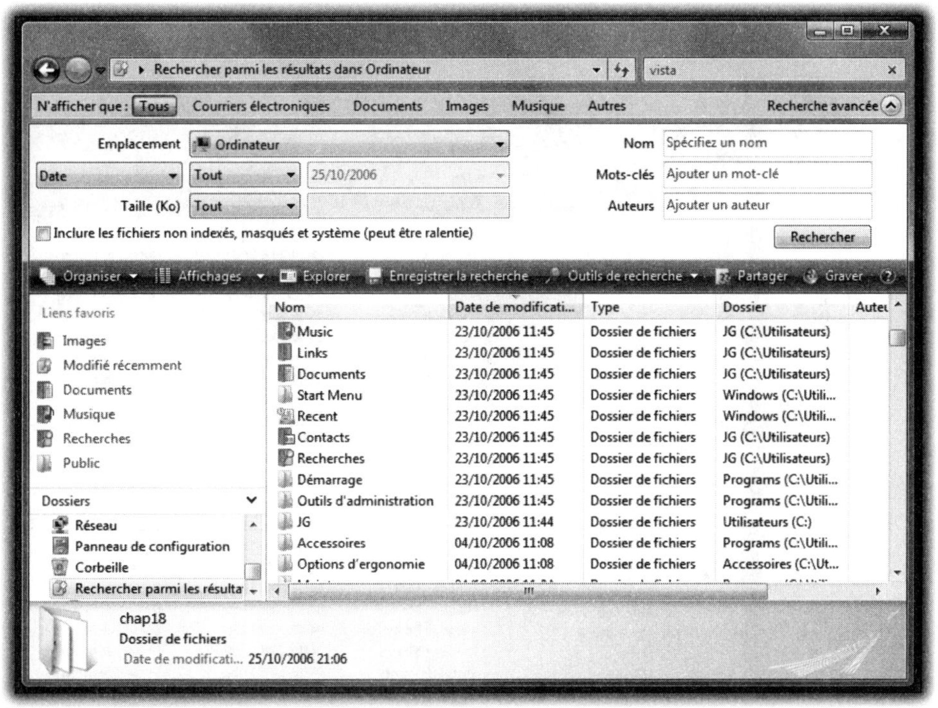

Figure 14-18 : *Résultat d'une recherche multicritère*

Sachez également que vous pouvez inclure tout type de disque dur externe, clé USB ou autre dans vos recherches multicritères, puis dans vos dossiers de recherche.

Les vues personnalisées des fichiers

En termes d'organisations, vous avez certainement remarqué quand vous avez ouvert l'Explorateur Windows de Windows Vista, la présence des répertoires d'organisation que sont *Documents* (pour les documents), *Images* (pour les images), *Musique* (pour la musique) et *Modifié récemment* (pour les fichiers modifiés récemment).

En plus de ces répertoires, Windows Vista vous permet de créer des vues personnalisées de vos fichiers en combinant la fonctionnalité de recherche rapide et la possibilité d'organiser les fichiers par nom, type, auteur ou marque descriptive.

Par exemple, vous pouvez demander l'affichage de vos données classées par dates de modification.

1. Ouvrez l'Explorateur Windows en cliquant sur le logo de démarrage, puis sur **Tous les programmes/Accessoires/Explorateur Windows**.
2. Naviguez jusqu'au répertoire souhaité et cliquez sur la colonne *Date de modification*.

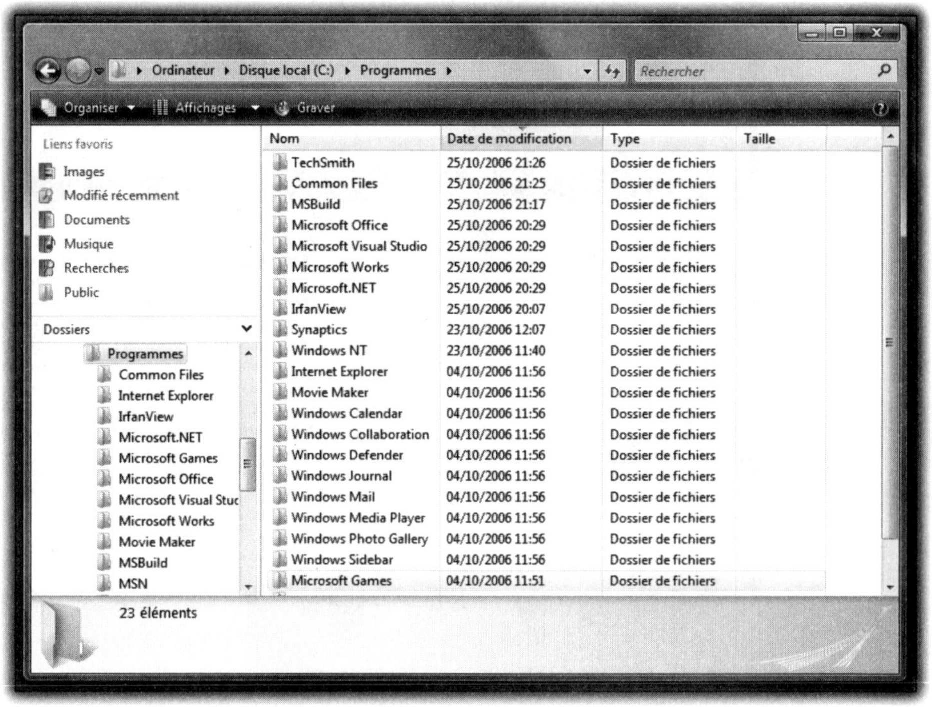

Figure 14-19 : *Classement par dates de modification*

Si vous le souhaitez, vous pouvez demander l'affichage de vos données classées par types :

1. Ouvrez l'Explorateur Windows en cliquant sur le logo de démarrage, puis sur **Tous les programmes/Accessoires/Explorateur Windows**.
2. Naviguez jusqu'au répertoire souhaité et cliquez sur la colonne *Type*.

Figure 14-20 :
Classement par types

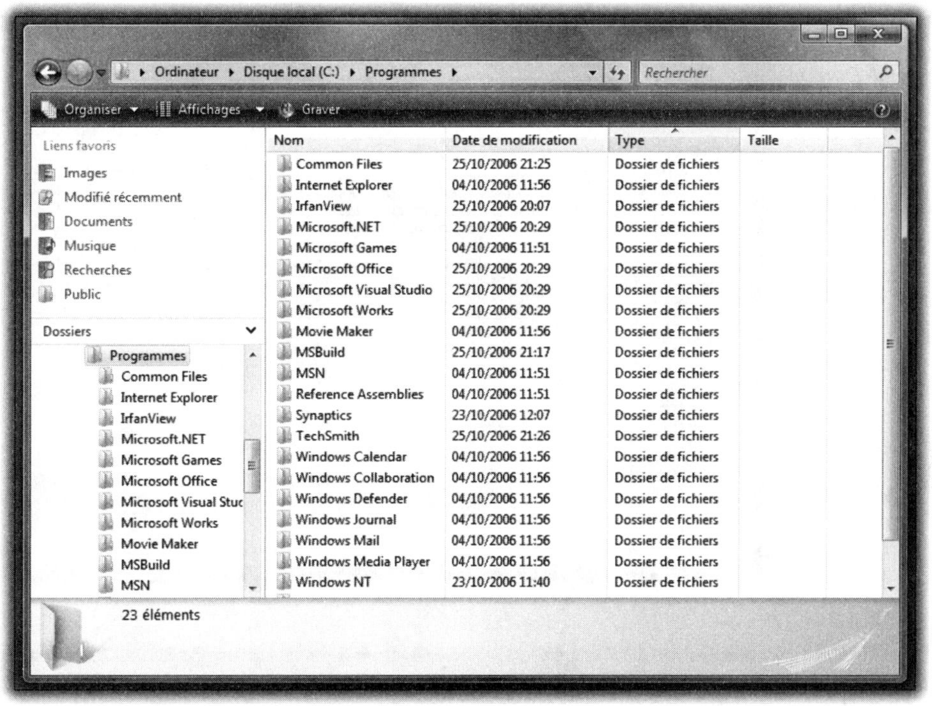

L'en-tête de colonne avancé

Pour classer encore plus finement vos données lorsque vous choisissez de les trier par types ou par auteurs par exemple, chaque colonne de classement de l'Explorateur Windows contient un menu déroulant qui offre des fonctions d'organisation.

Si vous souhaitez classer par dates, cliquez sur l'en-tête de colonne pour faire apparaître le menu déroulant ; un mini-calendrier fait son apparition. Sélectionnez les dates que vous voulez pour effectuer votre classement.

1. Ouvrez l'Explorateur Windows en cliquant sur le logo de démarrage, puis sur **Tous les programmes/Accessoires/Explorateur Windows**.
2. Naviguez jusqu'au répertoire souhaité et cliquez sur la flèche de menu à droite de la colonne *Date de modification* (voir fig. 14-21).
3. Utilisez le mini-calendrier pour affiner le classement comme vous le souhaitez. Remarquez la petite encoche de colonne vous indiquant que vous avez effectué un filtre dans votre classement (voir fig. 14-22).

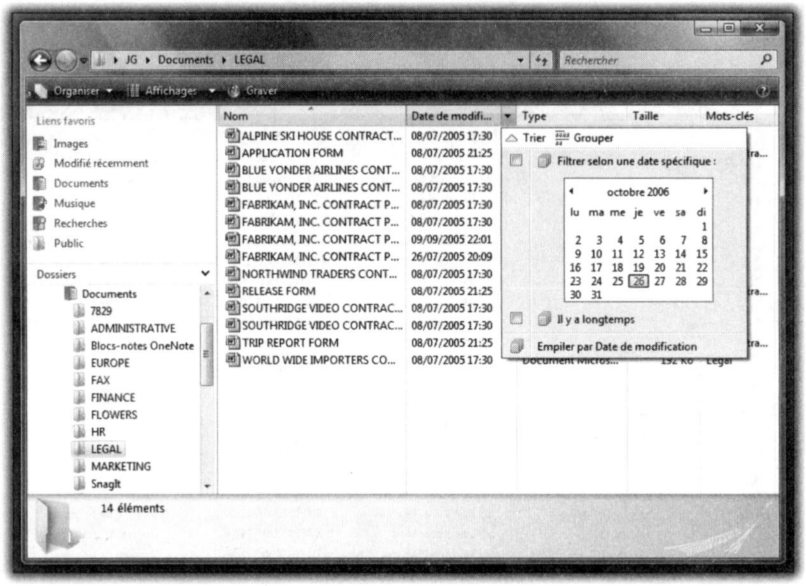

Figure 14-21 : *Menu déroulant de la colonne Date de modification*

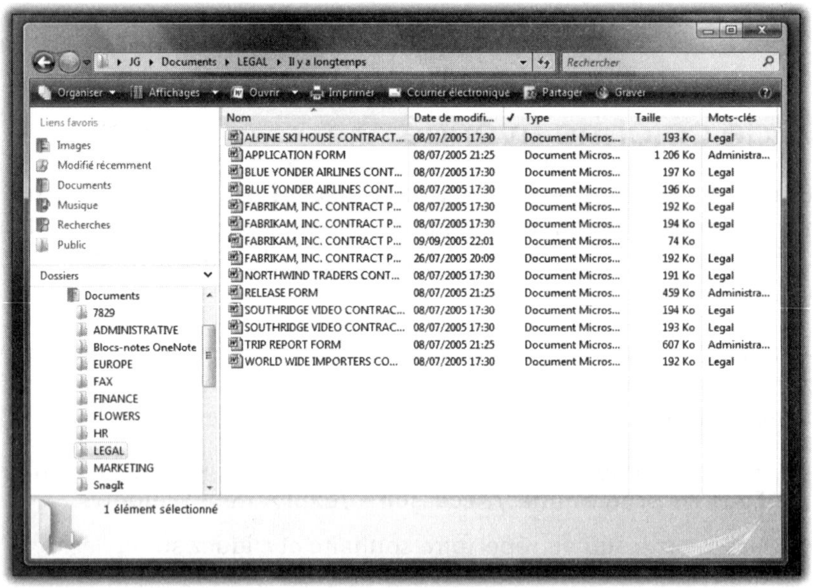

Figure 14-22 : *Classement effectué selon un critère de date de modification*

Autre exemple, si vous souhaitez classer par types de fichier, faites apparaître le menu déroulant de la colonne *Type* et sélectionnez l'extension de fichier que vous souhaitez voir apparaître dans les fichiers de votre classement.

1. Ouvrez l'Explorateur Windows en cliquant sur le logo de démarrage, puis sur **Tous les programmes/Accessoires/Explorateur Windows**.
2. Naviguez jusqu'au répertoire souhaité et cliquez sur la flèche de menu à droite de la colonne *Type*.

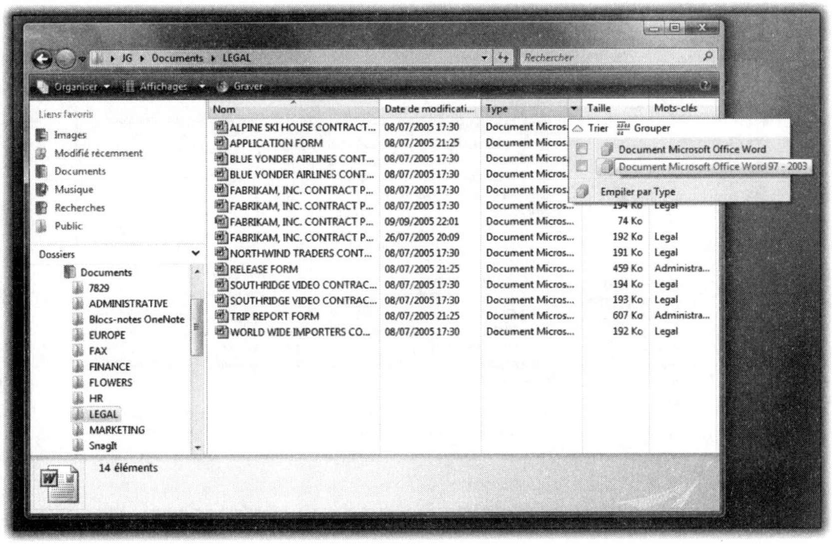

Figure 14-23 : *Menu déroulant de la colonne Type*

3. Sélectionnez l'extension pour affiner le classement comme vous le souhaitez.

Les piles

Avec la fonctionnalité de tri et d'organisation avancée fournie par les menus compris dans les en-têtes de colonne, Windows Vista apporte en plus la possibilité de créer des vues dites en pile.

La vue en pile vous permet de visualiser vos fichiers empilés, rangés dans des pseudo-répertoires, selon un critère d'organisation comme le nom d'auteur, la date, le type ou une marque descriptive.

Ces piles se comportent comme des répertoires classiques : vous pouvez les ouvrir ou les fermer. Mais les piles ne sont pas vraiment des répertoires car elles n'ont pas d'emplacement physique. En un sens, ce sont des vues virtuelles de votre contenu. Plus important, si par exemple un fichier a deux auteurs, Bob et Patrick, et si vous créez des piles par auteurs, le fichier est inclus dans la pile *Bob* et également dans la pile *Patrick*, ce qui accroît la flexibilité de votre organisation de fichiers.

1. Ouvrez l'Explorateur Windows en cliquant sur le logo de démarrage, puis sur **Tous les programmes/Accessoires/Explorateur Windows**.

2. Naviguez jusqu'au répertoire souhaité et cliquez sur la flèche de menu à droite de la colonne *Date de modification*. Cliquez sur **Empiler par Date de modification**.

Figure 14-24 : *Menu déroulant de la colonne Date de modification*

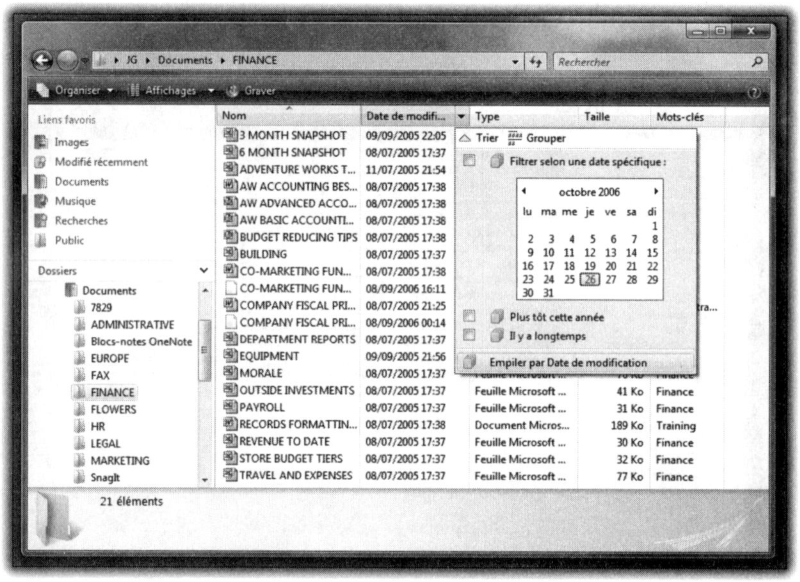

3. Vos documents sont répartis dans des piles différentes ordonnancées selon des critères de dates.

Figure 14-25 : *Les piles par dates de modification*

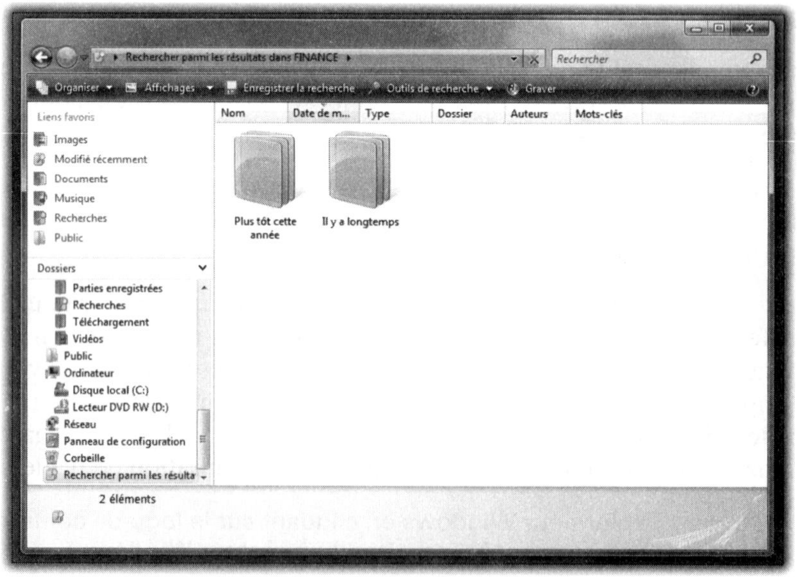

Les balises

Les fonctionnalités de recherche et d'organisation de Windows Vista permettent d'étendre l'utilisation des propriétés d'un fichier en y ajoutant une balise, c'est-à-dire un ou plusieurs mots-clés qui vous permettront de repérer le fichier avec une définition qui vous est propre. Ce peut être par exemple le nom du projet auquel est rattaché le document, un événement relatif à une photo, un mot-clé qui vous évoque un souvenir, etc. Comme le référencement est libre, tout mot-clé est envisageable et donc vous simplifie le classement.

Par exemple, lorsque vous sauvegardez un document Word, l'application renseigne certains champs dont la date, le nom de l'auteur, etc. À ce moment-là, vous pouvez y ajouter des balises. De même, lorsque vous importez des photos de votre appareil photo numérique, vous pouvez marquer les photos avec les souvenirs qu'elles vous évoquent. Vous pouvez ajouter ces balises facilement, soit sur un fichier à la fois, soit sur un groupe de fichiers.

Pour marquer les fichiers en utilisant le panneau de prévisualisation de l'Explorateur Windows :

1. Ouvrez l'Explorateur Windows en cliquant sur le logo de démarrage, puis sur **Tous les programmes/Accessoires/Explorateur Windows**.
2. Naviguez jusqu'au répertoire souhaité et sélectionnez le document que vous désirez marquer.

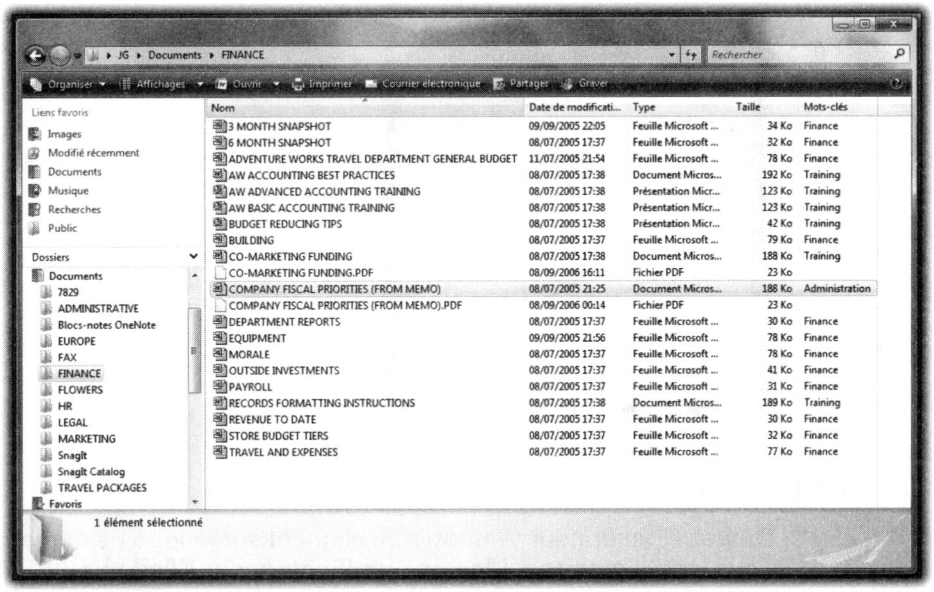

Figure 14-26 : *Sélection d'un fichier à marquer*

3. Cliquez avec le bouton droit de la souris sur le document en question et cliquez sur **Propriétés**, puis sur l'onglet **Détails**.

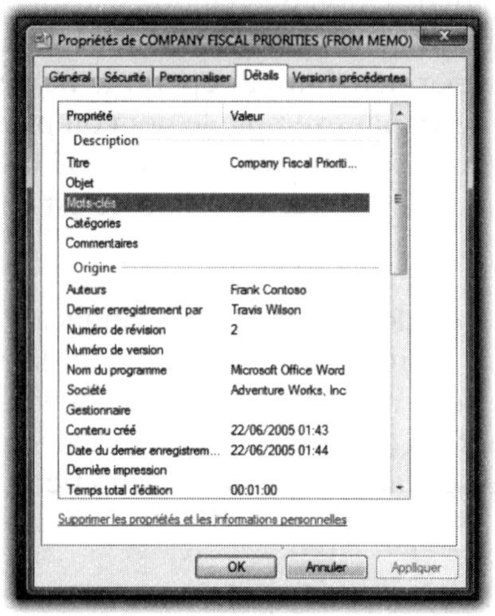

Figure 14-27 : *La fenêtre des propriétés du document*

4. La fenêtre des propriétés du document s'ouvre. Dans le champ *Mots-clés* entrez un ou plusieurs mots-clés et validez.

Figure 14-28 : *Les balises du document*

Pour marquer plusieurs fichiers en même temps :

1. Ouvrez l'Explorateur Windows en cliquant sur le logo de démarrage, puis sur **Tous les programmes/Accessoires/Explorateur Windows**.

2. Naviguez jusqu'au répertoire souhaité et sélectionnez les documents que vous désirez marquer.

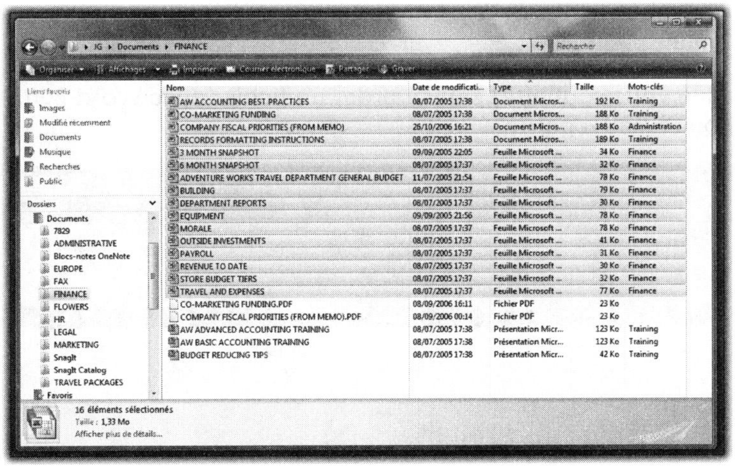

Figure 14-29 : *Sélection d'un fichier à marquer*

3. Cliquez avec le bouton droit de la souris sur les documents et cliquez sur **Propriétés**, puis sur l'onglet **Détails**.

4. La fenêtre de propriétés relative à la multisélection de documents s'ouvre. Dans le champ *Mots-clés*, entrez un ou plusieurs mots-clés et validez.

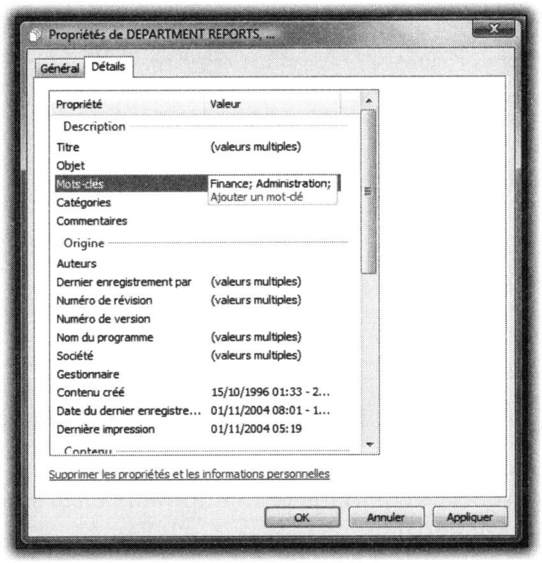

Figure 14-30 : *Des mots-clés de documents*

Pour marquer les fichiers lors de l'ouverture ou de l'enregistrement du document, procédez comme suit, sachant que seules les nouvelles applications, telle Office 2007, sont capables de marquer un fichier à l'ouverture ou à l'enregistrement :

1. Lorsque vous souhaitez sauvegarder un fichier avec Word 2007, cliquez sur le bouton de sauvegarde.

Figure 14-31 : *Sauvegarde de document Word 2007*

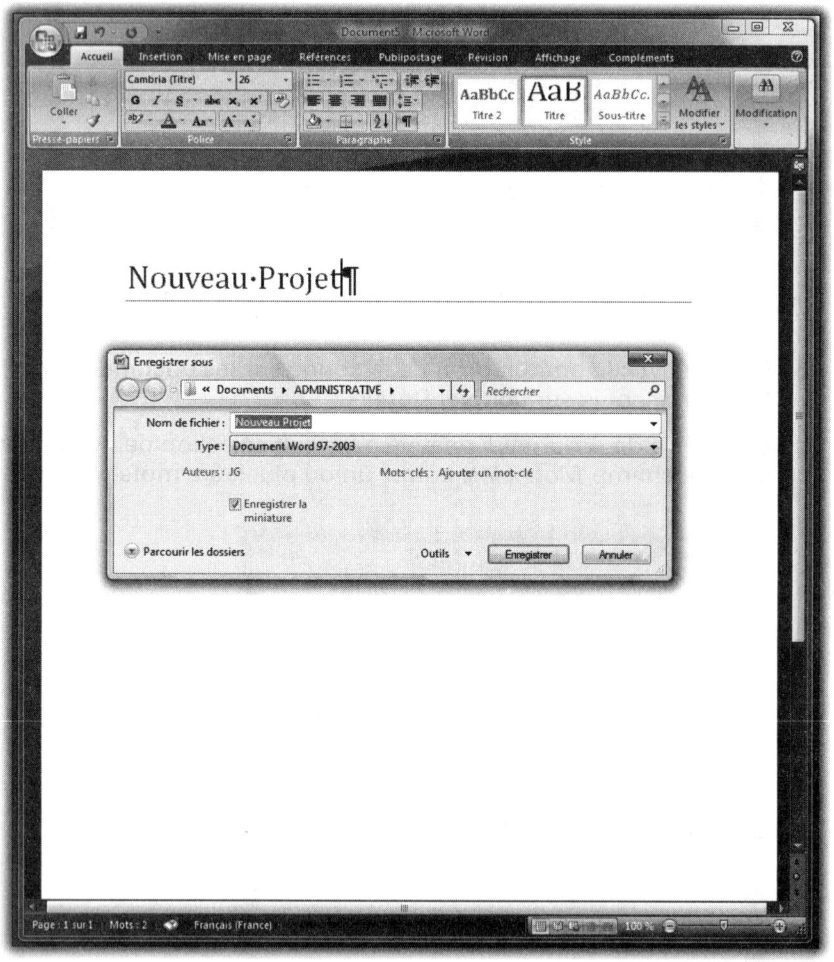

2. La fenêtre de sauvegarde s'ouvre. Dans le champ *Mots-clés*, entrez un ou plusieurs mots-clés et validez.

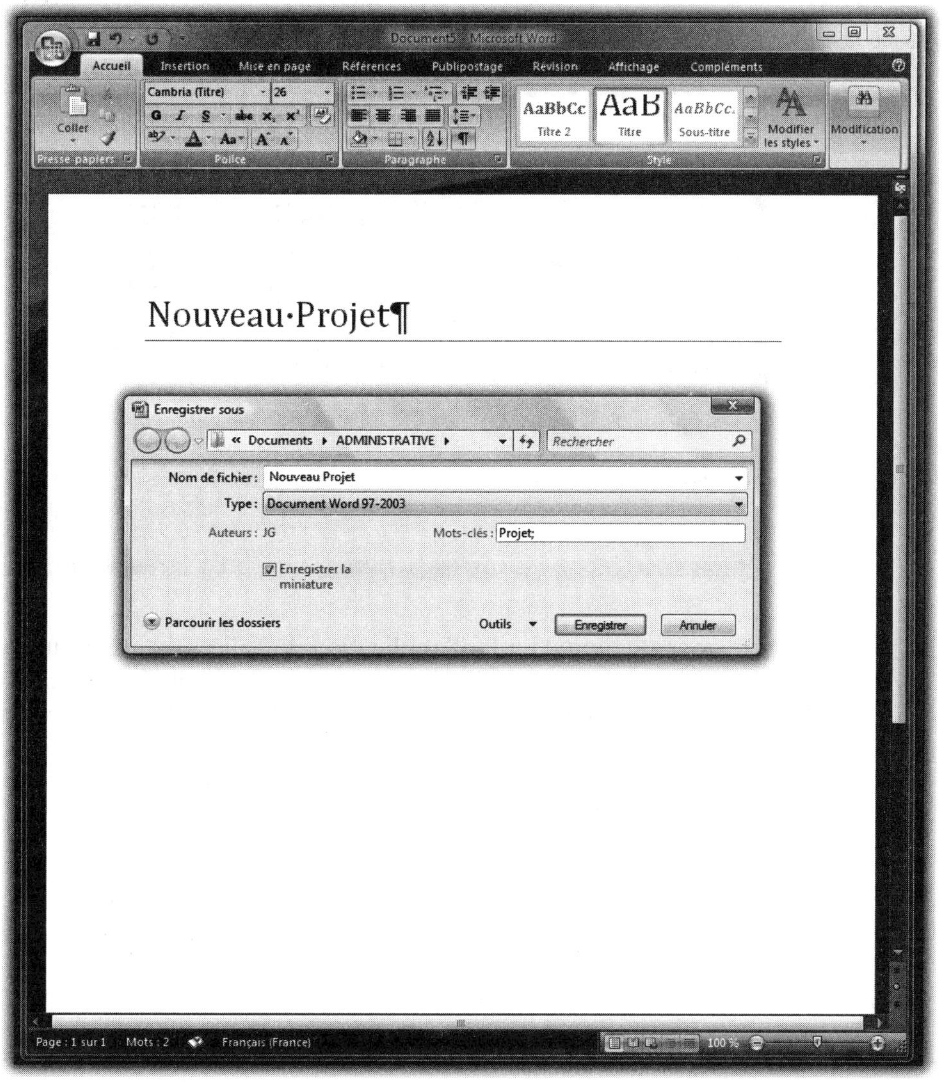

Figure 14-32 : *Sauvegarde avec mot-clé du document Word 2007*

Une fois vos fichiers marqués, si vous voulez les classer selon le mot-clé :

1. Ouvrez l'Explorateur Windows en cliquant sur le logo de démarrage, puis sur **Tous les programmes/Accessoires/Explorateur Windows**.
2. Naviguez jusqu'au répertoire souhaité et cliquez sur la flèche de menu à droite de la colonne *Mots-clés*.
3. Sélectionnez la ou les balises pour affiner le classement comme vous le souhaitez.

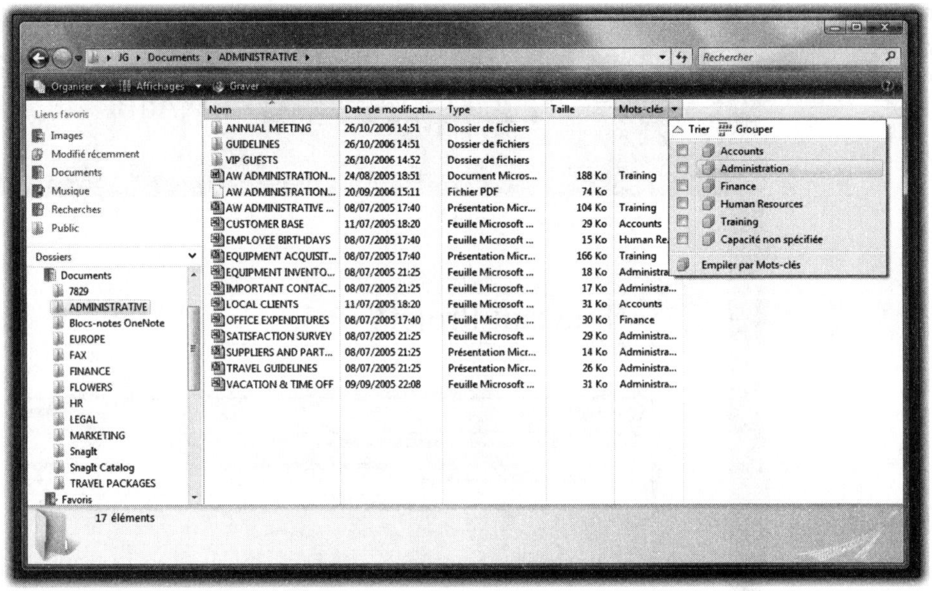

Figure 14-33 : *Classement des fichiers marqués*

Vous pouvez également coupler l'application de balises en créant un dossier de recherche. Vous voyez alors toute la puissance et la flexibilité de ces outils de recherche et d'organisation de Windows Vista et à quel point ils peuvent vous rendre la gestion de documents plus facile.

CHAPITRE

15

Le Registre et la Configuration système

CHAPITRE

15 Le Registre et la Configuration système

Il est toujours essentiel, dans une version de Windows et, de surcroît, dans une nouvelle version de Windows, de s'arrêter sur le fonctionnement de la Base de registre et sur l'outil Configuration système afin que les administrateurs puissent rendre plus performantes encore leurs tâches quotidiennes.

15.1 La Base de registre

Le Registre (connu et reconnu depuis le début de Windows) est une base de données dans Windows qui contient des informations importantes sur le matériel du système, les programmes et les paramètres installés ainsi que les profils de chaque compte d'utilisateur sur votre ordinateur. Windows consulte sans cesse les informations du Registre.

Vous ne devez pas effectuer de modifications manuelles dans le Registre. Les programmes et les applications effectuent généralement toutes les modifications nécessaires automatiquement. Une modification erronée apportée au Registre de votre ordinateur peut rendre celui-ci inutilisable. Cependant, si un fichier endommagé apparaît dans le Registre, vous devrez peut-être le modifier.

Il est fortement recommandé de sauvegarder le Registre avant d'y apporter des modifications. Changez uniquement les valeurs du Registre que vous connaissez ou pour lesquelles vous avez reçu des instructions de la part d'une source fiable.

L'éditeur du Registre

L'éditeur du Registre est destiné aux utilisateurs avancés. Il permet d'afficher et de modifier les paramètres dans le Registre système qui contient les informations sur le fonctionnement de votre ordinateur. Windows se réfère à ces informations et les met à jour lorsque vous apportez des modifications à votre ordinateur, telles que l'installation d'un nouveau programme, la création d'un profil utilisateur ou l'ajout d'un nouveau matériel. L'éditeur du Registre vous permet d'afficher les dossiers, les fichiers du Registre ainsi que les paramètres de chaque fichier du Registre.

ATTENTION

Manipulez le Registre avec les plus grandes précautions

Normalement, vous ne devez pas effectuer de modifications dans le Registre. Celui-ci contient des informations système complexes essentielles au fonctionnement de votre ordinateur. Toute modification erronée du Registre peut altérer votre ordinateur. Cependant, il est parfois nécessaire de rectifier un fichier endommagé du Registre. Sauvegardez toujours le Registre avant de le modifier. Changez uniquement les valeurs du Registre que vous connaissez ou pour lesquelles vous avez reçu des instructions.

Pour accéder à l'éditeur du Registre et vous connecter au Registre local du Poste de travail :

1. Cliquez sur le logo Windows de démarrage.
2. Tapez regedit et validez.

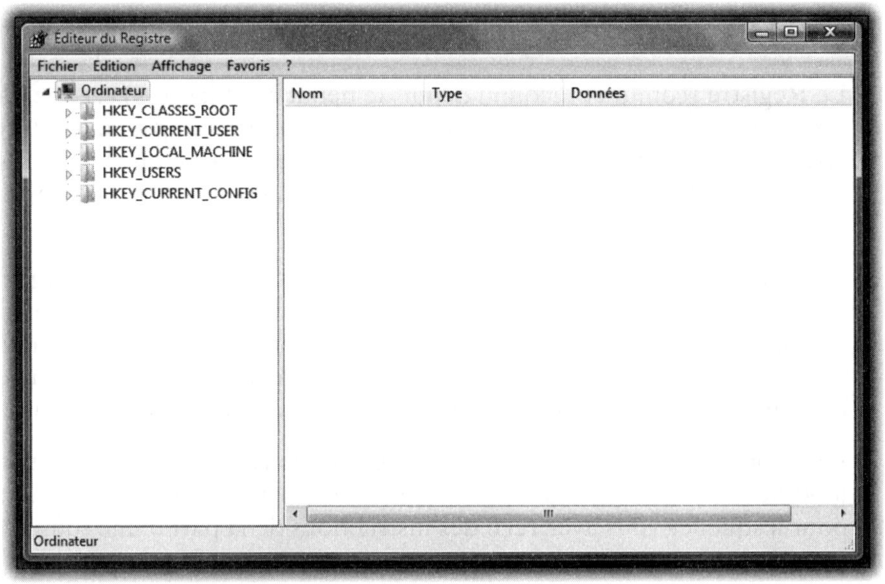

Figure 15-1 : *L'éditeur du Registre*

Se connecter au Registre

Si vous en avez le besoin, notamment pour les administrateurs, vous pouvez accéder à des registres d'autres stations de travail à distance. Pour gérer des Registres à distance, utilisez l'éditeur du Registre. Une fois que vous avez ouvert l'éditeur du Registre, vous pouvez procéder à toutes les actions décrites ci-après.

ATTENTION

Mise en garde sur les actions liées au Registre

Toute modification incorrecte du Registre peut endommager gravement votre système. Avant d'apporter des modifications au Registre, sauvegardez toutes les données importantes présentes sur l'ordinateur.

Pour se connecter à un Registre sur un réseau :

1. Dans l'éditeur du Registre, dans le menu **Fichier**, cliquez sur **Connexion au Registre réseau**.

Figure 15-2 : *Connexion au Registre distant*

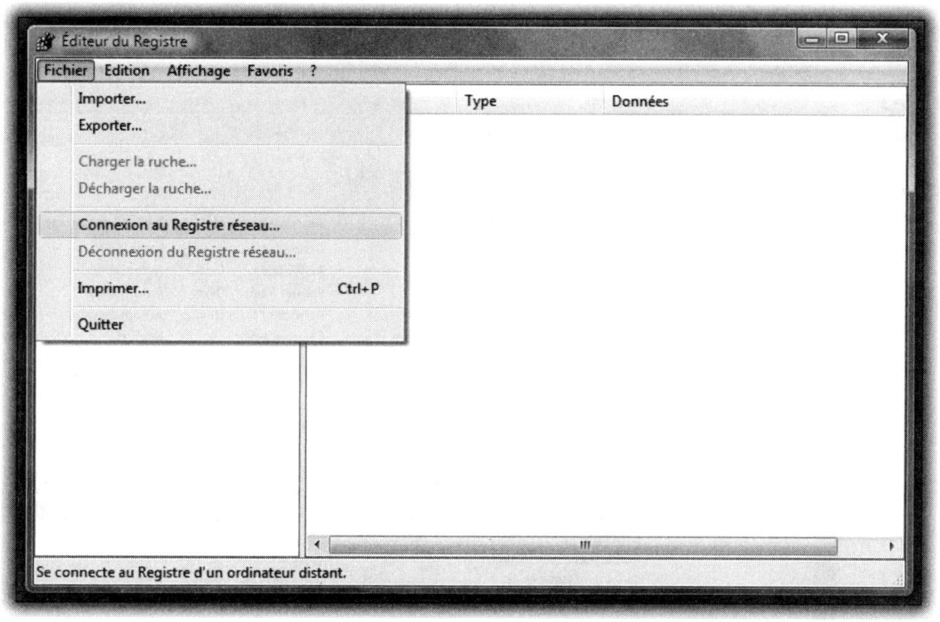

2. Dans la boîte de dialogue **Sélectionner un ordinateur**, cliquez sur *Types d'objet*, sélectionnez l'objet spécifique que vous recherchez (en général *Ordinateurs*), puis cliquez sur OK.
3. Cliquez sur *Emplacements*, spécifiez l'emplacement où vous voulez effectuer la recherche, puis cliquez sur OK.
4. Tapez le nom de l'ordinateur dont vous voulez vous connecter au Registre dans *Entrez le nom de l'objet à sélectionner*, puis cliquez sur *Vérifier les noms*.
5. Quand le nom de l'ordinateur est résolu, cliquez sur OK.

Pour vous connecter à un Registre distant, il n'est pas nécessaire d'ouvrir une session en tant qu'administrateur, ni comme membre du groupe *Administrateurs* sur votre ordinateur, mais vous devez avoir des droits d'administrateur sur l'ordinateur distant. Pour modifier un Registre distant, vous devez avoir ouvert une session en tant qu'administrateur ou que membre du groupe *Administrateurs* sur votre ordinateur local.

Les deux ordinateurs doivent exécuter le service d'accès à distance au Registre. Si le service d'accès à distance au Registre n'a pas démarré sur l'un ou l'autre des ordinateurs, vous devez ouvrir une session en tant qu'administrateur ou que membre du groupe *Administrateurs* sur l'ordinateur de façon à démarrer le service. Faites attention tout de même car les paramètres de stratégie réseau peuvent vous empêcher d'effectuer cette procédure.

Figure 15-3 : *Le service d'accès à distance au Registre*

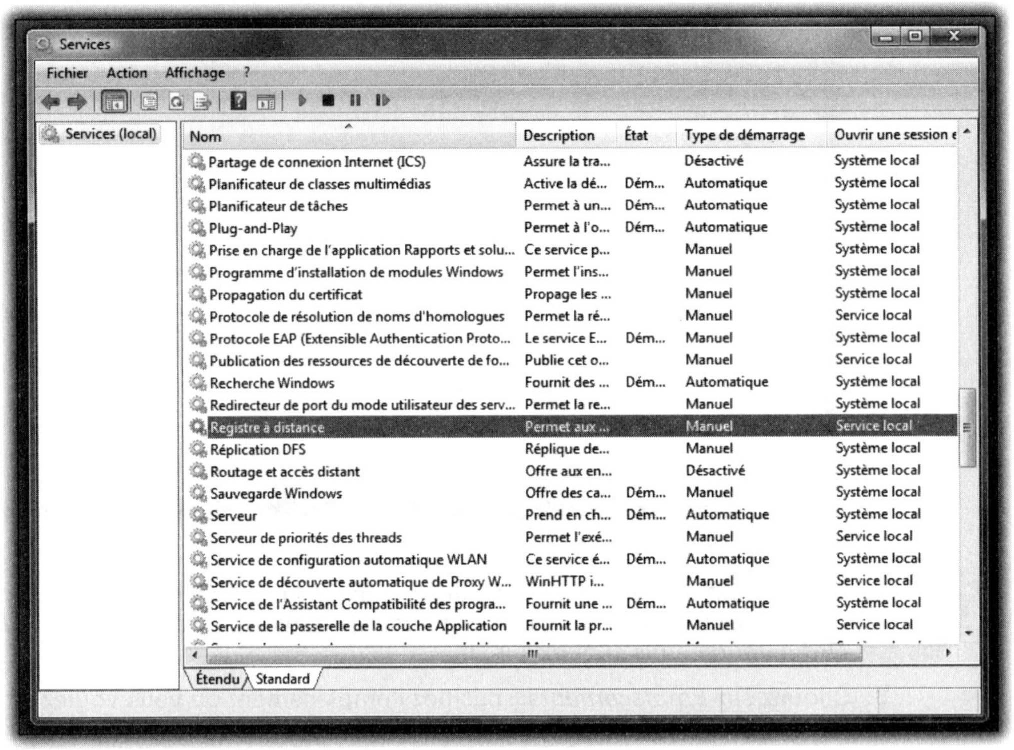

Pour se déconnecter d'un Registre sur un réseau :

1. Dans l'éditeur du Registre, dans le menu **Fichier**, cliquez sur **Déconnexion du Registre réseau**.
2. Dans la boîte de dialogue **Déconnexion du Registre réseau**, cliquez sur le nom de l'ordinateur dont vous voulez vous déconnecter du Registre, puis cliquez sur OK.

Exporter et importer des fichiers du Registre

Pour exporter à distance tout ou partie du Registre, utilisez l'éditeur du Registre. Une fois que vous avez ouvert l'éditeur du Registre, vous pouvez exporter le Registre vers un fichier texte ou un fichier ruche.

Les ruches sont les conteneurs spécifiques du Registre, ayant un rôle et un cloisonnement bien précis dans leur fonction et qui stockent les clés et les valeurs importantes du Registre, par exemple, tout sur le profil de la session utilisateur en cours ou tout sur les applications installées globales au poste de travail.

Vous pouvez utiliser un éditeur de texte tel que le Bloc-notes pour travailler avec les fichiers de Registre que vous avez créés par exportation. Vous pourrez alors avoir un environnement de modification du Registre plus fiable.

Vous pouvez enregistrer les fichiers au format Windows, en tant que fichiers d'enregistrement, fichiers binaires ou fichiers texte. Les fichiers de Registre sont enregistrés avec des extensions *.reg* et les fichiers texte le sont, bien sûr, avec des extensions *.txt*.

Pour exporter tout ou partie du Registre :

1. Ouvrez l'éditeur du Registre. Si vous voulez enregistrer seulement une branche particulière, sélectionnez-la.
2. Dans le menu **Fichier**, cliquez sur **Exporter**.

Figure 15-4 : *Exportation de clés*

3. Dans le champ *Nom du fichier*, entrez un nom pour le fichier de Registre.
4. Dans le champ *Type*, sélectionnez le type de fichier que vous voulez utiliser pour le fichier enregistré (fichier d'enregistrement, fichier ruche de Registre, fichier texte, fichier d'enregistrement Windows 98/NT4.0).

5. Dans la zone *Étendue de l'exportation,* utilisez les cases d'option pour indiquer si vous voulez exporter la totalité du Registre ou seulement la branche sélectionnée.
6. Cliquez sur **Enregistrer**.

L'éditeur du Registre fournit plusieurs commandes qui sont essentiellement conçues pour la gestion de votre système. Par exemple, les commandes **Charger la ruche** ou **Décharger la ruche** permettent le déchargement temporaire de votre système vers un autre système pour effectuer la maintenance. Avant qu'une ruche puisse être chargée ou restaurée, elle doit être enregistrée en tant que clé, sur une disquette ou sur votre disque dur.

En ce qui concerne l'importation, la commande **Importer** de l'éditeur du Registre peut importer des fichiers de Registre de tous les types, y compris des fichiers texte et des fichiers ruche.

Pour importer tout ou partie du Registre :

1. Ouvrez l'éditeur du Registre.
2. Dans le menu **Fichier**, cliquez sur **Importer**.

Figure 15-5 :
Importation de clés

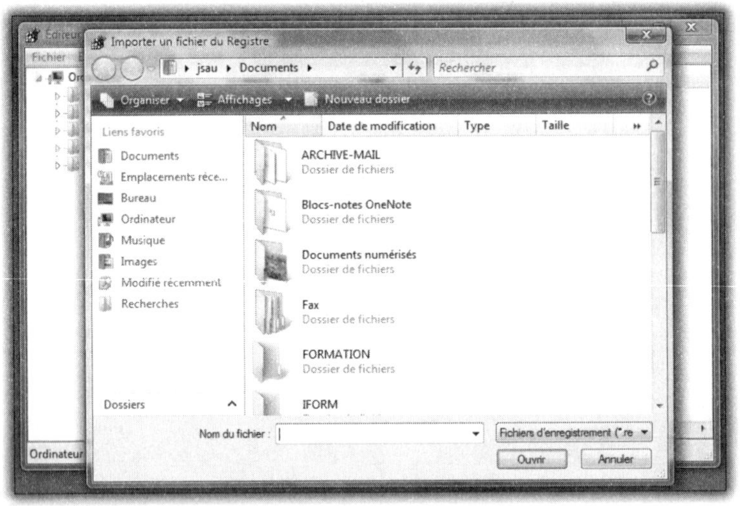

3. Recherchez le fichier que vous voulez importer, cliquez sur le fichier pour le sélectionner, puis cliquez sur **Ouvrir**.

Dans l'Explorateur Windows, le fait de double-cliquer sur un fichier avec l'extension *.reg* importe le fichier dans le Registre de l'ordinateur.

ATTENTION

La restauration d'une ruche

Une ruche restaurée remplace une clé de Registre existante et devient une partie permanente de votre configuration. Par exemple, pour effectuer la maintenance sur une partie de votre système, vous pouvez utiliser la commande **Exporter** pour enregistrer une ruche sur un disque. Quand vous êtes prêt, vous pouvez alors utiliser la commande **Importer** du menu **Fichier** pour restaurer la clé enregistrée sur votre système.

Charger et décharger une ruche du Registre

Pour charger ou décharger des ruches du Registre, utilisez l'éditeur du Registre. Les commandes **Charger la ruche** et **Décharger la ruche** affectent seulement les clés *HKEY_USERS* et *HKEY_LOCAL_MACHINE* ; par ailleurs, elles sont actives seulement quand ces clés prédéfinies sont sélectionnées.

Quand vous chargez une ruche dans le Registre, la ruche devient une sous-clé de ces clés.

Pour charger une ruche dans le Registre :

1. Ouvrez l'éditeur du Registre.
2. Cliquez sur la clé *HKEY_USERS* ou sur la clé *HKEY_LOCAL_MACHINE*.
3. Dans le menu **Fichier**, cliquez sur **Charger la ruche**.

Figure 15-6 : *Chargement d'une ruche*

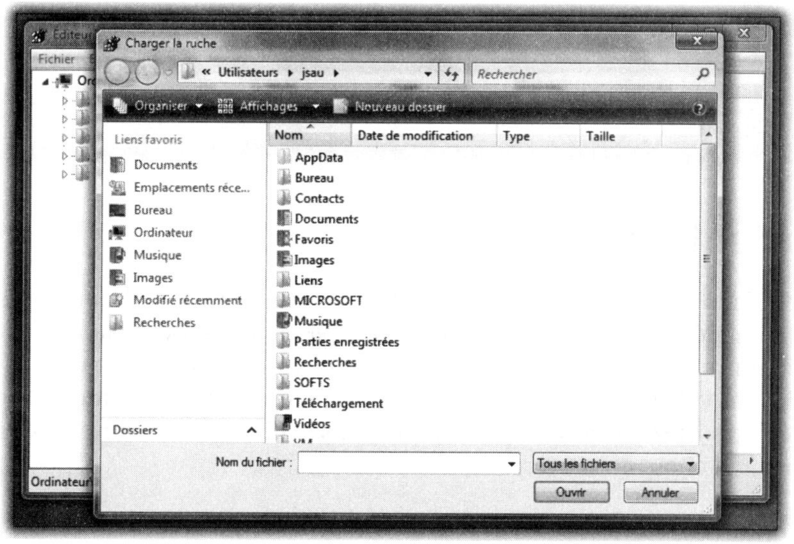

4. Recherchez la ruche à charger et cliquez sur celle-ci.
5. Cliquez sur **Ouvrir**.
6. Dans le champ *Nom de la clé*, tapez le nom que vous voulez affecter à la ruche, puis cliquez sur OK.

Pour décharger une ruche du Registre :

1. Ouvrez l'éditeur du Registre.
2. Sélectionnez une ruche précédemment chargée sur le système.
3. Dans le menu **Fichier**, cliquez sur **Décharger la ruche**.

Figure 15-7 : *Déchargement d'une ruche*

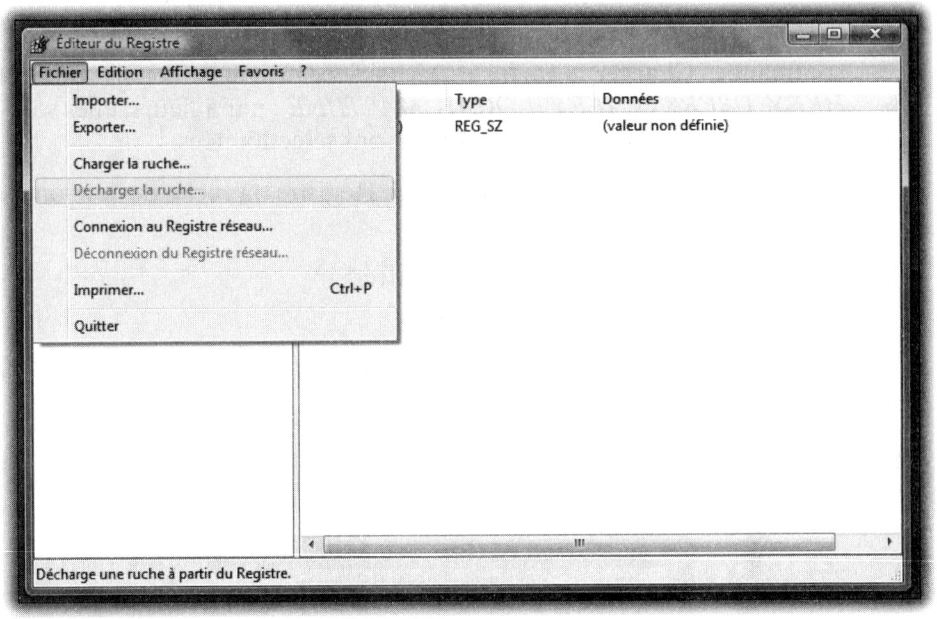

Sauvegarder le Registre

Avant d'apporter des modifications à une clé de Registre ou à une sous-clé, il est recommandé d'exporter ou de faire une copie de la clé ou de la sous-clé. Vous pouvez enregistrer la copie de sauvegarde à l'emplacement de votre choix, un dossier sur votre disque dur ou un périphérique de stockage amovible par exemple. Si vous apportez des modifications que vous souhaitez annuler, vous pouvez importer la copie de sauvegarde.

Vous devez avoir ouvert une session en tant qu'administrateur pour effectuer ces étapes. Sinon, vous pouvez uniquement modifier les paramètres de votre compte d'utilisateur.

1. Cliquez sur le logo Windows de démarrage.
2. Tapez regedit et validez.
3. Recherchez et cliquez sur la clé ou la sous-clé à sauvegarder.
4. Cliquez sur le menu **Fichier**, puis sur **Exporter**.

Figure 15-8 :
Sauvegarde de clé

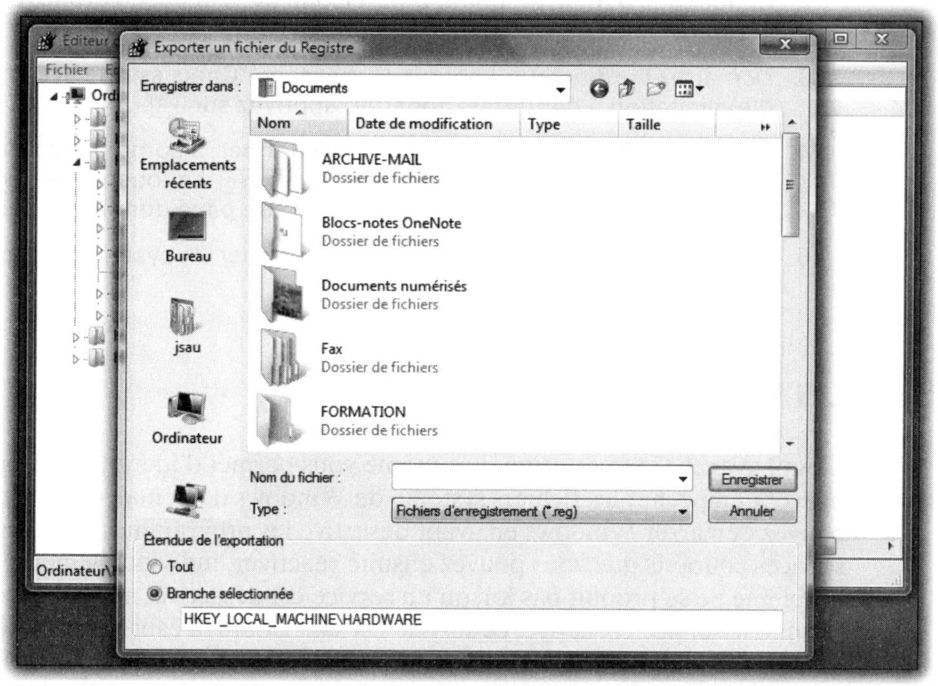

5. Dans la zone *Enregistrer*, sélectionnez l'emplacement où vous souhaitez enregistrer la copie de sauvegarde, puis tapez un nom pour le fichier de sauvegarde dans la zone *Nom de fichier*.
6. Cliquez sur **Enregistrer**.

Même si vous pouvez sauvegarder davantage d'informations que la clé ou la sous-clé de Registre que vous modifiez, sachez que cette opération augmente la taille du fichier de sauvegarde. Avant de modifier le Registre, il est recommandé de créer un point de restauration à l'aide de la Restauration système. Le point de restauration contient des informations sur le Registre et vous pouvez utiliser le point de restauration pour annuler les modifications dans votre système.

Restaurer le Registre

Si certaines clés ou valeurs de la clé de Registre *HKLM\System\CurrentControlSet* sont supprimées ou reçoivent des valeurs incorrectes, une restauration du Registre peut être nécessaire pour pouvoir continuer à utiliser l'ordinateur.

Pour restaurer le Registre :

1. Ouvrez l'éditeur du Registre.
2. Cliquez sur **Démarrer**, pointez sur l'icône avec la flèche droite, puis cliquez sur **Arrêter**.
3. Démarrez l'ordinateur. Lorsque le message "Choisissez le système d'exploitation à démarrer" apparaît, appuyez sur F8.
4. Utilisez les touches fléchées pour sélectionner la commande **Dernière bonne configuration connue**, puis appuyez sur Entrée. La touche Verr Num doit être désactivée pour que les touches fléchées du pavé numérique fonctionnent.
5. Utilisez les touches fléchées pour sélectionner un système d'exploitation, puis appuyez sur Entrée.

15.2 La Configuration système

L'outil avancé Configuration du système vous permet d'identifier les problèmes qui peuvent empêcher les fichiers système de Windows de démarrer correctement. Vous pouvez démarrer Windows en ayant désactivé les programmes de démarrage et les services courants que vous pouvez ensuite réactiver, individuellement. Si un problème ne se produit pas lorsqu'un service est désactivé, mais qu'il se produit lorsque le service est activé, ce service est sans doute la cause du problème.

L'outil Configuration du système est destiné à rechercher et isoler les problèmes, mais il ne s'agit pas d'un programme de gestion de démarrage.

Pour ouvrir l'outil Configuration du système :

1. Cliquez sur le logo Windows de démarrage.
2. Cliquez sur le menu **Panneau de configuration/Outils d'administration/Configuration du système**.

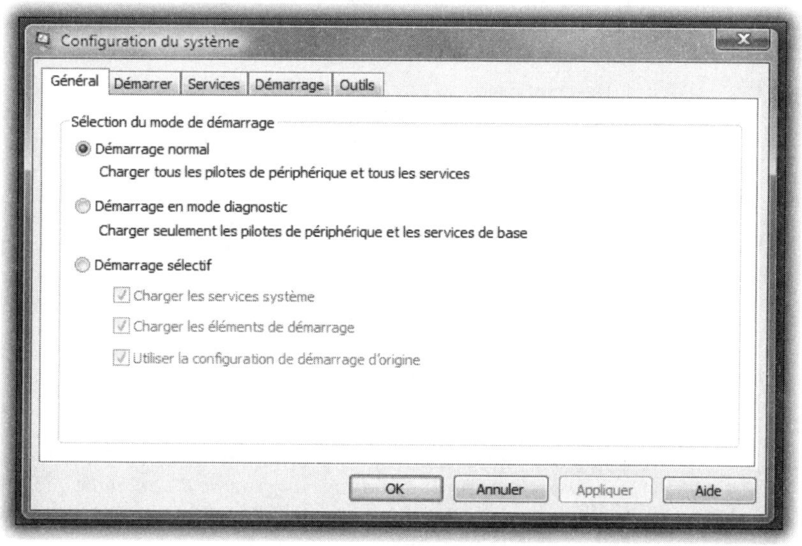

Figure 15-9 : *L'outil Configuration du système*

Le tableau suivant décrit les onglets et les options disponibles dans la Configuration du système :

Tableau 15-1 : Description des onglets de l'outil Configuration du système

Onglet	Description
Général	Répertorie les options pour les modes de configuration de démarrage. *Démarrage en mode normal* : démarre Windows normalement. Ce mode vous permet de démarrer Windows au terme de l'utilisation des deux autres modes pour résoudre le problème. *Démarrage en mode diagnostic* : Windows démarre en n'utilisant que les services et les pilotes de base. Ce mode vous permet d'éliminer les fichiers Windows de base comme la source du problème. *Démarrage en mode sélectif* : Windows démarre en n'utilisant que les services et les pilotes de base ainsi que les autres services et les programmes de démarrage de votre choix.
Démarrer	Affiche les options de configuration pour le système d'exploitation et les paramètres de débogage avancés, notamment… *Démarrage sécurisé : minimal* : démarre l'interface utilisateur graphique Windows (l'Explorateur Windows) en mode sécurisé en n'exécutant que les services système critiques. La gestion du réseau est désactivée. *Démarrage sécurisé : shell alternatif* : démarre l'Invite de commandes Windows en mode sécurisé en n'exécutant que les services système critiques. La gestion du réseau et l'interface utilisateur graphique sont désactivées.

Tableau 15-1 : Description des onglets de l'outil Configuration du système	
Onglet	**Description**
	Démarrage sécurisé : Réparer Active Directory : démarre l'interface utilisateur graphique Windows en mode sécurisé en n'exécutant que les services système critiques et Active Directory. *Démarrage sécurisé : Réseau* : démarre l'interface utilisateur graphique Windows en mode sécurisé en n'exécutant que les services système critiques. La gestion du réseau est activée. *Ne pas démarrer l'interface utilisateur graphique* : n'affiche pas l'image de démarrage Windows au démarrage. *Journaliser le démarrage* : stocke toutes les informations du processus de démarrage dans le fichier *%SystemRoot%Ntbtlog.txt*. *Vidéo de base* : démarre l'interface graphique utilisateur Windows en mode VGA minimal. Cette opération charge les pilotes VGA standard au lieu des pilotes d'affichage propres au matériel vidéo de l'ordinateur. *Informations sur le démarrage du système d'exploitation* : affiche les noms de pilote durant leur chargement au cours du processus de démarrage. *Rendre tous les paramètres permanents* : n'assure pas le suivi des modifications apportées dans la Configuration du système. Les options peuvent être modifiées ultérieurement dans la Configuration du système, mais elles doivent être modifiées manuellement. Si cette option est sélectionnée, vous ne pouvez pas restaurer vos modifications en sélectionnant le mode Démarrage en mode normal sous l'onglet **Général**.
Services	Répertorie tous les services qui démarrent lorsque l'ordinateur s'initialise ainsi que leur statut actuel (En cours d'exécution ou Arrêté). L'onglet **Services** vous permet d'activer ou de désactiver les services individuels au démarrage pour dépanner les services qui contribuent aux problèmes de démarrage. Sélectionnez *Masquer tous les services Microsoft* pour n'afficher que les applications tierces sur la liste des services. Désactivez la case à cocher d'un service pour le désactiver au prochain démarrage. Si vous avez choisi *Démarrage en mode sélectif* sous l'onglet **Général**, vous devez soit choisir *Démarrage en mode normal* sous l'onglet **Général**, soit activer la case à cocher du service pour le redémarrer lors de l'initialisation. La désactivation des services qui s'exécute normalement lors de l'initialisation peut entraîner un dysfonctionnement de certains programmes ou créer une instabilité du système. Ne désactivez pas de services sur cette liste, sauf si vous êtes certain qu'ils ne sont pas essentiels au fonctionnement de l'ordinateur. L'option *Désactiver tout* ne désactive pas certains services Microsoft sécurisés nécessaires au démarrage du système d'exploitation.
Démarrage	Répertorie les applications qui s'exécutent au démarrage de l'ordinateur ainsi que le nom de leur éditeur, le chemin d'accès du fichier exécutable et l'emplacement de la clé de Registre ou du raccourci responsable de l'exécution de l'application.

Tableau 15-1 : Description des onglets de l'outil Configuration du système

Onglet	Description
	Désactivez la case à cocher d'un élément de démarrage pour le désactiver au prochain démarrage. Si vous avez choisi *Démarrage en mode sélectif* sous l'onglet **Général**, vous devez soit choisir *Démarrage en mode normal* sous l'onglet **Général**, soit activer la case à cocher de l'élément de démarrage pour le redémarrer lors de l'initialisation. Si vous pensez qu'une application est compromise, examinez la colonne *Commande* pour consulter le chemin d'accès du fichier exécutable. La désactivation d'applications qui s'exécutent normalement au démarrage peut ralentir le démarrage d'applications connexes ou entraîner leur exécution inattendue.
Outils	Fournit une liste pratique d'outils de diagnostic et d'autres outils avancés que vous pouvez exécuter.

Vous allez découvrir maintenant quelques-unes des opérations les plus intéressantes avec l'outil…

Pour démarrer Windows en mode de diagnostic :

1. Cliquez sur le logo Windows de démarrage.
2. Cliquez sur **Panneau de configuration/Outils d'administration/Configuration du système**.
3. Sous l'onglet **Général**, cliquez sur *Démarrage en mode diagnostic.* Validez par OK et cliquez sur **Redémarrer**.

Figure 15-10 : *Démarrage en mode de diagnostic*

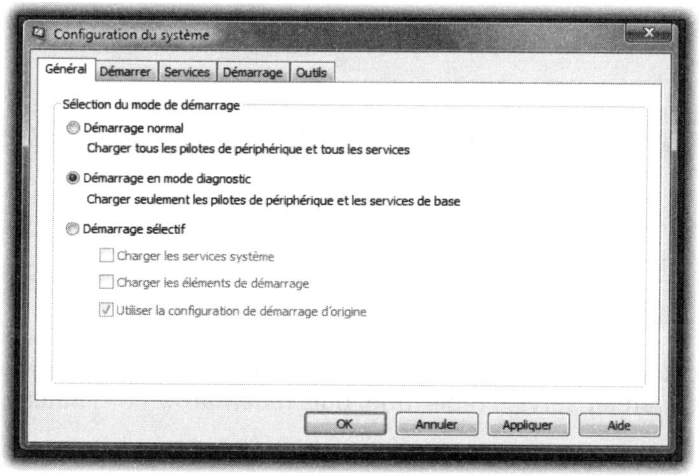

Si le problème qui nécessite un diagnostic se produit, des fichiers ou des pilotes Windows de base peuvent être endommagés. Si le problème ne se produit pas, utilisez le Démarrage en mode sélectif pour tenter d'identifier le problème en activant ou en désactivant les services et les programmes de démarrage individuels.

Pour démarrer Windows en mode sélectif :

1. Cliquez sur le logo Windows de démarrage.
2. Cliquez sur **Panneau de configuration/Outils d'administration/Configuration du système**.
3. Cliquez sur l'onglet **Général** et sur *Démarrage en mode sélectif*, puis désactivez les cases à cocher *Charger les services système* et *Charger les éléments de démarrage*.
4. Activez la case à cocher *Charger les services système*, validez par OK, puis cliquez sur **Redémarrer**.

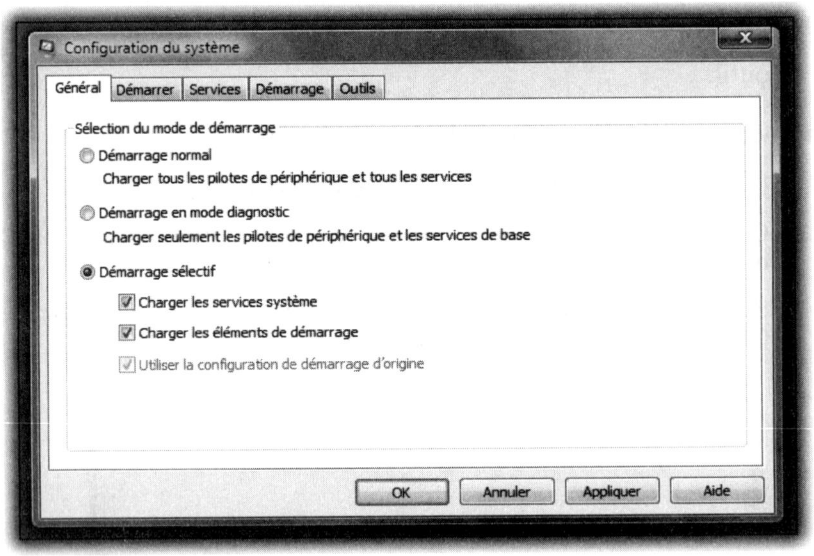

Figure 15-11 : *Charger les services système*

Si le problème se produit après le redémarrage, effectuez l'une de ces tâches (ou les deux si nécessaire)…

Pour identifier le service système responsable du problème :

1. Cliquez sur l'onglet **Services**, sur *Désactiver tout*, activez la case à cocher pour le premier service répertorié, puis redémarrez l'ordinateur.

Si le problème ne se produit pas, vous pouvez éliminer le premier service comme étant la cause du problème.

2. Le premier service étant sélectionné, activez la case à cocher du second service, puis redémarrez l'ordinateur.
3. Répétez ce processus jusqu'à reproduire le problème.

Si vous ne pouvez pas reproduire le problème, vous pouvez éliminer les services système comme étant la cause du problème. Effectuez la tâche suivante :

1. Identifier l'élément de démarrage responsable du problème.
2. Cliquez sur l'onglet **Général**, puis activez la case à cocher *Charger les éléments de démarrage*.
3. Cliquez sur l'onglet **Démarrage**, sur *Désactiver tout*, activez la case à cocher pour le premier élément de démarrage répertorié, puis redémarrez l'ordinateur. Si le problème ne se produit pas, vous pouvez éliminer le premier élément de démarrage comme étant la cause du problème.
4. Le premier élément de démarrage étant sélectionné, activez la case à cocher du second élément de démarrage, puis redémarrez l'ordinateur. Répétez ce processus jusqu'à reproduire le problème.

CHAPITRE

16

Windows Live

CHAPITRE

16 Windows Live

Les services de nouvelle génération Windows Live placent l'utilisateur au cœur de l'expérience Internet pour lui apporter plus de personnalisation, de simplicité, de synergie et plus de sécurité.

Comment ? En regroupant en un seul lieu, l'ensemble des services en ligne les plus importants pour lui, accessibles partout, à tout moment, quel que soit son équipement : depuis son PC, son terminal mobile, voire à terme depuis son Media Center.

Avec Windows Live, vous allez bénéficier également d'une sécurité renforcée. En effet, Windows Live Safety Center et Windows Live OneCare faciliteront la protection des PC contre les virus et les logiciels espions.

16.1 Les services Windows Live

L'objectif de ce chapitre n'est pas de vous montrer ou de vous faire utiliser l'ensemble des services proposés par Windows, mais plutôt de vous présenter ceux qui pourraient avoir un intérêt pour vous dans votre expérience d'utilisateur Internet. Puis vous verrez comment utiliser les services essentiels d'un nouvel internaute.

Live.com

Live.com est la page d'accueil pour accéder à toutes les fonctionnalités du nouveau moteur de recherche Windows Live Search. C'est également une page personnalisable que l'internaute peut organiser à son image avec ses fils d'actualités préférés, les liens vers ses sites favoris et ses gadgets.

Pour utiliser Windows Live, vous devez vous rendre à l'adresse **www.live.com/**. Pour vous connecter à Windows Live, procédez de la façon suivante :

1. Activez le menu **Démarrer/Tous les programmes/Internet Explorer**.
2. Dans la barre d'adresse d'Internet Explorer, tapez l'adresse http://www.live.com/.

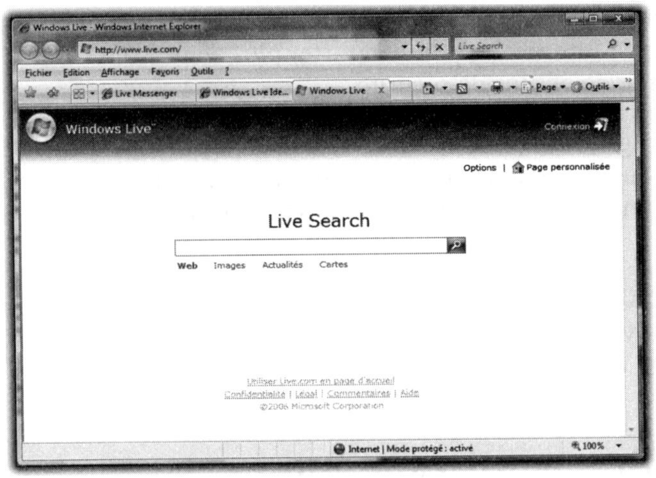

Figure 16-1 : *La page d'accueil de Live.com*

Windows Live Search

Windows Live Search est le nouveau moteur de recherche de Microsoft. Il vous permet d'effectuer tout type de recherche de façon innovante grâce à une ergonomie simplifiée et des fonctionnalités de recherche très précises (Web, images, flux RSS, actualités, Spaces, etc.).

Vous pouvez rechercher des informations en saisissant vos mots-clés de la façon suivante :

1. Activez le menu **Démarrer/Tous les programmes/Internet Explorer**.
2. Dans la barre d'adresse d'Internet Explorer tapez l'adresse http://www.live.com/.

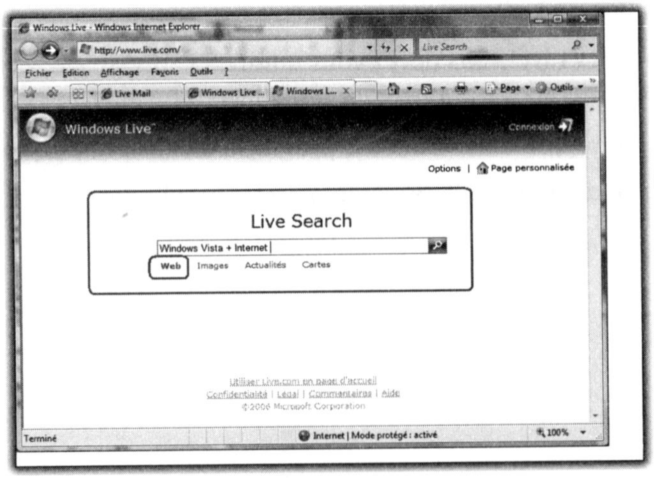

Figure 16-2 : *Le moteur de recherche Windows Live Search*

3. Appuyez sur Entrée ou cliquez sur la Loupe. Windows Live Search affiche une liste de sites qui contiennent les mots-clés demandés.

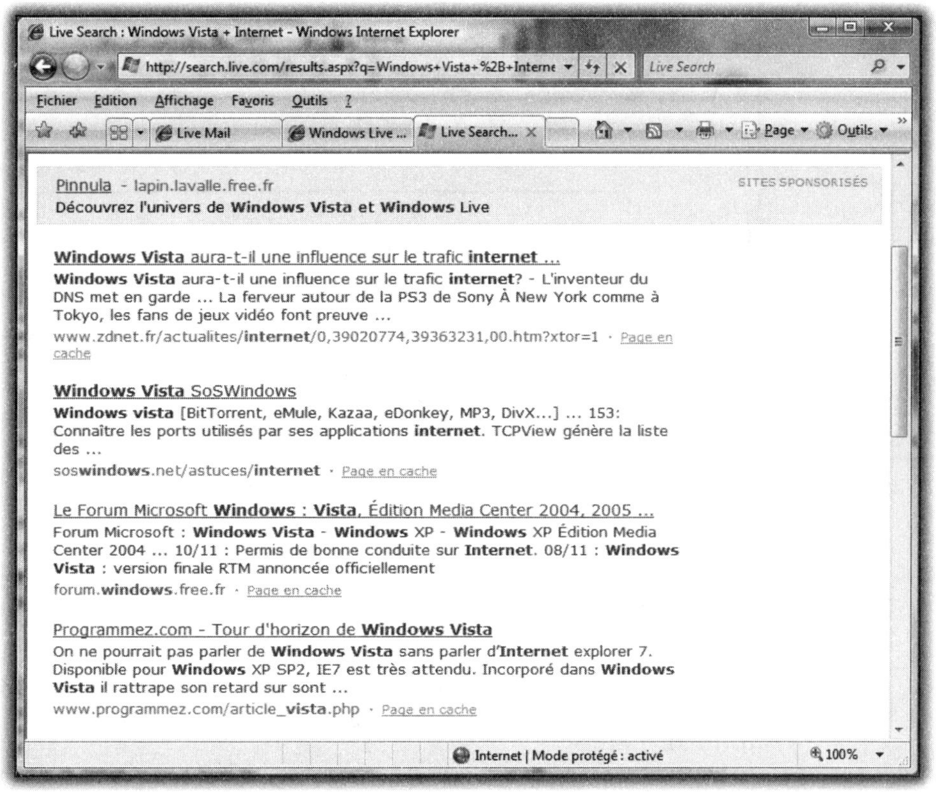

Figure 16-3 : *Résultat de la recherche avec les mots "Windows", "Vista" et "Internet"*

ASTUCE

Efficacité de recherche

Pour ne pas vous retrouver avec des centaines de pages sur des mots standard, n'hésitez pas à donner plusieurs mots qui vous permettront de réduire le nombre de réponses.

Le moteur de recherche vous permet également de rechercher des images :

1. Cliquez sur démarrer/Tous les programmes puis Internet Explorer.
2. Dans la barre d'adresse d'Internet Explorer, tapez l'adresse http://www.live.com/.
3. Sélectionnez *Images* sous la zone de recherche, saisissez les mots-clés de votre recherche et appuyez sur Entrée.

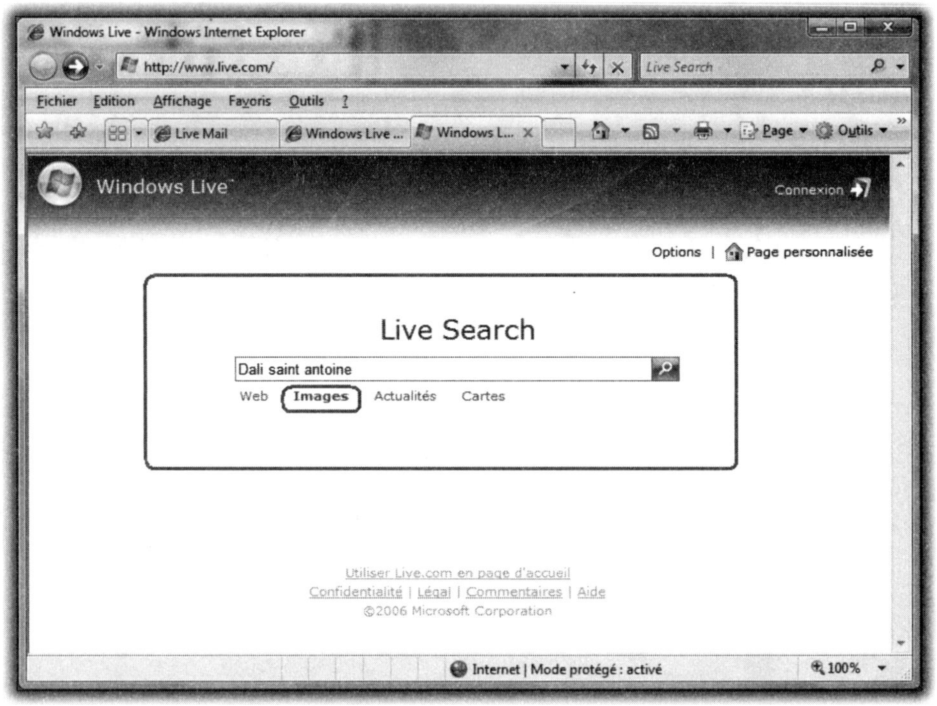

Figure 16-4 : *Recherche d'images à partir de Windows Live Search*

4. Une fois le résultat affiché, Vous pouvez consulter simplement les images ou cliquez sur l'image de votre choix pour accéder au site d'où elle provient (voir fig. 16-5).

Autre fonctionnalité très sympathique de Windows Live Search, la partie *Carte*. Vous pouvez rechercher n'importe quoi, n'importe où. Prenez l'exemple de restaurants dans la ville de Cannes.

1. Activez le menu **Démarrer/Tous les programmes/Internet Explorer**.
2. Rendez-vous à l'adresse www.live.com.
3. Sélectionnez *Cartes* sous la zone de recherche et appuyez sur Entrée.
4. Dans la fenêtre **Live Local Search**, dans le champ *Quoi*, saisissez restaurant et, dans le champ *Ou*, saisissez Cannes, puis appuyez sur Entrée (voir fig. 16-6).

Figure 16-5 :
Résultat de la recherche

Figure 16-6 :
Exemple de recherche de restaurants dans la ville de Cannes

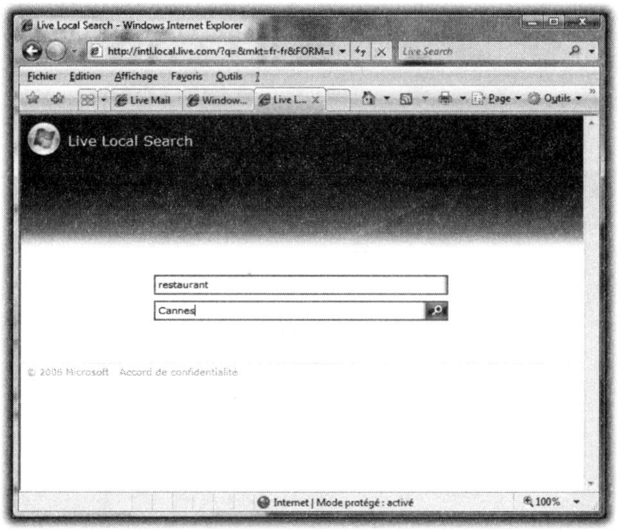

5. Dans le résultat de la recherche, vous pouvez cliquer sur le résultat de votre choix et planifier un itinéraire.

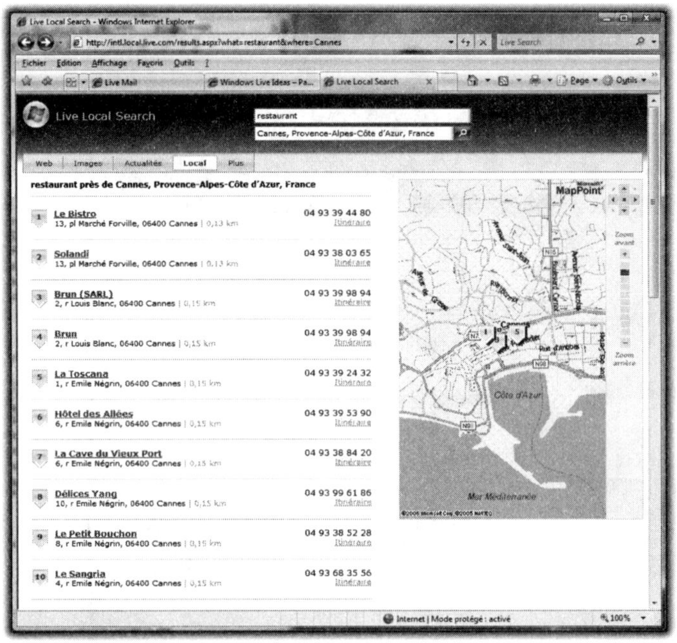

Figure 16-7 : *Résultat de la recherche de restaurants*

6. Une fois que vous avez obtenu les informations sur votre restaurant, cliquez sur le signe + sur la carte pour voir dans quelle rue, votre recherche se trouve. Si vous souhaitez planifier un itinéraire, cliquez sur *Itinéraire*.

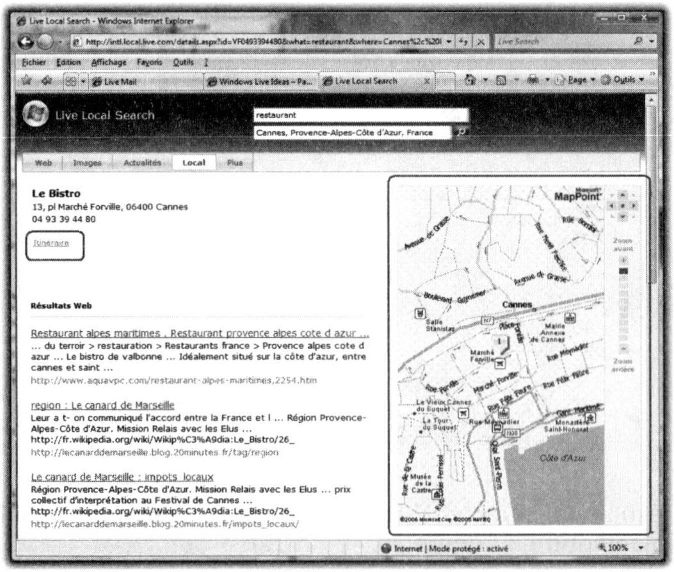

Figure 16-8 : *Carte Microsoft MapPoint sur la ville de votre recherche*

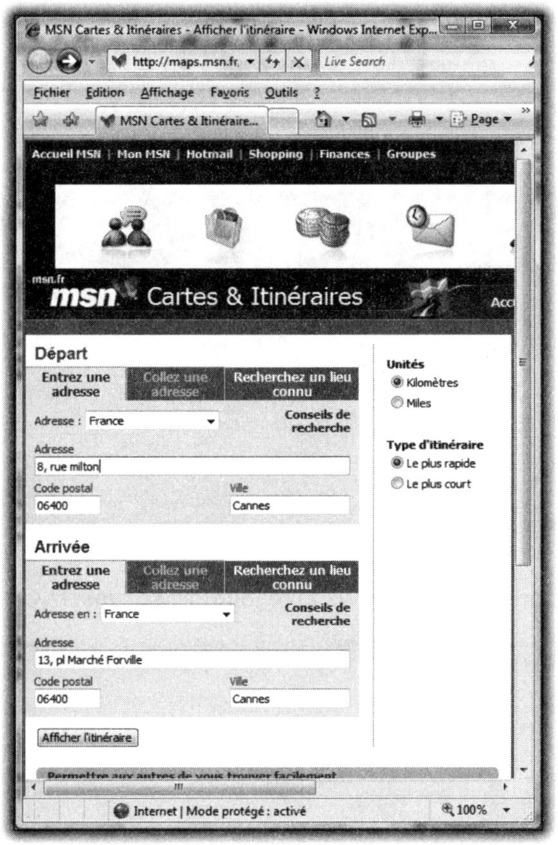

Figure 16-9 : *Itinéraire*

Windows Live Mail

La nouvelle interface de Windows Live Mail apporte plus de simplicité, plus de capacité, plus de rapidité, plus de personnalité et plus de sécurité. Windows Live Mail est le successeur de MSN Hotmail ! Pour pouvoir utiliser cette messagerie, vous devez commencer par créer un passeport. La création de ce passeport va vous permettre d'utiliser tous les services Windows Live qui nécessitent une authentification. En fait, cela consiste à prouver que vous êtes bien la personne que vous prétendez être. Plus simplement, vous empêchez ainsi qu'une personne utilise votre messagerie et envoie des e-mails en votre nom, utilise votre messagerie instantanée, etc. Bref, vous préservez votre confidentialité.

Pour créer un passeport, procédez de la façon suivante :

1. Ouvrez le navigateur Internet Explorer et rendez-vous à l'adresse **www.live.com**.

2. Dans la fenêtre **Live Search**, cliquez sur **Connexion**.

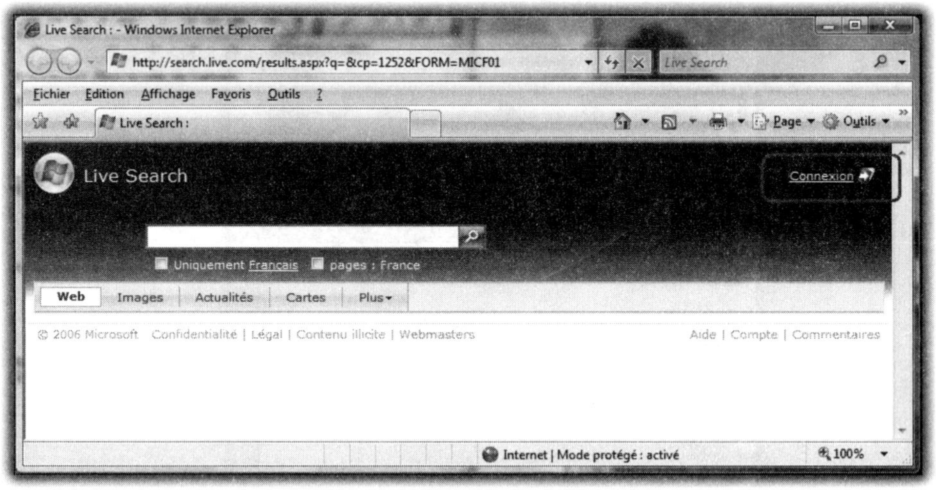

Figure 16-10 : *Connexion sous l'onglet Live Search*

3. Dans la page de connexion **Windows Live**, cliquez sur *Inscrivez-vous !*.

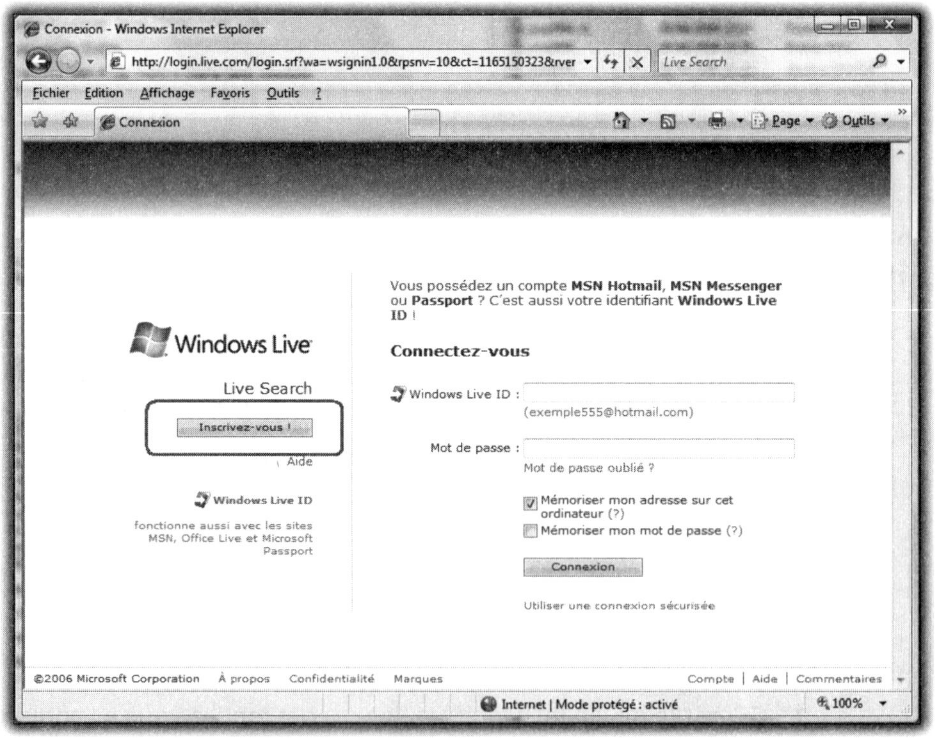

Figure 16-11 : *La fenêtre d'inscription*

4. Sur la page **Avez-vous une adresse de messagerie ?**, sélectionnez *Non, je souhaite créer une adresse de messagerie MSN Hotmail gratuite*, puis cliquez sur **Continuer**.

Figure 16-12 : *Demande d'adresse E-mail*

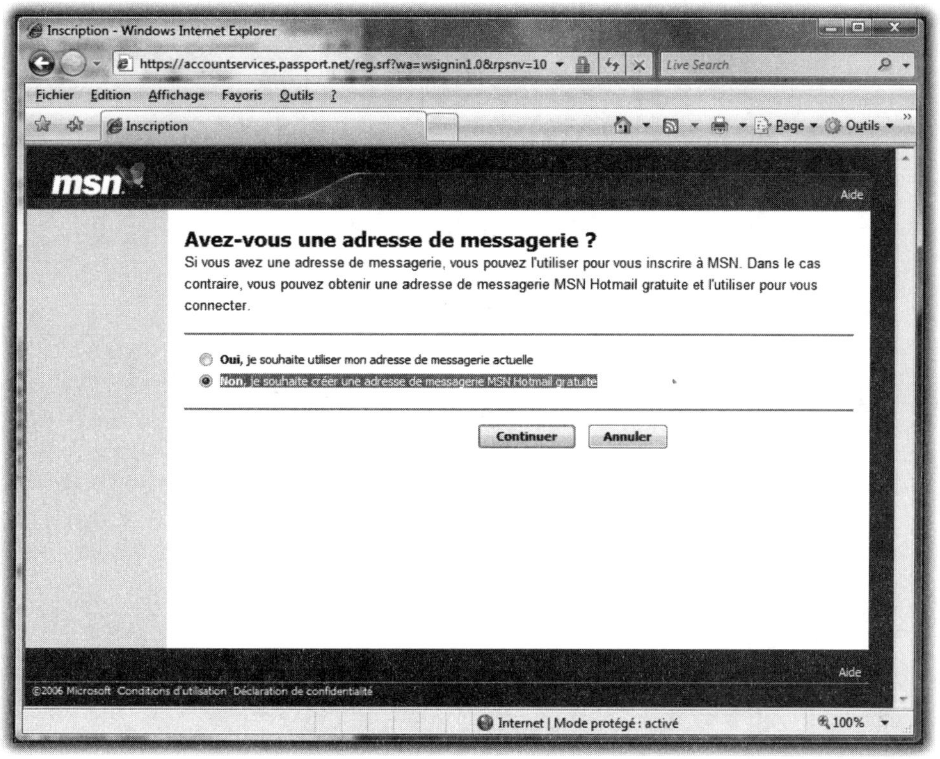

5. Dans la fenêtre **Mail**, remplissez les champs qui vous sont demandés. Dans le champ *Adresse de messagerie*, entrez l'adresse de messagerie et cliquez sur **Vérifier la disponibilité.** Une fois que vous avez terminé de remplir les renseignements, cliquez sur **Accepter** (voir fig. 16-13).

6. Dans la fenêtre **Mail**, après avoir vérifié la confirmation de votre adresse, cliquez sur **Continuer** (voir fig. 16-14).

Figure 16-13 :
Création de l'adresse de messagerie

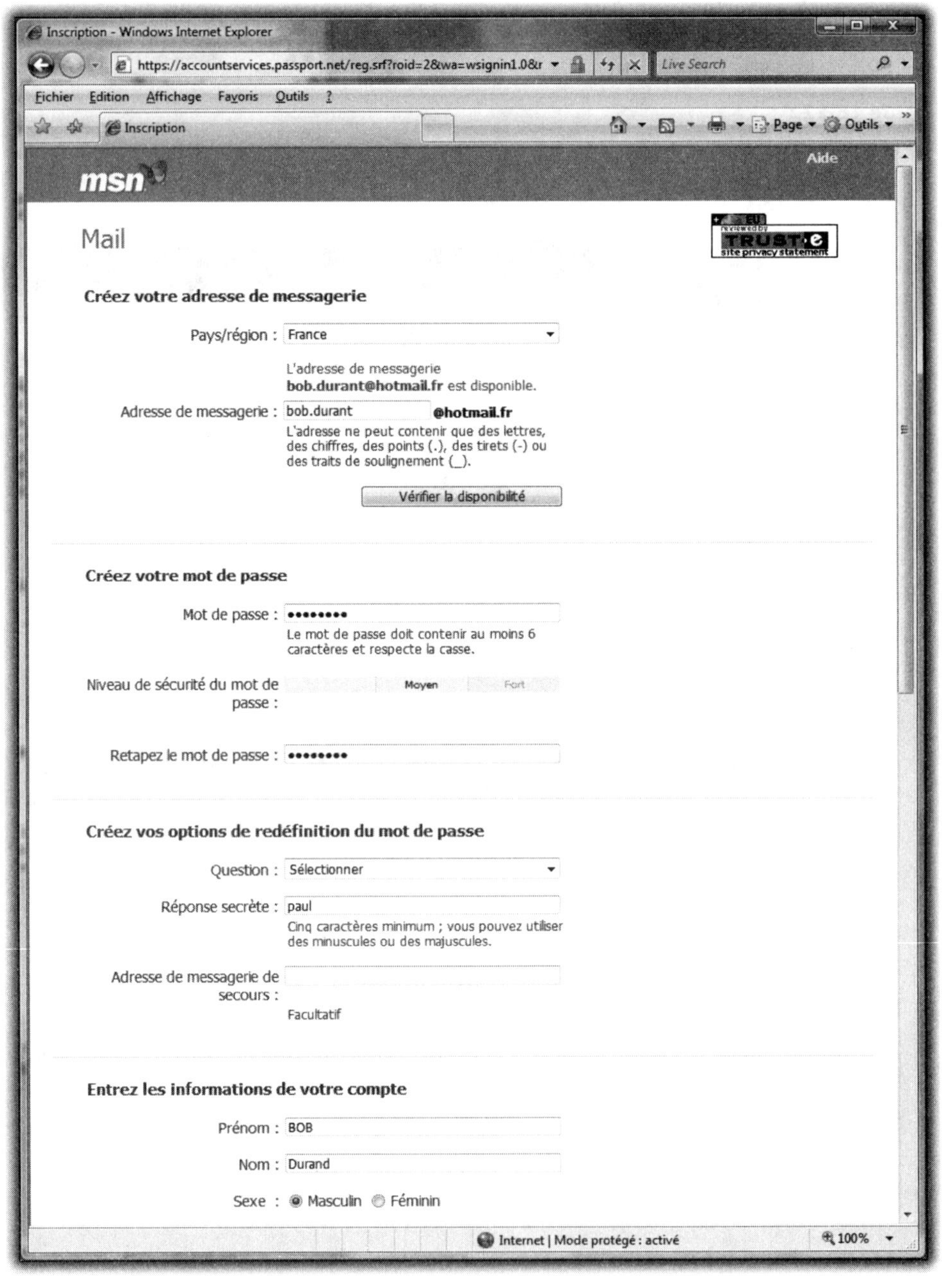

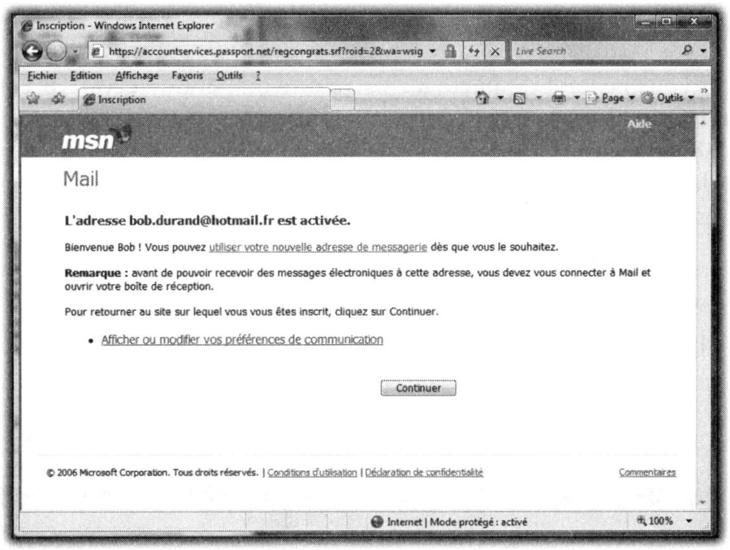

Figure 16-14 : *Confirmation de la création de votre adresse*

Votre statut est passé à l'état d'utilisateur connecté : si vous observez la fenêtre **Windows Live**, vous voyez que le bouton **Connexion** a été remplacé par le bouton **Déconnexion**.

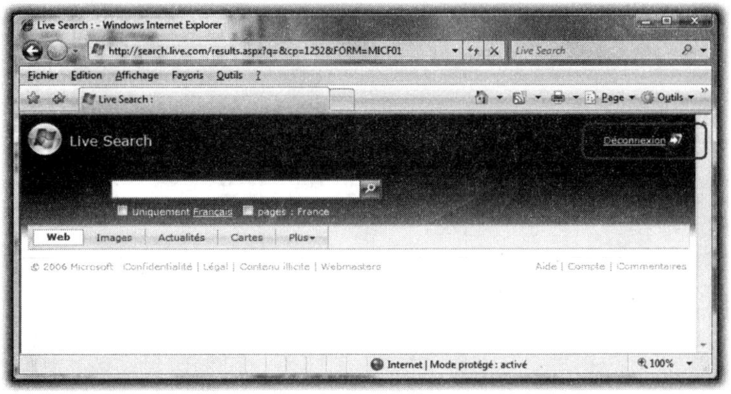

Figure 16-15 : *Le statut d'utilisateur connecté*

Windows Live Messenger

Fort du succès de MSN Messenger, Windows Live Messenger propose de nouvelles fonctionnalités conçues pour permettre aux utilisateurs d'enrichir leurs échanges instantanés ! Parmi les nouveautés : l'appel gratuit depuis le téléphone Philips compatible Windows Live Messenger vers ses amis "en ligne", l'interopérabilité avec Yahoo! Messenger, et une nouvelle option ultra-pratique : le dossier de partage !

Windows Live Spaces

MSN Spaces vous permet de partager votre univers, et de découvrir celui des autres. C'est le service de blogs le plus fréquenté du monde. Depuis son lancement, en décembre 2004, les internautes ont créé plus de 49 millions d'espaces personnels, et ce nombre devrait encore s'accroître dans les mois qui viennent… Cet espace devient Windows Live Spaces.

1. Pour rejoindre Windows Live Spaces, rendez-vous à l'adresse www.windowslivespaces.fr/.
2. Dans la fenêtre **Live Spaces**, cliquez sur **Créer mon espace**.

Figure 16-16 : *La fenêtre Windows Live Space*

3. Dans la fenêtre **Créez votre espace perso Windows Live**, saisissez le nom et l'adresse de votre espace, puis cliquez sur **Créer**.
4. Dans la page **Vous avez créé votre espace perso !**, vous pouvez noter qu'il est situé à l'adresse http://Bob-durand.spaces.live.com/. Cliquez sur **Accéder à votre espace perso**.

Figure 16-17 : *Créez votre espace perso*

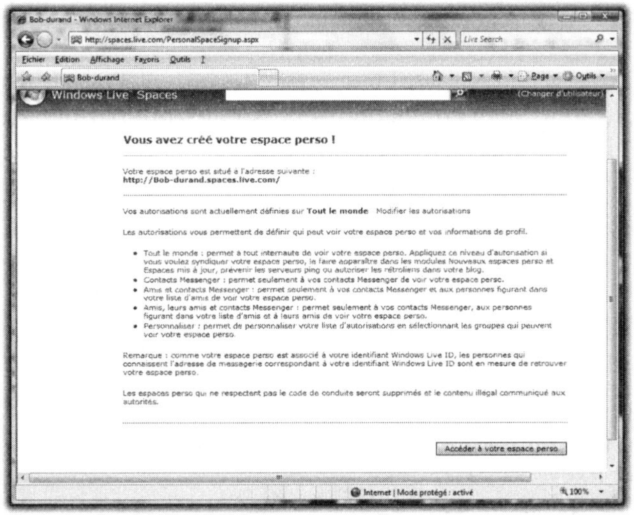

5. Une fois ouvert, remplissez votre espace comme bon vous semble.

Vous pouvez aussi bien l'utiliser pour vos loisirs que comme outil de communication professionnel.

Figure 16-18 : *Votre espace*

Social Networking

Dans Windows Live, le Social Networking s'articule autour d'une liste de contacts unifiée. Chaque utilisateur peut contacter les personnes qui partagent ses centres d'intérêt, même si elles ne font pas partie de son cercle initial. Ensuite, c'est à chacun d'accepter ou non les propositions d'agrandissement des communautés !

Windows Live Favorites

Aujourd'hui, il est possible d'utiliser l'informatique au-delà de sa propre machine… Windows Live Favorites vous permet d'accéder à vos favoris définis dans Microsoft Internet Explorer et MSN Explorer depuis n'importe quel PC connecté.

1. Pour accéder à Windows Live Favorites, rendez-vous à l'adresse **http://favorites.live.com/?mkt=fr-fr.**

2. Dans la fenêtre **Windows Live Favorites**, cliquez sur **Connexion.** Dans la fenêtre de passeport, cliquez sur votre passeport de connexion et entrez votre mot de passe.

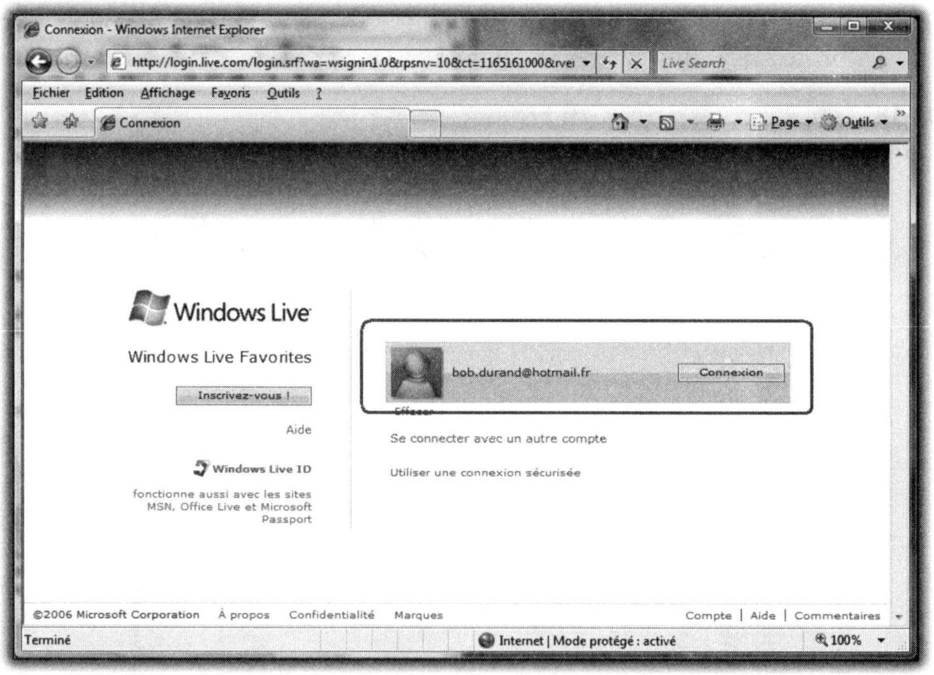

Figure 16-19 : *Connexion à votre passeport Windows Live*

3. Dans la fenêtre **Windows Live Favorites**, cliquez sur **Ajouter** pour ajouter des favoris.

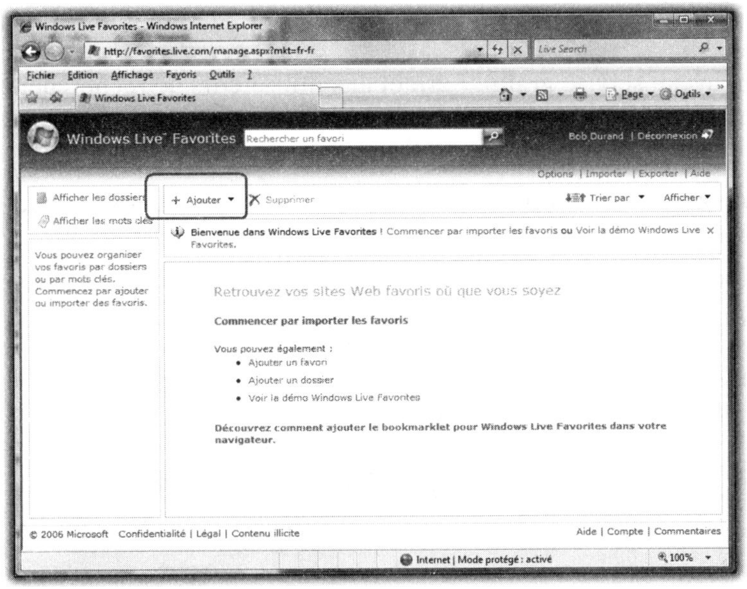

Figure 16-20 : *La fenêtre Windows Live Favorites*

Une fois vos adresses ajoutées, vous pouvez les partager, les trier et les organiser depuis n'importe quel ordinateur.

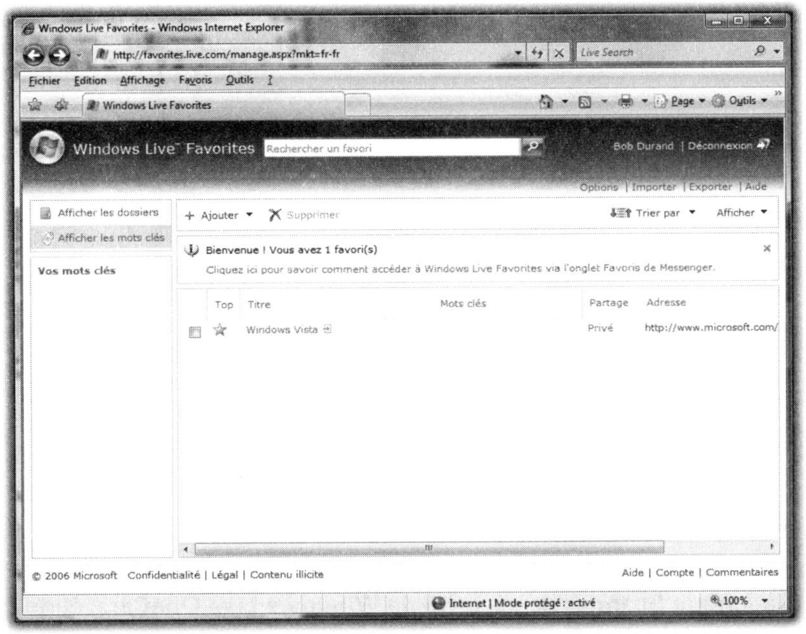

Figure 16-21 : *Liste des favoris ajoutés*

Windows Live Safety Centre

Ce tout nouveau service gratuit permet aux utilisateurs de rechercher et d'éliminer les virus présents sur leur ordinateur, et offre, si on le souhaite, des fonctions complémentaires pour protéger les PC et les services Windows Live.

1. Pour accéder à Windows Live Safety Centre, rendez-vous à l'adresse **http://safety.live.com/site/fr-fr/default.htm?mkt=fr-fr.**

2. Cliquez sur **Analyse complète** pour analyser votre ordinateur.

Figure 16-22 : *Analyse de votre ordinateur par Safety Centre*

3. Dans la fenêtre **Scanner de sécurité de Windows Live OneCare**, cliquez sur **Lancer une analyse complète pour Vista**.

4. Sous la rubrique *Choisissez l'analyse à effectuer*, cliquez sur *Analyse complète (recommandée)*.

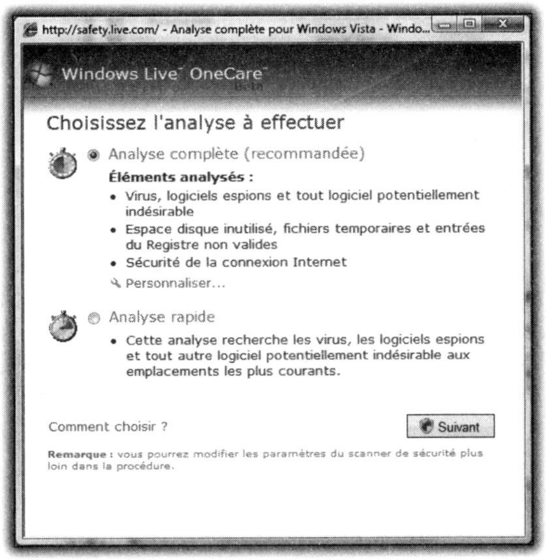

Figure 16-23 : *Choix de l'analyse*

Une fois l'analyse terminée, Windows Live Safety Centre vous propose un rapport détaillé et des actions.

Figure 16-24 : *Le rapport d'analyse*

Windows Live OneCare

Windows Live OneCare est un service sur abonnement. Il combine des fonctions de protection des PC contre les virus et les logiciels espions et assure des mises à jour automatiques et des optimisations régulières. Il prend également en charge la gestion des sauvegardes ; vous ne perdrez plus jamais aucun fichier !

16.2 Windows Live Mail

C'est une messagerie rapide et simple qui vous facilite la lecture, l'envoi et l'organisation de vos messages. Longtemps connue sous le nom d'Hotmail, la messagerie Internet de Microsoft devient Windows Live Mail, Pour les personnes qui possèdent déjà une adresse Hotmail, cela ne va rien changer. Les seuls changements sont les nouveautés apportées par Windows Live Mail. À présent, vous allez pouvoir prévisualiser tous vos messages électroniques sans quitter votre boîte de réception, vous allez pouvoir également organiser vos messages par un simple glisser-déposer. Vous pouvez maintenant utiliser le bouton droit de la souris pour répondre, supprimer, transférer d'un clic vos messages électroniques, et la capacité de la boîte aux lettres est passée à 2 Go.

Créer sa boîte aux lettres sur Internet.

Pour créer votre boîte aux lettres, procédez comme suit :

Pour se, procédez de la façon suivante.

1. Connectez-vous sur Windows Live à l'adresse www.windowslive.fr, puis cliquez sur **Live Mail**.

Figure 16-25 : *Windows Live*

2. Dans la fenêtre **Windows Live Mail**, cliquez sur **Accéder à Live Mail**.

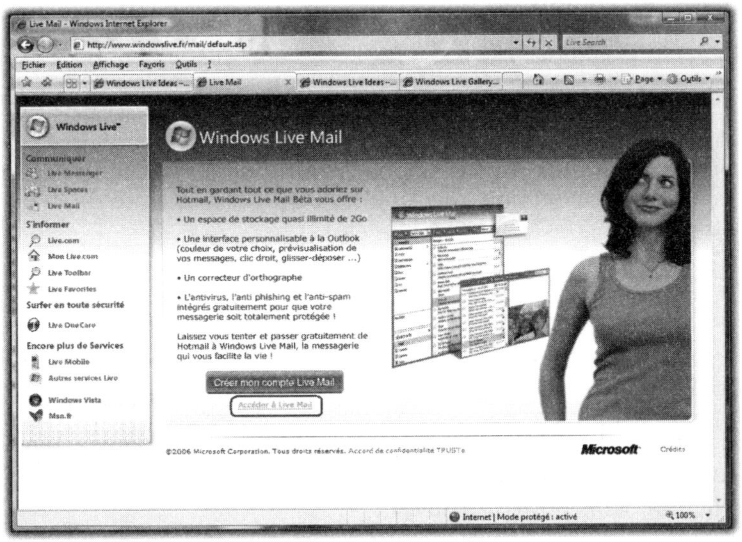

Figure 16-26 : *Accès à Live Mail*

3. Sur la page d'authentification Hotmail, tapez votre adresse de messagerie et votre mot de passe, puis cliquez sur **Connexion**.

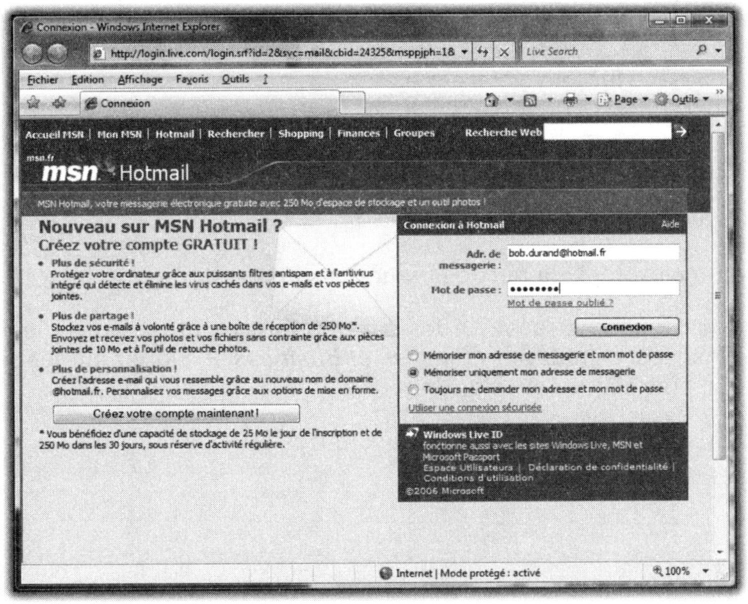

Figure 16-27 : *Connexion à Hotmail*

16

4. À votre première connexion, une fenêtre **Félicitations !** s'ouvre. Cliquez sur **Activer mon compte**.

REMARQUE

Conditions d'activation

Après avoir activé votre compte, celui-ci ne restera actif que si vous vous connectez au moins une fois dans les 10 prochains jours et si vous vous connectez au moins une fois tous les 30 jours à la suite de la période initiale de 10 jours.

5. Dans la fenêtre **Contrat de service Microsoft Dernière mise à jour : juillet 2006**, cliquez sur **J'accepte**.

Un certain nombre de questions vous sont posées dans plusieurs domaines afin de pouvoir identifier votre profil et vous proposer des lettres d'informations adaptées. Parmi les thèmes, vous pouvez trouver :

- *Actualités* ;
- *Loisirs* ;
- *Bien-être* ;
- *Automobile* ;
- *Finances et Business* ;
- *Rencontres* ;
- *Voyages* ;
- *Shopping*…

Prenez comme exemple la partie *Finances et Business*.

6. Si vous souhaitez recevoir des informations en provenance de différents sites de finances, cliquez sur *Finances et Business* et cliquez sur les sites de votre choix, puis cliquez sur **Continuer**.

Bienvenue dans votre nouvelle boîte aux lettres !

Figure 16-28 : *Sélection d'information liées à votre profil*

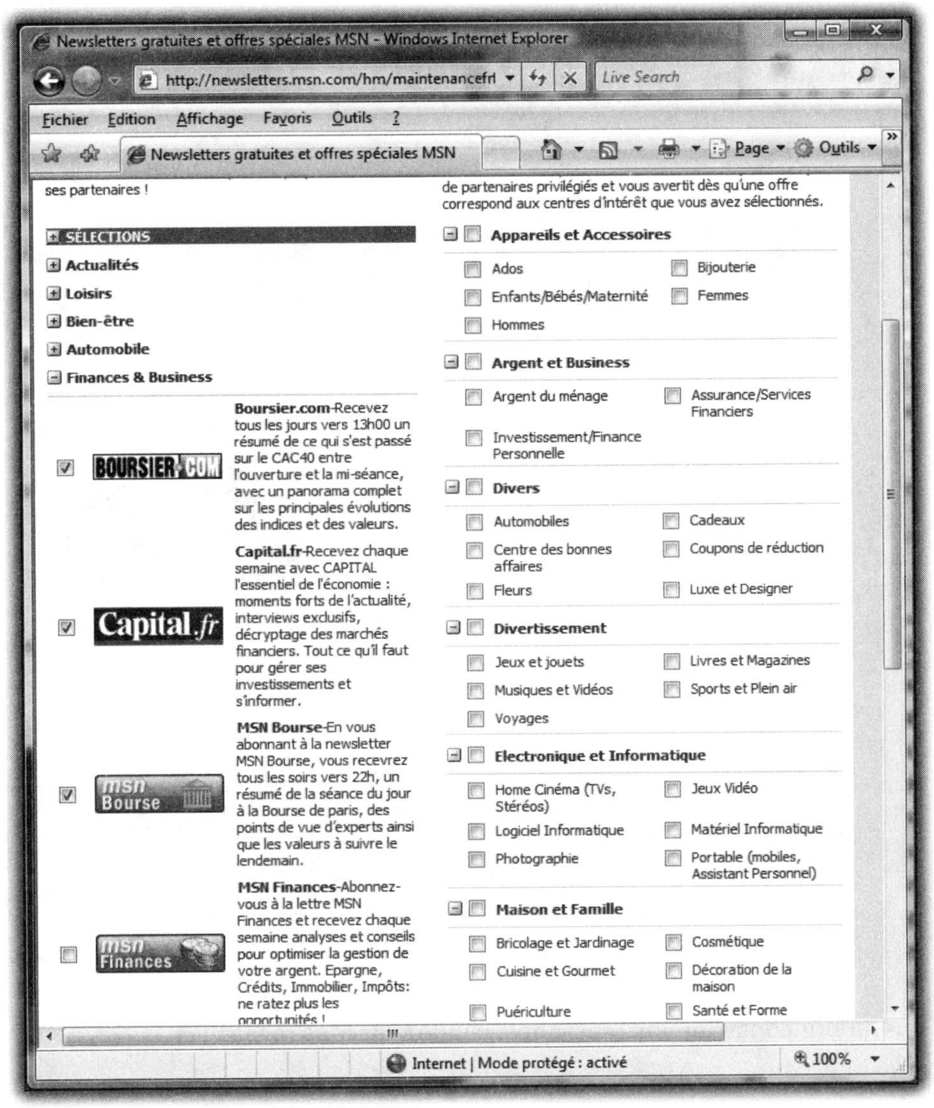

Consulter ses messages

Pour consulter les messages de votre boîte aux lettres, procédez ainsi :

1. Rendez-vous à l'adresse www.windowslive.fr/, cliquez sur **Live Mail**.
2. Dans la fenêtre **Windows Live Mail**, cliquez sur **Accéder à Live Mail**.

3. Sur la page d'authentification Hotmail, tapez votre adresse de messagerie et votre mot de passe, puis cliquez sur **Connexion**.

Figure 16-29 : *La page d'accueil de votre boîte aux lettres*

4. Pour consulter vos messages, cliquez sur **Mes messages**.

Figure 16-30 : *La rubrique Mes Messages est suivie du nombre de messages dans la boîte aux lettres ainsi que du nombre de messages non lus*

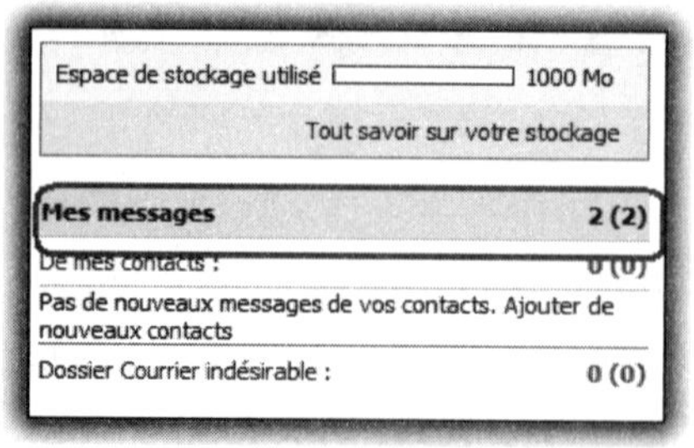

5. Pour lire un message, cliquez sur le message.

Figure 16-31 :
Exemple de courriel

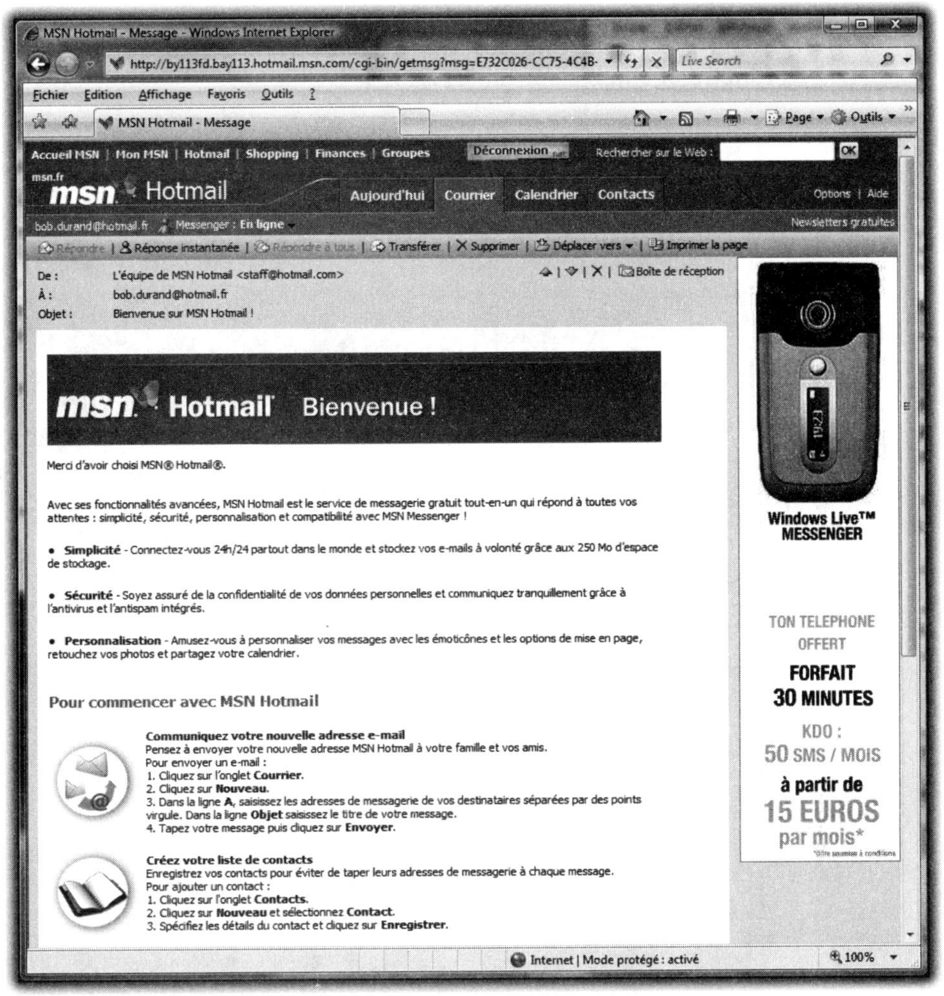

Rédiger des messages

Pour rédiger des messages, procédez comme suit :

1. Rendez-vous à l'adresse www.windowslive.fr/, cliquez sur **Live Mail**.
2. Dans la fenêtre **Windows Live Mail**, cliquez sur **Accéder à Live Mail**.
3. Sur la page d'authentification Hotmail, tapez votre adresse de messagerie et votre mot de passe, puis cliquez sur **Connexion**.
4. Cliquez sur **Nouveau**. Une fenêtre s'ouvre dans le champ *A:*. Saisissez l'adresse de votre destinataire, par exemple marilyne.michu@wanadoo.fr. Dans

le champ *Objet*, saisissez le sujet de votre message, par exemple Confirmation du repas de noël à bordeaux, puis saisissez votre message dans le reste de la fenêtre et cliquez sur **Envoyer**.

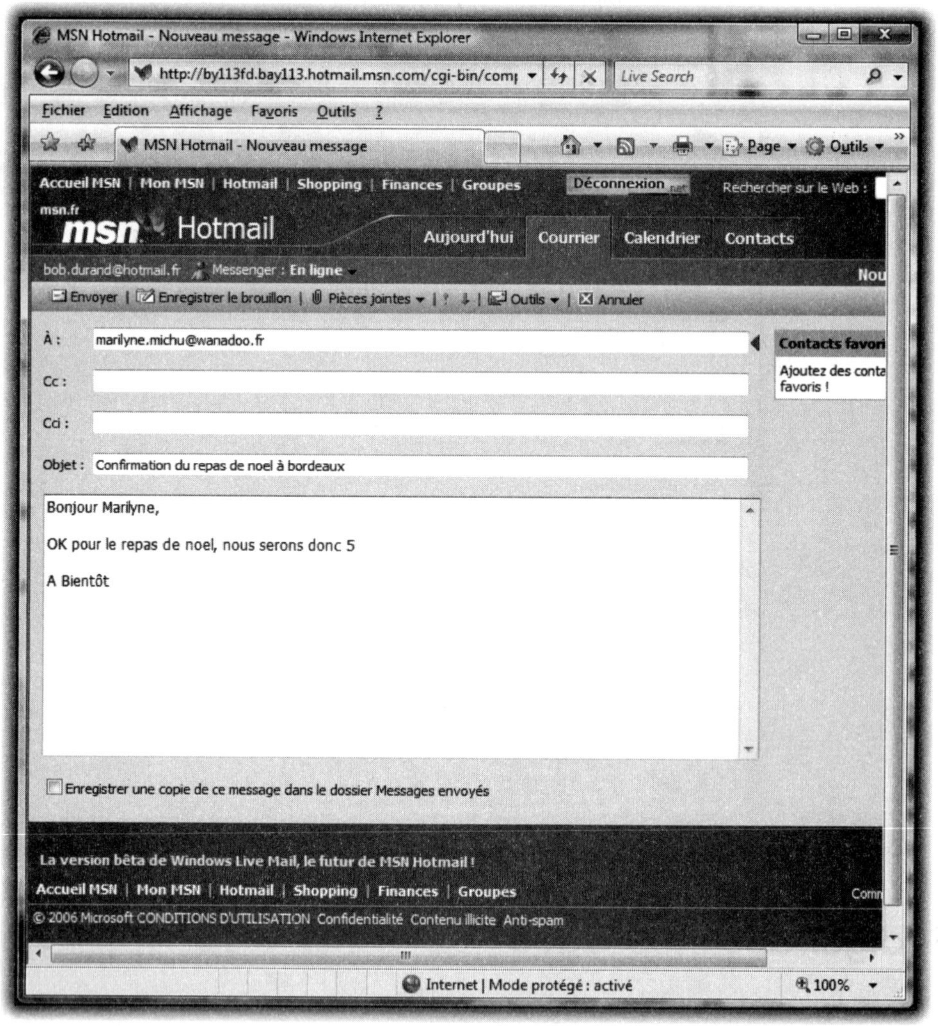

Figure 16-32 : *Rédaction d'un message*

Gérer son calendrier

Autre fonctionnalité bien pratique de Windows Live Mail : la gestion de son agenda. En effet, Windows Live Mail vous propose au travers d'un calendrier de gérer votre emploi du temps journalier, hebdomadaire ou mensuel.

Pour accéder à votre calendrier, procédez comme suit :

1. Rendez-vous à l'adresse www.windowslive.fr/. Cliquez sur **Live Mail**.
2. Dans la fenêtre **Windows Live Mail**, cliquez sur **Accéder à Live Mail**.
3. Sur la page d'authentification Hotmail, tapez votre adresse de messagerie et votre mot de passe, puis cliquez sur **Connexion**.
4. Sélectionnez l'onglet **Calendrier**.

Figure 16-33 : *La fenêtre du calendrier*

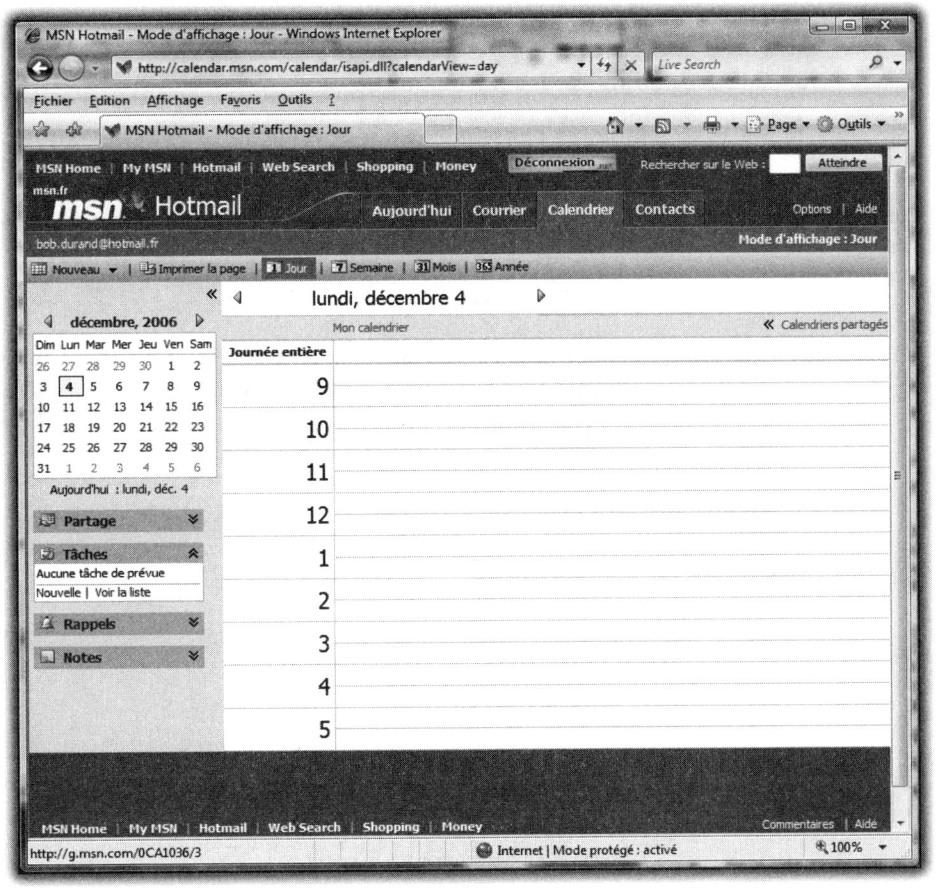

Créer un rendez-vous

La création d'un rendez-vous se passe de la façon suivante :

1. Dans Live Mail, dans la fenêtre **Calendrier**, cliquez sur **Nouveau**.

2. Remplissez les champs de votre rendez-vous :
   - *Description* ;
   - *Lieu* ;
   - *Début* ;
   - *Fin* ;
   - *Notes* ;
   - *Catégorie* ;
   - *Disponibilité*.
3. Cliquez sur **Inviter les participants**.
4. Dans le champ *Participant*, vous pouvez entrer une ou plusieurs adresses pour la même invitation. Saisissez vos adresses, puis cliquez sur **Envoyer**.

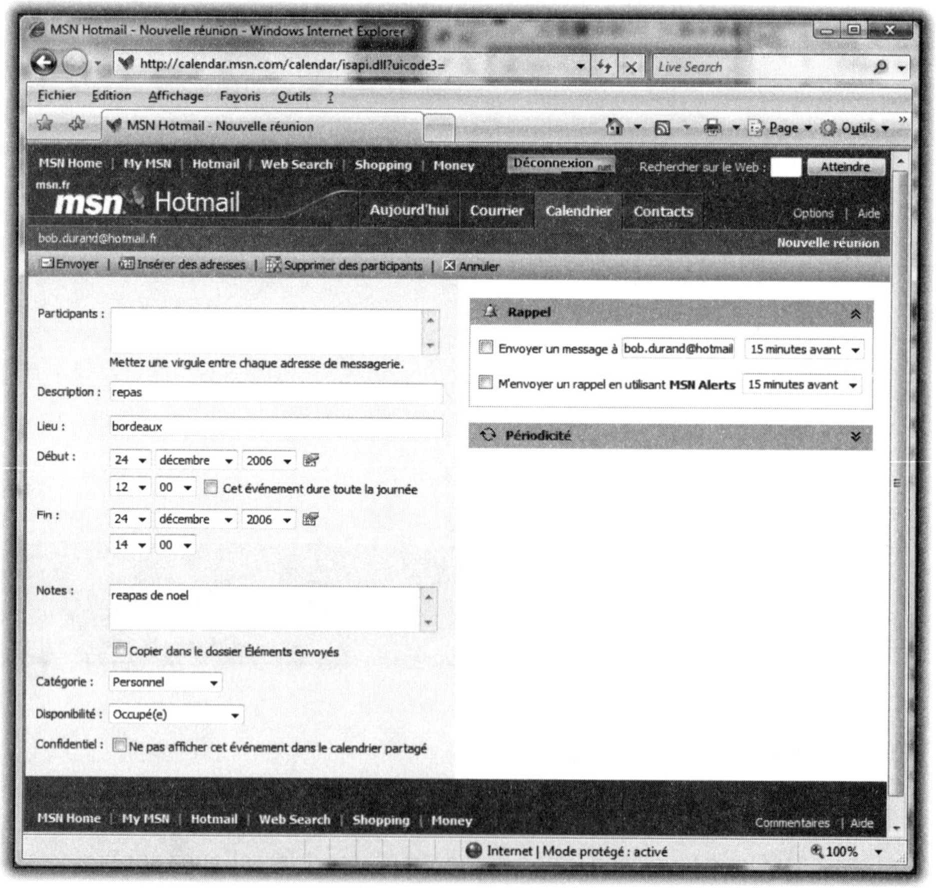

Figure 16-34 : *Création d'un rendez-vous*

16.3 Windows Live Messenger

Il n'est quasi plus nécessaire de présenter Windows Live Messenger. Cet outil illustre par excellence la puissance d'Internet aujourd'hui. Windows Live Messenger a réconcilié toutes les générations et tous les profils avec Internet. La recette de ce succès : les services offerts par la messagerie instantanée. Windows Live Messenger vous permet de communiquer en temps réel par écrit et à plusieurs, par audio ou par vidéo. Windows Live Messenger a démocratisé la visioconférence par Internet.

Pour lancer Windows Live Messenger, procédez comme suit :

1. Activez le menu **Démarrer/Tous les programmes/Windows Live Messenger**.
2. Dans la fenêtre de connexion, entrez votre adresse e-mail, ainsi que votre mot de passe, puis cliquez sur **Connexion**. Si vous le souhaitez, la fenêtre de connexion peut mémoriser votre adresse de messagerie, votre mot de passe et vous connecter automatiquement.

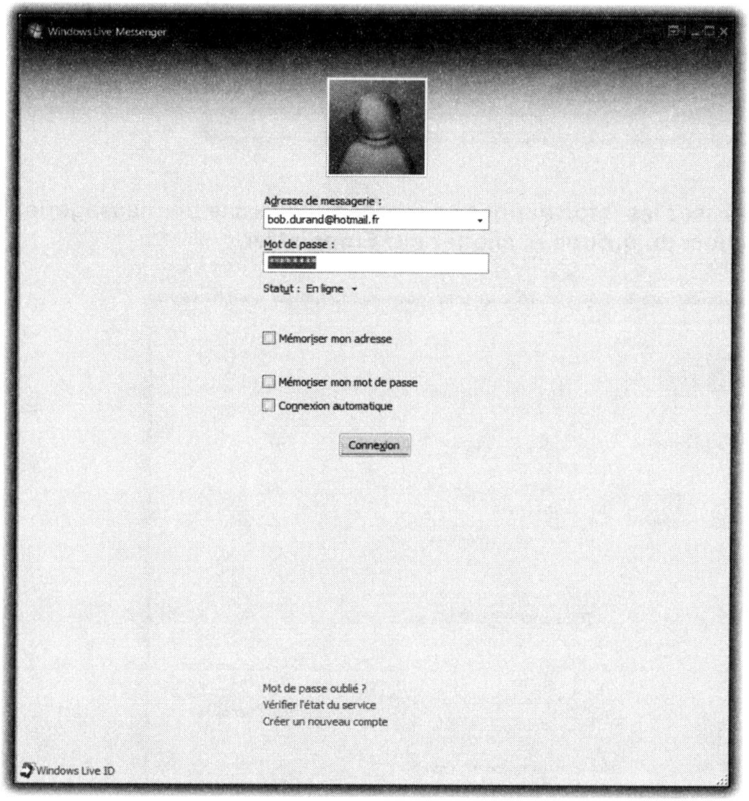

Figure 16-35 : *La fenêtre de connexion de Windows Live Messenger*

Ajouter des contacts

Pour ajouter des contacts dans Windows Live Messenger, procédez comme suit :

1. Démarrez Windows Live Messenger.
2. Dans la fenêtre de connexion, entrez votre adresse e-mail, ainsi que votre mot de passe, puis cliquez sur **Connexion**.
3. Dans la fenêtre de **Windows Live Messenger**, cliquez sur l'icône *Ajouter un contact*.

Figure 16-36 : *Ajout d'un contact*

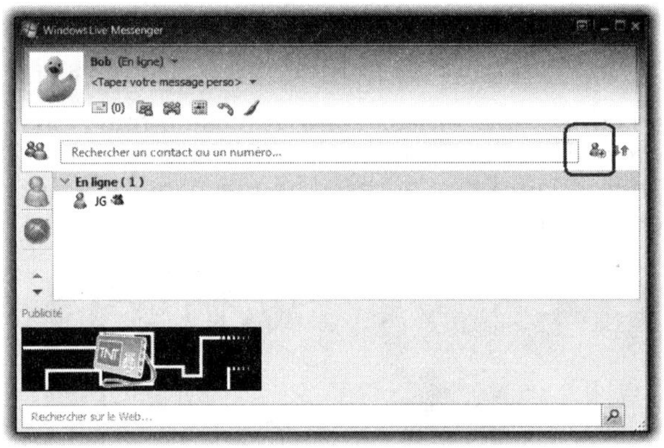

4. Saisissez les informations concernant l'adresse de messagerie, le surnom et le choix du groupe et cliquez sur **Enregistrer**.

Figure 16-37 : *Ajout du contact*

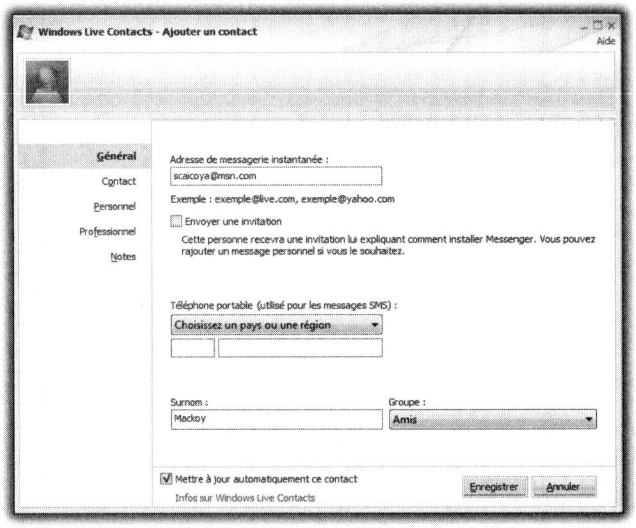

Démarrer une discussion

Pour démarrer une discussion en avec Windows Live Messenger, procédez comme suit :

1. Ouvrez Windows Live Messenger.
2. Dans la fenêtre de connexion, entrez votre adresse e-mail, ainsi que votre mot de passe, puis cliquez sur **Connexion**.
3. Cliquez sur le contact avec lequel vous souhaitez démarrer une discussion.

Figure 16-38 : *Exemple de discussion*

CHAPITRE

17

La gestion du réseau

CHAPITRE

17

La gestion du réseau

La mise en réseau de votre ordinateur, la connectivité permanente en entreprise, est devenue obligatoire. Pour pousser plus loin le raisonnement avec un peu d'humour : plus personne ne voit l'intérêt d'un ordinateur si celui-ci n'est pas relié à Internet ou à la messagerie d'entreprise ou à l'intranet de l'entreprise. De plus, depuis quelques années, les méthodes de connexion au réseau ont évolué : de la connexion sans fil ou filaire au réseau de votre entreprise, au partage d'une connexion Internet et des imprimantes, de la copie des fichiers d'un ordinateur à un autre ou de la portabilité de vos applications multimédias préférées partout où vous le souhaitez.

Windows Vista Professionnel propose de nouvelles fonctionnalités qui facilitent la configuration et l'utilisation de votre réseau, tout en le rendant plus sûr et plus fiable. Windows Vista Professionnel vous offre une connectivité et une gestion améliorées pour vous permettre de vous concentrer sur l'essentiel et augmenter votre productivité.

17.1 Le Centre Réseau et partage

Avec la démocratisation des connexions réseau sans fil et des connexions VPN, Microsoft a souhaité simplifier la connexion au réseau au travers d'une interface de connexion automatique, intuitive et visuelle. Microsoft a souhaité également fortifier sensiblement les protocoles de communication et renforcer la sécurité.

Pour cela, Windows Vista inaugure le Centre Réseau et partage, un seul outil pour gérer tous vos besoins en matière de réseau. Il vous indique à quel réseau votre ordinateur est connecté, vérifie s'il peut accéder correctement à Internet, affiche ces informations graphiquement pour vous aider à déterminer l'état de votre connexion au réseau et à Internet et diagnostique le réseau afin de vous aider à identifier la cause d'un éventuel problème et à y remédier à l'aide de solutions proposées. C'est un outil aussi bien destiné au débutant en informatique, par son aspect visuel et par ses tâches automatiques, qu'à l'administrateur d'entreprise, par la puissance de ces options.

Pour exécuter le Centre Réseau et partage :

1. Cliquez sur le logo Windows de démarrage, puis sur **Panneau de configuration**.
2. Dans le Panneau de configuration, cliquez sur les liens *Réseau et Internet*, puis *Centre Réseau et partage*.

Figure 17-1 : *Premier contact avec le Centre Réseau et partage*

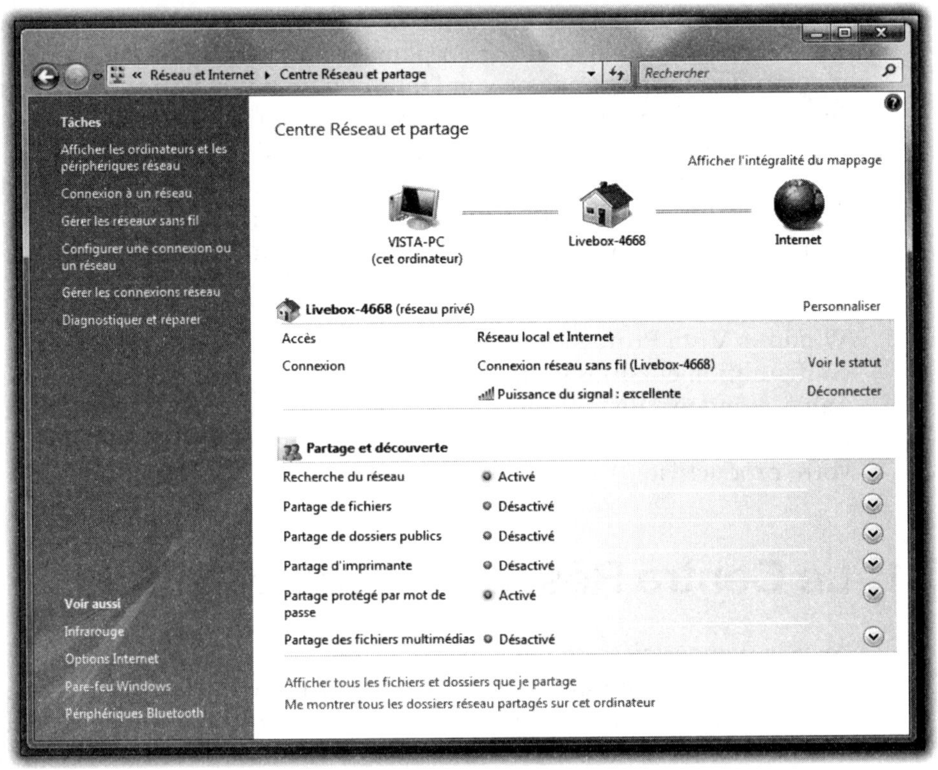

Le Centre Réseau et partage est divisé en quatre parties dans une seule interface :

- La colonne verte, à gauche, contient des liens vers des options de configuration du réseau.
- Une partie représente visuellement votre connexion au réseau.
- Une partie vous permet de configurer au plus juste toutes les options réseau (nom du réseau, type, catégorie, adresse IP, DHCP, DNS, etc.).
- Une partie nommée *Partage et découverte* vous permet de configurer l'accès des ordinateurs du réseau au partage de fichiers et d'imprimantes de l'ordinateur Windows Vista.

Reconnaissance du réseau

Le Centre Réseau et partage possède de puissantes fonctionnalités de reconnaissance du réseau. Il y a de fortes chances que votre connexion réseau, qu'elle soit filaire ou sans fil, s'établisse automatiquement sans que vous ayez à paramétrer quoi que ce soit dans le Centre Réseau et partage. Et ce, que ce soit pour votre connexion à Internet pour la maison ou pour votre connexion au réseau de l'entreprise. Pour cela, Windows Vista capitalise sur le retour d'expérience de Windows XP.

En plus, Windows Vista ajoute une fonction de reconnaissance du réseau qui signale aux applications tout changement dans la connectivité réseau afin d'éviter au maximum les interruptions. Par exemple, si vous possédez un ordinateur portable, lorsque vous vous connectez à différents réseaux, cette modification est communiquée aux applications prises en charge par la reconnaissance du réseau. Celles-ci peuvent alors se reconfigurer automatiquement pour se connecter au nouveau réseau. Lorsque vous passez de votre réseau à la maison connecté à Internet au réseau d'entreprise, les paramètres du pare-feu peuvent être configurés pour ouvrir les ports nécessaires à l'utilisation des logiciels de votre entreprise.

De plus, si votre entreprise a configuré une Stratégie de groupe qui valide des fonctionnalités réseau filaires ou sans fil, celle-ci peut détecter la reconnexion au réseau d'entreprise et lancer automatiquement le traitement des modifications associées à votre profil, au lieu d'attendre le cycle de détection suivant.

Au rang des autres fonctionnalités de reconnaissance du réseau, vous pouvez ajouter des avancées sur le sans-fil. En effet, les données sont également mieux protégées grâce à la prise en charge avancée des derniers protocoles de sécurité sans fil, y compris WPA2 (*Wi-Fi Protected Access 2*). Windows Vista vous empêche de vous connecter à des réseaux pirates qui paraissent légitimes, mais ne le sont pas. Windows Vista permet aussi de créer facilement des réseaux sans fil *Ad Hoc* pour utiliser des applications Peer-to-Peer, telles que les fonctions de partage de fichiers et la collaboration applicative.

La carte du réseau

Lorsque plusieurs ordinateurs et périphériques sont raccordés à un même réseau, avec une combinaison de connexions câblées et sans fil, il est parfois difficile d'appréhender toutes les interconnexions. Avec le Centre Réseau et partage, Windows Vista affiche clairement, sous forme graphique, l'ensemble du réseau avec les appareils connectés et leurs connexions. Cela vous aide à optimiser la structure du réseau, à améliorer ses performances et à localiser plus facilement les problèmes.

Vous avez plusieurs méthodes pour accéder à cette carte : d'abord, si vous avez ouvert le Centre Réseau et partage, elle apparaît devant vous. Si vous souhaitez en visualiser tous les détails :

1. Ouvrez le Centre Réseau et partage.
2. Cliquez sur *Afficher l'intégralité du mappage*.

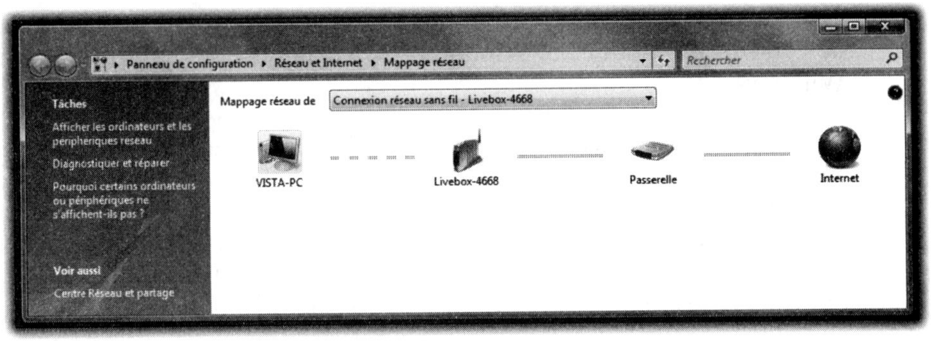

Figure 17-2 :
Carte complète du réseau

17.2 Découverte du réseau

La découverte réseau est un paramètre réseau qui :

- affecte la visibilité des autres ordinateurs et périphériques à partir de votre ordinateur et permet aux autres ordinateurs du réseau de voir votre ordinateur ;
- influe sur votre accès à des périphériques et des fichiers partagés sur d'autres ordinateurs sur le réseau et si des personnes utilisant d'autres ordinateurs sur le réseau peuvent accéder à des périphériques et fichiers partagés sur votre ordinateur ;
- aide à fournir le niveau de sécurité et l'accès adéquats à votre ordinateur, en fonction de l'emplacement des réseaux auxquels vous vous connectez.

Il existe deux états de découverte réseau.

- Activé : cet état vous permet d'afficher d'autres ordinateurs et périphériques sur le réseau à partir de votre ordinateur et permet à des personnes d'autres ordinateurs du réseau de voir votre ordinateur. Vous pouvez aussi accéder à des fichiers et des périphériques partagés, tandis que d'autres personnes peuvent accéder aux périphériques et fichiers partagés sur votre ordinateur.
- Désactivé : cet état vous empêche d'afficher d'autres ordinateurs et périphériques sur le réseau à partir de votre ordinateur et empêche les personnes d'autres ordinateurs du réseau de voir votre ordinateur. Vous ne pouvez pas accéder à des fichiers et des périphériques partagés sur d'autres ordinateurs, tandis que les autres personnes ne peuvent pas accéder aux périphériques et fichiers partagés sur votre ordinateur.

Lorsque vous vous connectez à un réseau, vous devez choisir un emplacement réseau. En fonction de l'emplacement réseau que vous choisissez, Windows affecte un état de découverte réseau au réseau et ouvre les ports appropriés du pare-feu Windows pour cet état.

Configuration du réseau

Dans certains cas, il se peut que vous soyez amené à configurer votre connexion réseau. Windows Vista opère une distinction entre le réseau, l'endroit où vous vous connectez (par exemple le réseau d'entreprise, le réseau de votre domicile, etc.) et l'adaptateur réseau, la carte réseau, qu'elle soit filaire ou sans fil, associée à un réseau. Vous le verrez, plusieurs adaptateurs peuvent être associés au même réseau. Dans la section située sous la carte du réseau du Centre Réseau et partage, de nombreuses informations et des liens sont mis à votre disposition pour vous permettre de configurer votre réseau comme vous le souhaitez.

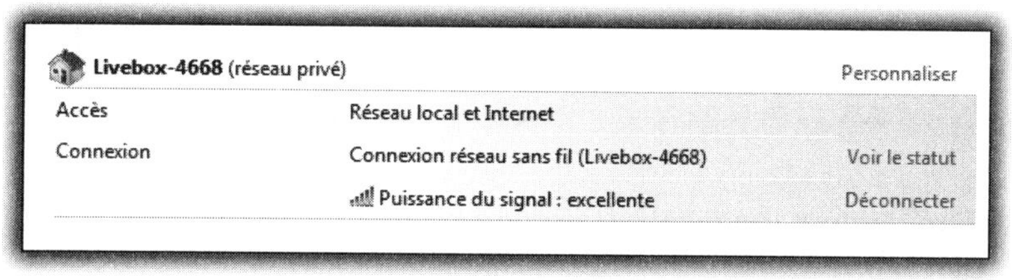

Figure 17-3 : *Les informations de la connexion réseau du Centre Réseau et partage*

Dans la section adéquate, vous remarquez de nombreuses informations comme le nom de la connexion réseau, le type de connexion réseau ou la catégorie. Qu'est-ce qu'une catégorie de réseau ? Windows Vista ajoute la possibilité de classer les connexions au réseau par catégories, afin de définir le périmètre d'action de la connexion réseau donc son niveau de sécurité. Trois catégories existent :

- *Réseau privé* désigne un réseau privé, destiné à un usage à domicile ou en petite entreprise et dédié aux personnes que vous connaissez. La fonction de découverte d'autres périphériques sur le réseau est activée.
- *Réseau public* désigne un réseau public, destiné aux bornes Internet ou aux cybercafés et dédié à tous. Cette catégorie est plus restrictive que la précédente et la fonction de découverte d'autres périphériques sur le réseau est désactivée.
- *Réseau de domaine* désigne un réseau d'entreprise. Cette catégorie est automatiquement appliquée lorsque vous rejoignez le domaine dont votre ordinateur fait partie.

À la maison, vous choisirez *Réseau privé* pour votre configuration à Internet.

1. Vous pouvez également affiner vos réglages en cliquant sur *Personnaliser* :

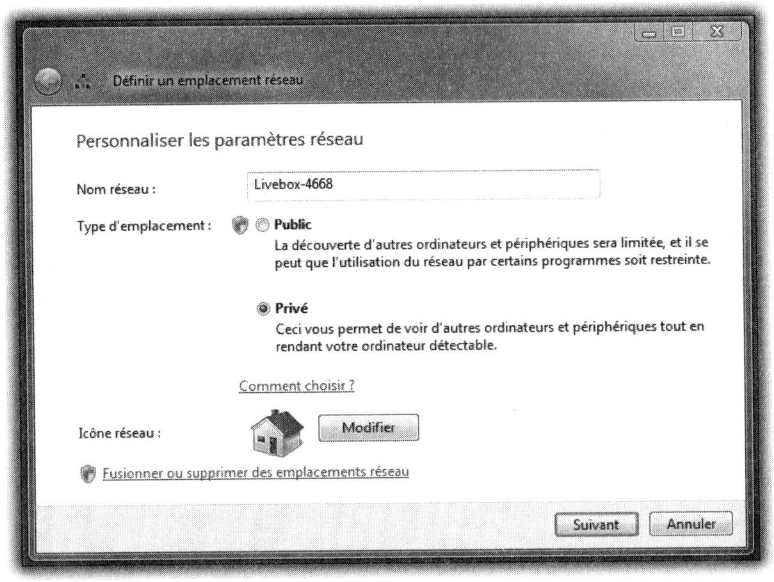

Figure 17-4 : *Fenêtre Personnaliser les paramètres réseaux du Centre Réseau et partage*

2. Une fenêtre de personnalisation s'ouvre. Vous pouvez changer le nom du réseau pour une meilleure identification dans le champ *Nom réseau*. Vous pouvez changer l'icône du réseau en cliquant sur **Modifier**.

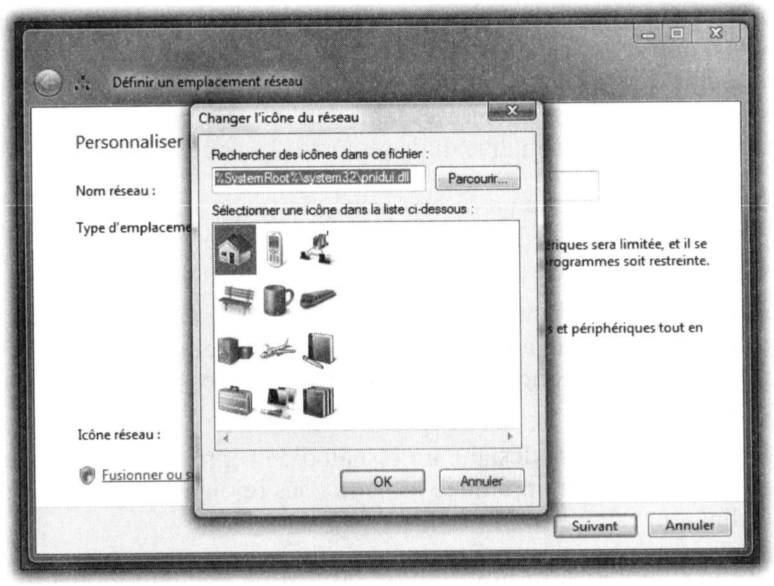

Figure 17-5 : *Vous pouvez changer l'icône représentant votre réseau*

3. Changez la catégorie en cliquant au choix sur *Public* ou *Privé*.

4. Cliquez sur *Fusionner ou supprimer les emplacements réseau* afin d'associer plusieurs adaptateurs réseau au même réseau. Par exemple, cela peut être très utile si vous avez un adaptateur filaire et un adaptateur sans fil pour vous connecter au réseau d'entreprise selon le lieu où vous êtes. Dans ce cas, en associant les deux adaptateurs au même réseau, la connexion au réseau d'entreprise sera automatique, peu importe le lieu où vous serez.

Figure 17-6 : *Vous pouvez associer plusieurs adaptateurs au même réseau*

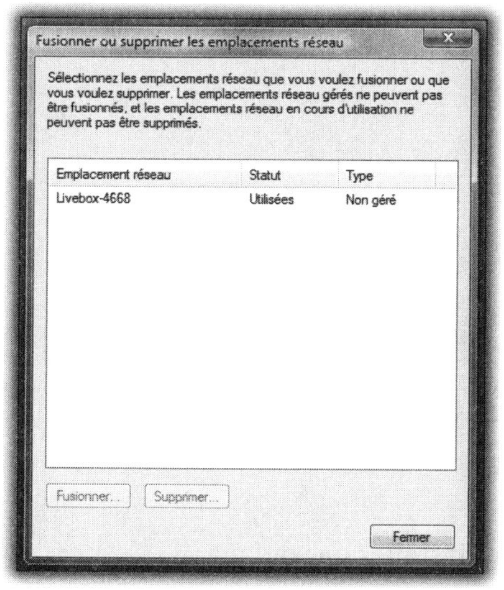

5. Fermez les fenêtres afin de revenir au Centre Réseau et partage et cliquez sur **Voir le statut**.

Figure 17-7 : *La fenêtre des propriétés de la connectivité réseau*

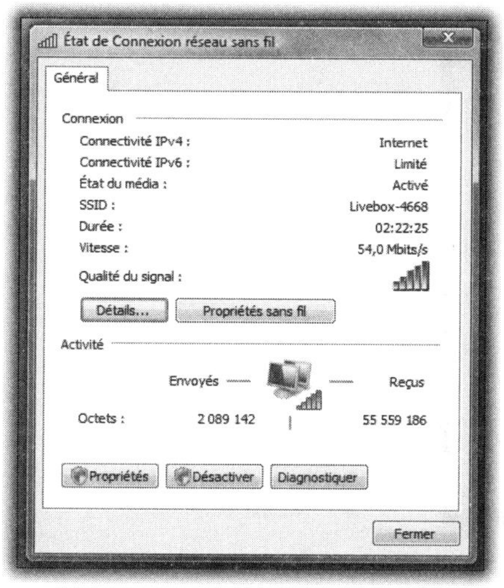

La fenêtre des propriétés qui s'ouvre vous est familière. C'est l'interface classique de statut d'utilisation de l'adaptateur réseau.

6. Cliquez sur **Propriétés**. Vous accédez à la fenêtre de configuration de l'adaptateur réseau qui vous est aussi familière.

Figure 17-8 : *La fenêtre des propriétés de l'adaptateur réseau*

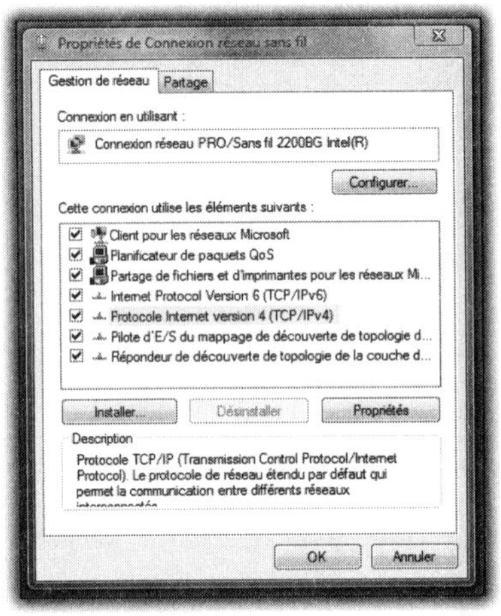

Dorénavant, quatre protocoles sont installés par défaut :

- *Internet Protocol Version 4 (TCP/IPv4)* est le protocole de connexion le plus utilisé et le plus connu. Vous connaissez le format des adresses IP à base de 4 octets (par exemple, 192.168.100.1). Vous configurez l'utilisation ou non de DHCP, WINS, DNS, etc.

Figure 17-9 : *La fenêtre des propriétés du protocole IPv4*

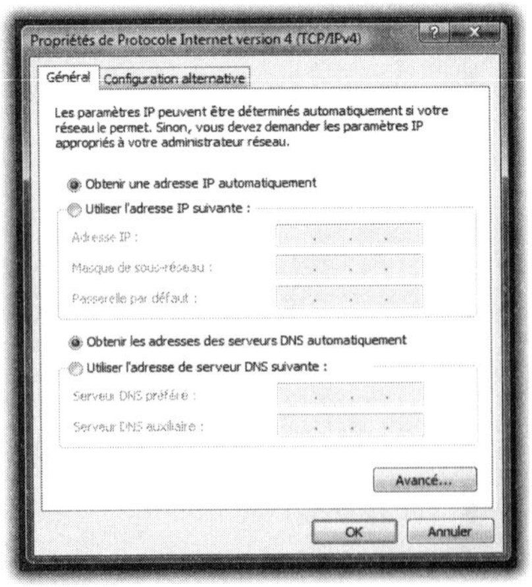

- *Internet Protocol Version 6 (TCP/IPv6)* est une nouveauté. Maintenant, le protocole IPv6 est activé par défaut. C'est l'évolution du protocole IPv4 comme vous le connaissez aujourd'hui avec un nouveau format d'adressage. Pour l'instant, peu d'éléments réseau IPv6 sont en activité, mais Windows Vista se devait de prendre en compte l'arrivée de cette version.

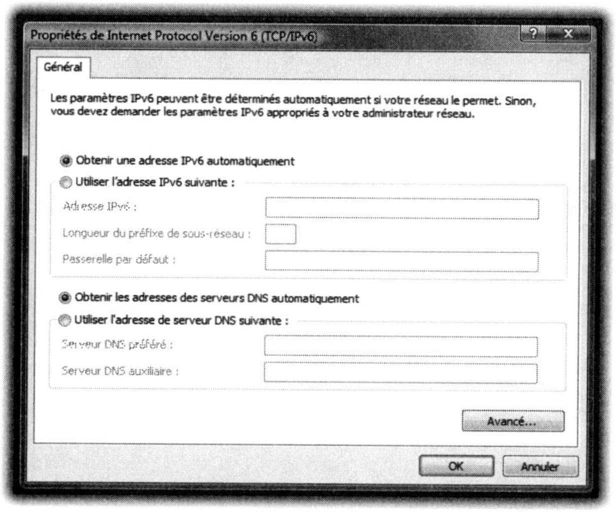

Figure 17-10 : *La fenêtre des propriétés du protocole IPv6*

- *Pilote d'E/S du mappage de découverte de topologie de la couche de liaison* est utilisé pour découvrir et localiser des ordinateurs ou les équipements réseaux sur le réseau. Il est aussi employé pour déterminer la bande passante du réseau.
- *Répondeur de découverte de topologie de la couche de liaison* est utilisé pour la détection et la localisation de votre ordinateur sur le réseau.

7. Fermez toutes ces fenêtres, revenez à la fenêtre du Centre Réseau et partage.

Dans la section *Partage et découverte*, vous pouvez régler les paramètres de découverte et de partage sur le réseau.

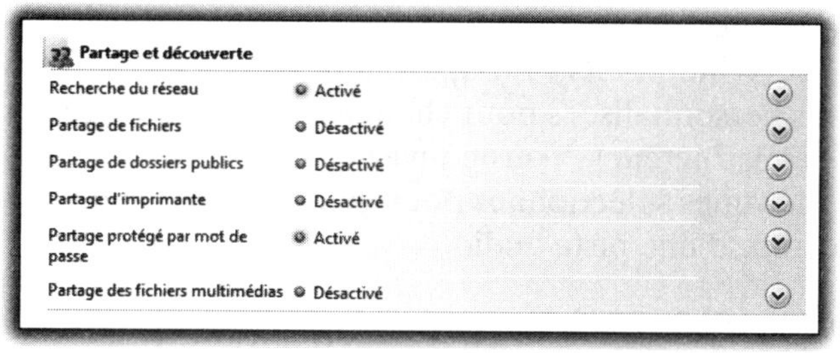

Figure 17-11 : *Les informations de la section General du Centre Réseau et partage*

8. Vous pouvez activer ou désactiver votre visibilité sur le réseau en cliquant sur le bouton du menu déroulant pour obtenir les renseignements de toutes les options et choisir *Activé* ou *Désactivé*. Par exemple, cliquez sur le menu déroulant **Partage de dossiers publics**. Vous pouvez alors affiner vos réglages en ce qui concerne l'accès par le réseau du dossier public.

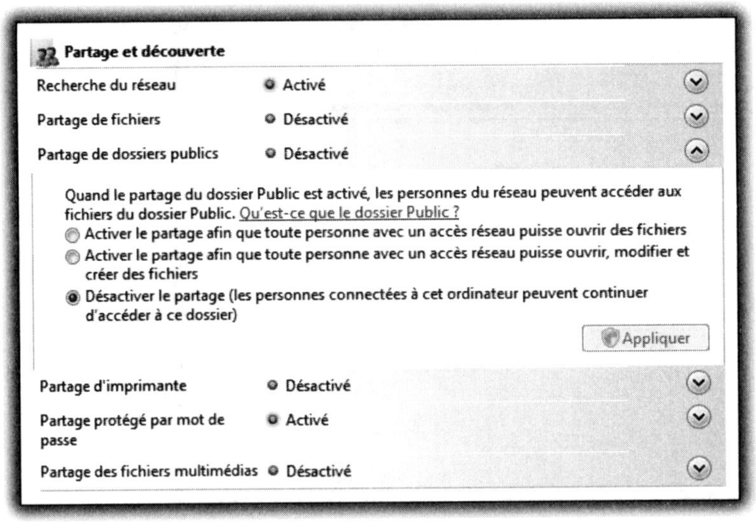

Figure 17-12 : *Paramétrage de la découverte et du partage sur le réseau*

Pour finir, Les paramètres du réseau peuvent également être enregistrés sur une clé USB afin d'ajouter plus facilement et plus rapidement des ordinateurs et des périphériques au réseau. Il vous suffit de brancher la clé USB sur l'ordinateur ou le périphérique voulu, pour que ce dernier rejoigne le réseau, sans paramétrage supplémentaire.

L'Explorateur de réseau

Une fois le réseau configuré, vous pouvez consulter rapidement le contenu des ordinateurs, périphériques et imprimantes du réseau. Le nouvel Explorateur de réseau de Windows Vista affiche tous les ordinateurs, périphériques et imprimantes du réseau. Son fonctionnement est également plus rapide et plus fiable que celui de la fonction Favoris réseau de Windows XP. L'Explorateur de réseau est même capable d'utiliser des icônes personnalisées pour chaque périphérique (lorsque cette option est proposée par le constructeur). Vous pouvez également interagir directement avec les périphériques sélectionnés pour, par exemple, régler des paramètres ou lancer la lecture d'une piste audio.

1. Ouvrez le Centre Réseau et partage.
2. Cliquez sur *Afficher les ordinateurs et les périphériques réseau.*

Figure 17-13 :
L'Explorateur de réseau

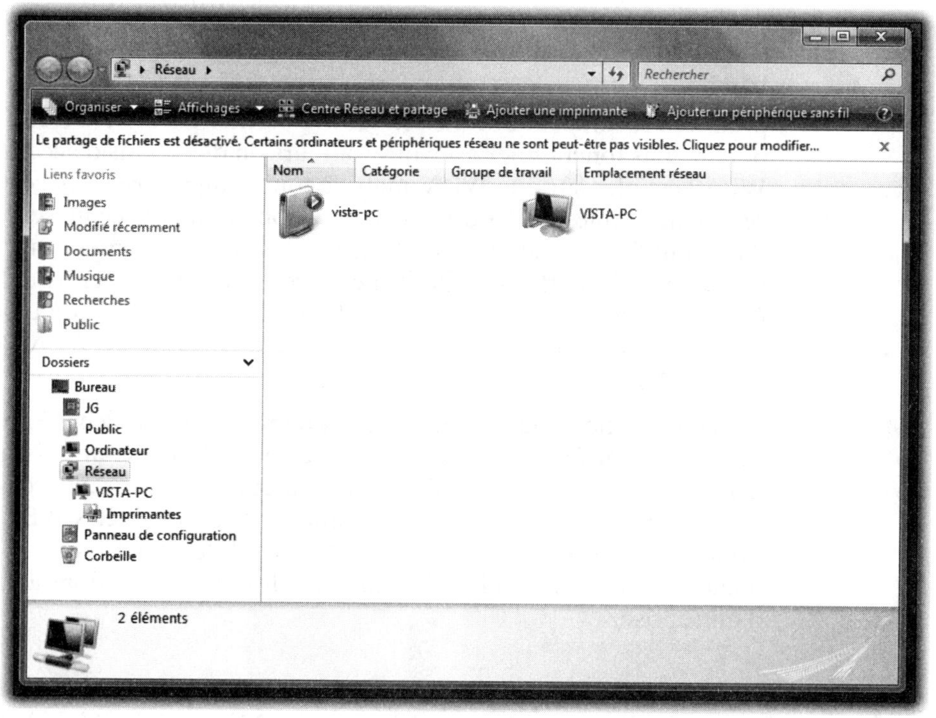

17.3 Les méthodes de sécurité des réseaux sans fil

Si vous envisagez d'utiliser un réseau sans fil, vous devez le configurer afin que seules certaines personnes puissent y accéder. Voici quelques options pour la sécurité réseau sans fil.

- WEP (*Wired Equivalent Privacy*) : c'est une méthode de sécurité réseau sans fil très utilisée. Lorsque vous activez WEP, vous configurez une clé de sécurité réseau. Cette clé chiffre les informations envoyées par un ordinateur à un autre ordinateur sur le réseau. L'ordinateur récepteur requiert la clé pour décoder les informations afin de rendre difficile, pour une personne utilisant un autre ordinateur, l'accès à votre réseau et aux fichiers qu'il contient sans votre autorisation.
- WPA (*Wi-Fi Protected Access*) : cette méthode a été créée pour améliorer la sécurité du chiffrement WEP. Tout comme WEP, WPA chiffre des informations, mais vérifie également que la clé de sécurité réseau n'a pas été modifiée. Par ailleurs, WPA authentifie les utilisateurs pour garantir que seules les personnes autorisées peuvent accéder au réseau. Si votre matériel

de mise en réseau fonctionne avec la sécurité WEP et WPA, nous vous recommandons d'utiliser WPA.

- WPA2 : il existe deux types d'authentification WPA : WPA et WPA2. Le premier est conçu pour fonctionner avec toutes les cartes réseau sans fil, mais peut ne pas fonctionner avec des routeurs ou des points d'accès anciens. WPA2 est plus sûr que WPA, mais ne fonctionnera pas avec certaines cartes réseau anciennes. WPA est conçu pour fonctionner avec un serveur d'authentification 802.1X qui distribue des clés différentes pour chaque utilisateur. On parle de WPA-Enterprise ou WPA2-Enterprise. Il peut également être utilisé en mode de clé prépartagée (PSK), où un mot de passe identique est attribué à tous les utilisateurs. On parle de WPA-Personal ou WPA2-Personal.
- Authentification 802.1X : elle permet de renforcer la sécurité des réseaux sans fil 802.11 et des réseaux câblés Ethernet. 802.1X utilise un serveur d'authentification pour valider les utilisateurs et fournir un accès réseau. Sur les réseaux sans fil, 802.1X ne fonctionne pas avec des clés WEP (*Wired Equivalent Privacy*) ou WPA (*Wi-Fi Protected Access*). Ce type d'authentification s'utilise généralement lors des connexions à un réseau d'entreprise.

17.4 Renforcement de la sécurité du réseau

Si vous configurez un réseau de petite entreprise, voici les méthodes conseillées pour renforcer la sécurité de votre ordinateur et de votre réseau :

- Maintenez votre ordinateur à jour. Pour sécuriser les ordinateurs de votre réseau, activez les mises à jour automatiques sur chaque ordinateur. Les mises à jour sont des ajouts effectués sur un logiciel qui peuvent empêcher ou résoudre des problèmes, améliorer la sécurité ou les performances d'un ordinateur.
- Utilisez un pare-feu. Un pare-feu vous aide à empêcher les utilisateurs ou logiciels non autorisés (tels que les vers) d'accéder à votre ordinateur via un réseau ou Internet. Un pare-feu peut également empêcher votre ordinateur d'envoyer des éléments logiciels nuisibles à d'autres ordinateurs.
- Exécutez un logiciel antivirus sur chaque ordinateur. Les pare-feu permettent d'éloigner les vers et les pirates informatiques, mais ils ne sont pas conçus pour protéger les ordinateurs contre les virus. Vous devez par conséquent installer et utiliser un logiciel antivirus. Les virus peuvent provenir de pièces jointes à des messages électroniques, de fichiers contenus sur des CD ou des

DVD, ou de fichiers téléchargés sur Internet. Vérifiez que le logiciel antivirus est à jour et défini pour effectuer une analyse régulière.

- Utilisez un routeur pour partager une connexion Internet. Pensez à utiliser un routeur (également appelé passerelle Internet résidentielle) pour partager une connexion Internet. Ces périphériques comportent généralement des pare-feu, ou d'autres fonctionnalités intégrées, contribuant à protéger votre réseau contre les pirates informatiques.
- Ne restez pas connecté en tant qu'administrateur. Lorsque vous utilisez des programmes qui requièrent un accès Internet, tels qu'un navigateur web ou un programme de messagerie électronique, il est recommandé d'ouvrir une session en tant qu'utilisateur standard plutôt qu'administrateur. En effet, de nombreux virus et vers peuvent être stockés et exécutés sur votre ordinateur uniquement si vous ouvrez une session en tant qu'administrateur.
- Utilisez une clé de sécurité réseau. Si vous utilisez un réseau sans fil, vous devez configurer une clé de sécurité réseau, qui active le chiffrement. Le chiffrement empêche que des personnes ne se connectent au réseau sans la clé de sécurité. Par ailleurs, toutes les informations envoyées via le réseau sont chiffrées afin que seuls les ordinateurs qui possèdent la clé pour déchiffrer ces informations puissent les lire. Cela peut contribuer à empêcher les tentatives d'accès au réseau et aux fichiers sans votre autorisation. Les méthodes de chiffrement de réseau sans fil courantes sont WEP (*Wired Equivalent Privacy*), WPA (*Wi-Fi Protected Access*) et WPA-2.
- Modifiez le nom et le mot de passe d'administrateur par défaut sur votre routeur ou votre point d'accès. Si vous utilisez un routeur ou un point d'accès, vous avez probablement utilisé un nom et un mot de passe par défaut pour configurer l'équipement. La plupart des fabricants utilisent les mêmes noms et mots de passe par défaut pour tous leurs équipements, ce qui facilite leur utilisation par toute personne souhaitant accéder à votre routeur ou votre point d'accès, sans que vous ne vous en rendiez compte. Pour éviter que cela ne se produise, modifiez le nom d'utilisateur et le mot de passe d'administrateur pour votre routeur. Consultez la documentation fournie avec votre périphérique pour obtenir des instructions sur la modification de nom et de mot de passe.
- Modifiez le SSID par défaut. Les routeurs et les points d'accès utilisent un nom de réseau sans fil intitulé SSID (*Service Set Identifier*). La majorité des fabricants utilise le même SSID pour tous les routeurs et points d'accès. Il est par conséquent recommandé de modifier le SSID par défaut pour empêcher que votre réseau sans fil n'interfère avec d'autres réseaux sans fil utilisant le SSID par défaut. Cela facilite également l'identification de votre réseau sans fil, si plusieurs réseaux sont détectés, car le SSID s'affiche généralement dans

la liste des réseaux disponibles. Consultez la documentation fournie avec votre périphérique pour obtenir des instructions sur la modification du SSID par défaut.

- Positionnez soigneusement votre routeur ou votre point d'accès. Les signaux sans fil peuvent être transmis dans un rayon d'une trentaine de mètres, de sorte que le signal de votre réseau peut être diffusé en dehors de votre maison. Vous pouvez limiter la zone de couverture du signal en positionnant votre routeur ou votre point d'accès au centre de votre maison plutôt que près d'un mur ou d'une fenêtre donnant sur l'extérieur.

17.5 La nouvelle suite de protocoles TCP/IP

Windows Vista inclut une nouvelle implémentation de la suite de protocoles TCP/IP. La suite de protocoles TCP/IP connue aujourd'hui avec Windows XP et Windows Server 2003 a été créée originellement dans les années 1990 et a été modifiée et enrichie au fil du temps pour répondre aux besoins des utilisateurs, qu'ils soient à la maison ou en entreprise. La nouvelle implémentation de la suite de protocoles TCP/IP de Windows Vista est une refonte complète des fonctionnalités TCP/IP pour IPv4 et IPv6 qui répond aux besoins d'aujourd'hui et de demain en termes de connectivités et de performances des environnements réseau, de plus en plus hétérogènes et complexes.

Les améliorations de TCP/IP

Faisons le tour des améliorations de TCP/IP dans Windows Vista…

Une architecture à double pile pour IPv6

L'implémentation d'IPv6 dans Windows XP et Windows Server 2003 est fondée sur une architecture à double pile. Pour supporter le protocole IPv6 (l'installer), vous devez installer un protocole séparé au travers du processus habituel d'installation des protocoles réseau. La pile séparée IPv6 possède sa propre couche Transport, qui inclut TCP et UDP, ainsi que sa propre couche Liaison de données. Ces modifications dans les protocoles pour la prise en charge d'IPv6 impliquent la modification des pilotes Windows *Tcpip.sys* pour IPv4 et *Tcpip6.sys* pour IPv6.

INTERNET

Modèle OSI

Les notions de couche Transport et de couche Liaison de données sont à rapprocher du modèle OSI de représentation du fonctionnement du réseau.

INTERNET

Pour plus d'informations, connectez-vous à l'adresse **http://fr.wikipedia.org/wiki/Modèle_OSI.**

La nouvelle implémentation du jeu de protocoles TCP/IP de Windows Vista supporte une architecture à double pile dans laquelle les implémentations d'IPv4 et IPv6 partagent les mêmes couches Transport et Liaison de données. La nouvelle implémentation du jeu de protocoles TCP/IP de Windows Vista installe et active par défaut les protocoles IPv4 et IPv6. Vous n'avez pas besoin d'effectuer d'autres opérations.

Une nouvelle API de programmation

La nouvelle implémentation du jeu de protocoles TCP/IP inclut WSK (*Winsock Kernel*). WSK est une nouvelle API performante de programmation pour les clients TDI. Bien que TDI soit toujours supporté sous Windows Vista, les clients TDI devront être mis à jour vers WSK pour profiter des améliorations de performances.

Les compartiments de routage

Pour empêcher le transfert involontaire du trafic réseau entre des interfaces réseau pour des configurations VPN, La nouvelle implémentation du jeu de protocoles TCP/IP de Windows Vista supporte la notion de compartiments de routage. Un compartiment de routage est la combinaison d'un ensemble d'interfaces réseau, avec ouverture de session, qui a ses propres tables de routage IP. Un ordinateur peut avoir plusieurs compartiments de routage pouvant être isolés les uns des autres. Chaque interface réseau ne peut appartenir qu'à un seul compartiment. Par exemple, quand un utilisateur initie une connexion VPN au travers d'Internet par le jeu de protocoles TCP/IP tel que nous le connaissons aujourd'hui, l'ordinateur de l'utilisateur a une connectivité partielle à Internet et à l'intranet privé en manipulant des entrées dans la table de routage IPv4. Parfois, il est même possible que le trafic Internet soit transféré au travers de la connexion VPN à l'intranet privé. Les compartiments de routage dans la nouvelle implémentation du jeu de protocoles TCP/IP de Windows Vista isolent la connectivité Internet de la connectivité à l'intranet privé avec les tables de routage IP séparées.

L'implémentation du protocole IP renforcée

Quand un paquet Unicast arrive à un client, le protocole IP doit déterminer si le paquet est destiné localement (c'est-à-dire si sa destination correspond à une adresse qui est assignée à n'importe quel adaptateur réseau du client).

L'implémentation du protocole IP actuel accepte n'importe quel paquet destiné localement, indépendamment de l'interface sur laquelle le paquet a été reçu. C'est le cas de Windows XP et de Windows Server 2003. L'implémentation renforcée du protocole IP n'accepte les paquets destinés localement que si l'adresse de destination du paquet correspond à une adresse assignée à l'interface sur laquelle le paquet a été reçu. La nouvelle implémentation du jeu de protocoles TCP/IP de Windows Vista est renforcée par défaut pour IPv4 et IPv6. Toutefois, vous pouvez rabaisser le niveau de protection du protocole IP sous Windows Vista pour fonctionner comme sous Windows XP. La connectivité réseau en sera meilleure mais vous vous exposez à des attaques.

Une nouvelle API de sécurité et de filtrage de paquets

Windows Vista introduit un nouveau cadre de développement nommé WFP (*Windows Filtering Platform*). WFP fournit des possibilités de filtrage à toutes les couches du jeu de protocoles TCP/IP. WFP est un cadre plus sécurisé, intégré et plus simple à appréhender pour les éditeurs tiers qui souhaitent développer des pilotes, des services et des applications qui doivent filtrer, analyser ou modifier le trafic TCP/IP.

INTERNET

Windows Filtering Platform

Vous trouverez des informations détaillées sur WFP à l'adresse **www.microsoft.com/whdc/device/network/WFP.mspx**.

Un nouveau mécanisme

La nouvelle implémentation du jeu de protocoles TCP/IP de Windows Vista peut décharger le traitement de TCP et d'autres types de trafic aux pilotes miniport NDIS et aux adaptateurs réseaux. Le déchargement de TCP et de tout autre traitement de protocole peut améliorer notablement les performances des réseaux à haut débit.

Le support du traitement de la charge réseau sur des ordinateurs multiprocesseurs

Dans l'architecture NDIS 5.1 et les versions antérieures, le traitement des protocoles se limite à un seul processeur. Cette limitation peut être pénalisante pour le traitement de grands volumes de trafic réseau sur un ordinateur multiprocesseur puisque ces derniers ne sont pas utilisés pour cela. Windows Vista résout cette question en permettant à la charge réseau d'un adaptateur d'être équilibrée et traitée au travers de plusieurs processeurs.

INTERNET

Support du traitement de la charge réseau sur des ordinateurs multiprocesseurs

Vous trouverez des informations détaillées sur le support du traitement de la charge réseau sur des ordinateurs multiprocesseurs à l'adresse www.microsoft.com/whdc/device/network/NDIS_RSS.mspx.

Une nouvelle flexibilité

La nouvelle implémentation du jeu de protocoles TCP/IP de Windows Vista possède une infrastructure acceptant des composants plus modulaires qui peuvent être dynamiquement insérés et enlevés.

La reconfiguration sans redémarrage

La nouvelle implémentation du jeu de protocoles TCP/IP de Windows Vista emploie une nouvelle méthode pour stocker les paramètres de configuration qui permet un contrôle plus dynamique et n'exige pas un redémarrage systématique de l'ordinateur après modification des paramètres réseau.

La configuration automatique des paramètres selon différents environnements réseaux

La nouvelle implémentation du jeu de protocoles TCP/IP de Windows Vista détecte automatiquement les modifications dans l'environnement réseau et ajuste les paramètres principaux, comme la fenêtre de réception TCP. Ces améliorations dans la capacité à s'adapter et s'autoconfigurer réduisent les modifications manuelles et donc simplifient et augmentent votre productivité.

Les améliorations de support

Windows Vista étend le support des diagnostics réseau en incluant le support de TCP MIB II et un meilleur suivi dans le journal système de l'observateur d'événements.

Autres améliorations

En quelques points, voici d'autres améliorations de la nouvelle suite de protocoles TCP/IP de Windows Vista :

- un support amélioré pour les ordinateurs se baladant de réseaux en réseaux ;
- un support amélioré pour les développeurs d'applications qui gèrent le multicast ;
- une amélioration des performances du protocole TCP pour les réseaux à grande vitesse, les liens satellites asymétriques et les réseaux sans fil ;
- une portabilité améliorée de la nouvelle suite de protocoles TCP/IP de Windows Vista aux autres systèmes d'exploitation de Microsoft tels que Windows CE, la Xbox et Windows Embedded ;
- une résistance améliorée de la nouvelle suite de protocoles TCP/IP de Windows Vista contre les dénis de service et autres attaques réseau basées sur TCP/IP.

Architecture de la nouvelle suite de protocoles TCP/IP

Le schéma suivant détaille le principe de fonctionnement de la nouvelle suite de protocoles TCP/IP de Windows Vista.

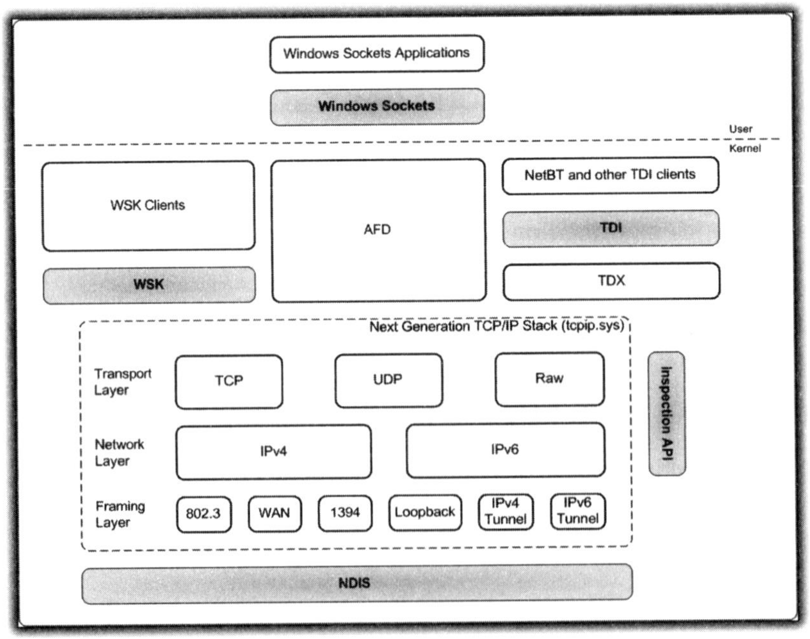

Figure 17-14 : *Architecture de la nouvelle suite de protocoles TCP/IP*

Les trois principales API par lesquelles les applications, les services et les composants système accèdent à la nouvelle suite de protocoles TCP/IP sont les suivantes :

- **WSK** est utilisée par les clients WSK.
- **Windows Sockets (Winsock)** est utilisée par toutes les applications et tous les services développés sur le modèle Windows Sockets. L'API **Windows Sockets** opère au niveau utilisateur et passe au travers d'AFD (*Ancillary Function Driver*) pour atteindre la suite de protocoles TCP/IP. AFD est le pilote de fonction auxiliaire.

INTERNET

AFD

Vous trouverez plus d'informations sur le pilote de fonction auxiliaire à l'adresse **http://fr.wikipedia.org/wiki/Ancillary_Function_Driver.**

- **TDI** est utilisée par NetBT (*NetBIOS over TCP/IP*) et d'autres clients TDI. TDX est une couche de transition entre TDI et la suite de protocoles TCP/IP.

La nouvelle suite de protocoles TCP/IP inclut maintenant une API d'inspection (*Inspection API*) qui travaille au niveau des couches Transport et Réseau selon le modèle OSI. Celle-ci propose une interface permettant une analyse et une inspection des performances.

La nouvelle suite de protocoles TCP/IP de Windows Vista travaille au niveau des couches suivantes du modèle OSI :

- La couche Transport contient les implémentations de TCP, d'UDP et d'un mécanisme d'envoi de paquets IP bruts sans en-têtes TCP ou UDP (*Raw*).
- La couche Réseau contient les implémentations d'IPv4 et d'IPv6.
- La couche Liaison de données contient les modules permettant l'encapsulation des paquets IPv4 ou IPv6. Des modules existent pour les types de réseaux physiques suivants :
  - réseaux filaires IEEE 802.3 ;
  - réseaux sans fils IEEE 802.11. ;
  - réseaux longue distance dont le trafic est basé sur PPP (*Point-to-Point Protocol*) ;
  - interfaces IEEE 1394 ;
  - interfaces de bouclage ;
  - tunnels IPv4 (qui sont utilisés pour la transition vers IPv6) ;
  - tunnels IPv6.

CHAPITRE

18

Gestion du nomadisme

CHAPITRE

18 Gestion du nomadisme

L'utilisation de l'ordinateur portable est de plus en plus courante, en entreprise comme à la maison. C'est très pratique en déplacement, les configurations matérielles sont de plus en plus puissantes et des études tendent à démontrer que la vente d'ordinateurs portables dépassera la vente de stations de travail.

Avec les connexions réseaux sans fils, les batteries de plus en plus performantes, les sorties TV et vidéo, les usages, les besoins et nos exigences ont radicalement évolué ; vouloir par exemple être connecté partout où l'on est, d'un hôtel à l'autre…

Également, de nombreux périphériques externes gravitent de plus en plus autour de nos ordinateurs.

Windows Vista se devait de prendre en compte tous ces nouveaux usages et de simplifier encore plus notre utilisation de l'ordinateur portable. Le but bien sûr de cette simplification est d'améliorer la productivité de l'utilisateur.

18.1 Le Centre de mobilité Windows

Grâce au Centre de mobilité Windows, vous pouvez accéder rapidement aux paramètres de votre ordinateur portable à partir d'un emplacement unique et pratique. Vous pouvez par exemple régler le volume des haut-parleurs de votre ordinateur portable, vérifier l'état de votre connexion réseau sans fil et ajuster la luminosité de l'affichage, le tout, à partir d'un emplacement unique.

Il n'est plus nécessaire de se rappeler où sont situés les paramètres dans le Panneau de configuration, ce qui est particulièrement utile lorsqu'on a besoin de les régler rapidement pour utiliser son ordinateur portable dans des lieux différents, lors de déplacements. Le fait de pouvoir accéder aux paramètres à partir d'un emplacement unique vous permet de gagner du temps, que vous utilisiez votre ordinateur portable à des fins professionnelles ou personnelles.

Pour ouvrir le Centre de mobilité Windows, appliquez l'une des méthodes suivantes :

- Cliquez sur le bouton **démarrer**, puis sélectionnez les commandes **Panneau de configuration/Ordinateur portable/Centre de mobilité Windows**.
- Cliquez sur l'icône de la jauge de la batterie dans la zone de notification de la barre des tâches Windows, puis cliquez sur **Centre de mobilité Windows**.
- Appuyez sur la combinaison de touches [Windows]+[X].

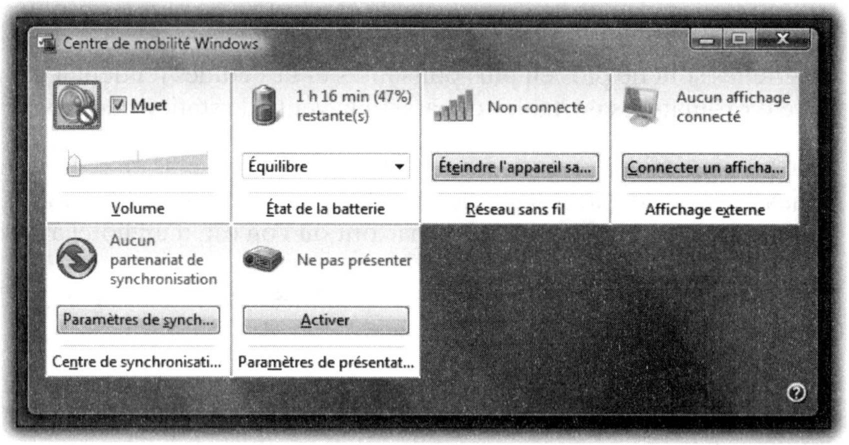

Figure 18-1 : *Le Centre de mobilité Windows*

Le Centre de mobilité Windows est constitué de plusieurs des paramètres d'ordinateur portable les plus couramment utilisés. Selon votre système, la fenêtre du Centre de mobilité Windows comporte certaines des mosaïques suivantes, mais peut-être pas toutes…

- *Luminosité* : déplacez le curseur pour régler temporairement la luminosité de votre affichage. Pour régler les paramètres de luminosité de l'affichage de votre mode de gestion de l'alimentation, cliquez sur l'icône sur la mosaïque pour ouvrir les Options d'alimentation dans le Panneau de configuration.
- *Volume* : déplacez le curseur pour régler le volume des haut-parleurs de votre ordinateur portable ou activez la case à cocher *Muet*.
- *Etat de la batterie* : affichez le niveau de charge de votre batterie ou sélectionnez un mode de gestion de l'alimentation sur la liste.
- *Réseaux sans fil* : affichez l'état de votre connexion réseau sans fil, ou activez ou désactivez votre carte réseau sans fil.
- *Orientation de l'écran* : changez l'orientation de l'écran de votre Tablet PC, de portrait à paysage ou vice-versa.
- *Écran externe* : connectez un moniteur supplémentaire à votre ordinateur portable ou personnalisez les paramètres d'affichage.
- *Centre de synchronisation* : affichez l'état d'une synchronisation de fichiers en cours, démarrez une nouvelle synchronisation ou configurez un partenariat de synchronisation, puis réglez vos paramètres dans le Centre de synchronisation.
- *Paramètres de présentation* : réglez les paramètres, tels que le volume des haut-parleurs et l'image d'arrière-plan du Bureau, pour réaliser une présentation.

Le mode de présentation coupe l'écran de veille et vos conversations de messagerie instantanée pour ne pas vous déranger pendant votre présentation.

Si vous avez besoin d'accéder au Panneau de configuration afin de procéder à des réglages supplémentaires des paramètres de votre ordinateur portable, cliquez sur l'icône, sur une mosaïque, pour ouvrir le Panneau de configuration et accéder au paramètre en question. Par exemple, vous pouvez sélectionner un mode de gestion de l'alimentation existant à partir de la mosaïque *Niveau de la batterie* ou cliquer sur l'icône sur la mosaïque pour ouvrir les Options d'alimentation dans le Panneau de configuration afin de créer un mode de gestion de l'alimentation.

Certaines mosaïques figurant dans le Centre de mobilité Windows sont ajoutées par le fabricant de votre ordinateur portable. Si une mosaïque ne s'affiche pas, il est possible que le matériel requis manque, une carte réseau sans fil ou des pilotes par exemple.

Les nouveautés des paramètres de gestion de l'alimentation

Dans cette version de Windows, vous contrôlez plus que jamais la manière dont votre ordinateur utilise et gère l'alimentation.

Vous pouvez vous servir de la jauge de la batterie pour activer un mode de gestion de l'alimentation différent. Même si la jauge de la batterie est plus communément utilisée avec les ordinateurs portables, elle peut également s'afficher sur un ordinateur de bureau si celui-ci est branché à un onduleur ou tout autre périphérique d'alimentation de type batterie de courte durée.

La jauge de la batterie se situe dans la zone de notification dans la barre des tâches Windows. La jauge de la batterie facilite la gestion de la consommation d'énergie de votre ordinateur portable pendant que vous l'utilisez.

Lorsque vous pointez sur l'icône de la batterie, le pourcentage de la charge restante de la batterie s'affiche, ainsi que le mode de gestion de l'alimentation qu'utilise Windows (voir fig. 18-2).

1. Pointez sur l'icône de la batterie pour afficher le mode de gestion de l'alimentation actif et la quantité de charge qui reste sur votre batterie. De nombreux ordinateurs portables sont équipés de plusieurs batteries. Cliquez sur l'icône de la batterie pour afficher la charge qui reste sur chaque batterie. Pointez sur l'icône pour afficher la charge combinée.

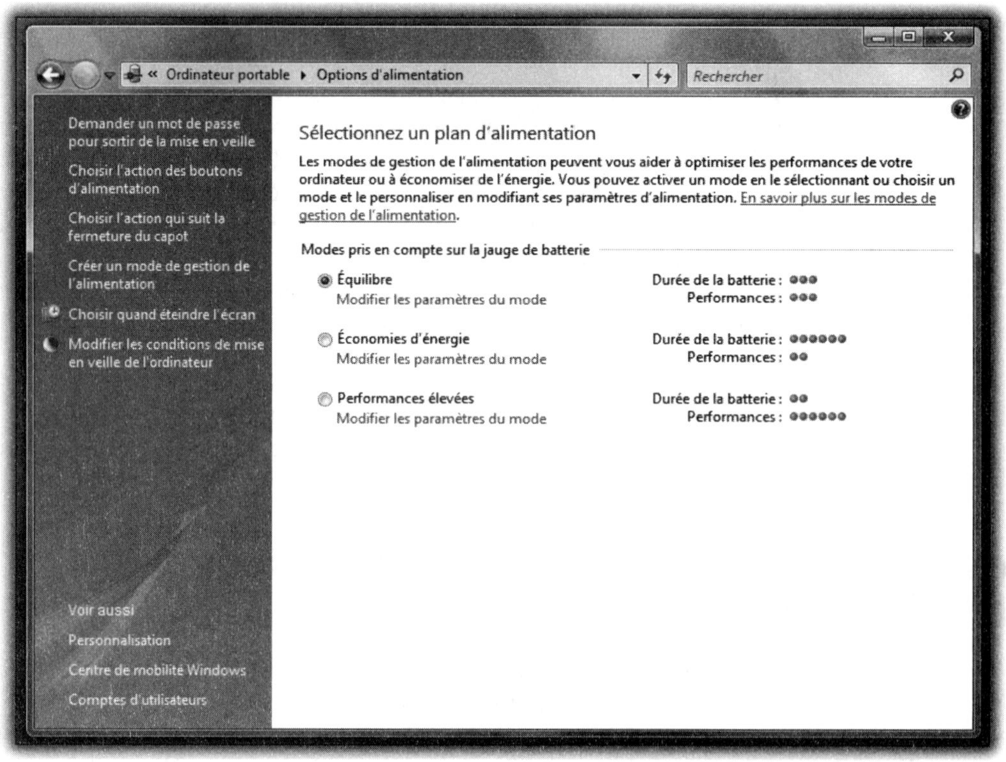

Figure 18-2 : *Gestion de l'alimentation*

La jauge de la batterie indique également si votre ordinateur portable fonctionne sur secteur ou sur batterie. Lorsque la charge de votre batterie atteint un niveau faible, la jauge de la batterie affiche une notification directement au-dessus de l'icône de la batterie.

L'apparence de l'icône de la batterie change pour refléter l'état en cours de votre batterie. Vous pouvez ainsi vérifier le niveau de charge restant de votre batterie. Lorsque le niveau de charge de la batterie est supérieur à 25 %, l'icône de la batterie est verte. Lorsque le niveau de charge de la batterie atteint 25 %, un triangle jaune comportant un point d'exclamation s'affiche au-dessus de l'icône de batterie verte. Lorsque la charge de la batterie atteint un niveau de batterie faible, un cercle rouge comportant une croix blanche s'affiche au-dessus de l'icône de batterie verte.

À partir de la jauge de la batterie, vous pouvez également basculer entre les différents types de modes de gestion de l'alimentation (par exemple, passer d'un mode qui optimise les performances système à un mode qui permet d'économiser l'énergie).

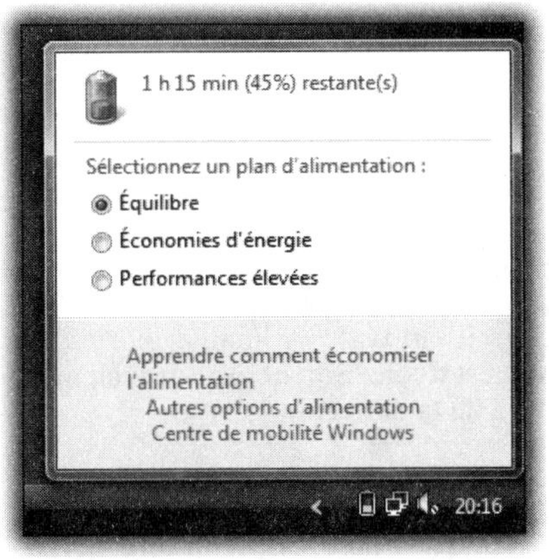

Figure 18-3 : *La jauge de la batterie*

2. Pour modifier les paramètres d'un mode de gestion de l'alimentation ou pour sélectionner un mode de gestion de l'alimentation qui n'est pas répertorié par la jauge de la batterie, cliquez sur *Autres options d'alimentation.*

Les modes de gestion de l'alimentation

Les paramètres de l'alimentation de cette version de Windows sont basés sur les modes de gestion de l'alimentation. Un mode de gestion de l'alimentation est un ensemble de paramètres matériels et système qui permettent de gérer la manière dont votre ordinateur utilise l'énergie. Les modes de gestion de l'alimentation vous permettent d'économiser de l'énergie, d'optimiser les performances système ou de parvenir à un équilibre entre les deux. Les trois modes de gestion de l'alimentation (Équilibre, Économies d'énergie et Performances élevées) répondent aux besoins de la plupart des utilisateurs. Vous pouvez modifier les paramètres de chacun de ces modes ou, si ces modes ne répondent pas à vos besoins, vous pouvez créer vos propres modes de gestion de l'alimentation en vous fondant sur l'un de ces modes.

Il est possible que le fabricant de l'ordinateur fournisse des modes de gestion de l'alimentation supplémentaires.

Lorsque vous démarrez Windows, le mode de gestion de l'alimentation Équilibre est le mode actif par défaut. Ce mode permet des performances système maximales lorsque votre activité en a besoin, et économise l'énergie lorsque vous n'utilisez pas votre ordinateur.

Le tableau suivant décrit chaque mode de gestion de l'alimentation par défaut.

Tableau 18-1 : Les modes de gestion de l'alimentation

Mode	Description
Équilibre	Ce mode établit l'équilibre entre la consommation d'énergie et les performances système en adaptant la vitesse du processeur de l'ordinateur à votre activité.
Économies d'énergie	Ce mode économise l'énergie sur votre ordinateur portable en réduisant les performances système. Son objectif principal est d'optimiser la durée de vie de la batterie.
Performances élevées	Ce mode fournit le niveau le plus élevé de performances sur votre ordinateur portable en adaptant la vitesse du processeur à votre travail ou activité et en optimisant les performances système.

Vous pouvez gérer tous les paramètres des modes de gestion de l'alimentation à l'aide des Options d'alimentation dans le Panneau de configuration. Vous pouvez optimiser davantage la consommation d'énergie et les performances système de votre ordinateur en modifiant les paramètres d'alimentation avancés. Peu importe le nombre de paramètres que vous modifiez, vous avez toujours la possibilité de les restaurer à leurs valeurs d'origine.

18.2 Windows SideShow

Windows SideShow est une nouvelle technologie d'affichage qui est utile, entre autres, aux ordinateurs portables et donc améliore la gestion du nomadisme.

Si vous êtes utilisateur régulier d'un ordinateur portable, vous savez certainement qu'allumer votre ordinateur juste pour consulter votre messagerie ou trouver une adresse ou un numéro de téléphone n'est pas toujours une solution très pratique.

La technologie Windows SideShow, intégrée à Windows Vista, permettra aux constructeurs d'ordinateurs portables d'inclure un écran secondaire ou auxiliaire dans la conception de leurs futurs ordinateurs. Cet écran pourra être utilisé pour afficher facilement les informations dont vous avez besoin, que l'ordinateur soit allumé, éteint ou en veille. Cette fonctionnalité pratique permettra de gagner du temps et d'améliorer la durée de vie de la batterie, en vous permettant d'afficher rapidement le planning de vos réunions, votre répertoire téléphonique, votre carnet d'adresses et les derniers messages électroniques reçus, sans avoir à démarrer votre ordinateur.

Figure 18-4 : *Prototype d'ordinateur portable incluant un affichage externe*

Grâce à Windows SideShow, vous accédez rapidement à vos informations clés telles que votre agenda, vos messages électroniques ou vos notes, sans avoir à allumer votre ordinateur portable.

La plate-forme Windows Vista SideShow permet également aux fabricants de matériel de créer des écrans auxiliaires pour une large gamme de périphériques tels que les claviers, les écrans LCD sur les boîtiers, les télécommandes et les téléphones portables. Ces périphériques peuvent ainsi afficher des informations provenant d'un PC Windows Vista, ce qui améliore encore l'expérience de l'utilisateur.

Pour configurer les éléments qui s'afficheront sur l'écran secondaire, vous devez d'abord posséder le matériel adéquat.

1. Cliquez sur le logo de démarrage Windows, puis sur **Panneau de configuration/Matériel et Audio** pour ouvrir le Panneau de configuration.

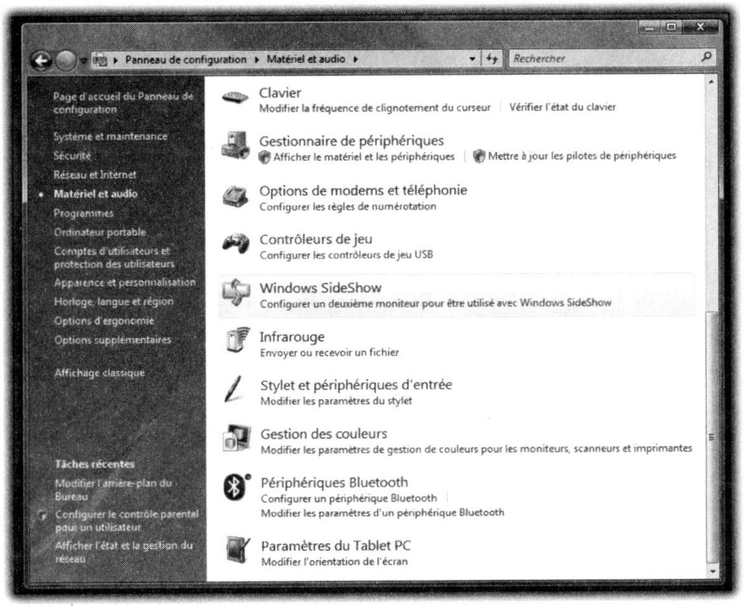

Figure 18-5 : *Le Panneau de configuration de Windows Vista*

2. Cliquez sur le lien *Windows SideShow*.

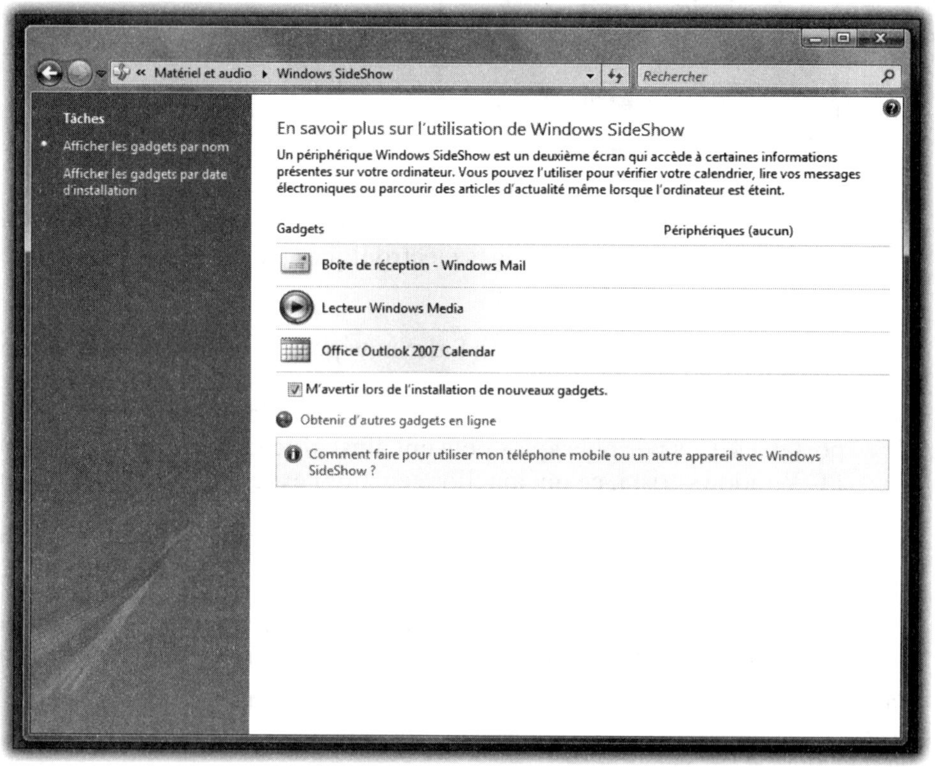

Figure 18-6 : *La fenêtre de configuration de Windows SideShow*

Si votre matériel vous le permet, vous pouvez paramétrer les éléments que vous souhaitez afficher sur l'écran secondaire.

Un périphérique compatible Windows SideShow offre un affichage secondaire qui accède à des informations sur votre ordinateur. Vous pouvez faire appel à ce type de périphérique pour effectuer les tâches suivantes : rechercher votre prochaine réunion, lire des messages électroniques ou passer en revue les dernières nouvelles, sans avoir à allumer votre ordinateur.

Deux types de périphériques principaux sont compatibles avec Windows SideShow.

- Les périphériques intégrés à votre ordinateur : les exemples incluent les petits affichages en couleur qui sont intégrés au couvercle d'un ordinateur portable et les affichages monochromes incorporés à un clavier d'ordinateur de bureau.

- Les périphériques distincts de votre ordinateur : ces périphériques comprennent les affichages dédiés comme les LCD sans fil situés dans une pièce différente de l'ordinateur et les autres périphériques, tels que les téléphones portables et les télévisions équipés des fonctions Windows SideShow.

Pour déterminer si votre périphérique est compatible avec Windows SideShow, recherchez le logo Windows SideShow sur votre périphérique, vérifiez les informations fournies ou accédez au site web du fabricant. Si vous utilisez un périphérique distinct de votre ordinateur, vous devez installer le périphérique pour l'utiliser avec Windows SideShow.

Selon votre périphérique, vous pouvez modifier les paramètres Windows SideShow dans le Panneau de configuration.

- Apparence de l'écran et comportement : choix d'un thème, changement de langue, sélection d'un délai pour l'écran et réglage de la luminosité.
- Sécurité et confidentialité : choix du verrouillage du périphérique après une période d'inactivité, saisie d'un code confidentiel (PIN) et suppression des informations relatives au périphérique lorsque vous vous déconnectez de Windows.

Et bien plus encore… Votre fabricant de périphériques peut fournir des paramètres supplémentaires que vous pouvez personnaliser.

Vous pouvez choisir les informations qui s'affichent sur vos périphériques compatibles Windows SideShow en installant des gadgets ou des programmes complémentaires. Pour rechercher des gadgets en ligne, accédez au site web de Windows SideShow. Après avoir installé un gadget, activez-le dans Windows SideShow à partir du Panneau de configuration.

Les gadgets s'affichent sur votre périphérique dans l'ordre de leur installation. Pour afficher des gadgets installés sur votre périphérique, pour télécharger et installer d'autres gadgets ou pour modifier l'ordre des gadgets sur votre périphérique, accédez à Windows SideShow dans le Panneau de configuration.

Certains gadgets ont peut-être été installés et activés par votre fabricant de périphériques. Dans ce cas, il est possible qu'ils ne s'affichent pas dans le Panneau de configuration.

Certains gadgets sont destinés à un périphérique compatible Windows SideShow spécifique et peuvent ne pas être compatibles avec votre périphérique.

Lorsque votre ordinateur est en veille, il doit être mis en éveil régulièrement pour mettre à jour les informations sur votre périphérique. Au bout de quelques minutes, votre ordinateur repasse en mode veille.

18.3 Connexion des périphériques mobiles

Ces dernières années ont vu l'apparition de nombreux périphériques externes. Connectés à l'ordinateur, ils interagissent avec celui-ci et ont modifié notre comportement informatique. Au rang de ces périphériques, nous pouvons citer :

- les clés USB ;
- les disques durs externes ;
- les baladeurs numériques ;
- les Pocket PC ;
- les Smartphones et les téléphones portables ;
- les consoles de jeu.

Windows Vista, en tant que nouveau système d'exploitation, se devait de s'adapter à ces nouvelles tendances, à ces nouveaux usages en proposant des fonctionnalités inédites ou en améliorant des fonctionnalités existantes. Plus Windows Vista facilitera ces usages et plus la productivité de l'utilisateur augmentera.

Voici quelques-unes des principales réponses de Windows Vista à la problématique de la connectivité.

Le Gestionnaire pour appareils Windows Mobile

Windows Vista inclut en natif le Gestionnaire pour appareils Windows Mobile qui devient le remplaçant d'ActiveSync. Le Gestionnaire pour appareils Windows Mobile fournit toutes les fonctionnalités de connexion et de gestion des périphériques mobiles à base de Windows Mobile, tels les Smartphones ou les Pocket PC. Pour les utilisateurs actuels d'ActiveSync, toutes les fonctionnalités sont maintenant reportées dans le Gestionnaire pour appareils Windows Mobile. Cela comprend le paramétrage du partenariat, la synchronisation des courriels, l'installation d'applications, etc. Pour autant, l'interface graphique change radicalement afin de vous rendre les tâches plus simples, plus intuitives et plus efficaces.

Prérequis matériel

La compatibilité de vos périphériques mobiles ne vous posera pas de problèmes avec l'arrivée de Windows Vista et du Gestionnaire pour appareils Windows Mobile puisque ce dernier prend en charge les Smartphones et les Pocket PC fonctionnant sous Windows Mobile 5 comme sous Windows Mobile 2003.

La suite de la démonstration se fera à partir d'un périphérique Pocket PC.

Connecter son périphérique mobile à l'ordinateur en USB

Avant la première connexion d'un périphérique Windows mobile sur Windows Vista, il n'est pas possible d'exécuter le Gestionnaire pour appareils Windows Mobile. Vous ne le trouverez ni dans le Panneau de configuration ni dans l'Ajout/suppression de programmes.

C'est uniquement à la première connexion du Pocket PC à Windows Vista que le pilote se charge et que l'application se lance. Par la suite, elle restera accessible dans le Panneau de configuration ou par un raccourci sur le Bureau.

La première étape consiste donc à connecter votre Pocket PC. Pour cela, utilisez le câble USB ou la station d'accueil USB fournie avec le périphérique et reliez les deux appareils. Le Gestionnaire pour appareils Windows Mobile se lance automatiquement.

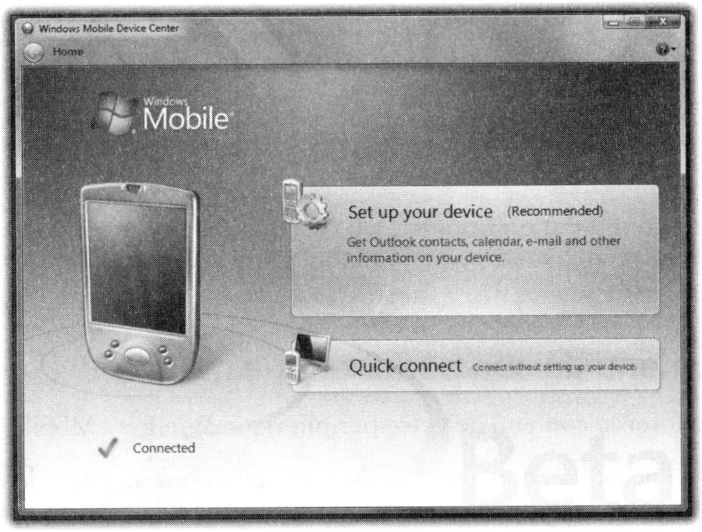

Figure 18-7 : *Premier contact avec le Gestionnaire pour appareils Windows Mobile*

Configurer un partenariat

Le principe du partenariat est de configurer la façon dont le périphérique mobile et l'ordinateur vont interagir au travers du Gestionnaire pour appareils Windows Mobile.

1. Lorsque le Pocket PC est connecté à l'ordinateur et le Gestionnaire pour appareils Windows Mobile lancé, cliquez sur **Set up your device**.

Figure 18-8 : *Définition du partenariat*

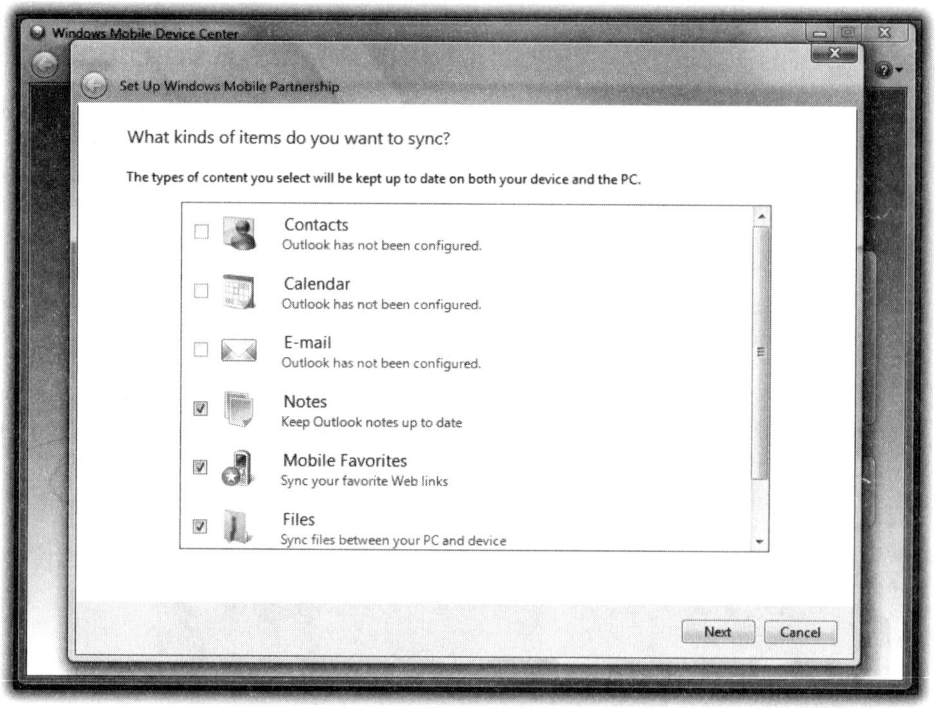

2. Une fenêtre de configuration s'ouvre, vous permettant de sélectionner les éléments que vous souhaitez maintenir à jour entre le Pocket PC et l'ordinateur.

Explorer le contenu de son périphérique mobile

Commencez par explorer le contenu de votre périphérique Windows Mobile.

1. Une fois votre Pocket PC connecté et le Gestionnaire pour appareils Windows Mobile lancé, passez le pointeur de la souris sur le menu **File Management**.

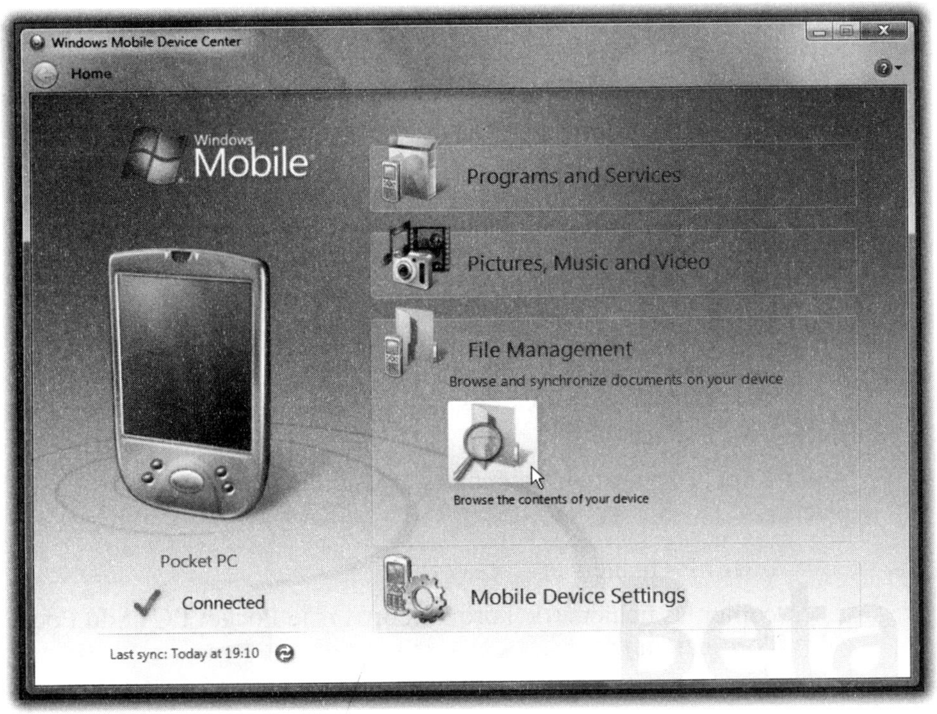

Figure 18-9 : *Le menu File Management du Gestionnaire pour appareils Windows Mobile*

2. Cliquez sur **Browse the contents of your device** pour ouvrir le répertoire représentant votre Pocket PC.

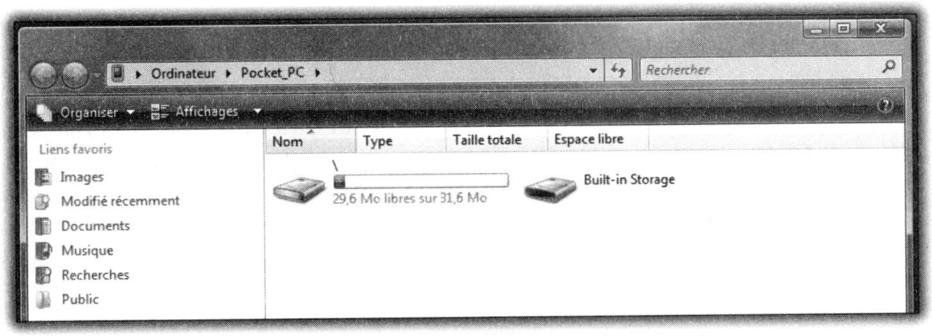

Figure 18-10 : *L'Explorateur de fichiers du Pocket PC*

3. Explorez vos fichiers, qu'ils soient en mémoire ou sur un stockage externe, de la même manière que sur votre ordinateur. Ne vous étonnez pas si l'ouverture des répertoires est un peu plus longue que sur votre ordinateur. Il faut que Windows Vista interroge à chaque fois votre Pocket PC.

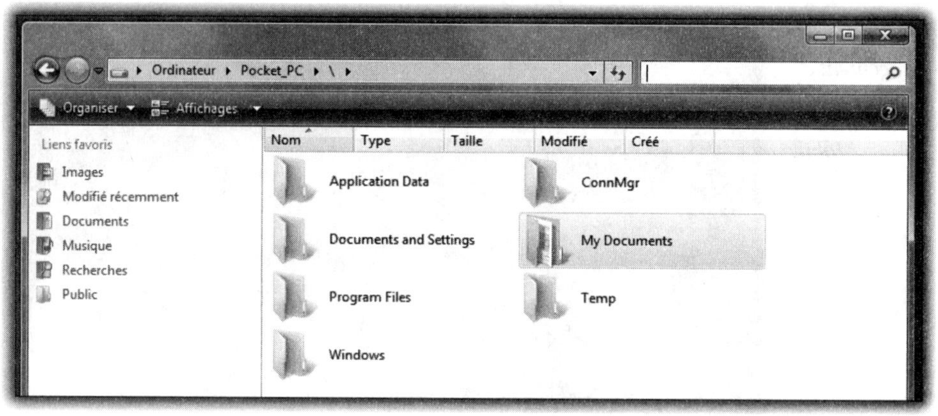

Figure 18-11 :
Les fichiers du Pocket PC

À partir de l'Explorateur de fichiers, vous pouvez réaliser un certain nombre d'actions :

- ouvrir les fichiers ;
- copier les fichiers (de l'ordinateur vers le Pocket PC et du Pocket PC vers l'ordinateur) ;
- supprimer les fichiers ;
- renommer les fichiers ;
- éditer les propriétés des fichiers.

Copier le contenu du périphérique mobile vers le Bureau

En utilisant le Gestionnaire pour appareils Windows Mobile, vous pouvez copier des fichiers de l'ordinateur vers le Pocket PC et du Pocket PC vers l'ordinateur. La copie de fichiers au travers du Gestionnaire pour appareils Windows Mobile crée des versions séparées des fichiers entre le Pocket PC et l'ordinateur. Comme il n'y a pas de synchronisation au niveau des fichiers entre le Pocket PC et l'ordinateur, les fichiers copiés sur le Pocket PC et modifiés sur l'ordinateur ne sont pas modifiés automatiquement sur le Pocket PC.

Pour copier des fichiers du Pocket PC vers le Bureau Windows Vista :

1. Connectez votre Pocket PC à l'ordinateur Windows Vista.
2. Une fois votre Pocket PC connecté et le Gestionnaire pour appareils Windows Mobile lancé, passez le pointeur de la souris sur **File Management**, puis cliquez sur **Browse the contents of your device** pour ouvrir le répertoire représentant votre Pocket PC.

3. Sélectionnez les fichiers, du Pocket PC ou de l'ordinateur Windows Vista à copier selon le sens de copie que vous souhaitez.

4. Pour copier le fichier de l'ordinateur vers le Pocket PC, cliquez avec le bouton droit de la souris sur le fichier et cliquez sur **Copier**. Cliquez avec le bouton droit de la souris sur le dossier de destination du Pocket PC et cliquez sur **Coller**.

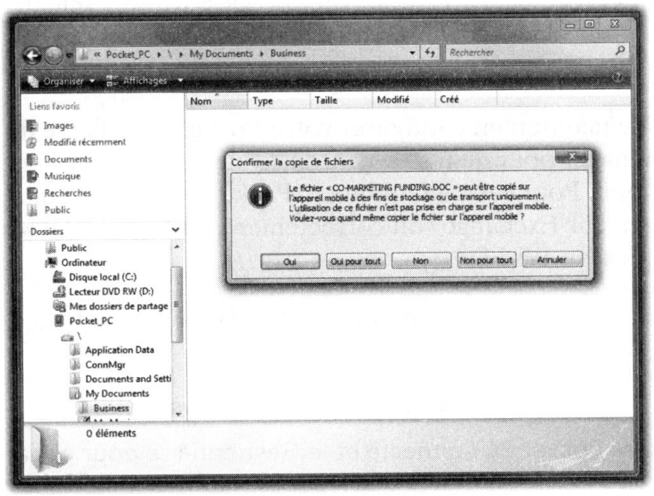

Figure 18-12 : *La boîte de dialogue de confirmation de copie d'un fichier entre l'ordinateur et le Pocket PC*

5. Pour copier le fichier du Pocket PC vers l'ordinateur, cliquez avec le bouton droit de la souris sur le fichier et cliquez sur **Copier**. Cliquez avec le bouton droit de la souris sur le dossier de destination de l'ordinateur et cliquez sur **Coller**. Vous pouvez aussi glisser et déposer le fichier de la source vers la destination.

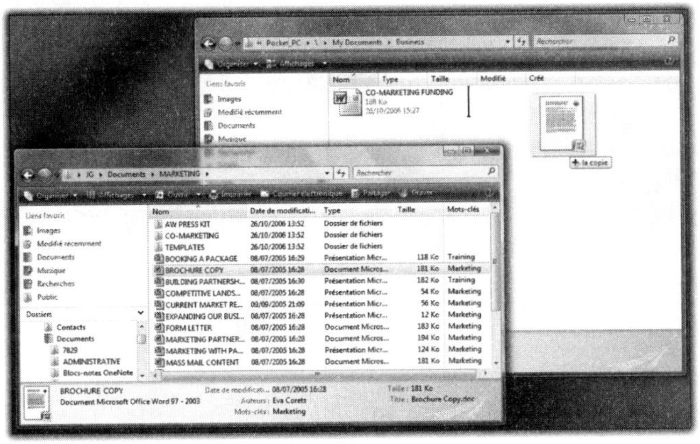

Figure 18-13 : *Glisser-déposer vers le Pocket PC*

Synchroniser le périphérique mobile avec la messagerie

L'un des avantages du Pocket PC ou du Smartphone est la possibilité d'emporter dans sa poche tous ses courriels. Vous pouvez utiliser le Gestionnaire pour appareils Windows Mobile de Windows Vista pour que le périphérique mobile, une fois connecté à l'ordinateur, emploie sa configuration réseau pour synchroniser ses messages (envoyer et recevoir) avec le serveur de messagerie Exchange Server. Le Pocket PC se synchronise au serveur Exchange directement en passant au travers de l'ordinateur Windows Vista.

Vous pouvez même maintenant configurer votre Pocket PC à l'aide de Windows Mobile Device Manager pour qu'il se synchronise au serveur Exchange même quand l'ordinateur est éteint. Pour cela, il faut que le Pocket PC possède une connectique sans fil et que le serveur Exchange soit correctement configuré et accessible depuis l'extérieur, via un réseau Wi-Fi.

Pour configurer la synchronisation du Pocket PC au serveur Exchange de façon autonome :

1. Connectez votre Pocket PC à l'ordinateur Windows Vista.
2. Une fois votre Pocket PC connecté et le Gestionnaire pour appareils Windows Mobile lancé, passez le pointeur de la souris sur le menu **Mobile Device Settings**.

Figure 18-14 : *Le menu Mobile Device Settings du Gestionnaire pour appareils Windows Mobile*

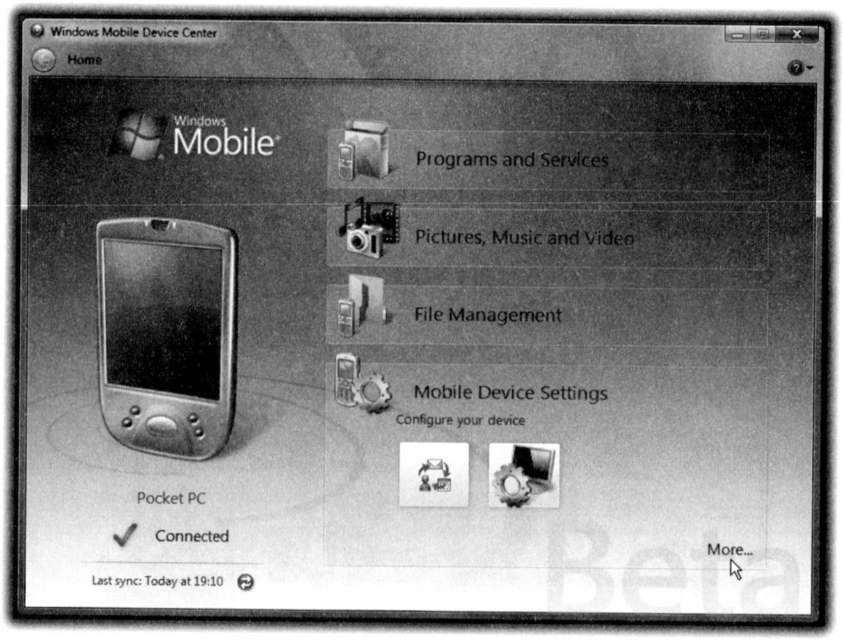

3. Cliquez sur le lien *More...* en bas à droite.

Figure 18-15 : *Le sous-menu de configuration du menu Mobile Device Settings*

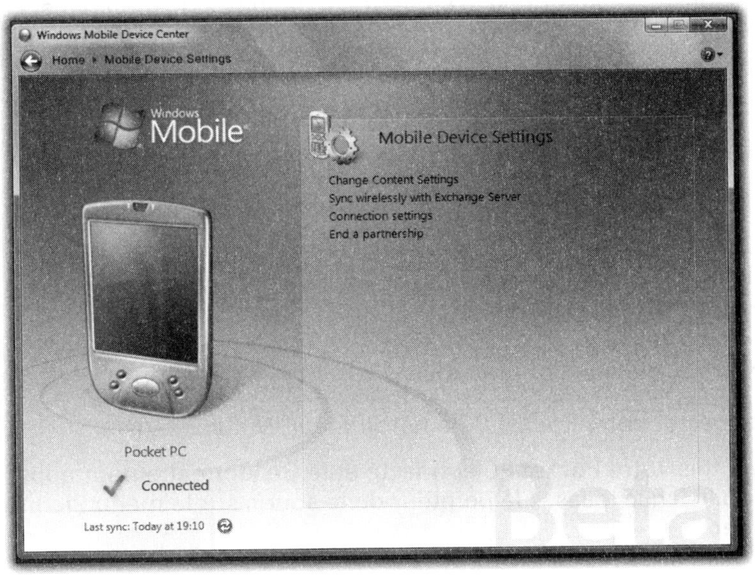

4. Un sous-menu apparaît. Cliquez sur **Sync wirelessly with Exchange Server**.

Figure 18-16 : *Configuration des paramètres de synchronisation Exchange*

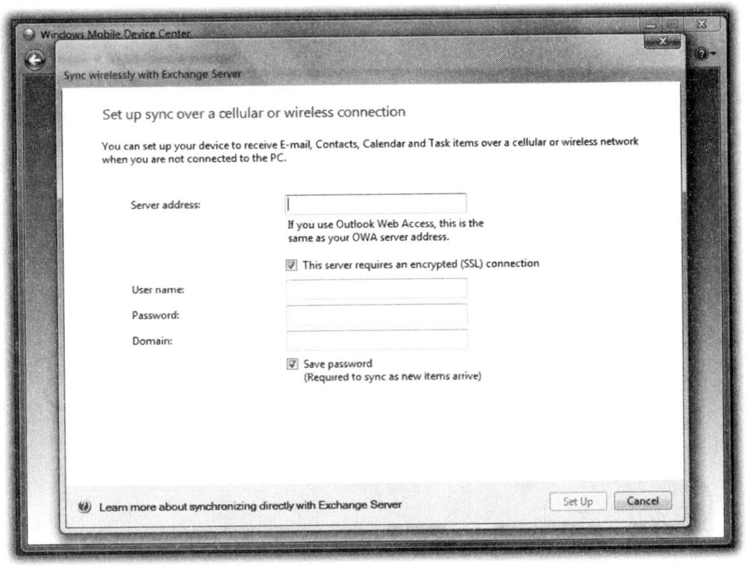

5. Entrez les informations de configuration d'accès au serveur Exchange. La plupart du temps, ces informations vous seront communiquées par votre administrateur système.

6. Votre Pocket PC se synchronisera au serveur Exchange de façon autonome (en sous-entendant que le serveur Exchange est disponible et correctement configuré).

Ajouter des fichiers multimédias sur le périphérique mobile à partir du Lecteur Windows Media

Le Pocket PC est fréquemment utilisé comme baladeur numérique. Vous pouvez donc ajouter des fichiers multimédias, de la musique, des photos ou des vidéos, directement de Windows Media Player vers le Pocket PC au travers du Gestionnaire pour appareils Windows Mobile.

Pour ajouter des fichiers multimédias à votre Pocket PC, procédez comme suit :

1. Connectez votre Pocket PC à l'ordinateur Windows Vista.
2. Une fois votre Pocket PC connecté et le Gestionnaire pour appareils Windows Mobile lancé, passez le pointeur de la souris sur le menu **Pictures, Music and Video**.

Figure 18-17 : *Le menu Pictures, Music and Video du Gestionnaire pour appareils Windows Mobile*

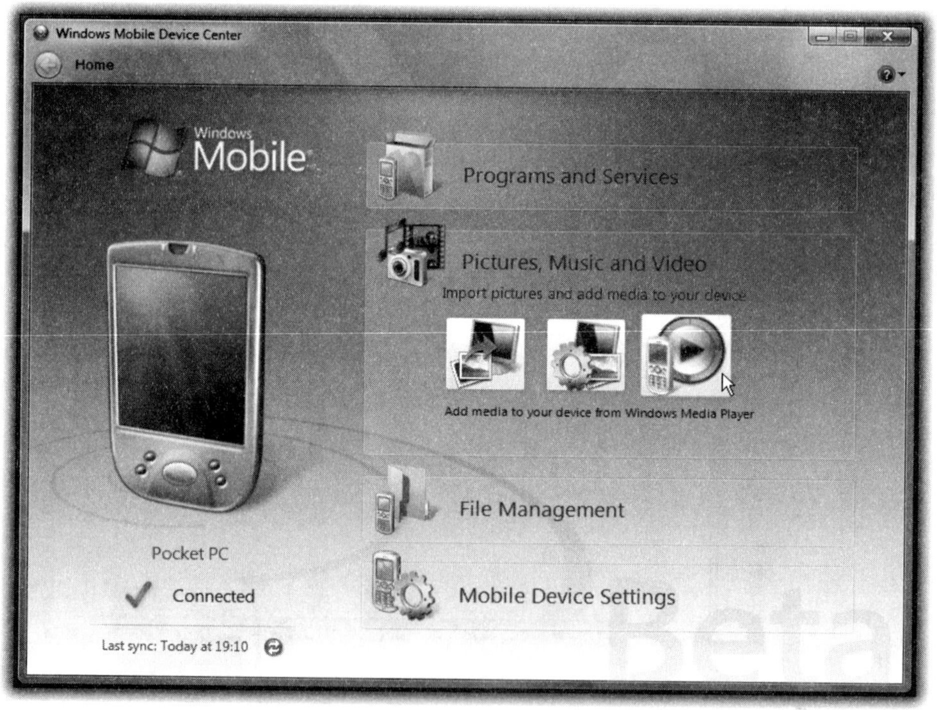

Trois fonctions vous sont proposées : le réglage des paramètres d'importation des photos et vidéos, la recherche des nouveaux fichiers multimédias sur le Pocket PC et l'ajout de fichiers musicaux à partir du Lecteur Windows Media.

3. Cliquez sur **Add media to your device from Windows Media Player**.

Figure 18-18 : *Synchronisation à partir du Lecteur Windows Media*

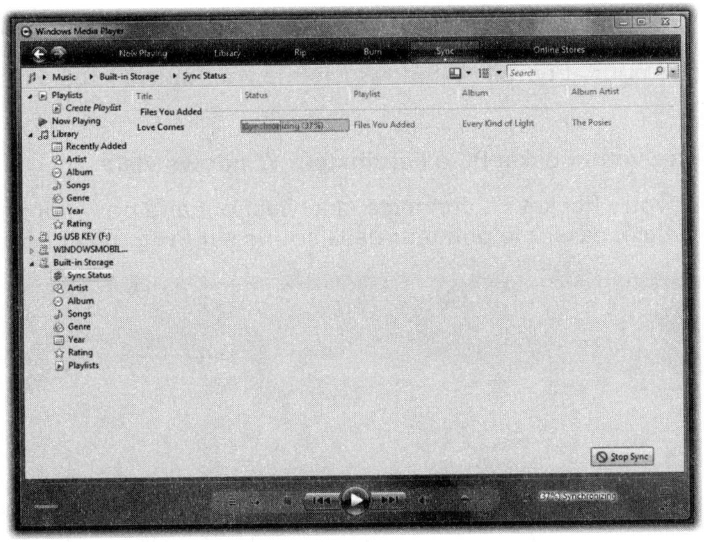

4. Le Lecteur Windows Media s'ouvre. Glissez les morceaux que vous souhaitez transférer sur votre Pocket PC et cliquez sur le bouton **Start Sync**.

Figure 18-19 : *Transfert d'un morceau sur le Pocket PC*

Installer une application

Le processus d'installation d'une application sur Pocket PC reste toujours piloté par l'exécutable d'installation. Vous connectez votre Pocket PC à l'ordinateur, vous lancez l'exécutable sur l'ordinateur et vous vous laissez guider. Les fichiers nécessaires sont copiés sur le Pocket PC.

Le Gestionnaire pour appareils Windows Mobile vous aide à superviser cette installation :

1. Connectez votre Pocket PC à l'ordinateur Windows Vista.
2. Une fois votre Pocket PC connecté et le Gestionnaire pour appareils Windows Mobile lancé, passez le pointeur de la souris sur **Programs and services**.

Figure 18-20 : *Le menu Programs and services du Gestionnaire pour appareils Windows Mobile*

3. Cliquez sur le lien *More...* en bas à droite (voir fig. 18-21).
4. Vous pouvez contrôler si des applications doivent être installées en cliquant sur **Add/Remove Programs**.

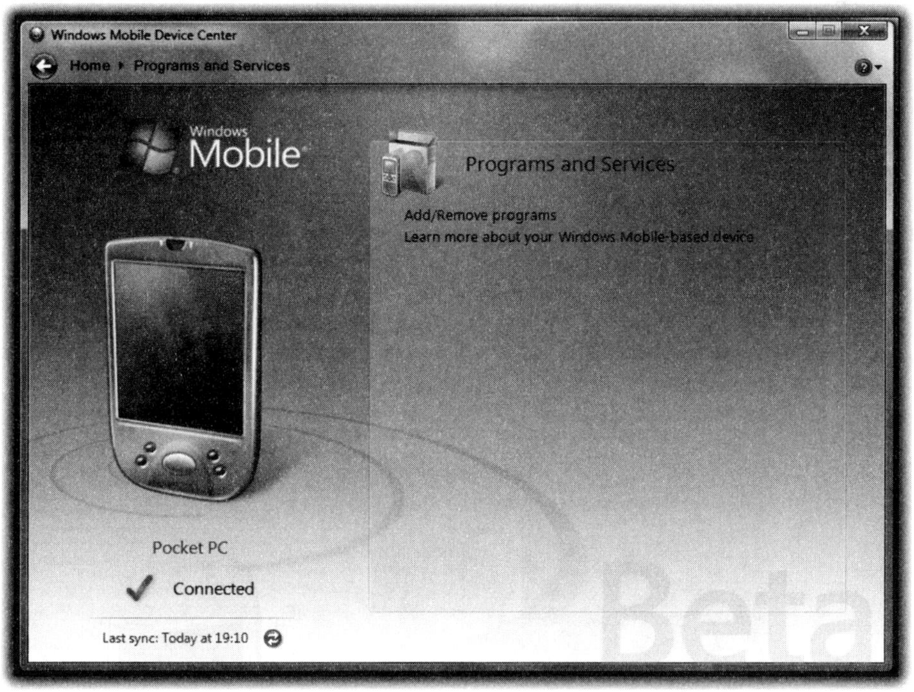

Figure 18-21 : *Le sous-menu de configuration du menu Programs and services*

INTERNET

Windows Mobile

Vous trouverez toutes les informations que vous souhaitez sur Windows Mobile et les périphériques mobiles Pocket PC et Smartphones en vous connectant à l'adresse **www.microsoft.com/windowsmobile/default.mspx**.

Le Centre de synchronisation

Avec la multiplication des périphériques mobiles, il n'existait jusqu'à présent aucune méthode simple pour gérer toutes les opérations de synchronisation individuelles. Il était souvent nécessaire de procéder au cas par cas, en fonction de chaque périphérique ou source de données spécifique.

Windows Vista introduit un nouvel outil : le Centre de synchronisation permet de regrouper en un lieu toutes les synchronisations. Le Centre de synchronisation vous aide à démarrer une synchronisation manuelle, arrêter une synchronisation en cours, afficher le statut des activités de synchronisation en cours et recevoir des notifications pour la résolution des conflits et l'élimination de doublons.

Pour ouvrir le Centre de synchronisation :

1. Cliquez sur le logo Windows de démarrage, puis sur **Panneau de configuration** et **Ordinateur portable**.
2. Dans le Panneau de configuration, double-cliquez sur l'icône *Centre de synchronisation*.

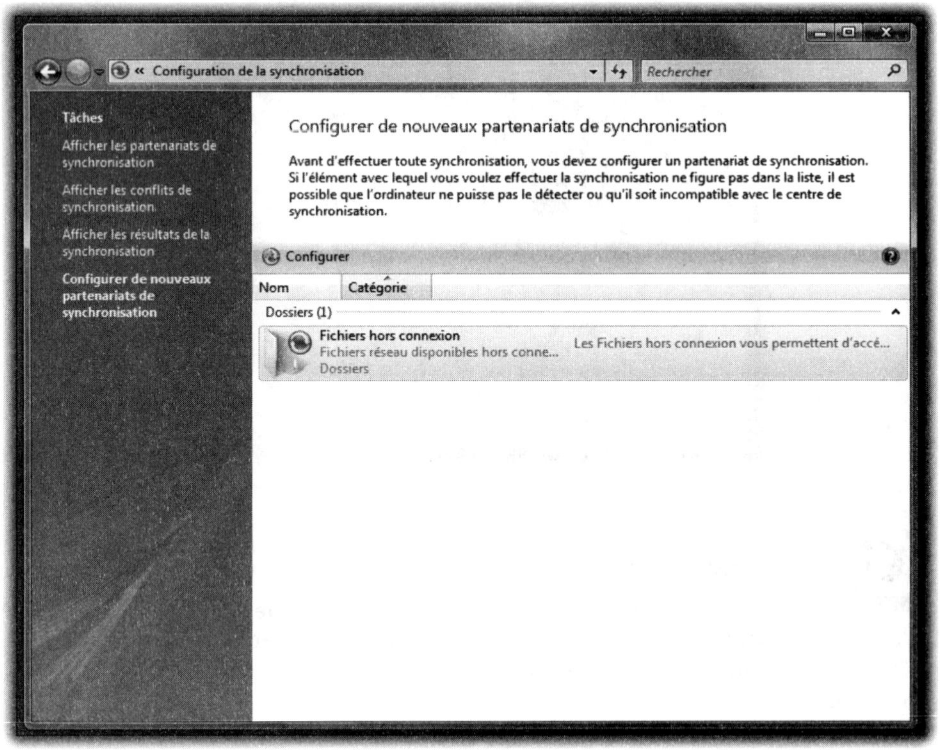

Figure 18-22 : *Le Centre de synchronisation*

Le Centre de synchronisation Windows Vista est un outil à partir duquel vous gérez la synchronisation des données dans divers cas de figure : entre plusieurs ordinateurs, entre des serveurs réseau et des ordinateurs et avec les périphériques connectés à votre ordinateur.

Dans l'exemple précédent, le Centre de synchronisation vous permet de lancer la synchronisation de fichiers vers un Pocket PC et la synchronisation vers un serveur de fichiers au travers des fichiers synchronisés hors connexion.

Vous n'avez qu'à sélectionner un objet de synchronisation et cliquer sur le bouton **Synchroniser**.

CHAPITRE

19

Le fonctionnement du protocole TCP/IP

CHAPITRE

19

Le fonctionnement du protocole TCP/IP

TCP/IP est un standard industriel constitué d'une suite de protocoles conçus pour les réseaux interconnectés étendus, comprenant des liaisons de type longue distance ou WAN. TCP/IP a été développé par le Darpa (Department of Defense Advanced Research Projects Agency) ; c'est le résultat d'une expérience de partage de ressources nommée Arpanet (Advanced Research Projects Agency Network). L'objectif de TCP/IP était de fournir des liaisons de communication rapides entre réseaux. Depuis, Arpanet est devenu une communauté mondiale de réseaux connue sous le nom d'Internet.

Sous Windows Server 2003, TCP/IP permet le fonctionnement en réseau des entreprises, ainsi que la connectivité entre les systèmes Windows NT 4.0, Windows 2000 et Windows Server 2003. Si vous intégrez TCP/IP à une configuration Windows Server 2003, vous bénéficiez…

- D'un protocole d'entreprise standard et routable le plus complet et le plus reconnu du marché : tous les systèmes d'exploitation des réseaux modernes prennent en charge TCP/IP, et la plupart des grands réseaux l'ont adopté pour la majeure partie de leur trafic.
- D'une technologie permettant d'interconnecter des systèmes différents : de nombreux utilitaires standard de connectivité permettent d'accéder à des données et de les transférer vers des systèmes différents, parmi lesquels FTP et Telnet, un protocole d'émulation de terminal.
- D'un environnement de travail client serveur multiplateforme robuste et évolutif : Microsoft TCP/IP dispose de l'interface Windows Sockets, particulièrement adaptée au développement d'applications client serveur qui pourront être exécutées sur les piles compatibles Windows Sockets proposées par d'autres fournisseurs.
- D'une méthode native d'accès à Internet : Internet est constitué de milliers de réseau répartis à travers le monde, qui relient des laboratoires de recherche des universités, des entreprises privées, et bien d'autres encore.

REMARQUE

Différences entre Internet, internet et intranet

Le mot "internet" écrit en minuscules fait référence aux nombreux réseaux TCP/IP interconnectés par des routeurs. En revanche, le terme "Internet" avec une majuscule désigne le réseau public mondial Internet. Lorsque l'on parle d'intranets, on fait référence à des réseaux interconnectés privés.

Les standards de TCP/IP sont publiés sous la forme de documents nommés RFC. Ces documents décrivent les travaux internes de la communauté Internet. Certains sont consacrés aux services et aux protocoles de réseau, et à leur mise en œuvre ;

d'autres définissent des dispositions à caractère plus politique. Tous les standards relatifs à TCP/IP sont publiés sous forme de RFC, mais les RFC ne définissent pas que des standards.

Les standards TCP/IP ne sont pas développés par une commission, mais sont plutôt le fruit d'un consensus : tout le monde peut proposer des documents à la publication comme RFC. Les documents reçus sont révisés par un expert technique, un groupe de travail ou un éditeur de RFC, puis sont dotés d'un statut, qui indique s'ils doivent être considérés comme des standards.

19.1 Architecture du protocole

Le protocole TCP/IP s'appuie sur un modèle de conception à quatre couches, connu sous le nom modèle d'ARPA, d'après le nom de l'agence gouvernementale américaine à l'origine du premier développement de TCP/IP. Les quatre couches du modèle d'ARPA sont les suivantes :

- Application ;
- Transport ;
- Internet ;
- Interface réseau.

Chaque couche de ce modèle correspond à une ou plusieurs couches du modèle de référence OSI (*Open System Interconnection*) à sept couches.

Figure 19-1 : *Architecture OSI-TCP/IP*

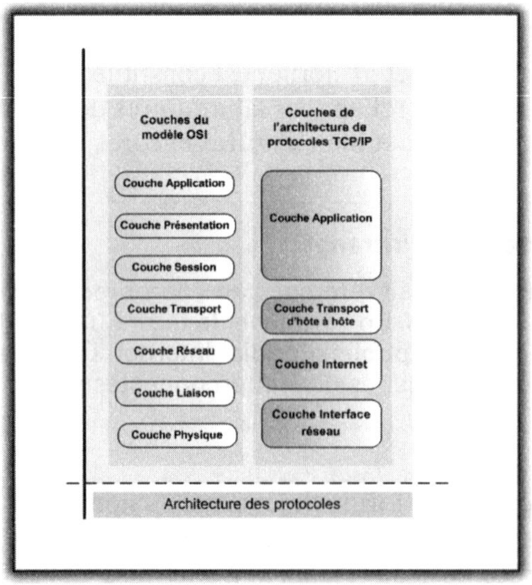

La couche Interface réseau

La couche Interface réseau, ou couche d'accès au réseau, est chargée de l'expédition des paquets TCP/IP sur le support du réseau, et de la conception des paquets TCP/IP qui circulent sur ce support. TCP/IP a été conçu pour être indépendant de la méthode d'accès au réseau, du format de trame et du support. Pour cette raison, TCP/IP permet de connecter entre eux différents types de réseaux où se côtoient des technologies destinées aux réseaux locaux comme Ethernet ou Token Ring et des technologies WAN comme X.25 ou Frame Relay. Son indépendance par rapport à toute technologie de réseau permet à TCP/IP de s'adapter aussi aux nouvelles technologies comme ATM.

La couche Interface réseau correspond aux couches Liaisons de données et Physique du modèle OSI. Remarquez que la couche Internet n'utilise pas les services de séquencement et d'acquittement qui pourraient être fournis par la couche Liaison de données. Le fait que la couche Interface Réseau ne soit pas fiabilisée est accepté : l'établissement de communications fiables par ouverture de session, séquencement et acquittement des paquets est confié à la couche Transport.

La couche Internet

La couche Internet est responsable des fonctions d'adressage, de mise en paquets et de routage. Les protocoles centraux de la couche Internet sont IP, ARP, ICMP et IGMP :

- IP (*Internet Protocol*) est un protocole routable chargé de l'adressage, du routage, ainsi que du découpage et du réassemblage des paquets.
- ARP (*Adress Resolution Protocol*) a la charge de la résolution de l'adresse de la couche Internet en adresse utilisable par la couche Interface réseau.
- ICMP (*Internet Control Message Protocol*) est chargé des fonctions de diagnostic. Il signale les erreurs dues à une mauvaise distribution des paquets IP.
- IGMP (*Internet Group Management Protocol*) est chargé de la gestion des groupes de multidiffusion IP.

La couche Internet est analogue à la couche Réseau du modèle OSI.

La couche Transport

La couche Transport, nommée aussi couche de transport d'hôte à hôte, est chargée de fournir les services de session et de communication par datagrammes à la couche Application. Les protocoles centraux de la couche Transport sont TCP (*Transmission Control Protocol*) et UDP (*User Datagram Protocol*) :

- TCP fournit un service de communication orienté connexion et fiabilisé entre deux points d'un réseau. Il est chargé de l'établissement de la connexion TCP, du séquencement et de l'acquittement des paquets envoyés, et de la récupération des paquets perdus au cours de la transmission.
- UDP fournit un service de communication non fiabilisé, d'un point à un autre, ou d'un point à plusieurs points, sans connexion. Il est employé lorsque le volume de données à transférer est petit (quand un seul paquet peut contenir l'ensemble des données), lorsque la charge due à l'établissement d'une connexion TCP doit être évitée ou lorsque les applications ou les protocoles des couches supérieures se chargent de la fiabilité de la distribution.

La couche Transport prend en charge les responsabilités de la couche Transport du modèle OSI, ainsi que certaines responsabilités de la couche Session.

La couche Application

La couche Application fournit aux applications la possibilité d'accéder aux services des autres couches, et définit les protocoles qu'elles utiliseront pour échanger des données. Il existe de nombreux protocoles dans la couche Application, et de nouveaux protocoles sont en permanence en cours de développement. Les plus connus sont utilisés pour l'échange des informations entre utilisateurs :

- HTTP (*Hypertext Transfert Protocol*) est employé pour transférer les fichiers qui constituent les pages web (*Word Wild Web*).
- FTP (*File Transfert Protocol*) est employé pour le transfert interactif des fichiers.
- SMTP (*Simple Mail Transfert Protocol*) est utilisé pour le transfert du courrier électronique et des pièces jointes.
- Telnet est un protocole d'émulation de terminal, employé pour ouvrir des sessions à distance sur des hôtes de réseau.

Les protocoles suivants (de la couche Application), ajoutés aux précédents, facilitent l'utilisation et la gestion des réseaux TCP/IP :

- DNS (*Domain Name System*) est employé pour résoudre les noms d'hôte en adresses IP.
- RIP (*Routing Information Protocol*) est un protocole de routage ; les routeurs l'emploient pour échanger des informations de routage sur un réseau IP interconnecté.
- SNMP (*Simple Network Management Protocol*) est employé entre une console de gestion du réseau et les périphériques de réseau (routeurs, ponts et

concentrateurs intelligents) pour collecter et échanger des informations relatives à la gestion du réseau.

Windows Sockets et NetBIOS sont des exemples d'interfaces de la couche Application pour les applications TCP/IP. Windows Sockets fournit une interface standard de programmation d'applications (API, *Application Programming Interface*) sous Windows Server. NetBIOS est une interface standard qui donne accès aux services de protocole, comme les sessions, les datagrammes et la résolution de noms.

19.2 Les protocoles centraux TCP/IP

Le composant TCP/IP installé dans un système d'exploitation réseau est constitué d'une série de protocoles interconnectés appelés "protocoles centraux de TCP/IP". Toutes les autres applications et les protocoles de la suite de protocoles TCP/IP s'appuient sur les services fondamentaux fournis par les protocoles suivants :

- IP ;
- ARP ;
- ICMP ;
- IGMP ;
- TCP ;
- UDP.

Figure 19-2 : *Les protocoles centraux*

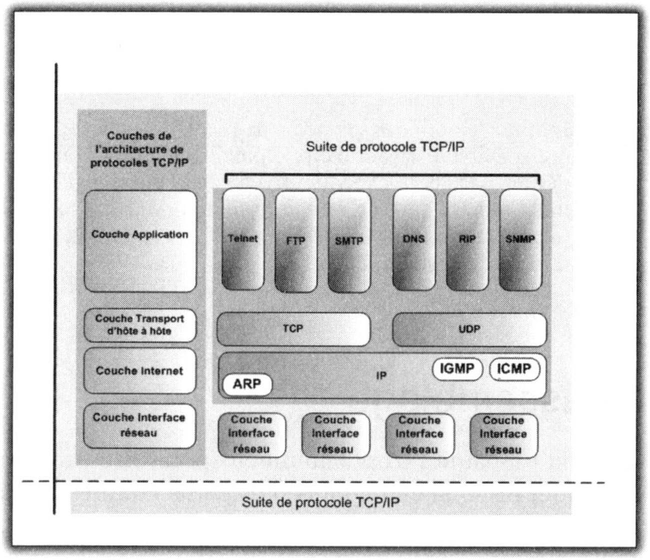

IP

IP est un protocole sans connexion non fiabilisé de datagrammes, responsable principalement de l'adressage et du routage des paquets entre les hôtes. Il est sans connexion parce qu'il n'est pas nécessaire d'établir une session avant d'échanger des données. Il est non fiabilisé en ce sens que la remise des paquets n'est pas garantie. IP fait de son mieux pour acheminer chaque paquet. Un paquet IP peut cependant être distribué à contretemps, retardé, dupliqué ou même perdu. IP ne cherchera pas à résoudre de telles erreurs. L'acquittement des paquets distribués et la récupération des paquets perdus incombent à un protocole d'une couche supérieure, TCP par exemple. IP est défini par la RFC 791.

Un paquet IP est constitué d'un en-tête IP et d'un contenu IP.

Tableau 19-1 : Les champs principaux de l'en-tête IP

Champ	Fonction
Adresse IP source	Adresse IP de la source initiale du datagramme IP.
Adresse IP de destination	Adresse IP de la destination finale du datagramme IP.
Identification	Utilisé pour identifier un datagramme IP particulier et pour identifier tous les segments d'un datagramme IP s'il a été segmenté.
Protocole	Indique à IP, sur l'hôte de destination, le protocole selon lequel le paquet doit être transmis (TCP, UDP, ICMP…).
Somme de contrôle	Résultat d'un calcul mathématique simple, qui permet de vérifier l'intégrité globale de l'en-tête IP.
Durée de vie (TTL, *Time to Live*)	Indique le nom des segments de réseau sur lesquels le datagramme pourra circuler avant d'être éliminé par un routeur. Sa valeur est définie par l'hôte expéditeur ; elle évite que des paquets circulent indéfiniment dans un réseau IP interconnecté. Chaque fois qu'un paquet IP est transmis, les routeurs doivent diminuer la valeur de TTL d'au moins une unité.

Segmentation et réassemblage

Lorsqu'un routeur reçoit un paquet trop volumineux pour être transmis vers le réseau, IP divise le paquet original en paquets plus petits adaptés à la taille du réseau récepteur. Lorsque le paquet arrive à destination, IP réassemble les segments sur l'hôte de destination pour constituer le contenu IP original. Ce processus est appelé "segmentation et réassemblage". La segmentation peut se produire dans des environnements constitués de technologies réseau différentes, par exemple Ethernet et Token Ring.

La segmentation et le réassemblage fonctionnent de la manière suivante :

1. Lorsqu'un paquet IP est envoyé par la source, une valeur unique est placée dans le champ *Identification*.
2. Le paquet IP est reçu par le routeur IP, qui constate que l'unité de transmission maximale (MTU, *Maximum Transmission Unit*) du réseau sur lequel le paquet est transmis est plus petite que la taille du paquet IP.
3. IP divise alors le contenu IP original en segments adaptés au réseau situé en aval. Chaque segment est envoyé avec son propre en-tête IP qui contient :
   - le champ *Identification initial*, qui permet d'identifier tous les segments issus d'un même paquet ;
   - l'indicateur *More Fragment Flag*, qui signale la présence d'autres segments et qui ne figure pas dans le dernier segment, puisque celui-ci n'est suivi d'aucun autre segment.
   - le champ *Fragment Of Set*, qui indique la position de chaque segment dans le contenu IP initial.

Lorsque les segments sont reçus par IP sur l'hôte distant, ils sont identifiés comme appartenant à un même paquet par le champ Identification. Le champ Fragment Of Set permet alors de rétablir l'ordre des segments dans le contenu IP original.

ARP

Lorsque les paquets IP sont envoyés au moyen de technologies de réseau basées sur l'accès partagé et la diffusion, comme Ethernet ou Token Ring, l'adresse MAC (*Media Access Control*) correspondant à l'adresse qui est à l'origine de la transmission doit être résolue. ARP emploie des diffusions au niveau MAC pour obtenir l'adresse MAC qui correspond à une adresse IP connue. ARP est défini par la RFC 826.

ICMP

ICMP offre des possibilités de dépannage et de suivi des erreurs pour les paquets qui ne peuvent pas être remis. Ainsi, si IP ne peut pas acheminer un paquet vers l'hôte de destination, ICMP envoie un message Destination unreachable à l'hôte émetteur. Les tableaux montrent les messages ICMP les plus courants.

Tableau 19-2 : Messages ICMP courants	
Message ICMP	**Description**
Echo Request (requête d'écho)	C'est le message de dépannage employé pour vérifier la connectivité IP vers un hôte particulier. L'utilitaire ping envoie des messages Echo Request ICMP.
Echo Repply (réponse d'écho)	C'est la réponse à un message Echo Request ICMP.
Redirect (redirection)	Ce message est envoyé par un routeur pour informer un hôte expéditeur qu'il existe un meilleur chemin vers l'adresse IP de destination.
Source quench (extension de source)	Ce message est envoyé par un routeur pour informer un hôte expéditeur que les datagrammes IP ont été abandonnés en raison de l'encombrement du routeur. L'hôte expéditeur diminuera alors la vitesse de ses expéditions. Ce message ICMP est facultatif ; il est rarement implémenté.
Destination unreachable (destination inaccessible)	Ce message est envoyé par un routeur ou par l'hôte de destination pour informer l'hôte expéditeur que le datagramme ne peut être remis.

Il existe une série de messages ICMP destinés à signaler qu'une destination est inaccessible.

Tableau 19-3 : Message ICMP de destination inaccessible	
Message de destination inaccessible	**Description**
Network unreachable	Ce message est envoyé par un routeur IP lorsqu'aucun itinéraire vers le réseau de destination ne peut être trouvé. Ce message est obsolète.
Host unreachable	Ce message est envoyé par un routeur IP lorsqu'aucun itinéraire vers l'adresse IP de destination n'a pu être trouvé.
Procotol unreachable	Ce message est envoyé par le nœud IP de destination lorsque le champ Protocole de l'en-tête IP ne correspond à aucun protocole installé sur le client IP.
Port unreachable	Ce message est envoyé par le nœud IP de destination lorsque la valeur de Port destination de l'en-tête UDP ne correspond à aucun processus utilisant ce port.

Tableau 19-3 : Message ICMP de destination inaccessible	
Message de destination inaccessible	**Description**
Fragmentation needed and DF set	Ce message est envoyé par un routeur IP lorsqu'une segmentation doit être effectuée mais qu'elle est interdite par l'indicateur de non-fragmentation DF (*Don't Fragment*) inséré par le nœud source dans l'en-tête IP.
Source route failed	Ce message est envoyé par un routeur IP lorsque la remise d'un paquet IP au moyen des informations de routage fournies par la source (enregistrées sous forme d'en-têtes option de routage de la source) a échoué.

ICMP ne fait pas d'IP un protocole fiabilisé : il se contente de reporter les erreurs et de permettre le suivi dans certaines conditions. Les messages ICMP sont eux-mêmes transportés sous la forme de datagrammes IP sans acquittement, et leur remise n'est pas vérifiée. ICMP est défini par la RFC 792.

IGMP

IGMP (*Internet Group Management Protocol*) est un protocole qui gère l'appartenance des hôtes aux groupes de multidiffusion IP. Un groupe de multidiffusion IP, nommé aussi "groupe d'hôtes", est un ensemble d'hôtes à l'écoute du trafic IP destiné à une adresse de multidiffusion IP spécifique. Le trafic de multidiffusion est envoyé à une seule adresse MAC, mais traité par plusieurs hôtes IP. Un hôte particulier est à l'écoute d'une adresse de multidiffusion spécifique et reçoit tous les paquets destinés à cette adresse. Voici quelques autres aspects de la multidiffusion IP :

- L'appartenance à un groupe d'hôtes est dynamique. Les hôtes peuvent rejoindre ou quitter le groupe à tout moment.
- Un membre d'un groupe d'hôtes peut utiliser des routeurs IP sur plusieurs réseaux. Cette situation impose que les routeurs prennent en charge la multidiffusion IP et que les hôtes soient capables d'enregistrer leur appartenance aux groupes par l'intermédiaire des routeurs locaux. L'enregistrement des hôtes est effectué par IGMP.
- Un hôte peut envoyer du trafic vers une adresse de multidiffusion IP, même s'il n'appartient pas au groupe d'hôtes correspondant.

Pour qu'un hôte puisse recevoir du trafic de multidiffusion IP, il faut qu'une application indique à IP qu'il va recevoir des datagrammes de multidiffusion à une adresse de multidiffusion IP particulière. Dans le cas de réseaux Ethernet, la carte réseau est programmée pour répondre à une adresse MAC de multidiffusion correspondant à l'adresse de multidiffusion IP spécifiée.

Un hôte peut prendre en charge la multidiffusion à l'un des niveaux suivants :

- Niveau 0 : aucune prise en charge de l'envoi ou de la réception du trafic de multidiffusion IP.
- Niveau 1 : l'hôte prend en charge le trafic de multidiffusion IP pour l'envoi, mais pas pour la réception.
- Niveau 2 : l'envoi et la réception du trafic multidiffusion IP sont pris en charge. Sous Windows Server 2003, comme sous Windows 2000 ou Windows NT 4.0, TCP/IP accepte la multidiffusion IP.

Le protocole utilisé pour enregistrer les informations relatives à un groupe d'hôtes est IGMP. Il doit être présent sur tous les hôtes qui prennent en charge le niveau de la multidiffusion IP. Les paquets IGMP sont accompagnés d'un en-tête IP.

Les messages IGMP peuvent prendre deux formes :

- Lorsqu'un hôte rejoint un groupe d'hôtes, il envoie un message IGMP Host Membership Report à l'adresse de multidiffusion IP de l'ensemble des hôtes (224.0.0.1), ou bien à l'adresse de multidiffusion IP spécifiée, afin de déclarer son appartenance à un groupe d'hôtes particulier en faisant référence à l'adresse de multidiffusion IP.
- Lorsqu'un routeur interroge un réseau pour s'assurer de la présence des membres d'un groupe particulier d'hôtes, il envoie un message IGMP Host Membership Query à l'adresse de multidiffusion IP de l'ensemble des hôtes. S'il n'obtient aucune réponse après plusieurs interrogations, il considère qu'il n'existe aucun membre du groupe dans ce réseau et cesse de transmettre les informations relatives à cet ensemble groupe réseau vers les autres routeurs.

Pour permettre au trafic de multidiffusion IP d'emprunter des routeurs répartis sur un réseau interconnecté, ces derniers emploient des protocoles de routage de multidiffusion pour communiquer les informations relatives aux groupes d'hôtes. Les routeurs qui assurent la transmission de multidiffusion connaissent aussi les réseaux qui contiennent des membres de ces groupes.

IGMP est défini par les RFC 1112 et 2236.

TCP

TCP est un service de remise fiabilisé et orienté connexion. Les données sont transmises sous forme de segments. La mention "orienté connexion" signifie qu'une connexion doit être établie avant que les hôtes puissent échanger des données. La fiabilité est assurée par l'affectation d'un numéro d'ordre à chacun des segments transmis. La bonne réception des données par l'hôte destinataire est vérifiée par un acquittement. Pour chacun des segments envoyés, l'hôte destinataire renvoie un acquittement (ACK) dans un délai spécifié. Si aucun acquittement n'est reçu, les données sont retransmises.

TCP est défini par la RFC 793.

TCP emploi des communications de type *byte-stream*, où les données d'un segment TCP sont traitées comme une séquence d'octets sans limite d'enregistrement ou de champ.

Ce tableau décrit les champs principaux de l'en-tête TCP :

Tableau 19-4 : Les principaux champs de l'en-tête TCP

Champ	**Fonction**
Port source	Il s'agit du port TCP de l'hôte expéditeur
Port destination	Il s'agit du port TCP de l'hôte récepteur
Numéro de séquence	C'est le numéro d'ordre du premier octet de données dans le segment TCP
Numéro d'acquittement	C'est le numéro d'ordre de l'octet que l'expéditeur s'attend à recevoir de la part du destinataire
Fenêtre	Indique la taille actuelle du tampon TCP employé par l'hôte qui expédie ce segment TCP
Somme de contrôle TCP	Permet de contrôler l'intégrité de l'en-tête et des données TCP

Le port TCP définit un emplacement pour la remise des segments TCP. Les numéros de port inférieurs à 1024 sont les numéros connus, affectés par l'IANA (Internet Assigned Number Autority).

Le tableau indique quelques numéros de ports connus :

Tableau 19-5 : Les ports TCP connus	
Numéro de port TCP	**Description**
20	FTP (canal de données)
21	FTP (canal de contrôle)
23	Telnet
80	HTTP employé pour le Web
137	Service de session NetBIOS

UDP

UDP fournit un service de datagrammes sans connexion, non fiabilisé et fonctionnant selon le principe du "faire au mieux" pour la remise des données transmises par message. Cela signifie que ni l'arrivée de datagrammes ni l'ordre correct des paquets transmis ne sont garantis. UDP ne se charge pas, non plus, de la récupération des données par retransmission.

UDP est défini par la RFC 768.

UDP est employé par des applications qui n'ont pas besoin d'accusé de réception des données et qui, en général, transmettent une faible quantité de données à chaque fois. Parmi les services et applications qui emploient UDP, on trouve le service de noms NetBIOS, le service de datagrammes NetBIOS et SNMP.

Le tableau suivant décrit les principaux champs de l'en-tête UDP :

Tableau 19-6 : Principaux champs de l'en-tête UDP	
Champ	**Fonction**
Port source	C'est le port UDP de l'hôte expéditeur
Port destination	C'est le port UDP de l'hôte destinataire
Somme de contrôle UDP	Permet de contrôler l'intégrité de l'en-tête et des données UDP

Pour employer UDP, une application doit fournir l'adresse IP et le numéro de port UDP de l'application de destination. Le numéro de port indique un emplacement pour l'envoi des messages. Le port fonctionne comme une file d'attente de messages multiplexée, ce qui signifie qu'il peut recevoir plusieurs messages à la fois. Chaque port est identifié par un numéro unique. Il est important de noter que les ports UDP sont distincts et séparés des ports TCP, même s'ils portent parfois le même numéro.

Le tableau suivant donne la liste de quelques ports UDP connus :

Tableau 19-7 : Les numéros de ports UDP connus

Numéro de port UDP	**Description**
53	Requêtes de nom DNS (*Domain Name System*)
69	TFTP (*Trivial File Transfer Protocol*)
137	Service de noms NetBIOS
138	Service de datagrammes NetBIOS
161	SNMP

19.3 Les interfaces d'application de TCP/IP

Les systèmes d'exploitation réseau, comme Windows 2000, mettent à la disposition des applications des interfaces de programmation (API, *Application Programming Interface*) conformes aux standards industriels afin qu'elles puissent accéder, de façon normalisée, aux services offerts par les protocoles centraux de TCP/IP. Ces interfaces de programmation sont des ensembles de fonctions et de commandes qui peuvent être appelées par le code des applications pour exécuter des actions sur le réseau. Par exemple, une application d'explorateur web, lorsqu'elle se connecte à un site web, a besoin d'accéder au service d'établissement de connexion de TCP.

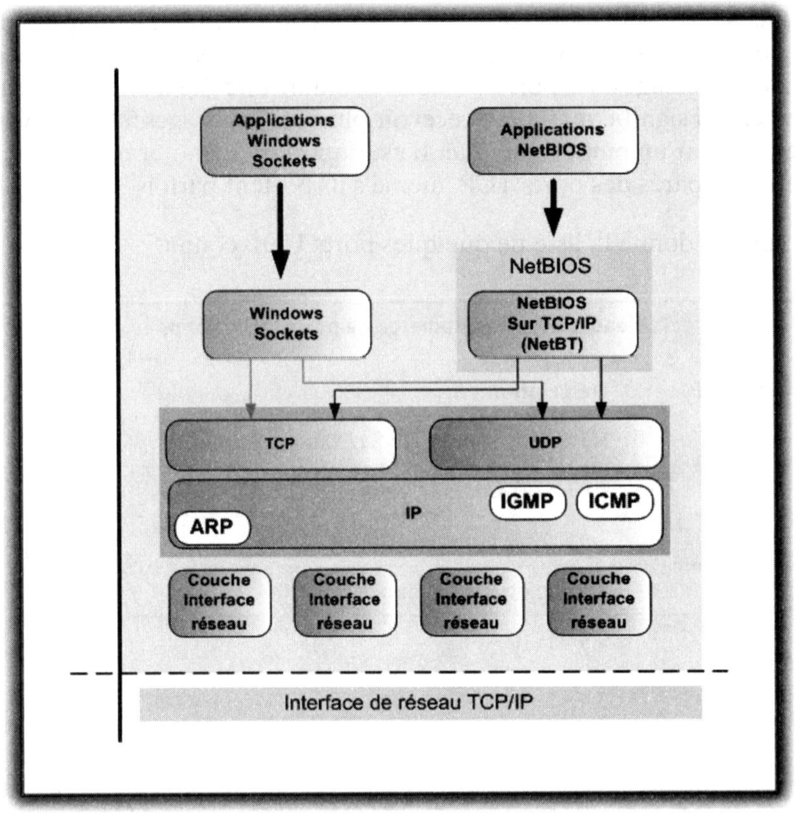

Figure 19-3 : *L'interface de réseau TCP/IP*

19.4 L'adressage IP et les classes d'adresses

Chaque hôte TCP/IP est identifié par une adresse IP logique, qui relève de la couche Réseau, et non de la couche Liaison de données (comme l'adresse MAC d'une carte réseau). Chaque hôte doit disposer d'une adresse IP unique et d'un composant de réseau capable de communiquer par TCP/IP.

L'adresse IP permet d'identifier l'emplacement d'un système sur le réseau exactement comme l'adresse d'une maison permet d'identifier ladite habitation dans un quartier. À ce titre, elle doit être unique dans le réseau et avoir un format précis.

Chaque adresse IP contient un identificateur de réseau et un identificateur d'hôte :

- Le premier (nommé aussi "adresse de réseau") permet d'identifier les systèmes situés sur un même réseau physique, limité par des routeurs IP. Tous les systèmes situés sur un même réseau physique doivent avoir le même identificateur de réseau ; celui-ci doit être unique pour l'ensemble des réseaux interconnectés. On utilise un tel identificateur sur n'importe quel type de réseau IP, qu'il s'agisse d'un réseau défini par une classe, d'un sous-réseau ou d'un interréseau.

- Le second (nommé aussi "adresse d'hôte") permet d'identifier une situation de travail, un serveur, un routeur ou un autre hôte TCP/IP dans un réseau. L'adresse de chaque hôte doit être unique pour un même identificateur de réseau.

REMARQUE

Format de l'adresse IP

Les termes "identificateur de réseau" font référence à l'identificateur de n'importe quel type de réseau IP, qu'il s'agisse d'un réseau défini par une classe, d'un sous-réseau ou d'un interréseau.

Une adresse IP occupe 32 bits. Dans la pratique, ces 32 bits sont segmentés en quatre champs de 8 bits, donc en 4 octets. Chacun de ces octets est converti en un nombre décimal compris entre 0 et 255, les quatre valeurs correspondantes étant séparées par des points. Cette notation se nomme "notation décimale pointée".

À l'origine, la communauté Internet a défini cinq classes d'adresses permettant de gérer des réseaux de tailles différentes. Microsoft TCP/IP prend en charge l'affectation d'adresses de classes A, B et C à des hôtes. La classe définit la partie de l'adresse qui est affectée à l'indicateur de réseau, le reste étant affecté à l'identificateur d'hôte. Elle définit également le nombre maximal de réseaux et le nombre maximal d'hôtes par réseau.

Figure 19-4 : *Structure d'une adresse IP*

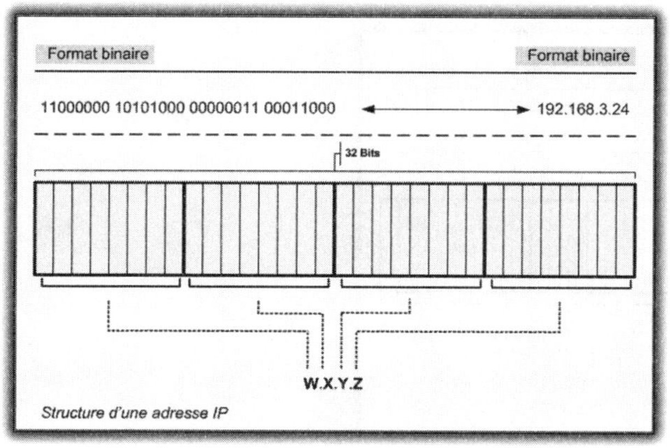

La classe A

Les adresses de classe A sont affectées aux réseaux qui comprennent de très nombreux hôtes. Le bit de plus fort poids d'une adresse de classe A vaut toujours 0. Les sept bits suivants, qui complètent le premier octet, forment avec celui-ci l'identificateur d'hôte. Une telle adresse peut donc définir 126 réseaux avec 16 777 214 hôtes par réseau.

Figure 19-5 : *Représentation d'une adresse de classe A*

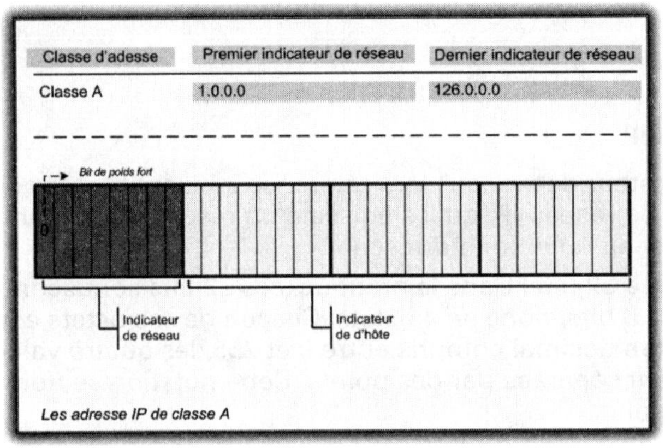

La classe B

Les adresses de la classe B sont employées dans les réseaux de taille moyenne ou grande. Les deux bits de poids fort sont toujours 10. Les quatorze bits suivants, qui complètent les deux premiers octets, forment avec les deux premiers l'indicateur de réseau. Les deux derniers octets représentent l'indicateur d'hôte. Cette structure permet de définir 16 384 réseaux et 65 534 hôtes par réseau.

Figure 19-6 : *Représentation d'une adresse de classe B*

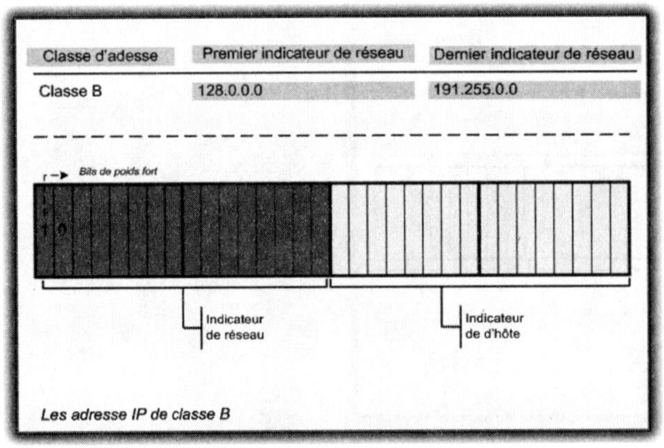

La classe C

Les adresses de classe C sont utilisées par les petits réseaux. Les trois bits de poids fort d'une adresse de classe C sont toujours 110. Les vingt et un bits suivants, qui complètent les trois premiers octets, forment avec les trois premiers l'identificateur de réseau. L'octet restant constitue l'identificateur d'hôte. Cette structure permet de définir 2 097 152 réseaux et 254 hôtes par réseau.

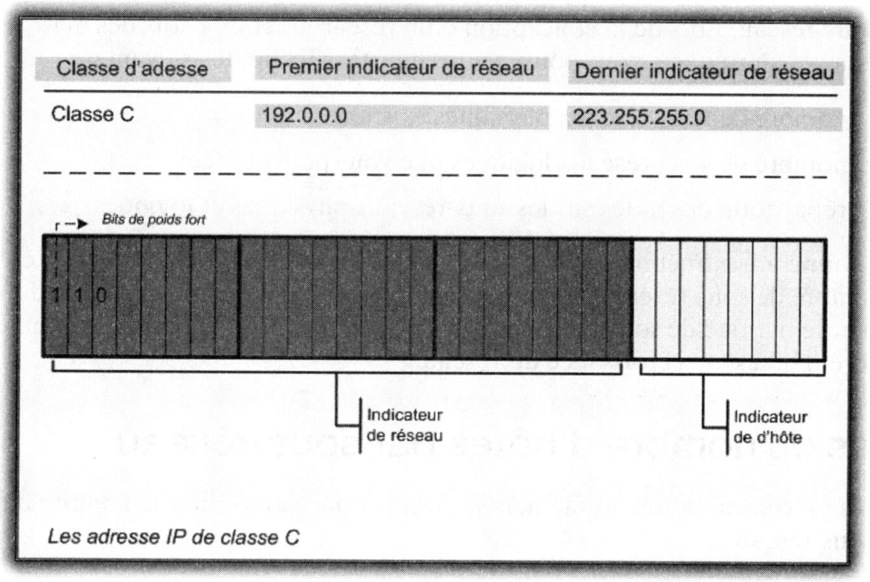

Figure 19-7 : *Représentation d'une adresse de classe C*

La classe D

Les adresses de la classe D sont réservées aux adresses de multidiffusion IP. Les quatre bits de poids fort d'une adresse de la classe D valent toujours 1110. Les bits restants constituent l'adresse reconnue par les hôtes intéressés. Microsoft TCP/IP prend en charge les adresses de classe D pour les applications de multidiffusion destinées aux hôtes réseau compatibles avec la multidiffusion.

La classe E

La classe E est une classe d'adresses expérimentales réservées à un usage futur. Les quatre bits de poids fort d'une adresse de classe E valent toujours 1111.

19.5 Les sous-réseaux et le nombre d'hôtes

Dans une solution réseau qui utilise le routage IP, vous devez examiner la relation entre le nombre d'hôtes par sous-réseau et le nombre de sous-réseaux. Une solution réseau qui utilise la commutation IP n'évalue que le nombre de connexions de réseau étendu.

Votre solution réseau doit optimiser le nombre de sous-réseaux et le nombre d'hôtes par sous-réseau. Lors de la conception d'un réseau IP et du choix des masques nécessaires au routage, vous pouvez vous heurter aux limites suivantes :

- nombre de sous-réseaux physiques existants ;
- nombre de sous-réseaux logiques que vous pouvez créer ;
- répartition des hôtes sur les sous-réseaux physiques et logiques.

Une bonne infrastructure de masque de sous-réseau ne doit pas limiter la croissance du nombre de sous-réseaux ou du nombre d'hôtes par sous-réseau. Vous devez adapter le masque de sous-réseau en fonction de vos prévisions concernant le nombre d'hôtes et la croissance du réseau.

Les limites du nombre d'hôtes par sous-réseau

Prenez en considération les éléments suivants pour déterminer le nombre d'hôtes par sous-réseau…

- Les spécifications de la solution réseau : créez les spécifications de votre solution réseau pour atteindre les objectifs fixés en termes de performances. Cela nécessite l'analyse des besoins en matière d'utilisation de la bande passante, de taille du domaine de diffusion, de configuration de routage, de délais des vecteurs de distance et de flux de données des applications.
- La capacité du routeur ou du commutateur IP : analysez le nombre d'hôtes pris en charge par les routeurs nouveaux ou existants. Pour déterminer le nombre maximal d'hôtes par sous-réseau, divisez le nombre total d'hôtes sur un réseau local quelconque par le nombre de sous-réseaux pris en charge par le ou les routeurs. Si ce nombre dépasse la capacité d'un sous-réseau ou limite les performances, vous devez concevoir une nouvelle solution réseau en augmentant le nombre de sous-réseaux.

REMARQUE

Tester le nombre d'hôtes

Il peut s'avérer nécessaire de tester le nombre d'hôtes que vous pouvez prendre en charge sur un sous-réseau avant que les performances des clients ne soient affectées. Ces tests doivent être effectués avec des applications de production.

- La croissance future : examinez le masque de sous-réseau pour déterminer si le nombre d'hôtes par sous-réseau répond aux besoins actuels, offre les performances attendues et permet la croissance future du réseau.

Les limites du nombre de sous-réseaux

Prenez en considération les éléments suivants pour déterminer la validité d'un masque de sous-réseau sur un réseau qui utilise le routage IP…

- Le sous-réseau pour chaque connexion distante : examinez la solution réseau pour une éventuelle connexion distante. Pour prendre en charge le routage, chaque connexion distante requiert un sous-réseau.
- Les segments surchargés : analysez le nombre d'hôtes pris en charge par les routeurs nouveaux ou existants. Pour déterminer le nombre minimal de routeurs nécessaires à chaque emplacement, divisez le nombre total d'hôtes par le nombre d'hôtes pris en charge de façon optimale par le routeur.
- La croissance future : examinez le masque de sous-réseau pour déterminer si le nombre de sous-réseaux et le nombre d'hôtes par sous-réseau permettent la croissance du réseau. Si possible, exagérez le nombre de sous-réseaux ; en effet, la technologie des routeurs limite d'ordinaire le nombre d'hôtes par sous-réseau.

Les calculs de sous-réseau n'étant pas abordés dans ce chapitre, vous avez comme possibilité de télécharger depuis Internet des utilitaires en freeware permettant de calculer les sous-réseaux et les nombres d'hôtes. Voici celui que nous avons utilisé pour Puzzmania…

Le premier onglet de l'outil est **Calcul de masque** (voir fig. 19-8).

Le deuxième onglet de l'outil est **Calcul de sous-réseaux** (voir fig. 19-9).

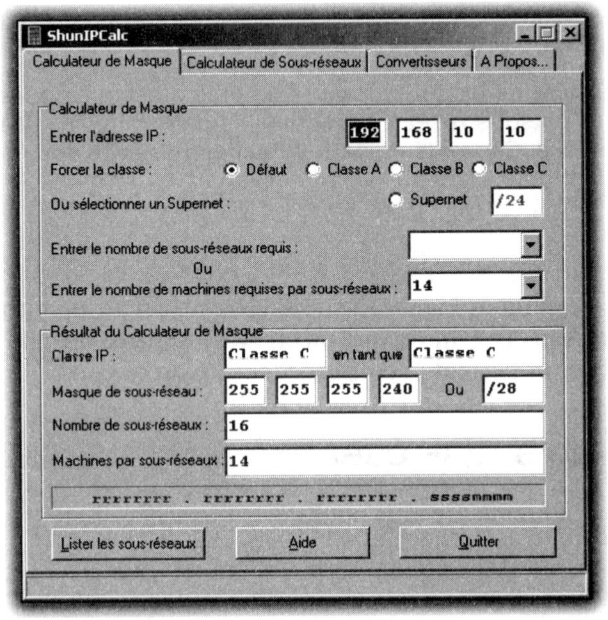

Figure 19-8 : *L'onglet Calcul de masque*

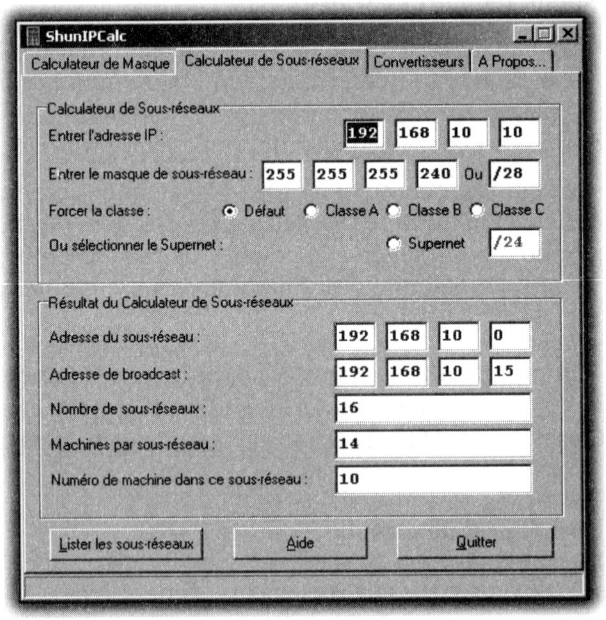

Figure 19-9 : *L'onglet Calcul de sous-réseaux*

Le troisième onglet de l'outil est **Convertisseurs**.

Figure 19-10 : *L'onglet Convertisseurs*

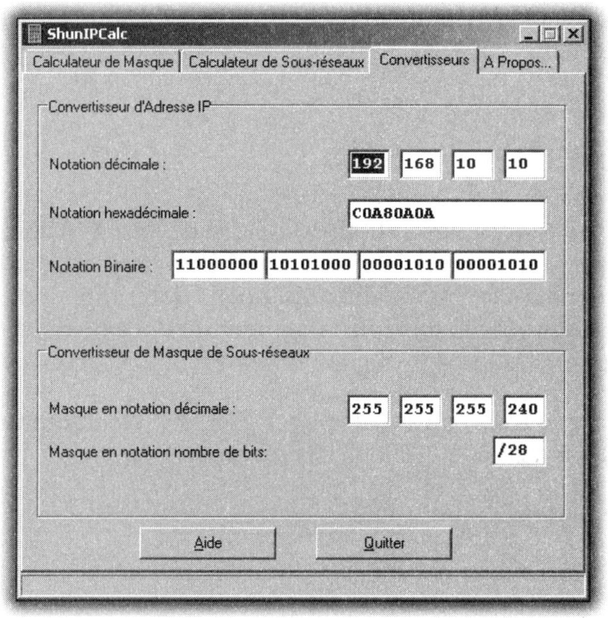

19.6 Les nouvelles fonctionnalités de TCP/IP sous Windows Vista

La réécriture de la pile TCP/IP en plus d'intégrer Ipv6 améliore grandement les performances TCP/IP. Les améliorations portent sur un certain nombre de scénarios que l'on peut retrouver plus en détail dans des *White Papers*. Mais il existe deux principaux scénarios d'amélioration…

- Receive Window Auto-Tuning a pour objectifs les liens de longue distance dont le débit est limité par la latence, par exemple, les réseaux WAN et réseaux d'agences. Cette fonction adapte en temps réel la fenêtre de réception de TCP/IP ce qui peut améliorer les débits par 10 sur des réseaux de types agences. Depuis Windows Server 2003 R2, il est possible de noter que Microsoft a porté de nombreux effort sur les réseaux d'agences et l'utilisation plus efficace des liens réseau.
- Compound TCP est le second scénario pour les liens hauts débits avec latence élevée, par exemple les liens de haut débit entre les centres informatiques. Cette fois-ci l'amélioration se passe du côté émission car Compound accroît plus rapidement la fenêtre d'émission pour atteindre le débit optimal ce qui peut diviser le temps de transfert par 2. Ce type d'amélioration prend toute

son ampleur entre des liens très haut débit de type Data Center sur des échanges de gros volumes.

19.7 Les utilitaires de diagnostic

La suite de protocoles TCP/IP fournit des utilitaires TCP/IP de base qui permettent à un ordinateur exécutant Windows Server 2003 d'accéder à un large éventail d'informations sur le réseau. Leurs fonctionnalités vont de la détermination de l'accessibilité d'un ordinateur du réseau au téléchargement de documents multimédias à partir d'Internet.

Windows Server 2003 comprend trois types d'utilitaires TCP/IP : les utilitaires de diagnostic, les utilitaires de connexion et les logiciels serveurs.

Tableau 19-8 : Utilitaires de diagnostic TCP/IP

Utilitaire	Description
Arp	Permet d'afficher et de modifier le cache ARP (*Address Resolution Protocol*). Le cache ARP contient des correspondances d'adresses de logiciel/matériel utilisées pour l'envoi de données sur le réseau local. Pour plus d'informations, consultez *ARP* et *Résolution des problèmes d'adresses matérielles à l'aide d'ARP*.
Nom d'hôte	Affiche le nom d'hôte de l'ordinateur lorsqu'il est utilisé pour l'authentification par les utilisateurs Rcp, Rsh et Rexec. Pour plus d'informations, consultez *Nom d'hôte*.
Ipconfig	Affiche les valeurs de la configuration TCP/IP courante. Également utilisé pour libérer manuellement et renouveler un bail de configurations TCP/IP affecté par un serveur DHCP et pour réinitialiser les inscriptions de noms DNS. Pour plus d'informations, consultez *Ipconfig* et *Utilitaires de ligne de commandes*.
Lpq	Affiche les informations sur l'état de la file d'attente d'impression sur des ordinateurs exécutant le logiciel de serveur d'impression du protocole LPD. Pour plus d'informations, consultez *Lpq*.
Nbtstat	Contrôle l'état du NetBIOS courant via les connexions TCP/IP, met à jour le cache Lmhosts et détermine les noms enregistrés et les ID d'étendue. Pour plus d'informations, consultez *Nbtstat* et *Résolution des problèmes de noms NetBIOS à l'aide de nbtstat*.
Netsh	Affiche et administre les paramètres du protocole TCP/IP sur l'ordinateur local ou sur un ordinateur distant. Pour plus d'informations, consultez *Commandes Netsh pour l'interface IP*.

Tableau 19-8 : Utilitaires de diagnostic TCP/IP	
Utilitaire	**Description**
Netstat	Affiche les statistiques de protocole et les informations sur les connexions TCP/IP en cours. Pour plus d'informations, consultez *Netstat* et *Affichage des statistiques de connexion à l'aide de netstat*.
Nslookup	Vérifie les enregistrements, les alias d'hôte de domaine, les services d'hôte de domaine et les informations sur le système d'exploitation en interrogeant le serveur DNS. Pour plus d'informations, consultez *Nslookup* et *Vérifier l'enregistrement DNS pour les contrôleurs de domaine à l'aide de la commande nslookup*.
Ping	Vérifie si le protocole TCP/IP est configuré correctement et teste la connectivité vers d'autres systèmes d'hôtes. Pour plus d'informations, consultez *Ping* et *Test des connexions à l'aide de ping*.
Route	Permet d'afficher et de modifier la table de routage locale IP. Pour plus d'informations, consultez *Route*.
Tracert	Trace l'itinéraire réseau emprunté par le datagramme IP vers sa destination. Pour plus d'informations, consultez *Tracert* et *Traçage des connexions réseau à l'aide de Tracert*.
Pathping	Trace l'itinéraire emprunté par un paquet vers une destination et affiche des informations sur les pertes de paquets pour chaque routeur du chemin d'accès. Permet également de résoudre les problèmes liés à la connectivité QoS (*Quality of Service*). Pour plus d'informations, consultez *Test des routeurs à l'aide de pathping*.

ARP

Affiche et modifie les tables de traduction d'adresses IP en adresses physiques utilisées par le protocole de résolution d'adresses ARP.

Syntaxe :

```
ARP -s inet_addr eth_addr [if_addr]

ARP -d inet_addr [if_addr]
ARP -a [inet_addr] [-N if_addr]
```

–a — Affiche les entrées ARP en cours en interrogeant les données courantes du protocole. Si inet_addr est spécifié, seules les adresses IP et physiques de l'ordinateur mentionné sont affichées. Si plus d'une interface réseau utilisent ARP, les entrées de chaque table ARP sont affichées.

-g	Identique à -a.
inet_addr	Spécifie une adresse Internet.
-N if_addr	Affiche les entrées ARP de chaque interface réseau spécifiée par if_addr.
-d	Supprime l'hôte spécifié par inet_addr. inet_addr peut contenir le caractère générique * pour supprimer tous les hôtes.
-s	Ajoute l'hôte et associe l'adresse Internet inet_addr avec l'adresse physique eth_addr. L'adresse physique est donnée sous forme de 6 octets hexadécimaux séparés par des tirets. L'entrée est permanente.
eth_addr	Spécifie une adresse physique.
if_addr	Spécifie l'adresse Internet de l'interface dont la table de traduction d'adresses doit être modifiée. Si ce paramètre n'est pas indiqué, la première interface applicable sera utilisée.

Exemple de commande arp

```
C:\>arp -a
Interface : 172.100.11.1 --- 0x10003
Adresse Internet      Adresse physique      Type
172.100.0.1           00-50-56-c0-00-01     dynamique
172.100.1.1           00-0c-29-08-d9-dd     dynamique
172.100.1.2           00-0c-29-46-97-32     dynamique
```

Remarque

- Pour qu'un hôte puisse communiquer avec un autre sur un réseau TCP/IP, le premier hôte utilise arp pour résoudre l'adresse IP du second en l'adresse MAC correspondante. Cette adresse MAC fournit alors une adresse de destination pour les trames Ethernet ou Token Ring envoyées depuis le premier hôte vers le second. ARP place ses correspondances d'adresses IP vers MAC dans une cache pour une courte durée (de 2 à 10 minutes) afin de réduire le nombre de diffusions ARP générales nécessaires.
- ARP est un outil utile pour le dépannage des réseaux TCP/IP car il permet de rechercher l'adresse MAC de n'importe quel hôte du sous-réseau local, à condition que l'adresse IP de cet hôte soit connue.
- ARP affiche le cache ARP uniquement sur la machine locale, non sur des machines distantes.

- Pour réduire le trafic de diffusion et pour accélérer les communications TCP/IP, vous pouvez ajouter des associations statiques au cache ARP sur les machines clientes. Cela permet aux clients de résoudre les adresses IP des serveurs couramment utilisées sur le réseau depuis les caches ARP locaux des clients, au lieu d'utiliser des diffusions ARP générales.
- Pour que les associations statiques dans le cache ARP persistent entre les redémarrages, ajoutez des commandes arp dans un fichier de commandes et exécutez-le au démarrage du système.
- Gratuitous ARP est un mécanisme TCP/IP utilisé par les hôtes pour annoncer leur adresse IP, ce qui évite la duplication des adresses IP sur le réseau. Vous pouvez désactiver Gratuitous ARP en modifiant le registre et en fixant à 1 la valeur suivante :

```
HKLM\System\CurrentControlSet\Services\TCPIP\Parameters
✂ \Arp\RetryCount
```

Ipconfig

Agit sur la configuration IP réseau.

Syntaxe :	`ipconfig [/?	/all	/renew [carte]	/release [carte]	/flushdns	/displaydns	/registerdns	/showclassid carte	/setclassid carte [ID de classe]]`
/?	Affiche ce message d'aide.
/all	Affiche toutes les informations de configuration.
/release	Libère l'adresse IP pour la carte spécifiée.
/renew	Renouvelle l'adresse IP pour la carte spécifiée.
/flushdns	Vide le cache de la résolution DNS.
/registerdns	Actualise tous les baux DHCP et réinscrit les noms DNS.
/displaydns	Affiche le contenu du cache de la résolution DNS.
/showclassid	Affiche tous les ID de classe DHCP autorisés pour la carte.
/setclassid	Modifie l'ID de classe DHCP.

Exemple de commande ipconfig

```
C:\>ipconfig /all
Configuration IP de Windows
```

```
Nom de l'hôte . . . . . . . . . . . : sncecpdc01
Suffixe DNS principal . . . . . . . : corp.puzzmania.com
Type de nœud . . . . . . . . . . . : Inconnu
Routage IP activé . . . . . . . . . : Non
Proxy WINS activé . . . . . . . . . : Non
Liste de recherche du suffixe DNS.: corp.puzzmania.com
puzzmania.com
Carte Ethernet Connexion au réseau local :

Suffixe DNS propre à la connexion :
        Description . . . . . . . . . . . : Carte AMD PCNET
Family Ethernet PCI
Adresse physique . . . . . . . . . . : 00-0C-29-77-33-8E
DHCP activé. . . . . . . . . . . . . : Non
Adresse IP. . . . . . . . . . . . . : 172.100.11.1
        Masque de sous-réseau . . . . . . : 255.255.240.0
        Passerelle par défaut . . . . . . : 172.100.0.1
        Serveurs DNS . . . . . . . . . . : 172.100.1.1
                                            172.100.1.2
```

Remarque

Sous Windows Server 2003, le cache de noms DNS accepte également la mise en cache des noms DNS non résolus ou invalides. Cependant, ces réponses DNS négatives sont mises dans le cache durant une courte période de temps uniquement.

Nbtstat

Affiche les statistiques du protocole et les connexions TCP/IP courantes utilisant NBT (NetBIOS sur TCP/IP).

Syntaxe :	`NBTSTAT [-a Nom Distant] [-A adresse IP] [-c] [-n] [-r] [-R] [-RR] [-s] [S] [intervalle]`
–a (état carte)	Liste la table de noms de l'ordinateur distant (nom connu).
–A (état carte)	Liste la table de noms d'ordinateur distant (adresse IP).
–c (cache)	Liste le cache de noms distants, y compris les adresses IP.
–n (noms)	Liste les noms NetBIOS locaux.
–r (résolus)	Liste les noms résolus par diffusion et via WINS.
–R (Recharge)	Purge et recharge la table du cache de noms distante.
–S (Sessions)	Liste la table de sessions avec les adresses de destination IP.

–s (sessions)	Liste la table de sessions convertissant les adresses de destination IP en noms d'hôte NetBIOS.
–RR (ReleaseRefresh)	Envoie des paquets de libération de noms à WINS, puis actualise.
Nom Distant	Nom de l'ordinateur hôte distant.
adresse IP	Représentation décimale pointée de l'adresse IP.
intervalle	Réaffiche les statistiques sélectionnées, en marquant un temps d'arrêt égal à "intervalle" secondes entre chaque affichage. Appuyez sur les touches Ctrl+C pour arrêter l'affichage des statistiques.

Exemple de commande nbtstat

```
C:\>nbtstat -a sncecpdc01

Connexion au réseau local:
Adresse IP du nœud : [172.100.11.1] ID d'étendue :

Table de noms NetBIOS des ordinateurs distants

Nom                  Type         État
--------------------------------------------
SNCECPDC01      <00>  UNIQUE      Inscrit
CORP            <00>  Groupe      Inscrit
CORP            <1C>  Groupe      Inscrit
SNCECPDC01      <20>  UNIQUE      Inscrit
CORP            <1E>  Groupe      Inscrit
CORP            <1D>  UNIQUE      Inscrit
..__MSBROWSE__.<01>  Groupe      Inscrit
SNCECPDC01      <03>  UNIQUE      Inscrit
ADMINISTRATEUR <03>  UNIQUE      Inscrit
SNCECPDC01      <01>  UNIQUE      Inscrit

Adresse MAC = 00-0C-29-77-33-8
```

Remarque

nbtstat est plus utile pour le dépannage de problèmes de résolution de noms dans des réseaux mixtes Windows Server 2003/Windows 2000/Windows NT, où NetBIOS est encore utilisé (NetBIOS peut être désactivé dans les propriétés TCP/IP sur les machines Windows Server 2003 et n'est pas vraiment indispensable sur des réseaux Windows Server 2003 purs).

Tableau 19-9 : Les différents états possibles d'une connexion NBT	
État	**Description**
Acceptation	Une session entrante est en cours d'acceptation
Associer	Une extrémité de la connexion a été créée et associée à une adresse IP
Connecté	Une session a été établie
Connexion	Une session est en phase de connexion et la résolution du nom de la destination en adresse IP est en cours
Déconnecté	L'ordinateur local a demandé une déconnexion et attend la confirmation du système distant
Déconnexion	Une session est en phase de déconnexion
Écoute	Le point terminal est disponible pour une connexion entrante
Entrant	Une session entrante est en phase de connexion
Inactif	Le point terminal a été ouvert, mais ne peut être connecté
Reconnecté	Une session tente de se reconnecter après l'échec de la première tentative.
Sortant	Une session est en phase de connexion et la connexion TCP est en cours de création

Pathping

Syntaxe :

```
pathping [-g ListeHôtes] [-h SautsMaxi] [-i Adresse]
[-n] [-p Période] [-q NbRequêtes] [-w Délai] [-4]
[-6] NomCible
```

–g ListeHôtes	Itinéraire source libre parmi la liste des hôtes.
–h SautsMaxi	Nombre maximal de sauts pour rechercher la cible.
–i Adresse	Utiliser l'adresse source spécifiée.
–n	Ne pas résoudre les adresses en noms d'hôte.
–p Période	Période d'attente en millisecondes entre les commandes ping.
–q NbRequêtes	Nombre de requêtes par saut.
–w Délai	Délai d'attente en millisecondes pour chaque réponse.
–4	Force en utilisant IPv4.

–6 Force en utilisant IPv6.

Exemple de commande Pathping

```
C:\>pathping 172.100.11.1

Détermination de l'itinéraire vers sncecpdc01.corp.puzzmania.com
[172.100.11.1]
avec un maximum de 30 sauts :
0  sncecpdc01.corp.puzzmania.com [172.100.11.1]
  1  sncecpdc01.corp.puzzmania.com [172.100.11.1]

Traitement des statistiques pendant 25 secondes...
            Source vers ici  Ce noeud/lien
Saut RTT    Perdu/Envoyé =  Perdu/Envoyé =  Adresse
0                                          sncecpdc01.corp
✂ .puzzmania.com [172.100.11.1]
                               0/ 100 =  0%    |
  1    0ms     0/ 100 =  0%     0/ 100 =  0%  sncecpdc01.corp
  ✂ .puzzmania.com [172.100.11.1]

Itinéraire déterminé.
```

Remarque

Pathping affiche tout d'abord l'itinéraire pris pour joindre la cible distante à la manière de Tracert. Après la période de temps indiquée pendant laquelle pathping collecte les statistiques nécessaires, la commande montre l'efficacité de l'itinéraire en affichant les informations suivantes…

- Saut : 0 pour l'hôte local. Chaque ordinateur distant présent sur l'itinéraire incrémente de 1 le compteur de sauts.
- RTT : durée de la rotation tout au long de l'itinéraire.
- Source vers ici Perdu/Envoyé : cumul des paquets par cette extrémité tout au long de l'itinéraire, exprimé sous forme de fraction et de pourcentage. Pathping envoyant un paquet ICMP à chaque hôte sur l'itinéraire, les résultats sont statistiques (et ne s'ajoutent donc pas pour la comparaison des différents sauts).
- Ce nœud /lien Envoyé/Perdu : paquets perdus sur ce saut (entre cet hôte et le précédent), exprimés sous forme de fraction et de pourcentage. En réalité, il existe deux ensembles de résultats ici :
  - Le taux de perte pour les routeurs (indiqué avec l'adresse IP dans la colonne Adresse). Lorsque cette valeur est élevée, le routeur est encombré.

  - Le taux de perte pour les liaisons (indiquer avec | dans la colonne Adresse). Lorsque cette valeur est élevée, le lien est encombré.

- Adresse : adresse IP de chaque hôte sur l'itinéraire.

Ping

Syntaxe :	`ping [-t] [-a] [-n échos] [-l taille] [-f] [-i vie] [-v TypServ] [-r NbSauts] [-s NbSauts] [[-j ListeHôtes] | [-k ListeHôtes]] [-w Délai] [-R] [-S srcaddr] [-4] [-6] nom_cible`
–t	Envoie la requête ping sur l'hôte spécifié jusqu'à interruption. Appuyez sur les touches Ctrl+Attn pour afficher les statistiques et continuer, et sur Ctrl+C pour arrêter.
–a	Recherche les noms d'hôte à partir des adresses.
–n échos	Nombre de requêtes d'écho à envoyer.
–l taille	Envoie la taille du tampon.
–f	Active l'indicateur Ne pas fragmenter dans le paquet (IPv4 uniquement).
–i vie	Durée de vie.
–v TypServ	Type de service (IPv4 uniquement).
–r NbSauts	Enregistre l'itinéraire pour le nombre de sauts (IPv4 uniquement).
–s NbSauts	Dateur pour le nombre de sauts (IPv4 uniquement).
–j ListeHôtes	Itinéraire source libre parmi la liste d'hôtes (IPv4 uniquement).
–k ListeHôtes	Itinéraire source strict parmi la liste d'hôtes (IPv4 uniquement).
–w Délai	Délai d'attente pour chaque réponse, en millisecondes.
–R	Chemin de suivi (IPv6 uniquement).
–S srcaddr	Adresse source à utiliser (IPv6 uniquement).
–4	Force en utilisant IPv4.
–6	Force en utilisant IPv6.

Exemple de commande Ping

```
C:\>ping 172.100.1.1

Envoi d'une requête 'Ping'  172.100.1.1 avec 32 octets de données :

Réponse de 172.100.1.1 : octets=32 temps<1ms TTL=128
Réponse de 172.100.1.1 : octets=32 temps<1ms TTL=128
Réponse de 172.100.1.1 : octets=32 temps<1ms TTL=128
Réponse de 172.100.1.1 : octets=32 temps<1ms TTL=128

Statistiques Ping pour 172.100.1.1:
    Paquets : envoyés = 4, reçus = 4, perdus = 0 (perte 0%),
Durée approximative des boucles en millisecondes :
Minimum = 0ms, Maximum = 0ms, Moyenne = 0ms
```

Remarque

- Par défaut, ping envoie séquentiellement quatre paquets ICMP ECHO de 32 octets à l'hôte distant et attend la réponse pendant 1 seconde.
- Si vous pouvez contacter l'hôte distant par son adresse IP, mais pas par son nom, le problème vient probablement du DNS.

Route

Manipule les tables de routage de réseau.

Syntaxe :	`ROUTE [-f] [-p] [commande [destination] [MASK masque réseau] [passerelle] [METRIC métrique] [IF interface`
–f	Efface les tables de routage de toutes les entrées de passerelle. Si la commande –f est utilisée conjointement avec l'une des commandes Print, Add, Delete ou Change, les tables sont effacées avant l'exécution de la commande.
–p	Utilisé avec la commande Add, il crée une route persistante à travers les démarrages du système. Par défaut, les routes ne sont pas préservées lorsque le système est redémarré. La commande –p est ignorée par les autres commandes, qui affectent toujours les routes persistantes appropriées. Cette option n'est pas prise en charge par Windows 95.
commande	L'une des commandes suivantes : Print imprime une route, Add ajoute une route, Delete supprime une route, Change modifie une route existante.

destination	L'hôte.
MASK	Spécifie que la valeur suivante est la valeur du masque de réseau.
masque réseau	Une valeur de masque de sous-réseau pour cette entrée de route. Si elle n'est pas spécifiée, la valeur par défaut est 255.255.255.255.
passerelle	La passerelle.
interface	Le numéro de l'interface pour la route spécifiée.
METRIC	Une métrique, par exemple le coût pour la destination.

Tous les noms symboliques utilisés pour la destination sont à consulter dans le fichier *Networks* de la base de données du réseau. Les noms symboliques pour la passerelle sont à consulter dans le fichier *Hosts*.

Si la commande est Print ou Delete, la destination ou la passerelle peut être un caractère générique (spécifié par un astérisque) ou l'argument de la passerelle peut être omis.

Si Dest contient un astérisque ou un point d'interrogation, il est traité comme un motif d'environnement, et seules les routes de destination correspondantes sont imprimées. L'astérisque correspond à toute chaîne et le point d'interrogation correspond à tout caractère. Exemples : 157.*.1, 157.*, 127.*, *224*.

La commande PRINT affichera les deux routes IPv4 et IPv6, mais les commandes Add, Delete et Change ne fonctionneront que pour les routes IPv4. Pour les routes IPv6, utilisez le contexte interface ipv6 dans *netsh.exe*.

Notes de diagnostic : une valeur de MASK non valide produit une erreur, c'est-à-dire lorsque (DEST & MASK) != DEST. Exemple : > route ADD 157.0.0.0 MASK 155.0.0.0 157.55.80.1 IF 1 L'ajout d'itinéraire a échoué : le paramètre de masque spécifié n'est pas valide. (Destination & Masque) != Destination.

Exemple de commande Route Print

```
E:\>route print
===========================================================================
Liste d'Interfaces
0x100000c ...00 d0 b7 25 65 5f ...... Intel(R) PRO Adapter
0x100000d ...00 11 2f 95 85 5d ...... Marvell Gigabit Ethernet
✂ Adapter
===========================================================================
```

```
===========================================================================
Itinéraires actifs :
Destination      Masque réseau      Adresse      Adresse  Métrique
réseau                          passerelle  interface
        127.0.0.0          255.0.0.0     127.0.0.1       127.0.0.1  1
      172.100.0.0      255.255.240.0   172.100.0.1     172.100.0.1  1
      172.100.0.1    255.255.255.255     127.0.0.1       127.0.0.1  1
     172.100.16.0      255.255.240.0  172.100.16.1    172.100.16.1  1
     172.100.16.1    255.255.255.255     127.0.0.1       127.0.0.1  1
     172.100.32.0      255.255.240.0  172.100.32.1    172.100.32.1  1
     172.100.32.1    255.255.255.255     127.0.0.1       127.0.0.1  1
     172.100.64.0      255.255.240.0  172.100.64.1    172.100.64.1  1
     172.100.64.1    255.255.255.255     127.0.0.1       127.0.0.1  1
     172.100.80.0      255.255.240.0  172.100.80.1    172.100.80.1  1
     172.100.80.1    255.255.255.255     127.0.0.1       127.0.0.1  1
  172.100.255.255    255.255.255.255   172.100.0.1     172.100.0.1  1
  172.100.255.255    255.255.255.255  172.100.16.1    172.100.16.1  1
  172.100.255.255    255.255.255.255  172.100.32.1    172.100.32.1  1
  172.100.255.255    255.255.255.255  172.100.64.1    172.100.64.1  1
  172.100.255.255    255.255.255.255  172.100.80.1    172.100.80.1  1
        224.0.0.0          224.0.0.0   172.50.16.1     172.50.16.1  1
        224.0.0.0          224.0.0.0   172.50.32.1     172.50.32.1  1
        224.0.0.0          224.0.0.0   172.50.48.1     172.50.48.1  1
        224.0.0.0          224.0.0.0   172.50.64.1     172.50.64.1  1
        224.0.0.0          224.0.0.0   172.100.0.1     172.100.0.1  1
        224.0.0.0          224.0.0.0  172.100.16.1    172.100.16.1  1
        224.0.0.0          224.0.0.0  172.100.32.1    172.100.32.1  1
        224.0.0.0          224.0.0.0  172.100.64.1    172.100.64.1  1
        224.0.0.0          224.0.0.0  172.100.80.1    172.100.80.1  1
  255.255.255.255    255.255.255.255   172.50.64.1     172.50.64.1  1
===========================================================================
Itinéraires persistants :
Aucun
```

Remarque

- Si vous utilisez route –f sans discrimination sur un serveur, vous pouvez interrompre les communications réseau entre le serveur et les autres ordinateurs et provoquer la perte du travail des utilisateurs. Cependant, le redémarrage du serveur restaure les passerelles par défaut définies dans le module **Réseau** accessible via le Panneau de configuration.
- Il est possible d'employer les noms symboliques contenus dans les fichiers *Hosts* et *Networks* à la place des adresses IP dans les paramètres Destination et Passerelles de la commande route.
- Les commandes Delete et Print acceptent les caractères génériques pour les paramètres Destination et Passerelle.

19

- La commande Change est inutile ; il est plus facile de supprimer un itinéraire puis d'ajouter le nouveau que de modifier un itinéraire existant.

Tracert

Syntaxe :	`tracert [-d] [-h SautsMaxi] [-j ListeHôtes] [-w délai] [-R] [-S srcaddr] [-4] [-6] nom_cible`
–d	Ne pas convertir les adresses en noms d'hôte.
–h SautsMaxi	Nombre maximal de sauts pour rechercher la cible.
–j ListeHôtes	Itinéraire source libre parmi la liste des hôtes (IPv4 uniquement).
–w délai	Attente d'un délai en millisecondes pour chaque réponse.
–R	Chemin de suivi (IPv6 uniquement).
–S srcaddr	Adresse source à utiliser (IPv6 uniquement).
–4	Force en utilisant IPv4.
–6	Force en utilisant IPv6.

Exemple de commande Tracert

```
C:\>tracert 172.100.11.1

Détermination de l'itinéraire vers sncecpdc01.corp.puzzmania.com
✂ [172.100.11.1]
avec un maximum de 30 sauts :

1    <1 ms    <1 ms    <1 ms  sncecpdc01.corp.puzzmania.com
[172.100.11.1]

Itinéraire déterminé.
```

Remarque

- Tracert est un outil de diagnostic utilisé pour l'authentification des routeurs défaillants ou encombrés tout au long d'un itinéraire.
- L'option –d accélère l'analyse de l'itinéraire en désactivant la résolution DNS.

19.8 En bref

TCP/IP est la suite dominante de protocoles sur le marché, au niveau des couches Réseau et Transport. Compte tenu de son système d'adressage indépendant, TCP/IP peut gérer des réseaux de toutes tailles. Bien que la version 6 du protocole TCP/IP soit disponible sous Windows Vista, la version 4 reste encore la plus utilisée dans les entreprises.

CHAPITRE

20

Présentation de l'environnement d'entreprise

CHAPITRE

20 Présentation de l'environnement d'entreprise

Bien que Windows Vista puisse être utilisé dans un cadre professionnel de manière autonome, il n'empêche que, pour un grand nombre d'utilisateurs possédant une version professionnelle, cette utilisation se passe dans le cadre d'une entreprise. À ce jour, les entreprises disposant de plus d'une quinzaine d'ordinateurs utilisent une infrastructure informatique d'entreprise pour la gestion de ces ordinateurs. Cette infrastructure permet de simplifier la gestion des postes, de définir des règles d'accès à des répertoires de documents, cela permet également de mettre des ressources en commun comme des imprimantes, mais aussi de gérer la sécurité ou encore l'accès à une messagerie unifiée. L'environnement qui permet de gérer tout cela s'appelle Active Directory. Il offre à l'entreprise la possibilité de mettre en place et de gérer un véritable annuaire qui va fédérer dans une même base de données l'ensemble des utilisateurs, des ordinateurs, des serveurs, mais aussi les imprimantes, les contacts et beaucoup d'autres éléments qui composent et régissent l'organisation informatique de l'entreprise, que l'entreprise possède quelques ordinateurs ou plusieurs centaines de milliers.

DÉFINITION

Active Directory

C'est un service d'annuaire pour Windows. Active Directory renferme des informations relatives aux objets d'un réseau et met celles-ci à la disposition des utilisateurs et des administrateurs réseau. Active Directory permet aux utilisateurs réseau d'accéder aux ressources autorisées partout sur le réseau à l'aide d'une simple procédure d'ouverture de session. Il fournit aux administrateurs réseau une vue hiérarchique intuitive du réseau et un point d'administration unique de l'ensemble des objets du réseau.

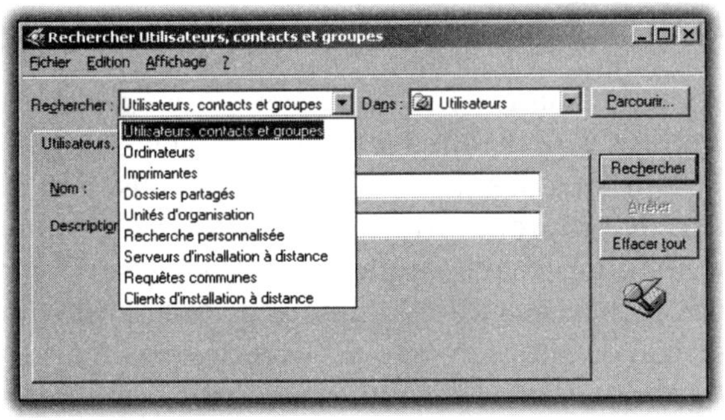

Figure 20-1 : *Recherche de ressources utilisateurs, ordinateurs, contacts, imprimantes, etc., dans l'annuaire d'Active Directory*

Pour bien comprendre ce qu'il se passe dans les environnements d'entreprise, ce chapitre va introduire les principes de base des annuaires et présenter le protocole

LDAP, dans sa version 3, qui constitue une norme ouverte pour les annuaires. Ces annuaires fonctionnent sur des serveurs Windows ; nous parlons de la dernière version de Windows serveur, c'est-à-dire la version 2003. La notion d'annuaire au sens LDAP et Active Directory est arrivée chez Microsoft en l'an 2000 avec Windows 2000 Server. Dans un deuxième temps, ce chapitre va décrire Active Directory, sa structure logique et physique. Et pour terminer, vous verrez comment Active Directory permet de modifier l'utilisation et le comportement de nos ordinateurs (Windows Vista compris).

20.1 Généralités sur l'annuaire et LDAP

Il est important de bien comprendre ce qu'est un annuaire et à quoi il sert avant d'étudier le standard LDAP (*Lightweight Directory Access Protocol*) lui-même. En effet, le standard LDAP et l'annuaire, qu'il soit LDAP ou non, sont deux concepts différents. Le premier définit l'interface d'accès à un annuaire et le second est une sorte de base de données permettant de retrouver facilement des personnes ou des ressources, comme des imprimantes, des ordinateurs et des applications.

L'accès aux annuaires nécessite de définir un standard en raison de certains besoins caractéristiques de ces derniers. Ils ne sont pas que des bases de données. Ils doivent également offrir des services particuliers, comme la recherche, le classement ou l'organisation des informations. C'est ce que la suite de ce chapitre va s'efforcer de vous montrer.

Qu'est ce qu'un annuaire ?

Nous utilisons tous des annuaires dans notre quotidien. Prenez, par exemple, votre carnet d'adresses, les annuaires web ou alors les Pages blanches et jaunes que vous recevez chaque année. Ils sont tous destinés à faciliter la localisation d'une personne ou d'une entreprise à partir de différents critères de recherche, comme le nom, le code postal, voire la fonction pour les personnes ou le type de service rendu pour les entreprises. Le résultat des recherches est un numéro de téléphone, une adresse postale complète, une adresse de site web, une adresse de messagerie électronique, etc. Ils doivent donc offrir des critères de recherche puissants, pragmatiques et simples à utiliser.

Un annuaire est d'autant plus utile qu'il est simple à employer, notamment lorsque vous devez effectuer une recherche avec très peu d'informations. À l'extrême, cette recherche peut n'être qu'une vague formulation, par exemple : "je veux trouver un restaurant". D'ailleurs, si vous saisissez cette phrase dans la zone de recherche du site Internet des Pages jaunes (**www.pagesjaunes.fr**), vous retrouverez les services relatifs à la restauration et aux établissements de restauration.

Les annuaires électroniques et en ligne ont la même vocation que les annuaires papier, mais ils apportent en plus les avantages suivants : ils sont dynamiques, flexibles, sécurisés et personnalisables.

Les versions 2 et 3 de LDAP

Les méthodes d'accès aux annuaires fondés sur X.500 étaient bien trop complexes. Ainsi, après plusieurs méthodes "plus simples" permettant l'accès aux annuaires X.500, l'OSI et l'IETF (Internet Engineering Task Force) décidèrent de se regrouper pour formaliser un protocole allégé capable d'accéder aux annuaires X.500. Ces différentes évolutions sont rappelées ici…

La première spécification a été publiée en 1993 sous la RFC 1487.

La spécification LDAPv2 publiée sous la RFC 1777 sera la première version approuvée par l'industrie.

La RFC 1778 (*String Representation of Standard Attribut Syntax*) et la RFC 1779 (*String Representation of Distinguished Name*) participent aussi à la clarification des syntaxes prises en charge.

La spécification LDAPv3 est publiée en 1997 sous la RFC 2251. Cette version améliorera de manière significative LDAPv2 dans les domaines suivants :

- L'extensibilité plus importante : le protocole LDAPv3 peut être étendu pour prendre en charge de nouvelles opérations à l'aide de nouveaux contrôles. De cette manière, les services LDAP pourront être étendus progressivement en fonction des besoins.
- La découverte des fonctionnalités et du schéma disponible : les serveurs LDAPv3 disposent d'une nouvelle entrée dans l'annuaire appelé RootDSE (*Root Directory Server Specific Entry*). Ce nouvel élément permet la publication de nombreuses informations spécifiques, par exemple les informations de schéma ou les contrôles disponibles. Cette fonctionnalité permet aux clients LDAP de mieux négocier les fonctionnalités et services proposés par tel ou tel serveur d'annuaire LDAP.
- Une meilleure gestion des authentifications : LDAPv3 implémente la prise en charge de SASL (*Simple Authentification and Security Layer*) et de TLS (*Transport Layer Security*).
- La gestion des références : LDAPv3 implémente un mécanisme de gestion des références qui permet aux serveurs LDAP de renvoyer des références vers d'autres serveurs LDAP.

- La prise en charge des jeux de caractères Unicode : la prise en charge du jeu de caractères UTF-8 permet au protocole LDAP de manipuler des données quel que soit le langage utilisé.

Comme LDAPv2, le protocole LDAPv3 nécessite un certain nombre de clarifications, publiées dans les RFC suivantes :

- RFC 2252 : *Attribut Syntax Definitions*.
- RFC 2253 : *UTF-8 String Representation of Distinguished Name*.
- RFC 2254 : *String Representation of LDAP Search Filters*.
- RFC 2255 : *The LDAP URL Format*.
- RFC 2256 : *A Summary of X.500 (96) User Schema for Use with LDAPv3*.
- RFC 2829 : *Authentication Methods for LDAP*.
- RFC 2830 : *Extensions for Transport Layer Security*.

INTERNET

Adresse de référence des RFC

Cette adresse est incontournable pour les RFC, mais surtout pour les RFC traduites en français : **http://abcdrfc.free.fr**.

Standard LDAP v3

Le standard LDAP v3 est constitué de plusieurs spécifications. Certaines sont à l'état de standard proposé (première étape avant de devenir un standard Internet à part entière), d'autres sont à l'état expérimental ou ont un simple statut d'information. Vous trouverez dans le tableau suivant les principales spécifications existant à ce jour, ainsi que leurs états respectifs :

Tableau 20-1 : Spécifications du standard LDAP v3

RFC	Titre	Description	Date	Statut
RFC 1823	*The LDAP Application Program Interface*	Description de l'interface de programmation pour l'accès aux services d'un annuaire LDAP.	Août 1995	Information

Tableau 20-1 : Spécifications du standard LDAP v3

RFC	Titre	Description	Date	Statut
RFC 2247	*Using Domains in LDAP /X.500 Distinguished Name*	Ce document décrit comment établir la correspondance entre un nom de domaine Internet (par exemple NomSociete.com) et un DN (*Distinguished Name*), racine de l'arbre LDAP de ce domaine.	Janvier 1998	Standard proposé
RFC 2251	*Lightweight Directory Access Protocol (v3)*	Ce document décrit les éléments du protocole LDAP, ainsi que l'ensemble des fonctions, leurs paramètres et leurs codes retour.	Décembre 1997	Standard proposé
RFC 2252	*Lightweight Directory Access Protocol (v3)*	Ce document décrit la syntaxe des attributs et l'ensemble des attributs normalisés qui doivent être pris en charge pour les serveurs LDAP. pour-->par	Décembre 1997	Standard proposé
RFC 2253	*Lightweight Directory Access Protocol (v3)*	Ce document décrit la syntaxe UTF-8 pour la prise en charge du multilinguisme dans les requêtes LDAP.	Décembre 1997	Standard proposé
RFC 2254	*The String Representation of LDAP Search Filters*	Ce document décrit la syntaxe des filtres de recherche dans une requête LDAP.	Décembre 1997	Standard proposé
RFC 2255	*The LDAP URL Format*	Ce document décrit le format des URL permettant d'interroger un annuaire LDAP à partir d'un navigateur web ou de toute application HTTP.	Décembre 1997	Standard proposé

Tableau 20-1 : Spécifications du standard LDAP v3

RFC	Titre	Description	Date	Statut
RFC 2256	*A Summary of the X.500 (96) User Schema for Use with LDAP v3*	Ce document décrit les attributs normalisés dans le standard X500 et communément utilisés dans les annuaires LDAP.	Décembre 1997	Standard proposé
RFC 2307	*An Approach for Using LDAP as a Network Information Service*	Ce document établit une correspondance entre des attributs et des classes d'objets LDAP et NIS (sorte d'annuaire de ressources, implémenté dans la majorité des systèmes Unix).	Mars 1998	Expérimental
RFC 2587	*Internet .X509 Public Key Infrastructure LDAP v2 Schéma*	Ce document décrit les attributs et les objets requis pour gérer dans un annuaire LDAP des certificats X509.	Juin 1999	Standard proposé
RFC 2589	*Lightweight Directory Access Protocol (v3)*	Ce document décrit une extension du protocole LDAP permettant de gérer des données volatiles (ou dynamiques) dans l'annuaire. Par exemple, une adresse IP attribuée dynamiquement par un réseau à un utilisateur peut être sauvegardée dans l'annuaire et rattachée à l'entrée qui décrit cet utilisateur. Mais elle a une durée de vie limitée et change chaque fois que l'utilisateur se reconnecte au réseau.	Mai 1999	Standard proposé
RFC 2596	*Use of Language Codes in LDAP*	Ce document décrit la façon de désigner à l'aide d'un code la langue utilisée dans les requêtes LDAP.	Mai 1999	Standard proposé

Tableau 20-1 : Spécifications du standard LDAP v3				
RFC	**Titre**	**Description**	**Date**	**Statut**
RFC 2649	*An LDAP Control and Schema for Holding Operation Signatures*	Ce document décrit une extension du protocole LDAP permettant de signer les informations sauvegardées dans l'annuaire. Cette signature permet de s'assurer de l'intégrité des données et de leur auteur, en se basant sur des certificats.	Août 1999	Expérimental
RFC 2696	*LDAP Control Extension for Simple Paged Results Manipulation*	Ce document décrit une extension du protocole LDAP permettant de contrôler la taille des réponses renvoyées suite à une recherche.	Septembre 1999	Information
RFC 2713	*Schema for Representing Java™ Objects in LDAP Directory*	Ce document définit des classes d'objets permettant de décrire des objets Java dans un annuaire LDAP.	Octobre 1999	Information
RFC 2714	*Schema for Representing Corba Object References in an LDAP Directory*	Ce document définit des classes d'objets permettant de décrire des objets Corba dans un annuaire LDAP.	Octobre 1999	Information

L'ensemble de ces spécifications a favorisé l'émergence de produits qui prennent en charge le standard LDAP en mode natif. Au lieu de développer des interfaces LDAP pour des annuaires existants ou des bases de données, les éditeurs de solutions ont préféré de nouveaux produits optimisés pour ce standard. C'est le cas de Microsoft avec Active Directory (AD), d'IBM avec Secure Way, d'iPlanet avec iPlanet Directory Server, et de bien d'autres encore.

Ce standard est actuellement adopté par la majorité des acteurs du marché. Il est d'ores et déjà intégré dans leurs produits. Citons à titre d'exemple Novell, IBM, Oracle, Microsoft, iPlanet, Lotus, HP, etc.

Comme le montre la liste de ses spécifications, le standard LDAP v3 évolue constamment. Aucune version 4 n'est prévue pour le moment car la plupart des évolutions sont soit des modifications du schéma, soit de nouveaux services qu'il est possible de solliciter à travers les extensions LDAP. On entend par "extensions" de nouvelles fonctions offertes à travers une opération particulière prévue par le standard LDAP v3, permettant d'exécuter des traitements dans un serveur d'annuaire, qui ne font pas partie du standard lui-même. Un groupe de travail de l'IETF, nommé LDAPEXT, œuvre à normaliser ces extensions.

Ainsi, il n'est pas nécessaire, pour le moment, de modifier la structure du standard LDAP. Il est tout à fait possible avec la version actuelle de faire évoluer le schéma et de faire appel à de nouvelles fonctions à travers les interfaces déjà prévues à cet effet.

Conformité LDAP de Windows Server 2003

Windows Server 2003 Active Directory est en fait une implémentation de LDAP, qui comprend une multitude de classes d'objets permettant de stocker les droits des utilisateurs, leurs préférences, l'état de leur Bureau, etc. Il est possible d'y accéder au moyen de l'API ad hoc, spécifiée par Microsoft. Attention ! Même si Microsoft s'est clairement engagé dans la prise en charge des technologies d'annuaires, notamment celle de LDAP, avec sa participation active au sein des différents groupes de l'IETF, et même si le LDAP implémenté par Microsoft respecte le standard, il n'en reste pas moins que le schéma utilisé est, quant à lui, propriétaire, ce qui pose certains problèmes d'intégration dans d'autres environnements. Il existe cependant des produits permettant de solutionner ce problème.

Windows Server 2003 reprend les bases apportées par Windows 2000 Server et propose de nouvelles fonctionnalités qui peuvent aussi bien intéresser les développeurs que les ingénieurs ou bien les architectes système. Il est important de noter que toutes ces nouvelles fonctionnalités font l'objet de RFC. Voici un récapitulatif des fonctionnalités les plus importantes…

- Prise en charge des entrées dynamiques : l'annuaire Active Directory peut stocker les valeurs d'entrée dynamique en leur affectant une durée de vie (TTL). De cette manière, ces valeurs peuvent être automatiquement détruites lors de l'expiration du TTL.
- Prise en charge du protocole TLS (*Transport Layer Security*) : les connexions à l'Active Directory via le protocole LDAP peuvent être désormais cryptées et authentifiées à l'aide de TLS.
- Prise en charge des authentifications DIGEST-MD5 : les connexions à l'Active Directory via le protocole LDAP peuvent désormais être

authentifiées à l'aide du mécanisme d'authentification SASL-DIGEST-MD5 (*Simple Authentication and Security Layer-DIGEST-MD5*). L'interface Windows Digest SSPI (*Security Support Provider Interface*) permet d'utiliser des authentifications de type DIGEST-MD5 en tant que méthode de type SASL.

- Prise en charge des vues virtuelles : il s'agit d'une optimisation du traitement des réponses aux requêtes LDAP. Par exemple, lorsqu'une requête doit retourner vers le client un résultat trop volumineux, l'idée consiste à lui retourner seulement le contenu d'une fenêtre de valeurs plutôt que l'intégralité de la réponse. De cette manière, le client voit le résultat instantanément et la surcharge sur le réseau est contenue.
- Bind LDAP multiples : cette fonctionnalité permet à un client de réaliser plusieurs Bind LDAP au travers de la même connexion pour pouvoir authentifier les utilisateurs.

Le tableau suivant liste les différentes RFC LDAP prises en charge par l'implémentation de l'annuaire Active Directory de Windows 2000 Server :

Tableau 20-2 : Principales RFC LDAP prises en charge par l'annuaire Active Directory Windows 2000 Server

RFC	RFC LDAP principale	Statut
RFC 2251	*Lightweight Directory Access Protocol (v3)*	Proposé
RFC 2252	*Lightweight Directory Access Protocol (v3) : Attribute Syntax Definitions* (attention, certaines syntaxes Unix ne sont pas prises en charge à ce jour !)	Proposé
RFC 2253	*Lightweight Directory Access Protocol (v3) : UTF-8 String Representation of Distinguished Name*	Proposé
RFC 2254	*String Representation of LDAP Search Filters*	Proposé
RFC 2255	*The LDAP URL Format*	Proposé
RFC 2256	*A Summary of the X.500 User Schema for Use with LDAP v3*	Proposé
RFC 2829	*Authentification Methods for LDAP*	Proposé
RFC 2830	*Lightweight Directory Access Protocol (v3) : Extension for Transport Layer Security*	Proposé

Le tableau suivant liste les différentes RFC LDAP additionnelles prises en charge par l'implémentation de l'annuaire Active Directory de Windows 2000 Server :

Tableau 20-3 : RFC LDAP additionnelles prises en charge par l'annuaire Active Directory Windows 2000 Server

RFC	RFC LDAP additionnelle	Statut
RFC 2696	*LDAP Control Extension for Simple Paged Results Manipulation*	Proposé
RFC 2247	*Using Domains in LDAP/X.500 Distinguished Names*	Proposé

REMARQUE

Prise en charge des RFC

L'ensemble des RFC prises en charge par l'implémentation de LDAP sous Windows 2000 Server est par ailleurs pris en charge par Windows Server 2003.

Le tableau suivant liste les différentes RFC LDAP prises en charge par l'implémentation de l'annuaire Active Directory de Windows Server 2003.

Tableau 20-4 : RFC LDAP additionnelles prises en charge par l'annuaire Active Directory de Windows Server 2003

RFC	RFC LDAP additionnelle	Statut
RFC 2589	*LDAP Protocol (v3) : Extension for Dynamic Directory Services*	Proposé
RFC 2798	*Definition of the InetOrgPerson LDAP Object Classe*	Proposé
RFC 2831	*Using Digest Authentification as an SASL Mechanism*	Proposé
RFC 2891	*LDAP Control Extension for Server Side Sorting of Search Results*	Proposé
RFC 2589	*LDAP Protocol (v3) : Extensions for Dynamic Directory Services*	Proposé

Les technologies passent par des étapes intermédiaires nécessaires, qui génèrent souvent des problèmes de compatibilité, tels les problèmes générés par la classe InetOrgPerson définie dans la RFC 2798.

20.2 Active Directory

Active Directory est le service d'annuaire de Microsoft. Il est disponible depuis la version Windows 2000 Server, ce qui a marqué un vrai tournant pour la plateforme Windows et une véritable rupture avec Windows NT4 en ce qui concerne la façon d'administrer son organisation. Même si avec Windows Server 2003, Active Directory a subi des modifications et des améliorations, il n'en reste pas moins que les systèmes d'exploitation Windows 2000 Server et Windows Server 2003 fonctionnent parfaitement ensemble, et ce, même au niveau des contrôleurs de domaine. Toutefois, pour bénéficier pleinement des modifications apportées par la version 2003, il est nécessaire de passer par quelques exigences au niveau de la forêt et des domaines.

Les avantages d'Active Directory

Active Directory est bien plus que le simple modèle de domaine Windows NT. Il va aussi au-delà des annuaires propriétaires éparpillés, en fournissant des sources d'informations centralisées. Voici, à ce titre, quelques caractéristiques et avantages offerts par Active Directory.

Centralisation de données

L'idée directrice de la centralisation de données est de diminuer le nombre d'annuaires sur le réseau. Le stockage des informations concernant toutes les ressources réseau dans un annuaire centralisé a pour effet de fournir un point unique d'administration. Cela simplifie la gestion des ressources et permet de déléguer plus efficacement les tâches administratives. Cela offre aussi un point d'entrée unique aux utilisateurs, ordinateurs et applications qui cherchent des ressources.

Évolutivité

Le service d'annuaire doit être également en mesure de faire face à la croissance du réseau sans trop le surcharger. Cela implique que l'on puisse partitionner la base de données d'annuaire de façon qu'elle ne grossisse pas au point de devenir instable. Rassurez-vous, cela ne sera jamais le cas pour un très grand nombre de petites et moyennes entreprises, particulièrement en France. Pour information, Microsoft prend en charge des bases de données pouvant aller jusqu'à 1 million d'objets et des tests avec plusieurs dizaines de millions d'objets ont déjà été réalisés avec succès.

Standardisation

Le service d'annuaire doit aussi permettre l'accès à ses données via des normes ouvertes. Cela garantit que d'autres applications pourront utiliser les ressources de l'annuaire au lieu de gérer des annuaires spécifiques. Active Directory repose sur des protocoles d'accès standardisés, comme LDAP version 3 et NSPI (*Name Service Provider Interface*). Le protocole NSPI, qui est exploité par les clients Microsoft Exchange Server 5.x, est pris en charge par Active Directory, ce qui permet la compatibilité avec l'annuaire Exchange.

Extensibilité

Le service d'annuaire doit permettre aux administrateurs et aux applications d'ajouter toute sorte de données en fonction des besoins de l'entreprise.

Séparation par rapport au réseau physique

Le service d'annuaire doit également rendre la topologie physique du réseau transparente pour les utilisateurs et les administrateurs. Il doit être possible de localiser une ressource et d'y accéder, sans être obligé de savoir où et comment elle est reliée sur le réseau.

Sécurité

Le service d'annuaire pourrait permettre à un intrus de tout savoir sur l'entreprise. Il est donc impératif que le service d'annuaire dispose de moyens pour sécuriser le stockage. Pour répondre à cela, Active Directory est intégré à la sécurité de Windows Server 2003 et il est possible de définir un contrôle d'accès pour tout objet de l'annuaire et pour chaque propriété des objets. Il est possible d'appliquer des stratégies de sécurité localement ou à l'échelle d'un site, d'un domaine ou d'une unité organisationnelle.

Le trafic LDAP est signé et crypté. Par défaut, les outils Active Directory de Windows Server 2003 signent et cryptent tout le trafic LDAP. Cela garantit que les données proviennent d'une source connue et qu'elles n'ont pas subi d'altérations.

Active Directory prend en charge plusieurs protocoles d'authentification, comme Kerberos, version 5, SSL, version 3 avec les certificats X.509, version 3. Active

Directory permet également de mettre en place des groupes de sécurité qui s'étendent sur plusieurs domaines.

Structure logique d'Active Directory

Voici une présentation des différents composants de la structure d'Active Directory.

Les objets

Dans Active Directory, les ressources sont stockées sous forme d'objets. L'objet est le composant d'Active Directory le plus facile à décrire puisqu'il représente en général une ressource concrète.

Dans Active Directory, les objets sont stockés dans une structure hiérarchique de conteneurs et de sous-conteneurs qui permettent de faciliter l'administration. Cette structure est comparable au système de dossiers dans Windows. Il est possible de la "tailler sur mesure" pour qu'elle réponde aux besoins de l'entreprise, mais aussi pour qu'elle s'adapte aux différentes évolutions sans trop de contraintes.

- Classes d'objets : un objet n'est en fait qu'une collection d'attributs. Ainsi, un objet utilisateur est fait des attributs de type nom, mot de passe, appartenance de groupe, etc. Les attributs d'un objet sont définis via une classe d'objets. La classe Utilisateur, par exemple, spécifie les attributs constituant l'objet utilisateur. Les classes d'objets permettent de regrouper les objets en fonction de leurs similitudes. Ainsi, tous les objets utilisateurs sont définis par la classe d'objets Utilisateur. Quand vous créez un nouvel objet, il hérite automatiquement des attributs de sa classe. Microsoft définit un ensemble basique de classes d'objets avec leurs attributs utilisés par Active Directory sous Windows Server 2003. Active Directory étant extensible, les administrateurs et les applications peuvent naturellement modifier les classes d'objets ainsi que les attributs définis par ces classes.
- Schéma Active Directory : les classes et les attributs qu'elles définissent sont désignés de manière collective par l'appellation de "schéma Active Directory" (dans la terminologie des bases de données, le schéma est la structure des tables et des champs avec leurs relations). Active Directory est en quelque sorte un ensemble de données (classes d'objets) qui définit la façon selon laquelle les données réelles de l'annuaire (attributs des objets) sont structurées et stockées.

Presque tout, dans Active Directory, est un objet, y compris le schéma lui-même. À l'instar de tous les autres objets, le schéma est protégé par des listes de contrôle d'accès (ACL) administrées par le sous-système de sécurité de Windows

Server 2003. Les utilisateurs et les applications munis de permissions idoines peuvent lire le schéma, voire le modifier.

Les domaines

Un domaine est une partition dans une forêt Active Directory. Le partitionnement des données permet aux organisations de répliquer des données uniquement là où elles sont requises. De cette manière, l'annuaire peut s'étendre globalement sur un réseau qui possède une bande passante limitée. En outre, le domaine prend en charge d'autres fonctions centrales liées à l'administration, en particulier :

- L'identité d'utilisateur de niveau réseau : un domaine permet de créer des identités d'utilisateur une fois, puis de les référencer sur n'importe quel ordinateur joint à la forêt dans laquelle le domaine se trouve. Les contrôleurs de domaine qui constituent un domaine sont utilisés pour stocker de manière sécurisée les comptes d'utilisateurs et les informations d'authentification, comme les mots de passe ou les certificats.
- L'authentification : les contrôleurs de domaine offrent des services d'authentification pour les utilisateurs et fournissent des données d'autorisation supplémentaires, comme des appartenances de groupe d'utilisateurs, qui peuvent être utilisées pour contrôler l'accès aux ressources sur le réseau.
- Les relations d'approbation : les domaines peuvent étendre les services d'authentification aux utilisateurs dans des domaines en dehors de leur propre forêt grâce à des relations d'approbation.
- La réplication : le domaine définit une partition de l'annuaire contenant suffisamment de données pour fournir des services de domaine et les répliquer entre contrôleurs de domaine. De cette manière, tous les contrôleurs de domaine sont des pairs dans un domaine et sont gérés comme une unité.

L'arbre

Les domaines sont organisés en une structure hiérarchique appelée "arbre". Même avec un seul domaine, il y a un arbre. Le premier domaine créé dans un arbre est le domaine racine. Le domaine suivant sera un domaine enfant de la forêt. Cette extensibilité permet d'avoir une multitude de domaines dans un arbre (voir fig. 20-2).

Dans cet exemple, puzmmania.com a été le premier domaine créé dans Active Directory, ce qui en fait le domaine racine.

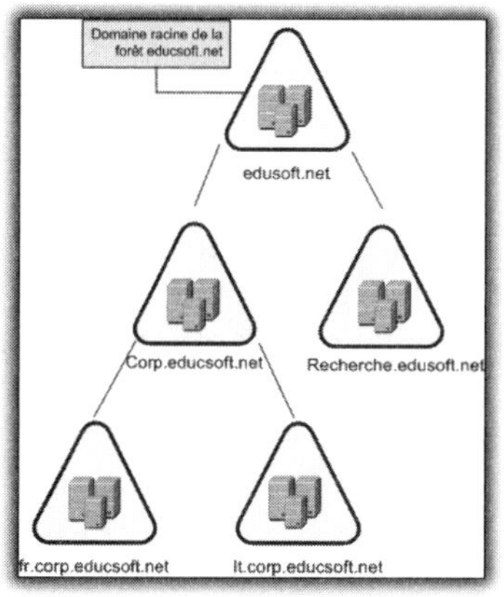

Figure 20-2 : *Schéma d'un arbre*

Tous les domaines d'un arbre se partagent le même schéma et un espace de noms connexe. Dans l'exemple, tous les domaines situés sous le domaine racine puzzmania.com se partagent l'espace de noms puzzmania.com. Posséder un seul arbre peut être bien si l'entreprise emploie le même espace de noms DNS. Par contre, pour une entreprise utilisant plusieurs espaces de noms DNS, le modèle doit pouvoir s'étaler sur plusieurs arbres, ce qui nous donne l'occasion de passer au concept de forêt.

La forêt

Une forêt représente un groupe d'arbres qui ne forment pas un espace de noms connexe, mais qui peuvent se partager un même schéma et un même catalogue global. Il y a toujours au moins une forêt dans une infrastructure Active Directory et elle est créée lors de l'installation du premier contrôleur de domaine Active Directory sur le réseau.

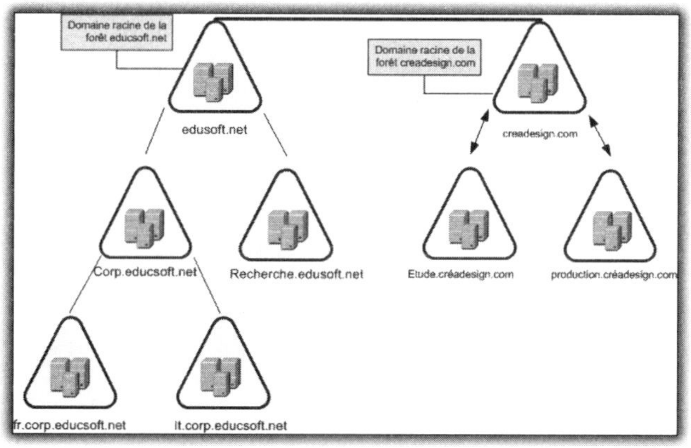

Figure 20-3 : *Schéma d'une forêt*

Les unités organisationnelles

Les unités d'organisation (OU) sont utilisées pour grouper des objets à des fins administratives, par exemple pour l'application de stratégies de groupe ou pour la délégation d'autorité. Elles peuvent être utilisées pour former une hiérarchie de conteneurs au sein d'un même domaine. Le contrôle sur une unité organisationnelle et les objets qu'elle contient est déterminé par des listes de contrôle d'accès (ACL, *Access Control Lists*) associées à l'unité organisationnelle et aux objets qu'elle contient.

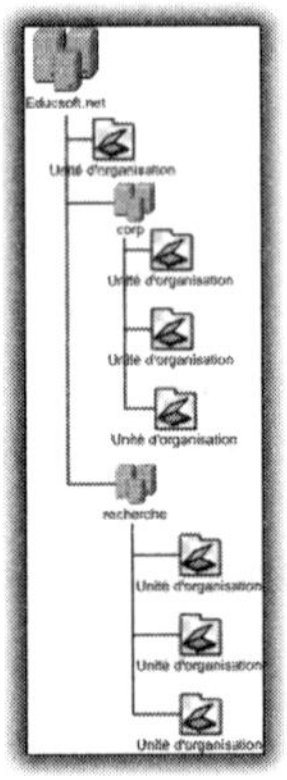

Figure 20-4 : *Schéma d'unités d'organisation*

L'organisation de l'arborescence peut s'organiser de plusieurs façons, par exemple par pays, par situation géographique comme des sites centraux et des sites d'agences ou encore par organisation de l'entreprise, par exemple comptabilité, service commercial, RH, etc.

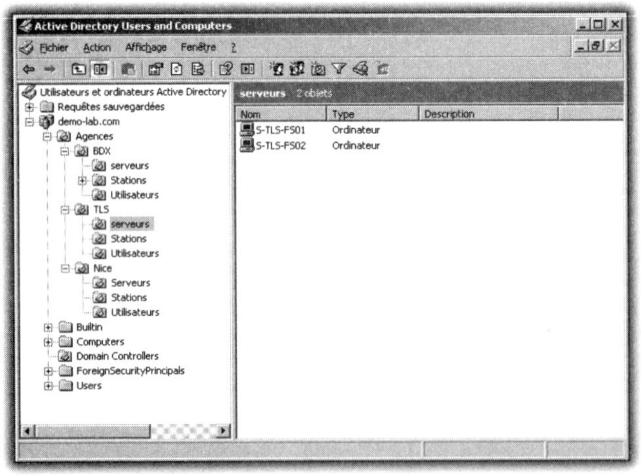

Figure 20-5 : *Exemple d'arborescences différentes en fonction des types d'entreprises*

Partitionnement de la base de données Active Directory

Active Directory représente l'ensemble des objets de la forêt. Quand la forêt grossit, il en est de même pour l'annuaire. L'une des difficultés en matière de conception est de garantir que la base de données de l'annuaire pourra augmenter en même temps que l'entreprise, sans pour autant pénaliser les performances d'un serveur ou d'un emplacement particulier du réseau. La solution à ce problème consiste à partitionner l'annuaire en plusieurs morceaux. Bien évidemment, cela concerne davantage les grandes entreprises, mais il reste intéressant de connaître l'existence de cette fonctionnalité.

En partant du principe que les domaines sont les briques fondamentales de l'infrastructure, il est judicieux de partitionner l'annuaire selon les frontières des domaines. Chacun d'entre eux contient une seule partition de l'annuaire, qui renferme les informations relatives aux objets du domaine en question. La combinaison des partitions des différents domaines de la forêt représente l'intégralité d'Active Directory.

L'un des avantages à partitionner l'annuaire est que vous pouvez ajouter de nouveaux domaines à une forêt sans surcharger de manière injustifiée les domaines existants. En effet, lorsque vous créez une partition pour un nouveau domaine, il revient aux nouveaux contrôleurs de domaine la plupart des tâches impliquées par l'administration de la nouvelle partition.

Structure physique d'Active Directory

La structure physique d'Active Directory est très simple comparée à sa structure logique. Les composants physiques sont au nombre de deux : les sites et les contrôleurs de domaine.

Les sites

Par définition, un site est une combinaison d'un ou de plusieurs sous-réseaux IP reliés par une liaison fiable et rapide permettant de prendre en charge autant de trafic réseau que possible. En règle générale, un site présente les mêmes limites qu'un réseau local (LAN). Lorsque vous regroupez des sous-réseaux de votre réseau, vous ne devez combiner que des sous-réseaux équipés de connexion rapide. On peut considérer comme rapides les connexions qui s'effectuent au moins à 512 kbps.

Avec Active Directory, les sites ne font pas partie de l'espace de noms. Lorsque vous parcourez l'espace de noms logique, vous ne voyez pas de sites. Vous ne voyez que les utilisateurs et les ordinateurs regroupés en domaine et en unités d'organisation.

Les sites ne contiennent que les objets ordinateur et connexion utilisés pour configurer la réplication entre les sites.

REMARQUE

Considérations sur les sites

Un seul domaine peut s'étendre sur plusieurs sites géographiques et un seul site géographique peut inclure des comptes d'utilisateurs et d'ordinateur appartenant à plusieurs domaines.

Les sites servent surtout à contrôler le trafic de réplication. Les contrôleurs de domaine d'un site disposent d'une grande latitude pour répliquer les modifications apportées à la base de données Active Directory chaque fois qu'il y en a. Les contrôleurs de domaine situés sur des sites différents compressent le trafic de réplication et opèrent selon une planification prédéfinie, tout cela dans le but de réduire le trafic réseau. Cette réplication peut être planifiée par défaut (c'est-à-dire toutes les 3 heures) ou bien être planifiée par l'administrateur selon ses besoins.

REMARQUE

Création de site et site par défaut

Si vous ne créez pas vous-même votre propre site dans Active Directory, tous les contrôleurs de domaine appartiendront automatiquement à un même site par défaut appelé Premier-Site-par-défaut, créé en même temps que le premier domaine.

Les contrôleurs de domaine

Les contrôleurs de domaine permettent aux utilisateurs d'ouvrir une session sur le réseau et d'accéder aux ressources pour lesquelles ils ont les autorisations adéquates. Ils permettent également de rechercher dans Active Directory des dossiers partagés, des imprimantes partagées et d'autres informations publiées. Un domaine doit avoir au moins un contrôleur de domaine. En fait, lorsqu'un serveur Windows Server 2003 autonome est promu au rôle de contrôleur de domaine, le domaine est créé. Cependant, pour des questions de redondance, il est fortement recommandé d'avoir au moins deux contrôleurs de domaine par domaine. Si votre entreprise est constituée de plusieurs sites reliés par des liaisons WAN lentes, il sera judicieux alors de positionner également un contrôleur de domaine sur chaque site afin de réduire le trafic d'ouverture de session sur le WAN.

Les rôles de maîtres d'opération

Les contrôleurs de domaine de la forêt, peu importe leur nombre, doivent se partager les rôles de maîtres d'opération. Ces rôles sont divisés en deux familles :

- Les rôles maîtres au niveau de la forêt : au nombre de deux dans la forêt entière.
- Les rôles maîtres au niveau du domaine : au nombre de trois par domaine.

Un contrôleur de domaine peut être propriétaire d'un ou de plusieurs rôles, en respectant des règles bien précises. Ces rôles maîtres jouent un rôle (comme leur nom l'indique) au niveau de l'infrastructure Active Directory.

Les maîtres au niveau de la forêt

- Le maître de schéma : le premier contrôleur de domaine de la forêt tient le rôle du maître de schéma. Il a à charge de gérer et de distribuer le schéma au reste de la forêt. Il gère la liste de toutes les classes d'objets et de tous les attributs définissant les objets rencontrés dans Active Directory. Le maître de schéma doit être opérationnel pour que l'on puisse actualiser ou modifier le schéma.
- Le maître d'attribution de noms de domaine : ce contrôleur enregistre les ajouts et les suppressions de domaines dans la forêt. Il est vraiment vital pour la préservation de l'intégrité de domaine. On le consulte à chaque fois que l'on ajoute de nouveaux domaines à la forêt. En cas d'indisponibilité de ce rôle maître, il est impossible de procéder à ces ajouts.

Les maîtres au niveau du domaine

- Le maître d'ID relatifs : il alloue des séquences d'ID relatifs à chaque contrôleur de son domaine. À tout moment, il ne peut exister qu'un seul contrôleur de domaine jouant ce rôle dans chaque domaine de la forêt. Quand un contrôleur de domaine crée un utilisateur, un groupe ou un ordinateur, il affecte à cet objet un ID de sécurité unique. L'ID de sécurité se compose d'un ID de sécurité de domaine, identique à tous les ID de sécurité dans le domaine, et un ID relatif, unique dans le domaine.
- L'émulateur de contrôleur principal de domaine (CDP) : ce contrôleur de domaine a la charge d'émuler un CDP (contrôleur de domaine principal) Windows NT 4.0 pour les clients n'ayant pas encore migré vers Windows 2000,

Windows Server 2003 ou Windows XP et qui n'exécutent pas de logiciel client pour les services d'annuaire. L'une des grandes fonctions de l'émulateur PDC est de contrôler l'ouverture de session pour les clients antérieurs à Windows 2000. L'émulateur de PDC est consulté également si un client n'arrive pas à se faire authentifier. Cela donne l'opportunité de voir si les anciens clients du domaine (avant Windows 2000) ont opéré des modifications de mots de passe de dernière minute, avant de rejeter l'ouverture de session.

- Le maître d'infrastructure : ce contrôleur de domaine enregistre les modifications apportées aux objets du domaine. Toutes les modifications sont d'abord signalées au maître d'infrastructure, avant d'être répliquées vers les autres contrôleurs de domaine. Le maître d'infrastructure gère les groupes et les appartenances de groupe concernant les objets du domaine. Il a aussi pour rôle d'informer les autres domaines des modifications apportées aux objets.

Le catalogue global

Le catalogue global est un réplica partiel des attributs le plus souvent recherchés de tous les objets de tous les domaines de la forêt. L'objectif du catalogue global est d'augmenter la rapidité des recherches émises sur Active Directory, en particulier les requêtes concernant la forêt entière et les tentatives d'ouverture de session interdomaine. Le catalogue global réside sur un ou plusieurs contrôleurs de domaine d'un site ou d'un domaine. Un serveur qui contient le catalogue global est appelé "serveur de catalogue global". Les serveurs de catalogue global contiennent les objets Active Directory suivants :

- le réplica complet de tous les objets de leur propre domaine ;
- le réplica partiel de tous les objets de la forêt de tous les contextes de dénomination.

Par défaut, le premier contrôleur de domaine du premier domaine (domaine racine de la forêt) est configuré automatiquement comme serveur de catalogue global. Tout autre contrôleur de domaine peut être serveur de catalogue global à condition d'être configuré pour cela.

La réplication dans Active Directory

Dans le principe, tous les objets et attributs doivent être répliqués vers tous les contrôleurs d'un domaine, afin que chaque contrôleur de domaine possède un exemplaire maître à jour de la partition du domaine. Voilà qui représente parfois une quantité gigantesque de données en circulation sur le réseau. Suivre toutes ces données n'est pas une mince affaire. Comment cela se passe-t-il ?

Windows Server 2003 emploie un modèle de réplication appelé "réplication multimaître" dans lequel toutes les répliques de la base de données sont considérées comme égales. Vous pouvez modifier la base de données sur n'importe quel contrôleur de domaine. Juste après, les modifications sont propagées vers l'ensemble des contrôleurs du domaine.

Lorsqu'il se produit une modification sur l'un des contrôleurs de domaine du même site, celui-ci informe ces partenaires de réplication et les partenaires réclament alors les modifications. Il y a donc réplication. Deux types de réplications sont possibles…

- La réplication intrasite : elle envoie le trafic de réplication sous forme non compressée dans la mesure où tous les contrôleurs de domaine du même site sont reliés par des liaisons haut débit. La réplication fonctionne alors avec un mécanisme de notifications. Cela veut dire qu'en cas de modifications faites sur le domaine, celles-ci sont rapidement répliquées vers les autres contrôleurs de domaine du même site.
- La réplication intersite : elle compresse tout le trafic de réplication car celui-ci circule à travers les liens WAN. Il est possible de planifier la réplication intersite pour qu'elle s'opère aux heures les plus adaptées, ou simplement de laisser les paramètres par défaut, c'est-à-dire toutes les 3 heures.

Gestion de l'utilisateur dans un environnement Active Directory

L'utilisateur est créé au sein de l'infrastructure de l'entreprise. Il peut par cette création disposer d'une authentification et d'un mot de passe. Ces deux éléments permettront de justifier qu'il est bien l'utilisateur qu'il prétend.

20

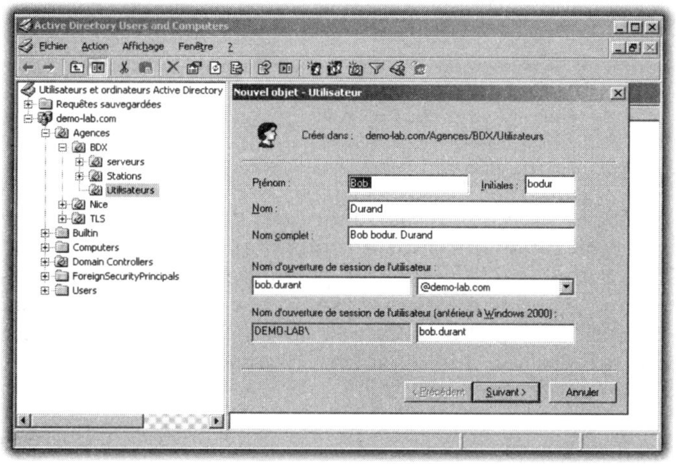

Figure 20-6 : *Création d'un utilisateur dans Active Directory*

Une fois cette authentification réalisée, vous accédez à l'ensemble des ressources auxquelles vous avez droit. L'accès peut être en lecture seule ou être total pour des fichiers : création, modification et suppression de dossiers ; accès à une imprimante couleur ou encore priorité d'imprimer sur cette même imprimante. L'utilisateur appartient à des groupes, par exemple le groupe *compta* pour la comptabilité. Le fait d'appartenir à un groupe facilite la gestion des autorisations. Il suffit d'ajouter un utilisateur dans un groupe qui possède la permission d'utiliser l'imprimante couleur pour laquelle le groupe a accès. Ces cas peuvent être utiles dans plusieurs scénarios. Imaginez que vous avez 120 utilisateurs à ajouter dans un même groupe : vous n'allez pas effectuer 120 fois la même tâche, vous allez simplement ajouter l'ensemble des 120 utilisateurs qui vont pouvoir obtenir l'autorisation, voire toutes les autorisations que ce groupe possède.

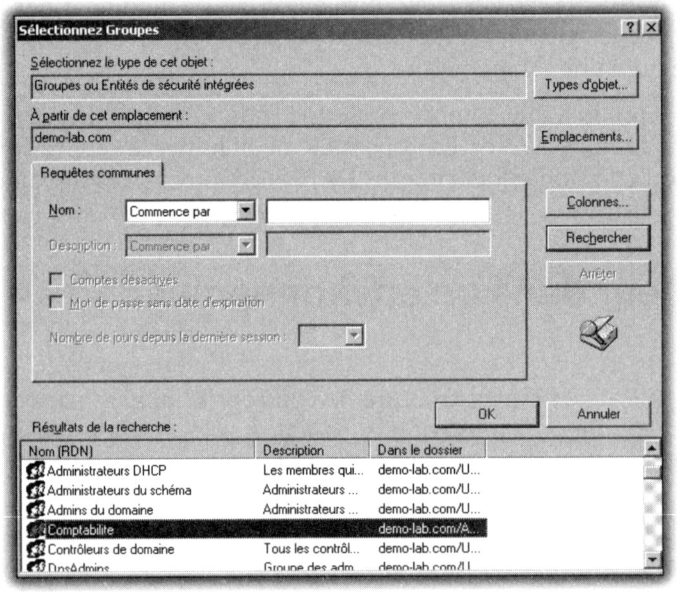

Figure 20-7 : *Recherche de groupes dans Active Directory*

DÉFINITION

Ressource partagée

Une ressource partagée désigne un périphérique, des données ou un programme utilisés par plusieurs programmes ou par un autre périphérique. Sous Windows, la ressource partagée désigne toute ressource mise à la disposition des utilisateurs du réseau, par exemple des dossiers, des fichiers, des imprimantes et des canaux nommés. Une ressource partagée fait aussi référence à une ressource d'un serveur mise à la disposition des utilisateurs du réseau.

Par défaut, Active Directory possède un ensemble de groupes déjà créés, ces groupes possèdent tous un rôle et des droits. Ces groupes sont des groupes Builtin.

Figure 20-8 : *Les groupes par défaut dans Active Directory*

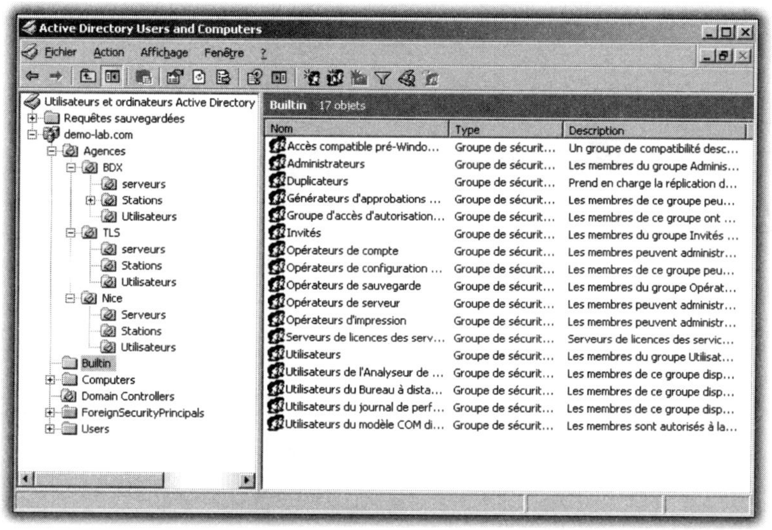

Bien qu'un certain nombre de groupes existent par défaut, les entreprises créent des groupes qui seront plus parlants en fonction de l'activité ou des situations géographiques de l'entreprise. Vous pouvez par exemple créer un groupe comptabilité et un groupe ressources ou alors un groupe utilisateurs Paris et utilisateurs Toulouse.

Figure 20-9 : *Création d'un groupe pour les utilisateurs dans Active Directory*

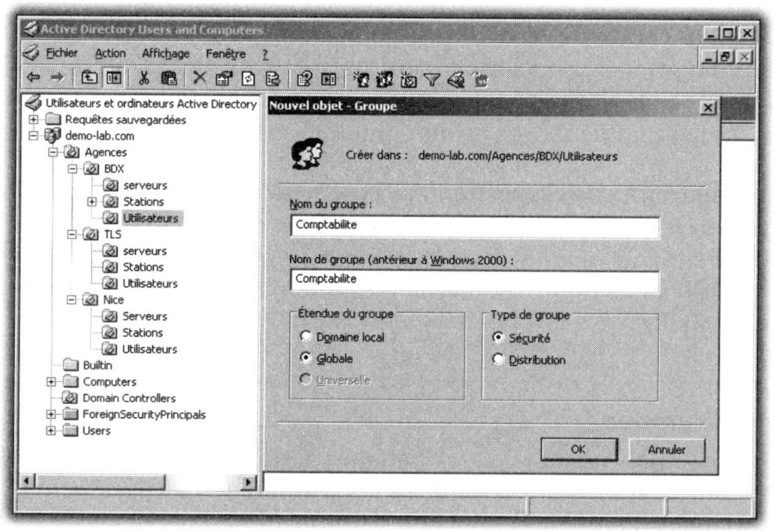

Un utilisateur n'appartient jamais à un seul groupe, il appartient toujours à plusieurs groupes. L'appartenance à plusieurs groupes donne parfois le droit à plusieurs niveaux d'autorisation sur une même ressource.

Figure 20-10 : *Appartenance d'un utilisateur à plusieurs groupes*

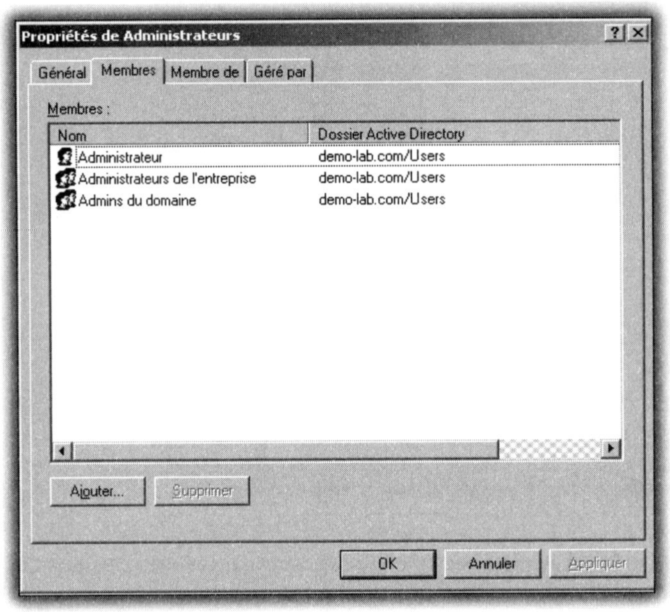

Alors, vous êtes en droit de vous demander comment cela se passe si vous possédez d'un côté un droit de lecture et de l'autre un droit de modification. En fait, il existe deux grands principes. Le premier consiste à donner le droit de plus permissif de vos droits cumulés ; dans cet exemple, ce sera donc le droit de modification qui sera appliqué. Le second principe concerne le droit refusé. Dans le cas où vous posséderiez une fois le droit refusé dans l'accès à une ressource, cela va annuler automatiquement l'ensemble de vos droits cumulés sur cette ressource.

Un autre point important dans la gestion des postes de travail et des utilisateurs : les stratégies de groupes. Elles touchent plusieurs niveaux dans Active Directory. Elles peuvent être placées au niveau du domaine pour définir, par exemple, la stratégie de mots de passe ; elles peuvent être au niveau d'un site ou, la plupart du temps, sur des unités organisationnelles.

DÉFINITION

Stratégie de groupe

Infrastructure au sein du service d'annuaire Active Directory permettant de gérer la configuration et les modifications d'annuaire des paramètres propres à l'utilisateur et à l'ordinateur, comme la sécurité et les données

DÉFINITION

utilisateurs. Vous pouvez utiliser la stratégie de groupe pour définir la configuration des groupes d'utilisateurs et d'ordinateurs. Avec la stratégie de groupe, vous pouvez spécifier des paramètres de stratégie pour la maintenance des stratégies basées sur le Registre, de la sécurité, de l'installation des logiciels, des scripts, de la redirection des dossiers, des services d'installation à distance et d'Internet Explorer. Les paramètres de stratégie de groupe que vous créez sont contenus dans un objet Stratégie de groupe. En associant un objet Stratégie de groupe aux conteneurs du système Active Directory sélectionnés (sites, domaines et unités d'organisation), vous pouvez appliquer les paramètres de stratégie de l'objet Stratégie de groupe aux utilisateurs et ordinateurs compris dans ces conteneurs Active Directory. Pour créer un objet Stratégie de groupe isolé, utilisez l'Éditeur d'objets de stratégie de groupe. Pour gérer les objets Stratégie de groupe au sein d'une entreprise, vous pouvez utiliser la console de gestion Stratégie de groupe (GPMC, *Group Policy Management Console*).

Les stratégies de groupes agissent sur deux axes : les ordinateurs et les utilisateurs.

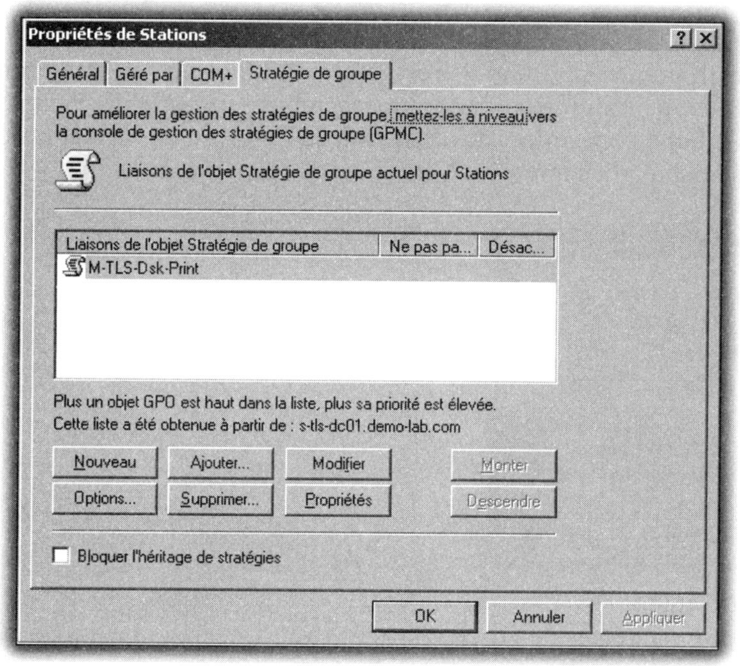

Figure 20-11 : *Exemple d'une stratégie de groupes*

20

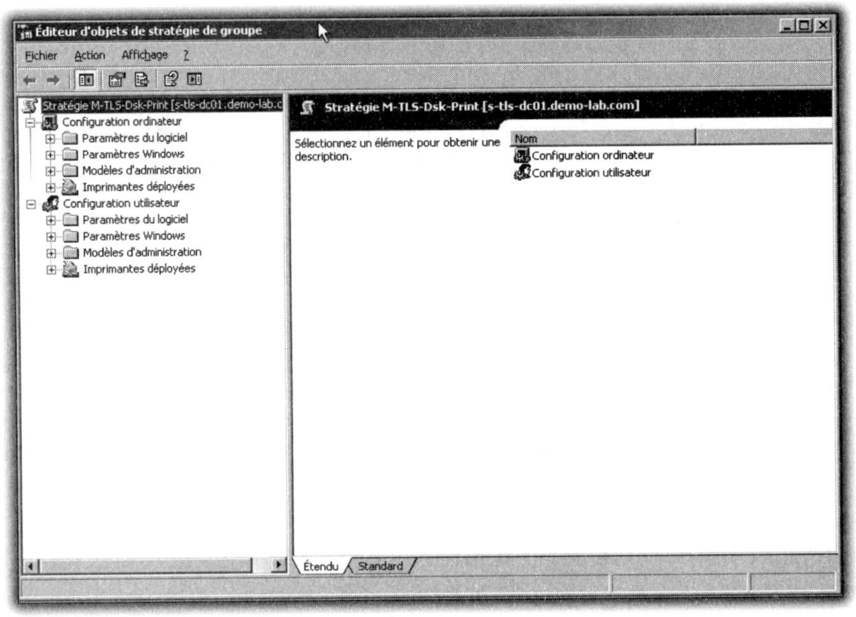

Figure 20-12 : *Une stratégie de groupes, avec les parties configuration ordinateur et configuration utilisateur*

Les stratégies de groupes permettent de restreindre l'utilisation de votre ordinateur, mais aussi de donner des paramètres pour un ensemble d'utilisateurs. Par exemple, une stratégie de groupe peut retirer des éléments du Panneau de configuration ; elles peuvent également vous interdire d'exécuter des programmes.

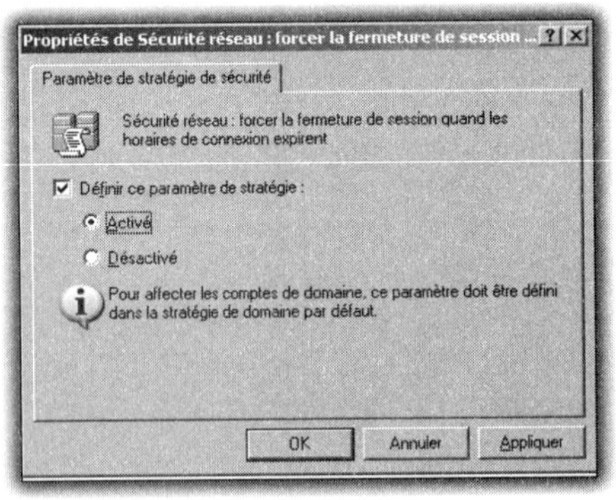

Figure 20-13 : *Exemple de configuration de paramètres d'une stratégie de groupe*

La grande force des stratégies de groupe dans l'entreprise, c'est que, même si vous modifiez les paramètres de votre ordinateur, la stratégie de groupe les remettra en conformité avec ceux de l'entreprise.

CHAPITRE

21

L'intégration dans Active Directory

CHAPITRE

21

L'intégration dans Active Directory

Windows Vista remplace Windows XP dans le contexte d'entreprise. Windows Vista Professionnel est taillé pour répondre aux exigences, de plus en plus grandes, d'amélioration de la productivité des utilisateurs en entreprise.

Windows Vista Professionnel arrive dans les entreprises qui toutes disposent d'un système d'information existant, que ce soit la PME avec cinq ou six postes ou la grande entreprise avec plus de 2000 utilisateurs. Windows Vista Professionnel doit cohabiter avec les différentes versions de systèmes d'exploitation existant dans l'entreprise et, surtout, cohabiter au sein de l'infrastructure système et réseau de l'entreprise. Dans le cadre des systèmes d'exploitation Microsoft, Windows Vista doit cohabiter au sein des forêts et des domaines Active Directory.

Faisons un petit rappel historique sur Active Directory. Active Directory est apparu avec Windows 2000 Server. En effet, seul un système d'exploitation serveur de Microsoft permet d'installer Active Directory. Active Directory permet de créer une infrastructure (des forêts et des domaines) capable de gérer de façon centralisée les utilisateurs et les ressources de l'entreprise. Il est possible de configurer les paramètres des stations de travail (les icônes du Bureau, la personnalisation d'Internet Explorer, la redirection de dossiers, etc.) de façon centralisée et d'appliquer ces paramètres en masse sur tous les ordinateurs et les comptes utilisateurs clients des entreprises (ce sont les stratégies de groupe).

À l'époque, Windows 2000 Server et Windows 2000 Professionnel (la version cliente) étaient sortis simultanément, la première version d'Active Directory couvrant parfaitement toutes les options de configuration de Windows 2000 Professionnel. En 2001, est sorti Windows XP Professionnel, qui s'est intégré dans des forêts Active Directory Windows 2000 Server, mais avec des capacités de configuration plus grandes que Windows 2000 Professionnel. Il a fallu donc attendre 2003 et la sortie de Windows Server 2003 pour mettre à niveau les fonctionnalités d'Active Directory et tirer parti de tout le potentiel de configuration et d'amélioration de la productivité du tandem Windows XP Professionnel et Windows Server 2003.

Soyons clairs, il en va de même pour Windows Vista. Vous verrez que ce dernier s'intègre bien dans les forêts et les domaines Active Directory existants, mais vous en tirerez tout le potentiel uniquement lorsque le successeur de Windows Server 2003 sera sorti – il est connu sous le nom de code actuel de Windows Server Longhorn – et que l'infrastructure Active Directory sera mise à niveau, c'est-à-dire pas avant fin 2007.

21.1 Intégrer des ordinateurs dans le domaine Active Directory

Voyez le cas d'une entreprise ayant une forêt "mono-domaine" Active Directory sous Windows Server 2003. Ce domaine est composé de stations de travail exclusivement Windows XP Professionnel. Aujourd'hui, cette entreprise installe des ordinateurs Windows Vista Professionnel pour répondre aux besoins d'une certaine population de l'entreprise et souhaite les intégrer au domaine existant.

Ces ordinateurs Windows Vista Professionnel ont déjà été installés, mais en configuration autonome de type groupe de travail. Voici comment procéder pour les intégrer au domaine :

1. Loguez-vous sous Windows Vista avec un compte administrateur local.
2. Cliquez sur le logo Windows pour ouvrir le menu de démarrage, puis cliquez avec le bouton droit de la souris sur la commande **Ordinateur**.

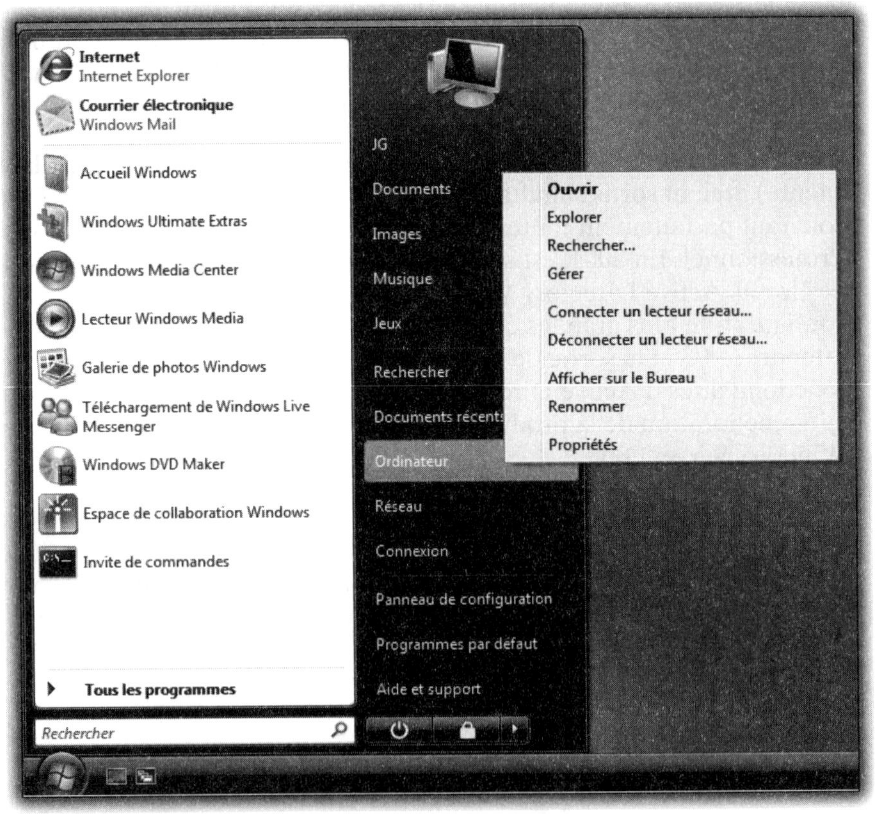

Figure 21-1 : *Cliquez avec le bouton droit de la souris sur Ordinateur*

3. Cliquez sur **Propriétés**. La fenêtre des Informations système de votre ordinateur s'ouvre.

Figure 21-2 : *La fenêtre Informations système*

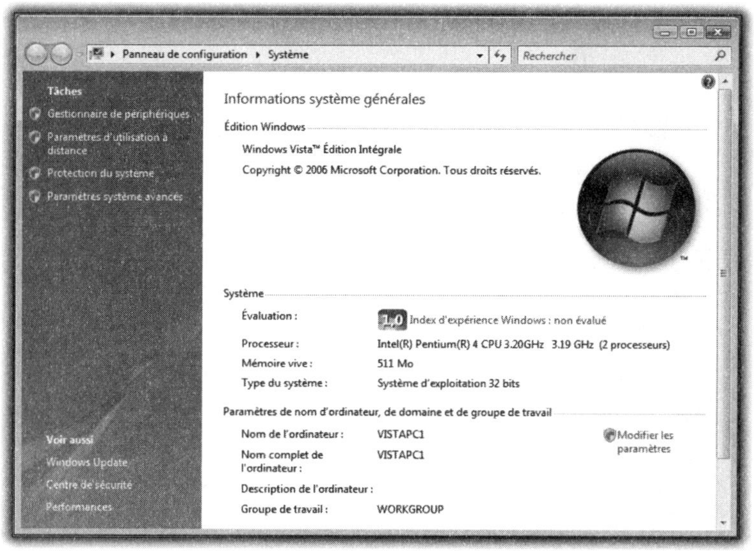

4. Cliquez sur **Modifier les paramètres** en bas à droite de la fenêtre.

Figure 21-3 : *Validation du changement de configuration*

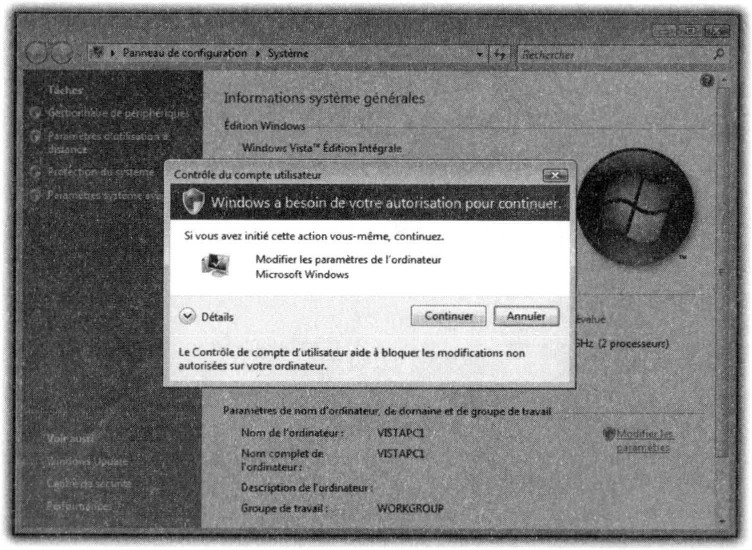

5. Dans la boîte de dialogue **Contrôle de compte utilisateur**, cliquez sur **Continuer**. La fenêtre des propriétés système s'ouvre.

Figure 21-4 : *La fenêtre des propriétés système*

6. Cliquez sur **Modifier**. Activez l'option *Domaine* et entrez le nom de votre domaine, celui que vous souhaitez rejoindre.

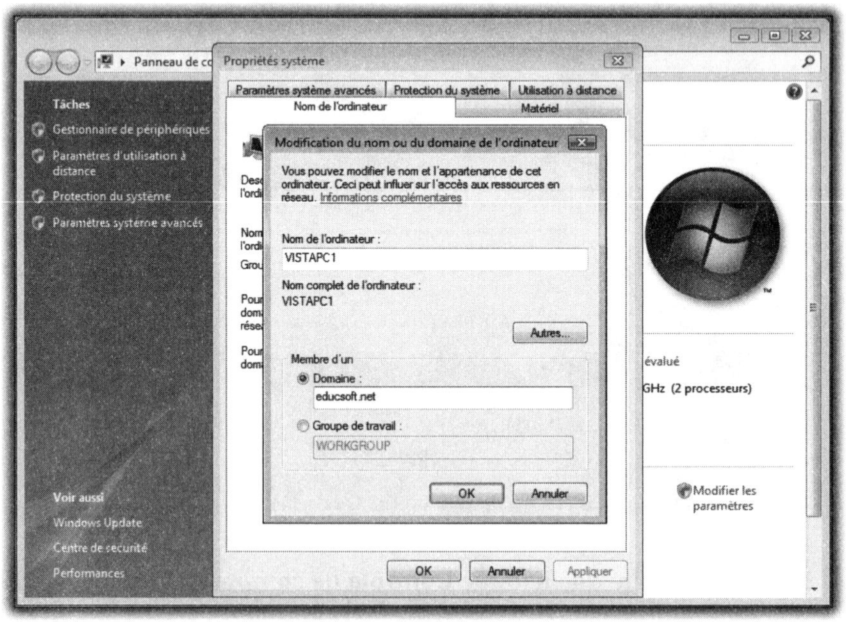

Figure 21-5 : *Configuration du domaine à rejoindre*

7. Validez, puis tapez l'identifiant d'un compte du domaine possédant les droits pour ajouter un ordinateur au domaine et cliquez sur OK.

Figure 21-6 : *La fenêtre d'identification d'un compte du domaine possédant le droit d'ajouter un ordinateur au domaine*

Si tout se passe bien, vous voyez apparaître un message de bienvenue dans votre domaine. Vous devez, comme dans toutes les précédentes versions de Windows, redémarrer l'ordinateur pour que les changements prennent effet.

Figure 21-7 : *Vous devez redémarrer pour que vos changements prennent effet*

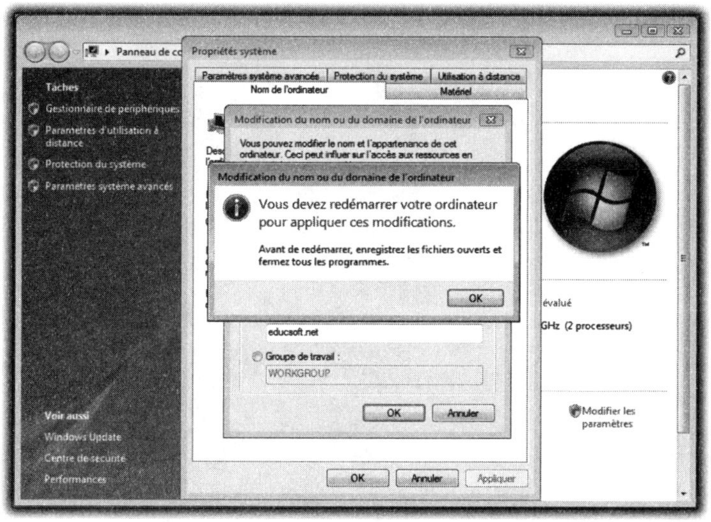

Une fois l'ordinateur redémarré, la nouvelle fenêtre de login, propre aux ordinateurs Windows en réseau, fait son apparition.

Figure 21-8 : *La fenêtre de login*

8. Tapez la fameuse combinaison de touches Ctrl+Alt+Del et entrez votre identifiant de domaine.

Figure 21-9 : *Entrez votre identifiant de domaine*

Après validation, votre session de travail s'ouvre.

REMARQUE

S'identifier sur un autre domaine

Si vous souhaitez vous loguer sur un autre domaine que le domaine d'appartenance de l'ordinateur, sur lequel vous avez le droit de vous loguer, à la différence des versions antérieures de Windows, il n'y a pas de section vous permettant de sélectionner un autre domaine. Vous devez taper le nom du domaine dans la partie réservée au nom de l'utilisateur selon le format suivant : nom du domaine\nom d'utilisateur.

Observez maintenant comment ce nouvel ordinateur apparaît sous Active Directory Windows Server 2003. Pour cela, connectez-vous à un contrôleur de domaine ou un serveur Windows Server 2003 ou encore à une station de travail comprenant les outils d'administration permettant de lancer l'utilitaire Utilisateurs et Ordinateurs Active Directory (cette dernière méthode est la plus sécurisée). Nous considérons que vous êtes administrateur de l'infrastructure Active Directory de votre entreprise.

1. Lancez l'utilitaire d'administration par le menu **Démarrer/Programmes/Outils d'administration/Utilisateurs et Ordinateurs Active Directory**.

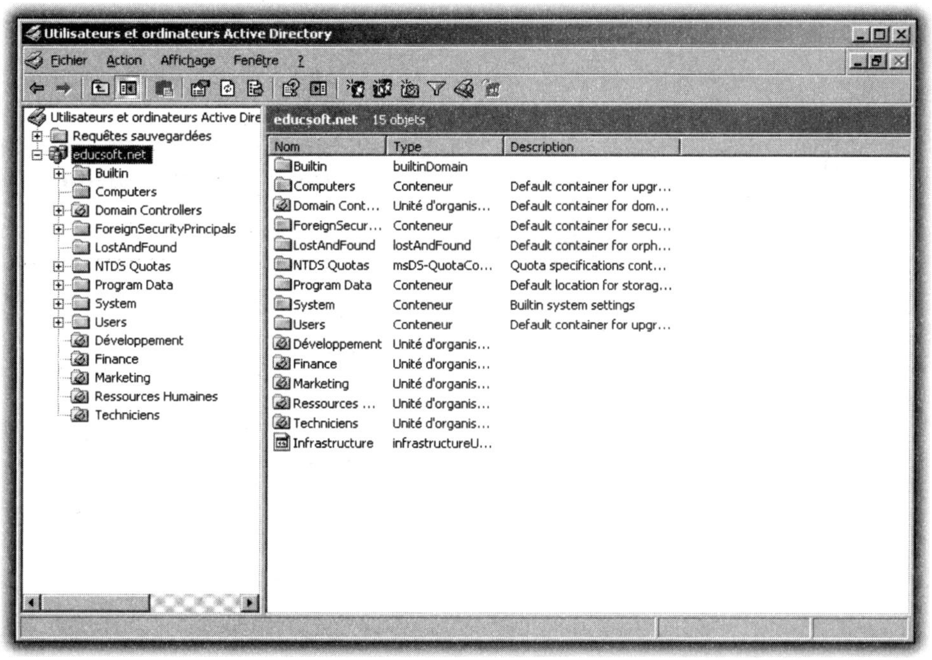

Figure 21-10 : *La fenêtre Utilisateurs et Ordinateurs Active Directory de votre domaine*

Dans cet exemple, l'entreprise est modélisée par services : une unité d'organisation représente chaque service de l'entreprise (développement, finances et marketing). À l'intérieur de chaque unité d'organisation se trouvent les comptes d'utilisateurs, les comptes d'ordinateurs et les groupes relatifs à chaque service.

2. Cliquez sur la commande **Computers**. Vous voyez apparaître le compte d'ordinateur de la machine *VISTAPC1* fraîchement ajoutée au domaine.

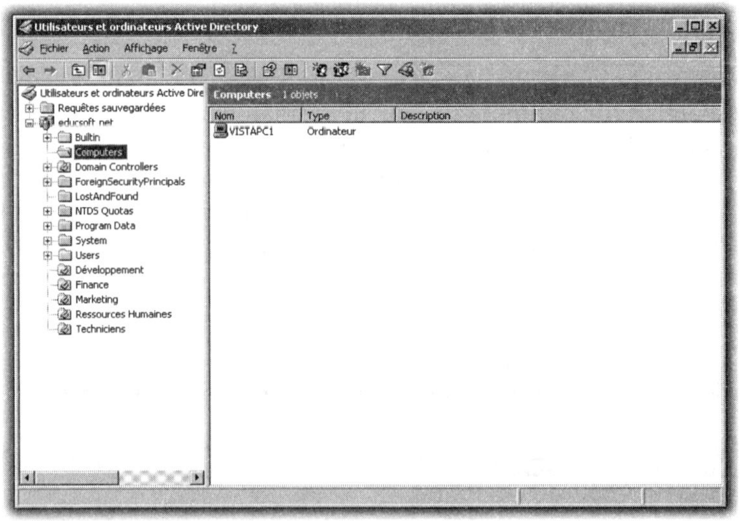

Figure 21-11 : *La fenêtre du conteneur Computers*

3. Cliquez deux fois sur le compte d'ordinateur *VISTAPC1*. La fenêtre des propriétés du compte s'ouvre. Cliquez sur l'onglet **Système d'Exploitation**.

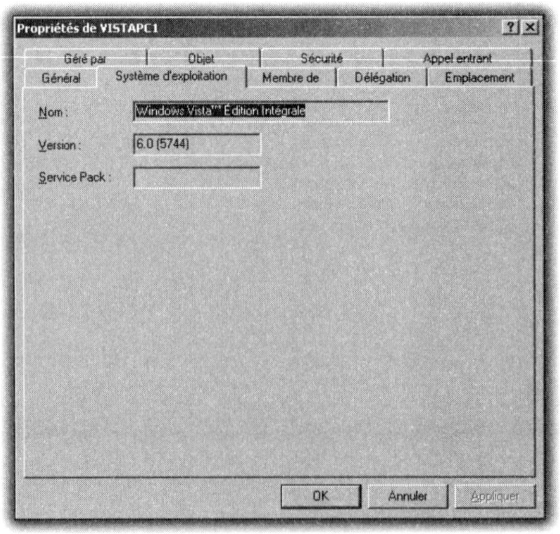

Figure 21-12 : *L'onglet Système d'Exploitation de la fenêtre Propriétés du compte d'ordinateur VISTAPC1*

Vous retrouvez la version de Windows Vista, signifiant que l'inscription du compte d'ordinateur s'est bien déroulée.

REMARQUE

Version de Windows Vista

Pour les nostalgiques et les curieux, sous l'onglet **Système d'Exploitation** de la fenêtre **Propriétés d'un compte d'ordinateur Windows Vista**, le champ *Version* est défini sur *6*. Cela signifie que, fondé sur les versions de Windows NT, Windows Vista serait en fait Windows NT 6 si Microsoft n'avait pas revu sa convention de dénomination, Windows 2000 étant NT 5 et Windows XP étant NT 5.1.

Nous vous recommandons de bien isoler tous les comptes d'ordinateurs de machines Windows Vista en les sortant du module **Computers** et en les mettant à part : soit dans une unité d'organisation spécifique commune à l'infrastructure, soit dans une sous-unité d'organisation spécifique à chaque unité d'organisation représentant un service de l'entreprise. Vous simplifierez ainsi votre vision du parc informatique et l'administration centralisée des machines.

Voyez l'exemple d'une unité d'organisation spécifique à toutes les stations de travail Windows Vista de l'entreprise :

1. Créez une unité d'organisation que vous appelez Ordinateurs Vista.
2. Déplacez par glisser-déposer le compte d'ordinateur *VISTAPC1* vers la nouvelle unité d'organisation. Le compte d'ordinateur est plus facilement identifiable et administrable.

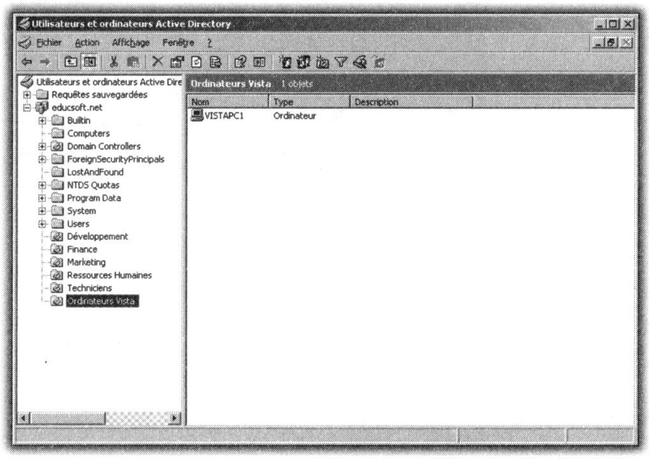

Figure 21-13 : *Une unité d'organisation particulière pour tous les ordinateurs Windows Vista*

Votre ordinateur Windows Vista est prêt à être administré de façon centralisée via les stratégies de groupe. Voyez maintenant toutes les nouveautés concernant ces stratégies.

21.2 Basculer d'un utilisateur à l'autre

Dorénavant, il est possible de basculer d'un utilisateur à un autre, sans fermer la session, au sein d'un même domaine grâce à la fonction Changement rapide d'utilisateur.

Cela vous permet de basculer vers un autre compte d'utilisateur sans fermer de programmes, ni de fichiers au préalable. Cette opération simplifie le partage d'un ordinateur avec d'autres utilisateurs. La fonctionnalité est activée par défaut.

Attention tout de même ! Si vous éteignez l'ordinateur alors qu'un autre utilisateur a des programmes en cours d'exécution, ses fichiers non enregistrés seront perdus.

Pour changer d'utilisateurs sans fermer la session :

1. Cliquez sur le logo Windows de démarrage, puis cliquez sur la flèche en regard du bouton de verrouillage.

Figure 21-14 : *Accès au changement rapide d'utilisateur*

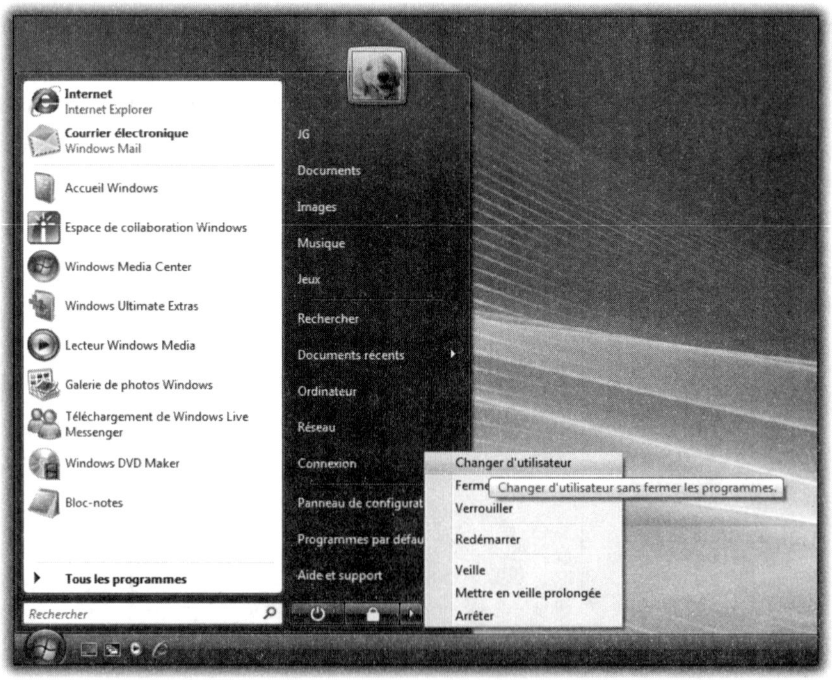

2. Cliquez sur *Changer d'utilisateur*, puis sur l'utilisateur vers lequel vous souhaitez basculer.

Assurez-vous d'enregistrer les fichiers ouverts avant de changer d'utilisateurs car Windows ne les enregistre pas automatiquement. Si vous basculez vers un autre utilisateur et que celui-ci arrête l'ordinateur, toutes les modifications non enregistrées que vous avez apportées aux fichiers ouverts sur votre compte seront perdues.

CHAPITRE

22

Une administration centralisée

CHAPITRE

22 Une administration centralisée

Un ordinateur qui est équipé de Windows Vista Professionnel et membre d'un domaine est parfaitement administré à partir de l'infrastructure Active Directory. L'un des enjeux majeurs de Windows Vista est également de faire en sorte de réduire les coûts opérationnels du système d'information de l'entreprise. La direction du système d'information étant perpétuellement en quête de réduction des coûts, les administrateurs de l'entreprise doivent avoir en main des outils et des technologies à la fois simples et efficaces afin d'administrer de façon centralisée tout le parc informatique. Selon la taille de l'entreprise, arriver à centraliser l'administration peut devenir un vrai casse-tête. Par contre, quand le défi est réussi, qui dit administration centralisée, dit gain de temps et qui dit gain de temps, dit gain d'argent.

Windows Vista renforce la notion des stratégies de groupe, bien connues depuis Windows 2000, afin de toujours améliorer et simplifier les opérations d'administration. Ces nouveautés des stratégies de groupe vont tendre vers une administration du parc informatique toujours plus centralisée.

22.1 Les stratégies de groupe

Les stratégies de groupe permettent de configurer et de personnaliser de façon centralisée le comportement des ordinateurs et des utilisateurs, et d'appliquer ces paramètres en masse sur tous les ordinateurs et les utilisateurs. Il existe des stratégies de groupe locales, c'est-à-dire configurables et applicables localement à l'ordinateur, et des stratégies de groupe d'infrastructure, c'est-à-dire configurables dans Active Directory soit au niveau de l'unité d'organisation, soit au niveau du site ou du domaine, et applicables en même temps sur tout le spectre des ordinateurs et des utilisateurs concernés (par exemple tous les ordinateurs et les utilisateurs d'une même unité d'organisation). Ces dernières, au contraire des stratégies de groupe locales, permettent de configurer de façon centralisée une seule stratégie de groupe applicable potentiellement sur tous les utilisateurs et les ordinateurs d'un domaine ou d'une unité d'organisation, ou d'un site.

Au sein d'une stratégie de groupe, de très nombreux paramètres peuvent être modifiés : que ce soit au niveau de l'ordinateur (les icônes du Bureau, la longueur des mots de passe, etc.) ou au niveau de l'utilisateur (la personnalisation d'Internet Explorer, la redirection des dossiers, etc.).

INTERNET

Plus d'infos sur les stratégies de groupe

Vous en saurez plus sur les stratégies de groupe en visitant les sites www.microsoft.com/france/technet/produits/win2003/gpfeat.mspx, www.microsoft.com/technet/prodtechnol/windowsserver2003/fr/default.mspx et l'incontournable www.gpomasters.com.

Sous Windows XP, près de 1500 paramètres sont configurables. Sachez que sous Windows Vista, près de 3000 paramètres sont configurables, c'est-à-dire le double.

Jusqu'à présent, il était possible de configurer, d'ajouter et de créer des modèles d'administration au sein d'une stratégie de groupe à partir de fichiers de type ADM.

1. Lorsque vous éditez une stratégie de groupe d'unité d'organisation par exemple, développez les modules **Configuration de l'ordinateur** et **Modèles d'administration**.

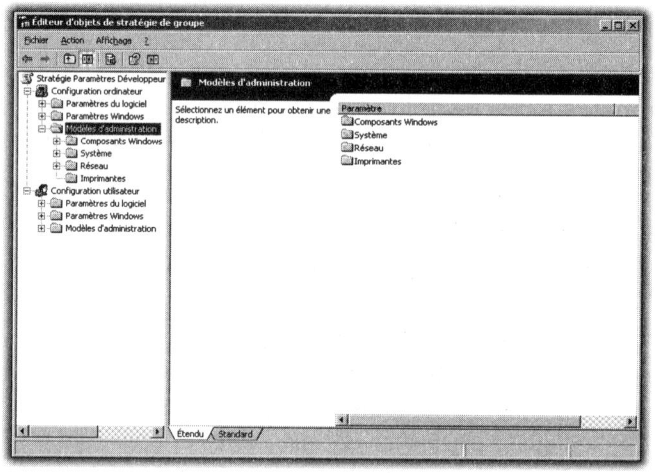

Figure 22-1 : *Édition d'une stratégie de groupe placée sur une unité d'organisation*

2. Cliquez avec le bouton droit de la souris sur la commande **Modèles d'administration** et sélectionnez **Ajout/suppression de modèles**. La fenêtre de sélection ou d'ajout de fichiers ADM s'ouvre.

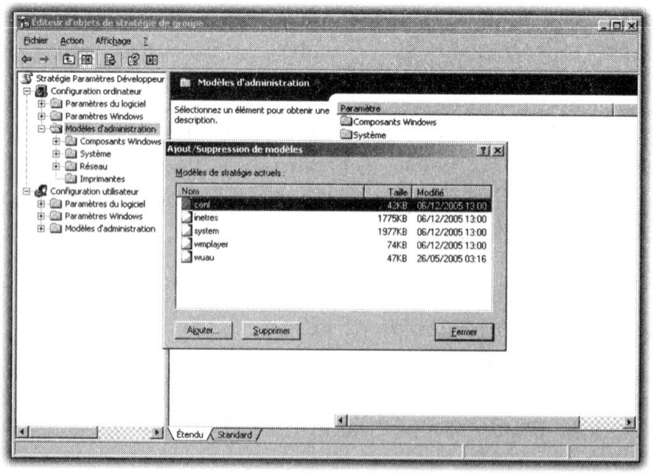

Figure 22-2 : *La fenêtre de sélection des fichiers ADM*

3. Sélectionnez un fichier ADM, souvent classé en fonction de son rôle (Windows Media Player par exemple). Vous pouvez ensuite configurer les paramètres que vous souhaitez en fonction du modèle ADM.

Les fichiers ADM modifiant des paramètres de la Base de registre. Windows Vista apporte une nouveauté à ce système en introduisant les fichiers ADMX.

Les fichiers ADMX

En employant les fichiers ADM sous Windows 2000, Windows Server 2003 et Windows XP, les utilisateurs et Microsoft se sont aperçus de deux inconvénients :

- Le format ADM n'est pas standard.
- Tous les fichiers ADM sont dupliqués pour chaque stratégie de groupe d'infrastructure, alourdissant ainsi leur application.

Windows Vista introduit les fichiers ADMX qui sont une collection de fichiers ayant la même fonction que les fichiers ADM, mais avec la particularité d'être des fichiers standard XML qu'il est possible de stocker dans un répertoire central où toutes les stratégies de groupe du domaine viendront lire les informations dont elles ont besoin. Ce nouveau format permet de résoudre les inconvénients détectés au préalable avec le format ADM.

Les fichiers ADMX permettent également la gestion unifiée des langues prises en charge en introduisant les fichiers ADML afin d'ajuster les paramètres des stratégies de groupe avec des langues différentes, selon les applications par exemple.

ATTENTION

Considérations sur la compatibilité du format ADMX

Le format ADMX étant une nouveauté Windows Vista, seul Windows Vista aujourd'hui est capable d'en tirer les bénéfices. Les nouvelles options de paramétrage de Windows Vista sont uniquement accessibles par un fichier ADMX, donc invisibles des outils d'administration Windows XP ou Server 2003. Le format n'est pas compatible avec les versions antérieures de Windows. Par contre, qui peut le plus, peut le moins : un ordinateur Windows Vista sait parfaitement gérer les fichiers ADM des versions antérieures de Windows.

Pour mettre en œuvre les fichiers ADMX, considérons deux cas : le cas simple de la stratégie locale, puis le cas de l'implémentation des fichiers ADMX dans un environnement Active Directory existant.

La stratégie locale

Sous Windows Vista, pour éditer la stratégie locale, donc charger les fichiers ADMX et modifier un paramètre, procédez comme suit :

1. Cliquez sur le logo Windows de la barre des tâches, puis sur la commande **Exécuter**.
2. Tapez gpedit.msc et validez. La stratégie locale s'ouvre.

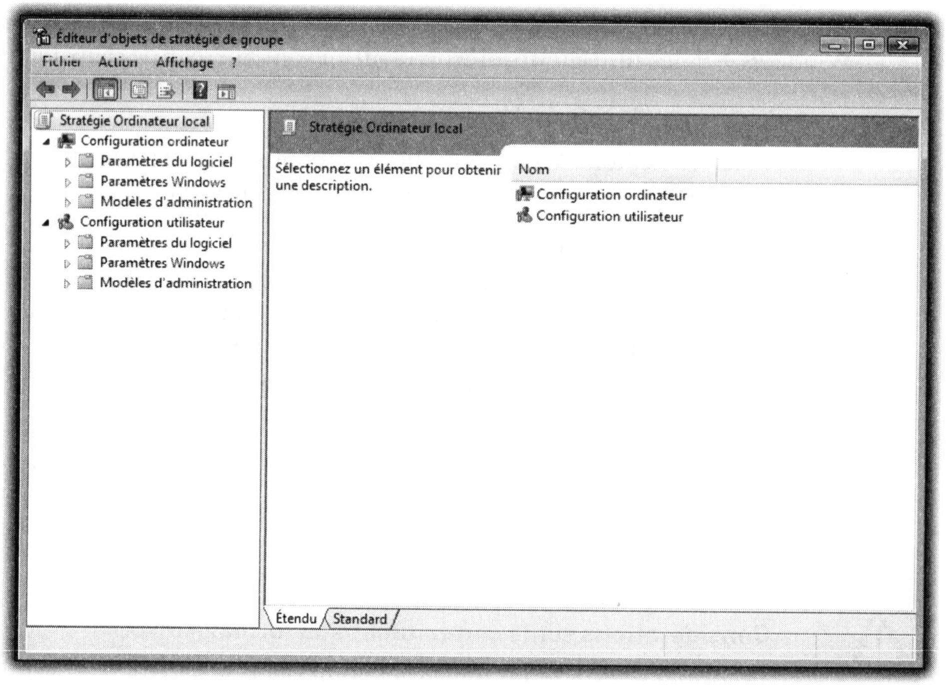

Figure 22-3 : *La stratégie locale sous Windows Vista*

L'éditeur de stratégies de groupe que vous venez de lancer lit automatiquement les fichiers de configuration au format ADMX.

3. Vous pouvez développer l'arborescence, éditer et modifier un paramètre (voir fig. 22-4).

Sous Windows Vista, les fichiers ADMX sont localisés sous *%systemroot%\PolicyDefinitions*. Par défaut, *%systemroot%* correspond à *C:\WINDOWS*. En comparaison, les fichiers ADM se trouvaient sous *%systemroot%\inf*, et les fichiers ADML sont localisés sous *%systemroot%\PolicyDefinitions\EN-US*, par exemple pour les fichiers de langue américaine ou *fr-FR* pour la France.

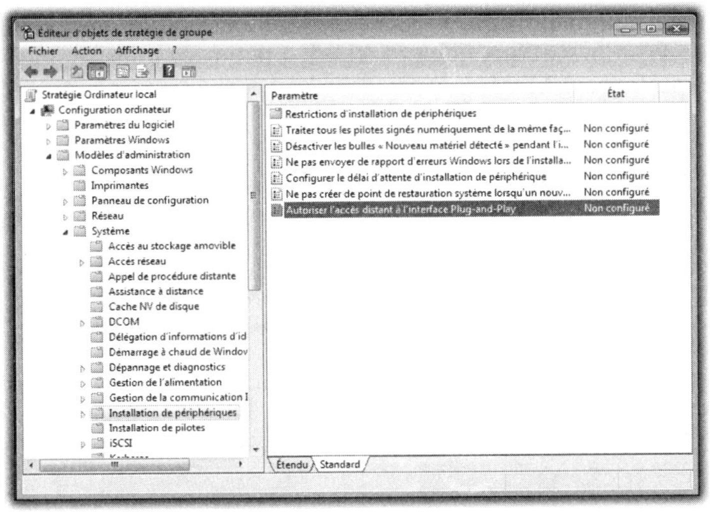

Figure 22-4 : *Exemple d'un paramètre de stratégie de groupe*

4. Fermez les fenêtres.

Regardez le contenu du répertoire *PolicyDefinitions*. Pour cela, procédez comme suit :

1. Ouvrez l'Explorateur Windows en cliquant sur le logo Windows de la barre des tâches, puis sur **Tous les programmes/Accessoires/Explorateur Windows**.
2. Parcourez l'Explorateur jusqu'à *C:\Windows\PolicyDefinitions*.

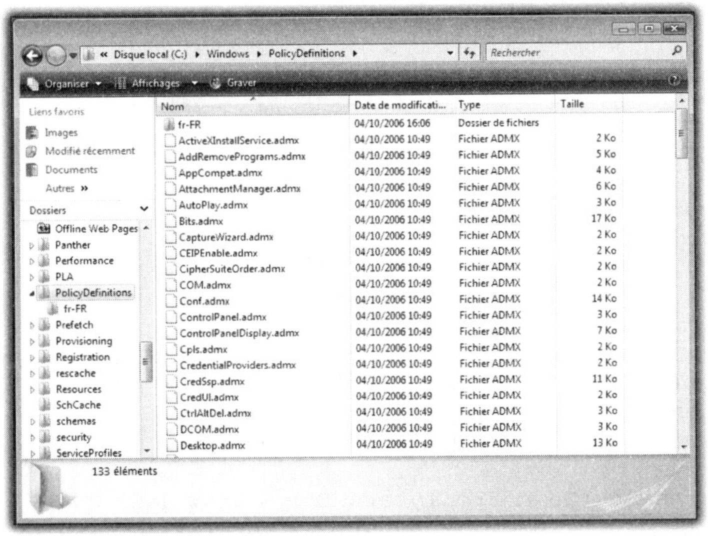

Figure 22-5 : *Le répertoire C:\Windows\Policy Definitions*

Il existe à la base 132 fichiers ADMX. Autrement dit, contrairement aux versions antérieures de Windows et aux fichiers ADM, à peu près tous les paramètres sont configurables au format ADMX.

Éditons un fichier ADMX pour constater qu'il est bien au format XML standard. Cliquez deux fois sur un fichier ADMX. Prenons l'exemple du fichier *AddRemovePrograms.admx* qui contient les éléments suivants :

```
<?xml version="1.0" encoding="utf-8"?>
<policyDefinitions xmlns:xsd="http://www.w3.org/2001/XMLSchema"
✂ xmlns:xsi="http://www.w3.org/2001/XMLSchema-instance"
✂ revision="0.9" schemaVersion="0.9"
✂ xmlns="http://www.microsoft.com/GroupPolicy/PolicyDefinitions">
  <policyNamespaces>
    <target prefix="addremoveprograms" namespace="Microsoft
    ✂ .Policies.AddRemovePrograms" />
    <using prefix="windows" namespace="Microsoft.Policies.Windows" />
  </policyNamespaces>
  <resources minRequiredRevision="0.9" />
  <categories>
    <category name="Arp" displayName="$(string.Arp)">
      <parentCategory ref="windows:ControlPanel" />
    </category>
  </categories>
  <policies>
    <policy name="DefaultCategory" class="User"
    ✂ displayName="$(string.DefaultCategory)"
    ✂ explainText="$(string.DefaultCategory_Help)"
    ✂ presentation="$(presentation.DefaultCategory)"
    ✂ key="Software\Microsoft\Windows\CurrentVersion\Policies
    ✂ \Uninstall">
      <parentCategory ref="Arp" />
      <supportedOn ref="windows:SUPPORTED_Win2k" />
      <elements>
        <text id="DefaultCategoryBox" valueName="DefaultCategory"
        ✂ required="true" />
      </elements>
    </policy>
    <policy name="NoAddFromCDorFloppy" class="User"
    ✂ displayName="$(string.NoAddFromCDorFloppy)"
    ✂ explainText="$(string.NoAddFromCDorFloppy_Help)"
    ✂ key="Software\Microsoft\Windows\CurrentVersion\Policies
    ✂ \Uninstall" valueName="NoAddFromCDorFloppy">
      <parentCategory ref="Arp" />
      <supportedOn ref="windows:SUPPORTED_Win2k" />
    </policy>
    <policy name="NoAddFromInternet" class="User"
    ✂ displayName="$(string.NoAddFromInternet)"
```

22

```
✂ explainText="$(string.NoAddFromInternet_Help)"
✂ key="Software\Microsoft\Windows\CurrentVersion\Policies
✂ \Uninstall" valueName="NoAddFromInternet">
  <parentCategory ref="Arp" />
  <supportedOn ref="windows:SUPPORTED_Win2k" />
</policy>
<policy name="NoAddFromNetwork" class="User"
✂ displayName="$(string.NoAddFromNetwork)"
✂ explainText="$(string.NoAddFromNetwork_Help)"
✂ key="Software\Microsoft\Windows\CurrentVersion\Policies
✂ \Uninstall" valueName="NoAddFromNetwork">
  <parentCategory ref="Arp" />
  <supportedOn ref="windows:SUPPORTED_Win2k" />
</policy>
<policy name="NoAddPage" class="User" displayName="$(string
✂ .NoAddPage)" explainText="$(string.NoAddPage_Help)"
✂ key="Software\Microsoft\Windows\CurrentVersion\Policies
✂ \Uninstall" valueName="NoAddPage">
  <parentCategory ref="Arp" />
  <supportedOn ref="windows:SUPPORTED_Win2k" />
</policy>
<policy name="NoAddRemovePrograms" class="User"
✂ displayName="$(string.NoAddRemovePrograms)"
✂ explainText="$(string.NoAddRemovePrograms_Help)"
✂ key="Software\Microsoft\Windows\CurrentVersion\Policies
✂ \Uninstall" valueName="NoAddRemovePrograms">
  <parentCategory ref="Arp" />
  <supportedOn ref="windows:SUPPORTED_Win2k" />
</policy>
<policy name="NoChooseProgramsPage" class="User"
✂ displayName="$(string.NoChooseProgramsPage)"
✂ explainText="$(string.NoChooseProgramsPage_Help)"
✂ key="Software\Microsoft\Windows\CurrentVersion\Policies
✂ \Uninstall" valueName="NoChooseProgramsPage">
  <parentCategory ref="Arp" />
  <supportedOn ref="windows:SUPPORTED_Win2kSP3_Or_XPSP1" />
</policy>
<policy name="NoRemovePage" class="User" displayName="$(string
✂ .NoRemovePage)" explainText="$(string.NoRemovePage_Help)"
✂ key="Software\Microsoft\Windows\CurrentVersion\Policies
✂ \Uninstall" valueName="NoRemovePage">
  <parentCategory ref="Arp" />
  <supportedOn ref="windows:SUPPORTED_Win2k" />
</policy>
<policy name="NoServices" class="User" displayName="$(string
✂ .NoServices)" explainText="$(string.NoServices_Help)"
✂ key="Software\Microsoft\Windows\CurrentVersion\Policies
✂ \Uninstall" valueName="NoServices">
```

```
      <parentCategory ref="Arp" />
      <supportedOn ref="windows:SUPPORTED_Win2k" />
    </policy>
    <policy name="NoSupportInfo" class="User"
    ✂ displayName="$(string.NoSupportInfo)" explainText="$(string
    ✂ .NoSupportInfo_Help)"
    ✂ key="Software\Microsoft\Windows\CurrentVersion\Policies
    ✂ \Uninstall" valueName="NoSupportInfo">
      <parentCategory ref="Arp" />
      <supportedOn ref="windows:SUPPORTED_Win2k" />
    </policy>
    <policy name="NoWindowsSetupPage" class="User"
    ✂ displayName="$(string.NoWindowsSetupPage)"
    ✂ explainText="$(string.NoWindowsSetupPage_Help)"
    ✂ key="Software\Microsoft\Windows\CurrentVersion\Policies
    ✂ \Uninstall" valueName="NoWindowsSetupPage">
      <parentCategory ref="Arp" />
      <supportedOn ref="windows:SUPPORTED_Win2k" />
    </policy>
  </policies>
</policyDefinitions>
```

Vous retrouvez tous les éléments paramétrables de la fonction Ajout/Suppression de programmes, ainsi que les clés de Registre à modifier et les versions de Windows prises en charge. Dans l'éditeur de la stratégie de groupe locale, vous obtiendriez la vue suivante :

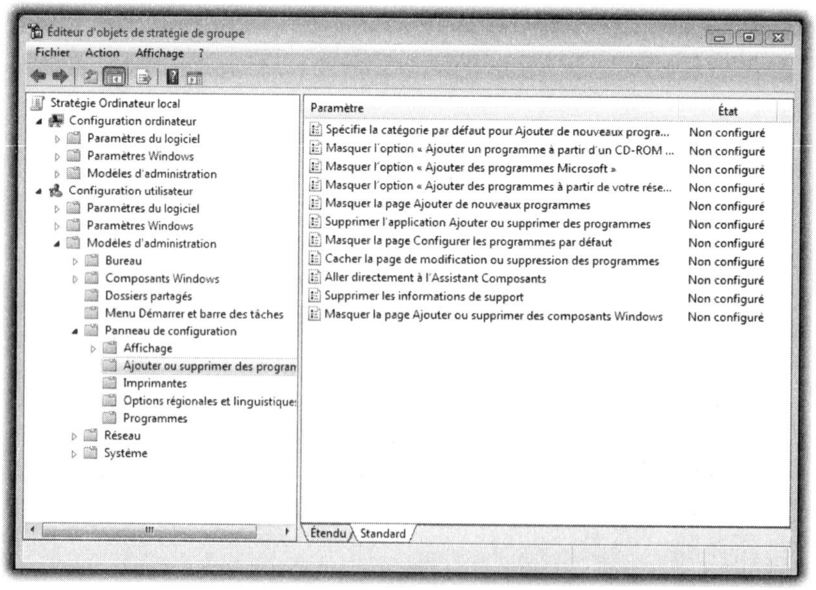

Figure 22-6 : *Les paramètres de stratégie de groupe concernant la fonction Ajout/Suppression de programmes au travers de l'éditeur de stratégie de groupe*

La stratégie de groupe dans Active Directory

Les ordinateurs Windows Vista vont se trouver, dans un premier temps, membres de domaines Active Directory Windows Server 2003 ou Windows Server 2003 R2. La fonctionnalité des fichiers ADMX offre la possibilité de créer un répertoire de stockage central au domaine, dans lequel vous pouvez stocker tous les fichiers ADMX. Ainsi, toutes les stratégies de groupe créées au sein du domaine afin de contrôler les paramètres des utilisateurs et des ordinateurs Windows Vista s'appuieront sur la même référence de fichiers. La taille des stratégies en sera allégée.

Pour créer le répertoire central, procédez comme suit :

1. À partir d'un ordinateur Windows Vista, loguez-vous avec un compte possédant des droits d'administration dans le domaine ou, au moins, des droits d'écriture dans le répertoire d'infrastructure *Sysvol*.
2. Cliquez sur le logo Windows de la barre des tâches, puis tapez \\NomDuControleurDeDomaine\SYSVOL\NomDuDomaine\Policies et validez. La partie NomDuControleurDeDomaine représente le nom d'ordinateur du contrôleur de domaine le plus proche et NomDuDomaine le nom de domaine pleinement qualifié, par exemple *educsoft.net*.
3. Une fenêtre s'ouvre pointant sur le sous-répertoire *Policies* du dossier *Sysvol*. Vous remarquez les répertoires représentant les identifiants uniques des stratégies de groupe déjà existantes. Créez un nouveau répertoire que vous appelez PolicyDefinitions.

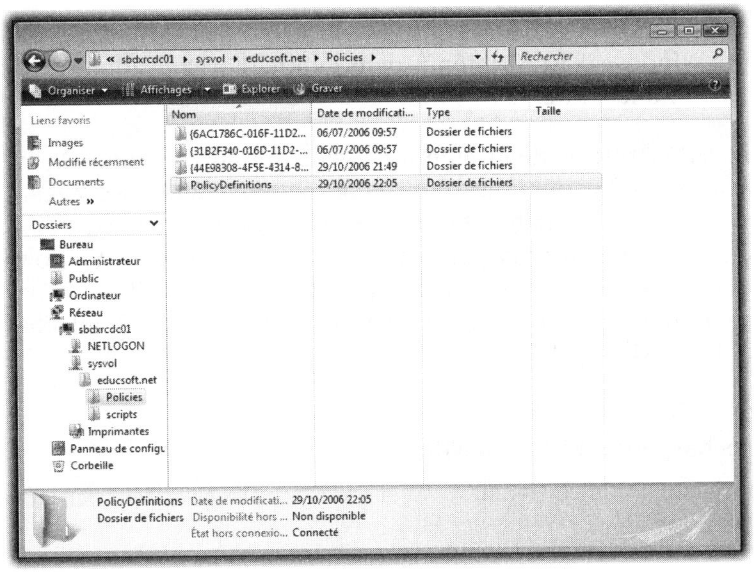

Figure 22-7 : *Créez un répertoire PolicyDefinitions dans Sysvol*

4. Recopiez le contenu du répertoire local *C:\WINDOWS\PolicyDefinitions* dans le répertoire *PolicyDefinitions* que vous venez de créer dans le dossier *Sysvol*. Vous recopiez alors tous les fichiers ADMX et tous les fichiers ADML. Votre répertoire central est créé et peuplé.

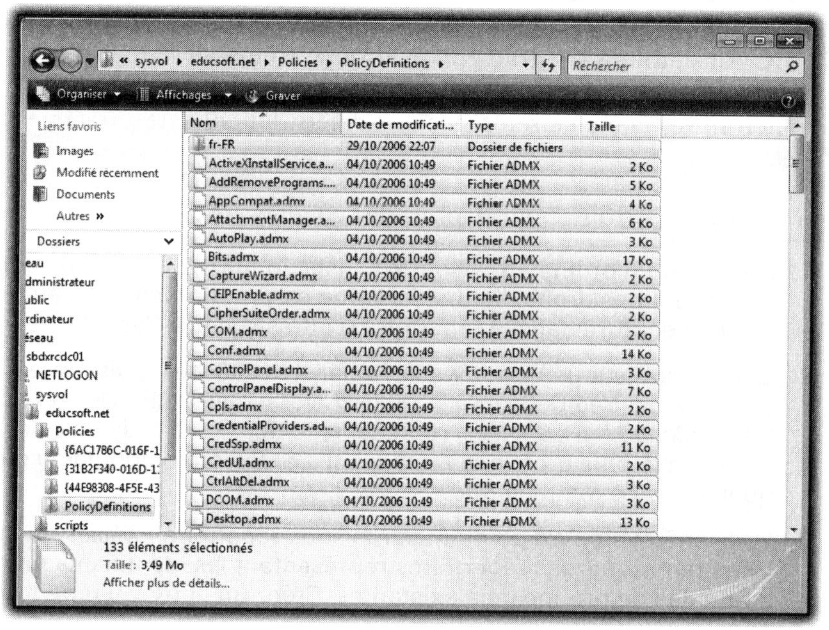

Figure 22-8 : *Les fichiers ADMX et ADML sont copiés dans le répertoire PolicyDefinitions du dossier Sysvol*

Pour tirer parti de ce répertoire central et contrôler les paramètres de tous les ordinateurs Windows Vista contenus dans l'unité d'organisation *Ordinateurs Vista*, vous allez créer une stratégie de groupe.

Attention, cette stratégie de groupe sera créée dans un domaine Active Directory Windows Server 2003 pour contrôler des ordinateurs Windows Vista. La condition sine qua non pour que cela fonctionne est qu'il faut que cette stratégie de groupe soit créée à partir d'un ordinateur Windows Vista. Pour cela, Windows Vista intègre par défaut la console de gestion des stratégies de groupe GPMC (*Group Policy Management Console*), qui existait pour Windows Server 2003, téléchargeable à partir du site de Microsoft.

INTERNET

Téléchargement de la GPMC

Connectez-vous sur le site **www.microsoft.com/france/technet/produits/win2003/default.mspx.**

22

1. Activez le menu **Démarrer/Exécuter**, puis tapez gpmc.msc dans la zone de saisie et validez. La console de gestion des stratégies de groupe s'ouvre.
2. Développez l'arborescence jusqu'au menu **Objets de stratégie de groupe**.

Figure 22-9 : *La console de gestion des stratégies de groupe*

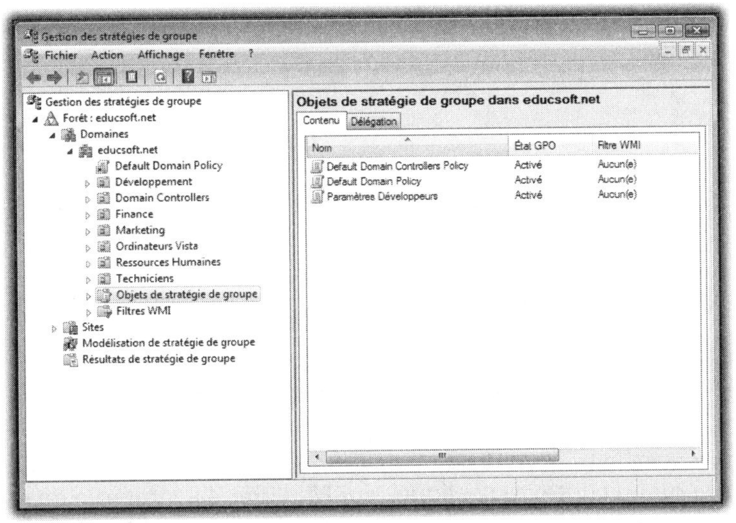

3. Cliquez avec le bouton droit de la souris sur la commande **Objets de stratégie de groupe**, puis cliquez dans le menu contextuel sur **Nouveau**.

Figure 22-10 : *Création d'une nouvelle GPO*

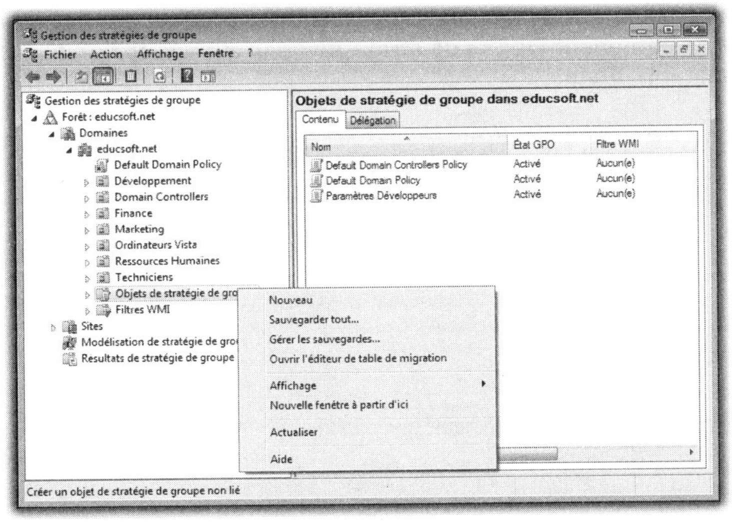

4. Nommez votre stratégie de groupe, par exemple param ordi vista.

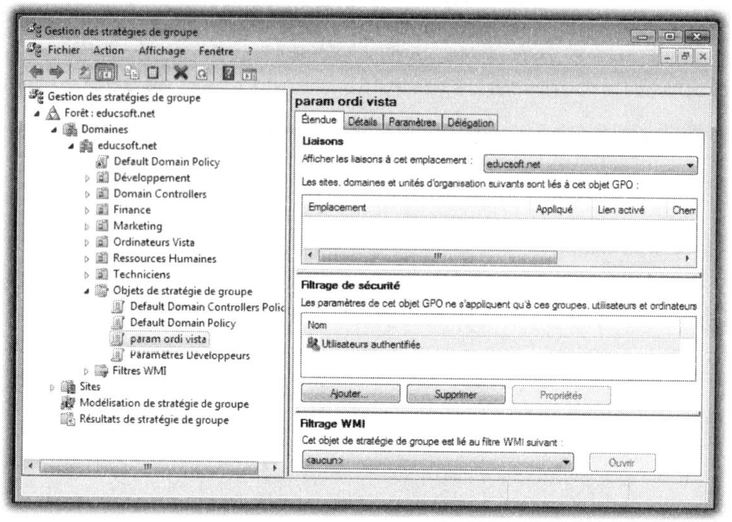

Figure 22-11 :
La GPO param ordi vista

5. Cliquez avec le bouton droit de la souris sur l'objet de stratégie de groupe. Dans le menu contextuel, cliquez sur **Modifier**. La stratégie de groupe *param ordi vista* s'ouvre. Vous n'avez qu'à modifier les paramètres que vous souhaitez. Automatiquement, la stratégie de groupe lira les fichiers ADMX localisés dans le répertoire de stockage central.

6. Liez la stratégie de groupe à l'unité d'organisation **Ordinateurs Vista**. Pour cela, dans l'interface de la GPMC, glissez la stratégie de groupe *param ordi vista* du conteneur **Objets de stratégie de groupe** vers l'unité d'organisation **Ordinateurs Vista**.

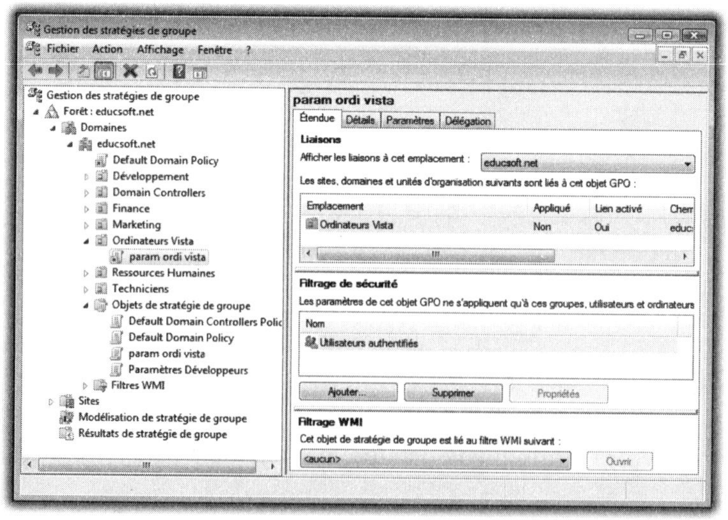

Figure 22-12 :
La GPO est liée à une unité d'organisation

Les stratégies de groupe locales multiples

La stratégie de groupe locale, vous l'avez vu, permet d'appliquer localement des paramètres liés à la configuration de l'utilisateur (le fond d'écran, Internet Explorer, etc.) et/ou liés à la configuration de l'ordinateur (les droits d'accès à l'ordinateur, par exemple). Dans les versions antérieures de Windows, une seule stratégie de groupe locale existait. Cela peut paraître normal : une seule stratégie locale pour contrôler soit les paramètres d'ordinateur, soit les paramètres d'utilisateur. Dans certains cas, le fait qu'il n'y ait qu'une stratégie de groupe locale peut entraîner certaines limitations. En effet, si vous avez un ordinateur Windows, hors domaine, que vous utilisez comme kiosque ou borne d'accès en libre service, pour sécuriser et simplifier son accès, vous allez configurer la stratégie de groupe locale afin de répondre à vos besoins. Lorsque vous agissez ainsi, vous appliquez la stratégie locale à tous les utilisateurs qui se loguent sur cet ordinateur, y compris l'administrateur qui rencontre alors des difficultés d'administration.

Windows Vista lève cette limitation en permettant de créer et de configurer de multiples stratégies de groupe locales. Ces stratégies de groupe locales s'appliquent par utilisateur local ou par groupe local de l'ordinateur. Ainsi, sur vos ordinateurs en bornes d'accès, vous pouvez configurer pour les non-administrateurs une utilisation très sécurisée et directive et, pour les administrateurs, des paramètres moins restrictifs.

Pour créer et configurer plusieurs stratégies locales sous Windows Vista, suivez cette procédure :

1. Cliquez sur menu **Démarrer/Exécuter**, puis tapez mmc dans la zone de saisie et validez. La console **mmc** s'ouvre. Windows Vista en propose la version 3.

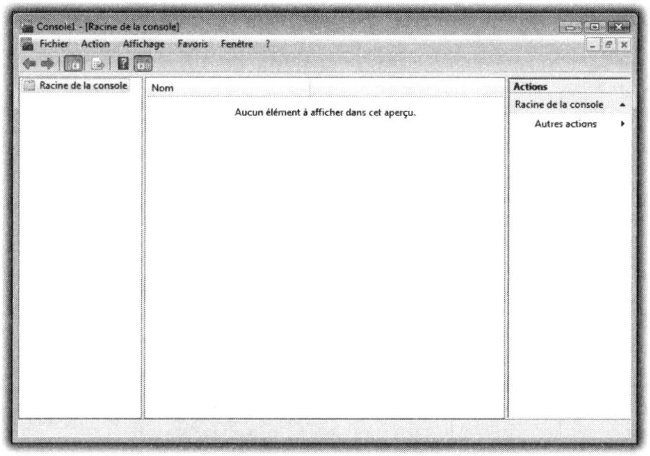

Figure 22-13 : *La console mmc v3.0*

2. Cliquez sur **Fichier**, puis sur **Ajouter/Supprimer un composant logiciel enfichable**.

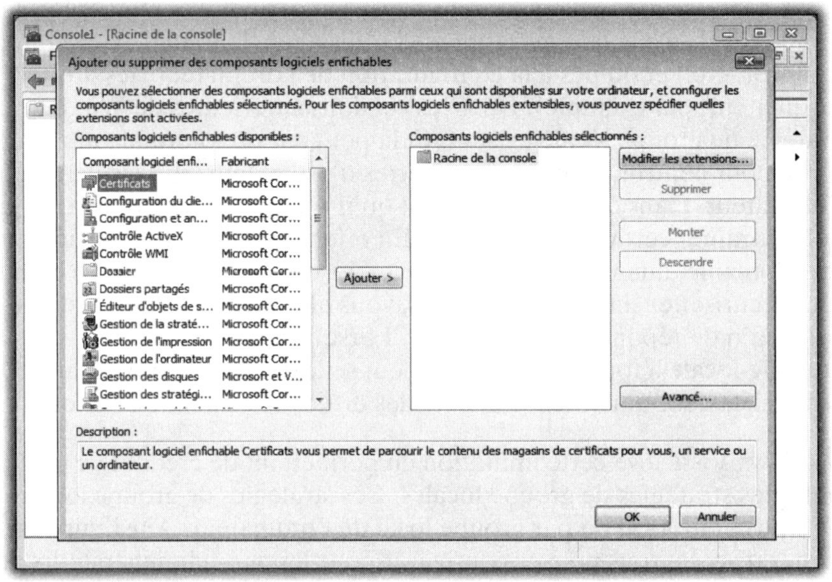

Figure 22-14 : *La fenêtre Ajouter/Supprimer un composant logiciel enfichable…*

3. Dans la colonne de gauche, la colonne des composants logiciels enfichables disponibles, sélectionnez le composant *Editeur d'objets de stratégie de groupe* et cliquez sur **Ajouter** >.

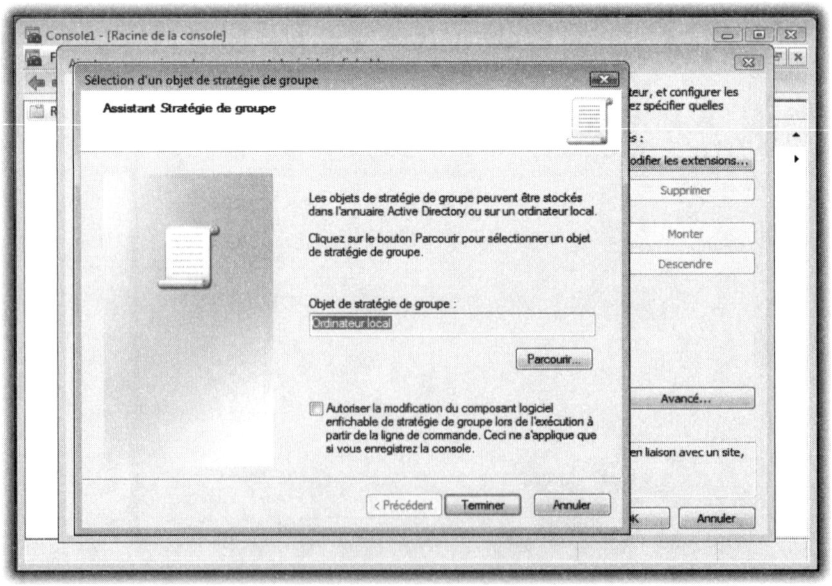

Figure 22-15 : *La fenêtre de sélection de la stratégie de groupe*

4. Cliquez sur le bouton **Parcourir**.

Figure 22-16 :
Choix de la stratégie de groupe

5. Une fenêtre s'ouvre dans laquelle vous pouvez choisir une stratégie de groupe. Cliquez sur l'onglet **Utilisateurs**.

Figure 22-17 :
L'onglet Utilisateurs

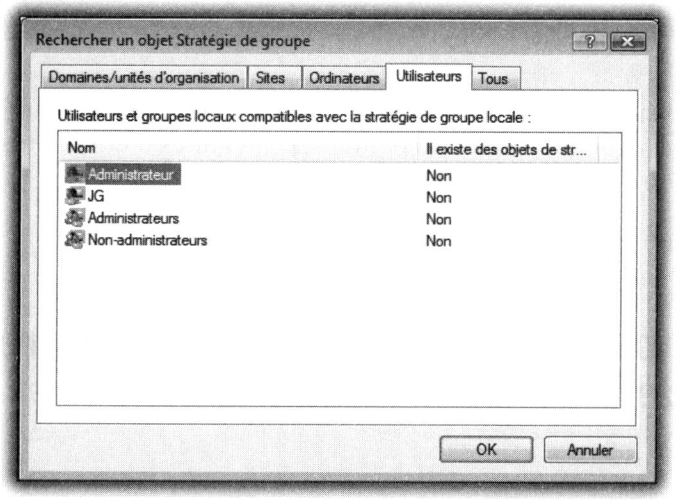

6. Choisissez l'utilisateur local ou le groupe local que vous souhaitez configurer. Tous vos groupes locaux ne sont pas listés, vous voyez uniquement deux catégories : les administrateurs et les non-administrateurs. Validez, puis cliquez sur OK. Répétez cette opération pour tous les utilisateurs et les groupes locaux que vous souhaitez configurer.

Vous obtenez la console de configuration suivante :

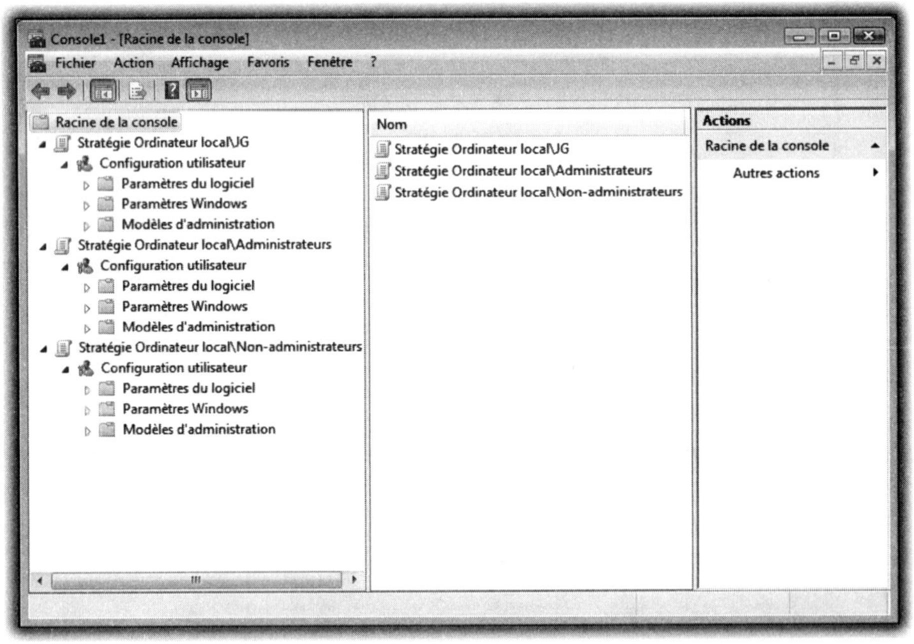

Figure 22-18 : *Des stratégies de groupe locales et multiples*

Vous avez là plusieurs stratégies de groupe locales fondées sur des utilisateurs locaux ou sur des groupes locaux, ou plutôt des catégories d'utilisateurs locaux : les administrateurs ou les non-administrateurs.

Vous pouvez procéder à des paramétrages différents.

22.2 Compatibilité des nouveaux paramètres réseau de Windows Vista dans Active Directory

Toutes les nouveautés, toutes les améliorations apportées par les paramètres des stratégies de groupe de Windows Vista seront pleinement exploitables uniquement avec une version d'Active Directory provenant de serveurs Windows Server Longhorn. Les administrateurs ont déjà connu cette phase de transition avec Windows XP Professionnel, en attendant la sortie de Windows Server 2003.

Toutefois, il sera possible de prendre en compte certains nouveaux paramétrages des stratégies de groupe de Windows Vista en modifiant le schéma existant Active Directory Windows Server 2003 ou Windows Server 2003 R2. La totalité de ces améliorations sera applicable aux ordinateurs Windows Vista, les seuls à savoir en tirer pleinement parti, ce qui vous permettra de profiter d'une très bonne intégration des machines Windows Vista dans votre infrastructure. Une partie de ces améliorations reste tout de même applicable aux ordinateurs Windows XP, ce qui est un atout indéniable.

Les nouveaux paramètres de stratégie de groupe apportent un support avancé pour les ordinateurs Windows Vista en ce qui concerne la gestion des réseaux filaires Ethernet IEEE 802.3 et la gestion des réseaux sans fil Ethernet IEEE 802.11. C'est sur la prise en compte de ces nouveaux paramètres que vous allez pouvoir modifier le schéma de votre infrastructure Active Directory existante afin de tirer parti de ces améliorations au plus tôt, sans attendre Windows Server Longhorn.

Gestion des réseaux filaires IEEE 802.3

Contrairement à Windows XP, Windows Vista permet de contrôler par stratégie de groupe les paramètres relatifs à l'authentification IEEE 802.1X des réseaux filaires Ethernet IEEE 802.3.

Dans une infrastructure Active Directory existante de niveau Windows Server 2003 ou Windows Server 2003 R2, vous pouvez étendre le schéma Active Directory pour que vos ordinateurs Windows Vista profitent de ces paramètres. L'exercice consiste à ajouter les attributs suivants dans Active Directory :

- *ms-net-ieee-8023-GP-PolicyGUID* (identificateur unique pour la gestion des réseaux filaires dans les objets de stratégie de groupe) ;
- *ms-net-ieee-8023-GP-PolicyData* (inclut les valeurs des paramètres pour la gestion des réseaux filaires dans les objets de stratégie de groupe) ;
- *ms-net-ieee-8023-GP-PolicyReserved* (réservé à un usage futur).

> ATTENTION
>
> **Notions relatives à l'extension de schéma**
>
> Avant d'étendre le schéma d'Active Directory, vous devez prendre en compte les points suivants :

ATTENTION

- La modification du schéma est globale à tous les domaines de la forêt.
- L'extension de schéma est irréversible. Les attributs ou les classes ne peuvent être supprimés après leur création. Au mieux, ils peuvent être désactivés.
- Une sauvegarde de tous vos contrôleurs de domaine est nécessaire avant la modification.
- Veillez à bien documenter vos changements. Une des meilleures solutions consisterait à procéder d'abord à la modification de schéma sur un domaine de test, proche de la configuration du domaine de production.

Pour plus d'information sur le schéma d'Active Directory, consultez la page **www.microsoft.com/technet/prodtechnol/windowsserver2003/fr/default.mspx.**

Pour étendre le schéma Active Directory de votre infrastructure existante et prendre en compte les paramètres de gestion des réseaux filaires IEEE 802.3, procédez comme suit :

1. Sur le contrôleur de domaine approprié (par expérience, celui qui détient le rôle de maître de schéma), ouvrez le Bloc-notes et copiez le script suivant :

```
# -------------------------------------------------------#
  Copyright (c) 2006 Microsoft Corporation
#
#   MODULE:     802.3Schema.ldf
# ---------------------------------------------------------
# ---------------------------------------------------------
#   define schemas for these attributes:
#ms-net-ieee-8023-GP-PolicyGUID
#ms-net-ieee-8023-GP-PolicyData
#ms-net-ieee-8023-GP-PolicyReserved
# ---------------------------------------------------------
dn: CN=ms-net-ieee-8023-GP-PolicyGUID,CN=Schema,CN=Configuration,DC=X
changetype: ntdsSchemaAdd
objectClass: attributeSchema
ldapDisplayName: ms-net-ieee-8023-GP-PolicyGUID
adminDisplayName: ms-net-ieee-8023-GP-PolicyGUID
adminDescription: This attribute contains a GUID which
✂ identifies a specific 802.3 group policy object on the
✂ domain.
attributeId: 1.2.840.113556.1.4.1954
attributeSyntax: 2.5.5.12
omSyntax: 64
isSingleValued: TRUE
systemOnly: FALSE
```

```
searchFlags: 0
rangeUpper: 64
schemaIdGuid:: WrCnlLK4WU+cJTnmm6oWhA==
showInAdvancedViewOnly: TRUE
systemFlags: 16

dn: CN=ms-net-ieee-8023-GP-PolicyData,CN=Schema,CN=Configuration,DC=X
changetype: ntdsSchemaAdd
objectClass: attributeSchema
ldapDisplayName: ms-net-ieee-8023-GP-PolicyData
adminDisplayName: ms-net-ieee-8023-GP-PolicyData
adminDescription: This attribute contains all of the
✂ settings and data which comprise a group policy
✂ configuration for 802.3 wired networks.
attributeId: 1.2.840.113556.1.4.1955
attributeSyntax: 2.5.5.12
omSyntax: 64
isSingleValued: TRUE
systemOnly: FALSE
searchFlags: 0
rangeUpper: 1048576
schemaIdGuid:: i5SYg1d0kU29TY1+1mnJ9w==
showInAdvancedViewOnly: TRUE
systemFlags: 16

dn: CN=ms-net-ieee-8023-GP-PolicyReserved,CN=Schema,
✂ CN=Configuration,DC=X
changetype: ntdsSchemaAdd
objectClass: attributeSchema
ldapDisplayName: ms-net-ieee-8023-GP-PolicyReserved
adminDisplayName: ms-net-ieee-8023-GP-PolicyReserved
adminDescription: Reserved for future use
attributeId: 1.2.840.113556.1.4.1956
attributeSyntax: 2.5.5.10
omSyntax: 4
isSingleValued: TRUE
systemOnly: FALSE
searchFlags: 0
rangeUpper: 1048576
schemaIdGuid:: xyfF0wYm602M/RhCb+7Izg==
showInAdvancedViewOnly: TRUE
systemFlags: 16

# ----------------------------------------------------------#
✂  Reload the schema cache to pick up altered classes and
✂ attributes
# ------------------------------------------------------------
dn:
```

```
changetype: ntdsSchemaModify
add: schemaUpdateNow
schemaUpdateNow: 1
-

# ------------------------------------------------------------
#   define schemas for the parent class:
#ms-net-ieee-8023-GroupPolicy
# ------------------------------------------------------------
dn: CN=ms-net-ieee-8023-GroupPolicy,CN=Schema,
✂ CN=Configuration,DC=X
changetype: ntdsSchemaAdd
objectClass: classSchema
ldapDisplayName: ms-net-ieee-8023-GroupPolicy
adminDisplayName: ms-net-ieee-8023-GroupPolicy
adminDescription: This class represents an 802.3 wired
✂ network group policy object.  This class contains
✂ identifiers and configuration data relevant to an 802.3
✂ wired network.
governsId: 1.2.840.113556.1.5.252
objectClassCategory: 1
rdnAttId: 2.5.4.3
subClassOf: 2.5.6.0
systemMayContain: 1.2.840.113556.1.4.1956
systemMayContain: 1.2.840.113556.1.4.1955
systemMayContain: 1.2.840.113556.1.4.1954
systemPossSuperiors: 1.2.840.113556.1.3.30
systemPossSuperiors: 1.2.840.113556.1.3.23
systemPossSuperiors: 2.5.6.6
schemaIdGuid:: ajqgmRmrRkSTUAy4eO0tmw==
defaultSecurityDescriptor:
✂ D:(A;;RPWPCRCCDCLCLORCWOWDSDDTSW;;;DA)
✂ (A;;RPWPCRCCDCLCLORCWOWDSDDTSW;;;SY)(A;;RPLCLORC;;;AU)
showInAdvancedViewOnly: TRUE
defaultHidingValue: TRUE
systemOnly: FALSE
defaultObjectCategory:
CN=ms-net-ieee-8023-GroupPolicy,CN=Schema,CN=Configuration,
✂ DC=X
systemFlags: 16

# ------------------------------------------------------------
#   Reload the schema cache to pick up altered classes and
✂ attributes
# ------------------------------------------------------------
dn:
changetype: ntdsSchemaModify
add: schemaUpdateNow
```

```
schemaUpdateNow: 1
```

2. Sauvegardez le fichier sous le nom *802.3Schema.ldf* et au format ANSI. Stockez-le dans un endroit simple pour le récupérer, *C:\TEMP* par exemple.
3. Cliquez sur **Démarrer/Exécuter**. Tapez cmd dans le champ de saisie.
4. Dans l'Invite de commandes, tapez ldifde –i –v –k –f 802.3Schema.ldf –c DC=X Nom_LDAP_complet_du_domaine, où Nom_LDAP_complet_du_domaine correspond au nom unique LDAP du domaine. Pour cet exemple, ce domaine s'appellera *r2.lab*, soit en nom unique LDAP DC=r2,DC=lab.

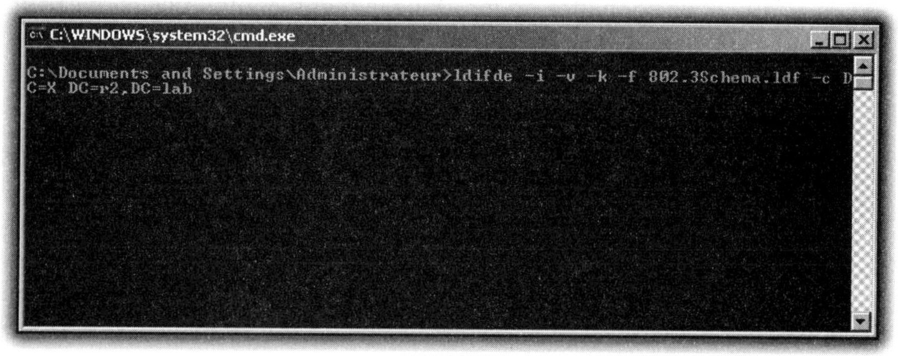

Figure 22-19 : *La ligne de commande de modification du schéma pour la gestion des paramètres de GPO des réseaux filaires IEEE 802.3*

La modification du schéma s'exécute.

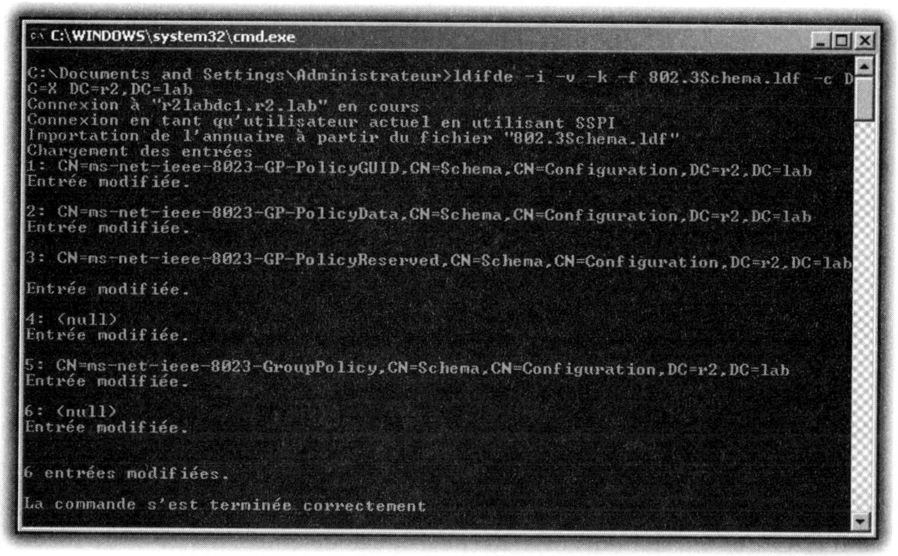

Figure 22-20 : *Modification du schéma pour la gestion des paramètres de GPO des réseaux filaires IEEE 802.3*

5. Redémarrez le contrôleur de domaine sur lequel vous avez lancé la commande pour que les changements soient pris en compte.

Le schéma est modifié. Il ne vous reste plus qu'à créer ou à ouvrir une stratégie de groupe existante, à partir d'un ordinateur Windows Vista :

1. Activez le menu **Démarrer/Exécuter**, puis tapez gpmc.msc dans la zone de saisie et validez. La console de gestion des stratégies de groupe s'ouvre.
2. Développez l'arborescence jusqu'au conteneur **Objets de stratégie de groupe**.
3. Cliquez avec le bouton droit de la souris sur l'objet de stratégie de groupe que vous souhaitez éditer. Dans le menu contextuel, cliquez sur **Modifier**.
4. Développez le menu **Configuration ordinateur/Paramètres Windows/Paramètres de sécurité**. Cliquez avec le bouton droit de la souris sur la commande **Stratégie de réseau filaire (IEEE 802.3)**.
5. Cliquez sur **Créer une nouvelle stratégie Windows Vista**. La fenêtre des propriétés s'ouvre.
6. Vous pouvez entrer un nom et une description. Cliquez sur l'onglet **Sécurité**. Vous pouvez ajuster vos paramètres d'authentification que tous les adaptateurs réseau affectés par cette stratégie de groupe appliqueront.

Gestion des réseaux sans fil IEEE 802.11

Concernant la gestion des réseaux sans fil IEEE 802.11, les nouveaux paramètres de stratégie de groupe inclus dans Windows Vista (et dans Windows Server Longhorn nativement) apportent plus de flexibilité et une meilleure qualité d'administration.

Ces nouveautés portent notamment sur les points suivants…

- Le mode de sécurité mixte : vous pouvez maintenant configurer plusieurs profils avec le même SSID, mais avec des méthodes de sécurité différentes. Le SSID (*Service Set Identifier*) désigne le réseau auquel est attaché le poste. Ainsi, tous les ordinateurs clients possédant des capacités en niveau de sécurité différentes pourront tout de même se connecter au même réseau sans fil.
- Permettre et refuser les listes pour les réseaux sans fil : vous pouvez configurer une liste de réseaux sans fil auxquels le client sans fil de Windows Vista peut se relier et une liste de réseaux sans fil auxquels le client sans fil de Windows Vista ne peut pas se relier.
- L'extensibilité : vous pouvez importer les profils tels que les différents types d'EAP qui ont des paramètres spécifiques de connectivité et de sécurité des fournisseurs sans fil.

Vous pouvez étendre le schéma Active Directory pour permettre à vos ordinateurs Windows Vista de profiter de ces paramètres. L'exercice consiste à ajouter les attributs suivants dans Active Directory :

- *ms-net-ieee-80211-GP-PolicyGUID* (identificateur unique pour la gestion des réseaux sans fil dans les objets de stratégie de groupe) ;
- *ms-net-ieee-80211-GP-PolicyData* (inclut les valeurs des paramètres pour la gestion des réseaux sans fil dans les objets de stratégie de groupe ;
- *ms-net-ieee-80211-GP-PolicyReserved* (réservé à un usage futur).

Pour étendre le schéma Active Directory de votre infrastructure existante afin de prendre en compte les paramètres de gestion des réseaux sans fil IEEE 802.11, procédez comme suit :

1. Sur le contrôleur de domaine approprié (par expérience, celui qui détient le rôle de maître de schéma), ouvrez le Bloc-notes et copiez le script suivant :

```
# -----------------------------------------------------------
#   Copyright (c) 2006 Microsoft Corporation
#
#   MODULE:     802.11Schema.ldf
# -----------------------------------------------------------
# -----------------------------------------------------------
#   define schemas for these attributes:
#ms-net-ieee-80211-GP-PolicyGUID
#ms-net-ieee-80211-GP-PolicyData
#ms-net-ieee-80211-GP-PolicyReserved
# -----------------------------------------------------------
dn:
✂ CN=ms-net-ieee-80211-GP-PolicyGUID,CN=Schema,CN=Configuration,DC=X
changetype: ntdsSchemaAdd
objectClass: attributeSchema
ldapDisplayName: ms-net-ieee-80211-GP-PolicyGUID
adminDisplayName: ms-net-ieee-80211-GP-PolicyGUID
adminDescription: This attribute contains a GUID which
✂ identifies a specific 802.11 group policy object on the
✂ domain.
attributeId: 1.2.840.113556.1.4.1951
attributeSyntax: 2.5.5.12
omSyntax: 64
isSingleValued: TRUE
systemOnly: FALSE
searchFlags: 0
rangeUpper: 64
schemaIdGuid:: YnBpNa8ei0SsHjiOC+T97g==
showInAdvancedViewOnly: TRUE
systemFlags: 16
```

```
dn: CN=ms-net-ieee-80211-GP-PolicyData,CN=Schema,
✂ CN=Configuration,DC=X
changetype: ntdsSchemaAdd
objectClass: attributeSchema
ldapDisplayName: ms-net-ieee-80211-GP-PolicyData
adminDisplayName: ms-net-ieee-80211-GP-PolicyData
adminDescription: This attribute contains all of the
✂ settings and data which comprise a group policy
✂ configuration for 802.11 wireless networks.
attributeId: 1.2.840.113556.1.4.1952
attributeSyntax: 2.5.5.12
omSyntax: 64
isSingleValued: TRUE
systemOnly: FALSE
searchFlags: 0
rangeUpper: 4194304
schemaIdGuid:: pZUUnHZNjkaZHhQzsKZ4VQ==
showInAdvancedViewOnly: TRUE
systemFlags: 16

dn: CN=ms-net-ieee-80211-GP-PolicyReserved,CN=Schema,
✂ CN=Configuration,DC=X
changetype: ntdsSchemaAdd
objectClass: attributeSchema
ldapDisplayName: ms-net-ieee-80211-GP-PolicyReserved
adminDisplayName: ms-net-ieee-80211-GP-PolicyReserved
adminDescription: Reserved for future use
attributeId: 1.2.840.113556.1.4.1953
attributeSyntax: 2.5.5.10
omSyntax: 4
isSingleValued: TRUE
systemOnly: FALSE
searchFlags: 0
rangeUpper: 4194304
schemaIdGuid:: LsZpD44I9U+lOukjzsB8Cg==
showInAdvancedViewOnly: TRUE
systemFlags: 16


# ----------------------------------------------------------
#   Reload the schema cache to pick up altered classes and
✂ attributes
# ----------------------------------------------------------
dn:
changetype: ntdsSchemaModify
add: schemaUpdateNow
schemaUpdateNow: 1
```

```
-

# ------------------------------------------------------------
#   define schemas for the parent class:
#ms-net-ieee-80211-GroupPolicy
# ------------------------------------------------------------
dn: CN=ms-net-ieee-80211-GroupPolicy,CN=Schema,
✂ CN=Configuration,DC=X
changetype: ntdsSchemaAdd
objectClass: classSchema
ldapDisplayName: ms-net-ieee-80211-GroupPolicy
adminDisplayName: ms-net-ieee-80211-GroupPolicy
adminDescription: This class represents an 802.11 wireless
✂ network group policy object.  This class contains
✂ identifiers and configuration data relevant to an 802.11
✂ wireless network.
governsId: 1.2.840.113556.1.5.251
objectClassCategory: 1
rdnAttId: 2.5.4.3
subClassOf: 2.5.6.0
systemMayContain: 1.2.840.113556.1.4.1953
systemMayContain: 1.2.840.113556.1.4.1952
systemMayContain: 1.2.840.113556.1.4.1951
systemPossSuperiors: 1.2.840.113556.1.3.30
systemPossSuperiors: 1.2.840.113556.1.3.23
systemPossSuperiors: 2.5.6.6
schemaIdGuid:: Yxi4HCK4eUOeol/3vcY4bQ==
defaultSecurityDescriptor:
✂ D:(A;;RPWPCRCCDCLCLORCWOWDSDDTSW;;;DA)
✂ (A;;RPWPCRCCDCLCLORCWOWDSDDTSW;;;SY)(A;;RPLCLORC;;;AU)
showInAdvancedViewOnly: TRUE
defaultHidingValue: TRUE
systemOnly: FALSE
defaultObjectCategory:
✂ CN=ms-net-ieee-80211-GroupPolicy,CN=Schema,
✂ CN=Configuration,DC=X
systemFlags: 16


# ------------------------------------------------------------
#   Reload the schema cache to pick up altered classes and
✂ attributes
# ------------------------------------------------------------
dn:
changetype: ntdsSchemaModify
add: schemaUpdateNow
schemaUpdateNow: 1
```

2. Sauvegardez le fichier sous le nom 802.11Schema.ldf et au format ANSI. Stockez-le à un endroit simple pour le récupérer, *C:\TEMP* par exemple.
3. Cliquez sur **Démarrer/Exécuter**. Tapez cmd.
4. À l'invite de commandes, tapez ldifde –i –v –k –f 802.11Schema.ldf –c DC=X Nom_LDAP_complet_du_domaine, où Nom_LDAP_complet_du_domaine correspond, dans cet exemple, à DC=r2,DC=lab.

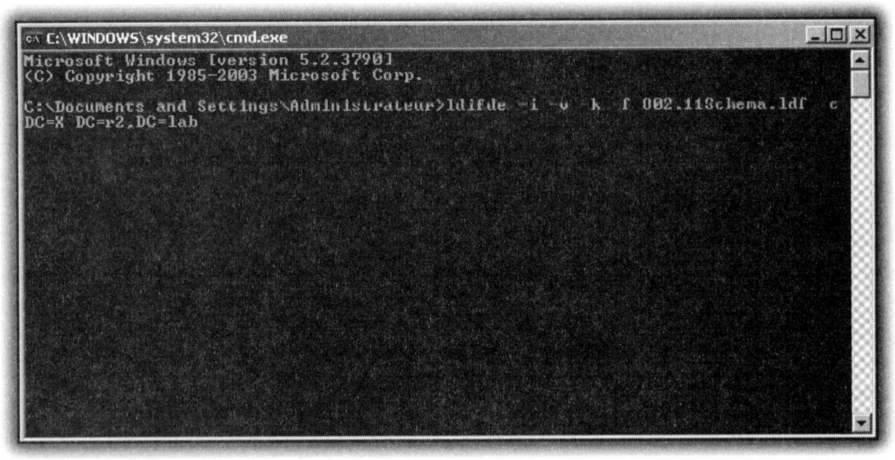

Figure 22-21 : *La ligne de commande de modification du schéma pour la gestion des paramètres de GPO des réseaux sans fil IEEE 802.11*

La modification du schéma s'exécute.

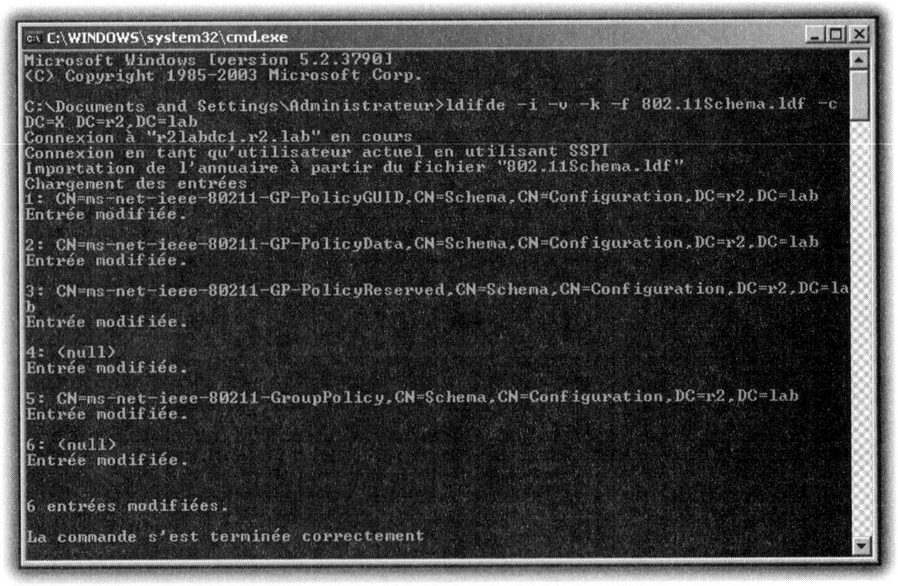

Figure 22-22 : *Modification du schéma pour la gestion des paramètres de GPO des réseaux sans fils IEEE 802.11*

5. Redémarrez le contrôleur de domaine sur lequel vous avez lancé la commande pour que les changements soient pris en compte.

Le schéma est maintenant modifié. Il ne vous reste plus qu'à créer ou à ouvrir une stratégie de groupe existante, à partir d'un ordinateur Windows Vista :

1. Cliquez sur le logo Windows de la barre des tâches, puis tapez gpmc.msc dans la fenêtre **Exécuter** et validez. La console de gestion des stratégies de groupe s'ouvre.
2. Développez l'arborescence jusqu'au conteneur **Objets de stratégie de groupe**.
3. Cliquez avec le bouton droit de la souris sur l'objet de stratégie de groupe que vous souhaitez éditer. Dans le menu contextuel, cliquez sur **Modifier**.
4. Développez le menu **Configuration ordinateur/Paramètres Windows/Paramètres de sécurité**. Cliquez avec le bouton droit de la souris sur **Stratégie de réseau sans fil (IEEE 802.11)**.
5. Cliquez sur **Créer une nouvelle stratégie Windows Vista**. La fenêtre des propriétés s'ouvre.
6. Vous pouvez entrer un nom et une description et la liste des SSID autorisés. Cliquez sur l'onglet **Permissions réseau**. Vous pouvez ajuster vos paramètres d'authentification que tous les adaptateurs réseau sans fil affectés par cette stratégie de groupe appliqueront.

Vous pouvez également créer une stratégie sans fil pour Windows XP, comme cela existait déjà avec une infrastructure Active Directory Windows Server 2003 et Windows XP.

1. Cliquez avec le bouton droit de la souris sur l'objet de stratégie de groupe que vous souhaitez éditer. Dans le menu contextuel, cliquez sur **Modifier**.
2. Développez le menu **Configuration ordinateur/Paramètres Windows/Paramètres de sécurité**. Cliquez avec le bouton droit de la souris sur la commande **Stratégie de réseau sans fil (IEEE 802.11)**.
3. Cliquez sur **Créer une nouvelle stratégie Windows XP**. La fenêtre des propriétés s'ouvre.
4. Vous pouvez entrer un nom, une description et configurer vos préférences. Les possibilités sont moins étendues que sous Windows Vista.

CHAPITRE

23

Maintenance de Windows Vista

CHAPITRE

23 Maintenance de Windows Vista

Windows Vista Professionnel inclut des outils de maintenance améliorés, dans le sens où ils sont plus robustes et plus simples à utiliser, afin de réduire le temps d'action des administrateurs et de les rendre donc plus efficaces.

Détaillons quelques-uns des outils de maintenance de Windows Vista dont le nouveau Centre de sauvegarde et de restauration.

23.1 Windows Expérience Index

Windows Expérience Index mesure la capacité de la configuration logicielle et matérielle de votre ordinateur et l'exprime sous la forme d'un chiffre appelé "score de base". Un score de base élevé indique généralement que votre ordinateur aura de meilleures performances et sera plus rapide, plus particulièrement lors de l'exécution de tâches avancées qui sollicitent de nombreuses ressources, qu'un ordinateur dont le score de base est inférieur. Dans des actions de maintenance, ce score sera un bon indicateur pour vous quant à la puissance de traitement de telle ou telle option.

Chaque composant matériel reçoit un sous-score individuel. Le score de base de votre ordinateur est déterminé par le sous-score. Par exemple, si le sous-score d'un composant matériel est 2,6, alors le score de base est 2,6. Le score de base ne correspond pas à la moyenne des sous-scores combinés.

Ce score de base vous permet d'acquérir des programmes et d'autres logiciels compatibles avec votre ordinateur en toute confiance. Par exemple, si le score de base de votre ordinateur est 3,3, vous pouvez acquérir les logiciels conçus pour cette version de Windows qui nécessitent un ordinateur dont le score de base est de 3 au maximum.

Pour afficher le score de base de votre ordinateur :

1. Cliquez sur le logo de démarrage Windows
2. Activez le menu **Panneau de configuration/Système et maintenance/Informations et outils de performance** (voir fig. 23-1).
3. Si les sous-scores de base et un score de base ne sont pas visibles, cliquez sur **Évaluer cet ordinateur**.

Le score de base représente les performances totales de votre système dans sa totalité, fondées sur la capacité des différents composants de votre ordinateur, notamment la mémoire vive (RAM), l'unité centrale, le disque dur, les performances graphiques générales et la capacité graphique 3D.

Figure 23-1 : *Windows Expérience Index*

Voici une description générale des types d'expérience auxquels vous pouvez être confronté sur un ordinateur qui reçoit les scores de base suivants :

- Un ordinateur dont le score de base est 1 ou 2 présente généralement des performances suffisantes pour effectuer des tâches informatiques générales, notamment l'exécution d'applications de productivité d'entreprise et la recherche sur Internet. Cependant, un ordinateur qui présente ce score de base n'est généralement pas assez puissant pour exécuter les fonctionnalités d'interface graphique disponibles dans Windows Vista.
- Un ordinateur dont le score de base est 3 peut exécuter Aero et de nombreuses fonctionnalités de Windows Vista à un niveau de base. Il est possible que certaines des nouvelles fonctionnalités avancées de Windows Vista ne soient pas disponibles. Ainsi, une machine dont le score de base est 3 peut afficher le thème Windows Vista à une résolution de 1280 × 1024, mais risque d'avoir des difficultés pour exécuter le thème sur plusieurs moniteurs. De même, elle peut lire du contenu de télévision numérique, mais aura des problèmes pour lire du contenu HDTV (télévision haute définition).
- Un ordinateur dont le score de base est 4 ou 5 peut exécuter les nouvelles fonctionnalités de Windows Vista dans leur intégralité et peut prendre en

charge des expériences qui sollicitent beaucoup de graphiques de grande taille. Les ordinateurs dont le score de base est 5 sont les ordinateurs les plus performants disponibles au moment de la mise sur le marché de Windows Vista.

Windows Experience Index est conçu pour prendre en charge les améliorations de la technologie informatique. Au fur et à mesure que les performances et la vitesse du matériel s'améliorent, des scores de base plus élevés seront introduits. Cependant, les normes pour chaque niveau d'index restent identiques. Par exemple, le score d'un ordinateur reste 2,8, sauf si vous décidez de mettre à niveau le matériel.

Si un programme spécifique ou une expérience Windows Vista requiert un score plus élevé que votre score de base, vous pouvez mettre à niveau votre matériel pour respecter le niveau de score de base requis. Si vous installez un nouveau matériel et que vous souhaitez savoir si le score a changé, cliquez sur **Mettre à jour mon score**.

23.2 L'outil Diagnostics de la mémoire

Windows Vista introduit un outil de diagnostic de la mémoire bien utile lorsque vous avez des opérations de maintenance et de support en cours pour confirmer la nécessité d'une intervention de maintenance et le changement des barrettes mémoire.

Généralement, Windows détecte automatiquement les éventuels problèmes liés à la mémoire de l'ordinateur et affiche une notification vous demandant si vous souhaitez exécuter l'outil Diagnostics de la mémoire.

Si vous souhaitez lancer l'outil manuellement :

1. Cliquez sur le logo de démarrage Windows et ouvrez le Panneau de configuration.
2. Cliquez sur les liens *Outils d'administration* et *Outil de diagnostics de la mémoire* (voir fig. 23-2)
3. Si vous recevez une notification concernant un problème éventuel de mémoire, cliquez sur l'une des deux options proposées pour exécuter l'outil Diagnostics de la mémoire :
   - Vous pouvez redémarrer l'ordinateur et exécuter l'outil immédiatement.
   - Vous pouvez redémarrer l'ordinateur et exécuter l'outil plus tard.

Si vous choisissez de redémarrer l'ordinateur et d'exécuter l'outil immédiatement, n'oubliez pas d'enregistrer votre travail et de fermer tous vos programmes en cours d'exécution. L'outil Diagnostics de la mémoire s'exécutera automatiquement au redémarrage de Windows. Au cours de l'exécution de l'outil Diagnostics de la mémoire, vous verrez s'afficher une barre de progression indiquant l'état du test. Une fois le test terminé, Windows redémarre automatiquement.

Figure 23-2 : *Outil de diagnostics de la mémoire*

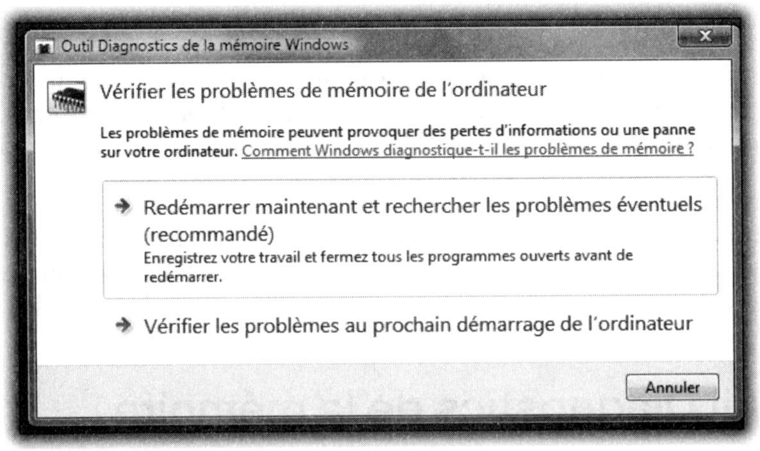

Si l'outil Diagnostics de la mémoire ne trouve aucune erreur, vous recevez un message indiquant qu'aucune erreur n'a été trouvée.

Si l'outil Diagnostics de la mémoire détecte des erreurs, alors intervenez selon vos procédures de maintenance matérielle.

Il est conseillé de laisser l'outil Diagnostics de la mémoire s'exécuter automatiquement. Toutefois, les administrateurs avancés peuvent, s'ils le souhaitent, régler les paramètres de l'outil.

1. Au démarrage de l'outil Diagnostics de la mémoire, appuyez sur la touche F1.
2. Dans la zone *Combinaison de tests*, choisissez le type de test que vous voulez exécuter. La liste de ces options s'affiche lorsque vous exécuter l'outil Diagnostics de la mémoire.
3. Dans la zone *Cache*, choisissez le paramètre de cache que vous voulez pour chaque test.
4. Dans le champ *Nombre de passes*, tapez le nombre de répétitions du test souhaité.
5. Appuyez sur la touche F10 pour démarrer le test.

23.3 Le Centre de sauvegarde et restauration

Quand on parle de maintenance, on parle évidemment de sauvegarde et de restauration des données. Windows Vista introduit un nouveau Centre de sauvegarde et de restauration plus robuste et plus simple à utiliser afin de renforcer et de rendre plus efficaces et plus rapides les opérations de maintenance des administrateurs. Nous le savons tous, dans un système d'information toujours à la recherche de réduction de coûts, plus l'administrateur gagne du temps sur ses tâches quotidiennes et plus ce gain de temps se transforme en gain d'argent.

Les méthodes de sauvegarde des fichiers

Faisons d'abord un point sur les méthodes de sauvegarde des fichiers mises à votre disposition afin de mieux répondre aux objectifs d'efficacité. En effet, plus la méthode de sauvegarde sera en adéquation avec les objectifs de l'entreprise et mieux la restauration aura des chances de réussir.

Vous pouvez perdre des fichiers pour différentes raisons : en les supprimant ou en les remplaçant accidentellement, à cause d'une attaque par un virus ou un ver, en cas de défaillance logicielle ou matérielle, ou en raison d'une défaillance totale du disque dur. Pour protéger vos fichiers, vous pouvez créer une sauvegarde : un jeu de copies des fichiers que vous stockez dans un emplacement différent des fichiers originaux. Windows fournit des outils de sauvegarde des fichiers, des programmes et des paramètres système.

Il est conseillé de sauvegarder les fichiers, les programmes et les paramètres système personnels. Vous devez également créer des points de restauration afin de pouvoir restaurer votre ordinateur à un état précédent, si nécessaire. Le tout est de savoir avec quel outil et dans quelle condition.

Tableau 23-1 : Méthodes de sauvegarde

Données à sauvegarder	Outil	Commentaire
Les fichiers personnels (images, musiques, documents)	Assistant de sauvegarde de fichiers	Pensez à sauvegarder régulièrement les fichiers que vous créez et modifiez. Il est notamment judicieux de sauvegarder vos fichiers avant d'effectuer des modifications sur votre système, par exemple lorsque vous ajoutez un nouveau matériel, que vous mettez à jour des pilotes, que vous modifiez le Registre ou apportez des changements importants à Windows (notamment si vous installez un Service Pack).

Tableau 23-1 : Méthodes de sauvegarde

Données à sauvegarder	Outil	Commentaire
La totalité de l'ordinateur	Sauvegarde intégrale Windows	Lorsque vous configurez votre ordinateur pour la première fois, créez une image de la sauvegarde intégrale Windows, ce qui revient à effectuer un instantané des programmes, des paramètres système et des fichiers sur votre ordinateur. Vous pourrez alors utiliser cette sauvegarde si votre ordinateur tombe en panne. Bien que ce type de sauvegarde inclue vos fichiers personnels, nous vous recommandons de sauvegarder vos fichiers régulièrement à l'aide de l'Assistant de sauvegarde de fichiers. Vous devez mettre à jour l'image de la Sauvegarde intégrale Windows environ tous les six mois.

Pensez à configurer régulièrement des points de restauration afin de pouvoir annuler des paramètres, tels que des mises à jour de pilotes, qui peuvent contribuer à rendre votre ordinateur instable.

Les méthodes de stockage des sauvegardes

Avec le Centre de sauvegarde et de restauration, vous pouvez sauvegarder des fichiers sur l'un des types de stockage suivants :

- des disques durs (internes ou externes) ;
- des disques amovibles ;
- des DVD et des CD inscriptibles.

Ces supports sont appelés de façon globale des "médias". Vous pouvez également utiliser un service de stockage de fichiers basé sur Internet. Au moment de choisir quelle option utiliser, comparer l'aspect pratique, le prix et la simplicité d'utilisation et prenez en compte la quantité et la taille des fichiers que vous souhaitez sauvegarder.

Lisez ces quelques conseils sur ces différents supports de stockage…

- Disques durs internes : vous pouvez installer (ou demander à quelqu'un de le faire) un second disque dur interne sur votre ordinateur et l'utiliser pour sauvegarder des fichiers. Les disques durs sont relativement bon marché et ne sont pas affectés si des problèmes se produisent sur votre système d'exploitation. Vous pouvez même installer le disque sur un autre ordinateur si vous achetez une nouvelle machine et si vous souhaitez utiliser le disque pour les sauvegardes. Ne sauvegardez jamais des fichiers dans un emplacement situé sur le même disque dur que celui sur lequel Windows est installé car si votre ordinateur est contaminé par un virus ou présente une défaillance logicielle, vous devrez peut-être reformater le disque et réinstaller Windows pour restaurer votre système.

- Disques durs externes : si votre ordinateur comporte un port USB, vous pouvez connecter un disque dur externe, puis y sauvegarder des fichiers. Assurez-vous que le disque dur externe présente suffisamment d'espace pour vos sauvegardes (un espace de 200 Go est généralement un bon choix). Pour une protection maximale, conservez votre disque dur dans un endroit à l'abri des risques d'incendies et éloigné de votre ordinateur.
- Disques inscriptibles : vous pouvez également enregistrer vos fichiers sur des DVD ou des CD. Vérifiez que les disques sont inscriptibles, ce qui signifie que vous pouvez ajouter, supprimer ou modifier le contenu. Si vous décidez d'utiliser cette méthode et que vous avez beaucoup de fichiers à sauvegarder, assurez-vous que vous disposez de suffisamment de disques. L'Assistant de sauvegarde de fichiers vous indique la quantité d'espace requise à chaque fois que vous effectuez une sauvegarde et recommande le type de média à utiliser. Ajoutez des étiquettes avec la date et l'heure de la sauvegarde sur vos disques afin d'en faciliter la recherche plus tard. Pour une protection maximale, conservez les disques dans un endroit à l'abri des risques d'incendie et éloigné de votre ordinateur.

De manière générale, conservez toujours le stockage ou les médias amovibles utilisés pour les sauvegardes (tels que des disques durs externes, des DVD ou des CD) dans un endroit sûr afin d'empêcher que des personnes non autorisées n'accèdent à vos fichiers.

Sauvegarder les fichiers

Voyons techniquement comment se comporte le nouveau Centre de sauvegarde et restauration de Windows Vista en commençant par la sauvegarde.

Pour vous assurer de ne pas perdre des fichiers que vous créez, modifiez et stockez sur votre ordinateur, vous devez les sauvegarder régulièrement. Vous pouvez sauvegarder manuellement des fichiers à tout moment ou configurer des sauvegardes automatiques.

1. Cliquez sur le logo de démarrage Windows
2. Cliquez sur **Tous les programmes/Maintenance/Centre de sauvegarde et restauration**.

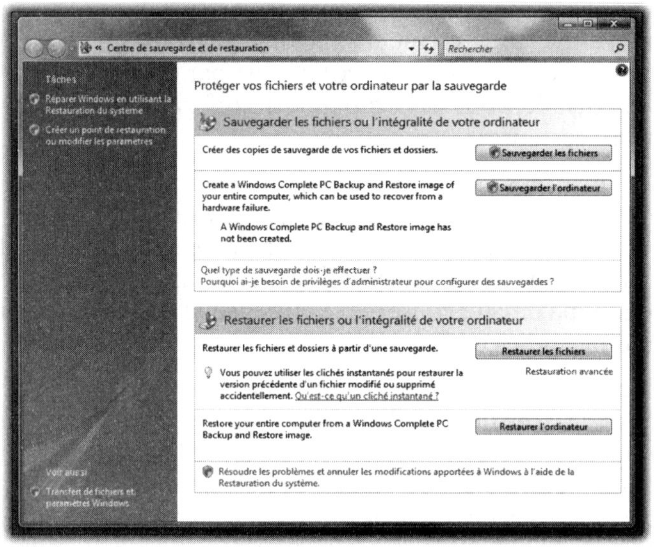

Figure 23-3 : *Le Centre de Sauvegarde et Restauration*

L'interface graphique est très épurée, on s'y repère en un instant : un bloc sauvegarde et un bloc restauration, chaque bloc étant subdivisé en deux parties, une partie pour les fichiers et une autre pour l'ordinateur.

3. Cliquez sur **Sauvegarder les fichiers**, puis suivez les étapes de l'assistant. Si vous êtes invité à fournir un mot de passe administrateur ou une confirmation, fournissez le mot de passe ou la confirmation.

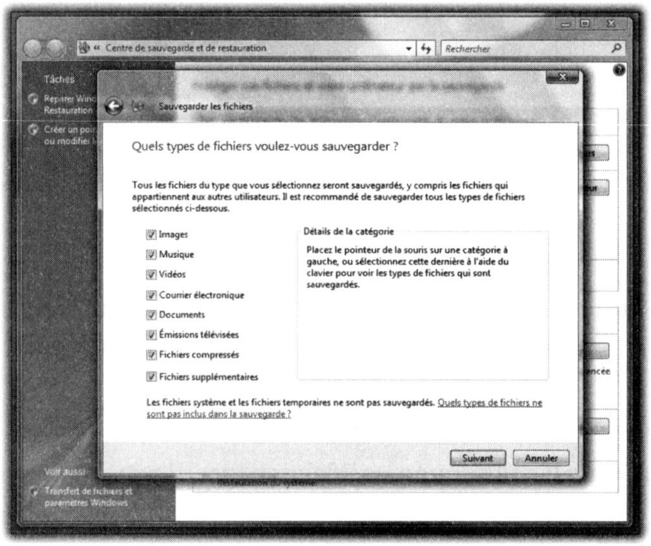

Figure 23-4 : *L'assistant de sauvegarde des fichiers*

Conservez toujours les médias utilisés pour les sauvegardes (tels que des disques durs externes, des DVD ou des CD) dans un endroit sûr afin d'empêcher que des personnes non autorisées n'accèdent à vos fichiers. Il est également recommandé de les placer dans un endroit à l'abri du feu et éloigné de votre ordinateur.

Sauvegarder l'ordinateur

La sauvegarde de l'ordinateur (ou sauvegarde intégrale) crée une image de sauvegarde, qui contient des copies de vos programmes, des paramètres système et des fichiers. L'image de sauvegarde est ensuite stockée dans un emplacement distinct des programmes, des paramètres et des fichiers originaux. Vous pouvez utiliser cette image de sauvegarde pour restaurer le contenu de votre ordinateur si votre disque dur ou votre ordinateur tombe en panne. Vous devez créer une image de sauvegarde intégrale environ tous les six mois.

Si votre ordinateur comporte plusieurs partitions, vous devez exécuter la Sauvegarde intégrale Windows peu de temps après la configuration de votre ordinateur. La sauvegarde doit inclure tous les fichiers et programmes sur toutes les partitions. Vous posséderez ainsi une image de sauvegarde de la configuration d'origine de votre ordinateur au cas où vous deviez ou souhaiteriez restaurer votre ordinateur à cet état. Enregistrez l'image de sauvegarde sur une autre partition que celle sur laquelle Windows est installé et conservez également une sauvegarde sur un disque externe ou un jeu de DVD, en cas de défaillance des disques durs de votre ordinateur.

Pour créer une image de sauvegarde intégrale Windows, votre disque dur doit être formaté pour utiliser le système de fichiers NTFS. Par ailleurs, si vous enregistrez la sauvegarde sur un disque dur externe, celui-ci doit également être formaté pour utiliser le système de fichiers NTFS. Également, le disque dur sur lequel vous enregistrez la sauvegarde doit être un disque de base, et non un disque dynamique. Vous pouvez sauvegarder des disques dynamiques, mais vous devez dans ce cas tous les sauvegarder sur votre ordinateur.

Lorsque vous utilisez une image de sauvegarde intégrale pour restaurer votre ordinateur, il s'agit d'une restauration complète. Vous ne pouvez pas choisir de restaurer des éléments individuels, et tous vos programmes, paramètres système et fichiers actuels sont remplacés. Pensez à sauvegarder régulièrement vos fichiers à l'aide de l'Assistant de sauvegarde de fichiers vu dans la partie précédente.

1. Cliquez sur le logo de démarrage Windows
2. Cliquez sur **Tous les programmes/Maintenance/Centre de sauvegarde et restauration**.

3. Cliquez sur **Sauvegarder l'ordinateur**, puis suivez les étapes de l'assistant. Si vous êtes invité à fournir un mot de passe administrateur ou une confirmation, fournissez le mot de passe ou la confirmation.

Figure 23-5 : *Sauvegarde de l'ordinateur*

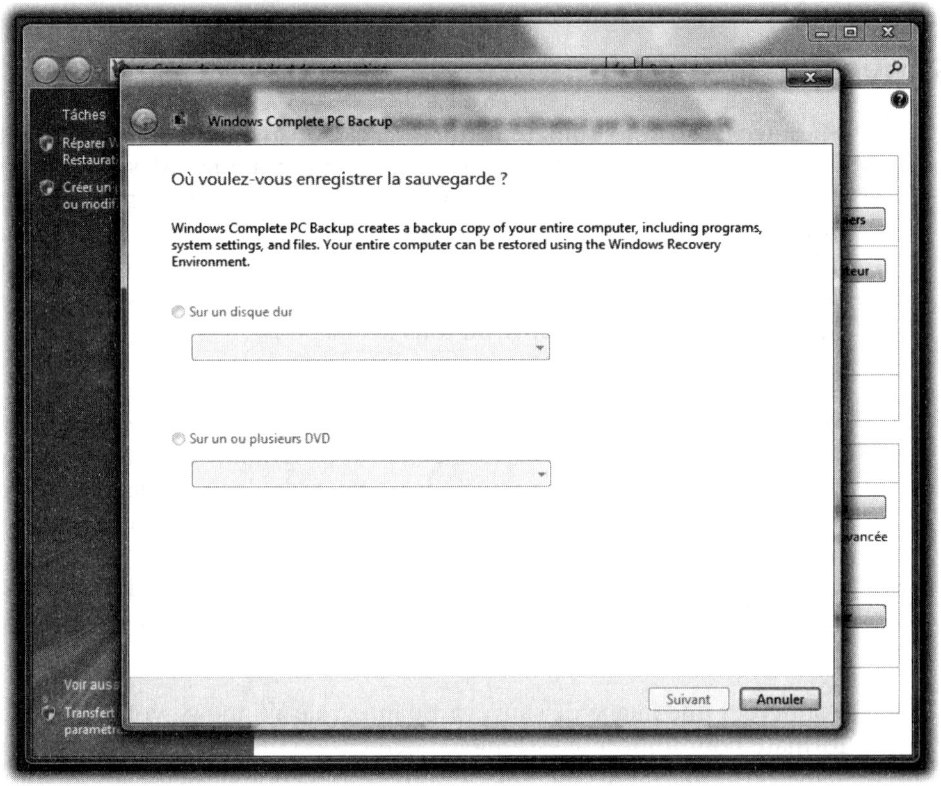

Ce type de sauvegarde peut uniquement être effectué sur un CD, un DVD ou un disque dur. Étant donné la taille, il n'y a pas grand intérêt de la mettre sur CD ou DVD. Le programme de sauvegarde vous indique si le type de stockage sélectionné comporte suffisamment d'espace pour tous les programmes, paramètres système et fichiers. Si la quantité d'espace n'est pas suffisante, vous devez recourir à un type de stockage qui peut contenir davantage de données.

ATTENTION

Format de l'image de sauvegarde

L'outil de sauvegarde de l'ordinateur crée un fichier à l'extension *.vhd*. Ce type d'extension de fichier est également le type de fichier pour disques durs virtuels utilisés par les produits de virtualisation Virtual PC et Virtual Server 2005 R2, ce qui signifie que vous pouvez, en cas de besoin, ouvrir cette image de sauvegarde avec Virtual PC et Virtual Server 2005 R2,

ATTENTION

démarrer une image virtuelle rapidement en cas d'indisponibilité de la machine physique ou plus simplement manipuler le contenu de l'image de sauvegarde.

Restaurer l'ordinateur

Une image de la Sauvegarde intégrale Windows contient des copies de vos programmes, des paramètres système et des fichiers. Il s'agit d'une sauvegarde complète que vous pouvez utiliser pour restaurer le contenu de votre ordinateur si votre disque dur ou votre ordinateur tombe en panne.

Lorsque vous restaurez votre ordinateur à partir d'une image de la Sauvegarde intégrale Windows, il s'agit d'une restauration complète. Vous ne pouvez pas choisir de restaurer des éléments individuels, et tous vos programmes, paramètres système et fichiers actuels sont remplacés.

Avant de commencer, vérifiez que le média amovible sur lequel la sauvegarde est stockée est disponible.

Vous devez employer la méthode de restauration suivante si un disque d'installation Windows est fourni avec votre ordinateur :

1. Insérez le DVD d'installation Windows Vista, puis redémarrez l'ordinateur.
2. Cliquez sur le bouton **démarrer**, cliquez sur la flèche en regard du bouton **Verrouiller**, puis cliquez sur **Redémarrer**.
3. Au redémarrage et lors du boot sur le DVD d'installation, sélectionnez les paramètres de langue, puis cliquez sur **Suivant**.
4. Cliquez sur **Réparer votre ordinateur**.
5. Sélectionnez le système d'exploitation que vous souhaitez réparer, puis cliquez sur **Suivant**.
6. Dans le menu **Options de récupération système**, cliquez sur **Restauration Complète PC Windows**, puis suivez les instructions qui s'affichent.

Pour effectuer une restauration à l'aide des options de récupération préinstallées (aucun disque d'installation Windows n'étant fourni avec votre ordinateur), procédez ainsi :

1. Redémarrez l'ordinateur.

2. Cliquez sur le bouton **démarrer**, cliquez sur la flèche en regard du bouton **Verrouiller**, puis cliquez sur **Redémarrer**.
3. Si un seul système d'exploitation est installé sur votre ordinateur, appuyez plusieurs fois sur la touche F8 pendant que votre ordinateur redémarre. Vous devez appuyer sur F8 pour afficher le logo Windows. Si le logo Windows s'affiche, réessayez. Si plusieurs systèmes d'exploitation sont installés sur votre ordinateur, utilisez les touches de direction pour sélectionner le système d'exploitation à démarrer en mode sans échec, puis appuyez sur F8.
4. Dans le menu **Options de démarrage avancées**, utilisez les touches fléchées pour sélectionner **Réparer votre ordinateur**, puis appuyez sur Entrée.
5. Sélectionnez une disposition du clavier, puis cliquez sur **Suivant**.
6. Sélectionnez un nom d'utilisateur et tapez votre mot de passe, puis cliquez sur OK.
7. Dans le menu **Options de récupération système**, cliquez sur **Restauration Complète PC Windows**, puis suivez les instructions qui s'affichent.

Restaurer des fichiers à partir d'une sauvegarde fichiers

Vous pouvez restaurer des versions sauvegardées de fichiers qui ont été perdus, endommagés ou modifiés accidentellement. Vous pouvez restaurer des fichiers individuels, des groupes de fichiers ou tous les fichiers que vous avez sauvegardés.

1. Cliquez sur le logo de démarrage Windows
2. Cliquez sur **Tous les programmes/Maintenance/Centre de sauvegarde et restauration**.
3. Cliquez sur **Restaurer les fichiers**, puis suivez les étapes (voir fig. 23-6).

Pour restaurer une sauvegarde effectuée sur un autre ordinateur :

1. Cliquez sur le logo de démarrage Windows
2. Cliquez sur **Tous les programmes/Maintenance/Centre de sauvegarde et restauration**.
3. Cliquez sur **Restauration avancée**.
4. Cliquez sur *Fichiers d'une sauvegarde effectuée sur un autre ordinateur*, puis suivez les étapes.

Figure 23-6 :
Restauration de fichiers

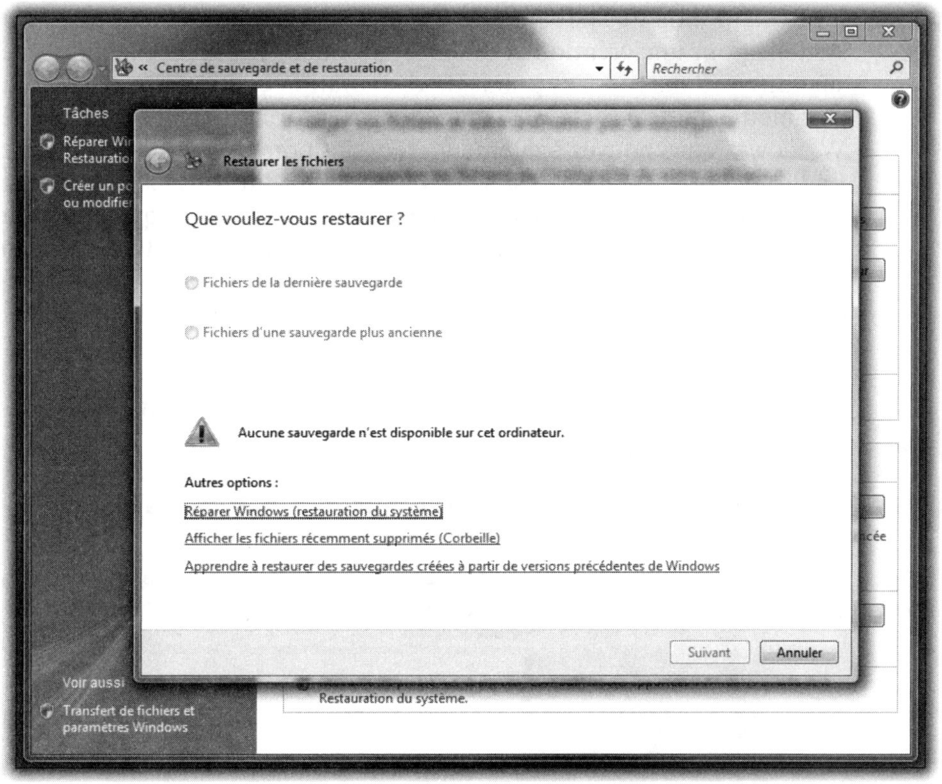

23.4 La Restauration du système

Il existe un autre outil permettant de restaurer le système et donc utile en cas de maintenance du système d'exploitation : l'outil Restauration du système (attention, ce n'est pas le même que le Centre de sauvegarde et restauration).

La Restauration du système vous aide à restaurer les fichiers système de votre ordinateur à un point antérieur dans le temps. Cela permet d'annuler les modifications du système sans affecter vos fichiers personnels, tels que les messages électroniques, les documents, etc.

Parfois, l'installation d'un programme ou d'un pilote entraîne des modifications inattendues sur votre ordinateur ou un comportement imprévisible de Windows. Généralement, la désinstallation du programme ou du pilote corrige le problème. Si ce n'est pas le cas, vous pouvez essayer de restaurer le système à une date antérieure à laquelle tout fonctionnait correctement.

La Restauration du système utilise une fonctionnalité nommée Protection du système pour une création et un enregistrement réguliers des points de restauration sur votre ordinateur. Ces points de restauration contiennent des informations sur les paramètres du Registre, ainsi que d'autres informations système utilisées par Windows. Vous pouvez également créer des points de restauration manuellement. La Protection du système est activée par défaut sur tous les disques durs de votre ordinateur. Vous pouvez sélectionner les disques pour lesquels la Protection du système est activée. Si vous désactivez la Protection du système pour un disque, les points de restauration de ce disque sont supprimés. Vous ne pouvez pas restaurer un disque tant que la Protection du système n'est pas activée de nouveau et qu'un point de restauration n'est pas créé.

Pour activer ou désactiver la Protection du système pour un disque :

1. Cliquez sur le logo Windows de démarrage.
2. Activez le menu **Panneau de configuration/Système et maintenance/Système**.

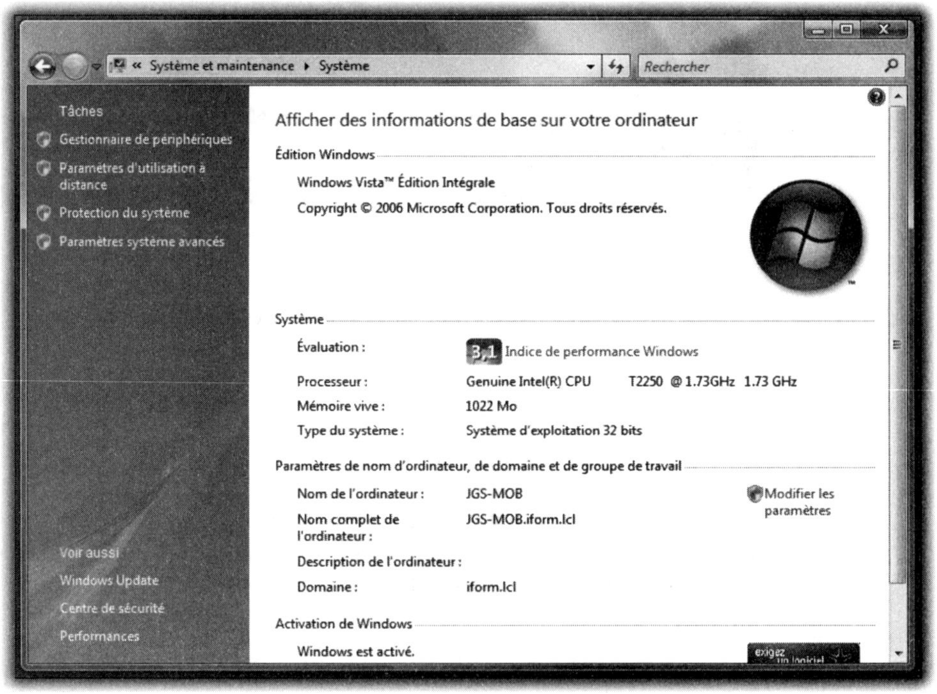

Figure 23-7 : *Le menu Système*

3. Dans le volet gauche, cliquez sur le lien *Protection du système.* Si vous êtes invité à fournir un mot de passe administrateur ou une confirmation, fournissez le mot de passe ou la confirmation.

Figure 23-8 :
Protection du système

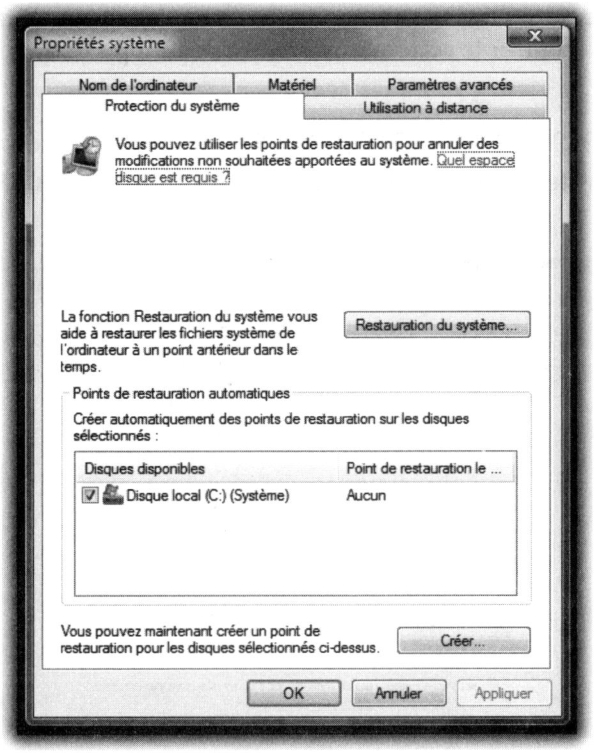

4. Pour activer la Protection du système pour un disque dur, activez la case à cocher en regard du disque, puis cliquez sur OK.
5. Pour désactiver la Protection du système pour un disque dur, désactivez la case à cocher en regard du disque, puis cliquez sur OK.
6. Pour créer un point de restauration, cliquez sur **Créer**.

La Restauration du système ne permet pas de sauvegarder des fichiers personnels. Par conséquent, cette fonctionnalité ne vous permet pas de récupérer un fichier personnel qui a été supprimé ou endommagé. Vous devez sauvegarder régulièrement vos fichiers personnels et données importantes à l'aide d'un programme de sauvegarde.

La Restauration du système modifie les fichiers système Windows, les paramètres du Registre et les programmes installés sur votre ordinateur. Les scripts, les fichiers de commandes et d'autres types de fichiers exécutables peuvent également être modifiés sur votre ordinateur. Les fichiers personnels, tels que des documents, des messages électroniques, des photos et des fichiers audio, ne sont pas modifiés.

Pour restaurer le système pris au dernier point de restauration (étant donné qu'il n'est pas possible de restaurer le système sans avoir créé un point de restauration avant) :

1. Cliquez sur le logo Windows de démarrage
2. Cliquez sur **Tous les programmes/Accessoires/Outils système/Restauration du système.**

Figure 23-9 : *Restauration du système*

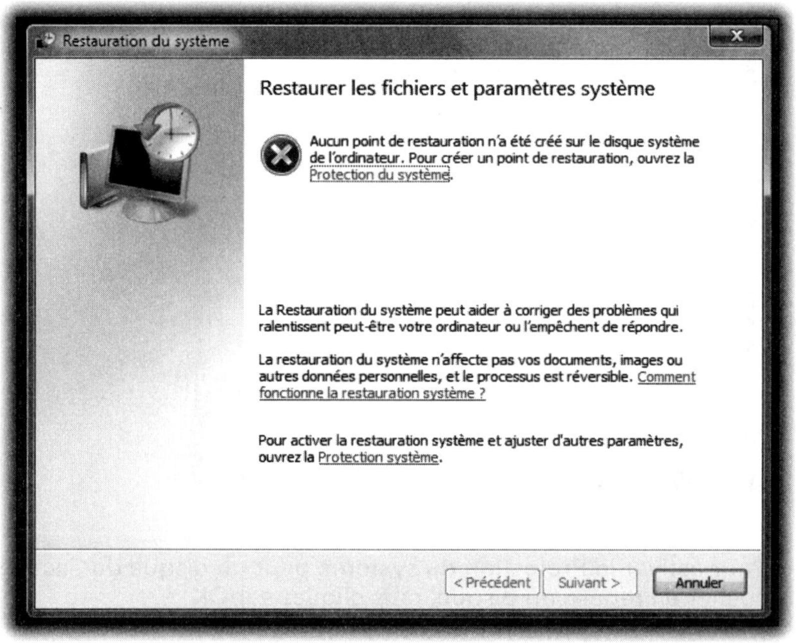

3. Suivez les instructions pour rappeler le dernier point de restauration et restaurer votre système.

CHAPITRE

24

La surveillance des ressources

CHAPITRE

24

La surveillance des ressources

La surveillance des ressources est un point important si l'on souhaite garder les bonnes performances de son ordinateur. Dans ce cas, la surveillance a un rôle proactif. Mais il peut arriver que l'on ait besoin de savoir ce qui a conduit à une dysfonction. Pour cela, Windows Vista propose un ensemble d'outils capables de vous informer sur la fiabilité de votre machine durant les derniers jours, mais aussi des journaux consolidant des historiques d'événements, un suivi en temps réel ou encore un rapport de santé détaillé. C'est ce qui va vous être présenté dans ce chapitre.

24.1 Fiabilité et performances

Le Moniteur de fiabilité et Analyseur de performances de Windows est un composant enfichable MMC qui fournit des outils pour l'analyse des performances du système. À partir d'une simple console, vous pouvez suivre les performances des logiciels et des matériels en temps réel, personnaliser les données que vous souhaitez collecter dans des journaux, définir des seuils d'alerte et des actions automatiques, générer des rapports et afficher les données des performances passées de nombreuses manières.

Le Moniteur de fiabilité et Analyseur de performances de Windows combine les fonctionnalités des outils autonomes précédents, notamment le service PLA (journaux et alertes de performances), le service SPA (conseiller de performances du serveur) et le Gestionnaire du système. Il fournit une interface graphique pour la personnalisation des ensembles de collecteurs de données et des sessions de suivi d'événements.

Le Moniteur de fiabilité et Analyseur de performances de Windows est constitué de trois outils d'analyse : L'Affichage des ressources, l'Analyseur de performances et le Moniteur de fiabilité. La collecte et la journalisation des données sont effectuées à l'aide d'ensembles de collecteurs de données.

Pour lancer la console Fiabilité et performances, procédez de la façon suivante :

1. Sélectionnez le menu **Démarrer/Panneau de configuration/Système**.
2. Dans la partie **Système** de la fenêtre **Informations système générales**, cliquez sur **Indice de performance Windows**.
3. Dans le volet gauche de la fenêtre **Evaluez et améliorez les performances de votre ordinateur**, sélectionnez **Outils avancés**.
4. Sélectionnez **Ouvrir l'analyseur de performance et de fiabilité**.
5. Dans la fenêtre **Contrôle du compte utilisateur**, cliquez sur **Continuer**.

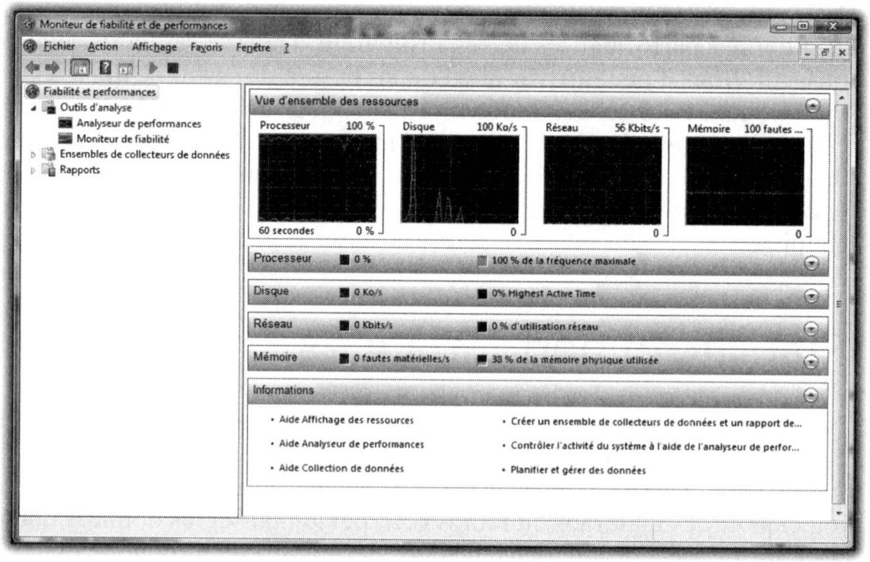

Figure 24-1 : *Le Moniteur de fiabilité et performances*

Le Moniteur de fiabilité et performances offre une vue d'ensemble des ressources en temps réel.

Il propose une vue **Processeur** avec l'activité qui lui est liée :

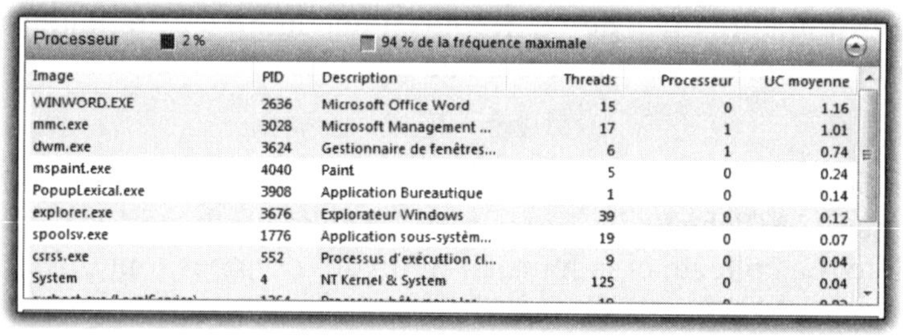

Figure 24-2 : *Analyse en temps réel de l'utilisation du processeur*

Il propose une vue **Disque** avec l'activité qui lui est liée :

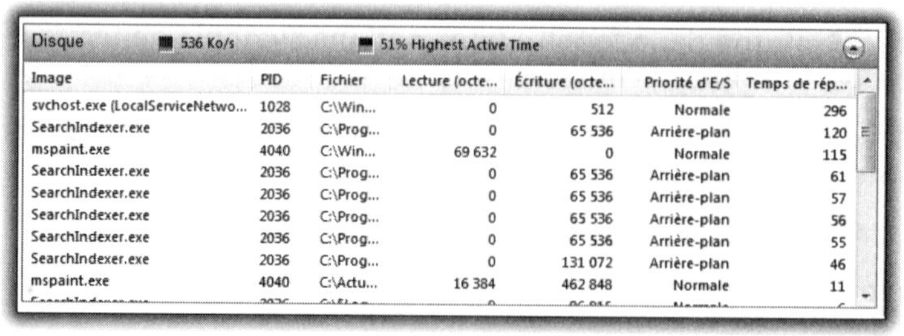

Figure 24-3 : *Analyse en temps réel de l'utilisation du disque*

Il propose une vue **Réseau** avec l'activité qui lui est liée :

Figure 24-4 : *Analyse en temps réel de l'utilisation du réseau*

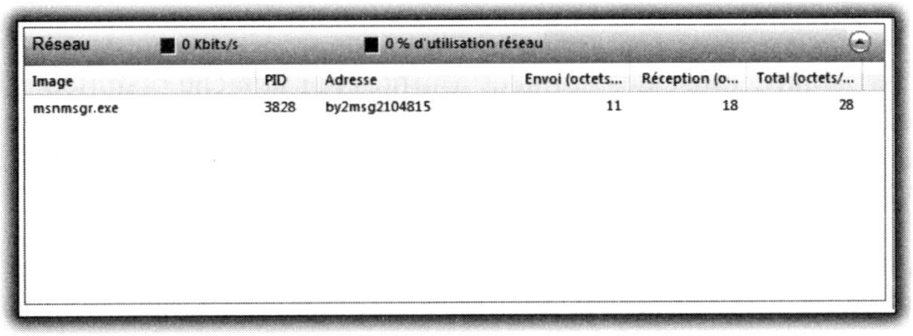

Réseau ■ 0 Kbits/s ■ 0 % d'utilisation réseau

Image	PID	Adresse	Envoi (octets...	Réception (o...	Total (octets/...
msnmsgr.exe	3828	by2msg2104815	11	18	28

Il propose une vue **Mémoire** avec l'activité qui lui est liée :

Figure 24-5 : *Analyse en temps réel de l'utilisation de la mémoire*

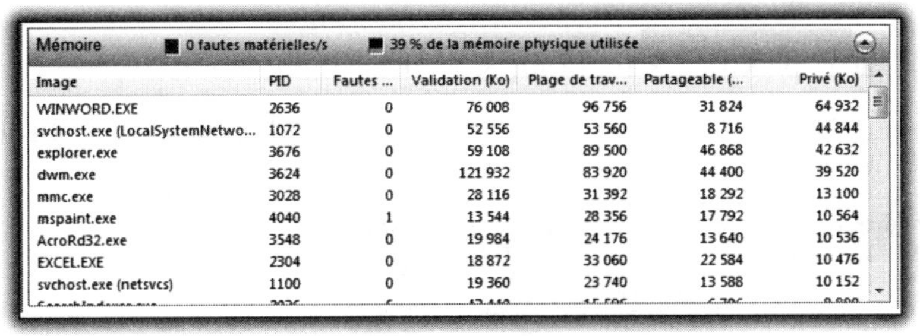

Mémoire ■ 0 fautes matérielles/s ■ 39 % de la mémoire physique utilisée

Image	PID	Fautes ...	Validation (Ko)	Plage de trav...	Partageable (...	Privé (Ko)
WINWORD.EXE	2636	0	76 008	96 756	31 824	64 932
svchost.exe (LocalSystemNetwo...	1072	0	52 556	53 560	8 716	44 844
explorer.exe	3676	0	59 108	89 500	46 868	42 632
dwm.exe	3624	0	121 932	83 920	44 400	39 520
mmc.exe	3028	0	28 116	31 392	18 292	13 100
mspaint.exe	4040	1	13 544	28 356	17 792	10 564
AcroRd32.exe	3548	0	19 984	24 176	13 640	10 536
EXCEL.EXE	2304	0	18 872	33 060	22 584	10 476
svchost.exe (netsvcs)	1100	0	19 360	23 740	13 588	10 152

24.2 Le Moniteur de fiabilité

Le Moniteur de fiabilité vous permet de voir en un coup d'œil la stabilité de votre système et affiche des informations quotidiennes sur les événements qui ont un impact sur sa fiabilité. Cette rubrique vous aide à comprendre les résultats et à prendre des mesures pour améliorer la fiabilité en fonction de ce que vous apprenez.

Ouvrir le Moniteur de fiabilité

Pour ouvrir le Moniteur de fiabilité, procédez comme suit :

1. Cliquez sur le bouton **démarrer**. Avec le bouton droit de la souris, cliquez sur **Ordinateur**, puis cliquez sur **Gérer**. La console s'ouvre.
2. Dans le panneau de navigation, développez les liens *Fiabilité et performance/Outils de contrôle*, puis cliquez sur *Moniteur de fiabilité*.

Activer la collecte de données pour le Moniteur de fiabilité

Le Moniteur de fiabilité utilise des données fournies par la tâche planifiée *RACAgent*. Le Moniteur de fiabilité commencera à afficher un taux d'index de stabilité et des informations d'événements spécifiques 24 heures après l'installation de Windows Vista.

La tâche planifiée *RACAgent* est exécutée par défaut sur une nouvelle installation de Windows Vista. Si elle est désactivée, il faut l'activer manuellement depuis le composant enfichable Planificateur de tâches.

Pour mener à bien cette procédure, il est nécessaire d'appartenir au groupe local *Administrateurs* ou à un groupe équivalent.

Pour activer la tâche planifiée *RACAgent*, procédez comme suit :

1. Cliquez sur **Démarrer**, cliquez avec le bouton droit de la souris sur **Ordinateur**, puis cliquez sur la commande de menu contextuel **Gérer**.

Figure 24-6 : *Ouverture de la console de management de l'ordinateur*

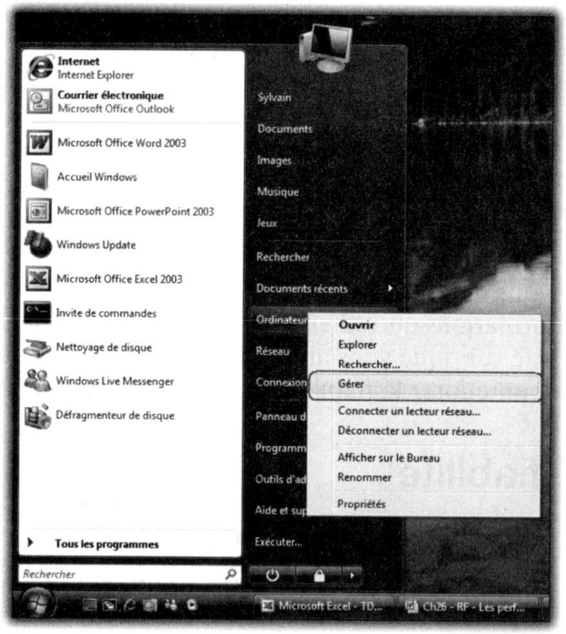

2. Dans le volet de navigation, développez les liens *Planificateur de tâches/Bibliothèque du planificateur de tâches/Microsoft/Windows.*

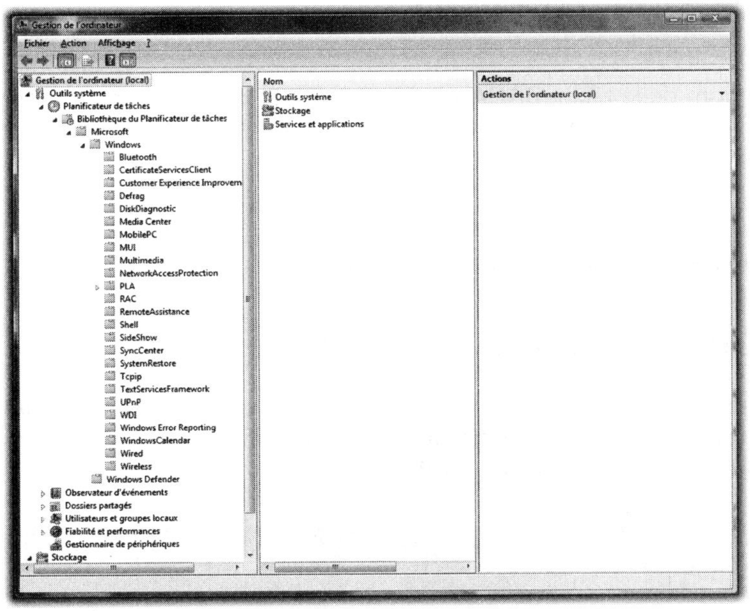

Figure 24-7 : *Le Planificateur de tâches*

3. Cliquez à droite sur *RAC*, puis sur *Affichage* et cliquez sur *Afficher les tâches masquées*.
4. Sélectionnez *RACAgent* dans le volet de résultats.

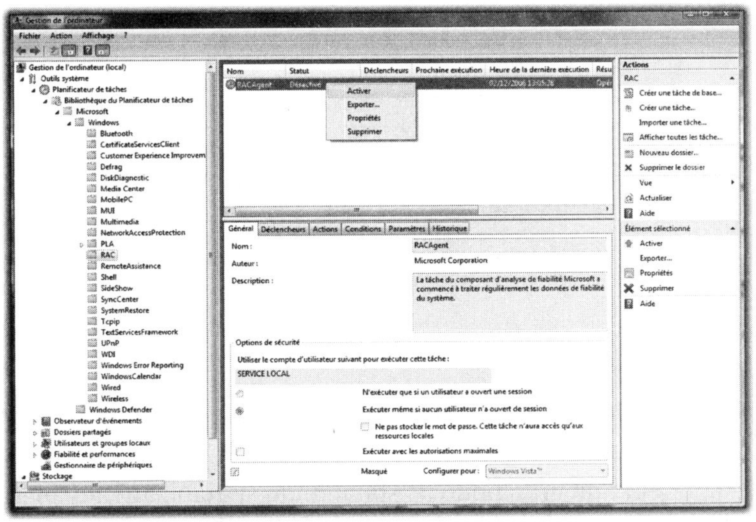

Figure 24-8 : *Activation de RACAgent*

REMARQUE

RACAgent

Le nom de la tâche RACAgent n'est peut-être pas complètement visible. Si vous ne le trouvez pas, développez la colonne *Nom* dans le volet de résultats.

5. Dans le menu **Action**, cliquez sur **Activer**.

Le graphique de stabilité du système

Le Moniteur de fiabilité conserve un historique d'un an relatif à la stabilité du système et aux événements de fiabilité. Le graphique de stabilité du système affiche un graphique continu organisé par date.

Figure 24-9 : *Le Moniteur de fiabilité*

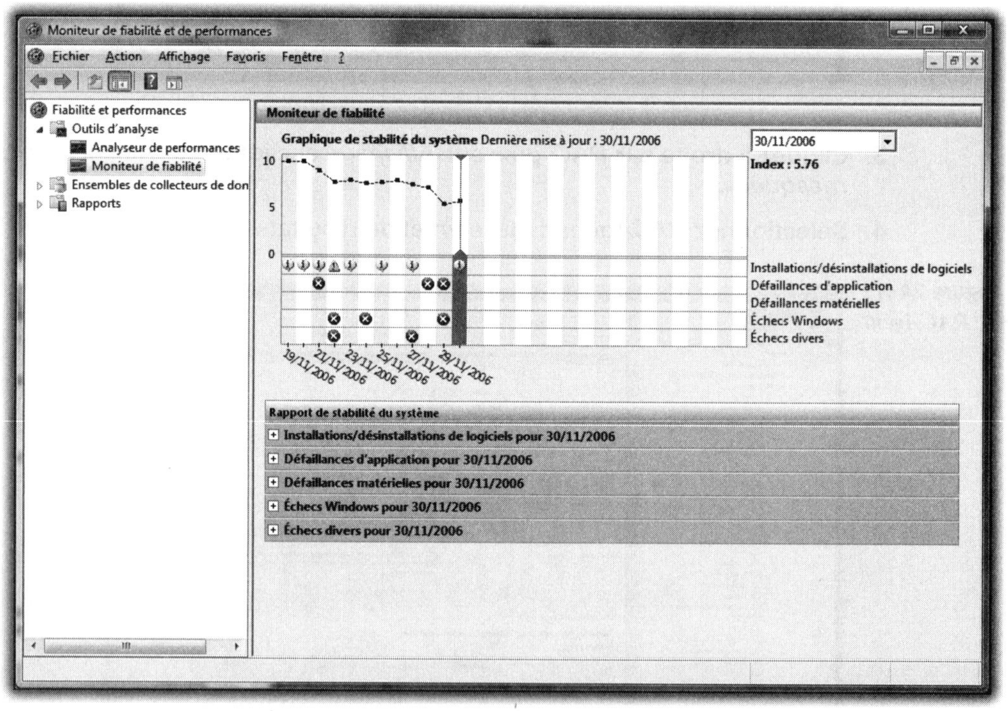

La partie supérieure du graphique de stabilité du système affiche un graphique de l'index de stabilité. Dans la partie inférieure du graphique, cinq rangées suivent les événements de fiabilité qui soit contribuent à la mesure de la stabilité du système, soit fournissent des informations en rapport pour l'installation et la désinstallation de logiciels. Si un ou plusieurs événements de fiabilité de chaque type sont détectés, une icône apparaît dans la colonne à cette date.

Les résultats du Moniteur de fiabilité

Si le Moniteur de fiabilité fait état de fréquents événements de défaillance de fiabilité, utilisez les données qu'il fournit pour décider des mesures à prendre pour améliorer la stabilité de votre système d'exploitation.

Les défaillances logicielles

Si le moniteur de fiabilité fait état de défaillances logicielles répétées, de défaillances de Windows ou d'échecs pendant l'installation ou la désinstallation de logiciels, il vous faudra peut-être mettre à jour l'application ou les composants du système d'exploitation défaillants. Utilisez les services Windows Update et Rapports et solutions aux problèmes pour rechercher des mises à jour d'applications susceptibles de résoudre vos problèmes.

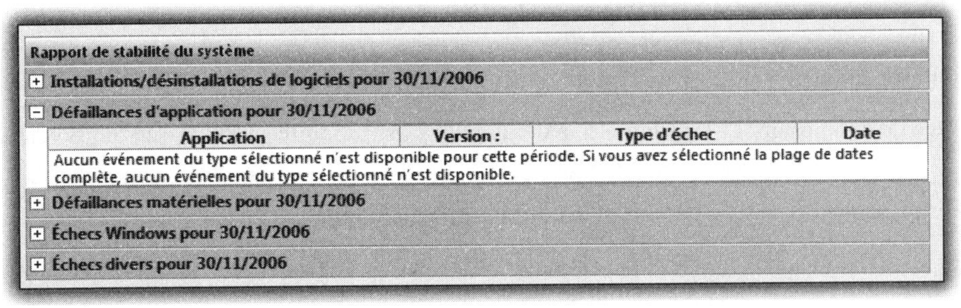

Figure 24-10 : *Défaillances d'applications*

Tableau 24-1 : Défaillances d'applications

Type de données	Description
Application	Spécifie le nom du programme exécutable de l'application qui a cessé de fonctionner ou de répondre
Version	Spécifie le numéro de version de l'application
Type de défaillance	Indique si l'application a cessé de fonctionner ou de répondre
Date	Spécifie la date de la défaillance de l'application

Les défaillances matérielles

Si le moniteur de fiabilité fait état de défaillances matérielles répétées, il est possible que votre ordinateur connaisse de graves problèmes techniques impossibles à résoudre au moyen d'une mise à jour logicielle. Contactez le fabricant du périphérique matériel pour obtenir des informations et des procédures de dépannage supplémentaires.

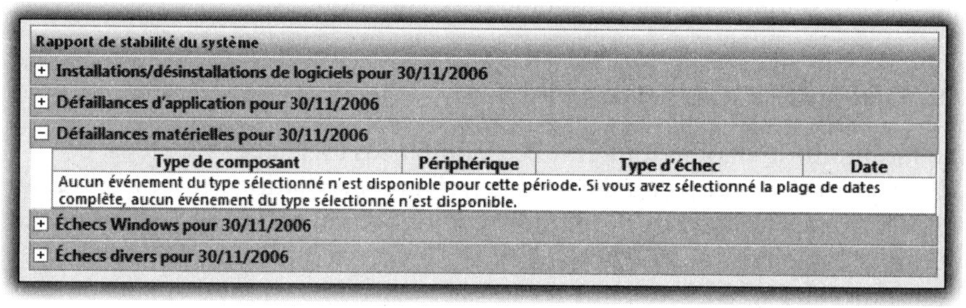

Figure 24-11 : *Défaillances matérielles*

Tableau 24-2 : Défaillances matérielles

Type de données	Description
Type de composant	Indique si la défaillance s'est produite sur le disque dur ou dans la mémoire
Périphérique	Identifie le périphérique défaillant
Type de défaillance	Indique s'il s'agit d'une panne du disque dur résultant d'un disque endommagé, ou d'une défaillance de la mémoire due au mauvais état de la mémoire
Date	Spécifie la date de la défaillance du matériel

Rassembler les informations

Le graphique du Moniteur de fiabilité vous permet non seulement d'identifier des problèmes liés à des applications individuelles et des composants logiciels, mais également de voir, d'un simple coup d'œil, si d'importants changements de la stabilité ont commencé à se manifester en même temps. Comme vous pouvez voir l'ensemble de l'activité d'une date précise dans un seul rapport, vous disposez d'informations pour décider de la manière de résoudre les problèmes. Par exemple, si vous constatez que de fréquentes défaillances d'application ont commencé à se manifester à la même date que des défaillances de la mémoire qui sont apparues dans la section *Matériel*, la première étape sera de remplacer la mémoire défaillante. Si les défaillances de l'application cessent, cela signifie sans doute qu'elles étaient dues à des problèmes d'accès à la mémoire. Si les défaillances de l'application se poursuivent, la prochaine étape sera de réparer l'installation de cette application.

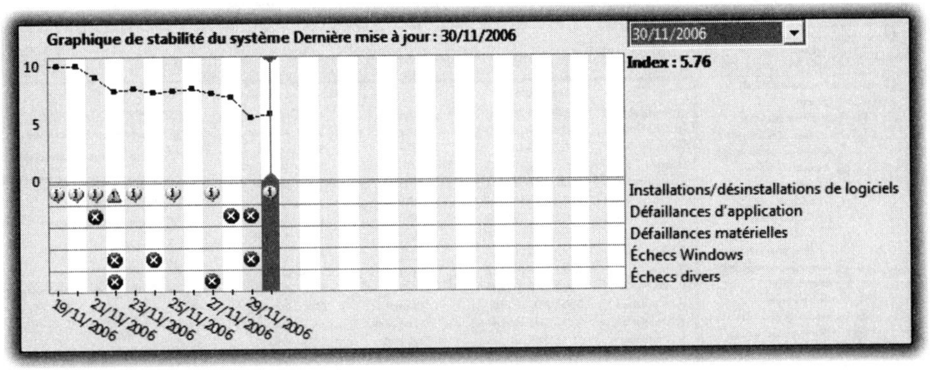

Figure 24-12 : *Le graphique du Moniteur de fiabilité*

L'index de stabilité du système

Chaque date du graphique de stabilité du système est fondée sur des données collectées pendant toute la durée de vie du système, et comprend un point graphique évaluant l'index de stabilité du système pour ce jour-là. L'index de stabilité du système est un chiffre entre 1 (le moins stable) et 10 (le plus stable), qui est une mesure pondérée dérivant du nombre de pannes spécifiées, observées pendant une période historique continue. Les événements de fiabilité contenus dans le rapport de stabilité du système décrivent les pannes spécifiques.

24.3 Les journaux Windows

Les journaux des événements sont des fichiers spéciaux qui enregistrent les événements significatifs sur votre ordinateur, par exemple l'ouverture d'une session sur l'ordinateur par un utilisateur ou une erreur de programme. À chaque occurrence, Windows enregistre l'événement dans un journal que vous pouvez consulter à l'aide de l'Observateur d'événements (voir fig. 24-13).

Les utilisateurs avancés peuvent utiliser les informations contenues dans les journaux des événements pour résoudre des problèmes dans Windows et d'autres programmes. Ces journaux sont aux nombres de cinq.

- Les événements d'application (programme) : les événements sont classés comme erreurs, avertissements ou informations selon leur gravité. Une erreur indique un problème important, comme la perte de données. Un avertissement est un événement qui n'est pas nécessairement significatif, mais qui peut annoncer des problèmes ultérieurs. Un événement d'informations décrit le bon fonctionnement d'un programme, d'un pilote, ou d'un service.

Figure 24-13 : *Journaux Windows*

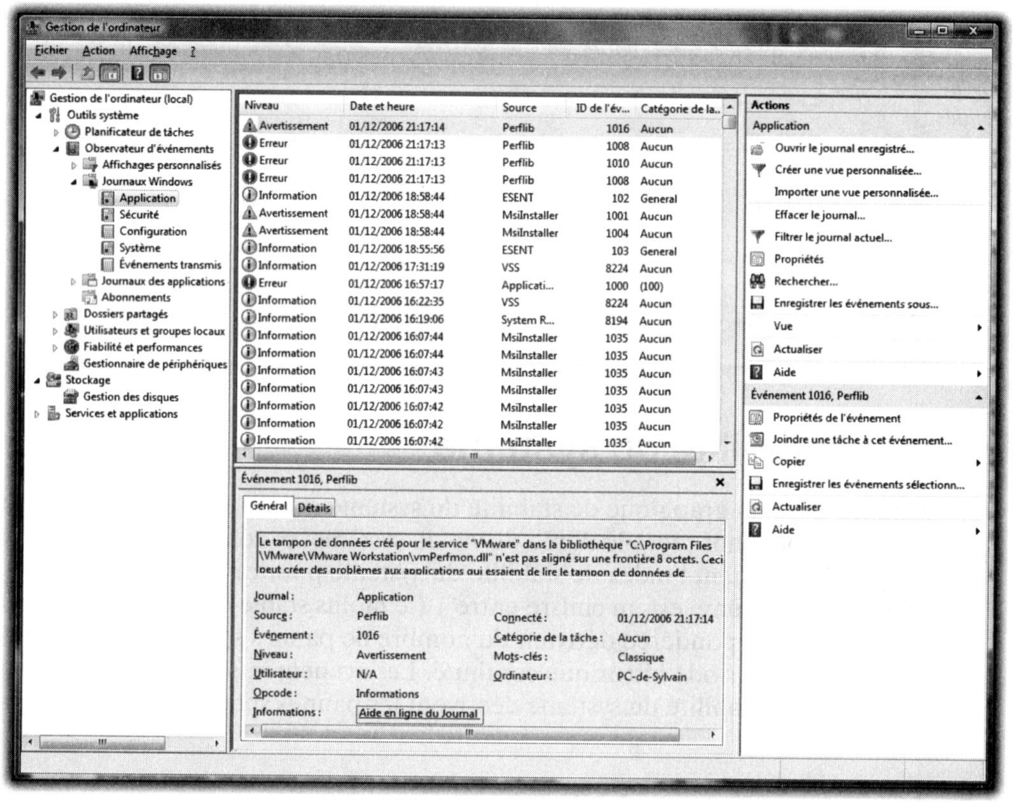

- Les événements liés à la sécurité : ces événements sont appelés des "audits" et sont considérés comme réussis ou non, selon que l'événement aboutit ou non, par exemple un utilisateur cherchant à ouvrir une session Windows.
- Les événements de configuration : les ordinateurs configurés comme contrôleurs de domaine affichent des journaux supplémentaires à cet emplacement.
- Les événements système : ces événements sont enregistrés par Windows et les services système de Windows, et sont classés comme erreurs, avertissements ou informations.
- Événements transférés : ces événements sont transférés dans ce journal par d'autres ordinateurs.

24.4 Lancer une optimisation de son ordinateur depuis Internet

Parmi les services Internet que propose Microsoft, Windows Live OneCare est un outil d'analyse, de surveillance et d'optimisation. Concernant l'analyse complète, il est conseillé d'effectuer une analyse une fois par mois.

Pour optimiser votre ordinateur depuis Internet, procédez comme suit :

24

1. Sélectionnez le menu **Démarrer/Tous les programmes/Internet Explorer**.
2. Dans la fenêtre **Internet explorer**, tapez http://safety.live.com/site/fr–fr/center/tuneup.htm dans la barre d'adresse.

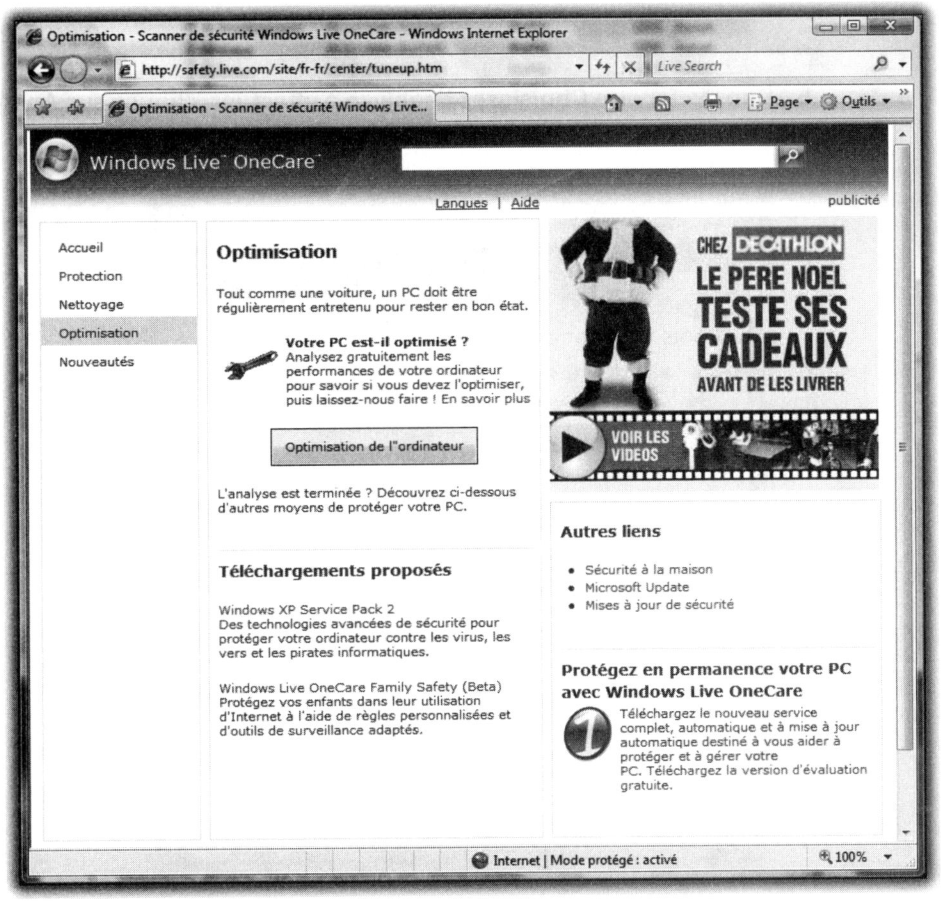

Figure 24-14 : *Windows Live OneCare Optimisation*

3. Dans la fenêtre **Windows Live OneCare Optimisation**, cliquez sur **Optimisation de l'ordinateur**.
4. À l'invite de la fenêtre **Scanner de sécurité Windows Live OneCare**, cliquez sur **Lancer une analyse complète pour Vista**.

Figure 24-15 : *Lancement de l'analyse*

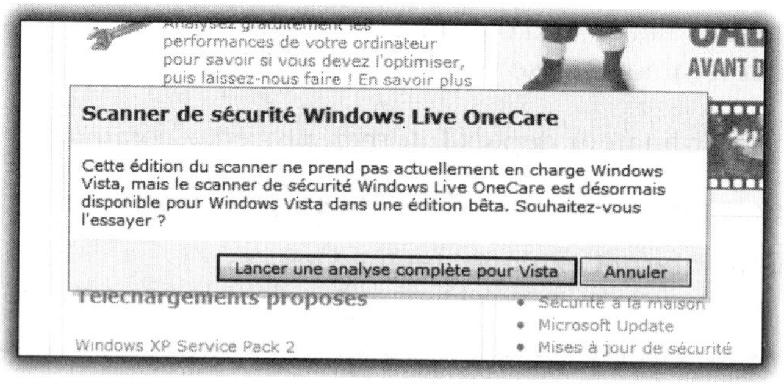

5. Dans la fenêtre **Choisissez l'analyse à effectuer**, cliquez sur **Analyse complète**, puis cliquez sur **Suivant**.

Figure 24-16 : *Choix de l'analyse*

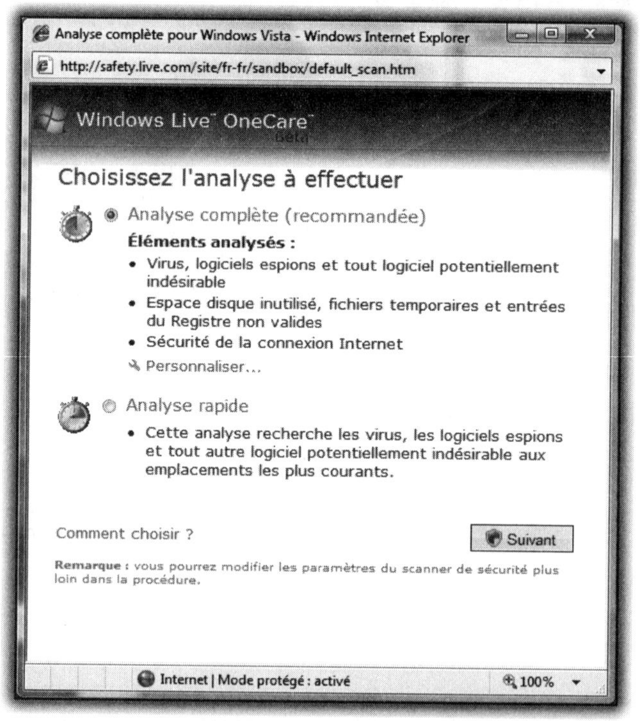

6. Cliquez sur **Suivant** pour démarrer l'analyse.

En fonction du choix de l'analyse, *Complète* ou *Rapide*, de la taille de votre disque dur ou du nombre de fichiers, cette analyse peut prendre plusieurs dizaines de minutes, voire dépasser une heure.

INTERNET

Plus d'informations sur les performances de Windows Vista

Rendez-vous sur le site de Microsoft consacré à Windows Vista à l'adresse **www.microsoft.com/france/windowsvista/fonctionnalites/toutlemonde/performance.mspx.**

24.5 Le Gestionnaire des tâches

Le Gestionnaire des tâches affiche les programmes, les processus et les services en cours d'exécution sur votre ordinateur. Vous pouvez l'utiliser pour surveiller les performances de Windows Vista ou pour fermer un programme qui ne répond pas.

Si vous êtes connecté à un réseau, vous pouvez aussi faire appel au Gestionnaire des tâches pour surveiller l'état et le fonctionnement de votre réseau. Si plusieurs utilisateurs sont connectés à votre ordinateur, vous pouvez voir les personnes connectées, leurs activités, et vous pouvez leur envoyer un message.

Lancer le Gestionnaire des tâches

Pour lancer le Gestionnaire des tâches, procédez comme suit :

1. Cliquez avec le bouton droit de la souris sur la barre des tâches.

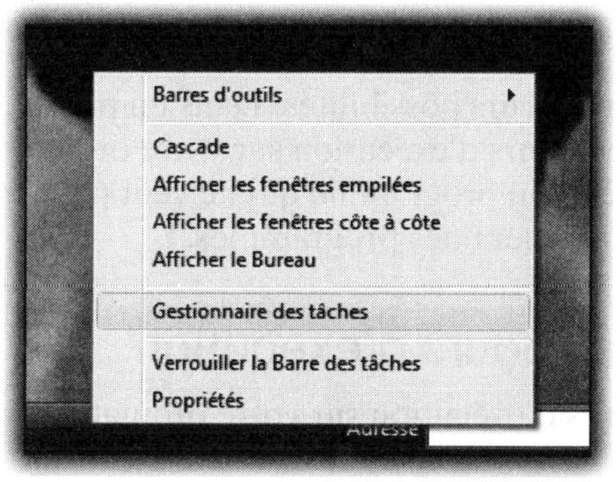

Figure 24-17 : *La barre des tâches*

2. Sélectionnez la commande **Gestionnaire des tâches**.

Figure 24-18 : *Le Gestionnaire des tâches*

Le Gestionnaire des tâches comporte six onglets qui ont tous un rôle différent :

- **Applications** ;
- **Processus** ;
- **Services** ;
- **Performances** ;
- **Mise en réseau** ;
- **Utilisateurs**.

Surveiller les programmes

L'onglet **Applications** vous offre plusieurs possibilités. Dans un premier temps, il vous permet de voir les logiciels en cours d'exécution sur votre ordinateur. Il vous permet également de forcer l'arrêt d'un programme qui ne veut pas s'interrompre normalement et de terminer le lancement des programmes.

Lister les programmes en cours d'exécution

Pour lister les programmes en cours d'exécution sur votre ordinateur, procédez comme suit :

1. Cliquez avec le bouton droit de la souris sur la barre des tâches.

2. Sélectionnez la commande **Gestionnaire des tâches**.
3. À l'ouverture du Gestionnaire des tâches, sélectionnez l'onglet **Application**. La colonne *Tâche* liste les programmes qui sont ouverts et la colonne *État* vous donne le statut du programme.

Figure 24-19 : *L'onglet Applications du Gestionnaire des tâches*

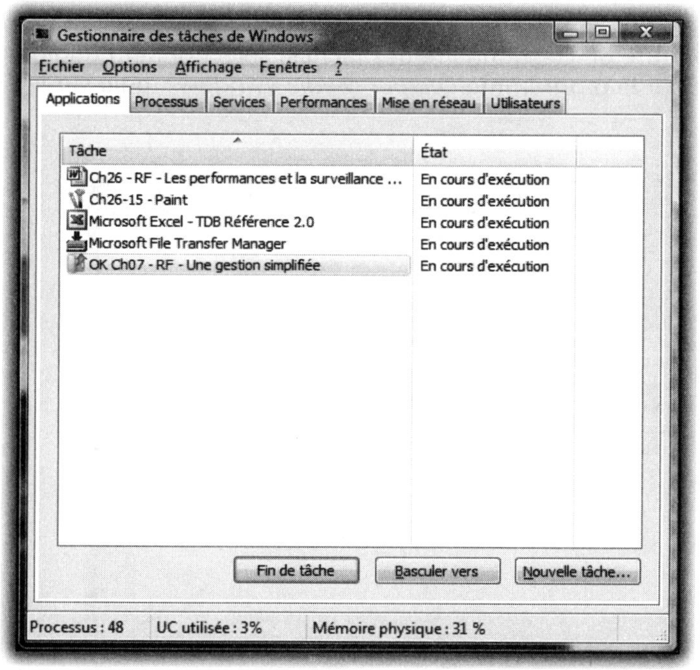

Arrêter un programme qui ne répond plus

Si un programme sur votre ordinateur cesse de répondre, Windows Vista tente d'identifier le problème et de le résoudre automatiquement. Si vous ne voulez pas attendre, vous pouvez quitter le programme vous-même à l'aide du Gestionnaire des tâches.

Même si le Gestionnaire des tâches offre une solution plus rapide, ce n'est pas sans contraintes car vous perdez les modifications non enregistrées.

REMARQUE

Mettre fin à une application

Si vous avez un travail important en cours et que vous souhaitiez conserver les dernières modifications, patientez quelques minutes et laissez d'abord Windows résoudre le problème.

Prenons comme exemple le Lecteur Windows Media car cela n'aura pas d'incidence sur le fonctionnement de Windows Vista ou encore votre travail en cours. Lancez une chanson et procédez comme suit :

1. Cliquez avec le bouton droit de la souris sur la barre des tâches.
2. Sélectionnez la commande **Gestionnaire des tâches**.
3. À l'ouverture du Gestionnaire des tâches, sélectionnez l'onglet **Applications**. Cliquez sur le programme *Lecteur Media Windows*, puis sur le bouton **Fin de tâche**.

Figure 24-20 : *Mettre fin à l'exécution du programme*

Lancer un programme

Bien que ce ne soit pas sa fonction principale, le Gestionnaire des tâches permet de lancer des programmes. Vous seriez en droit de vous demander pourquoi ? Tout simplement parce qu'il arrive parfois que votre ordinateur soit complément bloqué par un programme ou encore que l'Explorateur ne fonctionne plus. Pour lancer une application, procédez comme suit :

1. Lancez le Gestionnaire des tâches en appuyant simultanément sur Ctrl+Alt+Suppr.

2. Choisissez **Ouvrir le Gestionnaire des tâches** et sélectionnez l'onglet **Applications**.
3. Cliquez sur **Nouvelle tâche**.
4. Dans le champ *Ouvrir* de la fenêtre **Créer une nouvelle tâche**, saisissez notepad par exemple, puis OK.

Figure 24-21 : *La fenêtre Créer une nouvelle tâche*

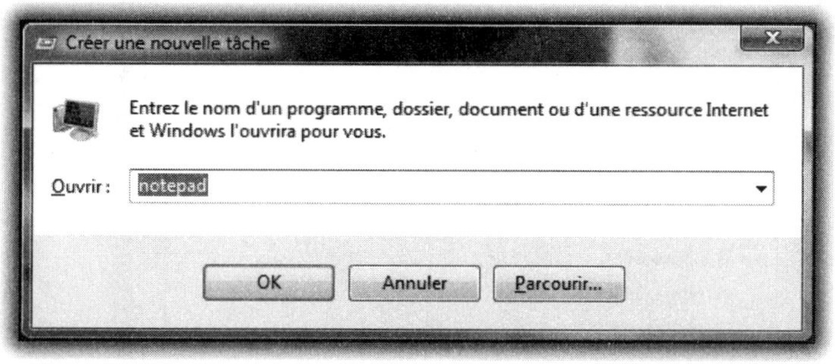

Gérer les processus

Les programmes qui s'exécutent sur votre ordinateur possèdent des processus qui leur sont associés et démarrent le programme. Si un programme cesse de répondre et que vous connaissiez le processus qui lui est associé, vous pouvez résoudre les problèmes. Par exemple, si un programme ne répond pas et si vous connaissez quel processus utilise le programme, vous pouvez mettre fin à ce processus pour quitter le programme qui ne répond pas. Pour cela, procédez comme suit :

1. Cliquez avec le bouton droit de la souris sur la barre des tâches.
2. Sélectionnez la commande **Gestionnaire des tâches**.
3. Cliquez sur l'onglet **Applications**, cliquez avec le bouton droit de la souris sur *mspaint.exe* par exemple, puis cliquez sur **Aller dans le processus** (voir fig. 24-22).
4. Le processus associé au programme apparaît en surbrillance sous l'onglet **Processus** (voir fig. 24-23).

Figure 24-22 :
Allez dans un processus

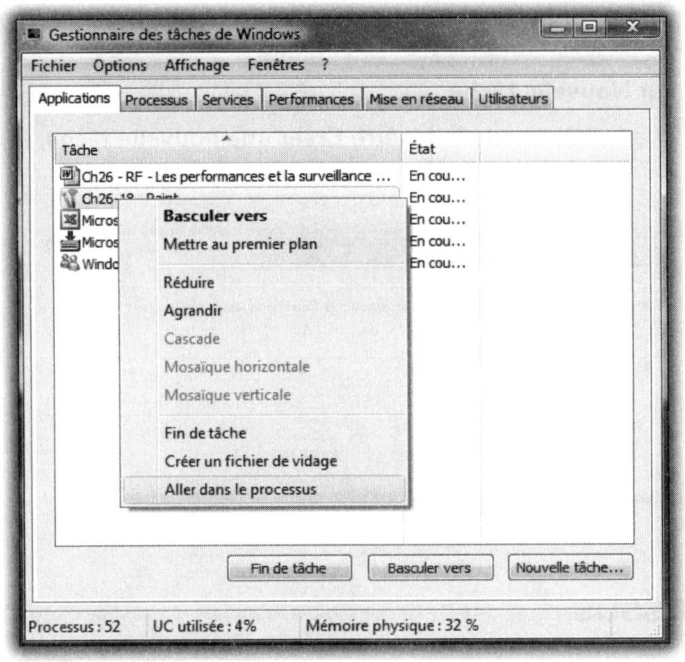

Figure 24-23 :
Le processus de l'application

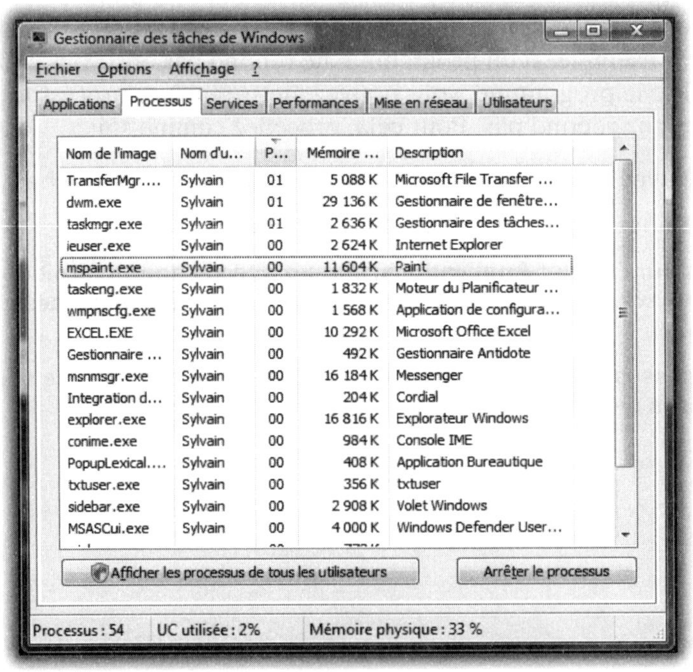

Pour mettre fin à un processus, procédez comme suit :

1. Cliquez avec le bouton droit de la souris sur la barre des tâches.
2. Sélectionnez la commande **Gestionnaire des tâches**.
3. Cliquez sur l'onglet **Processus**, cliquez avec le bouton droit de la souris sur *mspaint.exe* par exemple, puis cliquez sur **Aller dans le processus**. Pour afficher tous les processus actuellement en cours sur l'ordinateur, cliquez sur **Afficher les processus de tous les utilisateurs**.
4. Cliquez sur un processus, puis sur **Terminer le processus**.

Figure 24-24 :
Mettre fin à un processus

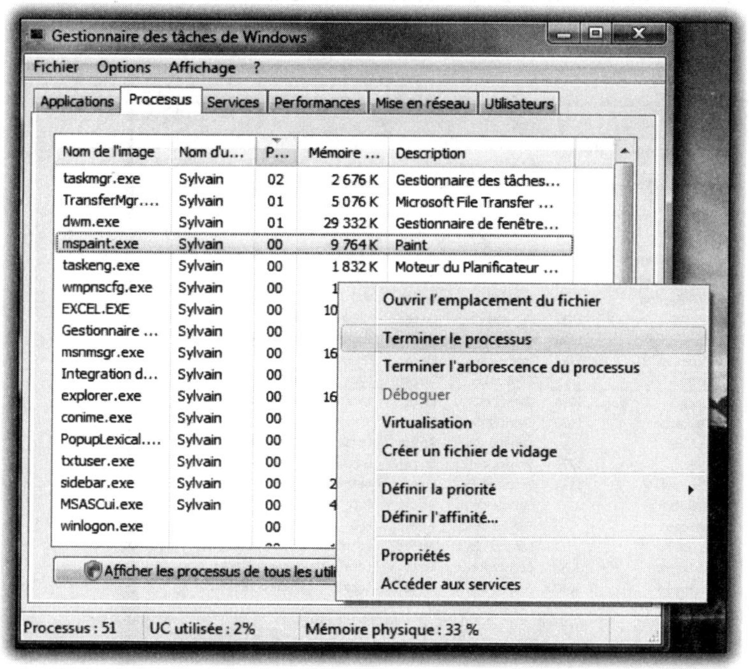

ATTENTION

Mettre fin à un processus

Si vous mettez fin à un processus associé à un programme ouvert tel qu'un programme de traitement de texte, le programme se ferme également et vous perdez les données non enregistrées. Si vous arrêtez un processus associé à un service système, une partie du système risque de ne plus fonctionner correctement.

Surveiller les services

L'onglet **Services** vous permet de gérer les services. Vous avez la possibilité de les lister, mais également de les arrêter ou de les démarrer. Par définition, un service est un programme ou un processus qui s'exécute en tâche de fond et qui fournit la prise en charge d'autres programmes.

Pour consulter les services en cours, procédez de la façon suivante :

1. Cliquez avec le bouton droit de la souris sur la barre des tâches.
2. Sélectionnez la commande **Gestionnaire des tâches**.
3. Cliquez sur l'onglet **Services**.

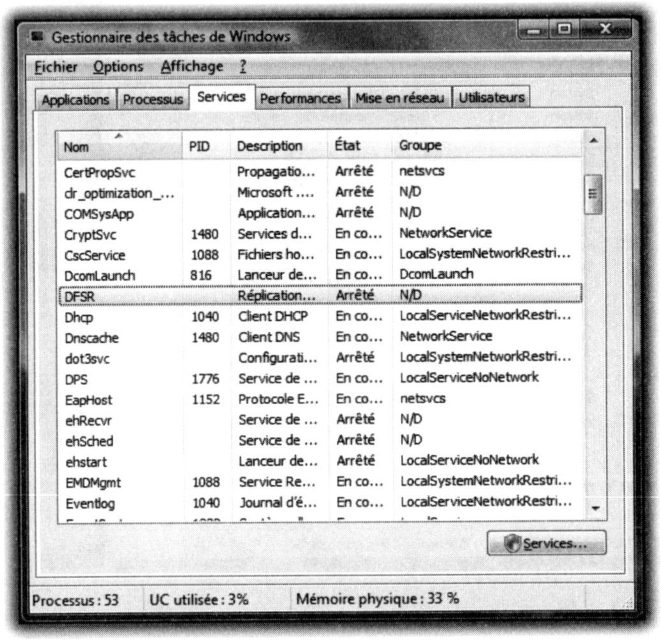

Figure 24-25 : *L'onglet Services du Gestionnaire des tâches*

Surveiller le processeur et la mémoire

L'onglet **Performances** vous permet de surveiller en temps réel et à fréquence régulière l'activité de la mémoire physique et des processeurs.

Pour consulter l'activité de la mémoire et des processeurs, procédez de la façon suivante :

1. Cliquez avec le bouton droit de la souris sur la barre des tâches.

2. Sélectionnez la commande **Gestionnaire des tâches**.
3. Cliquez sur l'onglet **Performances**.

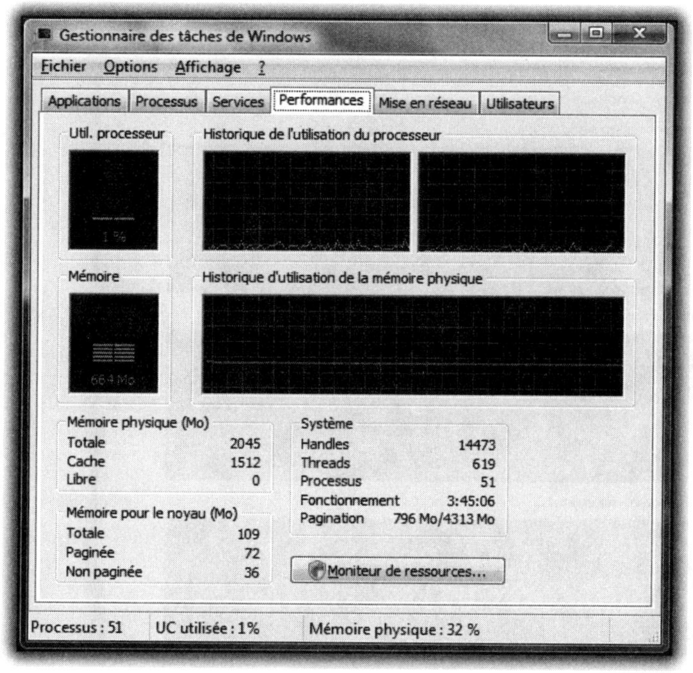

Figure 24-26 : *L'onglet Performances du Gestionnaire des tâches*

> ASTUCE
>
> **Modifier la fréquence**
>
> Si la fréquence des remontées processeurs et mémoire est trop rapide, vous pouvez la modifier par le menu **Affichage/Fréquence d'actualisation**. Choisissez alors la fréquence qui vous convient le mieux.

Surveiller l'activité réseau

L'onglet **Mise en réseau** vous permet de surveiller en temps réel et à fréquence régulière l'activité des cartes réseaux installées sur votre ordinateur.

Pour consulter l'activité de vos cartes réseaux, procédez de la façon suivante :

1. Cliquez avec le bouton droit de la souris sur la barre des tâches.

2. Sélectionnez la commande **Gestionnaire des tâches**.
3. Cliquez sur l'onglet **Mise en réseau**.

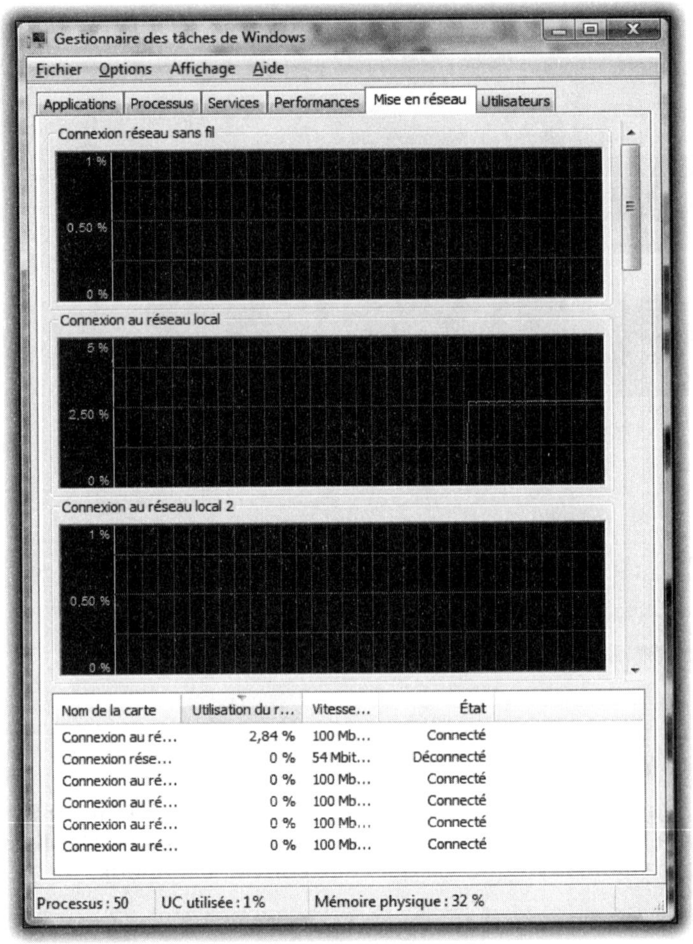

Figure 24-27 : *L'onglet Mise en réseau*

24.6 Créer un rapport sur la santé du système

Pour les utilisateurs les plus pointus ou les services informatiques, Windows Vista vous propose des rapports de santé très détaillés. Ce diagnostic système fonctionne sur une analyse de 60 secondes durant lesquelles il collecte des informations en tout genre.

Figure 24-28 : *Le rapport de santé détaillé du système*

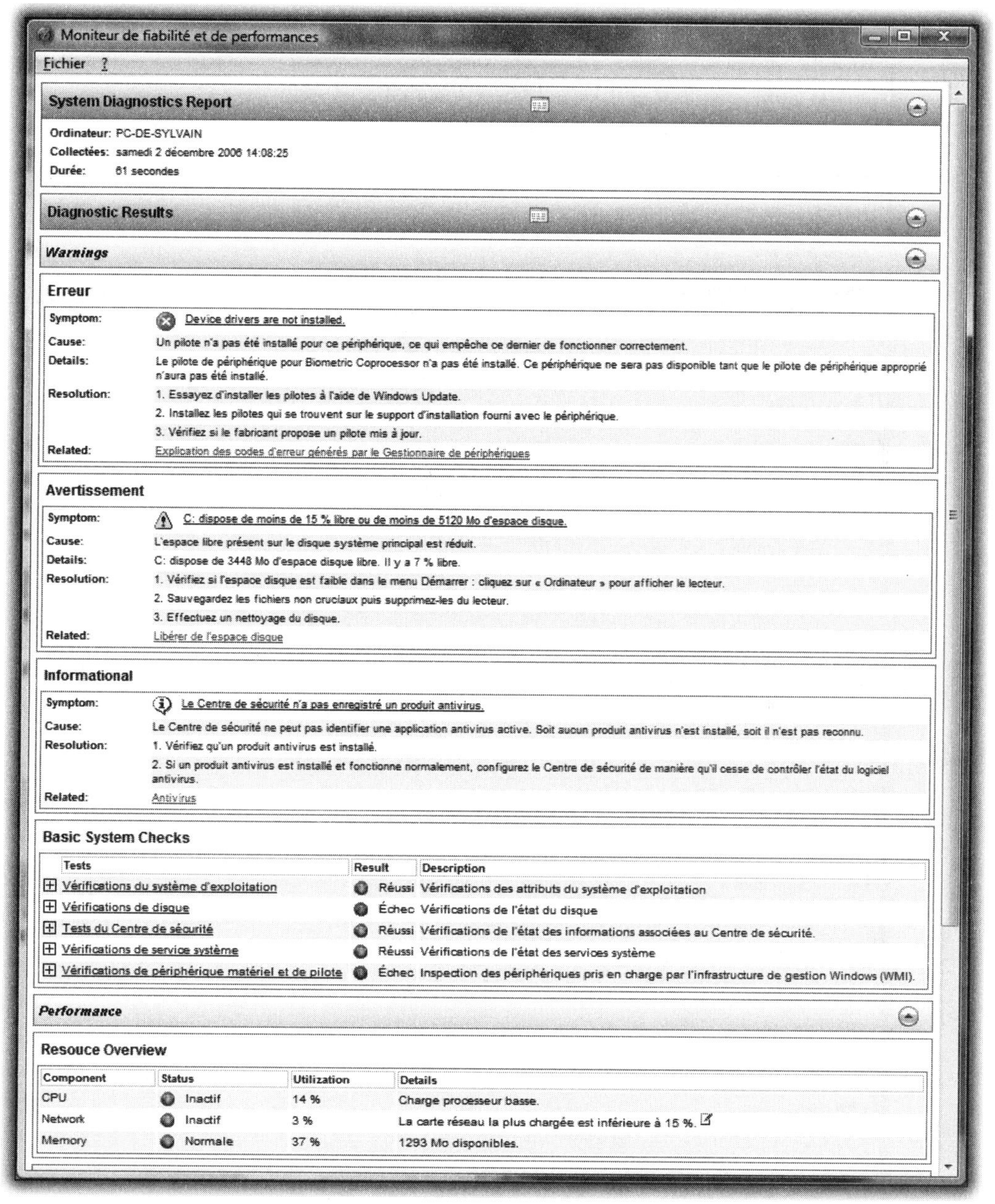

Le rapport détaillé ne s'arrête pas à un simple résumé, il peut se composer de plus d'une dizaine de pages portant sur les points suivants :

Figure 24-29 : *Les informations détaillées sur les parties du rapport de santé*

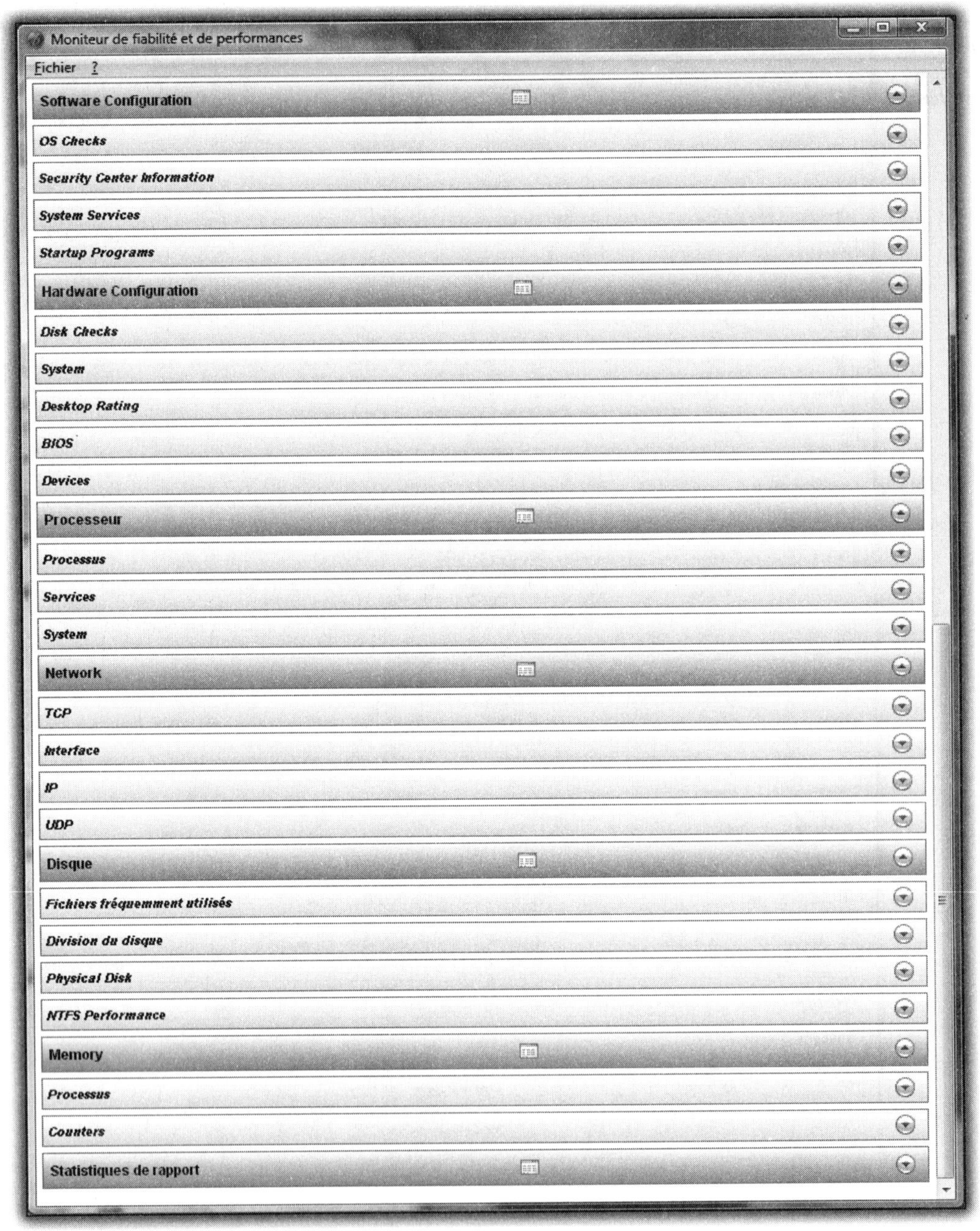

Ce rapport peut s'enregistrer sous la forme d'un fichier HTML.

CHAPITRE

25

Annexes

CHAPITRE

25

Annexes

25.1 Glossaire

Accès à distance

Élément du service de routage et d'accès distant au réseau destiné aux télétravailleurs, aux employés itinérants et aux administrateurs système qui surveillent et gèrent des serveurs de plusieurs succursales. Les utilisateurs qui exécutent Windows et le module de connexion réseau peuvent composer un numéro pour établir une connexion distante à leur réseau et accéder à des services tels que le partage de fichiers et d'imprimantes, la messagerie électronique, le planning, etc.

ACL discrétionnaire

L'ACL discrétionnaire (ou DACL, *Discretionary Access Control List*) est une partie d'un descripteur de sécurité d'objet qui accorde ou refuse à des utilisateurs ou à des groupes particuliers l'autorisation d'accéder à l'objet. Seul le propriétaire de l'objet peut modifier les autorisations accordées ou refusées dans un ACL discrétionnaire. Cela signifie que l'accès à l'objet est à la discrétion de son propriétaire.

Acrobat

Format standard de l'éditeur Adobe permettant de créer et de diffuser des documents électroniques compatibles sur toutes les plates-formes ; le plug-in Acrobat Reader, gratuit et téléchargeable, permettant de consulter les documents à ce format.

Actif, active

Qualifie un objet (fenêtre ou icône) qui est sélectionné, en cours d'utilisation. Le système d'exploitation applique toujours, à la fenêtre active, la prochaine commande ou frappe de touche que vous exécutez. Les fenêtres ou les icônes du Bureau qui ne sont pas sélectionnées sont inactives.

ActiveX

Ensemble de technologies permettant à des composants logiciels de dialoguer entre eux au sein d'un environnement réseau, quel que soit le langage dans lequel ils ont été créés.

Administrateur

Pour Windows XP Professionnel, c'est la personne qui est responsable de la configuration et de la gestion des contrôleurs de domaine ou des ordinateurs locaux et de leurs comptes de groupes ou d'utilisateurs, qui attribue les mots de passe et les autorisations et aide les utilisateurs à résoudre leurs problèmes de réseau. Les administrateurs sont membres du groupe *Administrateurs* et possèdent le contrôle total sur le domaine ou l'ordinateur.

Pour Windows XP Édition Familiale, c'est la personne qui peut appliquer des modifications à l'ordinateur au niveau du système, installer des logiciels et accéder à tous les fichiers de l'ordinateur. Une personne possédant un compte d'administrateur dispose d'un accès total à tous les comptes utilisateur de l'ordinateur.

Administrateur d'ordinateur

Utilisateur qui gère un ordinateur. L'administrateur de l'ordinateur est autorisé à apporter des modifications système à l'ordinateur, notamment installer des logiciels et accéder à tous les fichiers de l'ordinateur. Il peut également créer, modifier et supprimer les comptes des autres utilisateurs.

Adresse Internet

Adresse qui identifie de façon unique un emplacement sur Internet. Elle commence habituellement par un nom de protocole, suivi par le nom de l'organisation qui gère le site et le suffixe identifiant le type d'organisation. Par exemple, dans l'adresse **http://www.yale.edu/**, **http** représente le serveur web qui utilise le protocole HTTP (*Hypertext Transfer Protocol*), **www** indique que le site est situé sur le World Wide Web et **edu** indique qu'il s'agit d'un établissement d'enseignement. Elle peut être plus détaillée et contenir par exemple le nom d'une page hypertexte, généralement identifiée par l'extension de nom de fichier *.html* ou *.htm* Synonyme : URL (*Uniform Resource Locator*).

Adresse IP

Adresse 32 bits, utilisée pour identifier un nœud au sein d'un réseau d'interconnexion IP. Chaque nœud du réseau d'interconnexion IP doit posséder une adresse IP unique, composée de l'ID réseau et d'un ID hôte unique. En règle générale, la valeur décimale de chaque octet est séparée par un point (par exemple, 192.168.7.27). Dans cette version de Windows, vous pouvez configurer l'adresse IP de manière statique ou dynamique par l'intermédiaire de DHCP.

ADSL (Asymmetric Digital Subscriber Line)

Technologie de transmission numérique à haut débit qui utilise les lignes téléphoniques existantes tout en permettant la transmission simultanée de données vocales sur ces mêmes lignes. L'essentiel du trafic est transmis vers l'utilisateur à des vitesses comprises généralement entre 512 kbits/s et 6 Mbits/s.

Alerte de protection de la sécurité

Lorsqu'une alerte de Norton Internet Security apparaît, lisez le message avant de prendre une décision. Identifiez le type d'alerte et le niveau de sécurité, évaluez les risques et faites un choix en prenant le temps nécessaire. Tant que l'alerte est active, votre ordinateur est à l'abri des attaques dans la plupart des cas.

Appartenance à un groupe

Un compte d'utilisateur peut appartenir à un groupe. Les autorisations et les droits accordés à un groupe le sont également à ses membres. Dans la plupart des cas, les actions qu'un utilisateur peut exécuter sous Windows sont déterminées par l'appartenance à un groupe du compte d'utilisateur sur lequel l'utilisateur a ouvert une session.

Attribut

Pour les fichiers, informations qui indiquent si un fichier est en lecture seule, caché, prêt pour l'archivage (sauvegarde), compressé ou crypté, et si le contenu de ce fichier doit être indexé pour la recherche rapide des fichiers.

Audit

Processus de suivi des activités des utilisateurs par l'enregistrement des types d'événements sélectionnés dans le journal sécurité d'un serveur ou d'une station de travail.

Autorisation

Processus qui détermine ce qu'un utilisateur est autorisé à faire sur un système informatique ou un réseau.

Règle associée à un objet en vue de déterminer les utilisateurs qui peuvent accéder à l'objet et la manière qu'ils doivent employer. Les autorisations sont accordées ou refusées par le propriétaire de l'objet.

Autorisations d'accès spéciales

Ensemble personnalisé d'autorisations sur des volumes NTFS. Vous pouvez personnaliser des autorisations sur des fichiers et des répertoires en sélectionnant des composants appartenant aux ensembles d'autorisations standard.

Autorisations héritées

Autorisations portant sur un objet et qui sont automatiquement héritées de son objet parent. Les autorisations héritées ne peuvent pas être modifiées.

Authentification

Processus de vérification de la nature réelle ou prétendue d'une entité ou d'un objet. L'authentification consiste par exemple à confirmer la source et l'intégrité des informations, à vérifier une signature numérique ou l'identité d'un utilisateur ou d'un ordinateur.

Backdoor

Littéralement, "porte arrière". Elle permet aux pirates d'accéder illégalement à un logiciel ou à un système d'exploitation en utilisant une autre issue que celle qui est officielle.

BAL

Abréviation de boîte aux lettres.

Bande passante

Représente la quantité de données pouvant être acheminées par le biais d'une connexion réseau. La bande passante se mesure habituellement en bits par seconde (bps).

Barre des tâches

Barre qui contient le bouton **démarrer** et qui apparaît par défaut sur le bord inférieur du Bureau. Vous pouvez cliquer sur les boutons de la barre des tâches pour permuter les programmes. Vous pouvez aussi masquer la barre des tâches et la déplacer. Vous avez également la possibilité de la personnaliser de nombreuses manières.

Base de connaissances

Partie d'un système expert contenant l'ensemble des informations, en particulier des règles et des faits, qui constituent le domaine de compétence du système. Anglais : *knowledge base*.

Blog

Journal personnel multimédia très facile à mettre à jour, depuis un mobile ou un ordinateur, et accessible par tous depuis le Web ou un téléphone portable.

Bluetooth

Norme de communication par ondes radio avec un rayon d'action de 1 à 100 m suivant les appareils, développée par le Bluetooth SIG. Elle est utilisée avant tout sur les téléphones mobiles, les oreillettes sans fil et les assistants personnels.

Norme permettant de relier deux appareils par une connexion radio dans un rayon de 10 à 100 m, sur une bande radio de 2,4 GHz. Elle est destinée à remplacer à terme les liaisons infrarouges.

Bogue

De l'anglais, *bug* (punaise, insecte, microbe). En informatique, erreur, défaut dans un programme, ce qui provoque des dysfonctionnements.

Browser

Voir **Navigateur**.

Bureau

Zone de travail de l'écran dans laquelle apparaissent les fenêtres, les icônes, les menus et les boîtes de dialogue.

Carte mère

La carte mère réunit des composants aussi essentiels que le processeur, la mémoire vive, des systèmes de bus de données et des connecteurs d'extension pour relier une carte son ou une carte graphique, par exemple. La carte mère est le centre nerveux d'un ordinateur, le lieu d'échange de données et de calcul.

Carte vidéo

Carte d'extension enfichée dans un ordinateur personnel pour lui donner des capacités d'affichage. Celles-ci dépendent des circuits logiques (fournis par la carte vidéo) et du moniteur. Chaque carte propose plusieurs modes vidéo différents. Ceux-ci appartiennent aux deux catégories de base : le mode texte et le mode graphique. Certains moniteurs permettent en outre de choisir la résolution du mode texte et du mode graphique. Un moniteur peut afficher davantage de couleurs aux résolutions les plus basses.

Les cartes actuelles contiennent de la mémoire afin que la mémoire vive de l'ordinateur ne soit pas sollicitée pour stocker les affichages. En outre, la plupart des cartes possèdent leur propre coprocesseur graphique qui se charge des calculs liés à l'affichage graphique. Ces cartes sont souvent appelées "accélérateurs graphiques".

Certificat

Document numérique communément employé pour l'authentification et la sécurisation des échanges d'informations sur les réseaux ouverts tels qu'Internet, ou les extranets et les intranets. Un certificat lie de manière sécurisée une clé publique à l'entité qui possède la clé privée correspondante. Les certificats sont signés numériquement par l'autorité de certification émettrice et peuvent être émis pour un utilisateur, un ordinateur ou un service. Le format de certificat le plus largement accepté est défini par la norme internationale ITU-T X.509.

Cheval de Troie

Programme qui se fait passer pour un autre programme commun en vue de recevoir des informations. Par exemple, un programme usurpe l'identité d'une session système pour extraire des noms d'utilisateur et des mots de passe susceptibles d'aider les développeurs du cheval de Troie à pénétrer ultérieurement dans le système. Synonyme : troyen. Anglais : *trojan*.

Classes d'adresses

Groupements prédéfinis d'adresses Internet, dont chaque classe définit des réseaux possédant une taille déterminée. La plage de nombres susceptibles d'être affectés au premier octet de l'adresse IP varie en fonction de la classe d'adresses. Les réseaux de classe A (dont les valeurs sont comprises entre 1 et 126) sont les plus grands, chacun d'eux peut relier plus de 16 millions d'hôtes. Les réseaux de classe B (dont les valeurs sont comprises entre 128 et 191) peuvent relier jusqu'à 65 534 hôtes par réseau, tandis que les réseaux de classe C (dont les valeurs sont comprises entre 192 et 223) peuvent regrouper jusqu'à 254 hôtes par réseau.

Clé

Dans la Base de registre, dossier qui apparaît dans le panneau gauche de la fenêtre de l'éditeur. Une clé peut contenir des sous-clés ainsi que des rubriques valuées. *Environment*, par exemple, est une clé contenue dans *HKEY_CURRENT_USER*.

Communication sans fil

Elle est possible entre deux ordinateurs ou entre un ordinateur et un périphérique. La lumière infrarouge constitue la forme de communication sans fil proposée par le système d'exploitation Windows pour la transmission des fichiers. Les fréquences radio, semblables à celles utilisées par les téléphones portables et les téléphones sans fil, constituent une autre forme de communication sans fil.

Compte d'utilisateur

Ensemble de toutes les informations définissant un utilisateur pour Windows. Parmi ces informations, citons le nom d'utilisateur et le mot de passe fourni par l'utilisateur pour se connecter au réseau, les groupes auxquels appartient l'utilisateur, et les droits et autorisations dont jouit l'utilisateur pour utiliser l'ordinateur et le réseau ou accéder à leurs ressources. Pour Windows XP Professionnel, les comptes d'utilisateurs sont gérés par le service Utilisateurs et groupes locaux.

Compression

Procédé permettant de réduire le volume (en bits) ou le débit (en bits par seconde) des données numérisées (parole, image, texte...).

Connexions web sécurisées

Lorsque vous visitez un site web sécurisé, votre navigateur établit automatiquement avec lui une connexion cryptée. Par défaut, tous les comptes peuvent utiliser des connexions sécurisées. Si vous souhaitez empêcher les utilisateurs d'envoyer des informations confidentielles à des sites web sécurisés, vous pouvez désactiver les connexions web sécurisées.

Si vous désactivez les connexions web sécurisées, votre navigateur ne chiffrera plus les informations envoyées. Vous ne devez désactiver les connexions web sécurisées que si vous voulez protéger les informations confidentielles figurant sur la liste *Informations confidentielles*.

Cookie

Code, ensemble d'informations, qu'un serveur enregistre, souvent temporairement, sur votre disque dur pour vous identifier sur son service.

Corbeille

Emplacement dans lequel Windows stocke les fichiers supprimés. Vous pouvez récupérer des fichiers supprimés par erreur ou vider la Corbeille pour augmenter l'espace disque disponible.

Défragmentation

Processus de réécriture de parties d'un fichier dans des secteurs contigus d'un disque dur en vue d'augmenter la vitesse d'accès et de récupération des données. Lorsque des fichiers sont mis à jour, l'ordinateur a tendance à les enregistrer sur le plus grand espace continu du disque dur, qui se trouve souvent sur un secteur différent de celui sur lequel sont enregistrées les autres parties du fichier. Lorsque des fichiers sont ainsi fragmentés, l'ordinateur doit examiner le disque dur chaque fois qu'il ouvre le fichier afin d'en rechercher les différentes parties, ce qui réduit son temps de réponse.

Domaine

Groupe d'ordinateurs faisant partie d'un réseau et partageant une même base de données d'annuaire. Un domaine est administré comme une unité régie par des règles et des procédures communes. Chaque domaine possède un nom unique. Un domaine Active Directory est constitué d'un ensemble d'ordinateurs définis par l'administrateur d'un réseau Windows. Ces ordinateurs partagent une base de données d'annuaires commune, des stratégies de sécurité et des relations de sécurité avec d'autres domaines. Un domaine Active Directory fournit l'accès aux comptes de groupe et aux comptes d'utilisateurs centralisés qui sont gérés par l'administrateur du domaine. Une forêt Active Directory se compose d'un ou de plusieurs domaines, qui peuvent s'étendre sur plusieurs emplacements physiques.

Un domaine DNS est une arborescence au sein de l'espace de noms DNS. Bien que les noms des domaines DNS correspondent souvent aux domaines Active Directory, les domaines DNS ne doivent pas être confondus avec les domaines Active Directory.

Dossier

Dans une interface utilisateur graphique, conteneur de programmes et de fichiers symbolisé par une icône de dossier. Un dossier est un outil permettant de classer les programmes et les documents sur un disque et capable de contenir à la fois des fichiers et des sous-dossiers.

Dossier de base

Dossier (généralement sur un serveur de fichiers) que les administrateurs peuvent attribuer à des utilisateurs ou à des groupes individuels. Les administrateurs utilisent des dossiers de base pour consolider les fichiers utilisateurs sur des serveurs de fichiers spécifiques afin d'en faciliter la sauvegarde. Certains programmes utilisent les dossiers de base comme dossiers par défaut pour les boîtes de dialogue **Ouvrir** et **Enregistrer sous**. Les dossiers de base sont parfois appelés "répertoires de base".

Droits de l'utilisateur

Ensemble des autorisations d'un utilisateur, sur un ordinateur ou un domaine, et lui permettant d'accéder à un certain nombre de tâches définies. Il existe deux types de droits d'utilisateur : les privilèges et les droits d'ouverture de session. Le droit de fermer le système est un exemple de privilège. Le droit d'ouvrir une session sur un ordinateur localement est un exemple de droit d'ouverture de session. Les privilèges et les droits sont attribués par les administrateurs à des utilisateurs ou à des groupes particuliers dans le cadre de la configuration des paramètres de sécurité de l'ordinateur.

DRM (Digital Rights Management)

Gestion des droits numériques. Technologie sécurisée qui permet au détenteur des droits d'auteur d'un objet soumis à la propriété intellectuelle (comme un fichier audio, vidéo ou texte) de spécifier ce qu'un utilisateur est en droit d'en faire. En général, elle est utilisée pour proposer des téléchargements sans craindre que l'utilisateur ne distribue librement le fichier sur le Web.

Dual core

Physiquement, le processeur dual core ressemble fort à un processeur classique, à cela près qu'il est surmonté de deux dies au lieu d'un seul. Le die étant parfois recouvert d'une plaque protectrice, il ne sera pas toujours possible de distinguer au premier coup d'œil un processeur dual core d'un processeur classique. Pour autant, il est impossible d'utiliser un processeur dual core sur une carte mère actuelle, même si le socket est identique. Il faut que le chipset de la carte mère soit adapté à la gestion du dual core.

Durée de vie

Valeur incluse dans les paquets envoyés sur des réseaux TCP/IP qui indiquent aux destinataires la durée pendant laquelle le paquet ou les données qu'il contient peuvent être conservés ou utilisés.

Les valeurs de durée de vie sont utilisées dans les enregistrements de ressources au sein d'une zone pour déterminer la durée pendant laquelle les clients demandeurs mettent en cache et utilisent ces informations lorsqu'elles apparaissent dans la réponse d'un serveur DNS à une requête pour cette zone. Anglais : TTL (*Time to Live*).

En ligne

Lorsqu'un utilisateur a établi une connexion à un réseau, on dit qu'il est en ligne. Désigne également un mode d'accès direct à des écrans d'aide, par exemple.

Ethernet

Standard IEEE 802.3 pour les réseaux en litige. Ethernet utilise une topologie en bus ou en étoile et repose sur une forme d'accès appelée CSMA/DC (*Carrier Sense Multiple Access with Collision Detection*) pour réguler le trafic des communications sur la ligne. Les nœuds des réseaux sont reliés par du câble coaxial, de la fibre optique ou une paire de câbles torsadés. Les données sont transmises dans des trames de longueur variable qui contiennent des informations de contrôle et de remise, et jusqu'à 1500 octets de données. Le standard Ethernet fournit une transmission en bande de base à la vitesse de 10 Mbps (10 millions de bits/s).

Événement

Tout fait important se produisant dans le système ou dans une application et devant être signalé aux utilisateurs ou consigné dans un journal.

FAI

Abréviation de fournisseur d'accès à Internet. Prestataire de services qui offre différents types de comptes d'accès Internet aux organismes et aux particuliers. Synonyme : prestataire d'accès Internet. Anglais : *provider*.

FAT32

Variante du système de fichiers FAT (*File Allocation Table*). FAT32 prend en charge des tailles de cluster moins importantes et des volumes plus grands que FAT, assurant ainsi une allocation d'espace plus efficace.

Fenêtre

Portion de l'écran dans laquelle les programmes et les processus peuvent être exécutés. Vous pouvez ouvrir plusieurs fenêtres à la fois. Par exemple, vous pouvez consulter vos messages électroniques dans une fenêtre, travailler sur un budget dans une feuille de calcul ouverte dans une autre fenêtre, télécharger des images de votre Caméscope dans une autre fenêtre et faire vos courses en ligne dans une autre fenêtre. Les fenêtres peuvent être fermées, redimensionnées, déplacées, réduites en bouton dans la barre des tâches ou affichées en plein écran.

Fichier journal

Fichier dans lequel sont stockés les messages générés par une application, un service ou le système d'exploitation. Ces messages permettent de suivre l'exécution des opérations. Les serveurs web, par exemple, gèrent des fichiers journaux qui répertorient toutes les requêtes adressées au serveur. Les fichiers journaux sont généralement des fichiers en texte clair (ASCII) qui possèdent souvent l'extension *.log*.

Dans l'utilitaire de sauvegarde, il s'agit d'un fichier qui contient un enregistrement de la date de création des bandes ainsi que le nom des fichiers et des répertoires qui ont été sauvegardés et restaurés. Le service Journaux et alertes de performances crée également des fichiers journaux.

Fichier système

Fichiers utilisés par Windows pour charger, configurer et exécuter le système d'exploitation. En général, les fichiers système ne doivent jamais être supprimés ou déplacés.

FTP (File Transfer Protocol)

Protocole servant à déplacer ou à transmettre des fichiers sur le réseau. Le protocole FTP permet d'établir une connexion à un autre site Internet et de télécharger ou d'envoyer des fichiers. Certains sites contiennent des fichiers du domaine public accessibles par FTP en entrant le nom d'utilisateur anonymous et une adresse de courrier électronique comme mot de passe. Ce type d'accès est appelé "FTP anonyme".

Forêt

Ensemble d'un ou de plusieurs domaines Windows partageant un schéma, une configuration et un catalogue global communs et liés par des relations d'approbation transitives bidirectionnelles.

Fournisseur d'accès

Voir **FAI**.

Gestion de l'ordinateur

Composant qui permet d'afficher et de contrôler de nombreux aspects de la configuration d'un ordinateur. La Gestion de l'ordinateur associe plusieurs utilitaires d'administration dans l'arborescence d'une seule console, fournissant un accès facile aux propriétés et aux outils d'administration des ordinateurs locaux ou distants.

Gestionnaire de périphériques

Outil d'administration qui permet de gérer les périphériques d'un ordinateur. Grâce au Gestionnaire de périphériques, vous pouvez afficher et modifier les propriétés des périphériques, mettre à jour les pilotes de périphérique, configurer les paramètres des périphériques et les désinstaller.

Groupe

Ensemble d'utilisateurs, d'ordinateurs, de contacts et d'autres groupes. Les groupes peuvent être utilisés comme des ensembles de distribution électronique ou de sécurité. Les groupes de distribution ne sont utilisés que pour la messagerie. Les groupes de sécurité sont utilisés à la fois pour accorder l'accès à des ressources et comme listes de distribution électronique.

Groupe de sécurité

Groupe qui peut être répertorié sur des listes de contrôle d'accès discrétionnaire (DACL, *Discretionary Access Control List* ; voir **ACL**) utilisées pour définir les autorisations sur les ressources et les objets. Un groupe de sécurité peut également être utilisé comme une entité de courrier électronique. Lorsque vous envoyez un message de courrier électronique à un groupe, ce message est envoyé à tous les membres du groupe.

Groupe local

Pour les ordinateurs exécutant Windows et les serveurs membres, groupe auquel peuvent être accordés des droits et des autorisations à partir de son propre ordinateur et, si ce dernier appartient à un domaine, des comptes d'utilisateurs et des groupes globaux à partir de son propre domaine et de domaines approuvés.

Groupes prédéfinis

Groupes de sécurité installés par défaut avec le système d'exploitation. Les groupes prédéfinis sont dotés d'une série de droits et de fonctions prédéfinis extrêmement utiles.

Dans la plupart des cas, les groupes prédéfinis confèrent à un utilisateur donné toutes les possibilités nécessaires. Par exemple, si un compte d'utilisateur sur un domaine appartient au groupe prédéfini *Administrateurs*, toute ouverture de session avec ce compte donne à l'utilisateur des capacités d'administrateur sur le domaine et les serveurs du domaine. Pour attribuer à un compte d'utilisateur un ensemble de possibilités données, assignez-le au groupe prédéfini approprié.

Héritage

Mécanisme qui autorise la copie d'une entrée de contrôle d'accès (ACE, *Access Control Entry*) spécifique du conteneur auquel elle s'applique sur tous les enfants de ce conteneur. L'héritage peut être associé à la délégation afin d'accorder des droits d'administration à l'intégralité d'une arborescence du répertoire en une seule opération de mise à jour.

Hexadécimal

Système en base 16 représenté par les chiffres 0 à 9 ainsi que par les lettres A (équivalant au nombre décimal 10) à F (équivalant au nombre décimal 15).

Homepage

Voir **Page d'accueil**.

HTTP (Hypertext Transfer Protocol)

Protocole utilisé pour transférer les informations sur le World Wide Web. Adresse HTTP (un type de localisateur de ressource universelle). Par exemple : **http://www.microsoft.com**.

Identificateur de processus

Voir **PID**.

Identificateur de sécurité

Voir **SID**.

Internet

Vaste regroupement de réseaux d'ordinateurs qui échangent de l'information par le biais d'une suite de protocoles de réseau appelé TCP/IP. En tant qu'utilisateur, on peut penser à Internet comme une immense bibliothèque, dont les livres sont des sites Web et les pages des livres des pages Web. En lisant une page d'un livre on peut sauter à d'autres pages ou livres.

Intranet

Réseau d'une organisation (commerciale, éducative, militaire…) qui offre à son personnel des services semblables à Internet. La plupart des intranets sont raccordés à Internet. L'accès à un intranet est cependant limité aux personnes autorisées. Les intranets se défendent des accès non souhaités par des pare-feu.

IP (Internet Protocol)

Protocole responsable de l'adressage et du routage entre les ordinateurs, de l'acheminement des paquets de données au sein du réseau, de la constitution et du réassemblage des paquets. Les fonctionnalités assurées par le protocole IP peuvent se déduire de l'examen de l'en-tête du paquet. Il identifie entre autres, la source et la destination du paquet et comporte des identificateurs de fragmentation. IP est défini par la RFC 791.

Java

Langage de programmation de Sun Microsystems.

Javascript

Langage plus simple que Java, permettant d'insérer dans des pages HTML de petits programmes à exécuter par le navigateur.

Jeton

Élément textuel non réductible dans les données en cours d'analyse, par exemple l'utilisation dans un programme d'un nom variable, d'un mot réservé ou d'un opérateur. Le stockage des jetons en tant que codes courts réduit la taille des fichiers programme et accélère leur exécution.

En matière de gestion de réseau, objet de données structuré unique ou message qui circule continuellement entre les nœuds d'un anneau à jetons (*token ring*) et qui décrit l'état actuel du réseau. Avant qu'un nœud puisse envoyer un message sur le réseau, il doit attendre de contrôler le jeton.

Jeu de sauvegardes

Ensemble de fichiers, de dossiers et de données qui ont été sauvegardés et stockés dans un fichier ou encore sur une ou plusieurs bandes.

Job

En informatique, suite d'instructions réalisant une tâche et faisant appel à des programmes informatiques agissant sur un ou plusieurs systèmes afin d'obtenir un ressui, en particulier une recherche d'informations ; déroulement du traitement correspondant à l'exécution de cette suite d'instructions (tâches).

Journal sécurité

Journal d'événements contenant des informations sur les événements de sécurité spécifiés dans la stratégie d'audit.

Mailing list

Liste d'adresses e-mail d'utilisateurs Internet qui se sont inscrits auprès du gestionnaire correspondant. La liste est gérée par une personne ou un service et distribue des informations. Certaines mailing lists sont modérées (elles ont un ou plusieurs modérateurs). Il existe des listes de diffusion concernant de nombreux sujets. Certaines sont "ouvertes" (tout abonné à la liste peut envoyer un message à toute la liste, comme lors d'une conversation) et d'autres sont "fermées" (seuls certains abonnés peuvent créer des messages, mais tous les abonnés peuvent les lire). Synonyme : liste de diffusion.

Magasin de certificats

En général, dossier de stockage permanent renfermant les certificats, les listes de révocation de certificats et les listes de certificats de confiance.

Malware

Logiciel ou programme malveillant capable d'endommager votre système.

Mémoire flash

Mémoire petite, plate et à semi-conducteur utilisée dans les lecteurs MP3, les appareils photo numériques et les assistants personnels. Elle regroupe les mémoires CompactFlash, SmartMedia et Memory Stick. Si vous calculez le coût au mégaoctet, cette forme de stockage est très onéreuse.

Mémoire virtuelle

Espace du disque dur interne d'un ordinateur qui vient seconder la mémoire vive, Elle se concrétise par un fichier d'échanges (fichier swap), lequel contient les données non sollicitées constamment. La mémoire virtuelle, comme son nom l'indique, sert à augmenter artificiellement la mémoire vive. Elle est aussi moins performante.

MMC (Microsoft Management Console)

Cadre d'hébergement des outils d'administration appelés "consoles". Une console peut contenir des outils, des dossiers ou d'autres conteneurs, des pages Web et d'autres éléments d'administration. Tous ces éléments sont affichés dans le volet gauche de la console, dans ce qu'il est convenu d'appeler "l'arborescence". Une console possède une ou plusieurs fenêtres qui affichent des représentations de l'arborescence. La fenêtre MMC principale regroupe les commandes et les outils des consoles de création. Les fonctionnalités de création de la console MMC et de l'arborescence de la console proprement dite peuvent être masquées lorsqu'une console est en mode Utilisateur.

Mot de passe

Mesure de sécurité utilisée pour limiter les noms d'ouverture de session sur les comptes d'utilisateurs ainsi que les accès aux systèmes et aux ressources. Un mot de passe est une chaîne de caractères qui doit être fournie pour qu'une ouverture de session ou un accès soient autorisés. Un mot de passe peut être composé de lettres, de chiffres ou de symboles. Les minuscules et les majuscules sont différenciées.

Mot de passe crypté

Mot de passe brouillé. Les mots de passe cryptés sont plus sûrs que les mots de passe en clair qui peuvent être découverts par des "renifleurs" à partir du réseau.

Mot de passe de l'utilisateur

Mot de passe stocké dans chaque compte d'utilisateur. Chaque utilisateur ne possède généralement qu'un seul mot de passe utilisateur, obligatoire pour ouvrir une session ou accéder à un serveur.

Navigateur

Logiciel qui interprète les balises des fichiers HTML, les transforme en pages web et les affiche dans une fenêtre. Certains navigateurs permettent aux utilisateurs d'envoyer et de recevoir des courriers électroniques, de consulter des groupes de discussion et de lire des fichiers audio et vidéo intégrés à des documents web. Anglais : *browser*.

Nom de partage

Nom qui fait référence à une ressource partagée sur un serveur. Tout dossier partagé d'un serveur possède un nom de partage utilisé par les utilisateurs de PC pour faire référence au dossier. Les utilisateurs d'ordinateurs Macintosh utilisent le nom du volume accessible aux Macintosh qui correspond à un dossier, et qui peut être identique au nom de partage.

Newsgroup

Forum de discussions sur Internet, avec des sujets précis. Les newsgroups sont en général modérés (ils ont un ou plusieurs modérateurs).

NTFS

Système de fichiers avancé qui offre des performances, une sécurité, une fiabilité et des fonctionnalités avancées qui ne se retrouvent dans aucune version de FAT. Par exemple, NTFS garantit la cohérence des volumes en utilisant des techniques standard d'ouverture de transaction et de restauration. Si un système présente une défaillance, NTFS utilise son fichier journal et ses informations de points de vérification pour restaurer la cohérence du système de fichiers. Dans Windows 2000 et Windows XP, NTFS fournit également des fonctionnalités avancées telles que les autorisations sur fichiers et dossiers, le cryptage, les quotas de disque et la compression.

Objet

Entité (par exemple un fichier, un dossier, un dossier partagé, une imprimante ou un objet Active Directory) identifiée par un jeu nommé et distinct d'attributs. Les attributs d'un objet fichier, par exemple, couvrent son nom, son emplacement et sa taille, tandis que les attributs d'un objet utilisateur Active Directory peuvent comporter le prénom, le nom et l'adresse de messagerie de l'utilisateur.

Pour OLE et ActiveX, un objet peut aussi être n'importe quel élément d'information lié (incorporé) à un autre objet.

Objet enfant et parent

L'objet enfant réside dans l'objet parent. Cela implique une relation. Un fichier, par exemple, est un objet enfant qui réside dans un dossier (l'objet parent).

Octet

Unité de mesure de mémoire informatique ; 1 octet vaut 8 bits. La place occupée par les fichiers est mesurée en octets, en kilo-octets (1 ko vaut 1024 octets), en mégaoctets (Mo) ou en gigaoctets (Go). Anglais : *byte*, *kilobyte* (kb), *megabyte* (Mb), *gigabyte* (Gb).

Ouverture de session

Opération permettant à un utilisateur de commencer à utiliser le réseau en fournissant un identifiant et un mot de passe.

Ouverture de session interactive

Ouverture de session réseau à partir du clavier d'un ordinateur, quand l'utilisateur tape des informations dans la boîte de dialogue **Informations de session** affichée par le système d'exploitation de l'ordinateur.

OSI (Open Systems Interconnection)

Modèle de gestion de réseau proposé par l'ISO (International Organization for Standardization) pour promouvoir l'interopérabilité entre fournisseurs. Le modèle OSI est un modèle conceptuel composé des sept couches suivantes : application, présentation, session, transport, réseau, liaison de données et physique.

Page d'accueil

Page web de départ d'un site Internet, contenant des informations sur l'identité du propriétaire du site, les serveurs fournis, éventuellement un index. Anglais : *homepage*.

Page web

Les sites Internet contiennent plusieurs pages web. Par exemple, plusieurs personnes peuvent avoir des pages personnelles sur le même serveur (site Internet). Une page web est un document hypermédia sur le Web.

Pare-feu

Ensemble de matériels et de logiciels constituant un système de sécurité, en règle générale pour empêcher les accès non autorisés provenant de l'extérieur sur un réseau interne ou un intranet. Un pare-feu empêche les communications directes entre les ordinateurs du réseau et les ordinateurs externes en faisant passer les communications par un serveur Proxy en dehors du réseau. Ce serveur Proxy détermine s'il n'est pas dangereux de laisser passer un fichier sur le réseau. Synonyme : passerelle de sécurité.

Partition

Partie d'un disque physique qui se comporte comme s'il s'agissait d'un disque physiquement distinct. Lorsque vous créez une partition, vous devez la formater et lui assigner une lettre de lecteur avant de pouvoir y stocker des données.

Sur les disques de base, les partitions sont dites volumes de base et peuvent être des partitions principales et des lecteurs logiques. Sur les disques dynamiques, les partitions sont dites volumes dynamiques et peuvent être des partitions simples, fractionnées, agrégées par bande, en miroir ou RAID-5.

Partition active

Partition à partir de laquelle démarre un ordinateur de type x86. La partition active doit être une partition principale d'un disque de base. Si vous utilisez exclusivement Windows, la partition active peut être la même que celle du volume système.

Partition d'amorçage

Partition qui contient le système d'exploitation Windows et ses fichiers de prise en charge. La partition d'amorçage peut être la même que la partition système, mais pas nécessairement.

Partition principale

Type de partition que vous pouvez créer sur les disques de base. Une partition principale est une partie de l'espace disque physique qui fonctionne comme un disque physiquement indépendant. Sur les disques MBR (*Master Boot Record*) de base, vous pouvez créer jusqu'à quatre partitions principales ou trois partitions principales et une partition étendue avec plusieurs lecteurs logiques. Sur les disques GPT de base, vous pouvez créer jusqu'à 128 partitions principales. Synonyme : volume.

Partition système

Partition qui contient des fichiers propres au matériel qui sont indispensables au chargement de Windows (par exemple *Ntldr*, *Osloader*, *Boot.ini*, *Ntdetect.com*). La partition système peut être la même que la partition d'amorçage, mais pas nécessairement.

PDA (Personal Digital Assistant)

Assistant personnel ou ordinateur de poche contenant notamment un agenda et un carnet d'adresses. Ces appareils intègrent aujourd'hui des fonctions de plus en plus élaborées et n'ont presque plus rien à envier aux PC de bureau : lecture de MP3, de vidéos, outils de navigation associés à un GPS… Deux grandes familles s'opposent : les machines sous Palm OS et celles sous PocketPC. Il existe autant de programmes additionnels pour l'une et l'autre.

PID (Process Identifier)

Identificateur numérique qui désigne, de manière unique, un processus en cours d'exécution. Utilisez le Gestionnaire des tâches pour l'afficher.

Plugin ou plug-in

De l'anglais *to plug in* (brancher). Non autonome, ce petit logiciel se greffe sur un programme principal pour lui conférer de nouvelles fonctionnalités. Le programme principal fixe un standard d'échange d'informations auquel les plugins se conforment. Par exemple, certains plugins s'installent sur un navigateur pour lui apporter des fonctions supplémentaires.

Point de restauration

Représentation d'un état stocké de votre ordinateur. Le point de restauration est créé par la fonction Restauration Système à intervalles réguliers ou lorsque le début d'un changement sur l'ordinateur est détecté. Vous pouvez également créer des points de restauration manuellement.

Pop-up

Qualifie une fenêtre publicitaire qui s'affiche devant la page web consultée. On parle de fenêtre pop_under lorsque la fenêtre de publicité apparaît derrière la page.

Prévention d'intrusion

La Prévention d'intrusion analyse tout le trafic entrant et sortant sur votre ordinateur et compare ces informations à un ensemble de signatures d'attaque. Une signature d'attaque est un groupe de données organisées qui identifie une tentative de piratage visant à exploiter une faille connue du système d'exploitation ou d'un programme.

Si les informations correspondent à une signature d'attaque, la Prévention d'intrusion rejette automatiquement le paquet et interrompt la connexion avec l'ordinateur à l'origine de l'envoi des données. L'ordinateur est ainsi protégé contre la plupart des attaques possibles.

Privilège

Droit d'un utilisateur d'effectuer une tâche spécifique, qui affecte généralement l'ensemble du système informatique plutôt qu'un objet particulier. Les privilèges sont attribués par les administrateurs à des utilisateurs ou à des groupes d'utilisateurs particuliers dans le cadre de la configuration des paramètres de sécurité de l'ordinateur. Voir **Droits d'utilisateurs**.

Profil d'utilisateur

Fichier qui contient des informations de configuration (comme les paramètres du Bureau, les connexions réseau permanentes et les paramètres des applications) pour un utilisateur spécifique. Les préférences de chaque utilisateur sont enregistrées dans un profil d'utilisateur que Windows utilise pour configurer le Bureau chaque fois qu'un utilisateur ouvre une session.

Programme

Jeu d'instructions complet et autonome qui permet d'exécuter une tâche donnée : traitement de texte, comptabilité ou gestion des données, par exemple. Synonyme : application.

Protocoles

Ensemble de règles et de conventions relatives à l'envoi d'informations sur un réseau. Ces règles régissent le contenu, le format, la synchronisation, la mise en séquence et le contrôle des erreurs des messages échangés entre les périphériques du réseau.

Proxy

Ordinateur qui s'intercale entre le réseau privé et Internet pour servir de pare-feu ou de cache. Dans ce dernier cas, il enregistre les pages web transférées par les utilisateurs pour les délivrer sans qu'il soit nécessaire de se connecter sur le serveur initial.

Raccourci

Lien vers n'importe quel élément accessible sur un ordinateur ou sur un réseau, notamment un programme, un fichier, un dossier, un lecteur de disque, une page web, une imprimante ou un autre ordinateur. Vous pouvez placer des raccourcis à différents endroits, notamment sur le Bureau, dans le menu **Démarrer** ou dans des dossiers déterminés.

RAM (Random Access Memory)

Par opposition à la mémoire fixe (ROM), la mémoire vive peut être modifiée à l'infini dès qu'elle est alimentée en électricité. En informatique, la mémoire vive sert à stocker temporairement les fichiers que l'ordinateur exécute.

Registre

Emplacement de base de données destiné aux informations relatives à la configuration d'un ordinateur. Le Registre contient des informations auxquelles Windows se réfère en permanence, notamment :

- les profils de chacun des utilisateurs ;
- les programmes installés sur l'ordinateur et les types de documents que chacun peut créer ;
- les paramètres des propriétés des dossiers et des icônes de programme ;
- le matériel présent sur le système ;
- les ports en cours d'utilisation.

Le Registre est organisé de manière hiérarchique sous la forme d'une arborescence et est constitué de clés et de sous-clés, de ruches et de rubriques valuées.

Réseaux

Groupe d'ordinateurs et autres périphériques, comme des imprimantes et des scanneurs, connectés entre eux par une liaison de communication permettant à tous les périphériques d'interagir. Les réseaux peuvent être de grande ou de petite taille, connectés durablement par des câbles, ou temporairement par des lignes téléphoniques ou des transmissions sans fil. Le plus grand réseau est Internet, qui est un groupement de réseaux du monde entier.

Routeur

Dans un environnement Windows, matériel qui participe à l'interopérabilité et à la connectivité des réseaux locaux et des réseaux étendus. Permet aussi de lier des réseaux locaux régis par différentes topologies réseau (notamment Ethernet et Token Ring). Les routeurs font correspondre les en-têtes de paquets à un segment du réseau local et choisissent le meilleur chemin pour le paquet, ce qui optimise les performances du réseau.

Dans l'environnement Macintosh, les routeurs sont indispensables aux communications entre des ordinateurs appartenant à des réseaux physiques distincts. Ils conservent une copie de la configuration des réseaux physiques sur un interréseau Macintosh (réseau) et transfèrent les données reçues du réseau physique vers les autres. Les ordinateurs exécutant la version serveur de Windows avec l'intégration réseau AppleTalk peuvent servir de routeurs, et vous pouvez également utiliser d'autres matériels de routage sur les réseaux avec intégration réseau AppleTalk.

Ruche

Partie du Registre qui apparaît en tant que fichier sur votre disque dur. Le sous-arbre du Registre est divisé en ruches (en raison de la ressemblance avec la structure cellulaire d'une ruche d'abeilles). Une ruche correspond à un ensemble discret de clés, de sous-clés et de valeurs qui figurent en haut de la hiérarchie du Registre. Une ruche est sauvegardée par un fichier unique et un fichier *.log* qui se trouvent dans le dossier *racine_système\System32\Config* ou *racine_système\Profiles\nom_utilisateur*.

Par défaut, la plupart de ces fichiers (par défaut, SAM, sécurité et système) sont stockés dans le dossier *racine_système\System32\Config*. Le dossier *racine_système\Profiles* contient le profil d'utilisateur de tous les utilisateurs de l'ordinateur. Puisqu'une ruche est un fichier, elle peut être déplacée d'un système à un autre. Cependant, vous devez utiliser l'éditeur de Registre pour modifier le fichier.

Spamming

Envoi de courrier indésirable en masse. Les spammeurs envoient des courriers (ou spams) à des fins lucratives. Ils utilisent de nombreux moyens pour y parvenir. Ce système est puni par la loi, en France et dans beaucoup d'autres pays.

Sauvegarde

Copie de tous les fichiers sélectionnés (en d'autres termes, l'attribut *Archive* est désactivé). Pour les sauvegardes normales, vous n'avez besoin que de la copie la plus récente du fichier ou de la bande de sauvegarde, afin de restaurer les fichiers. En règle générale, une sauvegarde normale s'effectue la première fois que vous créez un jeu de sauvegardes.

Script

Type de programme constitué d'un jeu d'instructions pour une application ou un programme d'outil. Un script exprime généralement ses instructions en employant les règles et la syntaxe de l'application ou de l'outil, avec des structures de commande simples telles que des boucles et des expressions (if, then...).

Dans l'environnement Windows, programme de traitement par lots. Synonyme : batch.

Sécurité

Ensemble de mécanismes de contrôle empêchant l'utilisation non autorisée de ressources. Un des mécanismes de sécurité, que l'utilisateur d'un ordinateur rencontre souvent, est le mot de passe.

Services

Les services sont utilisés pour effectuer des actions entre un programme installé sur un ordinateur et un périphérique Bluetooth distant. Ces paramètres permettent à l'ordinateur et aux périphériques Bluetooth externes de se connecter et d'effectuer d'autres activités, comme la connexion à Internet ou l'impression.

Shareware

De l'anglais *share* (partage). Logiciel distribué librement et dont l'utilisation est soumise à la condition de le payer si l'utilisateur est satisfait et continue à l'utiliser après un certain délai, en général un mois.

SID (Security ID)

Structure de données de longueur variable qui identifie les comptes d'utilisateurs, de groupes et d'ordinateurs. Chaque compte du réseau reçoit un SID personnel au moment de sa création. Les processus internes de Windows se réfèrent au SID d'un compte plutôt qu'à son nom d'utilisateur ou de groupe.

Site

Un ou plusieurs sous-réseaux TCP/IP correctement connectés (fiables et rapides). Un site permet aux administrateurs de configurer l'accès et la topologie de réplication Active Directory rapidement et facilement pour tirer avantage du réseau physique. Lorsque les utilisateurs ouvrent une session, les clients Active Directory recherchent les serveurs Active Directory sur le même site que l'utilisateur.

Sous-arbre

Nœud d'un arbre, ainsi que n'importe quelle sélection de nœuds descendants connectés. Dans la structure du Registre, les sous-arborescences sont les nœuds principaux qui contiennent les clés, les sous-clés et les valeurs.

Sous-clé

Clé au sein d'une clé. Dans la structure du Registre, les sous-clés sont subordonnées aux sous-arbres et aux clés. Les clés et les sous-clés sont semblables à l'en-tête de section des fichiers *.ini*, bien que les sous-clés puissent aussi exécuter des fonctions.

SSL (Secure Socket Layer)

Protocole garantissant la sécurité des communications de données par cryptage et décryptage des données échangées.

TCP (Transmission Control Protocol)

Service de remise fiabilisé et orienté connexion. Les données sont transmises sous forme de segments. La mention "orienté connexion" signifie qu'une connexion doit être établie avant que les hôtes puissent échanger des données. La fiabilité est assurée par l'affectation d'un numéro d'ordre à chacun des segments transmis. La bonne réception des données par l'hôte destinataire est vérifiée par un acquittement. Pour chacun des segments envoyés, l'hôte destinataire renvoie un acquittement (ACK) dans un délai spécifié. Si aucun acquittement n'est reçu, les données sont retransmises. Le TCP est défini par la RFC 793.

TCP/IP

Le composant TCP/IP installé dans un système d'exploitation réseau est constitué d'une série de protocoles interconnectés appelés "protocoles centraux de TCP/IP". Toutes les autres applications et les protocoles de la suite de protocoles TCP/IP s'appuient sur les services fondamentaux fournis par les protocoles suivants : IP, ARP, ICMP, IGMP, TCP, UDP.

UDP (User Datagram Protocol)

Protocole de transmission de datagrammes sur le réseau qui fournit de manière optionnelle un certain nombre de contrôles. Un datagramme est un paquet de données considéré comme une entité isolée et indépendante, c'est-à-dire qu'il comporte dans son en-tête toutes les informations nécessaires à son acheminement à travers le réseau jusqu'à son destinataire, sans assurance de livraison. Ce protocole est peu fiable. Il est possible qu'une perte de qualité se produise pendant la transmission. Ce peut être le cas par exemple pour les données de type audio. L'UDP est défini par la RFC 768.

Unité d'organisation

Objet conteneur Active Directory utilisé à l'intérieur des domaines. Les unités d'organisation sont des conteneurs logiques dans lesquels vous pouvez placer des utilisateurs, des groupes, des ordinateurs et d'autres unités d'organisation. Elles ne peuvent contenir que des objets de leur domaine parent. L'unité d'organisation est la plus petite étendue à laquelle un objet de stratégie de groupe peut être lié, ou sur laquelle une autorité administrative peut être déléguée.

USB (Universal Serial Bus)

Bus externe qui prend en charge l'installation Plug-and-Play. Avec un bus USB, vous pouvez connecter et déconnecter des unités sans arrêter ou redémarrer votre ordinateur. Sur un même port USB, vous pouvez connecter jusqu'à 127 unités périphériques, dont des haut-parleurs, des téléphones, des lecteurs de CD-Rom, des manettes de jeu, des lecteurs de bandes, des claviers, des scanneurs et des appareils photo.

URL (Uniform Resource Locator)

Voir **Adresse Internet**.

Utilisateur

Personne qui utilise un ordinateur. Si l'ordinateur est connecté à un réseau, un utilisateur peut accéder aux programmes et aux fichiers de l'ordinateur, ainsi qu'aux programmes et aux fichiers situés sur le réseau (en fonction des restrictions du compte déterminées par l'administrateur réseau).

Variable

En programmation, emplacement de stockage nommé qui peut contenir un type de données déterminé, susceptible d'être modifié pendant l'exécution du programme.

Les variables d'environnement système sont définies par Windows XP et sont les mêmes, indépendamment de celui qui se connecte à l'ordinateur. Les membres du groupe *Administrateurs* peuvent néanmoins ajouter de nouvelles variables ou modifier des valeurs.

Les variables d'environnement utilisateur peuvent être différentes pour chaque utilisateur d'un ordinateur particulier. Elles comprennent toutes les variables d'environnement que vous souhaitez définir ou les variables définies par vos applications, comme le chemin d'accès de vos fichiers d'application.

Variable d'environnement

Chaîne comportant des informations sur l'environnement (lecteur, chemin ou nom de fichier), associées à un nom symbolique pouvant être utilisé par Windows. Vous définissez des variables d'environnement par le lien *Système* du Panneau de configuration ou à l'aide de la commande Set dans l'Invite de commandes.

XML (Extended Markup Language)

Norme de documents sur le Web, permettant une structuration de l'information.

Wi-Fi

Acronyme anglais de *wireless fidelity*, norme 802.11 de réseau sans fil. Un réseau Wi-Fi peut être utilisé pour permettre la connexion à un réseau local ou étendu, ou à Internet.

Zip

Format de compression de fichier, notamment avec l'utilitaire pkzip ou WinZip ; l'extension correspondante. Lorsque l'on compresse un fichier, le fichier qui en résulte est appelé "fichier ZIP", du nom de cette extension.

25.2 Les raccourcis clavier

Les raccourcis clavier facilitent l'interaction avec votre ordinateur. Leur fonction est de limiter les passages intempestifs entre le clavier et la souris lors de certaines actions répétitives. Les raccourcis clavier sont classés par famille. L'un des raccourcis les plus utilisés est celui de l'Explorateur Windows : Windows+E.

Vous trouverez également une liste de raccourcis clavier dans l'Aide de Windows Vista.

Les raccourcis clavier généraux

Tableau 25-1 : Raccourcis clavier généraux

Touches	Fonction
Ctrl+C	Copier l'élément sélectionné
Ctrl+X	Couper l'élément sélectionné
Ctrl+V	Coller l'élément sélectionné
Ctrl+Z	Annuler une action
Suppr	Supprimer et déplacer l'élément sélectionné dans la Corbeille
Maj+Suppr	Supprimer l'élément sélectionné sans le déplacer au préalable dans la Corbeille
F2	Renommer l'élément sélectionné
Ctrl+Flèche droite	Ramener le curseur au début du mot suivant
Ctrl+Flèche gauche	Ramener le curseur au début du mot précédent
Ctrl+Flèche bas	Ramener le curseur au début du paragraphe suivant
Ctrl+Flèche haut	Ramener le curseur au début du paragraphe précédent
Ctrl+Maj+Flèche haut, bas, gauche ou droite	Sélectionner un bloc de texte
Maj+Flèche haut, bas, gauche ou droite	Sélectionner plusieurs éléments d'une fenêtre ou du Bureau, ou sélectionner du texte dans un document
Ctrl+A	Sélectionner tous les éléments dans un document ou une fenêtre

Tableau 25-1 : Raccourcis clavier généraux	
Touches	**Fonction**
F3	Rechercher un fichier ou un dossier
Alt+Entrée	Afficher des propriétés pour l'élément sélectionné
Alt+F4	Fermer l'élément actif ou quitter le programme actif
Alt+Barre d'espace	Ouvrir le menu contextuel de la fenêtre active
Ctrl+F4	Fermer le document actif (dans les programmes vous permettant d'avoir plusieurs documents ouverts simultanément)
Alt+Tab	Passer d'un élément ouvert à l'autre
Ctrl+Alt+Tab	Utiliser les touches fléchées pour passer d'un élément ouvert à l'autre
Windows+Tab	Parcourir les programmes sur la barre des tâches en utilisant la bascule 3D de Windows
Ctrl+Windows+Tab	Utiliser les touches fléchées pour parcourir les programmes sur la barre des tâches en utilisant la Bascule 3-D Windows
Alt+Échap	Parcourir les éléments dans leur ordre d'ouverture
F6	Parcourir les éléments d'écran d'une fenêtre ou du bureau
F4	Afficher la liste des barres d'adresse dans l'Explorateur Windows
Maj+F10	Afficher le menu contextuel associé à l'élément sélectionné
Ctrl+Échap	Ouvrir le menu Démarrer
Alt+Lettre soulignée	Afficher le menu correspondant
Alt+lettre soulignée	Exécuter la commande de menu (ou une autre commande soulignée)
F10	Activer la barre de menus dans le programme actif
Flèche droite	Ouvrir le menu suivant à droite ou ouvrir un sous-menu
Flèche gauche	Ouvrir le menu suivant à gauche ou fermer un sous-menu
F5	Actualiser la fenêtre active
Alt+Flèche haut	Afficher le dossier d'un niveau supérieur dans l'Explorateur Windows

Tableau 25-1 : Raccourcis clavier généraux	
Touches	**Fonction**
Échap	Annuler la tâche en cours
Ctrl+Maj+Échap	Ouvrir le Gestionnaire des tâches
Maj à l'insertion d'un CD	Empêcher la lecture automatique du CD

Les raccourcis clavier dans les boîtes de dialogue

Tableau 25-2 : Raccourcis clavier pour les boîtes de dialogue	
Touches	**Fonction**
Ctrl+Tab	Avancer d'un onglet à l'autre
Ctrl+Maj+Tab	Reculer d'un onglet à l'autre
Tab	Avancer dans les options
Maj+Tab	Reculer dans les options
Alt+Lettre soulignée	Exécuter la commande (ou sélectionner l'option) associée à cette lettre
Entrée	Remplacer le clic de souris pour plusieurs commandes sélectionnées
Barre d'espace	Activer ou désactiver la case à cocher si l'option active est une case à cocher
Touche droite, gauche, haut ou bas	Sélectionner un bouton si l'option active est un groupe de boutons d'option
F1	Afficher l'Aide
F4	Afficher les éléments dans la liste active
Retour Arrière	Ouvrir un dossier d'un niveau supérieur si un dossier est sélectionné dans la boîte de dialogue **Enregistrer sous** ou **Ouvrir**

Les raccourcis clavier dans l'Explorateur Windows

Tableau 25-3 : Raccourcis clavier dans l'Explorateur Windows

Touches	Fonction
↘	Afficher le bas de la fenêtre active
↖	Afficher le haut de la fenêtre active
Verr Num+* (pavé numérique)	Afficher tous les sous-dossiers du dossier sélectionné
Verr Num++ (pavé numérique)	Afficher le contenu du dossier sélectionné
Verr Num+- (pavé numérique)	Réduire le dossier sélectionné
Flèche gauche	Réduire la sélection actuelle (si elle est étendue), ou sélectionner le dossier parent
Alt+Flèche gauche	Afficher le dossier précédent
Flèche droite	Afficher la sélection actuelle (si elle est réduite), ou sélectionner le premier sous-dossier
Alt+Flèche droite	Afficher le dossier suivant
Alt+D	Sélectionner la barre d'adresse

Les raccourcis clavier de Microsoft

Tableau 25-4 : Raccourcis clavier de Microsoft

Touches	Fonction
Windows	Ouvrir ou fermer le menu **Démarrer**
Windows+Pause Attn	Afficher la boîte de dialogue **Propriétés système**
Windows+D	Afficher le Bureau
Windows+M	Réduire toutes les fenêtres
Windows+Maj+M	Restaurer les fenêtres réduites sur le Bureau
Windows+E	Démarrer l'ordinateur

Tableau 25-4 : Raccourcis clavier de Microsoft	
Touches	**Fonction**
Windows+F	Rechercher un fichier ou un dossier
Ctrl+Windows+F	Rechercher les ordinateurs (si vous êtes sur un réseau)
Windows+L	Verrouiller l'ordinateur (s'il est connecté à un domaine de réseau) ou changer d'utilisateur (s'il n'est pas connecté à un domaine de réseau)
Windows+R	Ouvrir la boîte de dialogue **Exécuter**
Windows+T	Parcourir les programmes sur la barre des tâches
Windows+Tab	Parcourir les programmes sur la barre des tâches en utilisant la bascule 3D de Windows
Ctrl+Windows+Tab	Utiliser les touches fléchées pour parcourir les programmes sur la barre des tâches en utilisant la bascule 3D de Windows
Windows+Barre d'espace	Amener tous les gadgets au premier plan et sélectionner le volet Windows
Windows+G	Parcourir les gadgets du volet Windows
Windows+U	Ouvrir l'Accessibilité
Windows+X	Ouvrir le Centre de mobilité Windows

Les raccourcis clavier d'Accessibilité

Tableau 25-5 : Raccourcis clavier d'Accessibilité	
Touches	**Fonction**
Maj Droite pendant 8 secondes	Activer et désactiver les touches filtres
Alt Gauche+Maj Gauche+Imp écr	Activer et désactiver le contraste élevé
Alt Gauche+Maj Gauche+Verr Num	Activer et désactiver les touches souris
Maj cinq fois	Activer et désactiver les touches rémanentes
Verr Num pendant 5 secondes	Activer et désactiver les touches bascules

Tableau 25-5 : Raccourcis clavier d'Accessibilité	
Touches	**Fonction**
Windows + U	Ouvrir le Gestionnaire d'utilitaires

Les raccourcis clavier dans le volet Windows

25

Tableau 25-6 : Raccourcis clavier dans le volet Windows	
Touches	**Fonction**
Windows + Barre d'espace	Amener tous les gadgets au premier plan et sélectionner le volet Windows
Windows + G	Parcourir les gadgets du volet Windows
Tab	Parcourir les contrôles du volet Windows

Les raccourcis clavier dans Internet Explorer

Affichage et exploration de pages web

Tableau 25-7 : Affichage et exploration de pages web	
Touches	**Fonction**
F1	Afficher l'Aide
F11	Basculer entre la taille normale de la fenêtre d'Internet Explorer et le mode Plein écran
Tab	Se déplacer en avant dans les éléments d'une page web, de la barre d'adresses et de la barre des liens
Maj + Tab	Se déplacer en arrière dans les éléments d'une page web, de la barre d'adresses et de la barre des liens
Alt + ↖	Aller à votre page d'accueil

Tableau 25-7 : Affichage et exploration de pages web	
Touches	**Fonction**
Alt+Flèche droite	Aller à la page suivante
Alt+Flèche gauche ou Retour Arrière	Aller à la page précédente
Maj+F10	Afficher le menu contextuel correspondant à un lien
Ctrl+Tab ou F6	Se déplacer en avant dans les cadres et les éléments du navigateur (ne fonctionne que si la navigation par onglets est désactivée)
Ctrl+Maj+Tab	Se déplacer en arrière entre cadres (ne fonctionne que si la navigation par onglets est désactivée)
Flèche haut	Remonter vers le début d'un document
Flèche bas	Avancer jusqu'à la fin d'un document
⇞	Remonter rapidement vers le début d'un document
⇟	Avancer rapidement jusqu'à la fin d'un document
↖	Remonter au début d'un document
↘	Atteindre la fin d'un document
Ctrl+F	Effectuer une recherche dans cette page
F5	Actualiser la page web active
Ctrl+F5	Actualiser la page web active, même si l'horodatage de la version web et celui de la version stockée localement sont identiques
Échap	Arrêter le téléchargement d'une page
Ctrl+O	Ouvrir un nouveau site web ou une nouvelle page
Ctrl+N	Ouvrir une nouvelle fenêtre
Ctrl+W	Fermer la fenêtre active (si un seul onglet est ouvert)
Ctrl+S	Enregistrer la page active
Ctrl+P	Imprimer la page ou le cadre actif
Entrée	Activer un lien sélectionné
Ctrl+I	Ouvrir les favoris

Tableau 25-7 : Affichage et exploration de pages web	
Touches	**Fonction**
Ctrl+H	Ouvrir l'historique
Ctrl+J	Ouvrir les flux
Alt+P	Ouvrir le menu **Page**
Alt+T	Ouvrir le menu **Outils**
Alt+H	Ouvrir le menu **Aide**

Utilisation des onglets

Tableau 25-8 : Utilisation des onglets	
Touches	**Fonction**
Ctrl+clic	Ouvrir des liens sous un nouvel onglet à l'arrière-plan
Ctrl+Maj+clic	Ouvrir des liens sous un nouvel onglet au premier plan
Ctrl+T	Ouvrir un nouvel onglet au premier plan
Ctrl+Tab ou Ctrl+Maj+Tab	Basculer entre les onglets
Ctrl+W	Fermer l'onglet actif (ou la fenêtre active si la navigation par onglets est désactivée)
Alt+Entrée	Ouvrir un nouvel onglet à partir de la barre d'adresses
Ctrl+n (où n est un chiffre compris entre 1 et 8)	Passer à un numéro d'onglet spécifique
Ctrl+9	Passer au dernier onglet
Ctrl+Alt+F4	Fermer les autres onglets
Ctrl+Q	Activer/désactiver les onglets rapides (vue miniature)

Utilisation du zoom

Tableau 25-9 : Utilisation du zoom	
Touches	**Fonction**
Ctrl+\+ (pavé numérique)	Augmenter le zoom (+10 %)
Ctrl+- (pavé numérique)	Réduire le zoom (-10 %)
Ctrl+0	Faire un zoom de 100 %

Utilisation de la fonction de recherche

Tableau 25-10 : Utilisation de la fonction de recherche	
Touches	**Fonction**
Ctrl+E	Aller à la zone de recherche
Alt+Entrée	Ouvrir votre requête de recherche sous un nouvel onglet
Ctrl+Flèche bas	Ouvrir le menu du moteur de recherche

Utilisation de l'aperçu avant impression

Tableau 25-11 : Utilisation de l'aperçu avant impression	
Touches	**Fonction**
Alt+P	Définir des options d'impression et imprimer une page
Alt+U	Modifier le papier, les en-têtes et les pieds de page, l'orientation ainsi que les marges de la page
Alt+↖	Afficher la première page à imprimer
Alt+Flèche gauche	Afficher la page précédente à imprimer
Alt+A	Taper le numéro de la page à afficher

Tableau 25-11 : Utilisation de l'aperçu avant impression	
Touches	**Fonction**
Alt+Flèche droite	Afficher la page suivante à imprimer
Alt+↘	Afficher la dernière page à imprimer
Alt+- (pavé numérique)	Zoom arrière
Alt++ (pavé numérique)	Zoom avant
Alt+Z	Afficher une liste des pourcentages de zoom
Alt+F	Spécifier le mode d'impression des cadres (cette option est uniquement disponible si vous imprimez une page web qui utilise des cadres)
Alt+C	Fermer l'Aperçu avant impression

Utilisation de la barre d'adresses

Tableau 25-12 : Utilisation de la barre d'adresses	
Touches	**Fonction**
Alt+D	Sélectionner le texte de la barre d'adresses
F4	Afficher la liste des adresses que vous avez tapées
Ctrl+Flèche gauche	Déplacer le curseur vers la gauche dans la barre d'adresses, jusqu'au premier symbole de rupture logique dans l'adresse (point ou barre oblique)
Ctrl+Flèche droite	Déplacer le curseur vers la droite dans la barre d'adresses, jusqu'au premier symbole de rupture logique dans l'adresse (point ou barre oblique)
Ctrl+Entrée	Ajouter www. au début et .com à la fin du texte tapé dans la barre d'adresses
Flèche haut	Descendre sur la liste des correspondances proposées par la fonctionnalité de saisie semi-automatique
Flèche bas	Remonter sur la liste des correspondances proposées par la fonctionnalité de saisie semi-automatique

Ouverture des menus de la barre d'outils Internet Explorer

Tableau 25-13 : Ouverture des menus de la barre d'outils Internet Explorer

Touches	Fonction
Alt+M	Ouvrir le menu **Démarrage**
Alt+R	Ouvrir le menu **Imprimer**
Alt+J	Ouvrir le menu **RSS**
Alt+O	Ouvrir le menu **Outils**
Alt+L	Ouvrir le menu **Aide**

Utilisation des flux, de l'historique et des favoris

Tableau 25-14 : Utilisation des flux, de l'historique et des favoris

Touches	Fonction
Ctrl+D	Ajouter la page active à vos favoris
Ctrl+B	Ouvrir la boîte de dialogue **Organisation des Favoris**
Alt+Flèche haut	Faire monter l'élément sélectionné sur la liste des favoris de la boîte de dialogue **Organisation des Favoris**
Alt+Flèche bas	Faire descendre l'élément sélectionné sur la liste des favoris de la boîte de dialogue **Organisation des Favoris**
Alt+C	Ouvrir le Centre des favoris et afficher les favoris
Ctrl+H	Ouvrir le Centre des favoris et afficher l'historique
Ctrl+J	Ouvrir le Centre des favoris et afficher les flux
Ctrl+Maj+J	Ouvrir et ancrer le Centre des favoris, afficher les flux
Alt+Z	Ouvrir le menu **Ajouter aux Favoris**
Alt+I	Afficher tous les flux (en mode d'affichage des flux)
Alt+M	Marquer un flux comme lu (en mode d'affichage des flux)

Tableau 25-14 : Utilisation des flux, de l'historique et des favoris	
Touches	**Fonction**
Alt+S	Placer le curseur dans la zone de recherche en mode d'affichage des flux

Modification

Tableau 25-15 : Modification	
Touches	**Fonction**
Ctrl+X	Supprimer les éléments sélectionnés et les copier dans le Presse-papiers
Ctrl+C	Copier les éléments sélectionnés dans le Presse-papiers
Ctrl+V	Insérer le contenu du Presse-papiers à l'emplacement sélectionné
Ctrl+A	Sélectionner tous les éléments de la page web active

Utilisation de la barre d'informations

Tableau 25-16 : Utilisation de la barre d'informations	
Touches	**Fonction**
Alt+N	Activer la barre d'informations
Barre d'espace	Cliquer sur la barre d'informations

Les raccourcis clavier dans la Visionneuse de l'Aide Windows

Tableau 25-17 : Raccourcis clavier dans la Visionneuse de l'Aide Windows	
Touches	**Fonction**
Alt+C	Afficher la table des matières
Alt+N	Afficher le menu **Paramètres de connexion**
F10	Afficher le menu **Options**
Alt+Flèche gauche	Retourner sous la rubrique affichée précédemment
Alt+Flèche droite	Passer sous la rubrique suivante (parmi les rubriques affichées précédemment)
Alt+A	Afficher la page sur le support technique
Alt+↖	Afficher la page d'accueil **Aide et support**
↖	Atteindre le début d'une rubrique
↘	Atteindre la fin d'une rubrique
Ctrl+F	Rechercher la rubrique actuelle
Ctrl+P	Imprimer une rubrique
F3	Aller à la zone *Recherche*

Les raccourcis clavier de la Galerie de photos Windows

Tableau 25-18 : Raccourcis clavier de la Galerie de photos Windows	
Touches	**Fonction**
Ctrl+F	Ouvrir le volet **Corriger**
Ctrl+P	Imprimer l'image sélectionnée
Entrée	Afficher un agrandissement de l'image sélectionnée
Ctrl+I	Ouvrir ou fermer le volet d'informations

Tableau 25-18 : Raccourcis clavier de la Galerie de photos Windows	
Touches	**Fonction**
Ctrl+.	Pivoter l'image dans le sens des aiguilles d'une montre
Ctrl+,	Pivoter l'image dans le sens inverse des aiguilles d'une montre
F2	Renommer l'élément sélectionné
Ctrl+E	Rechercher un élément
Alt+Flèche gauche	Retourner
Alt+Flèche droite	Avancer
+ (pavé numérique)	Effectuer un zoom avant ou redimensionner la miniature d'image
- (pavé numérique)	Effectuer un zoom arrière ou redimensionner la miniature d'image
Ctrl+B	Ajuster
Flèche gauche	Sélectionner l'élément précédent
Flèche bas	Sélectionner l'élément suivant ou la ligne suivante
Flèche haut	Élément précédent (Easel) ou ligne précédente (Miniature)
⇞	Écran précédent
⇟	Écran suivant
↖	Sélectionner le premier élément
↘	Sélectionner le dernier élément
Suppr	Déplacer l'élément sélectionné dans la Corbeille
Maj+Suppr	Supprimer définitivement l'élément sélectionné
Flèche gauche	Réduire le nœud
Flèche droite	Développer le nœud

Les raccourcis clavier à utiliser avec des vidéos

Tableau 25-19 : Raccourcis clavier à utiliser avec des vidéos

Touches	Fonction
J	Reculer d'une trame
K	Suspendre la lecture
L	Avancer d'une trame
I	Définir le point initial de découpage
O	Définir le point final de découpage
M	Fractionner un clip
↖	Arrêter et effectuer un retour arrière jusqu'au point initial de découpage
Alt+Flèche droite	Avancer jusqu'à la trame suivante
Alt+Flèche gauche	Retourner à la trame précédente
Ctrl+K	Arrêter et effectuer un retour arrière de la lecture
Ctrl+P	Lire de l'emplacement actuel
↖	Déplacer le point initial de découpage
↘	Déplacer le point final de découpage
⇞	Rechercher le point de fractionnement le plus proche avant l'emplacement actuel
⇟	Rechercher le point de fractionnement le plus proche après l'emplacement actuel

Les raccourcis clavier Windows Maill

Fenêtre principale, fenêtres d'affichage des messages et d'envoi

Tableau 25-20 : Fenêtre principale, d'affichage des messages et d'envoi des messages	
Touches	**Fonction**
F1	Ouvrir des rubriques d'aide
Ctrl+A	Sélectionner tous les messages ou le texte dans un message

Fenêtre principale et fenêtre d'affichage des messages

Tableau 25-21 : Fenêtre principale et fenêtre d'affichage des messages	
Touches	**Fonction**
Ctrl+M	Envoyer et recevoir du courrier électronique
Ctrl+N	Ouvrir ou publier un nouveau message
Ctrl+Maj+B	Ouvrir les contacts
Suppr ou Ctrl+D	Supprimer un courrier électronique
Ctrl+R	Répondre à l'auteur du message
Ctrl+Maj+R ou Ctrl+G (groupes de discussion uniquement)	Répondre à tous
Ctrl+F	Transférer un message
Ctrl+Maj+F	Rechercher un message
Ctrl+P	Imprimer le message sélectionné
Ctrl+>	Atteindre le message suivant sur la liste
Ctrl+<	Atteindre le message précédent sur la liste
Alt+Entrée	Afficher les propriétés du message sélectionné

Tableau 25-21 : Fenêtre principale et fenêtre d'affichage des messages	
Touches	**Fonction**
Ctrl+U	Atteindre le courrier électronique non lu suivant (Messagerie)
Ctrl+Maj+U	Atteindre la conversation non lue suivante (groupe de discussion)

Fenêtre principale

Tableau 25-22 : Fenêtre principale	
Touches	**Fonction**
Ctrl+O ou Entrée	Ouvrir un message sélectionné
Ctrl+Entrée ou Ctrl+Q	Marquer un message comme étant lu
Tab	Se déplacer entre la liste de messages, la liste de dossiers et le volet de visualisation
Ctrl+W	Atteindre un groupe de discussion
Flèche gauche ou + (pavé numérique)	Développer une conversation de groupe de discussion (afficher toutes les réponses)
Flèche droite ou - (pavé numérique)	Réduire une conversation de groupe de discussion (masquer les réponses)
Ctrl+Maj+A	Marquer tous les messages de groupes de discussion comme étant lus
Ctrl+J	Atteindre le groupe de discussion ou le dossier non lu suivant
Ctrl+Maj+M	Télécharger des messages de groupes de discussion en vue d'une lecture hors connexion
Ctrl+I	Atteindre la boîte de réception
Ctrl+Y	Atteindre un dossier
F5	Actualiser les messages de groupes de discussion et les en-têtes

Fenêtre de message : affichage ou envoi

Tableau 25-23 : Fenêtre de message : affichage ou envoi	
Touches	**Fonction**
Échap	Fermer un message
F3 ou Ctrl+Maj+F	Rechercher du texte

Fenêtre de message : envoi uniquement

Tableau 25-24 : Fenêtre de message : envoi uniquement	
Touches	**Fonction**
F7	Vérifier l'orthographe
Ctrl+Maj+S	Insérer une signature
Ctrl+Entrée ou Alt+S	Envoyer un message ou le publier dans un groupe de discussion
Ctrl+Tab	Basculer entre les onglets **Modifier**, **Source** et **Aperçu** dans l'affichage **Modifier la source**

CHAPITRE

26

Index

CHAPITRE

26

Index

!

A

B

C

26

D

E

F

G

H

I

J

K

L

M

N

O

P

Q

R

S

T

U

V

W

X

Z

Composé en France par Jouve
11, bd de Sébastopol - 75001 Paris

Achevé d'imprimer sur les presses de
l'Imprimerie France Quercy à Mercuès
N° d'impression : 63432/
Dépôt légal : janvier 2007

Imprimé en France